FOGANG NIANJIAN 2024

佛冈年鉴
2024

中共佛冈县委
佛冈县人民政府　主办

佛冈年鉴编纂委员会　编

华南理工大学出版社
SOUTH CHINA UNIVERSITY OF TECHNOLOGY PRESS
·广州·

图书在版编目（CIP）数据

佛冈年鉴 . 2024 / 佛冈年鉴编纂委员会编 . -- 广州：华南理工大学出版社，2024.12.
ISBN 978-7-5623-7884-6

Ⅰ. Z526.54

中国国家版本馆 CIP 数据核字第 2024C28Y65 号

佛冈年鉴・2024
佛冈年鉴编纂委员会　编

出 版 人：房俊东
出版发行：华南理工大学出版社
　　　　　（广州五山华南理工大学 17 号楼，邮编 510640）
　　　　　http://hg.cb.scut.edu.cn　E-mail: scutc13@scut.edu.cn
　　　　　营销部电话：020-87113487　87111048（传真）
责任编辑：吴翠微　刘　锋
责任校对：梁晓艾　盛美珍
印 刷 者：广州市新怡印务股份有限公司
开　　本：889mm×1194mm　1/16　总印张：25　彩插：22　字数：1020 千
版　　次：2024 年 12 月第 1 版　印次：2024 年 12 月第 1 次印刷
定　　价：180.00 元

版权所有　盗版必究　　印装差错　负责调换

《佛冈年鉴》编纂委员会

名誉主任：潘国标
主　　任：江红平
副 主 任：黄成灼
委　　员：郑秀红　　林志强　　梁沛英　　彭　宁
　　　　　姜　武　　罗焯新　　郑阳胜　　钟永纪
　　　　　谭武刚　　曾道明　　陈湘中　　张少捷
　　　　　李玉英　　梁浩锋　　丘韶文　　欧阳炽荣
　　　　　赖宏基　　罗　杰　　郑从钢　　宋远玲
　　　　　林伟平　　易德堃　　何婉媚　　郑从军
　　　　　李　富　　吴春来　　梁艳文　　李国杰

《佛冈年鉴》编辑部

主　　编：曾道明
副 主 编：朱炳权
编　　审：李协湖　李阳光
编　　辑：钟榕斌　　李贤益　　陈钰婷　　郑中扬
　　　　　朱家佑　　郑中勇　　胡　辉　　郭治国
　　　　　黄　欣　　钟少军　　范金来

编辑说明

一、《佛冈年鉴》是由中共佛冈县委、佛冈县人民政府主办并由佛冈年鉴编纂委员会组织编纂的地方综合年鉴，属资料性工具书，始创于2008年，2012年起一年一鉴。《佛冈年鉴》以马克思主义、毛泽东思想、邓小平理论、"三个代表"重要思想、科学发展观、习近平新时代中国特色社会主义思想为指导，坚持辩证唯物主义和历史唯物主义的立场、观点和方法，旨在全面、准确、翔实记载佛冈县政治、经济和社会发展的基本情况，为各级、各部门及社会各界人士了解佛冈、研究佛冈、支持佛冈建设提供综合性的信息和参考资料。

二、《佛冈年鉴·2024》主要载录2023年佛冈县经济社会发展的资料，由文字、图表两大部分组成。文字部分采用分类编辑法，除卷首外，设有年度关注、大事记、佛冈概况、政党·政权、群众团体、外事·侨务·台港澳事务、法治、军事、经济管理、财政·税务、金融·保险、农业、工业、开放型经济、商贸流通、交通·邮政·通信、城建·房产、生态环境、旅游业、教育·科学、文化·传媒、卫生·医疗·保健·体育、社会生活、建制镇、自然保护区·林场、统计资料、文献专载、附录共28个类目。同时，组编部分彩色图片进行直观的宣传记载，展现佛冈在各领域的改革成就及地域发展风貌。

三、《佛冈年鉴·2024》在《佛冈年鉴·2023》框架基础上，对部分类目、分目内容进行调整充实。其中，"年度关注"收录2023年度县内重大事件；类目"群众团体"增加分目"佛冈县党外知识分子联谊会"；类目"法治"的分目"消防"移至"社会生活"；类目"财政·税务"的分目"国有资产管理"移至类目"经济管理"，分目"住房公积金管理"移至类目"社会生活"；类目"金融业"更改为"金融·保险"；删去类目"水利·气象"，原"水利·气象"的分目"水利""气象"分别移至类目"农业"及"教育·科学"；增加类目"生态环境"；类目"商贸流通"增加分目"佛冈县国家级电子商务进农村综合示范项目""寄递物流安全管理"；类目"社会生活"的分目"退役军人事务"移至类目"军事"，删去"社会生活"的分目"社会救济""社会福利""社会事务""慈善事业""关爱老人"，增加分目"民政"；条目按年度内容设置和收录，并根据实际情况进行调整充实。

四、年鉴类目、分目、条目的标题分别用不同字体和版式编排。其中，条目为表现内容的基本形式，标题用黑体字置于【 】内，包含多方面内容的条目，则用楷体字标题标明各段资料主题。全书前有目录，后有主题索引，具有较为完善的检索系统。

五、年鉴稿件由各镇、各单位（含省市直管单位）提供，国民经济和社会发展情况资料由佛冈县统计局提供。若出现统计数字不一致的情况，以佛冈县统计局公布的数字为准。其中，各单位数据为统计快报数，社会经济统计资料为县统计局提供的年报数。

六、年鉴各类目标示年鉴编辑部责任编辑人姓名；条目的撰稿人姓名标示在条目之后；条目后未标识撰稿人的，其撰稿人与后面条目分目的撰稿人相同。

七、本年鉴的编辑出版工作由佛冈年鉴编纂委员会领导，设有佛冈年鉴编辑部（设在县史志办），编辑出版具体事务由佛冈县史志办公室负责。

数字佛冈 2023

- 土地面积 **1295.17** 平方千米
- 年末常住人口 **31.67** 万人
- 年末户籍总人口 **36.19** 万人

- 地区生产总值 **171.57** 亿元
- 第一产业增加值 **26.49** 亿元
- 第二产业增加值 **76.44** 亿元
- 第三产业增加值 **68.65** 亿元
- 农林牧渔业总产值 **43.08** 亿元
- 规模以上工业增加值 **65.16** 亿元
- 全社会固定资产投资同比增加 **4.1%**
- 社会消费品零售总额 **41.41** 亿元

- 公共财政预算收入 **13.59** 亿元
- 公共财政预算支出 **34.75** 亿元
- 各项存款余额 **235.81** 亿元

- 组织税收收入 **219 407** 万元
- 城乡居民人均可支配收入 **28 609** 元
- 城镇常住居民人均可支配收入 **36 718** 元
- 农村居民人均可支配收入 **21 988** 元

- 普通中学在校学生数 **23 537** 人
- 卫生机构床位数 **1072** 床
- 公路通车总里程 **1634.01** 千米

- 外贸进出口总额 **46.60** 亿元
- 实际利用外资总额 **6923** 万元
- 接待旅游总人数 **149.41** 万人次
- 旅游总收入 **15.6** 亿元

- 房地产开发投资总额 **7.2** 亿元
- 商品房销售总面积 **42.11** 万平方米
- 商品房销售总额 **25.74** 亿元

佛冈县地图

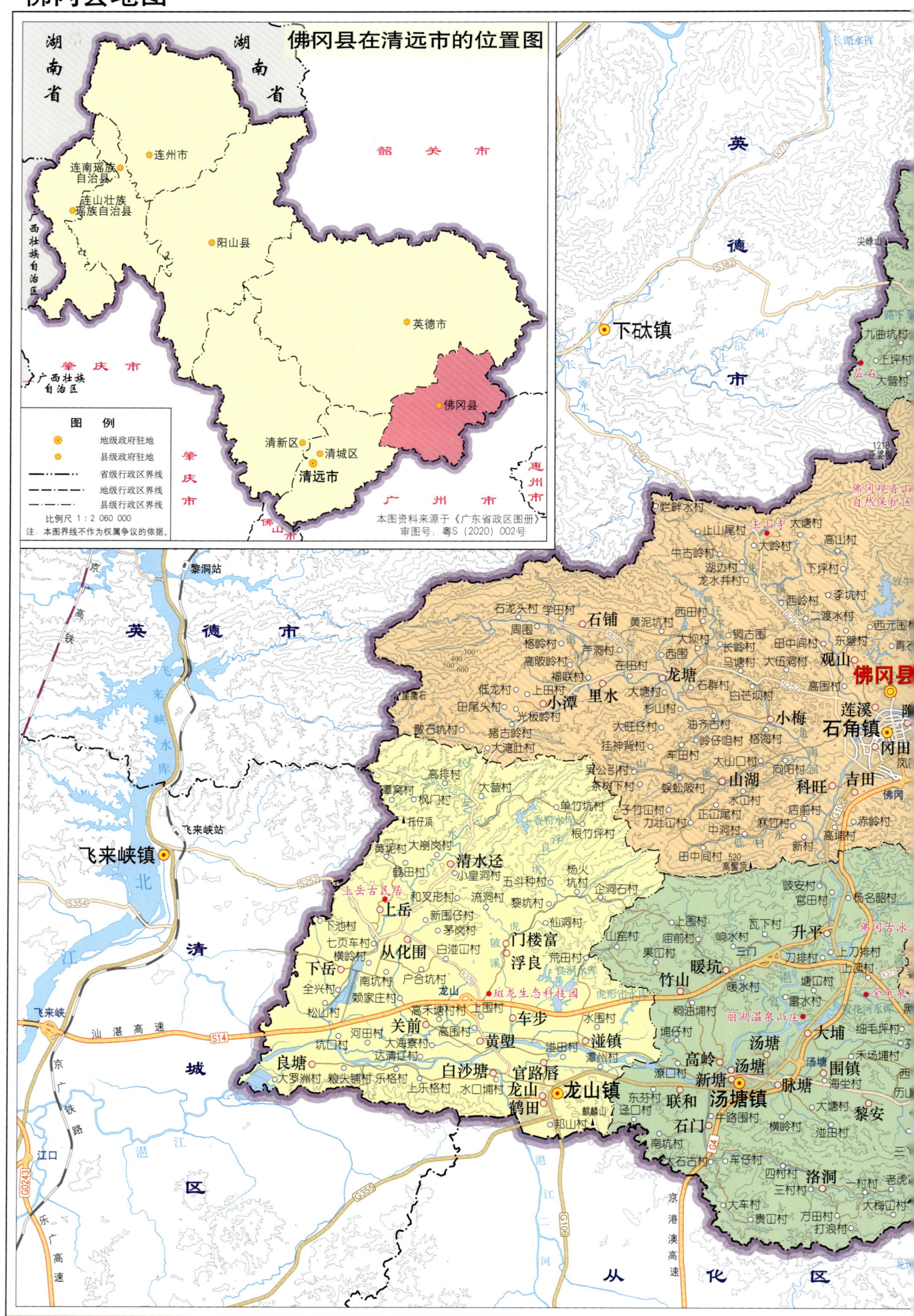

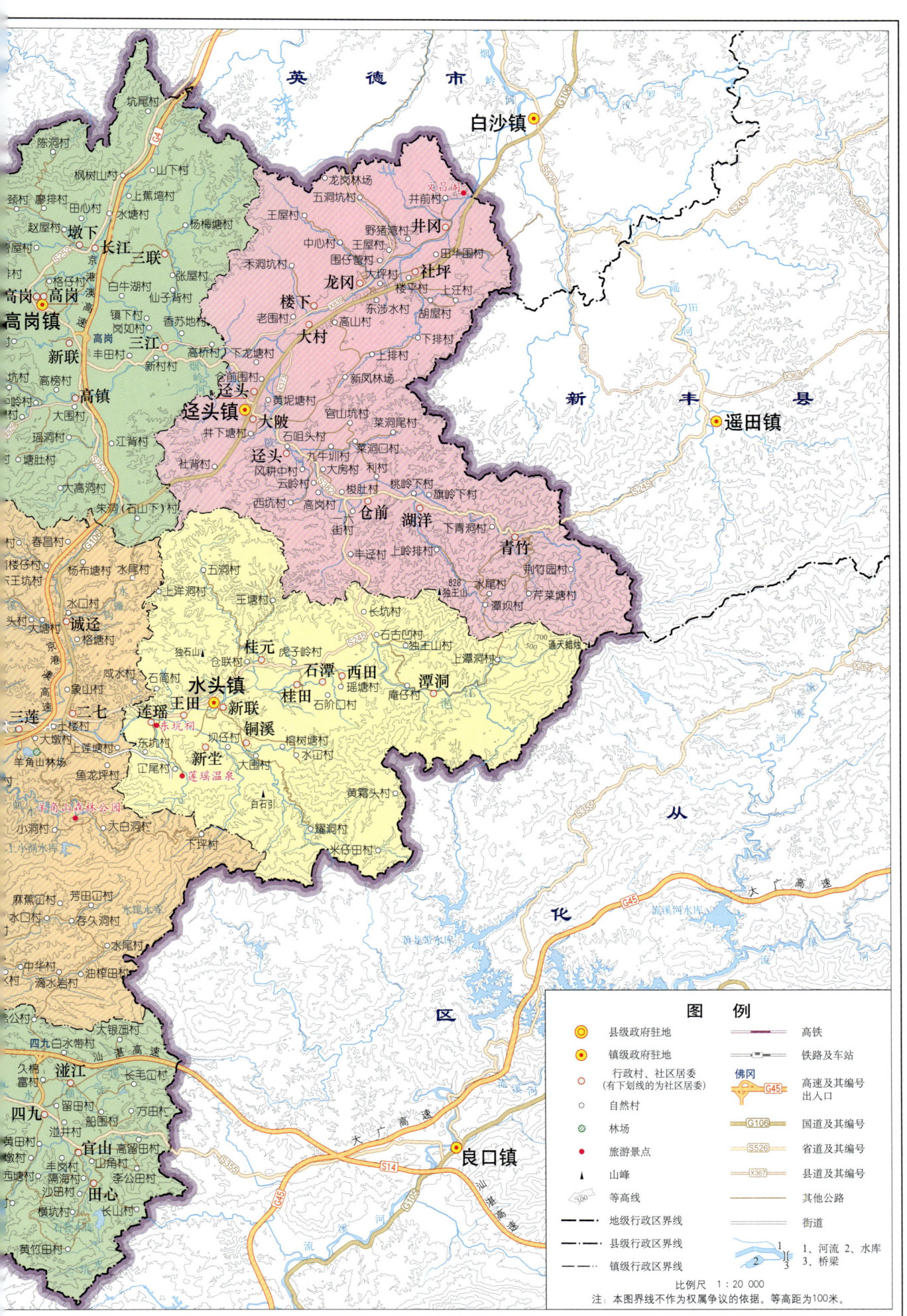

佛冈县中心城区图

广东省地图出版社

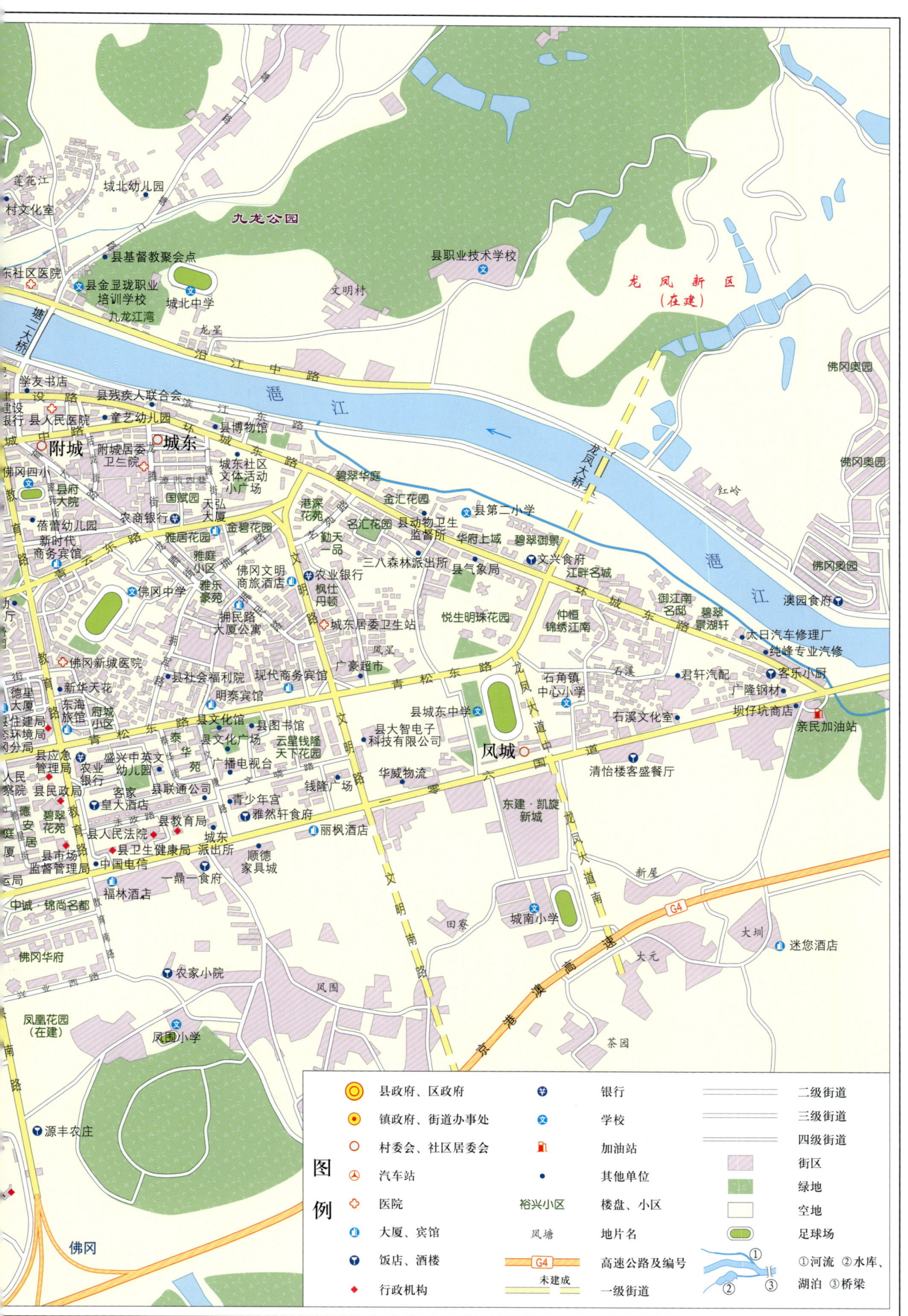

基础建设

◆ 2023年2月1日
佛冈县环城东路智慧立体停车库建成（朱慧燕 摄）

◆ 2023年3月2日
佛冈县省道S252线县城段改建工程建成通车（朱慧燕 摄）

◆ 2023年4月7日
佛冈县举行北江引水及南部城乡供水一体化工程项目动工仪式（黄超贤 摄）

◆ 2023年4月29日
县城龙凤大桥正式通车（邓振华　摄）

◆ 2023年6月15日
广州涉外经济职业技术学院汤塘校区扩建项目正在建设中（黄超贤　摄）

◆ 2023年8月11日
佛冈县水头镇推动"文旅+康养"深度融合，建设水头国际康养中心（县史志办 供图）

◆ 2023年11月12日
佛冈县大力发展新能源光伏电能产业。图为方能佛冈分公司光伏工程师在作业
（朱慧燕 摄）

经济发展

工业发展

◆ 2023年2月10日

位于汤塘镇的广佛产业园（黄超贤 摄）

◆ 2023年3月2日

在广佛（佛冈）产业园举行广东合诚实业有限公司二十万吨新材料及十一万吨食品项目动工仪式
（钟盛祺 摄）

◆ 2023年5月3日
位于迳头镇的佛冈盈泰纺织品染整有限公司引进先进设备开展生产作业（钟盛祺 摄）

◆ 2023年5月26日
佛冈县人民政府与中国能源建设集团投资有限公司南方分公司投资建设的100MW农光互补光伏发电项目签约仪式在佛冈县人民中心举行（朱慧燕 摄）

◆ 2023年8月22日
位于汤塘镇的清远晶华精密仪器有限公司厂房新建项目举行封顶仪式（朱慧燕 摄）

◆ 2023年9月17日
位于石角镇的城西科技园正在建设中（黄超贤 摄）

◆ 2023年11月14日
位于龙山镇的雅迪机车有限公司华南基地项目正式动工（朱慧燕 摄）

◆ 2023年12月12日
广州市天聪食品有限公司暨佛冈县魔芋深加工产业链项目签约仪式在佛冈县人民中心会议室举行（钟盛祺 摄）

◆ 2023年12月21日
"佛冈－黄埔协同创享中心"揭牌，佛冈首次探索在广州设立"反向飞地"（钟盛祺 摄）

农业基地

◆ 2023年1月2日
水头镇魔芋产学研创新中心投入使用（黄国英 摄）

◆ 2023年1月12日
迳头镇大村村沃柑种植基地。图为沃柑获得大丰收（钟盛祺 摄）

◆ 2023年1月16日
汤塘镇四九村肉鸡养殖基地（黄国英 摄）

◆ 2023年2月2日
迳头镇发展大棚种植已成规模。图为该镇大村村大棚种植蔬菜基地（黄超贤 摄）

经济发展

◆ 2023年3月6日
石角镇水口村建成的昊智未来农场（朱慧燕 摄）

◆ 2023年3月8日
水头镇大力发展鹰嘴桃种植。图为鹰嘴桃种植基地漫山桃花盛开（黄超贤 摄）

◆ 2023年6月8日
迳头镇丝苗米数字化产业基地建成
（朱慧燕 摄）

◆ 2023年10月26日
水头镇农副产品加工中心项目举行动工仪式
（朱慧燕 摄）

◆ 2023年11月16日

迳头镇粮食烘干中心设施建设项目正式动工（朱慧燕　摄）

◆ 2023年11月16日

佛冈县13万亩丝苗米助力清远丝苗米打造百亿级农业产业。图为高岗镇三江村130亩丝苗米种植基地（朱慧燕　摄）

◆ 2023年12月8日

石角镇里水村智慧农业大棚内工人正在采收蔬菜（黄超贤　摄）

商贸流通

◆ 2023年2月1日
龙山镇开展沃柑、冬瓜、牛大力、鹅、鹅蛋等特色农产品和雅迪电动车等工业产品展销活动（朱慧燕 摄）

◆ 2023年5月1日
佛冈县夜市经济活跃。图为县城龙凤大道夜市吸引市民前来品尝特色美食（朱慧燕 摄）

◆ 2023年5月6日
佛冈县电商智慧管理与公共服务标准化试点项目揭牌（钟盛祺 摄）

◆ 2023年6月29日
佛冈县举办2023年"特色美食·金牌餐饮店"评选暨"佛冈一桌菜"推选活动（朱慧燕 摄）

◆ 2023年8月13日

广东省地礼农业发展有限公司研发的粉葛系列产品深受客商欢迎。图为该公司生产的粉葛系列产品（李协湖 摄）

◆ 2023年9月23日

佛冈拓宽丝苗米线上线下销售渠道，通过直播带货，将佛冈丝苗米等农产品推向珠三角市场（朱慧燕 摄）

◆ 2023年11月5日

佛冈澳洲坚果"冈冈的"品牌面世（钟盛祺 摄）

◆ 2023年12月30日

经过整合、规划、确权建成的水头镇多功能农贸市场投入使用（朱慧燕 摄）

生态建设

◆ 2023年1月7日
佛冈县开展古树名木保护工作。图为工作人员在迳头镇利用三维激光扫描仪采集古树数据（黄超贤 摄）

◆ 2023年4月13日
通天蜡烛的杜鹃花开满山头（黄灵辉 摄）

◆ 2023年4月28日
县道X828线石联村路段紫荆花盛开，成为网红打卡点（钟盛祺 摄）

◆ 2023年5月22日
放牛洞水库山水一色（县史志办 供图）

◆ 2023年8月21日
水头镇莲瑶村绿化美化一景（邓振华 摄）

◆ 2023年9月9日
　佛冈县城北山生态公园中游玩的市民络绎不绝（朱慧燕　摄）

◆ 2023年10月20日
　一群候鸟在石角镇放牛洞水库安家落户（黄超贤　摄）

文化生活

文化掠影

◆ 2023年1月16日
佛冈县在迳头镇官墩围举办全国"村晚"示范展示活动（邓振华 摄）

◆ 2023年5月26日
佛冈县举行"书香佛冈 悦邮生活"全民阅读宣传活动启动仪式（朱慧燕 摄）

◆ 2023年6月2日
佛冈县举行中华经典诗文诵读比赛（钟盛祺 摄）

◆ 2023年6月15日
佛冈县在范仲淹勤政文化园举办家教家风示范宣讲活动（钟盛祺 摄）

◆ 2023年10月3日
县博物馆开展"浓墨重彩"粤剧非遗文化体验亲子活动（朱慧燕 摄）

◆ 2023年12月3日
佛冈县举办以"大力弘扬宪法精神 建设社会主义法治文化"为主题的年度国家宪法日宣传活动（朱慧燕 摄）

◆ 2023年12月24日
佛冈县广场舞代表队参加在江西省上饶市举行的全国妇女广场舞（健身操舞）大赛（县文化馆 供图）

旅游盛景

◆ 2023年4月15日

佛冈县首届青梅旅游文化节在汤塘镇田心村举行（汤塘镇党政办 供图）

◆ 2023年5月3日

熹乐谷水世界吸引游客前来戏水消暑（朱慧燕 摄）

◆ 2023年8月9日
森波拉度假森林景区增设新景点（李协湖 摄）

◆ 2023年11月10日
石角镇革命老区存久洞村的陶谷民宿成为当地旅游亮点（朱家佑 摄）

◆ 2023年12月21日
佛冈县首届环村徒步旅游活动在石角镇黄花村举行（钟盛祺 摄）

体育赛事

◆ 2023年4月8日
广东省第十六届省运会群众体育组乒乓球赛在佛冈体育馆举行（朱慧燕 摄）

◆ 2023年5月13日
南粤古驿道定向大赛在佛冈县龙山镇上岳古村举行（县文广旅体局 供图）

◆ 2023年5月20日
佛冈县举行全县中小学生足球比赛
（朱慧燕 摄）

◆ 2023年8月15日
佛冈县在龙山镇举行全县"村BA"篮球比赛（朱慧燕 摄）

◆ 2023年10月22日
佛冈县教育局举行全县中小学生田径运动会（县教育局 供图）

◆ 2023年11月15日
佛冈县总工会举行"职工杯"五人制足球赛（县总工会 供图）

◆ 2023年12月23日
广州市与清远市联合举办广清穿越（从化—佛冈）徒步大会（朱慧燕 摄）

非遗传承

◆ 2023年1月16日
佛冈县在全国"村晚"示范展示活动中表演"非遗"文化项目舞被狮（县文化馆　供图）

◆ 2023年5月23日
佛冈中学醒狮队在表演"非遗"文化项目舞醒狮（佛冈中学　供图）

◆ 2023年6月15日
佛冈县"非遗"竹编项目传承人周浩炎先生在佛冈县第四小学指导学生进行竹编（朱慧燕　摄）

◆ 2023年8月6日
佛冈县"非遗"项目狮头制作传承人黄国平先生在传授狮头制作技艺
（县文化馆　供图）

◆ 2023年9月19日
佛冈县"非遗"文化剪纸项目在县属中小学校进行展览传授
（佛冈县第四小学　供图）

◆ 2023年10月5日
佛冈县博物馆开展以"浓墨重彩"为主题的"非遗"项目粤剧文化活动
（朱慧燕　摄）

社情民生

◆ 2023年3月3日
佛冈县举行"放心消费在佛冈，弘扬诚信新风尚"放心消费主题活动（钟盛祺 摄）

◆ 2023年3月9日
佛冈县文化志愿者演艺队深入社区慰问老人（朱慧燕 摄）

◆ 2023年3月16日
佛冈县综合养老服务中心开展关爱老人主题活动（钟盛祺 摄）

◆ 2023年5月26日
市民在图书巡展活动上选购书籍（朱慧燕 摄）

◆ 2023年6月1日
佛冈县城东社区开展"狂欢夏日·六一亲子嘉年华"活动（朱慧燕 摄）

◆ 2023年11月28日
佛冈县举行"尚俭崇信尽责 同心共护食品安全"食品安全宣传周主题活动（朱慧燕 摄）

◆ 2023年12月29日
老人们在佛冈县城"长者饭堂"就餐（县民政局 供图）

百千万工程

◆ 2023年2月21日
水头镇王田村"农·光·旅"一体化工程（邓振华 摄）

◆ 2023年2月23日
清远市农业高质量发展大会暨首届中国佛冈（国际）魔芋节、乡村振兴产业品牌发布会在水头镇举行（朱慧燕 摄）

◆ 2023年3月30日
佛冈"百县千镇万村高质量发展工程"指挥部办公室揭牌成立（朱慧燕 摄）

◆ 2023年6月30日
佛冈县万兴电子塑胶制品有限公司捐赠200万元助力佛冈县乡村振兴（钟盛祺 摄）

◆ 2023年11月23日

在院士专家入百企进百校——践行"两翼论" 助力"百千万"活动中，华南农业大学材料与能源学院王清文教授走进县第一中学，作题为"大自然的杰作——走进神奇的木材世界"的科普讲座（朱慧燕 摄）

◆ 2023年11月24日

广州港集团有限公司向迳头镇人民政府捐赠100万元支持当地乡村振兴项目（朱慧燕 摄）

◆ 2023年11月30日

佛冈县与黄埔区共同签署"广州市黄埔区与清远市佛冈县对口帮扶协作协议书"（钟盛祺 摄）

各镇动态

高岗镇

◆ 2023年5月18日
高岗镇举行五个乡村振兴驻镇帮扶项目签约仪式（朱慧燕 摄）

◆ 2023年5月31日
高岗镇长江村村民在毛豆种植基地采摘毛豆（朱慧燕 摄）

◆ 2023年6月23日
高岗镇发生洪灾，镇村干部在长江村冒雨转移群众（钟盛祺 摄）

◆ 2023年7月31日

华南师范大学生命科学学院与高岗镇人民政府"百千万工程"结对暨校地实践基地共建签约仪式在高岗镇举行（朱慧燕 摄）

◆ 2023年8月4日

高岗镇高岗村种植的荔浦芋获得丰收（朱慧燕 摄）

◆ 2023年8月10日

高岗镇高岗村田塅心文化室建成使用（朱家佑 摄）

迳头镇

◆ 2023年1月31日
迳头镇举办"我为家乡高质量发展献良策"大学生面对面活动（朱慧燕 摄）

◆ 2023年5月28日
迳头镇大陂村人大代表调研自然村污水处理池运行情况（朱慧燕 摄）

◆ 2023年7月15日
迳头镇楼下村开展幸福积分游园会（朱慧燕 摄）

◆ 2023年7月21日
迳头镇组织"雁归"学子在乡村人才驿站仓前服务点开展团建活动（朱慧燕 摄）

◆ 2023年8月9日
迳头镇新建仓迳自来水厂项目施工现场（迳头镇党政办 供图）

◆ 2023年11月3日
迳头镇种植的优质丝苗米获得大丰收。图为收割机在收割稻谷（朱慧燕 摄）

◆ 2023年12月14日
迳头镇举办学习推广"四下基层"暨"浈江思源讲堂"基层理论宣讲示范展演活动（朱慧燕 摄）

水头镇

◆ 2023年5月15日
水头镇桂元村三华李种植基地果实挂满枝头（黄超贤　摄）

◆ 2023年7月16日
水头镇魔芋数字化产业种植基地（朱慧燕　摄）

◆ 2023年7月30日
水头镇新联行政村塘口村民居（李协湖　摄）

◆ 2023年8月11日
水头镇卫生院新院正式开业（朱慧燕 摄）

◆ 2023年9月16日
水头镇开展"乡村一对一，健康你我他"健康科普进乡村主题活动（朱慧燕 摄）

◆ 2023年10月12日
水头镇红苹果家具厂床垫生产线（黄超贤 摄）

◆ 2023年11月21日
水头镇举行水头建设开发有限公司战略合作签约仪式（朱慧燕 摄）

◆ 2023年11月23日
水头镇举办"爱心助力百千万·绿美水头暖民心"乡村振兴答谢会（朱慧燕 摄）

石角镇

◆ 2023年3月12日
石角镇里水行政村里冈村村前公园一角（朱家佑 摄）

◆ 2023年5月16日
石角镇吉田村党群服务中心办事大厅升级改造后投入使用（朱慧燕 摄）

◆ 2023年8月20日
石角镇新城社区举办"我运动我健康 新时代新向往"全民运动会（朱慧燕 摄）

◆ 2023年8月26日
石角镇商会获得广东省"四好商会"荣誉（朱慧燕 摄）

◆ 2023年9月9日
石角镇附城社区开展防灾减灾及应急宣传教育活动
（朱慧燕 摄）

◆ 2023年11月29日
石角镇观山村象龙小型集中供水工程竣工（朱慧燕 摄）

汤塘镇

◆ 2023年7月1日
汤塘镇四九村荔枝丰收
（邓振华 摄）

◆ 2023年7月9日
汤塘镇澄江村开展"传承农耕文化·助力乡村振兴"亲子农耕文化体验活动
（朱慧燕 摄）

◆ 2023年7月12日
喻国辉教授在汤塘镇竹山粉葛种植基地给村民讲解葛头腐烂病防控技术
（汤塘镇党政办 供图）

◆ 2023年8月19日

新塘行政村陂角村生态公园一角

（汤塘镇党政办　供图）

◆ 2023年12月25日

汤塘镇四九村沙糖橘大丰收。图为村民在分拣包装沙糖橘

（汤塘镇党政办　供图）

◆ 2023年12月25日

汤塘镇第二十届竹山粉葛节举行

（汤塘镇党政办　供图）

龙山镇

◆ 2023年3月16日
龙山镇新时代文明实践所建成并投入使用（朱慧燕 摄）

◆ 2023年4月14日
佛冈县防汛防旱防风总指挥部在龙山镇凤洲堤坝举行防汛应急演练（朱慧燕 摄）

◆ 2023年5月6日
升级改造后的龙山镇白沙塘电排站恢复排涝能力（朱慧燕 摄）

◆ 2023年8月15日
龙山镇从化围行政村袁宅村村口景色（郑中勇 摄）

◆ 2023年10月23日
重阳节，龙山镇对敬老院老人进行慰问
（朱慧燕 摄）

◆ 2023年12月20日
广东省医疗专家到龙山镇进行巡回义诊
（朱慧燕 摄）

目 录

年度关注

- 学习宣传贯彻习近平新时代中国特色社会主义思想主题教育活动 … 1
- "百千万工程"在佛冈走深走实 … 1
- 广佛（佛冈）一体化持续升级 … 2
- 水头镇全力培育省级现代农业魔芋产业园 … 2
- "迳头白鹭"丝苗米创亮品牌 … 2
- 佛冈县大力培育典型镇村，以点带面实现强县促镇带村 … 3
- 佛冈县水头医养中心建成营业 … 3
- 佛冈成功创建"广东省健康县" … 3
- 佛冈县新时代文明实践中心获评"全省基层理论宣讲先进集体"荣誉称号 … 3
- 佛冈县获颁授广东省"平安鼎" … 4
- 佛冈县以"三个优化"推动工业园区高质量发展 … 4

2023 年佛冈大事记

- 1 月 … 5
- 2 月 … 6
- 3 月 … 8
- 4 月 … 10
- 5 月 … 13
- 6 月 … 14
- 7 月 … 15
- 8 月 … 16
- 9 月 … 17
- 10 月 … 17
- 11 月 … 17
- 12 月 … 18

佛冈概况

- 建置沿革 … 19
- 自然地理 … 19
  - 位置·范围·面积 … 19
  - 地质·地貌·河流 … 19
  - 气候·水文 … 20
- 资源物产 … 20
  - 土地资源 … 20
  - 水资源 … 21
  - 矿产资源 … 21
  - 生物资源 … 21
  - 旅游资源 … 22
- 环境质量 … 23
  - 空气质量 … 23
  - 水环境质量 … 23
  - 声环境质量 … 23
- 人口·民族·语言 … 23
  - 人口 … 23
  - 民族 … 24
  - 语言 … 24
- 历史文化·传统民俗 … 24
  - 历史文化 … 24
  - 传统民俗 … 25
- 行政区划 … 25
  - 行政区划概况 … 25
  - 地名管理 … 26
  - 行政区划界线勘定 … 26
- 经济建设 … 26
  - 社会经济概况 … 26
  - 工业经济成效 … 27
  - 现代农业发展 … 27
  - 文旅产业发展 … 27
- 政治建设 … 27
  - 强化党建 … 27
  - 依法治县 … 27
  - 法制建设 … 28
- 社会建设 … 29
  - 社会民生建设 … 29
  - 发展承载力提升 … 29

· 文化建设	29
文化建设概况	29
历史文化和非遗保护	29
公共文化服务体系建设	29
· 生态建设	30
绿美佛冈生态建设	30
县镇村绿化	30
古树名木保护管理	30
创建国家森林城市	30
· 精神文明建设	31
精神文明建设概况	31
阵地建设	31
品牌打造	31
文明实践	31
文明培育	31
农村精神文明建设	31
· 县四套班子、县直副科以上单位（含省市直管单位）及各镇领导人名单（2023年）	32

政党·政权

· 中共佛冈县委	39
县委工作概述	39
重要会议	39
县委十四届三次全会	39
县委十四届四次全会	39
重要决策和重要活动	39
习近平新时代中国特色社会主义思想主题教育	39
改革激活发展动能	40
推动经济发展	40
绿美生态建设	40
民生事业	41
平安佛冈建设	41
组织工作	41
组织工作概况	41
主题教育	41
基层组织建设	42
干部队伍建设	42
机关党建	43
公务员管理	45
人才与培训工作	45
宣传工作	46
宣传工作概况	46

理论武装	47
舆论宣传	47
乡村新闻官	47
出版物管理	48
网信工作	48
创文工作	48
创文工作概况	48
为民办实事	48
城市专班整治	48
交通纠违整治	48
补短板项目建设	48
统战工作	48
统战工作概况	48
多党合作与政治协商	49
党外知识分子和新的社会阶层人士工作	49
非公有制经济领域统战工作	49
港澳台侨统战工作	49
民族宗教工作	50
政策研究	50
政策研究概况	50
决策咨询工作	50
调研工作	50
机构编制	51
机构编制概况	51
机构编制大调研	51
保障重点任务	51
深化基层管理体制机制	51
优化编制资源配置	51
机构编制法定化建设	51
事业单位登记管理和中文域名管理	52
保密工作	52
保密工作概况	52
强化保密政治责任	52
保密宣传工作	52
保密教育培训	52
保密监督检查	52
党校教育	52
党校教育概况	52
教育培训	53
干部培训管理	53
理论宣讲	54
指导联系镇委党校	54
党史研究	54
党史研究概况	54
党史资源开发利用	54

党史宣传教育	54
红色文化村调研	55
老干部服务	55
老干部服务工作概况	55
思想政治建设	55
工作机制建设	55
离退休干部组织建设	55
老干部服务工作	56
老干部活动	56
· 佛冈县人民代表大会	56
县人大工作综述	56
重要会议	56
县十六届人大三次会议	56
县十六届人大四次会议	56
县十六届人大常委会会议	56
重要工作	58
监督工作	58
代表工作	59
自身建设	59
佛冈县人民政府	60
县政府工作概述	60
重要政务	60
重点项目建设	60
十件民生实事	60
县长办公会议	61
县政府常务会议	61
县政府工作会议	61
重要政事和决策	62
县政府班子领导补充	62
人大代表议案、建议和政协委员提案	62
佛冈县国土空间总体规划（2021—2035年）	62
佛冈县教育发展"十四五"规划（2021—2025年）	62
佛冈县生态环境保护"十四五"规划（2021—2025年）	62
佛冈县省级产业转移园产业发展规划（2021—2025年）	62
调整佛冈县妇幼保健医院医疗服务价格项目收费标准和医保支付结算等级	62
佛冈县综合交通运输体系发展"十四五"规划	63
佛冈县卫生健康事业发展"十四五"规划	63
关于促进佛冈县制造业增资扩产的政策措施	63
佛冈县水利发展"十四五"规划	63
信访工作	63
信访工作概况	63
信访受理	63
满意度评价	63

初次信访事项办理	63
领导接约访	63
信访专项治理	64
信访宣传	64
信访督办	64
信访干部学习	64
数字政府建设	64
县政务服务数据管理概况	64
数字政府建设工作	64
政务服务	65
"百千万工程"信息化建设	65
政务服务管理	66
政务服务概况	66
政务服务建设	66
政务受理业务	66
视频办理业务	66
热线工作处理	66
内部制度管理	66
机关事务	67
机关事务概况	67
公务用车管理	67
中心环境卫生	67
中心设施维护	67
政府食堂管理	67
安全保卫管理	67
办公用房管理	67
后勤保障工作	67
公务接待服务	68
政协佛冈县委员会	68
县政协工作概述	68
重要会议	68
县政协第十一届第三次会议	68
县政协常委会议	68
主要工作和调研视察	69
政协提案	69
政协视察与调研	69
纪检监察	71
纪检监察概况	71
纪律审查	71
作风建设	71
监督制约	71
源头治腐	71
重要会议	72
重要活动和主要工作	72

县委巡察工作	73
县委巡察工作概况	73
巡察监督成效	73
巡察推动解决民生问题	73
巡察整改和成果运用	73
各类监督贯通融合	73

- 民主党派 73

中国国民党革命委员会清远市佛冈县支部

民革概况	73
组织建设	74
思想建设	74
参政议政	75
社会服务	75

中国民主同盟佛冈县基层委员会 76

县民盟概况	76
思想建设	76
社会服务	76
组织建设	76
参政议政	77
宣传工作	77

群众团体

- 佛冈县总工会 78

总工会概况	78
佛冈县工会第十五届委员会第三次全体会议	78
助推"百千万工程"	78
业务培训	78
工会工作创新	79
劳模、工匠选树培养	79
基层工会规范化建设	79
职工服务	79
工会活动	80

- 共青团佛冈县委员会 80

团县委概况	80
基层团组织建设	81
服务青年	81
青少年思想引领	82
助力乡村振兴	82
共建"绿美广东"	82
推动志愿服务专业化	83

- 佛冈县妇女联合会 83

妇联概况	83

思想领航	83
深化改革	83
巾帼建功	83
家庭教育	84
维权关爱	84

- 佛冈县工商业联合会 84

县工商联概况	84
组织建设	84
参政议政	84
创优工作	84
开展理想信念教育	85
服务企业	85
服务社会	85

- 佛冈县文学艺术界联合会 85

县文联概况	85
交流培训	86
文艺创作	86
人才建设	86
《潖江文艺》	86

- 佛冈县归国华侨联合会 86

县侨联概况	86
基层组织建设	86
助推"百千万工程"	87
侨情数据库建设	87
为侨服务	87
新时代"佛冈的侨"纪实工程	87
公益事业	87
巡察整改	87
世界华人学生作文大赛	87

- 佛冈县科学技术协会 87

县科协概况	87
全国科普日活动	88
科普能力建设	88

- 佛冈县残疾人联合会 88

县残联概况	88
上门评残工作	88
残疾人发证工作	88
残疾人教育就业	88
残疾人体育运动	88
残疾人居家康复服务	88
残疾人"两项补贴"核实发放工作	88
残疾人维权	89

贫困重度残疾人家庭无障碍改造	89
残疾人就业和残保金征收工作	89
残疾人免费乘坐公交车	89
全国持证残疾人基本状况调查	89
残疾人慰问	89
· 佛冈县红十字会	89
县红十字会概况	89
管理体制理顺	89
社会募捐	89
博爱送万家活动	89
关爱地中海贫血和白血病患儿工作	89
应急救护培训工作	89
"三献"工作	90
"5·8人道公益日""99公益日"众筹捐款	90
· 佛冈县党外知识分子联谊会	90
县知联会概况	90
思想政治建设	90
组织建设	90
参政议政	90
社会服务	91
联谊交流	91

外事·侨务·台港澳事务

· 外事	92
外事工作概况	92
外事服务	92
外事管理	92
外事宣传	92
· 侨务	93
侨务工作概况	93
归侨服务	93
归侨民生保障	93
· 台湾事务	93
台湾事务概况	93
台胞事务	93
· 港澳事务	94
港澳事务概况	94
联络联谊工作	94
粤港澳青少年交流	94
港澳企服务	94

法 治

· 法治综述	95
政法概况	95
"两化""两员"工作	95
"1+6+N"基层社会治理工作体系建设	95
开展救治救助	95
治安综合治理	95
社会矛盾化解	96
市域社会治理现代化试点工作	96
扫黑除恶斗争	96
全民禁毒工程	96
法治建设	97
反邪教警示教育	97
见义勇为协会	98
维稳(信访)工作	98
政法系统政治轮训	98
荣获"平安鼎"	98
· 依法治县	98
依法治县工作概况	98
思想政治建设	98
依法行政	99
维护社会和谐稳定	100
法律服务	101
· 公安	101
公安工作概况	101
平安建设	101
警务机制改革	103
队伍建设	103
放管服便民服务措施	104
交警工作	104
巡警工作	106
· 检察	106
检察工作概况	106
刑事检察工作	106
民事检察工作	106
行政检察工作	106
公益诉讼检察工作	106
未成年人检察工作	106
法治化营商环境	107
市域社会治理	107

队伍建设 107
- **审判** 107
　　审判工作概况 107
　　刑事审判 107
　　民事审判 107
　　案件执行 108
　　服务县域发展 108
- **司法行政** 108
　　司法行政工作概况 108
　　法治建设 108
　　法治政府建设 108
　　行政复议 108
　　行政应诉 109
　　行政执法 109
　　普法工作 109
　　人民调解 109
　　公共法律服务 109
　　社区矫正和安置帮教 110
　　基层司法 110

军　事

- **人民武装** 111
　　人民武装概述 111
　　政治建设 111
　　军事训练 111
　　国防动员 111
　　征兵工作 112
　　基层治理规范化建设 112
　　双拥共建 112
- **人民防空** 112
　　人民防空概况 112
　　人防工程建设 112
　　人防队伍建设 113
　　人防警报试鸣活动 113
　　人防宣传教育工作 113
- **退役军人事务** 113
　　服务保障体系建设 113
　　就业创业扶持 113
　　帮扶解困政策落实 114
　　做好移交安置工作 114
　　开展烈士纪念褒扬活动 114
　　落实优待抚恤政策 114

　　新时代双拥工作 114

经济管理

- **发展与改革** 115
　　经济总量概况 115
　　工业生产 115
　　农业生产 115
　　固定资产投资 115
　　深化改革激发动能 116
- **价格管理** 116
　　价格管理概况 116
　　价格调控管理 116
　　民生价格管理 116
　　价格认定 116
- **市场监督管理** 117
　　市场监管概况 117
　　优化营商环境 117
　　市场监管执法 117
　　"四大安全"底线守牢 117
　　监管队伍建设 118
　　法治市监建设 118
　　个体私营协会 118
- **审计** 119
　　审计概况 119
　　财税金融审计 119
　　经济责任审计 119
　　行政事业审计 119
　　固定资产投资审计 119
　　审计整改 119
- **统计** 120
　　统计概况 120
　　统计服务 120
　　统计调查 120
　　统计法治 120
　　第五次全国经济普查 120
- **国有资产管理** 121
　　国有资产管理概况 121
　　资产存量调查 121
　　国有资产管理工作 121
　　国有资本经营预决算 122
　　国有资产报告制度 122
- **公共资源交易** 122

公共资源交易概况 122
营商环境优化 122
公共资源交易管理 123
- **代建项目管理** 123
  代建项目管理概况 123
  竣工验收项目 123
  正在建设项目 123
  前期筹建项目 123
- **市场开发服务** 124
  市场开发服务概况 124
  市场服务管理 124
  市场设施利用 124
  市场文明建设 125
  市场开发建设 125
- **自然资源管理** 125
  自然资源管理概况 125
  建设用地管理 125
  土地所有权管理 126
  矿政管理 126
  地质灾害防治管理 127
  耕地保护 127
  执法监察 127
  信访综治维稳 128
- **土地开发与储备** 128
  土地开发与储备概况 128
  土地开发整理 129
  土地储备 129

财政·税务

- **财政** 130
  财政收支概况 130
  组织收入管理 130
  财政支出管理 130
  支出结构优化 131
  监管效能提升 131
  财政改革深化 132
- **税务** 132
  税务概况 132
  特色党建品牌 132
  税费征管治理 132
  纳税服务 133

金融·保险

- **金融业综述** 134
  金融业管理 134
  金融业指标 134
- **金融改革创新** 134
  扶持企业上市 134
  防范和处置非法集资 134
- **银行业机构选介** 135
  中国工商银行股份有限公司佛冈支行 135
  中国农业银行股份有限公司佛冈县支行 136
  中国建设银行股份有限公司佛冈支行 138
  中国银行股份有限公司清远佛冈支行 138
  中国邮政储蓄银行股份有限公司佛冈县支行 139
  广东佛冈农村商业银行股份有限公司 140
- **保险业机构选介** 141
  中国人寿保险股份有限公司佛冈县支公司 141
  中国人民财产保险股份有限公司佛冈支公司 141
  中国太平洋财产保险股份有限公司清远市佛冈支公司 142

农　业

- **农业综述** 143
  农业发展概况 143
  涉农资金项目库建设 143
  新型农村集体经济工作 143
  土地流转 143
  农村产权流转交易 143
  推进和美乡村建设 144
  农业执法 144
  农产品质量安全监管 144
  新型职业农民培育 145
- **农业经济工作** 145
  农业经济工作概况 145
  集体产权制度改革 145
  农业经营主体发展 145
- **种植业** 145
  种植业概况 145
  落实粮食生产补贴政策 146
  农业技术推广服务 146

农作物病虫害防治	146
水果产业园建设	146
· 畜牧与水产	146
畜牧与水产概况	146
动物疫病防控	146
生猪和家禽屠宰管理	147
水产养殖	147
清远鸡产业发展	147
生猪稳产保供	147
畜禽养殖废弃物资源化利用	147
· 农业机械化	147
农业机械化概况	147
农业机械购置补贴	148
农机安全监督管理	148
· 林业	148
林业概况	148
生态公益林	148
林木采伐及林地审核审批	148
全面推行林长制	148
野生动物保护	149
依法治林	149
森林防火	149
林业有害生物防治	150
· 水利	150
水利概况	150
小型水库安全运行管理	150
农村供水工程	150
农业水价综合改革	150
农田水利	151
中型灌区建设	151
城市排涝	151
污水设施建设	151
河道采砂	151
落实防汛责任制	151
水旱灾害防御体系建设	151
充实防汛物资	151
推行河长制	152
碧道建设	152
河湖"清四乱"	152
"清漂"行动	152
河湖空间管护	152
水行政执法	152
水资源管理	152
取水口取水监测计量	152
水土保持监督管理	152
水库移民后期扶持	152

工 业

· 工业综述	153
工业概况	153
产业结构优化	153
传统产业转型升级	153
· 工业主要产业	153
工业主要产业概况	153
电子产业	153
空调及配件产业	153
玩具产业	153
电动车及配件产业	153
钢铁产业	153
食品产业	153
新材料产业	153
· 企业技术改造·技术创新·品牌建设	153
企业技术创新、技术改造和品牌建设概况	153
技术创新	154
技术改造	154
品牌建设	154
绿色发展	154
· 工业节能减排	154
节能监察	154
清洁生产审核	155
· 工业主要企业	155
雅迪科技集团有限公司清远分公司	155
约克广州空调冷冻设备有限公司	155
清远南玻节能新材料有限公司	155
建滔（佛冈）积层板有限公司	156
清远加多宝草本植物科技有限公司	156
佛冈达味特钢有限公司	156
清远天赐高新材料股份有限公司	156
广东合诚实业有限公司	157
广东鑫统仕集团有限公司	157
洛科威防火保温材料（广东）有限公司	157
广东华劲汽车零部件制造有限公司	158
· 中小企业和民营经济	158
中小企业和民营经济概况	158
中小微企业帮扶	158
打造省级中小企业特色产业集群	158

- **电力工业** 159
  - 电力工业概况 159
  - 安全生产 159
  - 电网建设 159
  - 电力供应 160
- **工业园区建设** 160
  - 佛冈县产业转移工业园 160
  - 园区概况 160
  - 园区基础设施建设 160
  - 招商引资 160
  - 广东雅迪机车有限公司华南基地项目 160
  - 广州南粤防火门有限公司项目 160
  - 广州蒙娜丽莎卫浴股份有限公司SPA无边际泳池浴缸生产项目 160
  - 园区重点项目建设 160
  - 广佛（佛冈）产业园 160
  - 广佛（佛冈）产业园概况 160
  - 科技创新 161
  - 招商引资 161
  - 重点项目建设 161
  - 产业发展 161
  - 成立广佛（佛冈）产业园正式管理机构 161

开放型经济

- **开放型经济综述** 162
  - 开放型经济概况 162
  - 引进外资项目 162
  - 外资增资项目 162
  - 外资利用 162
- **招商引资** 162
  - 招商引资概况 162
  - 中小企业融资 162
- **对外贸易** 162
  - 稳住外贸基本盘 162
  - 出口支柱企业 163

商贸流通

- **商贸流通综述** 164
  - 商贸概况 164
  - 社会消费品零售总额 164
  - 社会商品销售总额 164
  - 批发零售业 164
  - 住宿餐饮业 164
- **粮食储备管理** 164
  - 粮油储备概况 164
  - 储备粮油轮换 164
  - 粮食质量监测 165
  - 仓储设施建设 165
  - 应急物资储备 165
  - 防控物资收储 165
- **供销合作** 165
  - 供销概况 165
  - 供销社综合改革 165
  - 烟花爆竹经营管理 165
  - 农业生产资料管理 165
  - 再生资源回收管理 166
  - 农副产品购销 166
- **烟草专卖** 166
  - 烟草专卖概况 166
  - 营销网建 166
  - 专卖管理 167
  - 管理创新 167
  - 普法宣传 167
- **食盐专卖** 167
  - 盐业专卖概况 167
  - 食盐销售管理 167
  - 市场巡查巡访 167
  - 食盐安全宣传 168
- **佛冈县国家级电子商务进农村综合示范项目** 168
  - 电子商务概况 168
  - 物流体系完善 168
  - "两个中心"建立 168
  - 培训体系健全 168
  - "双向流通"体系推动 169
- **寄递物流安全管理** 169
  - 安全管理概况 169
  - 联动协作加强 169
  - 工作措施强化 169

交通·邮政·通信

- **交通综述** 171

交通概况	171
交通基础设施建设	171
"四好农村路"建设	173
绿美佛冈生态建设	173
· 交通行政管理	**173**
交通行政管理概况	173
客运行业管理	173
机动车维修行业管理	174
机动车驾培行业管理	174
城市公共交通行业管理	174
· 交通安全管理	**174**
交通安全生产管理	174
交通运输专项治理	175
普通货运行业管理	175
危险货物运输专项治理	176
汛期安全生产	176
交通运输责任事故	176
· 交通行政综合执法	**176**
交通行政综合执法概况	176
· 公路养护管理	**177**
公路养护概况	177
路政管理	178
路政服务	178
· 交通运输管理	**179**
交通运输概况	179
春运工作	179
佛冈县便捷客运站	179
佛冈县安利通运输有限公司	179
佛冈县永通公共汽车有限公司	179
· 邮政业	**179**
邮政业概况	179
邮政业务	179
邮政服务	180
平安邮政	180
· 通信业	**181**
中国电信股份有限公司佛冈分公司	181
中国移动通信集团广东有限公司佛冈分公司	181
· 信息化建设	**183**
信息基础设施	183
乡村网络和光网建设	183
5G+智慧园区建设	183
5G网络信号覆盖	183
数字化转型升级	183
· 无线电管理	**183**

无线电管理概况	183
无线电管理措施	183
无线电日常监测	183
重要期间保障监测	183
考试保障监测	183
无线电监管、监听、监测	183
专用频率监测	184
汛期无线电通信保障	184
无线电通信设备管理	184
无线电通信设备查处	184
无线电法律法规宣传	184
打击非法电台"黑广播"	184

城建·房产

· 重点建设项目	**185**
重点项目建设概况	185
强化项目督导	185
项目用地审批	185
· 城乡规划	**185**
城乡规划概况	185
国土空间总体规划编制	185
土地利用总体规划调整方案编制	185
重点项目详细规划编制	185
国土空间规划行政审批	186
· 镇村建设与管理	**186**
镇村建设与管理概况	186
农村住房安全保障	186
村庄建设项目管理	186
乡村历史文化保护	186
· 城市管理	**187**
城市管理概况	187
城市园林绿化	187
城市管理执法监督	188
市政工程管理	189
城市供水	190
市政路灯	191
市容卫生	192
· 建筑业管理	**192**
建筑业管理概况	192
建筑工程审批	192
建筑工程施工管理	193
建筑节能	193

建设工程消防监督	193
建设工程质量监督	194
安全生产文明施工管理	194
建设工程造价管理	195
散装水泥管理	195
城建档案管理	195
·住宅与房地产业	195
住宅与房地产业概况	195
房地产开发投资	195
商品房预售款管理	195
商品房预售许可管理	195
房地产市场行为监管	196
物业管理	196
房地产开发重点项目	196
·不动产管理	197
不动产管理概况	197
深化政务服务体系	197
化解历史遗留问题	197
不动产登记管理	197

生态环境

·生态环境保护	198
生态环境保护概况	198
大气污染防治	198
水污染防治	199
土壤污染防治	199
噪声污染防治	200
农村污水治理	200
·环境督察执法	201
环境监测	201
环保督察	201
环境信访	201
营商环境优化	202
环境执法	202
·环境综合整治	203
环境统计	203
环保规划编制	203
污染减排	203
综合治理	203

环保宣传	204

旅游业

·旅游业综述	205
旅游业概况	205
旅游业实绩	205
旅游综合接待能力	205
·旅游亮点	205
熹乐谷晋升国家4级景区	205
旅游迎来新旺季	206
重大活动	206
·旅游行业管理	207
旅游行业管理概况	207
旅行社经营监管	207
旅游民宿指导	207
节假日旅游景区管理	207
涉林景区监管	207
·旅游宣传	207
旅游宣传概况	207
旅游节庆活动	208
旅游形象宣传	208
·旅游资源开发和景区（点）建设	208
旅游景区开发	208
景区景点建设	208
·旅游商品	211
竹山粉葛	211
广生园初生蛋	211
金鲜美大米	211
水头芦笋	211
迳头竹笋	211
双凤葛粉	211
高岗红薯	211
草莓	211
鹰嘴桃	211
台湾杨桃	211
台湾番石榴	212
凤梨释迦	212
益肾子	212
澳洲坚果	212
四九牛肉	212
乌鬃鹅	212
百香果	212

教育·科学

- **教育综述** 213
  - 教育概况 213
  - 创强促优 213
  - 普及教育 213
  - 校园安全 213
  - 教育督导 214
  - 教育投入 214
  - 师资队伍建设 215
  - 科研立项 215
  - 教研成果 215
  - 高考中考 215
  - 教育收费督查 215
  - 德育成果 215
  - 教育装备建设 216
  - 扶困助学 216
- **基础教育** 216
  - 基础教育概况 216
  - 学前教育 216
  - 义务教育 217
  - 广清教育帮扶 218
  - 搭建帮扶平台，促进资源共享 218
- **县城中学简介** 219
  - 佛冈县第一中学 219
  - 佛冈中学 220
  - 佛冈县城北中学 221
  - 佛冈县城东中学 221
- **成人教育** 223
  - 成人教育概况 223
  - 社区培训 223
  - 企业培训 223
- **职业教育** 223
  - 佛冈县职业技术学校 223
  - 清远市德圣健康职业技术学校 224
  - 清远市南方技工学校 225
  - 佛冈县金博士职业培训学校 226
- **科学技术与知识产权** 227
  - 科技计划项目申报和立项 227
  - R&D研发经费支出占GDP比重 227
  - 申报省创新型专业镇 227
  - 高新技术企业认定 227
  - 高新技术产品认定 227
  - 工程技术研发中心 227
  - 知识产权和标准化工作 228
  - 防震减灾工作 228
- **气象事业** 228
  - 气象事业概况 228
  - 气候特点 228
  - 气象灾害天气 228
  - 气象观测 229
  - 天气预报预警 229
  - 气象行政许可 229
  - 气象安全生产 229
  - 气象科普宣传 230
  - 气象高质量发展 230

文化·传媒

- **文化综述** 231
  - 文化建设概况 231
  - 文化馆（站）建设 231
  - 图书馆建设 231
  - 博物馆建设 231
  - 基层综合性文化服务中心建设 231
- **群众文化** 231
  - 群众文化概况 231
  - 节日系列活动 232
  - "全国乡村春晚"广东分会场 232
  - 基层文化活动 232
  - 文化展演活动 232
- **文化市场** 232
  - 文化市场概况 232
  - 开展专项行动 233
  - 开展扫黄打非 233
  - 加强未成年人保护 233
- **新闻出版** 233
  - 出版物管理范围 233
  - 出版物监管 233
  - 《清远日报》佛冈记者站 233
- **文艺创作** 234
  - 文艺创作概况 234
  - 文化名家引领 234
  - 戏剧、文学创作 235
  - 音乐、舞蹈创作 235
  - 摄影、书法、美术、民间工艺创作 235

作品展播	236
· 图书发行	236
新华书店概况	236
重点出版物发行	236
教材征订发行	237
文化惠民活动	237
· 融媒体中心	237
融媒体中心概况	237
运营情况	237
宣传情况	237
现场直播	237
技术保障	237
获奖情况	238
· 电影放映	238
电影放映概况	238
大地院线（佛冈店）	238
佛冈银座影城	238
城春国际影城	238
农村公益电影	238
· 非物质文化遗产	238
非物质文化遗产概况	238
非物质文化遗产保护	238
· 博物馆	239
博物馆概况	239
文化资源	239
场馆建设	239
文物保护	239
展览宣传活动	239
· 图书馆	240
图书馆概况	240
图书采购	240
举办展览及讲座培训	240
读书活动	240
做好图书馆评估工作	241
· 档案工作	241
档案资源建设	241
档案信息化建设	241
档案治理体系建设	241
档案安全管理	241
档案开放审核	241
· 方志、年鉴编修	241
地方志编纂工作概况	241
《佛冈年鉴·2023》编纂出版	241
《佛冈县志》编纂工作	242
地方志资源开发利用	242
佛冈姓氏祠堂文化调研	242

卫生·医疗·保健·体育

· 卫生综述	243
卫生概况	243
基层医疗卫生服务	243
县域医共体建设	243
医疗人才队伍建设	243
医药卫生体制改革	243
公共卫生服务	244
无偿献血	245
突发公共卫生事件应急处理	245
重点传染病监测	245
常态化扫黑除恶斗争	245
禁毒宣传	245
职业卫生管理	245
· 疾病预防控制	245
疾病预防控制概况	245
免疫规划	245
法定传染病报告	246
不明原因肺炎监测	246
疾病监测	246
死亡病例监测	246
突发公共卫生事件处置	246
艾滋病防控监测	246
尿碘监测情况	247
其他卫生监测	247
食源性疾病监测	247
· 卫生监督管理	248
卫生监督管理概况	248
卫生行政许可	248
医疗卫生监管	248
血浆安全监管	248
抗（抑）菌制剂膏、霜剂型监管	248
公共场所卫生监管	248
学校卫生监管	248
职业卫生、放射卫生监管	248
餐饮具集中消毒单位监管	249
生活饮用水安全监管	249
双随机、一公开	249
宣传培训	249
数字赋能执法工作	249

综合监督执法	249
应急保障工作	249

- **爱国卫生** 250
  - 爱国卫生概况 250
  - 抓好农村改水、改厕工作 250
  - 推进卫生县、镇、村创建 250
  - 开展第36个世界无烟日活动 250
  - 做好病媒生物防制工作 250
- **健康教育** 250
  - 健康教育机构概况 250
  - 健康教育活动 250
  - 广东省乡村振兴健康教育试点 250
  - 创建广东省健康县工作 250
- **县重点医院简介** 250
  - 佛冈县人民医院 250
  - 佛冈县中医院 253
  - 佛冈县妇幼保健院 253
  - 佛冈县慢性病防治医院 254
- **体育** 254
  - 体育事业概况 254
  - 群众体育 255
  - 竞技体育 255
  - 体育统计 255
  - 体育协会 255

社会生活

- **人口计生** 256
  - 人口计生概况 256
  - 计划生育依法行政 256
  - 计划生育奖励扶助 256
  - 老年人工作 256
- **人力资源和社会保障** 256
  - 人力资源和社会保障概况 256
  - 城乡就业创业 256
  - 职业技能培训 257
  - 职业技能等级认定 257
  - 人才引育 258
  - 劳动保障 258
- **社会保险** 259
  - 社会保险概况 259
  - 参保情况 259
  - 基金运行 259
  - 养老待遇调整 259
  - 深化制度改革 259
  - 优化经办服务 260
  - 加强基金监管 260
  - 巩固扶贫成果 260
- **医疗保障管理** 260
  - 医疗保险参保概况 260
  - 医保基金收支情况 260
  - 医保监管 260
  - 宣传培训 261
  - 药品集团采购 261
  - 医疗保障改革发展 262
  - 医保服务优化 262
- **民政** 262
  - 民政工作概况 262
  - 社会救助 262
  - 社会福利 262
  - 关爱老人 263
  - 未成年人服务保障和关爱帮扶 264
  - 社会事务 264
  - 慈善事业 265
- **住房公积金管理** 265
  - 公积金业务概况 265
  - 归集面扩大 265
  - 服务体系完善 266
  - "跨省通办"服务 266
  - 服务效能提升 266
  - 政策调整执行 266
- **民族·宗教** 266
  - 民族宗教概况 266
  - 民族管理 266
  - 宗教管理 267
- **居民生活** 267
  - 全体居民收支情况 267
- **关心下一代** 267
  - 关工委概况 267
  - 青少年教育 267
  - 教育阵地建设 268
  - 160工程特色活动 268
  - 关爱留守困境儿童 268
  - 真情关心关爱"五老" 269
  - 农村创业青年工作 269
  - 自身建设 269
  - 加强宣传 270

- 老区建设 270
  - 老区建设促进会概况 270
  - 八届二次理事会 270
  - 老区建设项目 270
  - 老区调研 270
  - 两项公益项目 271
  - 烈士后裔助学工程 271
  - 老区宣传工作 271
  - 互学交流 271
- 应急管理 272
  - 应急管理概况 272
  - 安全生产监督管理 272
  - 防灾减灾救灾 273
  - 森林防灭火 273
  - 宣传教育培训 273
- 消防 274
  - 消防工作概况 274
  - 灭火救援工作 274
  - 火灾防控工作 274
  - 消防安全专项整治行动 274
  - 消防宣传工作 274

建制镇

- 高岗镇 275
  - 高岗镇概况 275
  - 经济发展 275
  - 城乡建设 276
  - 社会事业发展 276
  - 巩固脱贫攻坚成果 277
  - 安全生产 277
  - 绿美生态建设 277
  - 党建示范品牌 277
  - 乡村旅游 278
  - 高岗镇第十七届人民代表大会第三次会议 278
  - 高岗镇第十七届人民代表大会第四次会议 278
- 迳头镇 278
  - 迳头镇概况 278
  - 经济发展 279
  - 城乡建设 279
  - 社会事业发展 279
  - 幸福积分 280
  - 基层党组织建设 280
  - 巩固脱贫攻坚成果 281
  - 基层社会治理 281
  - 人大文化建设 281
  - 迳头镇第十八届人民代表大会第三次会议 281
  - 迳头镇第十八届人民代表大会第四次会议 281
  - 迳头镇第十八届人民代表大会第五次会议 281
- 水头镇 281
  - 水头镇概况 281
  - 经济发展 282
  - 特色产业建设 282
  - 乡村振兴 282
  - 依法履职 282
  - 社会民生 282
  - 绿美水头建设 283
  - 提升城乡综合承载力 283
- 石角镇 283
  - 石角镇概况 283
  - 经济发展 284
  - 城乡建设 284
  - 绿美生态建设 284
  - 助推"百千万工程" 285
  - 宜居宜业和美乡村 285
  - 社会事业发展 285
  - 综治维稳 286
  - 作风建设 286
  - 退役军人服务 286
  - 构建区域党建共同体 287
  - 党员培训教育 287
  - 村（社区）干部学历提升 287
  - 人大履职 287
- 汤塘镇 287
  - 汤塘镇概况 287
  - 经济发展 287
  - 城乡建设 288
  - 社会事业发展 288
  - 农村综合改革 290
  - 扫黑除恶 290
  - 禁毒宣传工作 290
  - "两化""两员"工作 290
  - 汤塘镇十八届人民代表大会三次会议 291
  - 汤塘镇十八届人民代表大会四次会议 291
- 龙山镇 291
  - 龙山镇概况 291

经济发展　291
　　城乡建设　292
　　社会事业发展　292
　　综合治理　293
　　便民服务改革　293
　　乡村振兴帮扶工作　293
　　"6·30"广东扶贫济困日　293

自然保护区·林场

- 广东佛冈观音山省级自然保护区　294
　　保护区概况　294
　　森林防火　294
　　资源管护　294
　　资源调查与科研监测　294
　　宣传教育　294
　　社区共管　295
　　人员培训　295
- 清远市羊角山林场　295
　　林场概况　295
　　林场主要任务　295
　　党建工作　295
　　森林建设及资源利用　295
　　森林防火　295
　　安全生产工作　296
　　综治信访维稳工作　296
　　森林保护及治安管理　296

统计资料

- 佛冈县2023年国民经济和社会发展统计公报　297
- 佛冈县国民经济和社会发展情况表　299
- 2023年佛冈县各镇基本情况统计表　304

文献专载

- 在县委十四届四次全会上的讲话　305
- 政府工作报告　310

附　录

- 县委及县委办规范性文件要目　318
- 县政府及县府办规范性文件要目　318
- 重点文物保护单位名录　319
- 2023年获省部级及以上先进单位与先进个人名单　320
- 2023年获广东省"五一劳动奖状"单位　321
- 2023年获广东省"五一劳动奖章"个人　321
- 2023年度获荣誉表彰现役军人名录　321
- 办事指南　322

索　引

- 主题词索引　324

年度关注

责任编辑：郭治国

学习宣传贯彻习近平新时代中国特色社会主义思想主题教育活动

2023年，佛冈县围绕"学思想、强党性、重实践、建新功"的总要求，把理论学习、调查研究、推动发展、检视整改、建章立制贯穿全过程并有机融合、统筹推进，推动主题教育见真章、出实效。

举办读书班　县处级领导班子和领导干部带头示范，率先举办为期7天的读书班，开展中心组理论学习15次，讲授专题党课70场次。各级党组织开展理论学习6079次，参加学习党员8791人次，发放图书33 000多本。

开展调查研究　县处级领导班子和领导干部围绕12个专题制定《佛冈县主题教育调研计划》，细分60个调研课题，深入调研高质量、深层次、关键性问题，形成《佛冈县调研成果转化运用清单》，推动调研成果100%转化。

容贯检视整改　坚持把检视整改贯穿始终，确保动真碰硬、真查实改。把检视整改作为破解难题、推动高质量发展的重要举措和有力保证，围绕11个方面深入查摆问题31个，通过立行立改、专项整治、调查督办、开好专题民主生活会等方式方法，实现问题100%销号。

推进建章立制　坚持把建章立制贯穿始终，确保堵塞漏洞、常态长效。注重"当下改"和"长久立"相结合，把主题教育探索的好经验、好做法转化为长效机制，在理论学习、为民办事、调查研究、推动发展等各方面建章立制34项，确保主题教育常态长效。

（县委组织部）

"百千万工程"在佛冈走深走实

2023年，佛冈县紧扣省委"1310"工作部署和市委"十大行动方案"，乘势而上、苦干实干，"百县千镇万村高质量发展工程"（简称"百千万工程"）实现良好开局。实现地区生产总值171.57亿元；水头镇典型培育经验做法得到省委主要领导批示肯定，被省专刊印发推广。

指挥体系运行高效　成立由县委主要负责同志牵头的指挥部，形成"9个专班+3个专项小组"，一盘棋统筹调度。出台70余项配套政策，以5份任务清单、3份作战地图、2份典型镇村手册为具体抓手，推动项目化管理、清单式推进、销号式落实。

产业经济活力迸发　优化提升"一主两辅"园区格局，广佛（佛冈）产业园累计签约项目127个，总投资达273亿元；雅迪增资10亿元，打造华南地区最大生产基地；空调制冷集群入选全省首批中小企业特色产业集群；中盛天然气等38个重点项目签约；佛冈-黄埔协同创享中心落地广州黄埔区，"广州总部+佛冈基地"合作共建模式持续深化，创设全市首个县域"反向飞地"平台；盘活低效工业用地16.33公顷、厂房5.26万平方米。

城镇功能凸显强化　推进以县城为中心的新型城镇化国家级试点，全面启动京港澳高速十车道扩建工程；动工修建北江引水工程，打造南部城乡供水一体化格局；加快建设龙凤新区、城南新区，先后建成体育中心、龙凤大桥工程，县城框架逐步扩大；强力培育全省"百千万工程"典型镇水头镇，提升建设县域宜居宜业核心区石角镇，做强产城融合示范、特色温泉康养、县域副中心汤塘镇，突出大湾区产业转移优选地、工业基地龙山镇，打造因地制宜发展农文旅产业的高岗镇、迳头镇。

和美乡村建设加快　建成全市首个丝苗米种植数字化平台，丝苗米种植面积8986.67公顷；成功举办首届国际魔芋节，天聪魔芋深加工、水头镇农副产品加工中心动工建设，两年时间实现魔芋种植面积近万亩，三产融合产值6亿元以上；"佛冈有礼"区域公用品牌带动农产品销售1.26亿元，同比增长100%。乡村面貌持续改善，纵深推进首批6个典型村建设，其中水头镇新联、新坣等村连片打造具有岭南文化特色的未来乡村建设新标杆，迳头镇楼下村利用希音公司帮扶资源，全力打造"一带一环五片区"。

城乡融合拓展提升　"三项工程"开展扎实有力，"粤菜师傅""广东技工""南粤家政"工程共培训2824人次，城镇新增就业4194人、失业人员实现再就业1770人。完成佛冈一中、佛冈中学扩建项目和四九中学新教学楼建设，新增优质学位3150个。民生底线兜稳兜牢，县社会福利院老人公寓建成使用，3家"长者饭堂"投入运营；发放各类补贴补助9820万元。

（县"百千万工程"指挥部办公室）

广佛（佛冈）一体化持续升级

2023年，佛冈县立足大湾区周边卫星城定位，抢抓广州都市圈建设、省内产业有序转移等机遇，狠抓交通互联互通、产业合作共建、公共服务协同共享，推动广佛（佛冈）一体化迈上新台阶。

区位优势日益凸显 省政府印发《广州都市圈发展规划》，明确佛冈全域纳入广州都市圈范围，县域"两纵一横"高速路网持续优化升级，京港澳高速佛冈至广州太和段改扩建工程正式动工；汕湛高速龙山出口连接线前期工作稳步推进，佛冈与大湾区主要城市的时空距离将进一步缩短。

产业共建持续深化 佛冈产业转移工业园成功入选省重点产业有序转移主平台，与广州黄埔区签订新一轮全面对口帮扶协议，与广州高新区投资集团、省呼吸与健康学会达成招商引资、生物医药产业发展等战略合作，在广州建立清远市首个县域"反向飞地"佛冈-黄埔协同创享中心。广清经济特别合作区广佛（佛冈）产业园管理机构获得省委批复，正式挂牌成立并进入实体化运作，截至2023年底，园区已签约项目127个，预计总投资260亿元、年产值520亿元，其中计划投资亿元以上项目34个。高兰德、洛科威等31个企业相继投产，成为广清产业有序转移成功实践典范。

公共服务协同共享 全县14所中学实现与广州六中、天河外国语学校等名校结对帮扶，广州涉外学院和广州城建学院佛冈校区即将建成招生。省人民医院、省第二中医院等医疗帮扶持续深化、成绩斐然，水头镇卫生院在广州中医药大学的帮扶下，全面启动全省一流中医药特色基层卫生院创建工作，医疗服务水平实现跨越式提升，群众可以在"家门口"享受省级医疗服务。

（谭永光）

水头镇全力培育省级现代农业魔芋产业园

2023年，佛冈县水头镇万亩魔芋又获大丰收，产量达2.7万吨，产值1.1亿元。水头魔芋产业园项目于2021年启动，在省纪委驻镇工作队帮助下，引入高新科技企业，加大开发力度，总投资达4.9亿元，已建设产、学、研全产业链。通过动员农户将碎片化用地经营权流转集体，引导村民以土地入股合作社，2023年魔芋种植面积已超万亩，成为广东最大的魔芋生产基地。水头镇因地制宜，以"土地综合利用、板上板下协同、持续辐射'三农'"为目标，创新性地将光伏与魔芋产业有机结合，实现"上能发电，下能种植，兼具观光旅游"效应，探索"企业+村集体+合作社+基地"生产经营模式，带动2000多农户参与魔芋种植、加工、销售等环节，参股村民人均年收入增加6000元以上。成功创建省级农业科技园，与华南农业大学、仲恺农业工程学院等高校合作，建设魔芋产学研中心，成为推进"百千万工程"的强大助力。

（水头镇党政办）

"迳头白鹭"丝苗米创亮品牌

迳头镇响应全市五大百亿农业产业部署，推进农业产业高质量发展，打造"迳头白鹭"丝苗米品牌。

推广优品种植 以抓"种植大户"为重，抓"散户"为辅，引进种植大户规模化种植，实行种植大户带动散户，合作社牵动农业产业发展机制。建立龙头企业合作机制，推进注册"迳头白鹭"商标，创亮本土特色农产品品牌。2023年，推广创亮种植"广丰香8号""美香占2号""珍贵"等优质丝苗米品种超866.67公顷。

创新销售模式 成立清远佛冈迳头拓远建设有限公司，采取"公司+合作社+农户"模式。设立花城购清远迳头乡村振兴专馆，推动"迳头白鹭"品牌入驻"佛冈有礼"等线上平台。镇属公司共收购湿谷43.57万公斤。同时，通过帮扶单位工会渠道组团销售，合同金额超444.9万元，其中"迳头白鹭"丝苗米品牌达134.22万元。

优化农技措施 坚持以教育和培训为手段，积极创新培训方式方法，锚定农户在实际中遇到的种植困难，提高培训针对性，通过送教下乡、送课上门、视频直播等方式开展技能培训。同时，在楼下村和仓前村开设田间课堂，邀请佛冈县农业技术推广中心的农技专家到迳头镇楼下村给农户授课。建设日烘干能力达150吨的粮食烘干中心，年产值可达270万元。

完善惠民服务 明确分工，层层递进，通过镇统一采购大范围种植品种、村级上报农户需求量，向农户免费发放优质丝苗米种子，进行实名登记，做到"有发有落实"。建成佛冈县丝苗米数字化展示中心，通过全息视频展示区、互动投影展示区、丝苗米产业服务平台以及种子墙，全方位展示佛冈县丝苗米产业一张图、产业分布、示范基地、产品溯源体系、丝苗米生长模型、预警中心、产业服务、价格指数、农机管理、病虫害预警识别等模块，体现县域内丝苗米种类丰富，展现农业产业现代化水平，推动丝苗米产业形成规模化、集聚化、标准化、品质化、品牌化。

（县农业农村局）

佛冈县大力培育典型镇村，以点带面实现强县促镇带村

2023年，佛冈县贯彻落实省、市决策部署，狠抓县域经济发展，以产业链的思维发展工、农、旅三大产业；抓典型镇村培育，以点带面实现强县促镇带村。发挥好典型示范效应，持续深化水头典型镇培育，连片打造具有岭南特色的乡村建设新标杆。发挥好社会资本的带动作用，将迳头楼下村建设为农文旅融合的典型样板；抓绿美生态建设，高标准打造羊角山绿美生态示范点，在典型镇村培育上走在全省前列。是年，广东省推进"百千万工程"促进城乡区域协调发展现场会公布了全省"百千万工程"首批典型县镇村名单，其中佛冈有1个典型镇（水头镇）、6个典型村（水头镇新联村、新坣村，迳头镇楼下村，石角镇里水村，汤塘镇汤塘村，龙山镇上岳村）入选。

（县"百千万工程"指挥部办公室）

佛冈县水头医养中心建成营业

2023年8月，佛冈县水头医养中心建成营业。该中心是一所集基本医疗与公共卫生于一体、面向湾区的高标准医疗养老养生基地。为解决社会康养服务短板，在广东省纪委驻佛冈县水头镇乡村振兴工作组积极协调下，项目采取镇村土地入股、广州中医药大学技术助力、招引社会资本建设运营的多方参股模式，全面打造养老、养生、医疗康复、健康管理、亚健康管理、健康干预、慢性治未病干预、私人护理相结合的健康管理中心。项目分为3个功能区：一区为水头镇卫生院，建筑面积9349平方米，可提供90个医疗床位；二区为医养服务中心，建筑面积9475平方米，可提供300个康复床位；三区为综合服务区，设有接待服务中心、养老服务用房和养生公寓，并配套休闲娱乐、文化教育、生活照料、健康管理、体育健身等区域，为社区老年人提供文化娱乐、学习教育、健康管理、数据采集、信息资讯等基本公共养老服务。项目自2022年8月动工以来，已完成一期工程总投资1.1亿元，建筑面积1.87万平方米，具备门诊部、住院部和医养结合部，设有40张住院床位和280张医养床位；开设中医儿科、中医肿瘤、内科调理、中医治未病门诊等国学专科，配合开展医养结合服务。

医养中心立足水头生态，融合周边景点形成组合线路，因地制宜，把医疗资源、生态资源、养老资源、文旅资源有机结合，服务功能有效衔接，实现"医""康""护""养"四位一体，成为面向湾区的高标准医养基地。医养中心的投入使用，是佛冈深入实施"百千万工程"、持续深化广清医疗帮扶合作的重要举措。

（邱伟钊）

佛冈成功创建"广东省健康县"

全面创建广东省健康县是佛冈县委第十四次党代会工作报告提出的战略决策。在创建活动中，通过政府统筹、加大投入、完善政策、创新机制，全县广大人民群众健康水平明显提升，居民健康素养从2022年的23.65%上升到2023年的28.98%，取得明显的效果。2023年完成省级评估，达到省级健康县建设标准，被确认为"广东省健康县"。

全面实施"健康融入" 大力开展健康知识普及教育，推广健康文化。在"佛冈通"开设"创建健康县"专栏，开通"佛冈健康教育"微信公众号；开展健康文化文艺表演下乡活动10余场，参加活动人数1500人；组织开展大型健康节日纪念日主题活动15场，普及健康知识、急救培训，倡导全民健身，演练处置突发公共卫生事件等大型主题活动，参与人数超过5000人次，惠及全县广大人民群众。

全方位推进场所建设 成功创建健康机关40个、健康社区（村）40个、健康学校35所、健康促进医院15家、健康企业24家，评选出健康家庭21 651户、健康示范家庭100户。健康场所创建率分别为：健康机关51%，健康社区（村）44%，健康学校63%，健康促进医院94%，健康企业20%，健康家庭22%，全部达到创建标准。在教育路健康主题公园、滨江路健康步道及拥军路、文明路、文化馆、交通大厦、银座小区等张贴健康县宣传画，使其成为集宣传学习、健康宣教和群众互动活动于一体的场所。

（廖艾莴）

佛冈县新时代文明实践中心获评"全省基层理论宣讲先进集体"荣誉称号

2023年，佛冈县新时代文明实践中心立足特色、发挥优势、整合资源、创新形式，变"听我讲"为"大家讲"，提升受众覆盖面和宣讲效果，推动理论宣讲工作持续走深走实，获评"全省基层理论宣讲先进集体"荣誉称号。

注重统筹建队伍，着力解决"谁来讲" 广泛吸纳党校老师、机关单位工作人员、教师、医生、企业职

工、驻村干部、青年学生、返乡创业青年、退休干部等各方面人才，动员佛冈本地道德模范、先进典型、乡村新闻官、岗位能手等群体加入宣讲队伍，组建理论骨干宣讲团、关工委讲师团、巾帼志愿示范宣讲队、基层百姓宣讲团等宣讲队伍56支共463人，深入基层开展分众化、对象化、互动式宣讲2800多场次，受众17万余人次，推动党的创新理论"飞入寻常百姓家"。

因地制宜搭平台，着力解决"在哪讲" 依托县新时代文明实践中心，在全县建立97个新时代文明实践所（站）、82家农家书屋，打造村居广场、道德讲堂等多个文化阵地，全市首个"红小荔"正能量传播培育基地投入使用，实现基层宣讲阵地全覆盖，累计开展宣讲活动2000多场。

丰富内容定主题，着力解决"讲什么" 围绕学习宣传贯彻习近平新时代中国特色社会主义思想主线，以"讲新理论、讲新政策、讲新成就、讲新变化、讲新风尚"为主题，丰富拓展宣讲内容，提升宣讲质效。依托志愿服务宣讲团、巾帼志愿示范宣讲队等，重点讲述先进典型、道德模范、最美人物、优秀志愿者的感人故事、高尚品质、崇高精神。线上线下同步开展"佛冈好人"发布暨身边好人宣讲活动，组织本地"清远好人""佛冈好人"道德模范等群体深入基层宣讲。以"课堂讲""党员带""大家谈"等方式，开展宣讲1090场次。

创新思路活形式，着力解决"怎么讲" 坚持"理论""故事"相结合，以"理论观点+故事案例+总结阐述"的宣讲模式，用生动故事和通俗语言，将国家"大政策"转变为群众能听懂的"小例子"，让学理论变得更鲜活、更立体、更具感染力；坚持"理论""文艺"相结合，以文艺演出为载体，将"理论话语"转化成"文艺语言"，让"讲台"变"舞台"，把党的理论带到群众身边。创编快板《美丽乡村齐建设》以及歌曲《幸福村庄》《神奇画笔》等一批理论宣传节目，推动党的创新理论宣传入耳入脑入心；坚持"理论""线上"相结合，依托县融媒体中心等平台，统筹整合理论宣传资源，构建理论传播"微矩阵"，把理论宣传宣讲变成广大干部群众的"随身听"，实现党的创新理论触手可及、点指可学。录制融入党的创新理论的宣传宣讲微视频上百个，其中佛冈基层理论宣讲系列微视频被市级媒体重点推介，观看量逾万人次；坚持"理论""点学"相结合。依托佛冈通APP平台，通过群众"点单"、中心"接单"、志愿团队"派单"、群众"评单"的方式，配套"上门宣传"的暖心服务，实现理论供给与百姓需求精准对接。据统计，群众及组织在佛冈通APP点单1952次，县新时代文明实践中心派单、各志愿团队接单率100%，群众满意率达98%。

（丘云飘）

佛冈县获颁授广东省"平安鼎"

2023年，佛冈县坚持以习近平新时代中国特色社会主义思想为指导，深入贯彻落实习近平总书记关于平安建设的重要指示精神，认真落实平安建设领导责任制，聚焦国家政治安全、社会大局稳定、"1+6+N"基层社会治理、"网格化+信息化"与"网格员+信息员"基层社会治理、市域社会治理现代化、常态化扫黑除恶斗争等重点任务，推动平安建设提质增效。2023年度平安建设工作满意度全市排名第1。是年9月，在平安广东建设工作会议上，佛冈县在平安清远建设中连续第三年考评优秀，被广东省委平安办授予"平安鼎"。

（县委政法委）

佛冈县以"三个优化"推动工业园区高质量发展

2023年，佛冈县以"三个优化"推动工业园区高质量发展的做法得到市委、市政府领导肯定。一是优化产业布局，培育特色优势产业。坚持产业规划先行，立足园区现有优势企业和专业市场，充分发挥雅迪电动车等龙头企业示范带动作用，围绕"一主两辅，多点支撑"思路，打造以广佛（佛冈）产业园为主导，城西科技园、龙山智造城为辅，大湾区生命科技园等特色产业园为支撑的产业发展格局，培育形成装备制造、电子信息、新材料及生物医药与健康"3+1"多个优势产业。二是优化营商环境，提升服务品质。成立"七个一"园区开发建设工作专班和企业服务工作专班，完善园区公共设施和基础配套，在招商、落地、建设、投产上提供一条龙服务，及时协调解决企业提出的困难和问题，确保入驻园区企业及时落地、投产运营。统筹使用1.6亿元专项债用于园区道路、电力、污水处理厂等完善建设。三是优化招商体系，推动优质企业落地。构建线上线下齐招商体系，线上通过官媒官网宣传招商宣传片、线上招商云地图、园区招商图等扩大影响力吸引企业，线下通过举办招商推介会及成立招商小分队开展上门招商、靶向招商。2023年，外出珠三角、京津等地招商共11次、走访企业40余家。

（工业园管委会）

2023年佛冈大事记

责任编辑：钟榕斌

1月

1日 县委副书记、县长江红平带队督导检查羊角山林场和森波拉度假景区森林防火及安全生产。

5日 召开县议军会议，县委书记潘国标强调压实党管武装政治责任，进一步强化政治引领，全面加强练兵备战，持续密切军地协同，推动全县经济发展与国防建设协调共进、创新发展。

是日 由佛冈县史志办公室主编的清远首部县域通史《佛冈简史》出版发行。

9日 县委、县人大、县政府慰问团到清远市慰问驻军部队。

是日 县委副书记、县长江红平率调研组到龙山镇下岳村、融创示范路、便民服务中心及龙山圩镇等地调研乡村振兴工作。

10日 县委、县政府在人民中心召开高层次人才慰问座谈会。

是日 县政府督导检查组到佛冈县迳头镇井冈村黄牛场、清远市树华农机种植专业合作社、佛冈县温氏畜牧有限公司（饲料厂）、曾筝规模生猪养殖场开展安全生产督导检查。

是日 佛冈县归国华侨联合会成立并举行揭牌仪式。

11日 佛冈县第十六届人大常委会召开第十二次会议，审议通过2022年规范性文件备案审查工作情况报告、佛冈县系统防范化解消防安全风险落实情况报告、护航学生上下学交通安全方面的工作情况报告。

是日 省市场监管局督导组到佛冈县开展特种设备安全督导检查工作。

12日 县人民医院新内科大楼及跨街连接廊桥建成启用。

是日 县委书记潘国标和县委副书记、县长江红平率队调研产业园区发展建设工作。调研组先后实地查看大湾区生命科技园、广佛（佛冈）产业园等建设项目，了解建设、招商情况，在汤塘镇政府召开座谈会，协调解决产业园区发展建设推进过程中遇到的问题。

13日 首届"广清杯"清远"南粤家政"技能大赛首站（佛冈）选拔赛在县青少年宫开赛。

是日 佛冈县国家级电子商务进农村综合示范项目龙山镇农特产品推介会暨2023年"贺新春 迎金兔"网上年货节，在龙山镇上岳村文化展示馆举行。

是日 市总工会慰问组开展2023年春节到佛冈送温暖慰问活动，向全县劳模、困难职工以及企业工会代表致新春祝福。

14日 省道S252线公路（县城段）举行通车仪式。

16日 佛冈县迎春花市于16日（腊月二十五）至23日（年初二）在龙凤大道举办。

是日 2023年全国"村晚"示范展示活动在迳头镇官墩围村举行。活动以"启航新征程·幸福中国年"为主题，融合佛冈非遗项目、民间民俗、客家山歌、粤剧、特色歌舞等活动形式。

是日 佛冈县疾病预防控制局挂牌成立。

是日 佛冈县对历年来因见义勇为牺牲的烈士家属及因公牺牲的政法干警家属进行春节慰问。

是日 县委副书记、县长江红平率队赴广州市广东医谷·国际医疗产业创新中心、广东粤港澳大湾区黄埔材料研究院考察招商。

是日 佛冈县第六届"狮王"争霸赛在县体育中心举行，有来自佛冈各镇村的18支代表队参加，水头石潭狮队、石角佛冈村醒狮团分别获得传统狮项目和南狮项目一等奖。

18日 市人大常委会党组到高岗镇慰问老党员、困难群众。

是日 佛冈县党委（党组）书记2022年度基层党建工作述职评议在县人民中心举行。

是日 龙山镇被清远市民政局授牌"龙山镇社区微基金·爱心驿站"，并启动2023年"慈善情暖万家"暨"福兔新春送温暖"——乐善清远·新春福包活动。

20日 佛冈县人民政府与广州创造已知科技有限公司抖音电商客服基地项目在县人民中心举行签约仪式。

21日 佛冈县气象局荣获广东省"2022年重大气象服务优秀集体"称号。

22日 大年初一，县委、县政府领导看望慰问春节坚守岗位的公安执勤人员及相关职能部门值守人员，送上新春祝福。

是日 2023年佛冈县民间民俗大展演在县人民中心广场举行。

28日 佛冈县召开全县高质量

发展研讨会,对全县高质量发展工作进行再动员、再部署。

30日 清远市佛冈县中核汇能乡村振兴农光互补光伏电站(一期)项目成功并网发电,成为广东区域首个实现当年立项、当年建设、当年投产的项目。

2月

1日 县委书记潘国标到汤塘镇和龙山镇调研"百县千镇万村高质量发展工程"推进落实情况。

是日 县委副书记、县长江红平率队到约克空调冷冻设备有限公司、雅迪电动车科技有限公司调研。

是日 佛冈智慧停车系统正式启用。

是日 2023年佛冈县教育工作暨推动基础教育高质量发展会议在县教育局召开。会议总结2022年全县教育工作情况,部署2023年全县各项教育工作。

是日 县政府、县人武部领导到汤塘镇圩咀村,为荣立三等功的佛冈籍军人周演丰及其家属佩绶带、送喜报。

是日 佛冈县认真落实省政府挂牌督办第十四批火灾隐患重点地区整治工作,重点整治石角镇地区火灾隐患。

2日 佛冈召开2023年全县交通领域高质量发展工作会议,部署高质量发展各项工作。

3日 县委召开第41次常委会(扩大)会议,研究部署全县高质量发展工作。

是日 2023年高岗豆腐节在社冈下村举行。

5日 2023年"启航新征程 幸福中国年"——"全国村晚"清远市佛冈县示范展示活动在国家公共文化云、网易平台进行直播,吸引104.7万人次浏览观看。

6日 县政府教育督导检查组到县一中、城北篔胜小学、篔胜童爱幼儿园、水头中学等学校督导教育教学工作等情况。

是日 佛冈金鲜美粮油食品有限公司入选2022年"粤字号"农业品牌示范基地。

是日 佛冈1093个电动自行车充电点投入使用。

是日 中国共产党佛冈县第十四届纪律检查委员会第三次全体会议召开,总结部署纪检监察工作。

7日 召开佛冈县企业家共同推进高质量发展座谈会。县委副书记、县长江红平主持会议并通报2022年佛冈县经济社会发展情况。县委常委、常务副县长张邦正传达学习全省高质量发展大会有关精神,通报2022年纳税前十企业名单。县委书记潘国标为纳税前十企业颁发牌匾。

是日 英国、加拿大、捷克、巴拿马和拉脱维亚等国侨领侨商代表到迳头镇调研农村基层治理及乡村振兴工作。

8日 佛冈县召开高质量发展"比学赶超当先锋"现场会。各镇在现场会晒亮点项目,既有产业发展、乡村振兴等项目,也有新型城镇化、民生事业等工程项目;努力展现各自最大工作亮点、最佳精神状态,形成奋勇争先的态势。

9日 县委常委、县纪委书记、县监委主任宋小平,县委常委、办公室主任、统战部部长、县直机关工委书记朱世业率队督导检查2023年全县"四好农村路"建设工作。

是日 副县长冯郁娴组织县文化广电旅游体育局、县交通运输局、县水利局一行8人到熹乐谷温泉度假酒店召开佛冈县振兴旅游行业、推动全域旅游事业高质量发展专题调研会。

是日 省委宣传部副部长刘启宇率调研组到佛冈县调研精神文明建设工作。

是日 市司法局局长刘志英带队到佛冈县开展司法所规范化建设工作调研。

是日 市林业局到佛冈县督导油茶新造和低改及森林质量精准提升工作。

12日 县人大代表投票表决,确定2022年佛冈县十大民生实事为:①增加学位供给;②提高困难群众补助标准;③深入实施"粤菜师傅""广东技工""南粤家政"三项工程;④开展HPV疫苗免费接种;⑤改善农村人居环境;⑥提升消防安全公共基础;⑦强化食品安全监管;⑧建成新区体育馆;⑨建成智慧停车系统;⑩深化"数字政府"建设。

13日 省委农村工作会议暨全面推进"百县千镇万村高质量发展工程"促进城乡区域协调发展动员大会召开。

是日 2023年县直机关义务植树活动在迳头镇楼下村开展。

14日 全县政务信息工作交流会召开。会议通报表扬2022年政务信息工作先进单位和信息员,深入开展政务信息交流,并对2023年政务信息工作提出要求。

是日 县卫生健康局、县民政局、县婚检中心、县妇联在县婚检中心联合组织开展"实行免费婚前孕前检查,把好预防出生缺陷关口"主题宣传活动。

15日 市、县表彰曾日文、徐志玲2位见义勇为人员。

是日 佛冈县召开2023年度禁种铲毒工作专题会议

是日 县委书记、县委审计委员会主任潘国标主持召开县委审计委员会会议。

16日 龙山镇行政服务中心设立佛冈县首个智能办税厅——"智税微厅"。

是日 县人民医院联合省人民医院帮扶医疗队到龙山镇开展2023年第二站下乡巡回义诊活动。

是日 省医疗美容突出问题专项治理工作考核组组长黄勇武一行到佛冈开展实地考察。

是日 县人民检察院、中国银行股份有限公司清远佛冈支行被命名为第21届广东省青年文明号。清远市公安消防支队佛冈县中队、佛冈县石角市场监督管理所被升格认定为一星级广东省青年文明号。

17日 县委书记潘国标主持召开县委十四届第42次常委会（扩大）会议。会议传达学习习近平总书记有关重要讲话精神及省委农村工作会议暨全面推进"百县千镇万村高质量发展工程"促进城乡区域协调发展动员大会精神、市委全会精神、市两会精神、市委常委会会议精神，研究佛冈县贯彻落实意见，部署加快全县高质量发展等工作。

是日 县委副书记、县长江红平主持召开县政府党组会议和十六届第35次县政府常务会议。会议传达学习习近平总书记在《求是》杂志发表的《当前经济工作的几个重大问题》重要文章精神，研究佛冈县贯彻落实措施。

是日 广州市荔湾区人大常委会副主任、民建荔湾基层委主委胡爱东率考察团到佛冈开展投资考察活动。

18日 佛冈县鸽缘德福肉鸽、冰河松果、糖桔饼、糖冬瓜、初生蛋、鲜蛋、纯正白莲蓉、香米（精选）、油粘米（精品）、金鲜米香谷粘米10个产品入选2022年"粤字号"农业品牌目录。

19日 县委副书记、县长江红平率队，调研县振兴南路—国道G106线县城段—水头路口路域环境综合整治工作。

20日 中国共产党佛冈县第十四届委员会第三次全体会议召开。县委书记潘国标代表县委常委会作报告，县委副书记、县长江红平就全县经济工作作专题讲话。

是日 政协第十一届佛冈县委员会常务委员会召开第八次会议。会议传达学习习近平总书记重要讲话重要指示批示精神以及广东省高质量发展大会精神；听取县政府关于县政办十一届一次会议以来提案办理情况通报；听取县人民法院及县人民检察院2022年工作情况通报和2022年佛冈县政协委员履职情况通报，协商通过县政协十一届三次会议有关事项和人事议题。

是日 县委副书记、县长江红平主持召开佛冈县加快园区开发建设"夜班车"专题会，针对当前园区开发建设中存在的困难和问题，研究解决办法。

是日 广东省交通运输厅厅长李静率队调研佛冈县交通运输高质量发展、助力乡村振兴等工作。

21日 水头镇2022年工作总结暨2023年乡村振兴高质量发展大会召开。

是日 省委编办事业机构编制处党支部、市委编办党支部和县委编办党支部前往石角镇存久洞红色革命教育基地，开展"党建与业务双推动"三级支部共建活动。

是日 市退役军人服务中心副主任林晓西带队到佛冈县实地调研各级退役军人服务保障工作并召开座谈会。

是日 市生态环境局副局长张小风带队到佛冈县调研生态环境领域高质量发展工作。

是日 市市场监督管理局党组成员、二级调研员曾庆中率队到佛冈开展食品安全和安全生产调研督导工作。

21—23日 县委书记潘国标率队赴深圳、东莞开展"敲门招商"活动。

22日 佛冈县第十六届人大常委会举行第十四次会议，审议通过了佛冈县人大常委会工作报告（稿）、佛冈县第十六届人民代表大会第三次会议工作方案（稿）、佛冈县第十六届人大常委会代表资格审查委员会关于代表资格审查和代表变动情况报告（草案）。

22日 佛冈县汤塘镇脉塘村荣登2021年度"全国综合减灾示范社区"公布榜单。

22—24日 县委副书记、县长江红平带领县委办、政府办、发改局、工信局、自然资源局、佛冈工业园管委会负责同志赴云南省昆明市开展招商活动，为佛冈高质量发展注入源头活水。

23日 2023年佛冈县文明委成员单位第一次（扩大）会议暨全国文明城市创建工作动员推进会议召开。

是日 县委书记潘国标督导检查交通安全整治行动，强调要全力抓好道路交通安全整治，夯实基础设施，全面提升公路交通综合服务水平，营造安全整洁有序的路域环境。

是日 市人大常委会副主任余国平在县人大常委会主任黄河的陪同下，率队到佛冈县龙山镇政府、汤塘镇政府、标旗磁电产品（佛冈）有限公司、佛冈天诚和春塑胶包装有限公司等督查安全生产工作。

24日 市科学技术协会、市教育局在清远市清城区新北实学校举办"第三届广东青少年机器人大挑战清远选拔活动"，佛冈县城南幼儿园两个参赛项目4组参赛队共获得1个冠军和3个二等奖的优异成绩。

25日 2023年清远市农业高质量发展大会暨首届中国佛冈（国际）魔芋节、乡村振兴产业品牌发布会在水头镇举行。

27日 县政协第十一届常务委员会召开第九次会议。会议由县政协主席袁卫国主持。会议介绍政协第十一届佛冈县委员会常务委员候选人情况，并表决通过候选人建议名单；审议县政协十一届三次会议选举办法（草案），审议选举会议总监票员、监票员建议名单（草案）。

是日 政协第十一届佛冈县委员会第三次会议在县人民中心隆重开幕。会议由县政协副主席蓝山鹰主持。县政协主席袁卫国代表政协第十一届佛冈县委员会常务委员会作工作报告。蓝山鹰代表政协第十一届佛冈县委员会常务委员会作十一届一次会议以来提案工作情况报告。会议协商确认县政协常务委员会同意个别成员辞去政协第十一届佛冈县委员会常务委员会组成人员职务的决定。政协委员进行会议参政议政发言。

是日 市政务服务数据管理局党组书记、局长李斌率队到佛冈县开展工作调研。副县长解晟、县政务服务数据管理局负责人陪同调研。

28日 佛冈县十六届人大三次会议在县人民中心开幕。大会由县人大常委会副主任黄小云主持。县委副书记、县长江红平作佛冈县人民政府工作报告。大会听取县人大常委会主任黄河作佛冈县人大常委会工作报告和县人民法院、县人民检察院工作报告；通过选举办法、民生实事项目表决办法，审查佛冈县2022年国民经济和社会发展计划执行情况与2023年计划草案的报告（书面）以及佛冈县2022年预算执行情况和2023年预算草案的报告（书面）。

是日 政协第十一届佛冈县委员会第三次会议圆满完成各项议程，在县人民中心胜利闭幕。会议由县政协主席袁卫国主持。县委书记潘国标在闭幕式上作讲话。县委副书记、县长江红平，县人大常委会党组书记、主任黄河应邀出席闭幕大会。会议审议通过政协第十一届佛冈县委员会第三次会议决议，审议通过政协第十一届佛冈县委员会提案委员会关于第十一届第三次会议期间的提案审查报告。

是日 佛冈县十六届人大三次会议圆满完成各项议程，在县人民中心胜利闭幕。县委副书记、县长江红平出席会议并讲话，县人大常委会主任黄河主持会议。会议依照法定程序，审议通过了县人大常委会和"一府两院"等六个工作报告，投票选举3名县人大常委会委员，宣布2023年民生实事表决结果。

是日 国家林草局林业工作站到佛冈开展基层林业站调研工作。

是日 由肇庆市司法局组成的涉外公证专项治理交叉检查工作小组，对佛冈县公证处开展涉外公证专项治理工作现场检查。

3月

1日 广州市教育局党委书记、局长陈爽率调研组先后到佛冈县水头中学、佛冈县第一中学调研教育帮扶工作开展情况。

是日 市侨联党组书记刘家庆率队到佛冈县开展高质量发展工作调研。

是日 清远市2022年度园林式居住区授牌仪式在市城市管理综合执法局举行。碧桂园·清泉城获评"清远市园林式居住区"，广东材料谷·佛冈产业园获评"清远市园林式单位"。

1—3日 佛冈县组织各镇，联合县公安局、县自然资源局、县农业农村局、县林业局等职能部门开展全方位、全覆盖的禁种铲毒大踏查专项行动。

2日 广清经济特别合作区广佛（佛冈）产业园2023年第一季度重大项目集中开工活动、广东合诚实业有限公司二十万吨新材料及十一万吨食品项目开工活动在广佛（佛冈）产业园举行。

是日 县委副书记、县长江红平主持召开县政府党组会议和十六届第36次县政府常务会议。会议传达学习习近平总书记在二十届中共中央政治局第二次集体学习会议上的重要讲话精神，以及广东省制造强省建设领导小组办公室关于坚持制造业当家、保持工业平稳健康发展的通知文件精神，市委八届四次全会和市"两会"精神；研究审议其他事项。

是日 佛冈县"弘扬雷锋精神 建功志愿广东"2023年学雷锋志愿服务启动仪式在县人民中心广场举行。

是日 团县委联合江森自控广州工厂分别在县人民中心、迳头镇中心小学和龙山镇中心小学开展2023年"汇聚爱心·情满蓝天"爱心助学活动。

是日 《佛冈年鉴·2021》在广东省年鉴质量评价工作中获评综合年鉴一等奖。

是日 省林业局生态修复处处长张苏峻一行到佛冈县检查指导绿美生态建设工作。

是日 省发展改革委一级巡视员黄恕明率队赴佛冈县开展城乡融合发展工作专题调研。

3日 佛冈县召开全县宣传思想文化工作会议，传达学习全国、全省宣传部部长会议精神和全市宣传思想文化工作会议精神，以及县委常委会会议精神，总结2022年工作，安排部署2023年工作。

是日 佛冈县召开2023年"扫黄打非"工作会议，总结2022年全县"扫黄打非"工作，研究部署2023年工作。

是日 省人大财政经济委员会主任委员汪一洋率队到佛冈调研广佛（佛冈）产业园规划建设、企业经营发展以及广佛产业园人大代表联络站运作等情况。

是日 县委书记潘国标主持召开县委十四届第43次常委会（扩大）会议。会议传达学习习近平总书记重要讲话、重要指示精神和省市有关会议精神，研究佛冈县贯彻落实措施，就全县工业园区发展等重点工作进行安排部署。

4日 县委副书记、县长江红平调研北山公园扩建工程项目建设情况。

6日 广东生态工程职业学院海洋工程学院院长徐南波一行4人到佛冈县职业技术学校开展"中高职贯通培养三二分段"交流活动。

7日 县委副书记、县长、县副总河长江红平率队到石角镇龙南河里水村段开展河长制巡河工作。

是日 由县妇联主办，县委政法委、县法院、县检察院、县公安局、县司法局等5个部门联合协办，主题为"同心维护妇女合法权益 助力佛冈高质量发展"的"三八维权周"法治宣传活动在县人民公园举行。

是日 佛冈县2023年春季"阳光征兵"审批定兵大会在县人民中心主楼大礼堂召开，确定体检政考"双合格"的青年入围名单和兵员去向。

是日 县委副书记、县长江红平主持召开县政府党组会议和十六届第37次县政府常务会议。会议传达学习习近平总书记重要讲话精神，以及全市自然资源和林业工作会议精神；听取佛冈县近期有关工作情况汇报，研究下一步工作措施；解读《广清一体化"十四五"发展规划分工方案》；研究审议其他事项。

是日 市财政局党组书记、局长吴家辉一行到佛冈县调研指导财政工作。

是日 在广东省精神卫生工作推进会议上，佛冈县荣获"2022年度广东省严重精神障碍管理治疗工作先进县"。

8日 佛冈县交通运输局组织召开"2020—2035年佛冈县公路基础设施（省、县、乡道）国土空间控制规划"方案研究报告评审会。

是日 县人民法院党组成员、执行局局长李兰兰被授予"广东省三八红旗手"荣誉称号。

是日 省教育厅高等教育处副处长邓荣海、广州新华学院教授、校长、评审组组长王庭槐及评审专家组到县人民医院开展广东省普通高等医学教育教学医院（一类实习医院）评审工作。

是日 县政府副县长黄泽川主持召开县大气污染防治"夜班车"专题会，听取市生态环境局佛冈分局的有关情况汇报，研究解决本县空气质量提升工作的重难点问题，部署大气污染防治工作任务措施。

9日 佛冈县召开2023年"弘扬雷锋精神 建功志愿广东"学雷锋工作座谈会。

是日 中共佛冈县委政法工作会议在县人民中心召开。

10日 县委副书记、县长江红平率队到龙山镇协调解决企业发展难题。

是日 国家开发银行广东分行团委结合"学思践悟二十大，建功乡村展新颜"主题活动，联合共青团佛冈县委员会，到佛冈县水头镇中心小学开展活动。

12日 佛冈中学高一级参赛学子曾艺斌、朱俊聪获得第十一届广东青少年机器人大挑战狮王争霸赛一等奖（第二名）。

13日 佛冈县召开2023年创建广东省健康县工作推进会，总结启动创建广东省健康县以来的工作经验和做法，部署2023年的创建工作。

是日 佛冈县召开2023年武装工作暨民兵工作会议。

是日 市市场监督管理局副局长李绪江带队到佛冈县进行食品安全"两个责任"督导检查并召开座谈会。

14日 佛冈县召开2023年全县组织工作会议，总结2022年全县组织工作，部署2023年全县组织工作。

是日 县委副书记、县长江红平率调研组到县电子商务产业园，调研佛冈县国家级电子商务进农村综合示范项目、县五大百亿元产业（丝苗米）数字农业展示平台推进工作。

是日 香港联业合力堂慈善基金会首任会长、创始人张志民先生，现任会长何振强先生一行15人来到佛冈县高岗镇中心小学参观考察，助力佛冈县基层教育事业高质量发展。

15日 水头镇召开2022年度魔芋产业分红大会，4个经济联合社以及农户代表、水头镇乡村振兴公益基金等入股成员共同领到了属于他们的分红"大礼包"。

是日 市统计局局长李重阳带领调研组一行5人到佛冈县调研2023年一季度经济运行情况。

是日 县委组织部在县文化馆隆重举办佛冈县直机关党组织书记抓党建促业务提升擂台赛。县农业农村局、县纪委监委机关、县城东中学、县人民检察院、县税务局等5个单位党组织获得一等奖。

是日 佛冈县在县文化广场举办以"提振消费信心"为主题的宣传活动，让市民群众了解消费者应享有的权益，保护自己的利益。

是日 佛冈县民政局被民政部评为2022年"全国社会救助先进单位"。

是日 县委副书记、县长江红平率招商考察团赴广州康盛生物科技股份有限公司、广州天赐高新材料股份有限公司进行实地招商考察。

是日 佛冈县在县政府主楼110室组织召开城市综合整治联合执法行动动员部署会议。

16—17日 中共中央党校（国家行政学院）二级教授、博士生导师谢志强应邀为佛冈县科级领导干部学习贯彻党的二十大精神专题研讨班学员作"全面建设社会主义现代化国家的行动纲领""增进民生福祉，提升人民生活品质"专题授课。

17日 县委副书记、县长江红平率队到龙山镇占果陂修复工程建设现场、汤塘镇高岭村，调研防汛备汛、春耕生产情况以及开展巡河工作。

是日 市"优化营商环境 助推高质量发展"巡回宣讲团到佛冈宣传宣讲政策、解答疑难，提升社会对优化营商环境工作的知晓率和覆盖率。

是日 2023年佛冈县志愿服务展示交流活动"弘扬雷锋精神 建功志愿广东"——佛冈县2022年度文化志愿服务工作总结暨表彰大会在县文化馆举行。

是日 在2022年"中外青少年绿色创新活动"中，佛冈中学的朱熙盟同学获得国际金奖，刘楚煜、冯靖雯2人获得国际铜奖，朱满良等18人获得国际纪念奖。

20日 县三防办组织召开全县强降雨强对流天气防御工作会议，贯彻落实全市强降雨强对流天气防御工作视频会议的相关要求，研究部署防御工作。

20—21日 县委副书记、县长江红平率招商考察团到浙江省温州市、台州市开展"敲门招商"活动，为佛冈招商工作增添新动力。

21日 县委书记潘国标主持召开县委十四届第44次常委会（扩大）会议。会议传达学习习近平总书记重要讲话和重要文章精神、全国两会精神，以及市委常委会（扩大）会议精神，研究佛冈县贯彻落实意见；套开2023年第一季度安全生产分析研判会，研究部署广清营商环境一体化有关工作。

是日 县委组织部举办抓党建促乡村振兴示范创建成果展示擂台赛。

是日 《人民日报》客户端广东频道以"佛冈：电子商务进农村驶入快车道"为题聚焦佛冈电商发展。

22日 县委书记潘国标带队到龙山镇、汤塘镇开展汛前督导检查工作，详细了解水毁工程修复进度、水利工程运行等情况。

是日 副市长杨焕率队到佛冈县调研省级医院对口帮扶工作。

是日 县委副书记、县长江红平率队深入广佛（佛冈）产业园企业走访调研，"面对面"了解企业需求，"点对点"提供服务支持。

23日 佛冈县召开2023年优化营商环境工作会议，总结2022年优化营商环境工作开展情况，部署全县2023年优化营商环境工作。

是日 佛冈县城市形象宣传片发布会在篁胜国际会议中心举行，佛冈系列宣传片正式首发亮相。

是日 佛冈县退役军人健康活动中心揭牌仪式在城东社区举行。

是日 佛冈县召开2023年第一季度生活垃圾分类工作会议。

23—25日 县委书记潘国标率党政考察团赴香港访企业、谋合作，会同乡、话共识。潘国标一行先后拜访建滔集团、香港清远社团总会、莲和医疗健康集团有限公司，并出席新一届香港佛冈联谊会就职典礼。

24日 佛冈县创建广东省健康县工作网络培训会议在县卫生健康局召开。

是日 佛冈县召开全县政务服务数据管理工作会议。

25日 广东国健公益助学促进会到迳头镇开展"文明家风我传承"助学团建活动。

是日 佛冈县举办第一届中小学党组织书记、校长"潖江论坛"，聚焦学校管理、提升教学质量。

27日 携手"童"行，共护成长——2023年佛冈县未成年人关爱保护能力提升培训班在县人民中心举行。

是日 县委副书记、县长江红平主持召开县政府党组会议和十六届第38次县政府常务会议。会议传达学习习近平总书记重要讲话精神暨全国两会精神，以及省市相关工作会议、文件精神，研究佛冈县贯彻落实措施；听取佛冈县开展清明节期间森林防灭火工作督查工作情况汇报；审议通过《佛冈县行政许可事项清单（2022年版）（稿）》等事项。

是日 市自然资源局党组成员、总工程师黄庆生一行到佛冈县督查2022年度土地卫星遥感影像图片违法用地整改工作。

是日 市农业农村局总农艺师蔡忆江带领农建科一行到佛冈县水头镇调研高标准农田建设项目区种植魔芋等非粮化情况。

是日 由广东省青少年科技教育协会主办的第十一届广东青少年机器人大挑战活动落下帷幕。佛冈县城南幼儿园、县第二小学、佛冈中学、县城南小学、县振兴小学为佛冈县捧回5个一等奖、2个二等奖和1个三等奖。

是日 县人大常委会举办2023年全县省、市、县、镇四级人大代表培训班，邀请广东省人大常委会选联工委代表联络处二级调研员李跃荣作专题授课。

是日 市文明办评选2022年度清远市学雷锋志愿服务先进典型，佛冈县小雨点志愿者协会曾盈芳、佛冈县文化志愿者协会马结珍荣获"清远市最美志愿者"称号。

27—28日 第二届院士专家广东校园行（清远）活动在佛冈举行，中科院老科学家科普演讲团潘习哲、王原、孙保卫、林钢华4名不同领域的科技专家分别到佛冈中小学开展科普宣讲，演讲内容涵盖天文、生物、航天航空等。

28—30日 在河源市龙川宏图学校举办的"广东好教育"联盟第八届"同课异构"大赛中，佛冈中学化学科郑维权、地理科谢学雯老师荣获特等奖，生物科王洁怡老师荣获一等奖，英语科黄小红老师荣获二等奖。

29日 县委书记潘国标率队开展"早上七点半"文明城市创建督导。

是日 2023年全县三防减灾专题培训班在县人民中心大礼堂举行。

是日 佛冈召开全县清明森林防灭火工作会议，部署清明节期间森林防灭火工作。

是日 2023年佛冈县妇女儿童工作委员会全体会议在县人民中心召开。

是日 省市场监管局反垄断处副处长孙文一行到佛冈县开展反垄断和公平竞争审查工作调研。

是日 市统计局副局长张敏红一行到清远加多宝饮料有限公司开展生产经营情况调研。

是日 副市长苏锦丹一行来到龙山镇上岳古村落等进行现场调研。

是日 副市长、市副林长苏锦丹一行到佛冈观山村开展林长制巡查、绿美生态建设等工作调研。

是日 佛冈县在龙山镇召开乡镇"三大委员会"建设促高质量发展主题现场会。

30日 省国防科技技师学院（广东省技工教育师资培训学院）党委书记、院长郑楚云等一行来到佛冈县乡村振兴人才驿站开展交流调研。

31日 农村人居环境整治逐村过关"30天集中攻坚"动员部署会议召开。

4月

1日 由县文明办、县应急管理局、县消防救援大队主办的2023年佛冈县防灾减灾及应急宣传教育活动"防火安全知识普及暨应急技能培训"在县消防救援大队举行。

2日 县委副书记、县长江红平率队到龙山镇鹤田村金福酒店后山崩塌隐患点整治现场、潖江河白沙塘段河堤、良塘村Y430线、良洞水库等地，督导检查地质灾害防治、汛期安全工作。

是日 市中级人民法院党组书记、院长郑志柱一行到佛冈县汤塘镇开展定点联系调研工作。

3日 县委依法治县办召开全县道路交通安全和运输执法领域突出问题专项整治工作动员部署会议。

是日 县委书记潘国标主持召开"夜班车"专题会,研究经济发展、清明期间安全生产及农村人居环境整治工作。

4日 县委书记潘国标带队到石角镇督导检查防汛减灾、森林防灭火、道路交通安全和农村人居环境整治等工作。

是日 县委副书记、县长江红平率队到汤塘镇加多宝草本植物有限公司、万兴塑胶制品有限公司开展实地调研,详细了解企业生产经营情况以及遇到的困难挑战。

5日 县委副书记、县长江红平率队到汤塘镇消防站和林业站、竹山村、高岭村等地,督导检查镇村森林防灭火、农村人居环境整治和防汛减灾等工作。

6日 县委副书记、县长江红平率队到石角镇、迳头镇等地,督导检查佛冈县道路升级改造、农村人居环境整治、重点企业生产经营等工作情况。

是日 县委副书记、县长江红平到石角镇冈田村,对曾志林等10名县人大代表在县十六届人大三次会议期间提出的"关于加快推进建设青松西路开通的议案"开展现场督办,听取相关职能部门对代表议案办理情况的汇报。

是日 佛冈县召开社会信用建设工作推进会暨信用建设培训会。

7日 佛冈县北江引水及南部城乡供水一体化工程(一期)项目动工仪式在龙山镇从化围横江村路口举行。

是日 县委书记潘国标主持召开县委十四届第46次常委会(扩大)会议。会议传达学习习近平总书记重要讲话、重要论述、重要文章精神,以及传达学习市委常委会会议精神,研究佛冈县贯彻落实意见;听取佛冈县"两个清单"工作进展情况报告,研究部署下一阶段工作;套开县委全面依法治县委员会会议,通报2022年度法治清远建设考评结果。

是日 佛冈县第十六届人大常委会举行第十五次会议。受县人大常委会主任黄河的委托,副主任黄小云主持会议。会议审议通过《佛冈县国土空间总体规划(2021—2035年)(稿)》,审议通过人事任命,决定接受有关人员辞去市、县人民代表大会代表职务。

是日 省紧密型县域医疗卫生共同体建设监测专家组到佛冈县调研指导县域医共体建设工作。

8日 由省文化和旅游厅、团省委、省少工委共同主办,广东广播电视台现代教育频道、童年童悦电视艺术团承办的广东省首届"红心向党·革命故事会"总评活动在广州市海珠区第一次全国劳动大会旧址举行。佛冈县振兴小学的曾越同学晋级全省三十强。在总评现场,曾越位居A组第三名,喜获二等奖的佳绩。何家甄、罗连珍老师被评为优秀指导老师,佛冈县振兴小学被授予最佳组织单位奖。

8—12日 省第十六届运动会"中国体育彩票"群众体育组乒乓球比赛在佛冈县体育中心体育馆举行。

11日 县委书记、县总河长潘国标到烟岭河高岗镇段开展巡河调研,实地检查烟岭河河道治理、沿河人居环境和三江村新屋护岸维修加固工程,详细了解工程进度和安全措施落实情况。

12日 县委副书记、县长江红平主持召开县政府党组会议和十六届第39次县政府常务会议。会议传达学习习近平总书记重要文章《加快建设农业强国 推进农业农村现代化》相关精神,以及习近平总书记在学习贯彻习近平新时代中国特色社会主义思想主题教育工作会议上的重要讲话精神,研究佛冈县贯彻落实措施;审议通过《关于坚持以制造业当家推动实体经济高质量发展的若干措施》(稿),听取佛冈县2023年三防工作情况汇报,通报佛冈县2022年全省群众安全感和公安工作满意度第三方调查结果。

是日 在县委书记潘国标、县政协主席袁卫国陪同下,广东省第十六届运动会组委会秘书长、清远市筹委会指挥部总指挥、清远市政协主席姚楚旋及原广州市人大常委会主任、广州市乒协主席陈建华到佛冈县体育中心体育馆观摩男子、女子乒乓球个人单打项目比赛,并为获奖运动员颁奖。下午,姚楚旋一行走访联系佛冈县市政协委员并调研委员企业。

是日 市"南部片区"突发公共卫生事件区域联防联控机制签约仪式在佛冈县卫生健康局举行。

是日 佛冈县首场"经典诵读 感悟文明"新时代文明实践"粤"读越精彩活动在县新时代文明实践中心举行。

是日 县振兴小学参加广东省教育厅举办的粤东西北地区中小学合唱培训及交流展示活动,获得清远市小学组一等奖、广东省粤西北地区二等奖的佳绩。

是日 省社保局党委委员、副局长李辉,市人社局党组成员、市社保局副局长钟振华等一行11人到佛冈县石角镇小梅村委开展"城乡居民养老保险镇村通"工程建设工作调研。

13日 佛冈县召开城镇化工作暨城乡融合发展工作领导小组成员会议。

是日 副市长苏锦丹前往佛冈县龙山镇调研防汛备汛工作。

是日 佛冈县2023年度"4·15"全民国家安全教育日宣传活动在县人民公园举行。

是日 国家统计局清远调查队党组成员、副队长、二级调研员吴东卫一行到石角镇站前社区居委会、诚迳村委会开展劳动力调查入户陪访督导工作。

是日 市统计局党组成员、副局长周前带领相关专业人员一行5人到佛冈县开展党建共建、投资领域数据核查等工作调研。

是日 佛冈县举办鼠疫及其他鼠传传染病、病媒生物监测技术培训班，由省专家向清远市各县市区疾控中心的工作人员、佛冈县各医疗卫生机构的工作人员讲授鼠疫、其他鼠传传染病、病媒生物的专业知识。

14日 县防汛防旱防风总指挥部联合龙山镇在龙山镇凤洲堤达清寮段举行佛冈县2023年防汛应急演练。

是日 市城管局党组书记张伟华带队到佛冈县开展工作调研和安全生产检查。

是日 市创建广东省健康县评估组到佛冈开展创建广东省健康县市级评估验收。

15日 县委副书记、县长江红平率队到高岗镇调研人居环境整治及防汛备汛工作。

是日 佛冈县首届青梅旅游文化节在汤塘镇田心村举行。

17日 佛冈县召开第二季度道路交通安全管理工作联席会议，总结2023年以来道路交通安全管理工作情况，并研究部署下一步工作计划。

是日 市政协副主席陈丽霞率调研组到佛冈县开展"关于整合开发资源，高质量推进北江生态经济带建设的建议"专题调研。

是日 佛冈县召开全县宗教事务工作会议。

是日 市工商联来到县石角镇商会，组织召开清远市非公党委、佛冈县非公党委、非公党建工作交流座谈会。

是日 由县应急管理局组织协调、广东省红十字会主办、省红十字基金会协办的应急救护公益培训班如期在佛冈县金博士学校举办。

19—20日 省政协副主席袁宝成率调研组，围绕2023年上半年"粤商·省长面对面协商座谈会"关于"坚持制造业当家，加快推进产业转型升级，建设现代化产业体系"主题，到佛冈开展专题调研，并召开座谈会。

19—21日 市第31届中小学教师教学基本功比赛小学语文学科总决赛在清远市清新区第五小学拉开帷幕。佛冈县振兴小学黄钦连老师代表佛冈县参加比赛，喜获一等奖。

20日 县委书记潘国标主持召开县委十四届第47次常委会（扩大）会议，传达学习习近平总书记考察广东重要讲话重要指示精神，以及中央、省、市有关会议精神，研究佛冈县贯彻落实意见。会议套开2023年佛冈县生态环境保护委员会第一次全体会议，听取生态环境保护工作情况报告。

是日 深化基层党组织书记"十个思考"工作会议召开。

21日 2023年佛冈抖音百强商家培育暨电商高质量发展峰会活动正式启动。

是日 县委副书记、县长江红平率队到广州参加佛冈县抽水蓄能电站项目签约仪式。

是日 市妇联副主席甘秀珍率市妇联权益部、广东省妇女维权与信息服务站（清远站）负责同志到佛冈县开展"倾听妇女心声·关护妇女权益"民生座谈会暨维权工作调研活动。

是日 市总工会在佛冈县龙山镇开展推进新时代产业工人队伍建设改革之企业交流学习活动。

23日 由县委宣传部、县创建全国县级文明城市工作领导小组办公室、县文广旅体局承办的"书香佛冈"全民阅读活动启动仪式暨粤港澳"共读半小时"活动在县文化馆举行。

是日 省农业农村厅农产品质量安全监管处二级调研员林文书一行到佛冈县开展农产品质量安全调研。

24日 县委书记潘国标率队到汤塘镇开展"百县千镇万村高质量发展工程"专题调研，研究部署五一假期道路交通、消防、景区、民宿安全，以及防汛减灾等相关工作。

25日 市人大常委会副主任杨德银率队到佛冈县开展《清远市耕地利用促进条例（草案）》立法调研，以"监督+立法"组合助力解决耕地利用的"难点"。

是日 市城管局检查组到佛冈县开展五一节前城管领域安全生产和消防工作督导检查。

是日 市社会保险基金管理局在佛冈县组织开展城乡居民基本养老保险业务暨"镇村通"工程培训班。

26日 县委书记潘国标率队调研绿美佛冈生态建设和县级林长巡林工作。

是日 市发展和改革局党组成员、副局长夏晓标率检查组到佛冈县开展能源行业安全生产督导检查工作。

是日 县委副书记、县长江红平率队到各镇现场督导违法用地用林整改工作。

是日 市科技局组织专家组成员到佛冈县进行"清远市2019—2020年度清远市科技计划项目"现场结题验收。

27日 市人大常委会副主任杨德银带队到高岗镇，召开乡村振兴驻镇帮镇扶村组团结对单位联席会议。

是日 佛冈县召开迎接2022年度广东省推进乡村振兴战略实绩考核工作会议。

是日 2023年广东省庆祝五一国际劳动节暨五一劳动奖表彰大会召开。佛冈盈泰纺织品染整有限公司获"广东省五一劳动奖状"，约克广州空调冷冻设备有限公司空调换热器制造线班长、技师王宝刚获"广东省五一劳动奖章"。

是日 2023年佛冈县学习宣传贯彻党的二十大精神"高质量发展，青年在行动"暨纪念"五四"运动104周年"青话筒"演讲比赛，以及佛冈县"红小荔"正能量传播培育基地揭牌仪式在县人民中心大礼堂隆重举行。

28日 "中国梦·劳动美——奋斗新征程 建功新时代"佛冈县第七届职工趣味运动会在龙凤新区佛冈体育中心成功举办。

是日 县委书记潘国标率队督导检查佛冈县五一假期道路交通安全、安全生产和防汛减灾等有关工作。

29日 佛冈体育馆启用仪式和2023年全民健身活动启动仪式在县

体育馆举行。

5月

1日 县委书记潘国标率队到县交警大队调研，详细了解五一节期间道路交通安全工作、人员值守、指挥调度、道路实时监控等相关工作情况。

4日 县委副书记、县长江红平率队到羊角山林场调研绿美佛冈生态建设工作。

是日 五四青年节，共青团广东省委员会发文表彰一批全国、全省优秀青年个人和集体，其中，佛冈县第一中学团委书记李雯怡获评"广东省优秀共青团干部"。

5日 2023年全县第一季度经济形势分析会暨安全生产形势研判会在县人民中心召开。

是日 佛冈县应急指挥中心启用，以应对突发事件，提高应急救援能力和效率。

是日 县委副书记黄耀平陪同市委农办常务副主任、市乡村振兴局常务副局长赖志军，市农业农村局督导专员李美全调研水头镇乡村振兴工作。

是日 县委副书记、县长江红平率领县发展和改革局一行人到广佛（佛冈）产业园开展重点建设项目督导工作。

是日 市人大常委会财经工委调研组到佛冈县，开展贯彻执行《广东省社会保险基金监督条例》情况专题调研。

是日 省司法厅党委员、副厅长陈春生率省、市调研组一行到佛冈县汤塘镇调研镇街综合行政执法队伍建设情况。

是日 佛冈县召开学习贯彻习近平总书记考察广东重要讲话重要指示精神，召开省、市、县有关会议精神座谈会暨纪念"五一口号"发布75周年座谈会暨县各民主党派、工商联和无党派代表人士参政议政专题调研成果汇报会。

6日 佛冈县"一针一线"纺织服装技能人才公益性培训开班仪式在县金博士校企实训基地举行。

8日 由省科学技术厅指导，市科学技术局、县人民政府主办的2023年佛冈县科技服务月首个活动——广东科学中心"科学伴我同行"科普进校园（佛冈）活动启动仪式在县城南小学运动场举行，标志着2023年佛冈县科技服务月系列活动正式拉开序幕。

是日 佛冈县召开第112个国际护士节庆祝大会。

9日 县委副书记、县长江红平率队深入广佛（佛冈）产业园重点企业走访调研。

10—12日 县委书记潘国标带队赴江苏、上海精准招商。

11日 为庆祝第112个国际护士节，佛冈县在县人民公园开展5·12国际护士节庆祝活动。

是日 县委书记潘国标带队到江苏无锡，与广东雅迪机车有限公司签订华南基地（佛冈）项目协议。

是日 市商务局和省电子口岸公司工程师一行5人分别到约克广州空调冷冻设备有限公司、骏达（佛冈）玩具有限公司、建滔（佛冈）特种树脂有限公司开展中国（广东）国际贸易"单一窗口"推广使用情况调研。

13—14日 南粤古驿道定向大赛第74站暨"寻访上岳古村人文印记 体验佛冈温泉养生之旅"活动在佛冈县龙山镇上岳古围村举办。

15日 市统计局局长李重阳一行5人到佛冈县开展2023年上半年经济运行情况调研座谈。

16日 清远（深圳）招商推介会在深圳市前海合作区举行，其中涉及佛冈县的项目4个。县委副书记、县长江红平现场与华润电力新能源投资有限公司、深圳宏泰达建设控股有限公司、中科创为（深圳）国际控股有限公司及深圳蓝猫均祥动漫科技有限公司签约。

是日 佛冈县安全生产与平安稳定工作会议在县人民中心召开。

是日 佛冈县龙山镇被广东省爱卫会授予"广东省卫生乡镇"称号，是佛冈县首个获得该荣誉的乡镇。

17日 佛冈县召开2023年未成年人思想道德建设工作会议。

是日 广清纺织服装产业有序转移园用工保障工作推进会议在佛冈县人民中心召开。

7日 省地方志办党组书记、主任吴伟鹏一行6人到佛冈县开展地方志工作调研。

是日 省教育厅办公室组织验收调研组专家到佛冈县开展2022—2023学年义务教育阶段免费教科书和正版学生字典采购项目验收工作。

是日 自然资源部地质灾害技术指导中心党委书记、副主任刘同良率队到佛冈县督导地质灾害防治工作。

18日 河南省政府参事、原省政府秘书长刘世伟带队赴佛冈县就"高标准农田建设"开展调研工作，清远市人民政府副秘书长黄灶明、清远市农业农村局总农艺师蔡忆江、佛冈县人大常委会副主任朱建星等陪同调研。

是日 市三农科技服务站到佛冈县高岗镇指导农业产业振兴活动。

19日 佛冈县2022年度广东省推进乡村振兴战略实绩考核工作会议在县人民中心召开。

21日 年产20万吨石英超白砂项目在迳头镇清远南玻石英材料有限公司正式动工。

是日 佛冈县对接"对口包保"企业清远市利钧服饰有限公司，举办"一针一线"纺织服装技能培训企业推介及就业政策宣讲会。

是日 县委副书记、县长江红平率队到汤塘镇督导检查乡村振兴考核及农村义务教育建设工作。

是日 佛冈县召开2022年度省推进乡村振兴战略实绩考核迎检调度会。

22日 县委副书记、县长江红平率队督导调研佛冈县农村人居环境整治工作。

是日 县委副书记、县长江红平

率队深入广佛（佛冈）产业园相关企业调研工业上规和企业投产情况。

23日 佛冈县组织收听收看全市重大事故隐患专项排查整治2023行动动员部署专题电视电话会议。上级会议结束后，佛冈县召开重大事故隐患专项排查整治行动暨安全宣传月动员部署会。

是日 市人大常委会副主任杨德银率队到佛冈县调研《清远市文明行为促进条例》贯彻实施情况。

24日 "2022广东最美应急人"发布仪式隆重举行，正式公布2022年"十大最美应急个人"及"十大最美应急集体"入选名单。其中，佛冈县龙山镇武装部副部长欧阳广能荣获"2022广东最美应急人"称号。

25日 山西省忻州市政协党组书记、主席范建民率考察团到佛冈县，围绕"助力温泉产业发展，以温泉康养赋能全域旅游"进行考察交流。

26日 政协第十一届佛冈县委员会常务委员会第十三次会议召开。

是日 佛冈县人民政府与中国能源建设集团投资有限公司南方分公司投资建设100MW农光互补光伏发电项目签约仪式在佛冈县人民中心举行。

是日 佛冈县召开2023年国家自然资源督察工作动员部署会议暨自然资源和林业重点工作督导会。

是日 广东材料谷·佛冈产业园孵化器开业仪式暨佛冈县科技服务月系列活动举行。

29日 广州市天河外国语学校结对帮扶佛冈中学签约仪式在县人民中心举行。

30日 由佛冈县人民政府主办，县工业园管理委员会承办的2023年佛冈县"投资湾区北 共赢享未来"主题招商推介活动在熹乐谷温泉度假区举行。

31日 佛冈水头发展艾草产业签约仪式在水头镇政府举行。

是日 广佛（佛冈）产业园管理机构正式揭牌成立。

是日 县委书记潘国标，县委副书记、县长江红平到部分小学开展"六一"儿童节慰问活动。

6月

3日 县委副书记、县长江红平率队督导检查防灾减灾工作和国道G106线京港澳高速汤塘出口至熹乐谷温泉度假区路段路域整治和风貌管控工作。

5日 市委副书记、市长温文星到佛冈汤塘镇聚宝工业园、广东雅迪机车有限公司调研，深入了解佛冈高质量发展情况，推动解决实际问题。

6日 做实做强"百千万工程"，持续推进"数字乡村"暨"佛冈县正能量积分制小程序"启动仪式在水头镇莲瑶村举行。

是日 副市长杨焕率队到佛冈督导调研广州涉外经济职业技术学院佛冈校区建设发展情况以及2023年高考准备工作。

是日 县委副书记、县长江红平率队到水头镇调研在建项目建设情况。

7日 县委副书记、县长江红平率队到龙山镇博华陶瓷厂督导检查企业安全生产和环保工作。

是日 县委书记潘国标，县委副书记、县长江红平率队到佛冈一中考点，巡视督导2023年高考考务工作。

是日 市人大常委会副主任邵军率调研组到佛冈县开展历史文化保护与发展工作情况专题调研。

是日 佛冈县电商智慧管理与公共服务标准化试点项目在电子商务产业园正式启动。

8日 县委副书记、县长江红平率队深入县城北山公园、石角镇吉田村，实地调研县城扩容提质改造工作。

是日 省林业局生态修复处二级调研员吴琼辉带领调研组到佛冈县开展森林质量精准提升调研工作。

12日 县委副书记、县长江红平率队到水头镇中心小学、水头镇卫生院、水头镇敬老院调研安全生产工作。

是日 陶行知教育基金会"科教强国 乡村振兴"公益捐赠活动在汤塘中学举行。

13日 县委副书记、县长江红平率队到汤塘镇田心村松脑脚组崩塌地质灾害隐患点、石瓮水库等地，调研汛期防汛减灾、地质灾害隐患点整治、矿山生态修复整治等工作。

15日 2023年佛冈县安全宣传咨询日暨"安全生产佛冈行"启动仪式，在县文化广场举行。

是日 县工业和信息化局联合佛冈农商银行举办"金融+高端制造"政银企座谈会。

17日 县委副书记、县长江红平率队到石角镇大白洞村、三八村河段开展巡河工作。

19日 县委副书记、县长江红平率队到广佛（佛冈）产业园玛莉安美妆科技（广东）有限公司督导调研企业入规培育工作。

是日 佛冈县医共体管理委员会工作会议在县人民中心召开。

是日 关于佛冈县迳头镇楼下村"稻穗扬花，用数字助农增收"的报道上央视新闻。

21日 县委书记潘国标率队深入汤塘镇、龙山镇实地调研道路安全、防汛等工作。

23日 佛冈县启动防汛Ⅳ级应急响应。

24日 县委副书记、县长江红平率队前往石角镇和高岗镇，督导检查安全生产隐患排查整治工作及汛期防灾减灾工作情况。

是日 2023年佛冈县城市管理开放日系列宣传活动在县文化广场举行。

是日 佛冈县在县体育馆举行2023年"6·26"国际禁毒日活动暨禁毒普法宣讲团启动仪式。

是日 市发展和改革局、县发展和改革局、县应急管理局及国家管网集团广东运维中心广州作业区在鳌头首站联合举行暴雨导致管道悬空应急演练。

27日 县委副书记、县长江红平率队到广佛（佛冈）产业园，与广佛（佛冈）产业园党工委书记、管委会主任林吴养就高质量建设广佛（佛冈）产业园进行深入交流。

是日 县委书记潘国标，县委副书记、县长江红平，县人大常委会主任黄河，县政协主席袁卫国等县领导深入各镇，看望慰问老党员、困难党员、老干部。

是日 县退役军人事务局、县人武部以及石角镇政府一起为荣立个人三等功的小潭村委联田村的现役军人黄成跑同志送上立功喜报。

28日 清远市2023年重大项目集中签约动工投产活动（佛冈分会场）在广东雅迪机车有限公司聚宝B区四期建设项目施工现场举行。

29日 佛冈县举办2023年"特色美食""金牌餐饮店"评选暨"佛冈一桌菜"推选活动。

30日 佛冈县2023年"6·30"助力乡村振兴活动授牌捐赠仪式在县人民中心举行。活动捐赠总额达703.79万元。

是月 2023年佛冈县春耕粮食种植面积9.3万亩，超额完成清远市部署的春耕生产任务，粮食生产工作得到清远市农业农村局通报表扬。

是月 佛冈县第五次全国经济普查领导小组成立，负责佛冈县第五次全国经济普查的组织和实施，协调解决普查中的重大问题。

是月 市文明办公布2022年第四季度"清远好人"名单，其中，佛冈县小雨点志愿者协会会员黄凤新、佛冈中学党委书记刘荣毅入选助人为乐"清远好人"；佛冈县文化志愿者协会理事吴建良入选孝老爱亲"清远好人"。

7月

1日 佛冈县国道G106线城迳路段公路重点水毁修复工程完工并恢复通行。

5日 省统计局二级巡视员陆小环一行4人到佛冈县督导第五次全国经济普查工作。

是日 佛冈县关心下一代青少年社会实践教育基地在县博物馆正式揭牌。

是日 佛冈公安与税务举行警税协作签约仪式，成立"清远市佛冈县公安局 国家税务总局佛冈县税务局警税协作中心"。

是日 佛冈县举办2023年重大事故隐患专项排查整治业务培训班。

6日 广东省呼吸与健康学会携手佛冈县人民政府联合主办的"护蕊计划"启动仪式暨院士科学大讲堂走进佛冈公益活动在佛冈县城南小学举行。

是日 副市长林科聪率队到佛冈调研X852线大村至菜洞尾（新丰交界）段新建工程项目建设情况。

8日 由广东省自然资源厅牵头组成的永久基本农田补划踏勘组到佛冈县，对港澳高速公路粤境清远佛冈至广州太和段改扩建项目（佛冈段）涉及永久基本农田补划地块进行实地踏勘论证。

9日 县委副书记、县长江红平率队到迳头镇，调研养老服务及教育发展工作。

10—12日 国家发展改革委对外经济研究所研究员杨长湧一行到佛冈，开展"佛冈推动广清深度一体化、争创区域协调发展示范研究"专题调研。

11日 为顺利推动"百校联百县兴千村"行动在佛冈落地，仲恺农业工程学院调研组到佛冈就"广东省'百校联百县兴千村'行动"工作开展座谈。

11—18日 为全面了解共青团在困境儿童和农村留守儿童帮扶工作中的重要作用，湖南农业大学朱翠英教授主持的国家社科基金项目团队一行6人到佛冈县开展调研活动。

13日 县委副书记、县长江红平率招商考察团赴深圳市康泰生物制品股份有限公司、海源集团、深圳市塑料协会、深圳市产业园区商会，以及深圳市深港科创公司，重点围绕生物医药、新能源和新材料等主导产业链条开展招商工作。

17日 县委书记潘国标，县委副书记、县长江红平分别率队到石角镇、汤塘镇等地督导检查防台风"泰利"工作。

18日 佛冈县第五次全国经济普查综合试点动员暨业务培训会议在石角镇人民政府大礼堂举行。

19日 省水文局清远水文分局副局长杨帆带领省"百千万工程"水利对口协作调研组到佛冈县开展调研，详细了解佛冈县水利工程情况和存在困难，开展水利政策解读和技术指导。

20日 县委副书记、县长江红平率队前往迳头镇调研数字农业项目及乡村振兴工作。

21日 县委书记、县委全面深化改革委员会主任潘国标主持召开十四届县委全面深化改革委员会第6次会议。

是日 佛冈县委十四届第52次常委会(扩大)会议召开。会议强调要坚持制造业当家，聚力打造智能制造、生物医药等现代产业集群，推动佛冈高质量发展。

23日 原广东省市场监督管理局标准化处处长李建华与广州大学管理学院副院长刘广海率标准化专家组赴佛冈县电子商务公共服务中心调研指导佛冈县电商智慧管理与公共服务标准化试点相关工作。

24日 县委副书记、县长江红平率队到石角镇、汤塘镇调研钢铁企业发展、粮食安全和人大代表履职工作。

是日 县委副书记、县长江红平带队深入县粮食和物资储备有限公司，调研粮食储备、流通等工作。

26日 市委常委、常务副市长黄建平等一行人前往佛冈县汤塘镇高滩堤开展巡河调研，实地查看高滩堤治理、堤岸护坡、周边环境等情况。

27日 县委书记潘国标，县委副书记、县长江红平率慰问团，到清远军分区、武警清远支队、清远市消防救援支队慰问驻军部队，向人民子弟兵致以节日的问候。

是日 市发展和改革局党组成员、副局长姚平率领市发展和改革局重点项目和评估督导科到佛冈县开展调研重点项目督导工作。

28日 县委副书记、县长江红平率队到县生活垃圾填埋场整治项目点和石角镇冈田水圳治理项目点开展调研。

是日 2023年佛冈县创建国家卫生县、全国基层中医药工作示范县工作推进会在县人民中心召开，安排部署2023年创建工作任务。

29日 广东华劲汽车零部件制造有限公司二期项目奠基仪式在迳头镇金岭工业园举行。县领导张邦正、黄丽、黄泽川共同为二期项目培土。

是月 广东省工程建设项目审批制度改革工作领导小组办公室发布《关于通报表扬开展工程建设项目审批制度改革工作成绩突出单位和个人的通知》，其中佛冈县住房和城乡建设局荣获全省工程建设项目审批制度改革工作成绩突出单位，是清远市唯一入选单位和全省入选单位中唯一的县级单位，县住房和城乡建设局潘旋同志荣获成绩突出个人。

是月 佛冈县再次提高城乡最低生活保障标准和特困供养人员基本生活标准。城镇最低生活保障标准从每人每月877元提高到908元，人均补差水平为每人每月716元，农村最低生活保障标准从每人每月670元提高到704元，人均补差水平为每人每月365元；城镇特困供养人员基本生活标准从每人每月1403元提高到1453元，农村特困供养人员基本生活标准从每人每月1072元提高到1127元。新的标准从2023年1月1日起执行。

是月 佛冈县水头国际康养中心开始试营业。该项目位于水头镇新坣村委虎爪村，项目总占地58亩，总建筑面积45 225平方米，总投资3.1亿元，可为逾千人提供文化娱乐、学习教育、健康管理、数据采集、信息资讯等基本公共养老服务。

是月 佛山市异地商会联合会考察团到佛冈县开展投资考察活动。

是月 佛冈县石角镇新城居委会时代社区图书馆正式挂牌并投入使用。

是月 佛冈县城镇新增就业2228人，超过序时进度目标；就业困难人员实现就业114人，提前超额完成全年目标。

是月 佛冈县汤塘市场升级改造及三鸟市场周边环境整治工程已完工并试运营。

8月

1日 县委副书记、县长江红平率队到县征兵体检站，督导检查征兵体检工作。2023年征兵自8月1日开始，至8月10日结束。全县应征青年报名人数700余人，其中大学在校生近400人、大学毕业生200余人。

2日 县委书记潘国标主持召开县委十四届第53次常委会（扩大）会议。会议听取佛冈2023年上半年经济运行情况、安全生产和重大事故隐患专项排查整治工作汇报，研究部署下阶段工作。

是日 县委副书记、县长江红平主持召开县政府党组会议和十六届第46次县政府常务会议。

4日 中国共产党佛冈县第十四届委员会第四次全体会议在石角镇召开，会议审议通过《中共佛冈县委关于深入学习贯彻习近平总书记重要讲话重要指示精神为广东在推进中国式现代化建设中走在前列作出佛冈新担当新贡献的实施意见》《中国共产党佛冈县第十四届委员会第四次全体会议决议》。

5日 县委副书记、县长江红平率队到县社会福利院督导调研养老服务和石角镇府城社区周边人居环境整治工作。

7日 县委副书记、县长江红平到汤塘镇、迳头镇调研部分重点企业生产经营发展情况，解决企业问题。

8日 市委常委、副市长邱泽军率队到水头镇，调研佛冈美丽圩镇建设、乡村振兴等工作情况。

9日 佛冈县2023下半年固定资产投资、重点项目推进工作会议在县人民中心召开。

11日 佛冈县水头镇卫生院新院开业暨创建全省一流中医药特色基层卫生院启动仪式在水头镇举行。

14日 佛冈县在县人民中心召开2023年中国医师节庆祝大会。授予广东省人民医院紧密型组团式帮扶团队等20个集体"佛冈县医务工作先进集体"称号，授予佛冈县人民医院方明等60名同志"佛冈县医务工作先进个人"称号。

16日 佛冈县首个产业园区党群活动中心迳头镇金岭工业园党群活动中心揭牌启用。

18日 县委书记潘国标到迳头镇就推进"百千万工程"工作推进情况进行调研。

25日 县委书记潘国标主持召开县委十四届第54次常委会（扩大）会议，强调要深入贯彻落实省、市部署要求，狠抓"百千万工程"、工业经济、绿美佛冈生态建设、安全生产等重点工作，确保实现2023年目标任务。

26日 佛冈县2023年下半年园区建设和招商引资冲刺全年任务工作会议在县人民中心召开，分析形势、研究项目进展和指标完成情况，部署下阶段工作。

27—29日 县委副书记、县长江红平率队前往北京、天津招商引资，成功签下维克（天津）有限公司、中农联控股有限公司两家行业头部企业的投资意向书。

30日 佛冈县召开全县防御台风"苏拉"工作部署会议。

是日 共青团广东省委员会、广东省教育厅、少先队广东省工作委员会发布《关于表彰2022—2023年度广东省少先队先进集体和个人的决定》。佛冈县共有2个集体和3名个人获得省级荣誉。

9月

1日 市政协副主席陈丽霞率市政协第四视察团到佛冈，就"清远市碧道建设情况"开展专题协商式民主监督视察活动。

是日 佛冈县组织收听收看全省、全市防风电视电话会议。上级会议结束后，继续召开全县防御台风"苏拉"工作会议，安排部署各项防御措施。

是日 市生态环境局佛冈分局会同市生态环境局大气科到佛冈达味特钢有限公司和佛冈县万兴电子塑胶制品有限公司开展中央大气污染防治资金项目入库帮扶工作。

3日 南方电网广东清远佛冈供电局支援汕尾、惠州队伍协助当地供电局顺利完成抗击台风"苏拉"各项抢修复电任务后安全返回佛冈。

是日 县退役军人事务局走进佛冈县武警中队，并邀请县史志办退休干部周都明为部队官兵开展"勿忘历史·砥砺前行"抗战胜利日主题宣讲活动。

4日 佛冈县紧密型县域医共体工作推进会议在县人民中心会议室召开。

8日 佛冈县在城南小学举行"躬耕教坛 强国有我"庆祝第39个教师节活动暨2023年佛冈县优秀教师表彰大会。共有245人受到表扬。

是日 县委副书记、县长江红平率队调研指导佛冈县垃圾分类和县城雨污分流项目建设工作。

9日 县委副书记、县长江红平调研北山公园提质改造工程和城北中学地质灾害隐患点整治工作。

11日 县委副书记、县长江红平组织召开汕湛高速龙山出口至G106国道项目推进协调会。

12日 佛冈召开2023年双拥工作领导小组会议暨创建第十二届全省双拥模范县工作推进会议。

13日 县委副书记、县长江红平一行来到龙山镇广东雅迪机车有限公司，听取相关负责人关于项目建设情况汇报，了解广东雅迪聚宝B区项目进展、土地要素保障等工作情况，并与企业负责人面对面座谈，现场办公协调解决项目建设存在的问题。

15日 佛冈县2023年"书记送我去当兵"暨新兵入伍欢送仪式在县人民中心举行，欢送一批优秀青年奔赴军营，保家卫国、奉献青春。

16日 佛冈县水头镇开展以"乡村一对一，健康你我他"为主题的2023年广东健康科普进乡村·粤北行活动。活动由广东省卫生健康宣教中心联合广东省人民医院、中山大学附属第六医院在水头镇市民休闲广场开展。

23日 县委副书记、县长江红平率督导组检查中秋国庆节前安全生产工作。

25日 由佛冈县第五次全国经济普查领导小组办公室、佛冈县统计局联合主办的第十四届"中国统计开放日"活动在县人民公园举行。

30日 此日是第十个"烈士纪念日"。佛冈县在县烈士陵园举行烈士纪念日活动，深切缅怀英雄烈士不朽功勋，传承先烈的崇高精神。

10月

12日 佛冈县外商投资企业协会第五届会员代表大会召开，清远新力化机有限公司董事长余维建当选新一届外商投资企业协会理事会会长。

16日 佛冈县百校联百县助力"百千万工程"（简称"双百行动"）县校合作联席会议在广州中医药大学召开，与广州中医药大学、仲恺农业工程学院共同谋划推进"双百行动"工作。

23日 佛冈县开展森林防火工作巡查，全方位、多举措筑牢森林防火安全屏障。

24日 佛冈县新时代乡村电气化示范合作共建签约仪式在佛冈供电局举行。

26日 佛冈县水头镇农副产品加工中心项目举行开工仪式。

31日 佛冈县水头镇西田水厂举行通水仪式。水头镇西田水厂升级改造工程总投资约5200万元，新建提水泵房1座，新建净水厂区包括一体化净水设备1套、清水池1座、管理房1座、取水口1座等，供水能力可达每天1万立方米，供水总人口约5万人，为周边群众及企业提供优质自来水。

是日 佛冈退役军人就业创业基地揭牌成立。

11月

1日 经广佛园区安委办协调，联合佛冈县应急管理局聘请安全生产专家组织召开重大隐患专项排查整治行动推进会。

2日 县委副书记、县长江红平率队督导检查佛冈违法用地整改工作和北江引水项目建设。

是日 市发展和改革局组织专家团队到佛冈县开展"AAA等级粮库"创建初评和实地核查工作。

3日 县委书记潘国标，县委副书记、县长江红平率佛冈党政代表团赴广州市黄埔区考察，与黄埔区围绕城市规划建设、产业发展、科技创新等方面进行深入交流。

7日 省退役军人事务厅二级巡视员许敏谦率考评调研组到佛冈，调研双拥模范城（县）创建考评工作。

10日 县委书记、县"百千万工程"指挥部总指挥潘国标率队到水头镇,就深入推进实施"百千万工程"进行现场调研。

14日 位于佛冈县聚宝B区工业园的雅迪华南基地项目正式开工。

15日 佛冈组织收听收看清远市岁末年初安全防范工作视频会议暨"奋战六十天 全年保平安"安全生产攻坚行动紧急会议。

16—17日 市委常委、宣传部部长谭仕龙率队到佛冈调研指导宣传思想文化工作。

23日 县委书记潘国标率队调研"百千万工程"、安全生产、污染治理等重点工作。

24日 县委副书记、县长江红平率队到石角镇、汤塘镇督导检查佛冈企业安全生产、交通安全、消防安全、森林防火等有关工作。

27日 位于龙山镇的某工业企业,在家门口通过广东省"一网通办"网站,领取到佛冈县首宗电子"建设工程规划许可证"。开启"无纸化"审批。

28日 县委副书记、县长、县副总河长江红平到石角镇龙溪水开展巡河调研。

是日 省自然资源厅执法处副处长李小平带队到佛冈督导调研矿产卫片工作。

是日 佛冈县实施的2020年度清远市佛冈县水头镇铜溪等两个村现有耕地提质改造项目顺利通过市级验收。

12月

4日 此日是第十个国家宪法日。高岗镇政府在镇政府广场开展主题为"大力弘扬宪法精神,建设社会主义法治文化"的法治宣传教育活动。

7日 县委副书记、县长江红平到汤塘镇督导农村黑臭水体整改、耕地保护等工作。

9日 县委副书记、县长江红平率队到石角镇、高岗镇督导检查交通安全、耕地保护工作,并开展"百千万工程"专题调研。

12日 佛冈县人民政府与广州市天聪食品有限公司项目签约仪式在佛冈县人民中心举行。

14日 佛冈县召开2023年"佛商·县长面对面协商"座谈会,加快工业园区建设,推进招商引资工作,共谋高质量发展。

16日 县民政局、县未成年人救助保护中心联动佛冈县正阳社会工作服务中心在龙山镇关前村文化室开展"情暖童心,乐享冬至"关爱困境儿童活动,活动吸引20多名困境儿童参加。

17日 县委书记潘国标到迳头镇督导检查防寒潮工作。

是日 县委书记、县"百千万工程"指挥部总指挥潘国标率队到水头镇,就深入推进实施"百千万工程"进行现场调研。

18日 县委副书记、县长江红平率队到石角镇督导检查垃圾分类、消防安全工作。

23日 县委副书记、县长江红平带队到龙山智造城现场办公,听取园区项目建设和规划布局情况,面对面协调推进有关问题解决。

27日 县委书记、县"百千万工程"指挥部总指挥潘国标主持召开县"百千万工程"指挥部第九次会议,强调要持续以"比学赶超"的精气神,加快推进典型镇村培育,抓紧抓实"百千万工程",推动佛冈经济社会高质量发展。

(黄丹丹)

佛冈概况

责任编辑：郭治国

建置沿革

佛冈境域古代分属于中宿（清远）和浈阳（英德）2县，直至清代。雍正九年（1731年）在大埔坪（今佛冈县石角府城）设捕盗同知，辖清远、英德、从化、花县（今广州花都）、长宁（今新丰）、广宁6县捕务。

清嘉庆十八年（1813年），划出清远县吉河乡（今水头镇、石角镇境域）和英德县大陂都6乡（今迳头镇、高岗镇境域）设立佛冈直隶军民厅（简称"佛冈厅"），直隶于广东布政使司，佛冈始有县级地方政权建置，厅署设大埔坪。

1914年6月3日，撤厅改县，称佛冈县。

1949年10月12日，佛冈县全境解放，新成立中共佛冈县委和佛冈县人民政府（府址设在石角圩），隶属北江临时人民行政委员会（后改为北江人民行政督察专员公署，简称"北江专署"）管辖。

1952年4月13日，佛冈县与从化县合署办公，设立驻石角办事处。同年10月，恢复佛冈县，属粤北行政公署辖。

1953年2月，清远县第七区（今汤塘镇）划归佛冈县辖。

1958年7月，清远县龙山乡（今龙山镇）划归佛冈县辖。

1958年10月23日，佛冈县与从化县合并，称从化县，属韶关行政专员公署辖。1959年1月，从化县划归佛山专员公署辖，1960年4月11日，又划归广州市辖。

1961年5月4日，经广东省委批准，佛冈、从化分别设县，恢复佛冈县建制，仍归广州市辖。

1963年6月15日，佛冈县划归韶关专署辖。

1983年7月26日，佛冈县划归广州市辖。

1988年1月7日，清远市设立，佛冈县划归清远市辖至今。

（县史志办）

自然地理

【位置·范围·面积】 佛冈县位于广东省中部，北回归线北侧，珠江三角洲北缘；处于东经113°17′28″至113°47′42″，北纬23°39′57″至24°07′15″之间。县境东西长51.299千米，南北宽50.325千米。佛冈县东北与韶关市新丰县交界，东南与广州市从化区接壤，西南与清远市清城区毗邻，西北与英德市相连。根据清远市2023年9月下发的佛冈县2022年度变更调查数据汇总，全县行政区域范围总面积为1295.16平方千米。

【地质·地貌·河流】 佛冈境内地质属华南褶皱系，白垩纪第三系断陷盆地。早古生代为海水所淹，在侏罗纪与白垩纪发生的燕山运动中，陆地上升出海平面，并产生多次强烈断裂及大规模酸性岩浆侵入和喷发活动，形成海拔较高的山地，现代地貌轮廓基本奠定。喜马拉雅运动使隆起的山地又产生许多凹陷或断陷盆地，以后在断陷盆地上又有第四系覆盖物，遂成观音山、亚婆髻等山岭。现境内仍为板块运动活跃地带，轻微地震时有发生，存在断裂带，并出现多处地热矿水（俗称"温泉"），汤塘、水头等地均有。

地形 佛冈地势自东北向西南起伏下降，地形大体可划分为山地、丘陵、平原三种，比例为7∶2∶1。在东南和西北部有较多中等高度山脉分布，多为东北—西南走向。西北部的观音山山脉是全县主要山脉，在西北县界的亚婆髻海拔1218.8米，是全县最高峰。海拔900米以上的山峰有观音山、大鬤山（海拔1059米）、通天蜡烛（海拔1047米）、辣篱脑（海拔1001米）、铜鼓脑（海拔907米）、三角山（海拔993米）等10多座。北部地区海拔一般为200～250米；中部地区海拔100米左右。全县海拔最低处在龙山镇大罗洲村潖江下游出境口，海拔高度为13.5米。县内两大山脉形成两道天然屏障，第一道屏障东起青牛塘，西止于七星墩，形成一条自东向西走向的山脉。第二道屏障由观音山与东面的独凰山组成，北部地势向北偏东倾斜，南部地势向南偏西倾斜。由山脉形成的两道屏障，把佛冈分成北、中、南3个自然区。北部为高丘陵区，包括高岗、迳头2个镇和观音山自然保护区，占全县总面积29.7%；中部为中丘陵区，包括水头、石角2个镇，占全县总面积40.2%；南部为低丘陵区，包括汤塘、龙山2个镇，占全县总面积30.1%。

地貌 境内岩石类型以花岗岩为主。西南与英德相连的石联山体属

2023年5月9日，佛冈县境内羊角山一角　　（黄超贤　摄）

石灰岩，是发育典型的喀斯特地貌。石角镇黄花湖有一处特殊的花岗岩地貌，溪流两旁的岩石上遍布大小不一、形似锅底、内壁光滑的洞穴。

土壤　境内土壤以花岗岩发育而成的赤红壤为主，土层深厚，土质偏沙，土体的总孔隙、通气孔隙和持水孔隙均较高，有利于调节土壤水汽含量。黏粒矿物以高岭石为主，呈酸性，pH值多在5.0～5.5间，有机质含量低，矿质养分中等。在山地中，赤红壤土占全县山地总面积的82.54%。500米以上地形起伏大，坡度变化明显，多为红壤和山地黄壤，土层厚薄差异悬殊。天然植被大多分布于山地地区。丘陵分布于山前地带，主要由花岗岩构成，海拔高200～400米，风化壳达10～30米，如石角、汤塘、龙山等镇的丘陵地带，外貌浑圆，坡度和缓，在植被破坏之处，易产生冲沟和崩岗，导致水土流失。

河流　潖江、烟岭河是县境主要河流。潖江发源于水头镇上潭洞村的通天蜡烛，向南流经水头、石角、汤塘、龙山等地后汇入北江。潖江支流众多，有潖二水、四九水、龙南水，境内流域面积903平方千米，河段长度超过69千米，为北江水系一级支流。烟岭河发源于高岗镇礼溪村的羊子栋（属观音山山系），属北江水系滃江的主要支流，汇合高岗和迳头诸水而成，流向东北方进入英德市境内。烟岭河流域支流主要是大陂水，烟岭河在县境内集雨面积361平方千米，河段长32千米。潖江、烟岭河中下游均有冲积平原，约占全县面积24.5%。

（朱雪雯）

【**气候·水文**】佛冈县属南亚热带湿润气候和亚热带季风气候。2023年，佛冈县平均气温22.1℃，与历年平均值（21.3℃）相比偏高0.8℃。县气象观测站录得极端最高气温38.5℃，出现在5月30日；极端最低气温1.7℃，出现在1月30日。年降雨量2093.7毫米，比历年平均降雨量（2173.6毫米）偏少3.7%。全年日降雨量≥0.1毫米的降雨日数156天，日降雨量≥50.0毫米的暴雨日数12天，最大日降雨量139.4毫米，出现在4月5日，最大24小时降雨量141.4毫米（4月5日8时至6日8时）。年日照时数1656.2小时，与历年平均基本持平。年蒸发量1144.7毫米。无霜期335天。

2023年，佛冈县降雨时空分布极不均匀，1月降雨略偏多，2—3月中旬降雨明显偏少，3月底降雨明显偏多，4月降雨略偏少，5—7月降雨偏少3成以上，8—10月降雨明显偏多，11—12月降雨明显偏少。各镇年降雨量分别为：高岗镇1981.3毫米，迳头镇1911.3毫米，水头镇2228.1毫米，石角镇2080.6毫米，汤塘镇1595.3毫米，龙山镇1582.9毫米。全县各月降雨量为：1月72.3毫米，2月54.3毫米，3月297.1毫米，4月233.7毫米，5月251.6毫米，6月321.6毫米，7月154.0毫米，8月303.4毫米，9月293.0毫米，10月95.8毫米，11月0.7毫米，12月16.2毫米。

（周国明）

资源物产

【**土地资源**】2023年，根据佛冈县2022年度变更调查数据库管理系统统计汇总，全县行政区域土地资源总面积为129 516.29公顷。按土地利用结构地类划分，全县土地包括一级地类10个，二级地类30个。在一级地类中，湿地为198.14公顷，占总面积的0.15%；耕地为8820.4公顷，占总

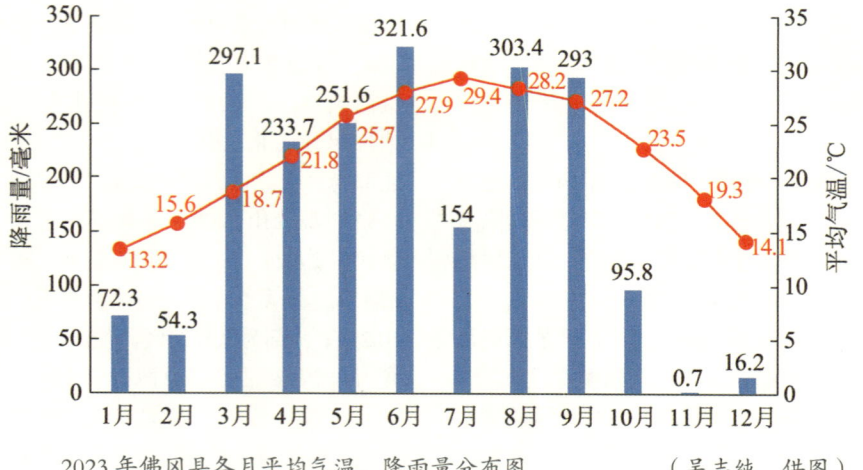
2023年佛冈县各月平均气温、降雨量分布图　　（吴志纯　供图）

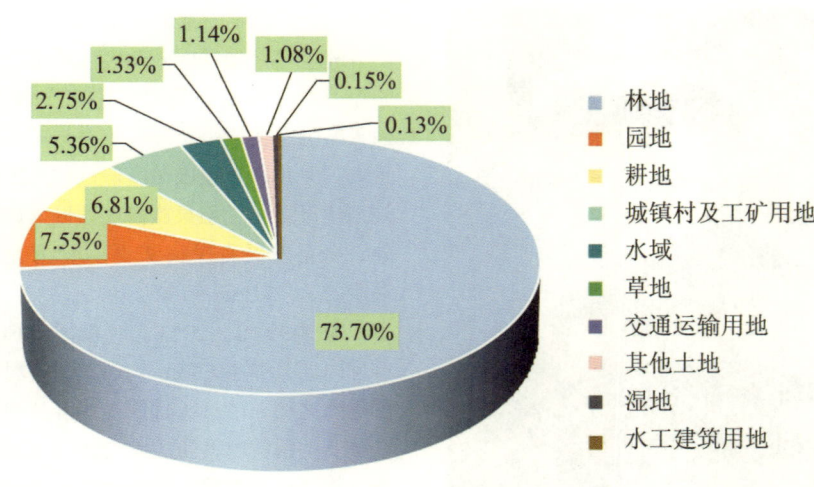

2023年佛冈县土地资源利用类型分布图　　　（吴志纯　供图）

面积的6.81%；园地为9778.28公顷，占总面积的7.55%；林地为95 452.97公顷，占总面积的73.70%；草地为1720.69公顷，占总面积的1.33%；城镇村及工矿用地为6942.71公顷，占总面积的5.36%；交通运输用地为1472.93公顷，占总面积的1.14%；水工建筑用地为167.31公顷，占总面积的0.13%；水域为3566.35公顷，占总面积的2.75%；其他土地为1396.51公顷，占总面积的1.08%。

（龚　莉）

【水资源】 2023年，佛冈县用水总量为1.4013亿立方米，其中地下水取用水量为6.5908万立方米，万元地区生产总值用水量为81.67立方米/万元，同比下降1.8%，万元工业增加值用水量为15.98立方米/万元，同比下降9.7%，均满足清远市"十四五"用水总量和强度管控要求。公共供水管网漏损率为13.07%，城市公共供水管网漏损率下降至7.03%，满足城市公共供水管网漏损率控制在9.5%以下的目标任务。

（齐林松）

【矿产资源】 基本概况　佛冈县的自然资源比较丰富，矿产资源主要有铅、锌、铁、石英、萤石、钾长石、花岗岩、瓷土、稀土、地下热水以及优质矿泉水等，其主要特点是：矿产种类较多，大中型规模矿产地所占比例少；铁、铅、锌、萤石、建筑用花岗岩、陶瓷土、稀土、霞石正长岩、地下热水为本县优势矿产，其中建筑用花岗岩、陶瓷土、稀土、萤石产地多，规模较大；稀土和地下热水资源潜力大，远景可观。2023年，佛冈县探矿权总数2个，其中，1个为省自然资源厅发证，1个为市自然资源局发证。全县有效采矿权总数5个，全县矿业开发主要以市级发证的花岗岩、石英岩、陶瓷土等非金属矿产为主，为地方城市建设和基础设施建设提供稳定的原材料保障。

金属矿产　主要有铁矿、铅锌矿、稀土等。经地质工作发现共有铁矿产地1处，规模为小型，主要分布在水头镇，探明资源储量257.2万吨；铅锌矿1处，在水头镇水龙尾。县域燕山期黑云母花岗岩大面积外露，开采均为风化壳离子吸附型稀土矿。初步估算花岗岩风化壳型稀土矿远景储量可达70万吨以上，有极好的找矿前景。受国家政策调控，县域稀土矿没有进行地质勘查工作。

非金属矿产　主要有普通萤石、陶瓷用砂岩及瓷土、水泥用灰岩、石墨、霞石正长岩、建筑用花岗岩、石英岩等。其中建筑用花岗岩矿产地有1处，霞石正长岩矿产地1处，石英岩矿产地1处，萤石矿产地1处。

地下水矿产　主要有普通饮用地下水和矿泉水。经地质工作评价的矿泉水源地全县共有1处，允许开采总量361立方米/日，根据区域地质调查资料，佛冈县地下水资源主要分布在黄花、白石等地，矿泉水多为偏硅酸矿泉水，偏硅酸含量一般在28%～64%之间，部分矿泉水含锶、硒、锂等有益微量元素。

地热资源（温泉）　主要分布在汤塘镇（2处）、石角镇（1处）、水头镇（1处）。其中，汤塘镇地下热水允许开采量854立方米/日，规模达中型，含有微量元素氡，适于浴疗康养。

（范美娟）

【生物资源】 佛冈县属南亚热带湿润气候以及南亚热带岭南丘陵常绿阔叶林区，拥有丰富的物种资源。

植物资源　植物资源有桉、松、杉、樟、桐、黄檀，还有桫椤、观光木、白桂木、吊皮锥和红椿等珍贵植物，以及砂仁、巴戟、栀子、金银花、蔓荆子、土茯苓、杜鹃花、黄姜等药材资源。常见乔木植物树种有马尾松、湿地松、杉树、黎蒴、木荷、鸭脚木、小叶榕、大叶榕等；经济林树种有沙糖橘、橙、荔枝、龙眼、贡柑、板栗、菠萝、青梅、李子等；灌木有黄牛木、桃金娘、岗松、马樱丹、野牡丹、酸藤子、了哥王等；草本有芒萁、芒草、狗尾草、鸭嘴草等。佛冈观音山省级自然保护区记录有野生维管植物178科701属1518种，其中有穗花杉、软荚红豆、苏铁蕨、黑桫椤等23种国家二级重点保护野生植物。

野生动物资源　野生动物资源有黄猄、山猪、果子狸、穿山甲、雉鸡、白鹇、龟类、蛇类等。常见蛇类有眼镜蛇、榕蛇、过山风等。佛冈观音山省级自然保护区记录有陆生野生脊椎动物25目76科204种，其中有小灵猫、中华穿山甲2种国家一级重

2023年12月20日，生长于观音山海拔870～1300米的山地密林下棒距虾脊兰　　（佛冈观音山省级自然保护区　供图）

点保护野生动物，豹猫、白鹇、眼镜王蛇、斑林狸、白眉山鹧鸪等26种国家二级重点保护野生动物。

（朱慧玲）

【旅游资源】　佛冈县地处粤港澳大湾区北部边缘、广州市中轴线正北60千米，属珠三角"1小时经济圈和生活圈"。京港澳高速公路纵贯全境，佛冈出口距广州白云国际机场仅52千米；汕湛高速和广连高速穿越县境南部。境内拥有6个高速出入口、2个服务区。"两纵一横"高速路网在佛冈交汇，形成互通枢纽，南达广州，北通韶关，东出惠州、河源，西接清远、云浮，出行极为便利。国道G106线、清佛公路、英佛公路1小时可接驳广清轻轨站、清远高铁站和英德高铁站，区位优势明显，交通便捷。佛冈地处广东省内最大的温泉资源集聚带——"佛冈—从化—龙门"温泉带上，温泉资源的品质、规模等均较为突出。温泉资源集水、矿、热于一体，既是一种地热资源，又是一种特色旅游资源，县内多个乡镇均发现有不同类型的温泉资源。温泉旅游成为佛冈的"金字招牌"。优越的地理位置和良好的投资环境，使佛冈成为旅游开发的热土。特别是佛冈拥有全国唯一出水温度达87℃的高温珍稀"氡"温泉，适宜发展健康养生旅游业。佛冈坐拥"一泉两山"资源（汤塘温泉、观音山和羊角山），生态环境基底好，森林覆盖率近70%，优质资源为旅游业发展奠定了基础。

景区景点　2023年，佛冈县有聚龙湾天然温泉度假村、森波拉度假森林、熹乐谷温泉度假区3个国家4A级旅游景区，田野绿世界1个国家3A级旅游景区，拥有上岳古村落、观音山王山寺、省级森林公园羊角山、鹤鸣洲樱花温泉度假村、篁胜国际温泉花园酒店、碧桂园清泉城、长盛谷养生基地等省内外知名度较高的旅游景区，还有陂角村、荷花小镇、通天蜡烛、龙潭小寨等多个乡村旅游景点，并正以省级旅游度假区的标准规划建设黄花湖温泉旅游度假区。此外，全县发展有民宿93家（已登记在册的）、农庄超60家。

旅游线路　2023年，佛冈县拥有佛冈温泉养生之旅、佛冈上岳古村落寻幽之旅、清远（佛冈）康养体验之旅、上岳古村落历史文化游径4条全省旅游精品线路，汤塘镇陂角村和迳头镇官墩围村2个"广东省文化和旅游特色村"。

民俗与美食　佛冈县最具特色的民俗活动为高岗豆腐节、汤塘舞被狮，二者均为广东省非物质文化遗产。同时，还有四九鲤鱼灯、四九牛肉节、水头抢花炮、水头舞春牛等特色民俗。特色美食有臭屁醋、蒸酿粉葛、芋头蒸鹅、葱油白切鸡、客家脍肉、客家酿豆腐、乡村竹拉肠等；水果特产有荔枝、龙眼、沙糖橘、葡萄、百香果、鹰嘴桃、番石榴、杨桃等。

其他旅游资源　2023年，佛冈县重点文物保护单位共16个。东坑黄氏宗祠、上岳村建筑群、石咀头围场门楼等3处为省级重点文物保护单位；三爱亭、清献崔公祠、龙岗市古

2023年5月19日，县文广旅体局开展中国旅游日宣传活动

（县文广旅体局　供图）

街、上岳古围村、谢氏大宗祠、官路唇廖氏宗祠、围镇刘氏宗祠、洛洞接待站旧址、林际安墓、耕读楼、石咀头围场、大陂郑氏宗祠、大塘宋氏宗祠等13处为县级重点文物保护单位。

（邓　波）

环境质量

【空气质量】 2023年，佛冈县城区空气质量处于良好状态，监测数据有效天数356天。其中，344天为优良等级，优良率为96.6%，344天大气环境质量达到国家二级标准。二氧化硫均值为7微克/立方米，二氧化氮均值为16微克/立方米，PM_{10}均值为37微克/立方米，$PM_{2.5}$均值为24微克/立方米，一氧化碳第95百分数均值为1.0毫克/立方米，臭氧第90百分数均值为132微克/立方米。

【水环境质量】 饮用水源　2023年，对县级集中式饮用水源地放牛洞水库、坝仔坑新取水口，乡镇级集中式饮用水源地龙山镇良洞水库、龙山镇香粉水库、高岗镇上坪饮用水保护区、迳头镇大陂水饮用水保护区、迳头镇社背山饮用水保护区、汤塘镇止贝岕水库、水头镇西田蛇尾岕水源保护区，每季度监测62项，其中放牛洞水库、坝仔坑新取水口、龙山镇良洞水库、龙山镇香粉水库、汤塘镇止贝岕水库7月做109项全分析。经监测，各水质断面年均值控制在国家Ⅱ类标准，达标率100%。

河流水质达标　2023年，佛冈县环境监测站对潖江升平、烟岭河文昌阁监测点断面进行单月采样监测，对潖江良塘、坝仔坑和格海监测点断面每季度采样监测。其中，坝仔坑、升平、良塘、文昌阁监测点监测31个项目，格海监测24个项目，升平、良塘监测点断面达到国家Ⅲ类水标准，全县河流水质状况基本达标。2023年清远环境监测站对潖江良塘、坝仔坑和格海监测点断面每月采样监测，监测24个项目，良塘监测点断面年均值达到国家Ⅲ类水标准，坝仔坑和格海断面年均值达到国家Ⅱ类水标准，全县河流水质状况基本达标。

【声环境质量】 区域声环境　2023年，佛冈县建成区区域107个监测点位声环境监测结果：昼间声环境等效平均声级为55.9dB（A），达标率95.3%，总体水平等级划分均为三级，区域声环境评价"一般"；夜间声环境等效平均声级为48.4dB（A），达标率为92.5%，总体水平等级划分均为三级，区域声环境评价"一般"。

道路噪声　2023年，佛冈县建成区道路交通21个监测点位声环境监测结果：昼间声环境等效平均声级为67.9 dB（A），达标率为80.9%，总体水平等级划分为一级，声环境评价"好"；夜间声环境等效平均声级为57.6 dB（A），达标率为80.9%，总体水平等级划分为一级，声环境评价"好"。

功能区噪声　2023年，测得最终选点的7个声功能区昼间平均值51.8分贝，达标率为100%；夜间平均值46.1分贝，达标率为96.4%。

（杨　丽）

人口·民族·语言

【人口】 据县公安部门统计，2023年，佛冈县家庭总户数为9.64万户。户籍人口36.19万人，比上年增加0.01万人，增长0.4‰。其中男性人口18.85万人，比上年增加0.03万人；女性人口17.35万人，比上年减少0.02万人。总人口性别比（以女性为100，男性对女性的比例）为108.6。全县非农业人口15.10万人，占总人口的41.73%；农业人口21.09万人，占总人口的58.27%。全县当年出生人口为0.3万人，出生率为8.25‰；死亡人口为0.14万人，死亡率为3.76‰。全县人口密度为279.5人/平方千米。

年末户籍总人口按区域分为：高岗镇总计8558户，共计3.32万人；迳头镇总计8843户，共计3.48万人；水头镇总计8656户，共计3.21万人；石角镇总计36 667户，共计13.09万人；汤塘镇总计20 170户，共计7.91万人；龙山镇总计13 497户，共计5.18万人。

据清远市统计部门反馈，2023年末佛冈县常住人口31.67万人，比去年增加0.01万人，其中城镇人口

2023年9月21日，佛冈县环境监测站在篁胜新城开展声功能区24小时噪声监测　　　　　　　　　　　　（杨丽　摄）

14.51万人，城镇化率45.82%。

（黄淑芬）

【民族】 佛冈县以汉民族为主体，境内无少数民族原住民。据统计，2023年佛冈县少数民族户籍人口1237人（比上年增加40人），多为务工就业、婚嫁或外来经商者，涉及壮族、瑶族、土家族、苗族、黎族、侗族、布依族等23个少数民族，约占全县总人口的0.34%。2023年，佛冈县积极开展民族团结进步创建活动，铸牢中华民族共同体意识，促进各民族交往交流交融。加强少数民族流动人口管理，积极为少数民族群众服务，解决外来少数民族群众经商、就业、子女上学等问题，定期走访慰问少数民族外来人员，及时化解涉民族因素矛盾纠纷。

（黄焕光）

【语言】 佛冈县域的语言分为佛冈白话和客家话两大类。佛冈白话属粤语系，接近广州方言，音调略有不同。水头、石角、汤塘、龙山等地域人口大多讲白话，属粤语系地区，但各地白话在音调、声尾上亦有差别，也有少部分讲客家话，是两种语言均有使用的地域；客家话属客家语系，语调硬而高亢。高岗、迳头2个镇属客家语系区，居住人口纯讲客家话。全县人口中，讲白话的人口居多，约占70%，讲客家话的人口较少，约占30%，但在人数比例上，各镇略有不同。

（县史志办）

历史文化·传统民俗

【历史文化】 佛冈地域历史悠久，新石器时代就有人类活动，遗留大量的历史文物古迹，积累着深厚的历史文化底蕴，涌现出历代仁人志士，流传

2023年12月29日，修缮一新的中共潖从区工委活动中心旧址

（朱家佑 摄）

着众多史话和传说。

历史文物 2023年，佛冈县馆藏可移动文物335件（套），总数量2525件。其中，国家一级文物1件（套），国家二级文物2件（套），国家三级文物35件（套）。不可移动文物127处，其中古遗址7处，古墓葬15处，古建筑86处，石窟寺及石刻1处，其他18处。省级文保单位3处，县级文保单位13处。

革命史迹 佛冈县共有革命遗（旧）址126处。其中，重要历史事件和重要机构旧址60处，重要历史事件发生地和人物活动纪念地21处，革命领导人故居、旧居16处，纪念设施14处，其他遗址15处。经省市核准命名的革命史迹保护单位55处，其中县级革命史迹保护单位13处。

古村落古建筑 清代，佛冈建厅时约有450个自然村落；民国期末，增至约830个（含汤塘、龙山地域）。这些古村落建筑主要划分为广府民居和客家民居两大类。其中，龙山镇上岳古村获评为中国历史文化名村，汤塘镇汤塘村、高岗镇新联村（社岗下）获评为广东省古村落。保存完好的古建筑有东坑黄氏宗祠、清献崔公祠、三德园、君庐、吉河大庙、司马第等。据《佛冈厅志》记载，境内历代有寺院、庙宇30多座，宗教派别有佛教、道教、基督教和天主教等。观音山王山寺、水头龙牙寺、吉河大庙等经重修重建后，成为人们祭祀祈福之所。

文化典籍 佛冈设厅建县有200余年历史，《佛冈厅志》《佛冈县志》等典籍成为地方史学、地方志的宝鉴，历代《清远县志》《英德县志》也是佛冈历史文化的有益参考。宗族谱牒是颇具历史人文价值的典籍，佛冈很多村落、姓氏历代都曾组织人力修编族谱，记载族人各支系繁衍发展情况，如《两岳朱氏族谱》《英州郑氏族谱》《开佛公族谱》《潖江刘氏族谱》等数十种，留下了宝贵的文化典籍。

历史名人 佛冈历代名人辈出，先后有南宋年间的大理寺评事朱文焕，明末举人、刑部浙江主事欧阳晖，明代万历年间举人朱学熙，清代嘉庆年间的武进士郑开缙。明清时期的秀才及贡生有郑玉符、朱翰芬等250多人。民国时期军政界知名人物有黄渠成、黄开山、黄祥光、邹华衍、范桂霞、宋华、冯光等。

民间传说、故事 佛冈有许多广泛流传的民间故事、传说，以及谚语、歇后语等，这些民间文化为乡村

文化发展奠定了基础，值得不断传承和发扬。传颂较为广泛的民间故事有《马口寨琼花姐》《廖矮斗法》《范应嵩施术治理烟岭河》等；民间传说有《大庙峡的传说》《䭃马石的传说》《摩罗山的传说》《仙人床》《汤塘温泉传说》等。

【传统民俗】 佛冈境内有着丰富的传统民俗文化，其中舞被狮、豆腐节被列入广东省非物质文化遗产名录，鲤鱼灯、舞春牛、龙南武术、舞鸡公狮、接三王等被列入清远市非物质文化遗产保护名录。

舞被狮 舞被狮是汤塘镇围镇村的刘氏家族在长期农耕生活中形成的民俗文化活动，它起源于清朝初年。相传该村刘氏始祖南迁围镇村时，在村背后山觅得一处叫"狮听鼓"（地名）的风水宝地，本来用以葬其父，但在择得吉日安葬时，却误将其亡母遗骸运去。在安葬时刻，正值烈日当空，为避免太祖婆骸骨被烈日暴晒，一位刚生了男丁不久的媳妇，把裹婴儿的花被子张开以遮挡烈日，太祖婆的遗骸就这样在花被子的遮掩下被安葬。当年该村风调雨顺，人丁兴旺，五谷丰登。从此，该村每年在正月十五元宵节及正月十六，为祈求太祖婆保佑后代添丁发财，上年新结婚和新添丁人家的妇女把被单当狮子舞动。婆婆在前抓住被单两角当狮头，媳妇在后配合婆婆舞动。正月十五开始，舞被狮队伍走街过巷到新婚和新添丁人家逐家逐户拜贺，主人以鞭炮迎送，以食品、红包犒劳答谢。正月十六，舞被狮队伍集中到刘氏宗祠门前进行表演，活动进入高潮。围镇村的妇女舞被狮闹元宵习俗代代相传，至今已有400多年历史。

豆腐节 观音山下高岗镇社冈下村，有一个独特的客家民俗活动——豆腐节。豆腐节的来源有两种传说。其一，传说古时某年，当地虫害特别严重，观音娘娘派燕神下凡前来吃掉

2023年6月3日，佛冈县机关幼儿园开展以"共享'儿'时 趣'童'传文化乐"为主题的六一儿童节活动 （朱慧燕 摄）

害虫。为了不让燕神离开，村民就把做好的豆腐抛掷在屋檐梁上，让燕神筑巢繁衍，帮助村民除害虫，祈求保佑当地五谷丰登。其二，相传在明万历三十七年（1609年）农历正月十三，社冈下村林氏家族上一年生了男丁的村民到祖祠上灯。在准备饭菜时，一位村民切完豆腐后见手上沾有一些豆腐，顺手甩掉，无意中将手中的豆腐屑甩到身后一位村民的衣服上。这位村民见到自己的新衣服被豆腐弄脏，以为对方是故意的，于是抓起豆腐掷向对方的身上，引起一场互相对掷豆腐的嬉闹。第二年正月十三，社冈下村林氏家族上灯时，发现添丁的村民比往年多出很多，寻其缘由，村民们认为上年对掷豆腐带来了人丁兴旺。就这样，每年正月十三上灯时，村民们互相抛掷豆腐成为村里独特的习俗。据以上两种传说，豆腐节习俗至今已传承400多年。

鲤鱼灯 汤塘镇田心村每逢春节，村民们舞鲤鱼灯以祈求来年丰收，寓意"年年有余"。相传他们的祖先是从水乡顺德甘竹移民而来。水乡人以捕鱼为生，形成期盼渔获、以鱼为图腾。每到春节期间，人们总是挥舞着精心制作的鱼、虾、蟹、蚌象形灯，穿村过寨以示庆贺。久而久之，遂演变为舞鲤鱼灯，以祈求风调雨顺，年年丰收。

节日习俗和传统美食 佛冈的节日习俗和传统美食颇具特色。春节期间，高岗、迳头地区的客家人都要蒸脸肉、酿豆腐；清明时节，佛冈人将桃枝插于门上，采艾做糍，老幼同扫墓。在传统美食方面，汤塘的农家醋（俗称臭屁醋）、高岗的酸水豆腐、水头的烧猪肉、湛江的猪脚醋、汤塘的温泉蛋（用温泉泡熟的鸡蛋）等美食，都是采用当地原生态食料，以传统方式制作的美食。

（县史志办）

行政区划

【行政区划概况】 2023年，佛冈县辖高岗、迳头、水头、石角、汤塘、龙山6个镇，设有78个行政村、13个居民委员会。辖区内有1个省级自然保护区（观音山自然保护区）和1个国营林场（羊角山林场）。

佛冈县行政区划简表

区划	面积/平方千米	行政村数	行政村名称	社区居委会数	社区居委会名称
全县合计	1295.17	78		13	
高岗镇	174.03	8	长江、墩下、宝山、高岗、新联、高镇、三江、三联	1	高岗社区居委会
迳头镇	185.04	10	青竹、湖洋、仓前、迳头、大陂、大村、楼下、龙冈、井冈、社坪	1	迳头社区居委会
水头镇	146.21	10	潭洞、西田、石潭、桂田、桂元、新联、王田、莲瑶、铜溪、新堂	1	水头社区居委会
石角镇	347.68	17	科旺、诚迳、二七、三莲、三八、冈田、凤城、莲溪、吉田、观山、黄花、小潭、石铺、里水、龙塘、小梅、山湖	7	城东社区居委会 附城社区居委会 振兴社区居委会 站前社区居委会 城南社区居委会 沿江社区居委会 新城社区居委会
汤塘镇	229.37	19	黎安、围镇、脉塘、汤塘、大埔、升平、暖坑、竹山、高岭、新塘、联和、石门、洛洞、菱塘、江坳、四九、湴江、官山、田心	2	汤塘社区居委会 四九社区居委会
龙山镇	160.47	14	关前、黄塱、门楼富、浮良、车步、湴镇、官路唇、鹤田、白沙塘、良塘、清水迳、上岳、下岳、从化围	1	龙山社区居委会
羊角山林场	26.71				
观音山自然保护区	25.66				

【地名管理】 2023年，佛冈县完成路街巷命名15处，其中8路、1街、6巷：汤塘镇广佛产业园区的创源路、科兴路、科富路、科丰路、科创路；水头镇的康源路、莲丰路、清泉城东路，水头镇的猪仔巷、牛皮巷；高岗镇的永昌街，高岗镇的永昌一巷、永昌二巷、永昌三巷；石角镇的康盛巷。

【行政区划界线勘定】 2023年，佛冈县辖区内有市级界线2条，韶清线佛冈—新丰段（34.86千米、2个界桩），广清线佛冈—从化段（99.61千米、7个界桩），共长134.47千米、9个界桩；县界2条，英德—佛冈线（102.76千米、3个界桩），清城—佛冈线（31.8千米、9个界桩），共长134.56千米、12个界桩；县内镇级界线8条，高岗—石角线（16.3千米）、高岗—迳头线（25.6千米）、水头—高岗线（0.85千米）、水头—石角线（14.75千米）、石角—汤塘线（32.15千米）、石角—龙山线（17.05千米）、迳头—水头线（24.4千米）、汤塘—龙山线（19.15千米），共长150.25千米、33个界桩。2023年加强界线的日常管理维护，共同创建平安边界；完成第五轮市（韶清线）、县（英佛线）、镇行政区域界线联检；通过日常管理维护与界线联检，有效维护本县边界地区和谐稳定。

（范汉文）

经济建设

【社会经济概况】 2023年，是全面贯彻党的二十大精神开局之年，也是新冠疫情防控转段后经济恢复发展的一年。佛冈县认真贯彻落实省委"1310"部署和市委、县委"十大行动方案"，坚持稳中求进工作总基调，完整、准确、全面贯彻新发展理念，全力以赴拼经济、抓项目、促发展，全县经济在攻坚克难中回升向好。全年实现地区生产总值171.57亿元，同比增长4%。工农旅协同发力，一二三产业均保持正增长，三次产业比为15.4∶44.6∶40。经济发展动能充沛，固定资产投资同比增长4.1%，排名全市第二。工业经济全面复苏，规模以上工业增加值同比增长2.9%，规模以下工业增加值同比增长14.4%，排名全市第一；农业生产持续向好，实现农林牧渔总产值43.08亿元，同比增长6.5%，排名全市第二；消费品市场逐步升温，实现社会消费品零售总额41.41亿元，同比增长6.7%，排名全市第四；财税运行有序有力，一般公共预算收入完成13.59亿元，支出完成34.75亿元；金融机构存、贷款余额同比分别增长4%和11.15%。

【工业经济成效】 2023年，全县工业经济成功走出低谷期，迎来"双转正"，实现规模以上工业总产值349.97亿元，同比增长4.6%，实现规模以上工业增加值65.16亿元，同比增长2.9%。工业匹配度提升稳步推进，盘活低效用地16.33公顷、厂房5.26万平方米，实现提档升级企业12家，新增投产上规工业企业9家，排名全市第一。实施技改项目59个，技改投资同比增长43.3%，排名全市第三。优质企业培育亮点纷呈，新增专精特新中小企业5家、创新型中小企业8家，新认定高新技术企业17家。达味特钢、洛科威等8家企业获评"市优秀制造业企业"和"市突出贡献企业"，鑫统仕等4家企业入选大湾区制造业优秀案例。南玻成功申报省级企业技术中心，鑫源获得市科学技术进步一等奖。发明专利授权量增长61.7%，知识产权保护工作考核全市第一。研发经费占地区生产总值比重排全市第一。六大百亿工业产业集群发展迅猛，电动车产业集群引入配套企业25家，总产值增长28.9%，突破80亿元，实现3年翻一番，其中链主企业雅迪入选全国制造业民营企业500强和2023年粤东西北创新Top 100榜。空调制冷产业入选全省首批中小企业特色产业集群，签约产业链关键项目维克空调公司，链主企业约克被评为国家级绿色工厂，年纳税超2亿元，同比增长66.33%。新兴产业发展动能强劲，广佛（佛冈）产业园生物岛、科擎等生物医药产业平台加速建设，高兰德、玛莉安等新材料、日化美妆企业建成投产，绿色能源并网装机容量增长9.78%，占全县日均用电负荷69.25%。

【现代农业发展】 2023年，佛冈县实现农林牧渔总产值43.08亿元，同比增长6.5%。其中农业产值同比增长5.5%，林业产值同比增长9.9%，畜牧业产值同比增长9%，渔业产值同比增长1.5%，农林牧渔服务业产值同比增长7.8%。粮食安全根基不断夯实，整治撂荒耕地72.27公顷，建成高标准农田500公顷，粮食总产量超6万吨，耕地保护和粮食安全责任制考核排名全市第三。特色农业蓬勃发展，丝苗米、清远鸡综合产值分别达4.02亿元、5.39亿元，迳头镇建成全市首个丝苗米数字化基地，水头镇成功创建魔芋省级农业科技园，魔芋种植面积近万亩。成功举办全省农村电商资源对接大会、首届国际魔芋节，打响"芋香胖胖""迳头白鹭"等系列品牌，竹山粉葛、益肾子等土特产产销两旺。"佛冈有礼"带动农产品年销售额达1.26亿元，同比增长100%。

【文旅产业发展】 2023年，佛冈县共接待游客149.41万人次，旅游总收入15.6亿元，同比分别增长70.7%、99.5%，排名全市第二。氡温泉康养产业持续壮大，熹乐谷获评国家4A级旅游景区，药王谷医养中心投入运营，森波拉、聚龙湾等相继完成改造升级。水头镇获评省级休闲农业与乡村旅游示范镇，上岳古村落、田野绿世界等景区被纳入大湾区北部生态文化旅游合作区10大特色主题路线。农文旅体融合发展，成功举办省运会群众组乒乓球赛、全国春节"村晚"（水头站）、南粤古驿道（上岳）大赛、广清穿越徒步等活动，有效提升优质农产品和民俗文化知名度。

（李超贤）

政治建设

【强化党建】 2023年，佛冈县旗帜鲜明讲政治，坚决把习近平总书记对广东系列重要讲话重要指示精神作为一切工作的根本遵循，确保习近平总书记、党中央各项决策部署不折不扣贯彻落实。扎实开展第二批主题教育，围绕"学思想、强党性、重实践、建新功"总目标，组织县四套班子高标准开展读书班，讲授专题党课52次，高质量完成调研课题60个，办好民生实事1200多件，形成制度文件19份，推动全县党员干部思想更加统一、信心更加饱满、行动更加坚定。持续实施基层党建三年行动计划，深入推进抓党建促乡村振兴示范创建，投入超2500万元，推进村党群服务中心标准化规范化建设，4个示范镇、45个示范村顺利通过中期评估并获得专项奖励。坚持在急难险重一线识别考察干部，提拔了一批政治素质过硬、工作能力突出的优秀干部。坚持以理论中心组学习、党组学习、干部职工会议等形式认真学习习近平新时代中国特色社会主义思想和习近平法治思想，举办习近平法治思想专题研讨班、全县领导干部法治专题学习培训班及两期县政府常务会议法治专题讲座，掀起学习习近平法治思想热潮。在全县镇村94个宣传栏宣传习近平法治思想相关内容，在各镇政府、各村居LED屏播放超120条次，运用各村居410个大喇叭播放超3000次，在县人民政府社会服务中心广场大屏幕播放有关宣传片宣传标语超6000次，让习近平法治思想"飞"入佛冈寻常百姓家。

【依法治县】 2023年，佛冈县持续加强党内法规制度建设，及时调整依法治县工作领导小组成员，切实把推进依法治县工作纳入重要议事日程，及时研究解决推进工作中的实际问题。做好党内规范性文件报备工作，推动法治建设与业务工作相融合。印发《佛冈县党政主要负责人履行推进法治建设第一责任人职责清单》。抓好法治佛冈考核工作，对全县6个镇和66个单位开展2022年度法治佛冈建设考核；部署法治清远考评迎检工

2023年12月1日，县法院联合县教育局开展"大力弘扬宪法精神，建设社会主义法治文化"宪法开放日活动 （朱慧燕 摄）

作，对15个参评单位开展2022年度法治清远建设考评实地督察；成立联合督察组，充分发挥法治督察与纪检监察协作配合机制作用。在2022年度法治清远建设考核中，佛冈县总分93.9分，全市排名第3。加强"放管服"改革，提升政府服务质量，完善政务服务事项1921项。完善"互联网+监管"工作机制，印发《佛冈县推进"互联网+监管"工作实施方案》。优化政务服务平台，设立工程建设审批、企业开办和实名认证专窗、"办不成事"反映窗口、"惠企政策兑现"专窗。推行"政务晓屋""视频办"业务办理模式，与广州市从化区签订政务服务"跨城通办"合作协议，实现佛冈县"跨城通办"事项57项，进一步提升企业和群众办事的体验感和便利度。在全县上线使用清远市一体化政务服务平台，开展清远市一体化政务服务平台及电子证照"免证办"应用培训8场，梳理实现县级政务服务"免证办"事项1100余项。推广使用"粤智助"政府服务自助机（桌面型和增强型）106台，推动有关问题及时有效化解处理。出台《佛冈县"暖企惠企稳企行动"实施方案》《佛冈县政企"直通车"工作方案》等文件，持续深化首席服务官体系标准化建设试点、"企业直通车"机制、损害营商环境突出问题专项整治等工作，以法治方式打造审批最少、流程最短、诚信最优、服务最好的营商环境。稳步推进社会信用体系建设，报送"双公示"数据超2.5万条；逐步优化企业信用监管，开展"双随机、一公开"抽查工作，完成约700户商事主体抽查并公示结果，为企业修复信用19次；扎实开展"屡禁不止、屡罚不改"严重失信问题专项治理，开展企业信用监管工作超4000家次，完成两家房地产开发企业149宗严重失信案件治理，治理涉案金额约120万元。大力推进民生领域案件查办"铁拳"行动和"双打"专项行动，查处各类案件284宗，移送公安机关刑事立案5宗，涉案货值近100万元。畅通渠道快速处理投诉举报，开展"放心消费承诺单位"和"线下无理由退货承诺店"活动，推进在线消费纠纷解决机制建设，受理消费投诉、举报2100余宗，为消费者挽回经济损失约95万元；培育"放心消费承诺单位"和"线下无理由退货承诺店"超100家。

【法制建设】 2023年，佛冈县认真做好规范性文件立项工作，将《佛冈县农村集体经营性建设用地产权登记管理试行办法》等3份规范性文件纳入《佛冈县政府2023年度规范性文件制定工作计划》发布。同时，推动规范性文件合法性审查工作迈上新台阶。发挥行政复议化解行政争议主渠道作用，开启"党建+复议"融合发展新模式，探索"行政复议+调解"办案机制，激发司法行政内生动力。全年申请行政复议83件，受理55件，审结51件，以调解、和解等方式化解行政争议13件；以撤销、确认违法方式纠错行政行为11件，发出行政复议意见书8份；县政府出庭应诉案件28件，行政机关负责人出庭应诉率100%。瞄定提高行政执法水平这一目标，指导协调各行政机关执法争议事项13项，成立行政执法案卷评查小组，开展行政执法案卷实地评查和行政执法不规范专项整治工作，抽查全县26个执法单位130宗案卷进行评查并通报，以评促改、倒逼提升。深化"粤执法"平台应用，到各镇各执法单位开展案卷评查，建立"清远粤执法"应用月通报制度，联合县纪委到平台应用落后的单位和乡镇开展法治督察，点对点与有关单位主要领导通报情况，到重点执法部门进行实地督导。25个上线单位运用"粤执法"办理行政执法案件超5300件，无纸化办案率92%，在清远市8个县市区中排名第一，办案量排名前3。组织佛冈县行政执法人员综合法律知识网上考试，25个单位共146人报名，其中135人通过考试，通过率92%；2023年全县办理新证申领185人，现持证总数1013人。组织县级执法部门业务骨干到各镇开展乡镇综合行政执法业务指导。通过现场面对面的解疑释惑和对执法案件的评查，充分发挥乡镇综合行政执法导师团作用，提高乡镇办案人员业务水平。举办2期乡镇综合行政执法培训班，各镇分管综合行政执法工作的领导以及镇综合执法办、县自然资源局执法大队、县打击非法开采矿产资源"铁拳"专项行动联合执法队全体工作人员参加，培训人次达150余人。印发《佛冈县乡镇街道综合行政执法规范化建设实施方案》，成立规范化建设工作专班，进一步规范乡镇综合行政执法队伍建设和办公场所建设。

（何文钦）

社会建设

【社会民生建设】 2023年，佛冈县始终聚焦群众急难愁盼问题，有效解决群众关心关注的民生实事。全年"三项工程"职业技能培训2824人次，城镇新增就业4194人。恢复佛冈一中、佛冈中学初中部招生，新增公办学位910个，14所中学与广州优质学校结对帮扶，"双百行动"双向奔赴。广佛产业园医疗配套项目等加快落地，水头卫生院投入使用，县域医共体改革深入推进，省级医疗帮扶成效持续深化，成功创建广东省健康县。全国"村晚"、南粤古驿道大赛、广清穿越徒步等文体活动深受群众喜爱。平安建设扎实有力，刑事治安警情下降56.9%，社会大局保持和谐稳定，被省委授予"平安鼎"，"两化两员"治理模式得到市委充分肯定。

【发展承载力提升】 2023年，佛冈县念好"山字经"，做好"绿文章"，打好"生态牌"，深入落实绿美生态建设"六大行动"，完成林分优化1200多公顷，森林抚育1500多公顷。引入社会资本3000万元打造羊角山绿美生态示范点，全面升级改造县城北山公园，建成了人大林、清风林、青年林等一批主题林，有力提升全县绿美生态品质。加快提升交通便捷度，京港澳高速10车道扩建工程有序推进，省道S252线县城段及龙凤大道全面通车。着力推动县城扩容提质，龙凤新区、城南新区、县体育中心等落地见效。深入推进美丽圩镇"七个一"建设，完成龙山标杆便民服务中心、迳头美丽乡镇入口通道、汤塘美丽示范主街等项目建设，推动水头多功能农贸市场等项目加快落地，有力提升乡镇综合服务功能。高标准建设和美乡村，"江源水韵"等乡村振兴示范带有序落地，水头断桥花堤被评为全省首批小微湿地示范点。

（何文钦）

2023年12月18日，佛冈县城乡"菜篮子"工程建设项目竣工

（朱慧燕 摄）

文化建设

【文化建设概况】 2023年，县文广旅体局履行部门职责，争取项目，开展活动，不断完善文化基础设施，提高部门公共文化服务水平和能力，丰富城乡群众业余文化生活，不断完善公共文化设施网络体系，公共图书馆、文化馆、文化站等公共文化设施完善，布局合理，符合国家相关建设标准。不断丰富公共文化服务供给，依托文化站、村综合文化服务中心文化阵地，借助文化旅游体育资源，打造地域性、民俗性的节庆文化活动，极大地丰富人民群众的文化生活。充分挖掘与弘扬地方优秀传统文化资源，构建覆盖城乡的公共文化服务体系，深入推进文化惠民工程。是年，县文化馆为国家一级馆，县图书馆为国家二级馆，6个乡镇综合文化站均为省二级以上文化站。

【历史文化和非遗保护】 2023年，佛冈县不断强化不可移动文物保护工作，印发《佛冈县不可移动文物保护管理办法（试行）》，文化遗产保护政策持续完善。向省争取文物保护修缮资金450万元，对省级文物保护单位石咀头门楼和不可移动文物"五福楼"保护修缮，石咀头门楼修缮工程初验通过，东坑黄氏宗祠、清献崔公祠修缮工程通过终验。加强非遗保护和传承，围绕"保护为主、抢救第一、合理利用、传承发展"工作方针，进一步加大保护力度，引导和带动非遗保护工作，发掘非遗线索150个。全县现有省级非遗项目2个，市级非遗项目10个，县级非遗项目21个。县文广旅体局举办"传承非遗文化·讲好佛冈故事"美术、书法、手工作品展，"中华优秀传统文化进校园"等传统文化活动，积极弘扬传承非遗文化，增强群众非遗保护意识。将传统技艺"水头黄氏特色狮头制作技艺"、传统舞蹈"舞猫头狮"纳入佛冈县第六批非物质文化遗产代表项目名录。

【公共文化服务体系建设】 2023年，县文广旅体局以传承和弘扬优秀传统文化、提升公共文化服务水平、促进文旅融合发展为重点，积极指导县图书馆做好第七次全国县级以上公共图书馆评估定级工作，使其成功创建为国家二级馆。县博物馆按照国家三级标准进行升级改造，完成"国家安全教育主题展厅""佛冈县历史文化展厅"的建设工作。群众文化活动丰富多彩。举办全国乡村村晚示范展示活动、狮王争霸赛、民间民俗大展演、"我要上春晚"综艺选拔大赛、新苗杯等文化活动，线上线下惠及群众134万人次。深入实施文化惠民工程，开展"送戏下乡""艺培工程""文艺惠民千村行活动"等惠民品牌文化活动56场，举办美术、书画、非遗作品、军备模型、实物展览51场次，惠及群众3万余人次。"4·23"世界读书日，举办"粤港澳共读半小时"活动，营造全民阅读氛围，在全县8个分馆和20个服务点进行图书流动服务，共送出图书17 237册。

（黄 敏）

2023年2月13日，县四套班子领导成员及机关干部、志愿者到迳头镇楼下村开展义务植树活动　　（钟盛祺　摄）

生态建设

【绿美佛冈生态建设】 2023年，佛冈县深入实施绿美佛冈生态建设"六大行动"。一是实施森林质量精准提升行动。全部完成市下达林分优化任务1254.13公顷，新造林抚育任务117.07公顷，森林抚育任务1533.33公顷。二是实施城乡一体绿美提升行动。结合森林质量精准提升工程，完成"五边绿化"任务133.33公顷；结合示范点建设和乡村绿化美化工程，完成石角镇黄花村森林乡村建设任务。三是实施绿美保护地提升行动。完成自然保护地内封山育林任务33.33公顷，模式标本采集地任务129.73公顷，森林抚育任务156.53公顷。四是实施绿色通道品质提升行动。结合森林质量精准提升工程，落实建设用地约66.67公顷，并完成种植。五是实施古树名木保护提升行动。对所有古树进行抢救复壮和日常管护，完成155棵80～100年古树的普查工作。六是实施全民爱绿植绿护绿行动。按照"1+6+N"模式，组织动员全县各单位及群众积极参与义务植树活动15场次，参加植树总人数达17.35万人次，折算种植苗木60.73万株，建设人大林、清风林、青年林等主题林一批。

【县镇村绿化】 2023年，佛冈县科学统筹、规划部署县镇村绿化工作，印发《佛冈县2024年县镇村绿化实施方案》，科学有序推进城乡绿美一体提升，扩大生态空间、增进民生福祉，打造城乡协同的美丽家园。同时，提前抓好苗木储备工作，县林业局到江西、福建等地挑选优质苗木，根据造林工作需求与苗圃场达成保障意向。积极协商县财政拨付苗木订购资金85万元，使县镇村绿化苗木和低质低效林项目苗木得到有效保障。

【古树名木保护管理】 2023年，佛冈县严格落实古树名木保护管理责任，落实古树名木管护资金，确保古树名木保护率长期稳定在100%。一是全面核查，建立巡查管护台账。每季度定期开展一次全面核查，遇强降雨等恶劣天气后，采取不定期核查。当收到上报古树异常信息后及时实地查看。建立完善巡查台账，全年共开展古树名木健康巡查986株次。二是压实责任，签订管护协议。与管护单位（个人）签订古树名木管护协议46份，督促指导管护单位（个人）积极开展古树保护，严防损害古树行为发生。三是积极抢救复壮，落实复壮资金。采取措施保护古树生长环境，对健康状况较差的古树名木及时组织开展抢救复壮，全年抢救复壮衰弱古树98棵。四是购买古树公众责任险，保障因古树枝干掉落损害人民生命财产，提高人们自觉保护古树名木的积极性。五是提升古树活化利用价值。建设乡村古树小游园，对黄花存星村的一株二级枫香古树进行环境景观提升，开发乡村旅游，讲好人与自然和谐共生故事。

【创建国家森林城市】 2023年，佛冈县加强森林生态体系建设，合理增加县城绿地面积。按照《广东省清远市国家森林城市建设总体规划（2020—2030年）》《清远市创建国家森林城市实施方案》的工作要求，印发《佛冈县创建国家森林城市实施方案》，认真组织实施，确保各项任务落到实处。在羊角山林场建立义务植树基地6.67公顷，在观音山省级自然保护区管理处建设科普宣教园，新增公园绿地面积25公顷。稳步推进绿道网络建设。投资400万元，建成县城潖江河段6.98千米城镇碧道；投资3600万元，建设水头镇沿河绿道10千米，形成各具特色的森林生态旅游景点。

（朱慧玲）

精神文明建设

【精神文明建设概况】 2023年，佛冈县坚持以习近平新时代中国特色社会主义思想为指导，深入贯彻落实党的二十大和二十届一中、二中全会精神，坚持以人民为中心，大力弘扬社会主义核心价值观，扎实推进城乡精神文明建设融合发展，取得新成效。

【阵地建设】 2023年，佛冈县按照"五有"建设标准，投入资金1000余万元，建成1个新时代文明实践中心和97个新时代文明实践示范所（站），打造电商产业园新时代文明实践点、新城社区新时代文明实践站等示范站点，实现全县文明实践站点全覆盖。大力推动水头镇、龙山镇、汤塘镇对标新建、升级改造新时代文明实践所，创建91个新时代文明实践站。

【品牌打造】 2023年，佛冈县精心打造"阳光行动"志愿服务品牌，开展"周三义行"活动，深入社区提供义剪、义诊、义演、义展等志愿服务；开展"雏鹰行动"，举办"我为长者读故事"和"小小检查员"等活动，引导少年放下游戏机、参与社会实践。精心打造独具佛冈特色的"爱冈益+"文明实践品牌，开展"佛冈邻好"志愿服务活动，为社区居民提供邻里守望、邻里帮扶等服务。县禁毒志愿者协会荣获"广东省最佳志愿服务组织"称号，甘佩珍荣获"广东省最美志愿者"称号。

【文明实践】 2023年，佛冈县开展文明劝导志愿服务，在县城14个主要交通路口，组织百余名志愿者每天上岗执勤，开展文明交通劝导；组织文化志愿者在县城农贸市场周边清理垃圾，劝导商户规范经营，引导停放车辆；逢周五下午，动员全县机关企事业单位党员志愿者清理网格区域垃圾，对不文明现象进行劝导。是年，全县机关企事业单位共开展文明实践活动776场次，45家各级文明单位与新时代文明实践所（站）结对共建。

2023年12月9日，佛冈县开展移风易俗"节俭办理红白事 共沐文明新风尚"主题宣讲活动
（朱慧燕 摄）

【文明培育】 2023年，佛冈县深入开展主流价值活动，评选"佛冈好人"17名，评选县级"新时代好少年"30名，其中刘槟源等7人被评为清远市"新时代好少年"。通过晒好人事迹、谈心路历程、讲感人故事、展好人风采等形式，开展9场宣讲活动和专题展览，引导广大市民见贤思齐，争做新时代文明佛冈人。

【农村精神文明建设】 **村庄清洁行动** 2023年，共投入省市县各级财政专项资金1773.52万元，累计清理农村生活垃圾16 644.8吨，清理村内河流、鱼塘、沟渠等水域的生活垃圾漂浮物1045.49吨，清理畜禽养殖粪污等农业生产废弃物1075吨，整治乱搭乱接"三线"3511处，清拆破旧泥砖房186间。充分利用村头巷尾的荒地、废墟、边角地和房前屋后的闲置土地，见缝插绿种植蔬菜、瓜果、花草等，因地制宜新增建成"四小园"218个。

农房风貌提升 全县78个行政村共排查录入房屋77 750栋，其中鉴定确定50户危房改造，全部改造竣工；农房微改造数量3055户，完成改造率101.8%，其中水头镇完成2016户，石角镇完成556户，迳头镇完成177户，龙山镇完成160户，汤塘镇完成93户，高岗镇完成53户。推进绿色农房、光伏一体化农房试点村建设，全县共完成148户光伏安装工程。

乡村文化空间提升 2023年，全县91个村（居）基层综合性文化服务中心全面建成，实现100%全覆盖。全县公共文化服务场所覆盖率进一步扩大，形成布局合理、覆盖全面的县、镇、村三级公共文化服务设施网络，各馆站和各中心点的服务设施完善，规章制度齐全，运营管理有序，文化氛围浓厚，文体活动丰富多彩。农村移风易俗深化治理，全县781个自然村全面完成村规民约修订上墙。全县78个行政村均成立红白理事会，县民政局每月组织各镇运用道德评议会、红白理事会、积分制等方式开展农村精神文明教育主题活动。

（洪义军）

县四套班子、县直副科以上单位（含省市直管单位）及各镇领导人名单（2023年）

中国共产党佛冈县委员会

书　　记：潘国标
副书记：江红平　潘　浩（任至2023年2月）
　　　　黄耀平（2023年4月任职）
　　　　侯钻霞（挂任至2023年11月）
　　　　刘　政（2023年11月挂任）
　　　　谢振权（2023年11月挂任）
常　委：任　嵌　杨征南（2023年5月任职）
　　　　宋小平　黄华溪（任至2023年6月）
　　　　朱世业　黄成灼　张邦正　黄方洪　董建宏
办公室主任：朱世业
常务副主任：郑秀红
副 主 任：范卓鸿　曾荣锦　冯卫东
　　　　林江娟（2023年12月挂任）
"百千万工程"办专职副主任：潘岐力（2023年9月任职）

佛冈县人大常委会

主　　任：黄　河
副主任：黄小云（任至2023年9月）
　　　　黄　丽　谢国华　陈发兴
　　　　朱建星（任至2023年7月）
　　　　刘翔飞（2023年9月任职）
　　　　邓武军（2023年9月任职）
办公室主任：林志强
办公室副主任：朱伟文

佛冈县人民政府

县　　长：江红平
副 县 长：张邦正　黄华溪（挂任至2023年7月）
　　　　刘翔飞（任至2023年8月）　黄泽川
　　　　温建雄　解　晟　冯郁娴
　　　　韩国强（2023年10月任职）
　　　　王　澍（2023年12月任职）
办公室主任：梁沛英
副 主 任：冯卓勇　陈灿开（任至2023年3月）
　　　　范继洲（2023年3月任职）　黄　莹
　　　　陈日云　王　勇（挂职）
　　　　岳慧慧（2023年5月挂任）

政协佛冈县委员会

主　　席：袁卫国
副 主 席：蓝山鹰　徐文婉　李功志
　　　　范桂宁　周玉兰　何高者
秘 书 长：彭　宁
副秘书长：邓社棠　黄晓芬

中国共产党佛冈县纪律检查委员会

书　　记：宋小平
副书记：罗焯新　杨　勇（任至2023年10月）
常　委：郑伟机　曾坚新　盛四平
　　　　郑阳胜（任至2023年2月）
　　　　黄国松（2023年3月任职）

县监察委

主　　任：宋小平
副 主 任：罗焯新　杨　勇（任至2023年10月）
委　　员：曾坚新　龙清学（任至2023年2月）
　　　　黄国松（2023年3月任职）
　　　　温慧涓（2023年1月任职）

县委巡察办

主　　任：郑伟机
副 主 任：李俊华

县人民武装部

部　　长：黄建宏
政　　委：姜　武
副部长：王志刚（任至2023年6月）
　　　　王　浩（2023年6月任职）

县委组织部

部　　长：黄成灼
常务副部长：郑阳胜（2023年2月任职）
副 部 长：温焕霞　陈维德
　　　　唐冬武（任至2023年11月）

县委宣传部

部　　长：任　嵌
常务副部长：钟永纪
副 部 长：曹惠珍　陈榕森

县委统战部

部　　长：朱世业（任至2023年5月）
　　　　杨征南（2023年5月任职）
常务副部长：朱志强
副 部 长：黄焕光　黄耀提

县委政法委

书　　记：黄方洪

第一副书记：温建雄
常务副书记：李功仕
副 书 记：黄煜权　黄敏韶

县公安局
党委书记、局长：温建雄
党委副书记、政委：洪泓昭
副 局 长：林吉初（任至2023年5月）　邱海雄
　　　　　潘兆雄　江国华（任至2023年11月）
　　　　　李振扬（2023年11月任职）
纪委书记：张良山

县人民检察院
党组书记、检察长：金绍辉（任至2023年11月）
　　　　　　　　　黄令诚（2023年11月任候选人）
副检察长：陆凤英（任至2023年12月）　向晓君
　　　　　杨武滇　刘玉仙（2023年12月任职）

县人民法院
党组书记、院长：曾宪全
副院长：蓝榕概　李海华　李兰兰（2023年8月任职）

县司法局
党组书记、局长：王　旭
副局长：徐延兴　钟上新　刘智荣

县委老干部局
局　长：唐冬武（2023年2—11月兼任）

县直工委
书　记：朱世业（任至2023年4月）
　　　　黄成灼（2023年4月任职）

县委党校
校　长：黄成灼
常务副校长：罗素情
副校长：郑丽玲

县委编办
主　任：刘纯心
副主任：朱泽安　唐文婷

县史志办
主　任：曾道明
副主任：朱炳权

县总工会
主　席：黄　丽
常务副主席：冯庆洲（任至2023年6月）

　　　　　林伟平（2023年6月任职）
副 主 席：刘华洲（任至2023年4月）
　　　　　陈永胜（2023年6月任职）　李桂萍（挂职）

团县委
书　记：易德堃（2023年2月任职）
副书记：易德堃（任至2023年2月）
　　　　李玲红（2023年4月挂改任）
　　　　饶　凌（2023年12月挂任）
　　　　姚志强（挂任）　钟莉铭（兼任）

县妇联
党组书记、主席：何玉琼
副主席：黄银英　黄洁萍（任至2023年8月）
　　　　黄菁菁（2023年12月挂任）

县科协
主　席：何永中

县档案馆
馆　长：曹榕村
副馆长：邝国其

县民宗局
局　长：黄焕光

县行政服务中心
主　任：范秋萍（任至2023年9月）
　　　　唐冬武（2023年11月任职）
副主任：郑永根　刘章能

县机关事务局
党组书记、局长：陈耀忠
副局长：刘建华（任至2023年6月）　袁文辉
　　　　曾榕明（2023年6月任职）

县信访局
局　长：冯卓勇
副局长：刘章满（2023年3月任职）

县政务服务数据管理局
党组书记、局长：曾锦常
副局长：范继洲（任至2023年3月）
　　　　陈灿开（2023年3月任职）

县接待科
科　长：刘建华（2023年6月任职）

县侨联
主　席：郑杰文

县工商联
党组书记、常务副主席：黄耀提
专职副主席：刘桂花

县残联
党组书记、理事长：张少敏
副理事长：刘治刚

中国民主同盟佛冈县基层委员会
主　委：谢国华
副主委：宋远玲　郝生华　邹杏贤　朱英萍

民革佛冈支部
主　委：范秋萍
副主委：胡军红　王忠军

县关工委
主　　任：袁镜焕
常务副主任：吴琼芳
副　主　任：周有生

县老促会
会　长：赵仲轲
副会长：何东树

县人社局
党组书记、局长：胡淑媛
副局长：何传华　王忠军　朱海华

县社保局
局　长：陈健兵
副局长：黄华胜　郝生华

县医保局
党组书记、局长：朱向民
副局长：黄　旭

县自然资源局
党组书记、局长：姚莹丽
副 局 长：黄谷香　罗勇鸥　宋钦杰
总工程师：宋　健

县城乡规划事务所
所　长：郑小俭
副所长：钟伟强

县土地开发储备局
局　长：刘泽华
副局长：李少兰　华　锋

县民政局
党组书记、局长：李伯浓
副局长：李永清　黄福坚

县退役军人事务局
党组书记、局长：罗先范（任至2023年4月）
　　　　　　　　黄锻文（2023年4月任职）
副局长：谢挺陆

县卫生健康局
党组书记、局长：欧阳炽荣
副局长：曹　翀　谭冬娥　李欣欣

县应急管理局
党委书记、局长：杨朝安
副局长：冯灼锋　黄艺明
　　　　朱汝森（任至2023年4月）
　　　　罗炳强（2023年4月任职）

县三防办
主　任：邝朝军

县公共资源交易中心
主　任：林小丹
副主任：刘俊杰

县文广旅体局
党组书记、局长：谭武刚
副局长：廖楚雄　何婉媚

县融媒体中心（县广播电视台）
主　任、台　长：吴开勇
副主任、副台长：黄伟洪（任至2023年5月）
副主任：钟海枫　江　静　冯东荣（2023年5月任职）

县网络舆情信息中心
主　任：何锦成

县教育局
党组书记、局长：李玉英
副局长：刘拥军　冯汝明（2023年5月任职）
　　　　姚志强（2023年11月任职）

县招考办
主　任：赖宏俊（兼任至2023年10月）
　　　　冯汝明（2023年11月兼任）

县教师发展中心
主　任：姚志强（任至2023年11月）

佛冈一中
党委书记：朱志勇

校　长：潘丽云
副校长：邓沛锋　张权锋　朱沛航　罗飞迎

佛冈中学
党委书记：刘荣毅
校　　长：罗贯中
副 校 长：许桂煜　贾大伟　李朝军　刘建华

县职校
党委书记：梁义明（任至2023年1月）
校　　长：何继扬
副 校 长：李　倩　朱彩蝶　邓伟洪

县城北中学
党委书记：曾锦锋
校　　长：朱耀庭
副 校 长：谢红努　范桂景　叶榕军
　　　　　刘桂林（任至2023年8月）

县城东中学
党委书记：黄国仓
校　　长：范茂文
副 校 长：谢碧娥（任至2023年8月）
　　　　　黄偕忠　林燕萍　张德明
　　　　　胡志军（2023年8月任职）

县人民医院
党委书记：李智锋
院　　长：方　明（任至2023年10月）
　　　　　梁昌详（2023年11月任职）
党委副书记：郑奇志
副 院 长：胡军红　陈建国（任至2023年8月）　张勇华

县中医院
党委书记：刘志英
党委副书记：袁青山（2023年6月任职）
院　　长：罗福如
副 院 长：黄　华　罗志东

县妇幼保健院（妇幼计划中心）
院　　长：袁青山
副院长：胡义芝　陈凤萍

县卫生监督所
所　　长：朱志坚
副所长：温　裕

县疾控中心
主　　任：周红林
副主任：谢志坚　刘东妹

县发展和改革局
党组书记、局长：陈湘中

副局长：刘厚超　王　勇
　　　　周敏聪（任至2023年3月）
　　　　王远望（2023年3月任职）
　　　　曾　宇（2023年12月挂任）

县统计局
党组书记：郑启创
局　　长：宋远玲
副 局 长：梁曼丽　肖　斌

县工业和信息化局
党组书记、局长：张少捷
副局长：刘国庆　张学兰
　　　　李传印（任至2023年3月）
　　　　于　寒（2023年3月挂任）
　　　　李伟中（任至2023年5月）
　　　　宋晓丹（2023年5月任职）

广佛（佛冈）产业园管委会
党工委书记、主任：廖景辉（任至2023年6月）
　　　　　　　　　林吴养（2023年6月任职）
副主任：徐文婉（任至2023年7月）
　　　　刘新全（任至2023年10月）
　　　　李光锐（2023年6月任职）
　　　　朱建星（2023年6月任职）

县工业园管委会
党组书记：冯东华（2023年8月任职）
主　　任：冯东华
副 主 任：钟　萍
　　　　　于　寒（2023年3月挂任）
　　　　　曹八科（挂任至2023年9月）
　　　　　邵载阳（2023年9月挂任）

佛冈供电局
党委书记：罗伟彬（2023年4月任职）
总 经 理：黄国亮（任至2023年4月）
　　　　　罗建军（2023年4月任职）
副总经理：罗伟彬（2023年4月任职）
　　　　　陈　尤　张远刚　黄振贤
纪委书记：何伟明

县供销社
党组书记、主任：赵　维（2023年5月任职）
副主任：赵　维（任至2023年5月）
　　　　黄伟洪（2023年5月任职）

广东烟草清远市有限公司佛冈县分公司
（佛冈烟草专卖局）
局长、经理：符　荣

副 局 长：袁伟栋
副 经 理：范文滔

邮政佛冈县分公司
总 经 理：胡俊彬
副总经理：朱金衍　孙　芳

电信佛冈分公司
总 经 理：何　晖
副总经理：杨志东　谢志中（任至 2023 年 1 月）
　　　　　刘启桢（2023 年 1 月任职）
　　　　　李积庆（2023 年 12 月任职）

移动佛冈分公司
总 经 理：关耀宗
副总经理：温林毅

联通佛冈分公司
副总经理：吴东生

盐务佛冈分局
分局局长（分公司经理）：潘江帆

县财政局
党组书记、局长：邓武军（任至 2023 年 11 月）
　　　　　　　　黄建中（2023 年 11 月任职）
副局长：刘辉明　范杰忠　朱　江

县公共资产管理中心
主　任：曾宪跃

住房公积金佛冈管理部
主　任：梁榕泉

县税务局
党委书记、局长：张小轩
副 局 长：张志峰　赖杰科（任至 2023 年 3 月）
　　　　　郑伟佳（2023 年 3 月任职）
　　　　　潘锦图（任至 2023 年 7 月）
　　　　　陈建华（任至 2023 年 7 月）
　　　　　黄元强（2023 年 7 月任职）
纪检组长：黄元强（任至 2023 年 7 月）
　　　　　唐振忠（2023 年 7 月任职）

县审计局
党组书记、局长：郑按双
副 局 长：谭庆忠　邓志光
总审计师：冯敏坚

县市场监督管理局
党组书记、局长：梁浩锋
副局长：范伟凡　易红兵　刘海平
　　　　陈永胜（任至 2023 年 6 月）

县市场开发中心
主　任：李伯培
副主任：郑志光

中国人民银行佛冈县支行
副行长：黄健平　黄伟强

中国工商银行佛冈县支行
行　长：谢思华（任至 2023 年 9 月）
　　　　陆月喜（2023 年 9 月任职）
副行长：邓焕平　林秉雄
　　　　陆月喜（任至 2023 年 9 月）
　　　　龙　腾（2023 年 10 月任职）

中国农业银行佛冈县支行
行　长：舒　畅
纪委书记：罗新文（任至 2023 年 7 月）
　　　　　邱　丽（2023 年 7 月任职）
副 行 长：陈树佳（任至 2023 年 7 月）
　　　　　吴　平（任至 2023 年 12 月）　户　乐
　　　　　李丽红（2023 年 1 月任职）
　　　　　陈带娣（2023 年 12 月任职）

中国建设银行佛冈县支行
行　长：邱国伟（任至 2023 年 11 月）
　　　　江智伟（2023 年 12 月任职）
副行长：黄华锋　梁时源　唐宇学

中国银行佛冈支行
行　长：廖耀熙
副行长：梁少珍（任至 2023 年 6 月）　谢颖锋
　　　　刘敏萍（2023 年 1 月任职）
　　　　卢艺华（2023 年 6 月任职）

县农商银行
党委书记、董事长：王磊珊
党委副书记、行长：于　翔
纪委书记、监事长：吴安生
副行长：蔡伟斌　刘建新

中国邮政储蓄银行股份有限公司佛冈县支行
行　长：陈晓文
副行长：黎真灵

中国人民财产保险股份有限公司佛冈支公司
副 经 理：吴祖清（主持）　范飞跃

中国人寿保险佛冈县支公司
经　理：左旭艳
副经理：许吉祥（任至 2023 年 11 月）

县交通运输局
党组书记、局长：赖宏基
党组副书记：黄家亮
副 局 长：邹永成　刘宁光　何国飞

佛冈公路事务中心
副主任：刘展荣　朱一军　成志福

县住房和城乡建设局
党组书记、局长：李功文
副 局 长：王　华　伍林峰（任至 2023 年 11 月）
　　　　　郑继命（2023 年 4 月任职）
总工程师：朱丽嫦

县代建中心
主　任：朱海鹰
副主任：陈少凡　谭伟光

市生态环境局佛冈分局
党组书记、局长：徐金星
副局长：赖梅秀　肖钊雄

县不动产登记中心
主　任：郑洁玉
副主任：廖海萍　梁小杜

县城市管理和综合执法局
党组书记、局长：邓毅锋
副局长：张鉴传　郑继命（任至 2023 年 5 月）
　　　　孙　堂（2023 年 5 月任职）

县城监大队
大 队 长：张建林
副大队长：徐钊强　张光雄

县环卫所
所　长：朱耀喜
副所长：朱沛强　黄伟杰　黄成武

县农业农村局
党组书记、局长：黄建中（任至 2023 年 11 月）
　　　　　　　　郑从钢（2023 年 11 月任职）
副局长：林育忠　江飞跃（任至 2023 年 5 月）
　　　　朱清香（2023 年 5 月任职）
　　　　潘岐力（任至 2023 年 9 月）
　　　　曹灿林（2023 年 9 月任职）

县委农办
主　任：黄建中（任至 2023 年 11 月）
　　　　郑从钢（2023 年 11 月任职）
常务副主任：黄政雄
专职副主任：曹灿林（任至 2023 年 8 月）
　　　　　　潘岐力（2023 年 8 月任职）

县乡村振兴局
局　长：黄建中（任至 2023 年 11 月）
　　　　郑从钢（2023 年 11 月任职）
常务副局长：黄政雄
副 局 长：曹灿林（任至 2023 年 9 月）
　　　　　潘岐力（2023 年 9 月任职）

县乡村振兴服务中心
主　任：梁井生（2023 年 11 月任职）
副主任：梁井生（任至 2023 年 11 月）

县农技推广中心
主　任：邓伟林
副主任：赖杏梅　林朝东

县动物监督所
所　长：胡伟林

县消防救援大队
大 队 长：史　杨
教 导 员：王旺强
副大队长：刘远兵

县林业局
党组书记：龙清学（2023 年 1 月任职）
局　　长：丘　岳
副 局 长：黄锐坚　黄振权
总工程师：袁飞龙

县水利局
党组书记、局长：罗　杰
副 局 长：罗海泉　邓艺钫
总工程师：黄培森

县气象局
党组书记、局长：韦小琼
副 局 长：许沛林
纪检组长：罗桂森

市羊角山林场
场　长：罗石其

副场长：冯红心　钟永秋

观音山自然保护区管理处
主　任：黄如恒（任至2023年7月）

高岗镇
镇党委书记：郑从军
镇党委副书记、镇长：陈湛其
人大主席：陈谷新
镇党委副书记：罗志雄（挂职）　何高要
　　　　　　　何红火（任至2023年4月）
　　　　　　　江飞跃（2023年4月任职）
纪委书记：刘伟明（任至2023年8月）
　　　　　宋超进（2023年9月任职）
镇党委委员：邝子鸣　王原尚　胡可朋　冯敏杰
副镇长：曾　义　李小山
　　　　邹桂玲（任至2023年11月）
　　　　朱丽丽（2023年11月任职）

迳头镇
镇党委书记：李　富
镇党委副书记、镇长：钟伟剑（任至2023年11月）
　　　　　　　　　　温清清（2023年12月任职）
人大主席：曾榕明（任至2023年5月）
　　　　　温林明（2023年7月任职）
镇党委副书记：钟伟文（挂任）　李启积
　　　　　　　黄锻文（任至2023年4月）
　　　　　　　李桂芳（2023年5月任职）
纪委书记：张耀文
镇党委委员：廖文辉　陈素芬　易昌意
　　　　　　董　凡（2023年5月任职）
副镇长：蓝远锋　朱小飞　廖红星
　　　　朱新唱（2023年4月任职）

水头镇
镇党委书记：吴春来
镇党委副书记、镇长：肖文静
人大主席：林伟平（任至2023年6月）
　　　　　钟锦成（2023年7月任职）
镇党委副书记：温林明（任至2023年6月）
　　　　　　　钟锦成（任至2023年7月）
　　　　　　　黄宝敏（2023年6月任职）
　　　　　　　李伟富（2023年8月任职）
纪委书记：朱明敏
镇党委委员：杨志诚　周健根
　　　　　　褚庆存（2023年6月任职）
　　　　　　欧阳广能（2023年9月任职）
副镇长：黄展鹏　朱　冲　谭诺研

石角镇
镇党委书记：梁艳文
镇党委副书记、镇长：李国杰（任至2023年8月）
　　　　　　　　　　钟伟剑（2023年11月任职）
人大主席：陈志民
镇党委副书记：黄亦军　温清清（任至2023年11月）
　　　　　　　郑志平（挂任）
　　　　　　　周琼华（2023年10月挂任）
纪委书记：黄灿忠
镇党委委员：巢健洪　傅钰琦（任至2023年3月）
　　　　　　杨丽捷　赖伙平（任至2023年4月）
　　　　　　刘　杰（2023年4月任职）
　　　　　　邹桂玲（2023年11月任职）
人大副主席：莫毅斌
副镇长：陈　格　朱光蔡　黄神艺　谭勇光
　　　　刘玉行　李瑛鎏　杨东权

汤塘镇
镇党委书记：陈志锋
镇党委副书记、镇长：赖　毅
人大主席：古柱高
镇党委副书记：黄华昌　黄　磊（挂职）
　　　　　　　冯汝明（任至2023年5月）
　　　　　　　朱　铁（2023年4月任职）
　　　　　　　谢宝炫（2023年8月任职）
纪委书记：林富豪
镇党委委员：周　川　张　敏　郑从模
　　　　　　周　海（2023年12月任职）
人大副主席：欧阳德龙
副镇长：罗振星　陈旭飞　曹城新
　　　　周勇刚　朱伯良　黄　劼
　　　　利啟炜（2023年12月任职）

龙山镇
镇党委书记：潘　浩（县委副书记，兼任至2023年3月）
　　　　　　李国杰（2023年8月任职）
镇党委副书记、镇长：郑从钢（任至2023年12月）
　　　　　　　　　　罗文亮（2023年12月任职）
人大主席：黄春华
镇党委副书记：林业斌　朱文聪（挂任）
　　　　　　　罗　杰（2023年8月挂任）
　　　　　　　许嘉仪（2023年11月挂任）
纪委书记：吴家荣
镇党委委员：黄伟锋（任至2023年12月）
　　　　　　邓俊杰　莫灼林　温文飞
　　　　　　高振兴（2023年12月任职）
副镇长：郑　维　朱英萍　徐瑞鹏

政党·政权

责任编辑：李协湖

中共佛冈县委

【县委工作概述】 2023年，中国共产党佛冈县委员会坚持以习近平新时代中国特色社会主义思想为指导，深入学习贯彻党的二十大精神和习近平总书记考察广东重要讲话重要指示精神，深入贯彻落实省委"1310"工作部署、市委"十大行动方案"，按照协调推进"四个全面"战略布局，对本地区经济建设、政治建设、文化建设、社会建设、生态文明建设实行全面领导，以头号工程的力度抓好"百千万工程"，各项工作取得明显成效。

重要会议

【县委十四届三次全会】 2023年2月20日上午，中国共产党佛冈县第十四届委员会第三次全体会议在县人民中心主楼大礼堂召开。县委委员、候补委员出席全会。

主要内容 全会以习近平新时代中国特色社会主义思想为指导，深入学习贯彻党的二十大精神，认真贯彻落实省委十三届二次全会、市委八届四次全会决策部署。全会审议2022年以来传达学习贯彻落实习近平总书记重要讲话和重要指示精神情况的报告、县委常委会向全会报告2022年以来抓党建工作情况的报告、县委向全会作2022年度选人用人工作情况的报告，审议通过有关人员辞去十四届县委委员、候补委员以及依次递补有关县委候补委员为十四届县委委员的有关事项和《中国共产党佛冈县第十四届委员会第三次全体会议决议》。

会议要求 全县上下要深入学习贯彻习近平总书记重要讲话和党的二十大精神，深刻领会"两个确立"的决定性意义，更加坚定自觉做到"两个维护"，更加自觉用党的创新理论指导实践、推动工作。要更加紧密地团结在以习近平同志为核心的党中央周围，以昂扬的斗志、赶超的姿态、必胜的信心和坚韧的意志，苦干实干，笃行不怠，共同开创佛冈现代化建设美好新篇章。

【县委十四届四次全会】 2023年8月4日上午，中国共产党佛冈县第十四届委员会第四次全体会议在县人民中心主楼大礼堂召开。县委委员、候补委员出席全会。

主要内容 全会以习近平新时代中国特色社会主义思想为指导，深入学习贯彻党的二十大精神和习近平总书记考察广东重要讲话重要指示精神，认真贯彻落实省委十三届三次全会、市委八届五次全会决策部署。审议通过《中共佛冈县委关于深入学习贯彻习近平总书记重要讲话重要指示精神 为广东在推进中国式现代化建设中走在前列作出佛冈新担当新贡献的实施意见》。

会议要求 全县各级党组织和广大党员干部要坚持以习近平新时代中国特色社会主义思想为指导，深入学习贯彻党的二十大精神和习近平总书记考察广东重要讲话重要指示精神，更加紧密地团结在以习近平同志为核心的党中央周围。严格遵循总书记的战略指引，认真落实省委、市委工作部署，全面实施"百千万工程"，坚定信心、奋发有为，加快经济社会高质量发展步伐，努力为全省、全市大局作出新贡献、展现新作为。

重要决策和重要活动

【习近平新时代中国特色社会主义思想主题教育】 2023年，中共佛冈县

2023年2月20日，召开中共佛冈县委十四届三次全会　（钟盛祺　摄）

2023年12月22日，县委理论学习中心组开展2023年第九次专题学习

（钟盛祺 摄）

委把开展主题教育作为头等政治任务，迅速成立领导小组，制定实施方案，县委班子成员带头学、带头查、带头改，示范带动全县党员干部以学铸魂、以学增智、以学正风、以学促干。理论学习全覆盖。县四套班子高质量开展读书班集中学习，县委理论学习中心组专题学习研讨15次，结合工作开展"四下基层"讲授专题党课70场次。调查研究办实事。县四套班子成员聚焦60个调研课题深入一线开展调查研究，引领全县各级党组织落实调研计划205份，促成智慧城市建设等一批调研成果有效转化。问题整改惠民生。妥善解决县城公交线路停运等民生实事。建章立制固成果。突出"当下治"、注重"长久立"，着力在常抓长治上下足功夫，健全完善34项管长远、固根本的长效机制。推动发展见实效。紧紧围绕落实省委、市委重点工作，把主题教育成果融入推进"百千万工程"的成效上、体现到促进中心工作的落实上，实现"两手抓、两促进"，进一步坚定理想信念，干事创业热情有效激发，工作作风更加扎实，方法更加科学。

【改革激活发展动能】 2023年，通过改革放活权限、盘活资源、激活要素，有力增强全县发展动能。率先挂牌成立"百千万工程"指挥部，组建"9个专班+3个专项小组"，形成"四个一"指挥体系，县四套班子深入一线作战、当好示范，推动工作下沉、力量下沉、资源下沉，凝聚全县上下共抓"百千万工程"的强大合力。水头镇以"五个坚持推动实现六大转变"典型培育经验得到省委主要领导批示："刊简报转发"。迳头镇楼下村等"1镇6村"入选全省首批典型镇村。持续深化重点领域改革，汤塘镇全域土地综合整治"2259"工程实现良好开局，新型农村集体经济改革带动全县村集体资产增长48%、村集体经济收入均达到10万元以上，石角镇龙塘村信用互助合作模式被列为全省典型案例，农村电商试点考核在全省7个优秀等次中排名第一。

【推动经济发展】 2023年，壮大经济基本盘，顶住经济下行压力，实现产业基础持续巩固，各项经济指标逐季好转。不断优化"一主两辅"园区发展格局，充分发挥"链主"企业带动作用，雅迪吸引电动车产业链25家企业落户佛冈，以约克为龙头的空调制冷产业入选全省首批中小企业特色产业集群。坚持"大招商、招大商"，成功引进中盛天然气等重点项目38个，总投资127亿元，取得佛冈招商史上的最好成绩。建成全市首个丝苗米种植数字化平台，超额完成粮食生产任务。推动魔芋从研发、种植到精深加工迈进，打通从"田头"到"餐桌"的完整产业链条。代表市在省乡村振兴考核中取得良好成绩，为清远实现"五连冠"作出积极贡献。创新推出"药王谷"等中医养生游，熹乐谷成功创建4A级景区，水头镇获评"省级休闲农业与乡村旅游示范镇"，中核汇能、华润风电等一批绿色经济项目势头良好。

【绿美生态建设】 2023年，深入实施绿美生态建设"六大行动"，持续打

2023年3月24日，佛冈县考察团出席新一届香港佛冈联会理事会就职典礼，共谋发展之策。图为县委书记潘国标（站立者中）向理事颁发荣誉证

（罗沅琪 摄）

好污染防治攻坚战，生态环境有力改善。生态保护水平有效提升。扎实推进蓝天、碧水、净土三大保卫战，持续巩固中央环保督察反馈问题整改成效，全县镇级生活污水处理厂实现全覆盖，空气质量优良率94.3%，地表水、饮用水源质量稳定达标。植绿扩绿力度持续加大。发动群众广泛开展义务植树，建设了人大林、清风林、青年林等一批主题林；引入社会资本3000万元打造羊角山绿美生态示范点，投入专项债3000万元改造县城北山公园；统筹1200万元实施森林质量精准提升工程，完成"五边绿化"133.3公顷、森林抚育156.5公顷。

【民生事业】 2023年，坚持把增进民生福祉作为发展的根本宗旨，办好一批民生实事。就业人才事业扎实有力。开展就业"三个百"系列活动232场次，"三项工程"技能培训2066人次，新增城镇就业3636人，再就业1463人，农村劳动力转移就业1562人。柔性引进副高及以上紧缺医疗卫生专家人才22人；新建成约克博士工作站，吸纳一批高层次人才。教育事业不断提质。新建民安中学教学楼，恢复佛冈一中、佛冈中学初中部招生，新增公办学位900个，有效缓解优质学位紧张现象。广州城建学院、广州涉外学院二期等项目加快建设。开通校园专线60条，服务农村学生2286人，实现乡镇小学全覆盖。与广州中医药大学、仲恺农业工程学院确定合作共建方案和15个项目清单，"双百行动"实现有力开局。医疗卫生事业全面发展。县域医共体、广佛产业园公共医疗配套加快建设，深化省人民医院等"组团式"紧密型帮扶。水头卫生院和国际医养中心建成使用，为群众提供高品质康养服务。统筹推进全县健康场所建设和健康知识普及，成功创建为省健康县。文化事业蓬勃发展。成功举办全国"村晚"、狮王争霸赛、新苗杯等文化活动，以及南粤古驿道大赛、广清穿越徒步等文体活动。开展"送戏下乡""艺培工程"等公益演出63场，线上线下惠及群众140多万人次。县新时代文明实践中心获评"全省基层理论宣讲先进集体"荣誉称号。社会事业兜稳兜牢。新建镇村综合养老服务中心（站）12个，实现各镇双百社工全覆盖。全面落实最低生活保障、特困供养、孤儿救助等政策，累计发放各类补贴补助8525万元。

【平安佛冈建设】 2023年，坚持统筹发展和安全，以"时时放心不下"的责任感，抓好平安建设各项任务。安全生产形势平稳。积极推进"两个清单"，探索"1+N"工作模式，聚焦重点领域、重点环节、重点时段，排查发现重大事故隐患223个，完成整改214个，全年重要时点实现"零山火"、汛期"零伤亡"。社会治安持续向好。深入推进扫黑除恶斗争，刑事治安类警情同比下降56.9%。社会治理更有成效，持续推广"蓝榕概法官调解工作室""老张调解工作室"等一批品牌工作室，加快推进"1+6+N"基层社会治理工作体系建设，健全"一网覆盖、一网通达、一网聚合"的"两化两员"治理模式，工作成效得到市委充分肯定。

（何幸隆）

组织工作

【组织工作概况】 2023年，全县各级党组织坚持以习近平新时代中国特色社会主义思想为指导，以组织路线服务政治路线的高度自觉，紧紧围绕落实省委"1310"具体部署和市委、县委"十大行动方案"，坚持把服务保障"百千万工程"、制造业当家、乡村振兴、绿美生态建设等落地落实作为重中之重，有力推进各项工作取得扎实成效。是年，全县有基层党组织690个，其中基层党委27个，党总支101个，党支部562个；党员14 141人，其中女党员4454人，少数民族党员41人。

【主题教育】 理论学习 2023年，中共佛冈县委组织部认真开展学习贯彻习近平新时代中国特色社会主义思想主题教育，围绕"学思想、强党性、重实践、建新功"的总要求，把理论学习贯穿始终，确保凝心铸魂筑牢根本，推动主题教育见真章出实效。县处级领导班子和领导干部带头示范，率先举办为期7天的读书班，开展理论学习中心组学习15次，讲授专题党课70场次。全县各级党组织开展理论学习6079次，开展现场学习8791人次，发放必读、选读书籍33 000多本。

调查研究推动发展 2023年，佛冈县在主题教育中确保摸清问题、破解难题，用好调查研究传家宝。县处级领导班子和领导干部围绕12个专题制定《佛冈县主题教育调研计划》，并细分为60个调研课题，直奔高质量深层次关键性问题开展深入调研，建立《佛冈县调研成果转化运用清单》，推动调研成果100%转化。在主题教育中提振锐意进取、担当有为的精气神，推动全县干部思想更加统一、信心更加饱满、行动更加坚定，为全面做好佛冈县改革发展稳定各项工作注入强大动能。

检视整改建章立制 2023年，佛冈县在主题教育中把检视整改作为破解难题、推动高质量发展的重要举措和有力保证，围绕11个方面深入查摆问题31个，通过立行立改、专项整治、调查督办、开好专题民主生活会等方式方法，实现问题100%销号。同时，注重"当下改"和"长久立"相结合，把主题教育探索的好经验好做法转化为长效机制，在理论学习、为民办事、调查研究、推动发展等各方面建章立制34项，确保主题教育常态长效。

扎实推进党员教育 2023年，佛冈县制作《防范有范》《国富带富》《带上妻儿去驻镇》等5批次精品电教片，其中《带上妻儿去驻镇》获评省委组织部"百部党员教育优秀电视片"。划拨48万元支持镇级党校工作，在条件成熟的行政村、社区、"两新"组织建立分教点，打通党员教育"最后一公里"。

【基层组织建设】 农村基层党建 2023年，佛冈县高标准创建4个抓党建促乡村振兴示范镇和45个市级示范村，分类打造特色党建品牌，顺利通过中期评估并获得专项奖励。投入超过2500万元推进党群服务中心标准化规范化建设，打造一批更加便民贴心的党群阵地。积极探索支持村级集体经济发展的有效途径，对2022年村集体经济收入少于10万元的4个村按"一村一策"制定增收方案，实现全县78个行政村集体经济收入均达到10万以上的目标。深化实施"红领英才"基层党组织书记培育工程，连续三年举办抓党建促乡村振兴党组织书记擂台赛，动态储备村级后备干部648名，组织440名村干部参加大、中专班学习，村（社区）干部到镇跟班学习。深化推广运用"小积分、大治理"正能量积分制，上线"正能量"积分贷，累计授信约4000万元，引领群众参与基层治理各项事务5.28万人次。深化推行"三单制"闭环为民服务模式，为群众办实事解难事540余件，精准服务群众3000余人次。

城市基层党建 2023年，佛冈县深入推进城市基层党建"强健末梢"行动，着力探索基层党建引领社会治理创新的新路子，以城市基层党建工作引领新业态新就业群体的发展，延伸基层党组织的服务触角，持续提高党建引领基层治理水平。全力深化社区"大党委"工作机制，择优选聘16名机关事业单位党组织、国有企业党组织、小区物业党组织、小区党组织负责人担任社区"大党委"兼职委员，召开党建联席会议20次，合力解决社区工作中的重点、热点和难点问题52个，"大党委"机制推动社区治理水平显著提升。组织78个县直机关事业单位2000多名在职党员到石角镇7个社区报到，累计开展"双报到、双服务"活动328次，认领"群众服务需求清单"1800人次，为群众办实事256件。

"两新"党组织建设 2023年，佛冈县定期开展"双同步"动态排查，全年新成立4个非公企业党组织、3个社会组织党组织，全覆盖选派县、镇党建指导员83名。升级打造一批"两新"党建示范点，其中约克空调党支部和石角镇商会党支部被评为2023年度清远市非公经济领域党组织党建品牌示范单位。举办佛冈县"两新"组织党组织书记培训班，采取"集中授课+现场观摩"的形式，前往广州市非公有制经济组织党建工作展览馆和广州立白企业集团有限公司党委等地交流学习"两新"党建工作经验。创新推动新业态新就业群体党建工作，在县人民公园打造"暖心驿站"，为户外工作者提供"歇歇脚、擦擦汗、喝口水、喘口气"的温馨场所，同步设置"新新积分"超市，引导"两新"党组织积极参与基层治理。

排查整顿软弱涣散基层党组织 2023年，佛冈县新排查软弱涣散村党组织7个，按"一村一策"和"四个一"措施，精准整顿提升。

2023年9月21日，召开全县组织工作会议 （县融媒体中心 供图）

【干部队伍建设】 优化干部队伍结构 2023年，佛冈县紧紧围绕落实好省委"1310"具体部署、市委"十大行动方案"、"百千万工程"等重点任务选优配强各级领导班子，着力建设堪当重任的新时代高素质干部队伍，坚持重谋划、优布局选配干部，着眼未来5年领导班子和干部队伍建设需要，以目标为导向科学配备干部，干部队伍整体功能进一步增强。激活干部队伍蓄水池。结合干部专业特长、岗位经历等，分层次分类别动态更新优秀干部后备库。是年，动态储备356名后备干部、139名高学历干部，为干部选拔任用蓄足"源头活水"。拓宽选人用人视野。出台《佛冈县推荐干部常态化工作机制》，切实把综合素质好、工作业绩突出的干部推荐出来，形成科学规范、有效管用的选人用人机制，推动干部队伍健康发展。选优配强领导班子。结合换届后领导班子运行调研情况，围绕制造业当家、"百千万工程"等需要，选优配强各级领导班子。共优化调整23个单位班子结构，提拔19名"85后"年轻干部，提拔1名"90后"和5名"80后"年轻干部担任部门"一把手"，进一步优化领导班子年龄、专业结构。

提升干部队伍能力 2023年，佛冈县拓宽干部培养和实践锻炼渠道，健全干部队伍素质培养体系，促使干部政治素养、理论水平、专业能力、实践本领跟上新时代发展步伐。加强专业训练。按照"干什么学什么""缺什么补什么"的要求，统筹

2023年11月3日，举办佛冈县2023年机关党务干部业绩展示暨工作创新大赛　　　　　　　　　　　　　　　　　　　　（胡国威　摄）

各级各类专业化能力专题培训班。是年，精准选派58名干部参加省委组织部、市委组织部等主题班次培训。聚焦"发展"设岗位。全面铺开《选派"四个一批"干部挂职锻炼实施方案》，建立多层次、多部门、多岗位的干部挂职锻炼机制。结合各镇的重点项目，有针对性地选派水利、自然资源等专业性强的部门"一把手"挂任镇党委副书记。拓宽实践锻炼渠道。有计划有针对性地安排优秀干部到急难险重一线实践锻炼，搭建成长平台，充分挖掘潜能。全年，安排优秀干部共122人次到重要岗位实践锻炼；安排15名新提拔县管干部到县信访局跟班学习；推荐选派6名年轻干部到市直单位挂职。

增强干部队伍活力　2023年佛冈县坚持严的基调不动摇，加强对干部全方位管理和经常性监督，做到管到位、管到点子上，切实保护干部干事创业积极性。强化日常管理。对各单位执行干部重要事项报告制度进行全方面核查，印发提醒函，切实增强领导干部规矩意识。集中开展干部因私出国（境）专项监督检查工作，对发现问题的单位、个人要求立行立改，从严从紧规范干部出国（境）管理工作。规范选人用人。结合县委巡察，把公务员"五个是否"作为选人用人专项检查的重要内容，同时对落实"两个维护"、党管干部原则、执行干部选拔任用政策和制度规定等进行全方面核查。是年，对10个副科以上单位党组织进行选人用人专项检查。激励担当作为。抓好激励干部担当作为"十项措施"的落实，促进"干部为事业担当、组织为干部担当"良性互动。共晋升公务员职级210人，事业单位职员等级104人。

【**机关党建**】**思想建设**　2023年，坚持把政治机关建设摆在机关党建首要位置，把学习贯彻习近平新时代中国特色社会主义思想和党的二十大精神作为县直机关党组织首要政治任务，严格落实第一议题制度和党委（党组）理论学习中心组列席旁听、观摩点评制度，着力深化理解、坚定信仰、融会贯通、深刻认识"两个确立"的决定性意义，增强"四个意识"、坚定"四个自信"、做到"两个维护"。持续推动青年理论学习提升工程，不定期参与和督促110个机关青年理论学习小组的学习。是年，依托县委党校和基层党支部，以集中培训、推送优秀课件等形式，培训党员1.2万人次，"书记讲党课"350场次。

组织建设　2023年，落实换届督促提醒机制，印发《关于2023年部分基层党组织换届提醒的通知》，指导新成立、任期届满和委员缺额的54个基层党组织进行选举。持续优化党组织设置，按照"管业务抓党建"的要求，着力构建部门（系统）党建业务一体化的工作格局，构建上下贯通的党组织体系，优化调整党组织设置22个，其中新设立机关党委2个，党总支部2个；同时，每季度印发《佛冈县直机关党支部组织生活通知单》，各党支部可根据实际情况在"规定动作"上照单落实，在"自选动作"上创新开展，进一步加强机关单位党组织"三会一课"、主题党日的统筹指导，有力推动党组织组织生活规范化、标准化，提高党内政治生活质量。

2023年3月21日，县委组织部举办抓党建促乡村振兴示范创建成果展示擂台赛　　　　　　　　　　　　　　　　　　　（朱慧燕　摄）

队伍建设 2023年，加强"头雁"队伍建设，举办机关企事业单位党组织书记抓党建促业务提升擂台赛，选定20名选手作为"红领英才"基层党组织书记培育工程正式人选，实行重点跟踪培养管理，以点带面促进全县基层党组织带头人队伍素质整体提升，推动《清远市基层党组织书记"十个思考"（试行）》落地落实；举办基层党组织书记"十个思考"专题培训会，发放《佛冈县基层党组织书记"十个思考"思维导图》，指导基层党组织书记将"十个思考"融入日常、抓在经常、落到平常，聚焦将主责主业思考的成果运用到实际工作中，不断提升履职效能，切实发挥"头雁"效应。加强机关党务干部队伍建设，印发落实《2023年佛冈县"强思想·勇担当"机关党务干部促业务提升系列活动方案》，建立机关党务工作者人才库，选优配强党务干部，严把资格条件关，收集入库机关党务工作人才254人，对入库的党务干部实施分类动态管理，择优培养成党建专家型人才；举办"机关党务巡回讲堂"和2023年机关党务干部小班制业务培训班，以小班制送课上门、集中培训等形式培训轮训党务工作者和党员500多人次；举办佛冈县2023年机关党务干部业绩展示暨工作创新大赛，着力提升机关党务干部履职能力和服务水平，推动党建和业务深度融合，以发展提质、服务增效、党建赋能的新成效新作为，不断提高机关党建质量和水平。加强机关党员队伍建设，印发《关于做好2022年六优党员评选工作的通知》，在全县机关单位民主评议出"六优"党员1384名，进一步激励机关党员树牢政治机关意识，切实发挥党员先锋模范作用；7月与县妇联联合举办2023年佛冈县百场家教家风巾帼大宣讲活动（宣讲对象达350余人次），推动家风建设中党员和领导干部表率作用充分发挥，推动形成爱国爱家、相亲相爱、向上向善、共建共享的家庭文明新风尚；全年新发展党员35名，登记备案入党积极分子15名，审批预备党员转正25名。

模范机关 2023年，深化机关企事业单位"一支部一品牌"建设，培树机关党建典型，指导打造"心系群众　守望天平""医者仁心　杏林先锋""清风护航员"等181个党建品牌，其中深化品牌109个、优化品牌38个、新创建品牌34个。升级完善佛冈县机关党建展厅，展示12个特色党建品牌，指导打造县税务局、县中医院等共享性党建阵地。印发《佛冈县直机关"四强"党支部创建管理办法（试行）》，着力在机关、国企、学校、医院创建政治功能强、支部班子强、党员队伍强、作用发挥强的"四强"党支部。编写《佛冈县深化模范机关创建活动资料汇编》，展示18个县直机关单位开展模范机关创建活动成效，营造模范机关创建活动浓厚氛围。引导各县直机关单位注重日常总结归纳提炼机关党建亮点信息，宣传本单位党建工作的好经验好做法，向南方+、《南方日报》、《清远日报》、佛冈通APP、佛冈发布、佛冈组工微信公众号等媒体投稿共计400余篇。

机关作风 2023年，组织开展佛冈县"行风热线"工作，以"行风热线"为抓手，促进机关作风转变，落实全面从严治党，通过网络问政的方式，安排县直各机关单位全员上线，广泛听取群众的呼声和诉求，着力解决群众反映的热点、难点问题295个，不断提高机关单位履职效能，实现以党风带政风促行风，营造风清气正的发展环境。抓实党员领导干部直接联系群众制度落实，各级党员领导干部坚持深入178个党支部工作联系点开展"我为群众办实事"实践活动，开展调查研究1143次，联系服务群众36 600余人次，解决问题1121个。抓实新任机关党组织书记任职谈话，以谈政治、谈党建方式，明确党组织书记履职尽责抓党建。严格落实各机关党组织党建常态化督导发现问题整改，形成基层整改清单目录250余条发至各单位党组织，以清单式、项目化落实整改，推动机关党建各项任务落细落实。抓严执纪问责，对31名违纪违规党员干部给予党纪处分。

机关武装 2023年，把牢党管武装工作的政治方向，把机关武装工作、国防教育纳入机关党建常态化督导内容。开展上下半年征兵宣传，参加县人武部组织的民兵集中训练等6次，开展县直机关单位入伍青年亲属、退役军人等春节和八一慰问活动，到县第一中学、佛冈中学、南方技工学校、县职校、德圣职业技术学校等开展国防教育。通过现场授课、组织观看宣传展板、发放国防教育宣传手册等形式，对3000多名学生和职工进行国防教育宣传，发放国防教育宣传手册3000多本。

2023年3月15日，县委组织部举行县直机关党组织书记抓党建促业务提升擂台赛　　　　　　　（钟盛祺　摄）

【公务员管理】 **机关公务员管理** 2023年，佛冈县党政机关单位40个，参公群团机关7个，参公事业单位24个。全县公务员实有总人数为1749人，其中行政编制公务员1293人，行政执法编制公务员276人，参照公务员管理事业单位工作人员180人（含参公群团单位工作人员27人）。

公务员招考录用工作 2023年，全县招录公务员79名（含选调优秀大学毕业生9名），至2023年底，完成74名新公务员录用到岗，其中公检法司14名（公安8名、法院2名、检察院3名、司法局1名），县直机关29名，乡镇31名。

公务员日常管理工作 2023年，配合省、市委组织部完成公务员队伍建设服务"百千万工程"、乡村振兴的调研工作。全力做好公务员转正定级、登记、调配、科级以上干部工资审核审批工作。是年，全县受理并审批公务员任职定级48人，公务员登记资料审核55人，办理提前退休4人、辞去公职1人、公务员调配36人；审核及上送省管干部及市管干部"工资变动审批表""新进人员工资审批表"58人次，核准及审批副科以上干部"工资变动审批表""新进人员工资审批表"1076人次。

行政执法类公务员职位设置工作 2023年，经省委组织部批复，佛冈县对13个单位（其中7个县直机关单位，6个乡镇机关）设置行政执法类公务员职位319个。是年底，佛冈县共完成套转276人（其中科员259人，科级17人）。

股级干部选拔任用管理工作 2023年，佛冈县进一步加强和规范股级干部选拔任用管理，完善股级干部选拔任用和监督管理机制，共受理89人次股级干部任前备案。

科员层次公务员职级晋升工作 2023年，佛冈县扎实推进新修订的公务员法和推行公务员职务与职级并行制度的实施，指导各镇各单位扎实推进两法的实施。完成132名公务员（一般科员）职级晋升，职级变化备案181人；完成县公安局、县法院、县检察院等3单位共32名司法人员职级晋升。

选调生跟踪管理服务工作 2023年，佛冈县开展选调生日常管理工作，在县基层任职锻炼的省级、县级选调生共27名，其中省级选调生8名，县级19名（其中2023年新录用到岗选调生9名）。27名选调生均已落实到基层任职，并按照《关于进一步做好选调生到村任职期间有关工作的通知》和《广东省选调生工作办法（试行）》扎实开展各项工作。

【人才与培训工作】 **驿站平台建设** 2023年，佛冈县打造"1+6+N"乡村振兴人才驿站服务体系，指导各镇围绕自身特色建设镇级人才驿站，明确专班组织架构，制订年度计划，健全月报制度，常态化开展培训活动，建立健全考核激励工作机制。探索"政府指导＋社会化运营"的创新管理模式，在迳头镇仓前村乡村振兴人才驿站服务示范点累计开展人才服务活动7场次，吸引创业青年、返乡大学生等青年人才185名参与，一批大学生在服务示范点开展乡村公益授课及"三下乡"驻点调研。用好驿站平台，以县乡村振兴人才驿站为主阵地，深入开展"1+N"（"1"是一月一主题，"N"是多个系列活动）人才系列活动，举办青年人才摄影大赛等6个系列主题月活动，累计开展人才交流、人才培育、项目洽谈、入企调研服务等活动129场次，参加人数累计超7000人次。

"雁归计划" 2023年，佛冈县扎实推进"雁归计划"，开展形式丰富的雁归"四大活动"超163场次，参与大学生2760人次；编印各类宣传指引手册6100册，开展宣传推广超70篇次。全面摸查近年佛冈籍高校录取生，落实回佛留佛发展人数271人，其中回佛从事基层治理岗位85人，自主创业2人。落实"三支一扶"计划，开展招募网格员、双百社工和乡村振兴等志愿者170人。开发机关企事业单位优质就业见习实习岗位，吸引大学生参加就业实习见习约200人。探索实施"乡贤工程"，鼓励引导251位乡贤参与基层治理、乡村振兴等工作。

人才引育 2023年，佛冈县统筹使用编制，通过公开招聘、订单定向培养、"银龄"返聘等缓解教育、医疗行业人才紧缺问题，2023年新入职教师378人、医疗卫生事业单位工作人员152人（其中硕士研究生20人），招募银龄教师3人、返聘退休医生8人；开辟高学历或高级职称人才引进绿色通道，引进高学历和高级职称人才14名。构建多元化柔性

2023年8月10—11日，县委组织部会同县人力资源社会保障局、团县委组织开展大学生"走进佛冈"县情研修活动　　　　　　（朱慧燕　摄）

2023年1月10日，县委、县政府举办高层次人才春节慰问座谈会，为高层次人才送上慰问金和新年祝福　　　　　　　　　　　（朱慧燕　摄）

引才模式，新建成约克博士工作站，累计建成博士工作站4个，柔性引进博士7人。柔性引进重点专业学科副高及以上紧缺医疗卫生专家人才23人和黄埔区优质名校帮扶教师15人，入库县级农村科技特派员共19人；依托丝苗米、魔芋等产业平台柔性引进湖南农业大学教授3人、博士研究生2人、硕士研究生4人；推动华南师范大学生命科学学院与高岗镇人民政府进行结对，引进专业技术人才7人，邀请省城乡规划设计院26名专家设计师，规划引领农文旅产业高质量发展，聘请黄国富、苏登2名专家任驻佛冈服务队队长，并引进以广州中医药大学林永杰为领队的7人专家技术团队帮扶水头镇卫生院打造全省一流的、具有中医药特色的乡镇卫生院。加强人才培育，依托乡村振兴专家服务队、农村科技特派员队伍，针对基层农业产业所需，开展技能培训、现场指导、科技下乡等活动超30场次，引聚专家64人次；开展农业技术培训、高素质农民培育、农村电商人才培训、创业青年培训等各类农业技术技能培训超30场次，累计培训超1300人次。充分依托名师、名医、文化名家工作室和"南粤家政""广东技工""粤菜师傅"三项工程，培育教育、医疗、文化和制造业领域人才队伍。

人才服务　2023年，佛冈县落实人才政策资助补助，发放各项人才补助151.25万元，受理14人申领一次性创业补助、16家企业申领创业带动就业补贴，审批创业担保贷款9笔、发放贷款合计1816万元，有效提高人才创新创业积极性。落实县领导干部联系高层次人才工作制度，举办2023年高层次人才春节慰问座谈会、佛冈县乡村振兴专家服务队主题座谈会，分别对县内44名市高精尖缺人才、广清对口帮扶专家及20多名各领域优秀专家人才开展慰问，主动了解和掌握人才的工作和生活状况，真情实意地为人才办实事、解难事，做好感情留人。用好"一站式"服务专区、人才公寓、人才驿站等服务平台，为103名人才及企业提供人力资源招聘、人才安家费补助和人才金融等申报代办服务；协助解决46名高层次人才和企业人才子女入学问题，并有序安排其入住人才公寓；及时为全县各类人才及产业发展提供便利服务，办好人才子女入学、人才住房、人才补贴、医疗金融等"关键小事"。组织开展人才季、人才嘉年华系列活动超25场次，"线上+线下"加大人才典型宣传力度，线上推动市、县各类媒体平台播出各类人才系列宣传达47期、其他人才新闻报道超30条，播放人才相关信息超1200次；线下集中开展全县卫生、教育、企业、农业农村、文化艺术等各领域73名优秀人才的风采展示，增强人才荣誉感、获得感和幸福感。

干部培训　2023年，佛冈县统筹抓好各类干部教育培训，制定《佛冈县2023年干部教育培训办班计划》《2023年佛冈县党政领导及领导干部到县党校授课计划》，分期分批对全县干部开展学习贯彻党的二十大精神集中轮训。2023年开展新录用公务员初任培训班、全县科级领导干部研讨班和公务员全员培训班等23期，培训达3546人次；同时依托各镇党校对不同领域干部开展各类培训共179期，培训达11 246人次。分两期在清华大学举办佛冈县2023年党政干部高质量发展专题培训班，提高全县党政干部综合素质和推动佛冈高质量发展本领。选派58名领导干部参加县处级干部进修二班、中青年干部培训班等14期省、市委组织部主题班次培训班。邀请8名中央、省、市党校教授和3名优秀企业家作为"群众代表"为学员上台授课，打造"最强师资"。组织64名县镇党校领导班子成员及教师参加中国干部网络学院"2023年度基层干部培训师资网络集中培训"，24名县镇党校教师赴湛江市、高州市参加"佛冈县党校系统师资培训班"。

（县委组织部）

宣传工作

【宣传工作概况】　2023年，中共县委宣传部坚持以习近平新时代中国特色社会主义思想为指导，深入贯彻落实党中央和省委、市委、县委关于宣传思想文化工作的各项决策部署，牢牢把握举旗帜、聚民心、育新人、兴文化、展形象的使命任务，唱响主旋律、凝聚正能量，为佛冈高质量发展提供有力思想保证、舆论支持、精神动力和文化条件。

【理论武装】 **理论学习** 2023年，县委宣传部围绕深入学习贯彻习近平新时代中国特色社会主义思想和习近平总书记考察广东重要讲话、重要指示精神等主题，严格落实《中国共产党党委（党组）理论学习中心组学习规则》，制订印发佛冈县党委（党组）理论学习中心组重点学习内容和县委理论学习中心组学习计划，县委理论学习中心组开展专题学习研讨10次，其他各级党委（党组）理论学习中心组积极跟进。联合县纪委监委、县委办公室、县委组织部、县教育局等部门成立5个工作组，列席旁听34个部门理论学习中心组学习会议，通过"互观互学找差距，互听互评促提升"，有效提升全县党委（党组）理论学习中心组学习质量。

理论宣讲 2023年，县委宣传部打造"潖江思源讲堂"理论宣讲品牌，组建56支讲团共463名宣讲员，依托"两中心一平台"、道德讲堂等载体，通过"理论+故事""理论+文艺""理论+线上""理论+点学"等形式，深入机关、企事业单位、城乡社区、校园、军营、各类新经济和新社会组织、网站，开展理论宣讲1400余场，受众3万余人次。成功举办2023年佛冈县基层理论宣讲员培育对象选拔赛暨"潖江思源讲堂"示范展演活动，张鑫、李雯怡、李阳、黎宏烨等10名宣讲员被聘为清远市基层理论宣讲员。2023年，佛冈县新时代文明实践中心被评为全省基层理论宣讲先进集体。"潖江思源讲堂"宣讲品牌作为全市两个宣讲工作优秀案例之一，被市委宣传部推荐至省委宣传部参评全省宣讲工作优秀案例。

（丘云飘）

【舆论宣传】 **全媒体融合** 2023年，佛冈县建设县级融媒体传播矩阵，覆盖全县30多万用户，成为佛冈发布信息最多、影响力最大、服务群众最广、产生流量最多的矩阵平台。其中，佛冈通APP下载量超10万（超过本地常住人口的三分之一），累计注册媒体账号271个，影响力、活跃用户量长期在全省57个县中排名第一。

主题宣传 2023年，县委宣传部围绕党的二十大精神、习近平总书记考察广东重要讲话重要指示精神、"百县千镇万村高质量发展工程"、乡村振兴等主题，策划、采访、编制、发布系列宣传报道累计540余篇（条）次。制作佛冈城市形象宣传片《这里是广东佛冈》《印象佛冈》，在南方网等国内20余家主流新闻媒体发布。利用举办省运会群众体育组乒乓球赛、南粤古驿道定向大赛（清远·佛冈站）、首届中国佛冈（国际）魔芋节等赛事（活动）契机，在人民日报客户端、新华社客户端、广东广播电视台等中央、省级主要媒体平台，采发《乡村行·看振兴|广东水头镇：新"五谷"激活乡村振兴新动能》《佛冈水头："@城市"绘就醉美乡村画卷》等报道，大力宣传佛冈特色资源和发展成效。

【乡村新闻官】 2023年，佛冈县建设乡村新闻官工作室8个，服务范围覆盖全县6个镇，成为32名清远市乡村新闻官宣传宣讲、活动培训、学习

2023年3月3日，召开全县宣传思想文化工作会议　　（朱慧燕　摄）

2023年8月3日，县委宣传部"潖江思源讲堂"基层理论宣讲示范展演活动走进汤塘镇江坳村　　（县委宣传部　供图）

交流、成果展示的重要场所。各乡村新闻官工作室和工作（组）项目累计制作推出视频、图文作品265个（次）。其中，市级平台采纳的视频作品82个（次），"学习强国"平台采纳的视频作品7个（次），用本土语言生动传达上级政策，讲好佛冈故事，帮助农民致富，推动乡村振兴。

【出版物管理】 2023年，佛冈县出版物发行单位（含网络发行业务）共65家，从业人员108人；全县印刷企业20家，从业人员710人。企业主营业务以包装装潢印刷品为主，包括金属罐包装印刷、其他包装装潢类印刷等。全年组织行业检查行动38次，出动执法人员1034人次，检查经营单位311家次，引导出版物市场形成"拒绝盗版、使用正版"和"尊重知识、保护版权"的良好氛围。

（李晓媛）

【网信工作】 2023年，佛冈县网信工作重点：一是抓好网络安全工作。组织开展佛冈县网络安全宣传周活动，以及举办2023年佛冈县网络安全培训班，进一步增强全县网络安全意识和网络舆情处置的能力；以网络安全工作责任制为抓手，及时召开网信委会议，听取全县网络安全和信息化相关工作情况汇报，研究部署有关工作措施，并联合县公安局网警大队开展网络安全检查，做好全县网络安全保障工作。二是网络舆情处置工作。处置网络有害信息147条，及时有效回应群众关切，防止负面舆情叠加发酵、演变升级，全年未发生较大及以上的舆情事件。

（县网络舆情信息中心）

创文工作

【创文工作概况】 2023年，佛冈县坚持把全国文明城市创建作为加强精神文明建设的有力抓手，坚持专班整治和专项治理相结合，用情用力用心解

2023年3月29日，县委书记潘国标（左五）率队在县农业农村局单位宿舍小区开展"早上七点半"文明城市创建督导　　（钟盛祺　摄）

决好事关群众切身利益的问题难题。

【为民办实事】 2023年，佛冈县以群众"急难愁盼"问题为导向，着力跟踪落实。设立45座微型消防站，更好地满足居民消防安全需求。在路面增设分类垃圾桶100余个，增加绿植6000余盆，改造凌乱三线18 292米。推进智慧停车系统建设，设置2000余个路边智慧停车泊位，新增317个增量智能立体停车泊位、124个地下停车泊位，同时增划电动车停车位，较好地解决停车难问题。推动石角镇牵头成立僵尸车联合整治小组，在全县20余个物业小区内清理僵尸车数百辆，增划停车位400余个，为小区居民停车腾出空间，使小区环境更加整洁有序。

【城市专班整治】 2023年，佛冈县成立城市管理综合执法专班组，抽调县城综局、县公安局、石角镇政府等9个部门合计24名执法人员以"六个周边"为重点，全面整治城市"六乱"现象。出动2163人次、车辆480车次，整治占道经营3219次，劝导电动车违规充电1324辆、电动车违停1221辆，对小商品市场、城东市场、德星市场等进行专项整治。

【交通纠违整治】 2023年，佛冈县持续深入开展文明交通纠违整治，协调公安部门统筹整合资源，常态化在县城7个主要交通十字路口开展文明交通纠违行动，创新开展"五选一"，对2万余例不戴头盔等轻微违规行为进行柔性执法。

【补短板项目建设】 2023年，县文明办协调市场监管部门对县城德星市场、小商品市场、城东市场实施提升改造工程，新建城西菜市场，坚持科学合理规划，推出若干"临摆点"便民服务。协调城管部门完成24个小区及周边道路、56栋楼房升级改造、3.12万米下水道雨污分流改造，铺设35.8万平方米沥青路面，翻新改造12.1万平方米人行道，更新道路交通标志、标线100余处。设置打造"夜经济"街区1处，摊位100余个。

（洪义军）

统战工作

【统战工作概况】 2023年，县委统战部坚持以习近平新时代中国特色社会主义思想为指导，深入学习贯彻习近平总书记关于做好新时代党的统一战线工作的重要思想，贯彻落实中央统战工作会议精神及省、市统战工

2023年3月21日，召开全县统战工作会议　　（钟盛祺　摄）

作具体部署。全县统一战线围绕中心、服务大局，发挥凝聚人心、汇聚力量的政治作用，着力促进政党关系、民族关系、宗教关系、阶层关系、海内外同胞关系和谐，不断巩固和发展最广泛的爱国统一战线，努力为全县经济社会高质量发展作出贡献。佛冈县委统战部在2023年度全市统战工作绩效考评中获优秀等次，在全县2023年度绩效考核中评定为"一等奖"，民革佛冈县支部被民革清远市基层委员会评为社会服务先进集体。

【多党合作与政治协商】 2023年，县委统战部深入贯彻落实《中国共产党政治协商工作条例》，全面加大多党合作和政治协商制度落实力度。组织召开协商民主征求意见座谈会、情况通报会等协商会议6次，引导各民主党派人士紧扣高质量发展的时代主题，围绕"百千万工程"、工业强县、优化营商环境、绿美佛冈生态建设等方面积极建言献策，共提出建议、提案和议案79件，积极为县委、县政府及县有关部门科学决策建言献策。

【党外知识分子和新的社会阶层人士工作】 2023年，县委统战部注重发挥县知联会的作用，协调组织县知联会会员共33人，8月赴广州市开展"凝心铸魂强根基、团结奋进新征程"主题教育暨弘扬华夏民族文化助力百县千镇万村高质量发展学习培训班，分批次组织会员不定期开展送书法助力乡村振兴、"健康知识"培训、反诈宣传、乡村振兴财务管理宣讲等活动。吸收新会员3名。11月28日召开佛冈县新的社会阶层人士联合会第一次会员大会暨成立大会，正式成立县新阶联，为佛冈经济社会高质量发展注入新生力量。

【非公有制经济领域统战工作】 2023年，县委统战部进一步完善县领导干部联系非公有制重点企业和代表人士制度，印发《领导干部联系非公有制重点企业和代表人士的通知》，29名县四套班子领导干部共对接145家企业及其代表，实现政企良性互动，推动问题解决，构建"亲情"政商关系。组织召开企业家共同推进高质量发展座谈会、佛商·县长面对面协商座谈会等政企沟通座谈会，协调解决企业发展难题，推动优化营商环境。制定《佛冈县营商环境观察员工作制度》，选聘在本行业有较大影响力和代表性的观察员，组织观察员定期走访调研部门、企业和园区，面对面听取意见，并参与涉企政策制定，以助力优化营商环境作为推动新时代统战工作高质量发展的重要举措。引导民营经济人士广泛参与"百千万工程""千企帮千镇　万企兴万村"行动，积极投身全县高质量发展各项事业。制定《2023年佛冈县工商联系统"千企帮千镇　万企兴万村"工作方案》，引导结对帮扶村企业50个。召开佛冈县统战系统"6·30"助力乡村振兴活动座谈会，广泛宣传发动广大民营企业家奉献爱心，积极参与到"百千万工程"、乡村振兴工作中，共发动工商联会员企业、镇商会及个人捐款220万元。9月，举行民营经济"企业之家"揭牌仪式暨高质量发展座谈会，为民营企业交流合作以及民营企业与县政府沟通搭建桥梁，助推民营经济高质量发展。积极发动各级商协会捐资助学，助力乡村教育振兴发展。县委统战部、县工商联举行"与爱同行·圆大学梦"公益助学活动。该活动从2017年起，累计资助考上大学的104位贫困学子104万元。加强基层商会组织建设。是年，石角镇商会党支部被评为2023年清远市非公经济领域党组织党建品牌示范单位。

【港澳台侨统战工作】 2023年，县委统战部加大与港澳乡亲社团、代表人士的联谊交友力度。3月24日，香港佛冈联会换届暨就职典礼在香港顺利完成。开展社团乡亲联谊活动11场次，办理16批共32人次赴港澳联络联谊及开展招商引资活动。8月18—20日，成功举办2023年粤港澳青少年足球交流赛（清远佛冈赛区），促进青少年的广泛交往、全面交流、深度交融，增强港澳青少年对祖国的向心力。12月15—17日，组织香港佛冈联会会员、义工骨干、乡亲200多人到县开展以"情浓佛冈　温暖之旅"为主题的佛冈探访之旅活动，有效激发了香港同胞的爱国主义热情。组织召开2023年台企台商座谈会，每季度积极走访台企、台胞，先后深入东立（佛冈）木业有限公司、田野（佛冈）休闲农牧有限公司6次，积极协调解决有关用地历史遗留问题和纠纷；积极协调处理强丰（佛冈）制鞋有限公司行政处罚案件，做好政策解释，开展法律法规宣传，得到台企的理解和支持；协助台胞办理台胞证，主动服务台企，增强台商台企的发展信心。积极加强与海外侨团、侨社、侨领联系交流，开展"情系桑梓，助推高质量发展"考察交流活动，宣传推广佛冈。开展全县侨情摸查，做好普通高考"三侨生"身份确认工作，发挥"佛冈侨胞之家"等阵地作用，进一步加强与归国侨眷、留学归国人员以及海外侨胞的联谊联络。

【民族宗教工作】2023年，县委统战部以铸牢中华民族共同体意识为主线，推动新时代民族工作高质量发展。充分利用少数民族服务中心定期召开问题协调会，解决少数民族流动人口的合理诉求，协助解决少数民族务工人员子女入学等方面的诉求3宗（4人）。扎实开展民族团结进步创建工作，组织各类型民族团结和交流活动，推动全县中小学开展主题班会80多场次。是年，重新提炼县民族工作经验做法并形成经验材料《佛冈县聚焦"三心" 做好做实新时代民族团结工作》，被省民族宗教信息采纳推广，此做法受到省、市统战部门的充分肯定。聚焦宗教工作重点任务，提升宗教法治化管理水平。强化日常监管，全年开展宗教工作督导和安全生产检查300多人次。积极发挥宗教工作"三级网络、两级责任制"的作用，完善构建宗教工作纳入"网格化＋信息化""网格员＋信息员"基层社会治理体系。强化宗教活动场所内部管理，推动宗教活动场所建立健全内部管理各项制度，按时完成好"三清三拆三整治"综合整治。

2023年6月1日，县民族宗教局到汤塘镇石门小学开展2023年佛冈县民族团结进步创建宣传教育活动 （朱小雯 摄）

（朱小雯）

政策研究

【政策研究概况】2023年，佛冈县坚持以习近平新时代中国特色社会主义思想为指导，认真贯彻落实中央及省、市各项工作部署，坚持稳中求进工作总基调，完整、准确、全面贯彻新发展理念，聚焦重点难点，进一步提升决策咨询工作的预见性、实效性、针对性，扎实开展调查研究，服务发展大局，持续助力佛冈经济社会高质量发展并实现新突破。

【决策咨询工作】2023年，佛冈县围绕推动"百千万工程"促进城乡区域协调发展工作，完善统筹有序、重点突出的决策咨询工作体系，进一步引导和发动"两代表一委员"、各民主党派、工商联、无党派人士等力量向"百千万工程"集聚发力。召开会议2次听取各单位情况汇报及部署下一步工作，累计收集涵盖制造业发展、城乡融合、农业农村、绿美生态、人才培育等重点领域的配套政策23份，常态化推动各项工作落地落实。

【调研工作】2023年，佛冈县以狠抓主题教育为契机，县四套班子领导、法检两长高位推动，带头开展调查研究，坚持从实际出发，围绕经济发展、民生保障、改革开放等12个专题，推动调研成果转化60个。聚焦职能要求，摸清县镇发展底数，找准县镇发展坐标，形成县域基本情况和主要经济发展指标"三张表"。对照全县情况，外出到广州市黄埔区、珠海市

2023年8月19日，举办粤港澳青少年佛冈县交流活动。图为粤港澳青少年足球交流赛（清远佛冈赛区）赛后合影 （朱耀莹 摄）

斗门区、贵州省贵阳市等地开展交流调研，形成《关于提高党委把方向、谋大局、定政策、促改革能力的调研报告》《佛冈县关于充分发挥比较优势促进县域经济高质量发展的情况报告》《佛冈县关于"推动南部地区制造业高质量发展研究"调研报告》《佛冈县宅基地和农房管理调研报告》等重点领域县内县外专题调研情况报告34篇，综合分析县发展现状和存在问题，提出意见建议138条。总结推广促进高质量发展的"佛冈经验"，石角镇龙塘村探索信用互助合作模式经省委全面深化改革委员会会议审定，作为清远市唯一从全省300多个案例中，入选为公开发布的20个新型农村集体经济典型案例之一。

（刘书铭）

2023年9月4日，省委编办副主任刘光大（右排中）一行，到水头镇对行政执法体制改革、完善乡镇街道机构设置和管理体制等改革重点领域内容开展调研

（张日佳 摄）

机构编制

【**机构编制概况**】2023年，县委编办全面贯彻落实党的二十大精神，围绕"百千万工程"、制造业当家、绿美佛冈生态建设等重点工作，合理配置职能、科学设置机构、优化配置资源，夯实机构改革前期准备工作，为服务全县经济社会高质量发展提供坚强体制机制保障。

【**机构编制大调研**】2023年，县委编办坚持问题导向，聚焦社会工作、基层治理、行政管理体制等，以问卷调查、座谈访谈、蹲点调研等多种形式开展调查研究，为新一轮机构改革储备方案，并形成教育、基层治理、议事协调机构清理等领域高质量调研报告7份。其中，《佛冈县中小学编制管理调研报告》和《佛冈县规范管理议事协调机构的路径思考》获全市编办系统调研报告三等奖。

【**保障重点任务**】2023年，县委编办聚焦县委、县政府重点工作，不断加强党和国家机构职能体系建设。推动"百千万工程"实体化运作，设立"百千万工程"指挥部办公室，配备2名行政编制和领导职数，增设"县百千万工程"综合协调组。落实"制造业当家"战略，调整优化工业园管理委员会机构职责，将工业园的环境保护管理、安全生产监督检查、社会管理综合治理等社会事务管理职责调整由属地政府部门承担；强化工业园管理委员会招商引资、服务企业职责，增设园区发展服务中心，配备事业编制7名，为推动园区招商引资等工作提质增效。

【**深化基层管理体制机制**】2023年，县委编办落实重大体制机制调整，提升基层治理能力建设。调整优化组织、国防、审计、公安、信访等机构设置，全面提升基层党组织从严治党和国防动员工作力量，完善国有企业监督管理职能，积极探索公安机关大部门大警种制改革，理顺红十字会、残疾人联合会、计生协会等群团管理体制。积极配合城市管理、市容监察工作盘活编制资源，完善教育监管体制，恢复佛冈一中、佛冈中学"实施初中义务教育"的职能任务，完善迳头镇中心卫生院医养结合职责。联合县安委会办公室梳理明确有关行业领域安全生产监管责任，进一步明确职责分工。跟踪巩固深化乡镇体制改革成果，配合县委改革办推动全县乡镇指挥协调机制的实施促进基层共建共治共享方案落实，形成"佛冈改革经验"。

【**优化编制资源配置**】2023年，县委编办围绕县委、县政府工作重点领域和重大民生领域需求，提升机构编制使用效益。保障"百千万工程"人才队伍建设用编，批准教育、卫生、农业、城市建设等领域共15个单位使用34名事业编制用于招聘高层次人才。利用机构编制实名制系统强化数据动态监测，在核定编制限额内提前使用2024年上半年前自然减员腾出的94名编制用于招考，缩减编制使用空窗期。按照"事重加编、事去减编"思路，核减县公路事务中心等11个单位共35名编制，核增县发展和改革局、县应急事务中心等16个单位共53名编制，引导人才、技术等资源要素向重点领域聚集。

【**机构编制法定化建设**】2023年，县委编办强化管理、落实监督，全面提升机构编制规范化水平。把《中国共产党机构编制工作条例》及配套法规制度纳入县委理论学习中心组、编委会、党校培训学习内容，并向单位发放历史沿革文件，多措并举增强各级领导干部机构编制法治意识。同时，坚持专项检查与日常监督相结合，推动落实"四个纳入"，加强与县委巡察、县委监督检查、选人用人专项检查、经济责任审计工作的衔接，着力构建预防、查处、问责相统一的工作机制，增强工作合力。

【事业单位登记管理和中文域名管理】 2023年，县委编办完成事业单位法人设立登记2个，变更登记77个（次），注销登记6个；全县237家事业单位按要求及时提交年度报告并完成公示，完成报送率和公示率均达100%；对6个事业单位开展信息抽查；完成全县232个事业单位章程备案管理，备案率99.57%；完成264个中文域名申报系统单位用户的信息更新和校验工作。

（张日佳）

保密工作

【保密工作概况】 2023年，佛冈县国家保密局深入学习贯彻习近平关于保密工作的指示批示精神，认真贯彻党的二十大精神，以积极主动的姿态落实好保密各项重点工作，推动全县保密工作水平上新台阶。

【强化保密政治责任】 2023年，县委保密委员会新设专职副主任，配齐配强工作力量，不断强化保密委员会组织领导作用。组织召开保密委员会会议，部署年度重点保密工作，确保全年保密工作扎实有序开展。坚持把保密工作纳入全县综合考评体系，根据年度工作重点，将目标任务层层分解，压实各级领导干部保密工作责任。建立县国家保密局与县委巡察办对接协调机制，推动巡察监督和保密检查有效衔接，党管保密的责任得到有力压实，保密检查的权威性有效提高。

2023年10月12日，县国家保密局将保密专题学习纳入县委党校常规性课程。图为县委党校开展保密工作专题课 （游菁 摄）

【保密宣传工作】 2023年，县国家保密局紧紧抓住保密宣传月契机，制定专门方案，发动全县各镇各单位深入镇（村）、学校、企业等基层一线开展保密进基层宣传活动。组织全县干部参与保密"两识"测试和保密线上培训，3000多名干部职工参加测试和线上培训，在机关单位掀起学保密、知保密、懂保密的热潮。精心制作保密宣传视频，其中，县国家保密局策划拍摄的"人人话保密"视频获得全省二等奖。积极开展信息报送工作，县国家保密局被国家《保密工作》杂志评为优秀通联协作单位。

【保密教育培训】 2023年，县国家保密局将保密专题学习纳入县委党校常规性课程，对初任班、中青班、新任领导等培训班均开设保密知识教学课程。举办全县第一届保密知识竞赛，开展涉密人员管理专项培训和保密业务培训，组织重点涉密单位到省保密教育培训基地培训，不断提升干部队伍保密技能水平。大力推动保密培训"走出去"，到广佛产业园等单位开展保密知识送教上门5次，推动保密教育培训走深走实。

【保密监督检查】 2023年，县国家保密局组织开展全县办公计算机拉网式检查，全年共检查非涉密计算机终端5000多台，移动存储介质1500多个，电子邮箱和云盘90多个，基本实现检查全覆盖。全年开展保密自查自评督查、涉密档案管理检查、法院专项检查、涉密网络检查，共检查机关单位72个，抽查涉密计算机300多台，发放整改通知书5份，全年未发生传输涉密情况。《佛冈县保密局坚持"查防管"三结合，推动保密工作走深走实》的经验材料被《广东保密》第三期刊发。

（黄菁菁）

党校教育

【党校教育概况】 2023年，佛冈县委党校坚持以习近平新时代中国特色社会主义思想和习近平总书记关于党校办学治校系列重要指示精神为指导，认真贯彻落实《中国共产党党校（行政学院）工作条例》，牢牢把握"为党育才、为党献策"的党校初心，学习贯彻习近平新时代中国特色社会主义思想主题教育。是年，县委党校以及联合县委组织部等部门完成举办培训班23期次，培训干部3546人次。

2023年4月14日，县委党校邀请中央党校谢志强教授（左）为全县科级领导干部学习贯彻党的二十大精神专题研讨班授课　　（游菁　摄）

【教育培训】**公务员初任培训班** 2023年2月和10—11月，县委党校举办2023年佛冈县公务员初任培训班2期，参加培训124人。主要学习内容：党的二十大精神解读、习近平总书记关于青年工作的重要思想、公务礼仪、生态文明建设、《中华人民共和国公务员法》解读、保密知识等。

科级领导学习贯彻党的二十大精神专题培训班 2023年3—4月，县委党校举办全县科级领导学习贯彻党的二十大精神专题培训班4期，参加培训601人。主要学习内容：党的二十大精神解读、习近平新时代中国特色社会主义思想、着力推动高质量发展、习近平新时代中国特色社会主义思想的世界观和方法论等。

公务员全员培训暨学习贯彻党的二十大精神专题培训班 2023年4—6月，县委党校举办公务员全员培训暨学习贯彻党的二十大精神专题培训班6期，参加培训1190人。主要学习内容：学习贯彻党的二十大精神、推动绿色发展、促进人与自然和谐共生、坚定不移全面从严治党、深入推进新时代党的建设新的伟大工程、文旅助力高质量发展等。

全国村党组织书记和村委会主任视频培训班 2023年4月，县委党校举办全国村党组织书记和村委会主任培训班1期，参加培训81人。主要学习内容：学习贯彻习近平新时代中国特色社会主义思想和党的二十大精神、"三农"政策解读、村干部廉洁履职、坚持依法治村、发展壮大村级集体经济、党建引领乡村治理、做深做细群众工作、建强村党组织战斗堡垒、建设红色美丽村庄等。

事业单位新录用人员岗前培训班 2023年6—7月，县委党校举办事业单位新录用人员岗前培训班2期，参加培训387人。主要学习内容：公务礼仪、解读党的二十大精神、保密知识、绿色生态发展、解读《事业单位人事管理条例》等。

事业单位管理岗位人员培训暨学习贯彻党的二十大精神专题培训班 2023年7月，县委党校举办事业单位管理岗位人员培训暨学习贯彻党的二十大精神专题培训班3期，参加培训912人。主要学习内容：学习贯彻党的二十大精神、推动绿色发展、促进人与自然和谐共生、坚定不移全面从严治党、深入推进新时代党的建设新的伟大工程、习近平总书记考察广东重要讲话重要指示精神等。

党员发展对象培训班 2023年7—8月，县委党校举办党员发展对象培训班1期，参加培训34人。主要学习内容：学习贯彻党的二十大精神、如何做一名合格的共产党员、坚定不移全面从严治党、深入推进新时代党的建设新的伟大工程、《中国共产党章程》等。

两新党组织书记培训班 2023年9月，县委党校举办佛冈县两新党组织书记培训班1期，参加培训62人。主要学习内容：学习贯彻党的二十大精神、高质量党建引领企业高质量发展。同时到广州市非公有制经济组织党建工作展览馆、广州立白集团有限公司开展现场教学等。

新任职干部培训班 2023年10月，县委党校举办佛冈县新任职干部培训班1期，参加培训45人。主要学习内容：党的二十大精神、习近平总书记考察广东重要讲话重要指示精神、《共产党宣言》导读、意识形态工作、优化营商环境、危机管理与舆情应对、在"百千万工程"中展现新担当新作为、保密知识等。

清远市村民小组长"百千万工程"专题培训班 2023年11月，县委党校举办清远市村民小组长"百千万工程"专题培训班1期，参加培训88人。主要学习内容：村民小组长如何抓住"百千万工程"机遇增收致富、把群众组织起来走好共同富裕的"供销之路"、村民小组长在乡村振兴中应该怎么干等。

党校系统师资培训班 2023年11月，县委党校举办2023年佛冈县党校系统师资培训班1期，参加培训24人。主要学习内容："沿着习近平总书记的足迹"到湛江、茂名开展现场研学，实施蓝色引领、推进湛江海洋经济发展等。

【干部培训管理】**加强师资队伍建设** 2023年，坚持"大师资"理念，邀请到中央党校、省委党校的众多优秀专家教授来上课，邀请全国党校系统精品课获得者刘桂英教授讲授其精品课"《共产党宣言》导读"，邀请广州市委党校敖带芽教授讲授其精品课"延安时期中国共产党提升舆论话语权的经验与启示"，使佛冈干部享有一流教师资源，实现优质教师队伍"引进来"，培训质效有保证。开展"服务对象进课堂"的授课形式，邀

2023年11月20—24日，县委党校举办系统师资培训班，组织县镇党校系统专兼职教师到湛江、茂名学习　　　　　　　　　　　（游菁　摄）

请王周平、尹红元、杨伟清等企业家代表走上讲台，倾听服务对象的声音，真正做到问计于民、问需于民。

创新培训模式，建设"特色课堂"　2023年，积极开发县外教学资源，举办异地培训，积极打造一批凸显佛冈特色的好专题、特色课。在2023年公务员初任培训班上组织学员到连樟学院开展为期3天的异地教学，组织学员"走出去"，打破地域限制，丰富、拓展知识视野。在培训时间两周以上的班次中，学员每日撰写一篇学习日记。

加强学员学风学纪管理　2023年，根据《佛冈县干部教育培训效果量化考核评估方案》，对是年公务员初任培训班（两期）和县新任职干部培训班学员进行培训效果量化考核，并通报给组织部门及相关单位，促进干部培训与干部使用有机结合。要求学员签订"学风建设承诺书"和利用手机屏蔽柜统一管理学员手机，要求学员课前将手机放进屏蔽柜，班主任随堂听课，大力整顿学员上课不够专心、玩手机等现象，进一步提升主体班次严肃性和规范性。

【理论宣讲】　2023年，县委党校紧跟新时代理论创新的步伐，发挥理论教育和党性教育的政治优势，组织骨干教师进部门、镇村、社区、学校、企业等，围绕党的二十大精神、《习近平谈治国理政》第四卷、习近平总书记考察广东重要讲话重要指示精神、全面从严治党等主题开展宣讲活动21场次，培训人数约1400人次。

【指导联系镇委党校】　2023年，县委党校采取上下联动，推动县镇党校协同发展。坚持"走出去"学，组织县镇党校系统教师外出到湛江、茂名培训学习，共培训24人次；坚持"引进来"学，开展县镇党校系统师资培训班，邀请广州市委党校及清远市委党校教授授课，共培训约30人次。坚持师资库共享，选派县委党校教师7人次到各镇委党校培训班授课，合力提升全县党校系统整体培训质量和水平。深入调研，扎实开展专题调查研究。细化校领导班子成员分工联系指导镇委党校工作任务，实现校领导到镇委党校业务指导工作全覆盖。全年到各镇分校、村分教点调研16次，力所能及地帮助解决镇委党校作用发挥不充分、主业主课不突出、人才队伍建设跟不上等问题，确保对镇分校、村分教点的业务指导更为扎实，更具实效。立足本职，全面掌握落实情况。是年，组织召开县镇党校教学工作座谈会2次。座谈会由县委常委、组织部部长、党校校长主持，围绕县镇党校工作开展情况、存在的问题及困难、工作计划等，就如何深入推进新时代县镇党校工作提出建议。是年，各镇委党校共开展培训139期，培训7442人次。

（游　菁）

党史研究

【党史研究概况】　2023年，党史工作强化政治理论学习，落实第一议题制度，认真学习贯彻党的二十大精神和习近平总书记关于地方志工作的重要论述精神，坚持用党的创新理论武装头脑、指导实践、推动工作；落实意识形态工作责任制，不断提高政治判断力、政治领悟力、政治执行力；积极履行职责，推动党史工作研究和党史资源开发利用工作。

【党史资源开发利用】　2023年，县史志办为进一步发挥佛冈红色资源的凝聚力、感召力和生命力，把党史学习教育成果转化为实实在在的工作成效，将红色资源普查成果汇编成《佛冈县革命史迹博览》一书（由华南理工出版社出版），为推动乡村振兴，促进红色文化和农业、旅游业等融合发展赋能。本书共收录佛冈县革命史迹138处，其中重要历史事件和重要机构旧址71处，重要历史事件发生地和人物活动纪念地13处，革命领导人故居19处，烈士墓10处，纪念设施11处，其他遗址14处。

【党史宣传教育】　**红色文化教育**　2023年，县史志办以史志工作服务"百千万工程"、服务乡村振兴为己任，与汤塘、石角、水头、迳头等镇开展革命历史教育展览，为其提供翔实的史志资料，服务人民群众文化需求。

多彩乡村系列实践活动　2023年，县史志办根据省地方志办公室和市史志办公室的通知要求，在全县开展"讲村史、展村史、传村史"多彩乡村系列实践活动，收集调研报告、

2023年12月21日，县史志办到云浮市云安区潘耀芳、范桂霞夫妇故居调研。图为与云安区史志办同行座谈　　（朱家佑　摄）

微视频、摄影等多件作品，其中2件微视频作品获得省优秀奖。

读史用志送书基层　2023年，县史志办开展"读史用志送书基层，助力乡村振兴"活动，为全县基层文化室送上《佛冈县志》《佛冈革命老区发展史》《佛冈年鉴》《红色追忆》等史志书籍。在全县文化服务中心内设置3个方志驿站，进一步丰富基层群众文化生活，为基层文化建设发展注入活力。

【红色文化村调研】　2023年，县史志办根据上级通知要求，选定宝结岭村、青竹村、王田村、存久洞村、上黎村等15个红色文化村开展调研活动，通过组织座谈、走访、现场拍摄照片，掌握同一事件不同维度的信息，最大化地丰富史事细节，尽最大努力还原革命史迹的历史风貌。将每个红色村的信息形成文稿报送市志办公室。

（胡　辉）

老干部服务

【老干部服务工作概况】　2023年，佛冈县共有离退休干部2762人，其中离休干部14人，原县四套班子处级实职退休干部30人，享受副处级以上待遇退休干部123人，破产转制企业离退休干部73人。已建立离退休干部党支部36个（其中临时党支部9个），全县6个镇均已单独建立离退休干部党支部。是年，在水头镇建设首个镇级老干部（老年）大学，并于10月23日揭牌，实现阵地的提档、扩容。

【思想政治建设】　2023年，县委老干部局始终坚持"党建引领"，持续加强思想政治建设。通过举办离退休干部读书班、老干部大学思政课，开展送学上门等方式，组织离退休干部认真学习党的二十大报告、党章和大会相关文件，学习《习近平著作选读》第一卷、第二卷，深刻领悟"两个确立"的决定性意义，增强"四个意识"、坚定"四个自信"、做到"两个维护"。是年，举办离退休干部读书班、老干部大学思政课等学习教育活动46场，引导老干部从政治上学、从政治上悟。

【工作机制建设】　2023年，县委老干部局全面推动工作任务落细落实，严格落实"四必访"制度，全面掌握老干部身体情况、就医、照料等需求；制定《佛冈县生活特殊困难离退休干部帮扶工作实施办法（试行）》，设立帮扶专项资金10万元，加强对生活特殊困难离退休干部的关爱帮扶。出台《佛冈县干部荣誉退休实施办法（试行）》，全县各有关部门为89名退休干部举办退休仪式，切实提升退休干部荣誉感、归属感。

【离退休干部组织建设】　2023年，县委老干部局持续抓好中央《关于加强新时代离退休干部党的建设工作的意见》、省若干措施和市县重点任务清单的贯彻落实，积极创建"组织设置好、班子建设好、党员队伍好、学习活动好、作用发挥好、制度坚持好"的"六好"示范党支部，县人社局、石角镇、水头镇已参与申报"六好"示范党支部。建立全县离退休干部党务工作者工作群，印发离退休干部党建工作要求宣传小册子；举办离退休干部党

2023年9月19日，县委老干部局组织处级退休干部开展"走基层、看变化、展风采"主题调研活动
（县委老干部局　供图）

支部书记培训班 2 期,举办离退休干部党建工作业务培训班 1 期,全面提升了离退休干部党组织建设能力。

【老干部服务工作】 2023 年,县委老干部局坚持精准服务,坚持邀请老干部参加重要会议,为离休干部和副处级以上退休干部征订《秋光》《老人报》《南方日报》等报纸杂志,持续开展重温入党誓词、过"政治生日"、"光荣在党 50 周年"等活动,切实落实老干部"两项"待遇。优化医疗保健服务,整合资源,联合县人民医院、县中医院开展健康义诊活动 1 场次、养生保健活动 4 场次、健康知识专题讲座 3 场次,建立远程绿色通道,为 3 名老干部外出就医、优先就诊、住院创造良好条件,切实保障离退休干部的身心健康。

【老干部活动】 2023 年,县委老干部局注重作用发挥,凝聚离退休干部正能量。围绕"走基层、看变化、展风采""话传统、谈复兴、聚力量"等主题开展调研活动 65 场次,听取老干部心声感言 61 条,收集老干部意见建议 8 条,引导老干部为佛冈经济社会高质量发展建言献策。深化"我为群众办实事"的实践活动,以老干部大学、离退休干部党支部为主阵地,建立离退休干部志愿服务队伍,开展以乡村振兴、基层治理、"百千万工程"等为内容的志愿服务。是年,佛冈县老干部大学 8 个临时党支部,以支部为单位组建志愿服务队开展"文明星期一"活动,推进志愿活动常态化,清扫县城街道 30 余次,公园文明劝导 300 余次。

(县委老干部局)

佛冈县人民代表大会

【县人大工作综述】 2023 年,佛冈县人大常委会深入学习贯彻党的二十大精神,贯彻落实习近平总书记关于坚持和完善人民代表大会制度的重要思想,围绕党中央决策部署、省委"1310"具体部署、市委"十大行动方案"和县委中心工作,发展全过程人民民主,推进法治佛冈建设,为全县高质量发展贡献人大智慧和力量。全年组织召开人民代表大会 2 次,常委会议 9 次、主任会议 14 次,任免国家机关工作人员 42 人,接受辞职 11 人。组织专项调研考察 40 余次,听取审议"一府两院"专项工作报告 17 个。广佛(佛冈)产业园区代表联络站"二三三"精准服务企业助力产业工作模式被省人大评为第六届全省县乡人大工作暨首批人大代表联络站示范站建设创新案例,县人大代表联络总站被评为市人大代表联络站示范站,高岗镇墩下村人大代表联络站等 8 个站被评为清远市"五星级"人大代表联络站,5 名代表、4 个联络站被评为全市人大依法履职先进代表和先进集体。

重要会议

【县十六届人大三次会议】 2023 年 2 月 28 日,佛冈县第十六届人民代表大会第三次会议在县人民中心召开。会议审议通过佛冈县人民政府工作报告等六个报告;选举何玉琼、易德堃、郑阳胜为县人大常委会组成人员;对 2023 年民生实事项目实施票决。

【县十六届人大四次会议】 2023 年 9 月 12 日,佛冈县第十六届人民代表大会第四次会议在县人民中心召开。会议补选刘翔飞、邓武军为佛冈县人大常委会副主任。

【县十六届人大常委会会议】 2023 年,县人大常委会共召开 9 次会议,加强政治理论学习,围绕全县中心工作,听取审议"一府一委两院"有关工作报告 17 个,依法作出决议决定,审议决定有关人事任免事项。

县十六届人大常委会第 12 次会议 1 月 21 日,县十六届人大常委会举行第 12 次会议。会议学习党的二十大会议精神;审议通过县人大常委会关于 2022 年规范性文件备案审查工作情况的报告;审议通过县政府关于全县系统防范化解消防安全风险实施方案落实情况的报告;审议通过县政府关于全县护航学生上下学交通安全方面的工作情况报告;审议决定有关人事任免事项。

县十六届人大常委会第 13 次会议 2 月 9 日,县十六届人大常委会举行第 13 次会议。会议学习习近平总书记在中央经济工作会议上的重要讲话精神;审议通过县人民政府

2023 年 2 月 28 日,召开佛冈县第十六届人民代表大会第三次会议

(钟盛祺 摄)

政党·政权　ZHENGDANG·ZHENGQUAN

2023年1月11日，县人大常委会主任黄河（左）为新任命人员颁发任命书
（朱慧燕　摄）

《关于2022年县本级预算调整方案（草案）的报告》；审议决定有关人事任免事项。

县十六届人大常委会第14次会议　2月22日，县十六届人大常委会举行第14次会议。会议学习习近平总书记在学习贯彻党的二十大精神研讨班开班式上的重要讲话以及近期召开的市人代会、县委全会的主要精神；审议通过佛冈县人大常委会工作报告（稿）；审议通过佛冈县第十六届人民代表大会第三次会议工作方案（稿）；审议通过佛冈县第十六届人大常委会代表资格审查委员会关于代表资格审查和代表变动情况报告（草案）；审议决定有关人事任免事项。

县十六届人大常委会第15次会议　4月7日，县十六届人大常委会举行第15次会议。会议学习了习近平总书记的重要讲话精神暨十四届全国人大一次会议的主要精神；审议通过县政府关于《佛冈县国土空间总体规划（2021—2035年）（稿）》的议案；审议决定人事任免事项。

县十六届人大常委会第16次会议　7月20日，县十六届人大常委会举行第16次会议。会议学习习近平总书记在文化传承发展座谈会上的重要讲话精神；审议通过县政府关于2022年佛冈县环境质量状况和环境保护目标完成情况的报告；审议通过县人民法院劳动争议案件审判工作情况的报告；审议通过县人大常委会主任会议关于提请调整佛冈县第十六届人民代表大会常务委员会代表资格审查委员会委员的议案；审议决定有关人事任免事项。

县十六届人大常委会第17次会议　8月31日，县十六届人大常委会举行第17次会议。会议学习习近平总书记的重要文章《中国式现代化是强国建设、民族复兴的康庄大道》；审议通过县人民检察院生态检察工作情况报告；审议通过县政府关于佛冈县2023年上半年国民经济和社会发展计划执行情况的报告；审议通过县政府关于2023年上半年财政预算执行（含政府债务）情况的报告；审议通过县政府关于2022年县本级预算执行和其他财政收支审计工作情况的报告；审议通过县政府关于2022年财政决算（草案）的报告；审议通过县政府关于2023年县本级预算调整方案（草案）的报告；审议通过县政府上半年工作报告（书面）、县人民法院上半年工作报告（书面）、县人民检察院上半年工作报告（书面）；审议通过关于召开县十六届人大四次会议有关事宜的报告；审议决定有关人事任免事项；审议通过佛冈县第十六届人大常委会代表资格审查委员会关于代表资格审查和代表变动情况报告（草案）。

县十六届人大常委会第18次会议　10月12日，县十六届人大常委会举行第18次会议。会议学习习近平总书记在中共中央政治局第八次集体学习时的重要讲话精神；审议通过县人民法院关于提请确定人民陪审

2023年10月20日，县委书记潘国标（右排左二）以人大代表身份来到县人大代表联络总站，开展接待选民群众活动
（朱慧燕　摄）

员选任名额的报告；审议通过县政府关于十六届人大三次会议代表议案建议办理情况的报告；审议决定有关人事任免事项。

县十六届人大常委会第19次会议 11月13日，县十六届人大常委会举行第19次会议。会议学习习近平总书记在中共中央政治局第九次集体学习时的重要讲话精神；审议通过县政府关于佛冈县2022年度企业国有资产（不含金融类企业）管理情况的报告；审议通过县政府关于佛冈县2022年度国有资产管理情况的综合报告（书面）；审议通过了县政府关于全县紧密型医共体建设情况的报告；审议决定有关人事任免事项。

县十六届人大常委会第20次会议 12月20日，县十六届人大常委会举行第20次会议。会议学习习近平总书记在中央经济工作会议上的重要讲话精神；对2023年佛冈县十件民生实事完成情况进行评议；审议通过县人大常委会关于2023年规范性文件备案审查工作情况的报告；审议通过《佛冈县人民代表大会常务委员会关于加强检察公益诉讼工作的决定》；审议通过县政府关于佛冈县建筑垃圾消纳场规划建设工作情况的报告并开展工作评议；审议通过县审计局关于佛冈县2022年度县级预算执行和其他财政收支审计查出突出问题整改情况的报告（书面）；审议决定有关人事任免事项。

重要工作

【监督工作】**服务县委中心工作** 2023年，县人大常委会成立3个督导组，对佛冈县2023年重点建设项目和专项债项目建设情况开展专项督导。常委会领导班子定期联系非公有制重点企业和代表人士开展暖企惠企行动，服务支持企业做大做强。积极参与"工业强县"、产业发展、优化营商环境等中心工作，大力开展招商引资，积极对接重点产业链配套项目，认真做好项目服务保障等工作。

服务乡村振兴发展战略 2023年，县人大常委会推动"百千万工程"工作，助力魔芋产业、中核汇能光伏、康养中心建设、水头镇特色夜经济等项目发展，对高岗松茸、澳洲坚果、井冈村大苗果场等开展调研，提出推进工作的意见建议。配合上级人大对高岗镇新建水厂项目建设、北江引水及南部城乡一体化工程、农产品质量安全工作、高标准农田建设项目、中小河流治理工作、百亿农业产业之清远鸡产业工作、新型集体经济发展法治保障情况、全县绿美生态建设等工作开展调研，助推工作落实。

参与佛冈生态环保建设 2023年，县人大常委会审议通过《佛冈县国土空间总体规划（2021—2035年）》，听取年度环境状况和环境保护目标完成情况报告，对全县垃圾填埋场整治工作和冈田水综合整治工程进行跟踪监督，对县城空气质量防护措施落实情况、生态绿化保护工作以及中央生态环境保护督察反馈意见整改落实情况等工作开展调研，助推工作落实，评议建筑垃圾填埋场规划建设工作。持续深化问题整改清单，母亲河（潖江河）保护工程不断取得新成效。组织县人大代表植树共建"人大代表林"，以实际行动落实省委绿美广东生态建设的工作部署。

护航经济平稳运行 2023年，县人大常委会听取审议国民经济和社会发展计划执行情况报告，跟踪监督经济运行情况，促进经济在合理区间运行。深化人大预算审查监督向支出预算和政策拓展改革，听取审议全县预算、决算等工作情况报告，帮助政府提高财政资金使用绩效。听取审议企业国有资产（不含金融类企业）管理情况的报告，督促政府提升国有资产管理质效。通过专题调研，加强对政府债务的审查监督，加强对审计查出问题整改落实的跟踪问效，督促改进审计成果运用。配合上级人大做好对清远市开展产业转移工作、2022年贯彻执行《广东省社会保险基金监督条例》等情况的调研，助推工作落实。

推动民生实事落地 2023年，县人大常委会对全县系统防范化解消防安全风险情况、综合应急救援力量建设、"三项工程"推行情况、佛冈县历史文化保护与发展、宗教场所规范化管理、知识产权保护等方面的工作情况进行调研，对有关工作提出意见建议。开展义务教育"双减"工作调研，推动课堂教学、课后服务、师资队伍建设、校外培训监管等提质增效。

深化法治佛冈建设 2023年，县人大常委会出台全市首个关于加强

2023年4月17日，县人大系统举办"学习贯彻党的二十大精神 推进新时代人大工作高质量发展交流会"
（朱慧燕 摄）

检察公益诉讼工作的决定，维护国家利益和社会公共利益。召开《广东省气候资源保护和开发利用条例》《清远市防御雷电灾害管理规定》解读会，听取和审议县法院关于劳动争议案件审判情况的报告、县检察院关于生态检察工作的报告。配合上级人大开展《清远市耕地利用促进条例》《清远市传统村落保护条例》和2024年度立法计划建议项目调研等工作，做好有关地方性法规立法后的评估工作。开展地方性法规"三入"情况和社区矫正、行政综合执法工作专题调研，持续做好规范性文件备案审查工作，从源头上防止出现违法规范性文件。开展禁毒跟踪监督检查，及时转办、督办群众反映的信访问题，促进相关问题解决。

2023年3月27日，县人大常委会举办省、市、县、镇四级人大代表学习培训班　　　　　　　　　　　　　　　　（朱慧燕　摄）

【代表工作】　**代表履职机制建设**　2023年，县人大常委会修订完善《关于县人大常委会组成人员联系县人大代表和县人大代表密切联系人民群众的意见》，统筹做好县十六届人大常委会组成人员联系县人大代表工作。结合参加会议、执法检查、专题调研等活动，通过多种方式与代表保持经常性联系，增强联系实效。当年，常委会组成人员联系县人大代表352人次，县人大代表联系人民群众7521人次，收集办理意见建议868条。

代表联络站"三化"建设　2023年，县人大常委会制定《关于加强推进全县人大代表联络站标准化、规范化、常态化建设的工作方案》，持续推进全县96个人大代表联络站提档升级。高岗镇宝山村建立"人大代表助力乡村振兴实践基地"，迳头镇建成"人大代表文化园"，法院、检察院分别建立联系人大代表工作室，县人大代表总站建设持续加强，广佛（佛冈）园区代表联络站的作用进一步发挥，代表联络工作阵地不断做优做强。

代表开展主题活动　2023年7月，县人大常委会组织常委会5个代表专业小组围绕绿美佛冈生态建设开展专题调研、视察、督办重点议案等主题活动6次。全县四级人大代表进站参加"更好发挥人大代表作用"主题活动，收集群众意见建议167条，其中绿美清远生态建设方面意见建议74条，推动解决了一批生态建设、农村人居环境整治等方面的问题。

代表议案建议督办　2023年，县人大常委会召开交办会，将代表提出的52条建议和决定立案的议案1件交政府及相关职能部门办理，代表建议已全部办结，代表对办理情况表示"满意"的有49份，"基本满意"的4份，满意率为100%。通过跟踪督办代表议案的方式全力推动青松西路建设，协调有关单位突破难点、堵点，工程建设完成了年度目标。

【自身建设】　**党建引领**　2023年，县人大常委会机关党员干部持续开展"3·5"学雷锋志愿服务、新时代文明实践志愿服务（植树节）活动、党史学习教育常态化长效化、我们的节日等主题党日活动，队伍的向心力凝聚力不断增强。严格落实全面从严治党主体责任，加强党风廉政建设，锲

2023年6月13日，县委副书记、县长江红平（左六）率队到汤塘镇，调研汛期防汛减灾、地质灾害隐患点整治、矿山生态修复整治等工作　（朱慧燕　摄）

而不舍落实中央八项规定精神，持续深化纠正"四风"，坚决打赢反腐败斗争攻坚战、持久战。

履职培训 2023年3月，县人大常委会邀请省人大的专家来佛冈举办一场四级代表参加的集中培训班。先后组织市代表到深圳、贵州等地开展履职培训，组织常委会组成人员到南昌、深圳市南山区等地学习先进经验。通过多种形式的培训学习，努力提升干部的能力水平。持续加强人大理论研究工作，参加市人大年度理论研究论文评选分获二、三等奖。

作风建设 2023年，县人大常委会机关坚持"四下基层"工作制度，班子成员常态化深入到各镇和村，深入到田间地头，检查指导安全生产、防汛值守、文明镇街创建、人居环境整治等工作，坚持大抓基层的鲜明导向，着力解决群众关切的实际问题。持续深化纠治"四风"特别是形式主义、官僚主义，促进机关作风向为民务实转变。

宣传工作 2023年，县人大常委会坚持正确舆论导向，及时公告人事任免、决议决定，积极推介创新工作、典型事迹、经验做法。是年，"佛冈人大"微信公众号发布信息191条，"佛冈发布"微信公众号发布信息37条，县融媒体中心刊播新闻26条，《清远日报》发布信息30篇，"清远人大"微信公众号发布信息21条，《南方日报》发布信息23篇，"广东人大"微信公众号发布信息2条，"学习强国"平台刊载信息1条。

（周　冲）

佛冈县人民政府

【县政府工作概述】 2023年，佛冈县深入学习贯彻党的二十大精神和习近平总书记考察广东重要讲话、重要指示精神，坚持稳中求进工作总基调，完整、准确、全面贯彻新发展理念，认真落实省委"1310"具体部署和市委"十大行动方案"，紧扣经济建设这一中心工作和高质量发展这一首要任务，以"头号工程"的力度深入实施"百千万工程"，聚焦稳中有进推动经济运行向上向好，聚焦工业强县夯实制造业发展家底，聚焦入珠融湾推进广清一体化，聚焦宜居宜业推动乡村全面振兴，聚焦绿色发展推进绿美佛冈生态建设，聚焦功能品质提升城乡综合承载力，聚焦惠民利民不断增进社会民生福祉，佛冈现代化建设不断迈上新台阶。是年，佛冈县完成地区生产总值171.57亿元，同比增长4.0%。佛冈产业转移工业园成功入选省重点支持的产业有序转移主平台，在145个工业主导型省级开发区土地集约利用考核中排名第8，在省商务厅农村电商考核中获全省第1，在全国1852个县级财政管理绩效综合评价中排名第39、全市第1，新投产上规工业企业数量排名全市第1，规下工业增加值增速排名全市第1，群众安全感总体满意度全市第1，连续3年平安建设考评优秀，被省委授予"平安鼎"。水头镇及迳头镇楼下村、水头镇新联村和新坐村、石角镇里水村、汤塘镇汤塘村、龙山镇上岳村等1镇6个村获评省"百千万工程"首批典型镇村。代表市在省乡村振兴考核中取得佳绩，为清远实现"五连冠"作出积极贡献。招商引资、重点项目建设、耕地保护和粮食安全责任制等专项考核成绩均排全市前列。

重要政务

【重点项目建设】 2023年，佛冈县坚持"大抓项目、抓大项目"，"一盘棋"统筹要素保障，处置一批批而未供和闲置土地近100公顷，获得债券资金14.5亿元，有效缓解项目用地、资金难题。全县新增开工项目78个、竣工项目83个，16个省、市重点项目完成投资39.47亿元、完成率150.4%，位列全市第二。京港澳高速佛冈至广州太和段改扩建、北江引水工程等重大基建项目稳步推进，雅迪华南基地二期、中大医学创新园等重大产业项目全面动工。项目招引成果丰硕，县主要领导带队深入大湾区、京津冀等经济圈，围绕"链主"企业开展大招商、招大商，新引进产业项目38个，预计总投资127亿元、达产产值168亿元，超额完成市下达的年度招商任务。其中，大湾区产业协同项目占比达92%，投资3亿元以上项目5个，包括投资70亿元的抽水蓄能电站、投资40亿元的中盛天然气发电等大项目。

【十件民生实事】 2023年，佛冈县民

2023年6月26日，县委副书记、县长江红平（正面者）主持召开十六届第44次县政府常务会议
（朱慧燕　摄）

生支出29.56亿元，占一般公共预算支出的85.08%。十件民生实事全面完成。免费提供适龄妇女"两癌"筛查和孕妇产前筛查服务，分别完成"宫颈癌""乳腺癌"筛查3657人、3662人。分别完成地中海贫血、唐氏综合征、严重致死致残结构畸形产前筛查3085人、1645人、1814人。实施"粤菜师傅""南粤家政""广东技工"工程，完成职业技能培训2824人次，其中"粤菜师傅"培训202人次、"南粤家政"培训615人次。加大食品安全监督检测力度，完成各类食品抽检1710批次，合格率98.36%；完成食用农产品快速检测19 022批次，合格率98.75%。提高低保、特困人员、孤儿基本生活补贴保障水平。其中，城镇和农村低保对象最低生活保障人均补差水平分别从每月每人692元、348元提高到712元、365元；集中供养孤儿（含事实无人抚养儿童）和散居孤儿（含事实无人抚养儿童、艾滋病病毒感染儿童）的基本生活养育标准分别从每人每月1949元、1313元提高到2017元、1359元；特困人员基本生活标准不低于当地最低生活保障标准的1.6倍。提高残疾人两项补贴保障水平，困难残疾人生活补贴、重度残疾人护理补贴标准分别从每人每月188元、252元提高到195元、261元。深入推进"四好农村路"建设，完成通建制村公路单改双及路网联结工程12.957千米、安全生命防护工程26.263千米、危桥改造3座，完成省道S245线佛冈西田至二七村委段路面预防养护及功能性修复养护工程，全面提升道路交通安全水平。深入推进农村生活污水治理，完成水头镇新塘村、高岗镇仙子背村、迳头镇丰树塅村、汤塘鱼头村和龙山镇隔海村等5个自然村生活污水治理提升工程。实施广东大学生志愿服务山区计划，招募选派大学生志愿者53人，完成年度招募计划的212%，截至年底，全县在岗乡村振兴志愿者89名。多渠道增加初中学位供给，保障和改善农村学校办学条件，新建民安中学教学楼，恢复佛冈一中、佛冈中学初中部招生，合计新增公办初中学位910个。完成汤塘中学学生饭堂修缮二期工程以及汤塘镇中心小学等三所学校录播室建设。

2023年7月28日，召开县政府（扩大）工作会议暨2023年上半年经济形势研判会　　　　　　　　　　　（钟盛祺　摄）

【县长办公会议】 2023年，召开13次县长办公会议。主要研究议题有：全县自然资源和林业重点工作督办及违法用地用林整治工作，羊角山华润生态综合示范园建设和森林质量精准提升工作，坝仔坑饮用水水源保护区调整工作，矿产资源领域专项整治工作，生活垃圾卫生填埋场整治工程推进工作，汕湛高速龙山出口至国道G106线龙山路段公路改建工作，电源电网建设工作，北山公园环境整治工作，佛冈县人民政府和广东省呼吸与健康学会签订《战略合作框架协议》有关事项落实工作，水头镇"百千万工程"推进工作，佛冈段高速公路项目建设工作等。

【县政府常务会议】 2023年，召开26次县政府常务会议，研究经济社会发展和日常性政务问题，审议相关事项291个。审议事项主要有：审议《2023政府工作报告》《佛冈县2022年国民经济和社会发展计划执行情况与2023年计划草案（稿）》《佛冈县2023年十件民生实事项目方案（稿）》《佛冈县2022年预算执行情况和2023年预算草案报告（稿）》《佛冈县政府2023年度重大行政决策事项目录（稿）》《佛冈县国土空间总体规划（2021—2035年）（稿）》《佛冈县分散式饮用水水源地保护范围划定方案》等文件，听取佛冈县开展清明节期间森林防灭火督查情况报告、佛冈县未成年人思想道德建设工作情况报告、佛冈县全面推行林长制情况报告、绿美佛冈生态建设情况报告、佛冈县2023年耕地保护和粮食安全责任制考核情况报告，研究北江引水及南部城乡供水一体化工程招标、利用政策性开发性金融工具整合佛冈县水务资产、实施佛冈县老旧小区改造之县城雨污分流综合治理工程（一期）招标工作等有关事项，专题部署"百千万工程"、制造业当家、绿美生态建设、乡村振兴、法治佛冈建设、安全生产、招商引资、园区开发建设、专项债和重点项目建设等中心工作。

【县政府工作会议】 2023年，召开28次政府工作会议。主要研究议题有：协调解决龙山新城二期项目幼儿园办学证问题，研究建滔（佛冈）特种树脂有限公司二期厂房办理不动产权工作，协调解决佛冈县综合应急救援大队营房及队伍建设有关问题，研究佛冈县低层住宅违建专项整治工作，研究佛冈县2018年度潖江河良塘段第二阶段河砂出让工作费用，研究部署大气污染防治工作，研究部署非煤矿山安全生产专项治理工作，研究推进佛冈县北江引水及南部城乡一体化项目，研究佛冈县明珠花园二、三期规划条件核实及办理不动产权证工作，研究广韶高速公路旦架哨隧道建设项目验收工作，研究佛冈县人民医院集团资产清算及注销事业单位法人登记工作等。

重要政事和决策

【县政府班子领导补充】 2023年7月20日，经佛冈县人大常委会表决，免去黄华溪同志佛冈县人民政府副县长职务。2023年8月30日，经佛冈县人大常委会表决，免去刘翔飞同志佛冈县人民政府副县长职务。2023年10月12日，经佛冈县人大常委会表决，任命韩国强同志为佛冈县人民政府副县长。2023年12月20日，经佛冈县人大常委会表决，任命王澍同志为佛冈县人民政府副县长。

【人大代表议案、建议和政协委员提案】 2023年，佛冈县办理涉及政治、经济、文化和社会生活等方面的人大议案建议54件、政协提案159件，有力促进全县经济社会平稳健康发展。

【佛冈县国土空间总体规划（2021—2035年）】 2023年3月27日，为统筹优化农业、生态、城镇等功能空间，提升国土资源保护利用水平，佛冈县人民政府十六届第38次常务会议审议通过《佛冈县国土空间总体规划（2021—2035年）（稿）》。会议要求各镇各相关单位坚决落实党中央"多规合一"改革精神，以"三区三线"为基础，谋划好"一区一轴一带，两廊三屏多点"的县域国土空间开发保护格局。坚持一张蓝图干到底，切实维护好规划的严肃性和权威性，提升国土空间规划、建设、治理水平，更好支撑县域高质量发展。

2023年11月22日，召开佛冈县推进产业工人队伍建设改革领导小组（扩大）会议

（钟盛祺　摄）

【佛冈县教育发展"十四五"规划（2021—2025年）】 2023年5月17日，为加快推进教育现代化，促进教育优质均衡发展，佛冈县人民政府十六届第41次常务会议审议通过《佛冈县教育发展"十四五"规划（2021—2025年）（稿）》。会议要求各镇各有关单位抓好规划各项任务落地，不断完善教育设施配套，积极对接广州优质教育资源，持续深化与广州六中等学校合作，推动佛冈教育更加公平、更高质量、更有特色、更高效益发展。

【佛冈县生态环境保护"十四五"规划（2021—2025年）】 2023年5月17日，为统筹推进"十四五"期间生态环境保护工作，深入打好污染防治攻坚战，加快生态环境治理体系和治理能力现代化，佛冈县人民政府十六届第41次常务会议审议通过《佛冈县生态环境保护"十四五"规划（2021—2025年）（稿）》。会议要求各镇各有关单位坚决扛起生态文明建设的政治责任，抓好规划各项任务指标落实，力促环境质量持续向好，推动绿美佛冈生态建设取得新突破。

【佛冈县省级产业转移园产业发展规划（2021—2025年）】 2023年6月14日，为优化县域产业空间布局，明确各片区产业功能定位，实现产业布局一体化，佛冈县人民政府十六届第43次常务会议审议通过《佛冈县省级产业转移园产业发展规划（2021—2025年）（稿）》。会议要求各镇各有关单位着力打造"一主两辅、多点支撑"产业发展格局，以广佛（佛冈）产业园为主导，以城西科技园、龙山智造城为辅，引领聚宝工业园、大湾区生命科技园、迳头金岭工业园等协同发展，做大做强智能制造、电子信息、新材料、生物医药、新能源、日化美妆等六大百亿工业产业集群，加快构建具有佛冈特色的现代化产业体系。

【调整佛冈县妇幼保健医院医疗服务价格项目收费标准和医保支付结算等级】 2023年6月14日，为进一步完善佛冈县医疗服务体系，支持定点医疗机构不断提高医疗服务能力和水平，佛冈县人民政府十六届第43次常务会议原则同意调整佛冈县妇幼保健医院医疗服务价格项目收费标准和医保支付结算等级，按二级医疗机构

2023年6月30日，省道S252线佛冈龙南段沿途风景　（钟盛祺　摄）

标准收费和结算。会议要求县医保、社保、卫健、宣传等部门做好医疗服务价格项目收费标准和医保支付结算等级调整的政策解读，及时发布相关费用调整信息，做好群众舆论疏导工作。

【佛冈县综合交通运输体系发展"十四五"规划】2023年6月26日，为加快交通运输事业发展，更好满足广大人民群众多层次、多样化交通出行需求，佛冈县人民政府十六届第44次常务会议审议通过《佛冈县综合交通运输体系发展"十四五"规划（稿）》。会议要求各镇各有关单位加强对规划的执行落实，进一步强化县域交通要素保障，狠抓重大交通工程项目建设，加快构建以高速公路为骨架、国省道为干线、县乡公路为补充的"3+2+5"交通运输网络，形成佛冈"3060"交通时空圈。

【佛冈县卫生健康事业发展"十四五"规划】2023年7月19日，为加快健康佛冈建设，促进卫生健康事业高质量发展，佛冈县人民政府十六届第45次常务会议审议通过《佛冈县卫生健康事业发展"十四五"规划（稿）》。会议要求各镇各有关单位以县域医共体建设为载体，用好广州对口帮扶资源，深化医疗卫生人才联合培养，推动城乡卫生健康服务均等化，提升医疗卫生服务体系整体效能，逐步实现从"病有所医"向"病有良医"的根本性转变。

【关于促进佛冈县制造业增资扩产的政策措施】2023年8月22日，为贯彻落实国家和省、市关于制造业高质量发展的决策部署，促进佛冈县制造业企业实现增产扩能提质，佛冈县人民政府十六届第48次常务会议审议通过《佛冈县制造业增资扩产的政策措施（稿）》，分别设立"动工投产奖""工业总产值增长贡献奖""工业技改投资增长贡献奖"和"小升规奖励"。会议要求各镇各有关单位全面加强文件精神解读，针对重点企业、重点人员开展上门政策宣讲，提振企业增资扩产、扎根佛冈发展的信心，进一步激发市场主体活力，推动全县制造业高质量发展。

【佛冈县水利发展"十四五"规划】2023年12月21日，为深入践行"节水优先、空间均衡、系统治理、两手发力"的治水思路，补齐水利工程短板，守住水利安全底线，推动水利高质量发展，佛冈县人民政府十六届第57次常务会议审议通过《佛冈县水利发展"十四五"规划（稿）》。会议要求各镇各有关单位聚焦水利领域薄弱环节，加快实施一批补短板工程，提升防范、应对、化解水资源风险能力，提升水利治理体系和治理能力现代化水平。

（谭永光）

信访工作

【信访工作概况】2023年2月，县信访局调整为单独设置，列入政府工作部门序列，为正科级单位。县信访局全面贯彻党的二十大精神，深入学习贯彻习近平总书记关于加强和改进人民信访工作的重要思想，牢记为民解难、为党分忧的政治责任，紧紧围绕县委、县政府工作大局，全面学习贯彻《信访工作条例》，坚持人民至上，为经济社会高质量发展提供强有力支撑。加大矛盾化解力度，认真落实"三到位一处理"的工作要求，聚焦落实"控增量、减存量、防变量"三张清单，建立健全信访问题源头治理长效工作机制，更好地维护群众合法权益、促进社会和谐稳定。

【信访受理】2023年，全年共受理来信、来访、网上信访1383件，其中来信76件，接待来访群众616批851人次，网上信访691件。重复信访占比为32.18%，及时受理率100%，按期答复率100%。

【满意度评价】2023年，全县共有503件信访事项纳入满意度评价信访事项，其中469件评价满意，满意率98.12%、参评率96.96%。

【初次信访事项办理】2023年，全县求决类初次信访事项总量476件（办结后再次信访13件），一次性化解率为97.24%。

【领导接约访】2023年，县党政领导干部率先垂范，到镇接访、约访、带案下访，深入实地对群众反映的问题进行分析研究，适时对信访人进行法

2023年11月8日，县委副书记、县长江红平（左五）到县信访局接访群众。石角镇、水利局、财政局、信访局等单位领导参加接访　　（宋雪虹　摄）

律引导和宣传解释，提出解决问题的措施、办法，并督促有关责任单位认真调查处理，争取尽早调处、化解群众反映的诉求。县委常委会会议、县政府常务会议共听取4次信访工作情况报告，研究部署信访工作；县信访工作联席会议3次研究部署信访工作。全年县四套领导班子带头落实接访、下访群众39批86人次，并带头包案重点信访事项60件，均逐一明确相关责任单位和化解措施，压紧压实各方责任，并及时回应群众诉求，所有重点信访事项均已化解办结。

【信访专项治理】　2023年，县信访局围绕"清仓见底、案结事了"的工作目标，100%完成中央、省交办给县第一批23件、第二批12件及第三批17件重复信访事项专项治理的任务，所有重复信访事项都严格以"案结事了"、群众息诉罢访为标准，按照"三到位一处理"要求，一体推进解决问题、帮扶救助、思想疏导等工作。

【信访宣传】　2023年，县信访局扎实做好《信访工作条例》实行一周年宣传工作，把条例学习宣传融入生活工作全过程。5月6日，邀请北京大学软件工程博士对全县信访干部进行信访业务培训，提高各镇各部门处理信访工作的能力和水平，形成学习宣传贯彻落实的浓厚氛围。5月29日，县、镇同步举办《信访工作条例》施行一周年宣传活动，积极向群众宣传条例的有关规定，让信访群众明白应该遵循的行为规范，明白如何正确行使法定权利和履行法定义务。6月9日，举办全县信访系统演讲比赛，以促使信访干部更加深刻领悟"两个确立"的决定性意义，自觉增强"四个意识"、坚定"四个自信"、做到"两个维护"，不断提高政治判断力、政治领悟力、政治执行力，服务中心大局，以信访工作高质量发展护航佛冈高质量发展。

【信访督办】　2023年，县信访局到各镇各县直单位开展信访督查工作共35次，召开协调会议158次。通过实地督查和协商、定期研判，压实镇及县直职能部门的责任，充分发挥对各镇各部门信访工作的督查指导职能，推动信访工作责任制进一步明确到位、落细落实。加大对各镇党政机关及其领导干部、工作人员在信访事项登记、受理、转办、办理、答复、回访等工作环节中存在的不作为、慢作为、乱作为等的督查督导力度，158件信访事项全部化解办结。全年共发出提醒函52份，督办函25份，问责建议函4份，工作建议2份，全县通报5份。

【信访干部学习】　2023年，县信访局选派1名信访业务骨干到省信访局跟班学习。在跟班学习期间，该同志圆满完成省信访局交办的各项工作任务，得到省信访局领导同志的高度肯定和表扬。是年，县抽调1名干部到市信访局跟班学习，该同志得到市信访工作联席会议办公室的表扬。

（宋雪虹）

数字政府建设

【县政务服务数据管理概况】　2023年，县政务服务数据管理局认真贯彻落实省委省政府数字政府改革建设"全省一盘棋"工作部署，统筹推进"数字政府"改革建设和"放管服"改革工作纵深发展，紧紧围绕"一网通办""一网统管""一网协同""一网共享"及"百千万工程"信息化建设工作要求，不断提升政府服务和管理的数字化能力，大力推进佛冈县政务服务和数据管理工作高质量发展。所属事业单位有县人民政府行政服务中心、市公共资源交易佛冈分中心、县电子政务办公室。

【数字政府建设工作】　**数字基础能力集约化建设工作**　2023年，县政务服务数据管理局进一步推进"一网共享"平台建设，推动本地政务数据资源共享应用。完成501项政务数据资源和11个自建系统的编目挂接，推进19个电子证照照面注册。充分利用清远市政务云节点的云、安支撑能力，积极推动本地系统迁移集约，完成自建系统迁移上云19个。

网络信息安全建设　2023年，县政务服务数据管理局统筹政务网络基础建设，优化网络资源配置管理，构建县、镇、村全覆盖的政府办公网络通路，整合电子政务外网专线223条。通过引进第三方专业技术合作，

2023年3月24日，召开全县政务服务数据管理工作会议

（县政务服务数据管理局　供图）

加强信息化办公设备的运维管理，强化政府关键基础设施的安全防护能力，全力保障政府信息化办公的安全性、稳定性和保密性。

"一网协同"工作　2023年，县政务服务数据管理局深化粤系列平台的推广，发挥"粤政易""粤基座""粤经济"及电子印章等平台的办公协同能力，实现政府办公"一网协同"目标。截至2023年底，粤政易开通个人账户10 957个，清远市协同办公系统接入全县各级工作单位及6个镇91个村（社区），开通"粤经济"功能权限39人。

县级信息化项目建设管理　2023年，县政务服务数据管理局落实《佛冈县县级政务信息化项目管理办法（试行）》，强化信息化项目建设审批，统筹推动政府工作和业务流程数字化再造与信息化建设，进一步规范本县信息化项目的建设，优化资源配置，控制成本投入，避免重复建设。是年，共完成12个政务信息化项目的审批审核工作。

【政务服务】"一网通办"工作　2023年，全县上线使用清远市一体化政务服务平台，企业、群众通过出示"粤省事"码，实现免提交纸质版证件办理业务。是年，实现政务服务"免证办"事项共315项，逐步拓宽各部门"免证办"事项应用范围，不断夯实"一网通办"数字化支撑基础，提升企业群众办事体验感和便利度。

政务服务智能终端应用　2023年，在全县各镇、村（社区）共部署"粤智助"政府服务自助机（桌面型和增强型）106台，上线各项政务服务和金融服务查询类、办理类、打印类事项263项。累计办理各项业务276 965笔，服务用户101 822人次。在县政务服务中心投放"政务晓屋"，上线个体工商户变更登记和备案、非公司企业法人变更登记、开具税收完税证明、跨区域涉税事项信息反馈等高频事项67项，实现与跨区域云座席可视化咨询、可视化辅导、可视化业务办理，实现线上全流程办理。

打造镇街级标杆便民服务中心　2023年，县政务服务数据管理局积极推进各镇便民服务中心建设，争创服务最优、办事便捷、群众满意的服务中心。在2023年清远市镇街级标杆便民服务中心评选中，龙山镇便民服务中心、水头镇便民服务中心获评"2023年清远市镇街级标杆便民服务中心"称号，分别成为全市6个镇街级标杆大厅之一；汤塘镇便民服务中心获评"2023年清远市镇街级标杆（培育）便民服务中心"，为全市8个镇街级标杆（培育）大厅之一。

【"百千万工程"信息化建设】　完善"百千万工程"信息化工作机制　2023年，成立佛冈县"百千万工程"指挥部信息化建设专班，制定"百千万工程"信息化专班工作方案及专班相关机制制度，明确相关职能部门的具体职责，强化专班指导作用，为推进信息化项目建设与信息资源共享、实现"百千万工程"各项工作的"一网统管"、落实省"百千万工程"综合信息平台建设等工作奠定基础。

提升"百千万工程"信息综合平台支撑能力　2023年，建立全县数据报送工作体系，各镇各部门开展基础数据填报工作，全面梳理县各类视频监控点位和资源，选取展示城镇建设、乡村风貌、产业园区建设等"百千万工程"相关重点场所的优

2023年7月20日上午，召开佛冈县政务公开、政府门户网站及政务新媒体工作交流会

（钟盛祺　摄）

质视频305条，汇聚至省"百千万工程"信息综合平台。完成1325条图像和3663条数据的核查报送工作，数据填报的数量和质量均在全市排名前列。

无人机部署工作 2023年，建立县、镇两级无人机平台建设联系人机制，强化日常沟通联系，协调无人机的选点部署和路线规划工作。全县6镇已完成15个无人机资源的选点和安装部署工作，可实时展现全县重点区域风貌及动态收集重点项目、美丽圩镇、乡镇中心等区域图片和视频资源。同时与省无人机平台实现功能对接，实现省"百千万工程"指挥部直接指挥调度无人机。

（县政务服务数据管理局）

2023年5月29日，县政务服务中心设立出入境24小时智能服务区。图为智能服务区一角　　　　（县行政服务中心　供图）

政务服务管理

【政务服务概况】 2023年，县行政服务中心深入学习贯彻中央、省、市、县关于深化"放管服"改革优化营商环境的系列安排部署，严格落实上级政务服务工作要求，以优化政务服务环境、提升线下政务服务水平、完善线上政务服务事项为抓手，强化县域政务服务质量，让办事渠道更通畅、群众办事更高效，贯彻新发展理念，服务新发展格局。

【政务服务建设】 2023年，县行政服务中心为提高办事群众的舒适感和体验感，新购置群众等候休息椅40张和窗口高脚凳50张，提供周全、贴心、直接的便利化服务。调整"办不成事"反映窗口的布局设置，进一步方便群众解决办事的疑问和困难，兜底政务服务诉求，拓宽群众意见收集渠道，增强自我优化能力。加强24小时自助办理区配置，新增税务自助一体机3台，实现"政务+税务"一站式办理，进一步提升群众办事便利性。

【政务受理业务】 2023年，县行政服务中心为提高群众办事效率，解决企业办事和项目推进过程中遇到的痛点、堵点、难点问题，设立工程建设审批、企业开办、"惠企政策兑现"专窗以及规上企业服务专区等。制定《佛冈县政务服务大厅全流程无偿帮办代办服务实施细则》，提供"一窗受理、一网通办"和企业面对面政策解答、业务办理的全流程服务，为有需要的企业提供无偿咨询、帮办代办服务。设立咨询导服台和自助办理区，安排两名专职人员服务引导群众，集合业务导服咨询、群众分流窗口、自助辅导流程等服务，帮助群众线上办理简易事务，精准办理复杂事务，自助办理查询打印事项，减少业务等待时间，提高业务办理效率。全年，县政务服务中心受理业务96 799单。

【视频办理业务】 2023年，县行政服务中心推行"政务晓屋""视频办"业务办理模式，拓宽业务办理方式和渠道，提供工作人员一对一、面对面的无接触视频连线服务，实现与跨区域云座席可视化咨询、可视化辅导、可视化业务办理，实现线上全流程办理。全年，"政务晓屋"上线67项高频事项，受理7单业务。"视频办"上线102项高频事项，设置座席客服13位，服务企业群众用户数102位，受理144单业务。

【热线工作处理】 2023年，县行政服务中心为推动群众诉求得到更高质量、更高效率解决，积极发挥中心协调沟通作用，加强与有关职能部门的沟通协调，提升12345政务服务便民热线满意度。全年，热线工单受理量16 400件，工单办结量16 051件，办结率97.87%，按时回复率99.99%；共处理36件疑难工单；起草12期工作情况通报；为2个单位提供7163件数据资料。

【内部制度管理】 2023年12月，县行政服务中心修订完善24项内部制度，从制度上、机制上、源头上规范和约束干部职工的行为，规范日常运作流程，提升工作效率，实现政务服务正向发展。加强窗口人员管理，实行月通报、季评比、年考核制度，开展不定期巡查，定时通报发现问题并及时约谈整改。通过领导帮带后备干部，强化人员服务培训，增强人员综合素质，推动窗口建设，促进业务提升，切实为企业和群众提供暖、快、优的政务服务。

（刘　甜）

机关事务

【机关事务概况】 2023年,佛冈县机关事务管理局深入细致开展好公务用车管理、设施设备维护、会议会务、政府食堂管理、安全保卫等后勤服务保障管理工作,全面提升机关事务服务质量,努力为机关工作职能的正常履行提供有效的后勤保障。

【公务用车管理】 2023年,县机关事务管理局采取"集中管理、统一调度"的公务用车管理模式,把全县公务车辆纳入公务用车信息平台管理,加强对全县公务用车运行数据的统计,严格规范将车辆数据统一录入至平台,并积极向各单位推广配备新能源车辆17台。严格执行调车程序,对公车安装北斗车载定位器,规范车辆管理。严格规范双休日、节假日公车使用规定,夜间车辆定点停放制度,分别建立车辆检查、调车记录、车辆保养、一车一卡等管理台账,杜绝随性调车、长期占用等问题,确保车辆安全、有序、高效运行。

【中心环境卫生】 2023年,县机关事务管理局做好县人民中心各办公大楼内外环境卫生保洁和绿化工作,严格执行卫生保洁制度和轮流值班制度,明确卫生保洁工作职责范围。坚持适时更新、翻种绿化带花草树林,确保中心内外环境卫生整洁,为干部职工创造舒适优雅的办公环境。

【中心设施维护】 2023年,县机关事务管理局做好县人民中心办公大楼专用房、会议室等基础设施维修管理工作;定期组织专业技术人员对配电房、消防水泵、电梯等公共设备进行检查,排除安全隐患问题,保障县人民中心办公大楼各种设备设施的正常运转。共维修或安装各种基础设施设备累计达90余次,零星维修维护900余次;开展县人民中心主楼一、二楼走廊天花板换装,西楼首层大门口平台基础加固及装修,县人民中心东侧人行道敷设和主楼107会议室改造等多项较大型基建维修工程。

2023年11月24日,县机关事务管理局开展消防安全检查(刘爱君 摄)

【政府食堂管理】 2023年,县机关事务管理局落实专人负责政府食堂日常监督管理制度,及时做好设备设施维护、添置餐厨用具等相关工作,坚决消除安全隐患,优化食堂运营模式。积极配合市场监督管理部门对食堂的卫生标准、设备安全、采购贮存等方面的专项检查,并安排专人定期调研用餐人员对食堂菜式的满意度,经过充分问卷调查,严格督促食堂整改,增加菜的品种和提高菜的质量,为机关干部职工提供更加可口的饭菜,让干部职工吃得放心、舒心,赢得干部职工的充分肯定。同时,高质量完成县"两会"、省运会等的餐饮服务配送工作。

【安全保卫管理】 2023年,县人民中心原安保公司和绿化保洁服务公司服务期满,经请示县政府同意,合并招标保安服务和绿化保洁服务,确保工作有序稳定开展。加强县人民中心安全保卫工作,严格落实机关综治责任制,认真做好责任区24小时外围巡护及周边社会治安巡查工作,安排人员对防火防盗重点部位进行定时定点巡查,及时排除安全隐患。实行全方位监控保护,在人民中心广场、"善园"文化主题公园、篮球场、北山公园设置全覆盖的电子监控,最大限度保障责任区人民的生命财产安全。

【办公用房管理】 2023年,县机关事务管理局严格执行《党政机关办公用房管理办法》和《清远市人民政府办公室关于印发党政机关办公用房权属统一登记工作方案的通知》,收集权属登记范围内的办公用房信息,逐一厘清全县党政机关办公用房的房屋所有权、土地使用权等不动产权利,并进行登记。建立工作机制,严防房屋资产不合规使用或损失、流失现象发生。是年,共收集权属登记单位10个,权属登记项目78个,完成权属登记、待出证项目1个。

【后勤保障工作】 2023年,县机关事务管理局积极做好县委、县政府及各单位1300场(次)会议及两会的会务工作及县级以上大型服务后勤保障工作,协助做好首届中国佛冈(国际)魔芋节的志愿工作;协助做好省运会乒乓球赛和南粤古驿道定向大赛的后勤服务保障,共为工作人员购买保险717份,提供饭餐5500余份、雨衣1000份等,切实保障活动的顺利举行。

(刘爱君)

【公务接待服务】 2023年，县接待科共承担公务接待任务957批次，服务人员1万多人次。其中调研组、检查组等594批次，客商363批次。协助上级部门完成清远市农业高质量发展大会暨首届中国佛冈（国际）魔芋节乡村振兴产业品牌发布会、佛冈县原党政一把手退休老干部调研活动、全省加快发展农村电商助力实施"百千万工程"交流研讨活动以及省委领导来佛冈县调研等一系列重要接待活动。

（县接待科）

政协佛冈县委员会

2023年2月27—28日，召开政协第十一届佛冈县委员会第三次会议

（欧阳苏清 摄）

【县政协工作概述】 2023年，政协第十一届佛冈县委员会有委员203人，政协佛冈县委员会设常务委员会，由主席、副主席、秘书长和常务委员组成。内设提案法制委员会、学习文史委员会、环保建设委员会、教科文卫体委员会、港澳台侨外事委员会、民营经济委员会、工交财贸委员会、农业农村委员会等8个专门委员会。2023年十一届县政协常务委员会组成人员36人，其中主席1名、副主席6名、秘书长1名。县政协机关服务于政协佛冈县委员会，现设"一室两委"（办公室、组织联络委员会、提案和文史工作委员会）。

重要会议

【县政协第十一届第三次会议】 2023年2月27—28日，政协第十一届佛冈县委员会第三次会议在县人民中心召开。县政协主席袁卫国，副主席蓝山鹰、徐文婉、李功志、范桂宁、周玉兰、何高者，秘书长彭宁在主席台就座。县委书记潘国标，县委副书记、县长江红平，县人大常委会党组书记、主任黄河应邀到会祝贺并在主席台就座。应邀前来参加大会的还有县委、县人大、县政府的领导，以及广佛（佛冈）产业园、县法院、县检察院、县武装部的领导，担任过原县四套班子正处实职退休的老领导，担任过县政协副主席退休的同志，在佛冈工作的清远市八届政协委员。会议听取和审议政协第十一届佛冈县委员会常务委员会工作报告；听取和审议政协第十一届佛冈县委员会常务委员会提案工作报告；委员参政议政发言；列席佛冈县第十六届人民代表大会第三次会议，听取和讨论佛冈县人民政府工作报告及其他有关报告；协商确认县政协常务委员会同意个别成员辞去政协第十一届佛冈县委员会常务委员会组成人员职务；补选政协第十一届佛冈县委员会常务委员会委员；审议政协第十一届佛冈县委员会第三次会议提案，审查委员会关于十一届三次会议提案审查情况的报告；审议通过政协第十一届佛冈县委员会第三次会议决议。

【县政协常委会议】 第十一届第八次常委会议 2023年2月20日召开。会议主要内容：传达学习习近平总书记重要讲话和重要论述精神；传达学习广东省高质量发展大会精神；听取县政府关于县政协第十一届第一次会议以来提案办理情况通报；听取县人民法院2023年工作情况通报；听取县人民检察院2023年工作情况通报；协商通过县政协第十一届第三次会议有关事项。

第十一届第九次常委会议 2023年2月27日召开。会议主要内容：介绍政协第十一届佛冈县委员会常务委员会委员候选人情况；审议县政协第十一届第三次会议选举办法（草案），审议选举大会总监票员、监票员（草案）。

第十一届第十次常委会议 2023年2月27日召开。会议主要内容：听取各组讨论政协第十一届佛冈县委员会常务委员会工作报告和提案工作报告的情况汇报；听取各组酝酿补选政协第十一届佛冈县委员会常务委员会委员候选人的情况汇报；听取各组审议县政协第十一届第三次会议选举办法（草案）的情况汇报；审议通过补选政协第十一届佛冈县委员会常务委员会委员候选人名单，通过选举办法、总监票员和监票员名单。

第十一届第十一次常委会议 2023年2月27日召开。会议主要内容：听取县政协第十一届第三次会议总监票员通报选举情况；确认当选人员名单。

第十一届第十二次常委会议 2023年2月27日召开。会议主要内容：听取各组讨论县政府、县法院、县检察院工作报告的情况汇报；听取各组审议政协第十一届佛冈县委员会第三次会议决议（草案）的情况汇报。

第十一届第十三次常委会议 2023年5月23日召开。会议主要内容：传达学习习近平总书记重要讲话和重要论述精神；传达学习中共中央办公厅印发的《关于在全党大兴调查研究的工作方案》；审议《政协十一届佛冈县委员会2023年重点工作计划》；协商通过有关人事安排。

第十一届第十四次常委会议 2023年10月12日召开。会议主要内容：传达学习习近平总书记重要讲话和重要论述精神；传达学习《广东省优化营商环境条例》；听取县人民政府关于县政协第十一届第三次会议提案办理情况通报；听取各专委会汇报调研成果；协商通过《凝聚政协力量 共建绿美佛冈——致佛冈县政协委员捐资种植"政协委员林"的倡议书》。

第十一届第十五次常委会议 2023年12月28日召开。会议主要内容：传达学习习近平总书记重要讲话和重要论述精神；围绕"培育'文旅+'新业态推进佛冈县文化和旅游特色村高质量发展"专题协商议政。

主要工作和调研视察

【政协提案】2023年，县政协第十一届第三次会议，全体政协委员、政协各参加单位和各专委会，共提出提案159件，经提案审查委员会审查立案133件，立案率83.6%。其中《关于加大工业支持力度，促进县工业经济高质量发展的建议》等10件提案被确定为2023年重点提案。是年，县政协主动作为，充分发挥社会主义协商民主重要渠道和专门协商机构作用，为助推佛冈高质量发展作出积极贡献。一是抓实基础工作，不断提高提案质量。围绕县委、县政府重点工作，召集各民主党派人士和政协委员

2023年1月5日，县委书记潘国标（右三）督办县政协提出的"关于加强青少年心理健康教育"的重点提案 （欧阳苏清 摄）

参加单位负责人座谈，征集提案线索，培育重点提案，并组织提案撰写组深入调研，从而培育出主题鲜明、论据充分、建议切实可行的精品提案。县政协第十一届第三次会议，收到集体提案80件，占提案总数的50.3%。其中，重点提案7件，呈现量多质优的特点。二是抓住关键环节，不断增强办理实效。在办理流程、督促办理、办理效果方面下功夫，进一步推动提案办理工作制度化、规范化、程序化，促进提案成果的转化落实，努力把每一件提案办出共识，办出团结，办出实效，为推动提案工作提质增效起到主导作用。

【政协视察与调研】2023年6月2日，组织县政协环保建设委员会委员到县城西工业园和聚宝工业园实地走访视察，了解全县工业园区的建设进展情况。6月7—9日，组织政协港澳台侨外事委员会委员，赴安徽省金寨县就"制造业当家"进行专题视察调研，学习借鉴制造业招商引资等方面的先进经验和做法。6月21日，组织县政协民营经济委员会委员对佛

2023年12月14日，召开佛冈县"佛商·县长面对面协商座谈会"。图为企业代表、政协委员与县政府领导、相关职能部门负责人面对面协商交流 （钟盛祺 摄）

冈工业园建设及招商引资情况进行视察，了解工业园建设以及招商引资的情况，提出意见与建议。6月27—30日，组织县政协环保建设委员会委员赴贵阳市花溪区国家级生态示范区进行视察调研，学习借鉴生态示范区建设等方面的先进经验和做法。6月26—30日，组织县政协学习文史委员会委员赴浙江省温州、丽水就"关于持续深化文旅融合，促进佛冈县经济高质量发展"进行专题视察调研，学习"文旅资源发掘、乡村振兴战略保障"等方面的先进经验和做法。7月3日，组织县政协教科文卫体委员会委员开展佛冈中学、佛冈一中扩建解决学位问题和恢复招收初中生专题调研活动。调研组详细了解佛冈县初高中生生源以及佛冈中学、佛冈一中学位建设等情况，提出意见和建议。7月6日，组织县政协常委会组成人员前往广佛（佛冈）产业园开展视察活动，了解产业园建设情况，并提出意见与建议。7月24—28日，组织县政协提案法制委员会委员赴江西省赣州市于都县、瑞金市、全南县开展"红色文旅资源以及乡村振兴法治保障体系建设"的专题调研，学习"文旅资源发掘、乡村振兴战略保障"等方面的先进经验和做法。7月25—28日，组织县政协民营经济委员会委员赴浙江省温州市就"加快工业园区建设，推进招商引资工作，共谋高质量发展新思路"进行专题视察调研，学习借鉴"工业园区建设和管理、产业发展、招商引资、优化营商环境"和"美丽乡村建设"等方面的先进经验和做法。7月26日，组织县政协工交财贸委员会委员赴广州市黄埔区、海珠区开展"关于优化营商环境，推动园区高质量发展"及"关于农产品流通体系建设工作"的专题视察调研，学习借鉴工业园区发展、农产品流通体系等方面的先进经验和做法。8月2—4日，组织县政协教科文卫体委员赴江西省赣州市瑞金市和信丰县就"推进医共体建设，提升县域医疗服务能力"和"推进教育高质量

2023年7月7日，县政协主席袁卫国（前右四）率县政协常委会组成人员到广佛（佛冈）产业园，对佛冈县工业园区建设及招商引资情况进行视察

（朱慧燕　摄）

发展"专题进行学习考察。8月2日，组织县政协学习文史委员会委员就县乡镇文旅产业发展工作情况进行视察，了解县文旅产业发展情况，并提出意见与建议。8月3日，组织县政协有关领导、调研组成员等前往汤塘镇、龙山镇就"培育'文旅+'新业态，推进县文化和旅游特色村高质量发展"专题开展调研。调研组详细了解佛冈县文化底蕴、旅游特色等情况，并提出意见和建议。8月4日，组织县政协农业农村委员会委员就县发展壮大农村集体经济情况进行视察及对口协商，了解县农业发展情况，提出意见与建议。8月9—10日组织县政协课题调研组赴英德、连山、连南就"培育'文旅+'新业态，推进县文化和旅游特色村高质量发展"专题进行调研，学习借鉴文化旅游等方面的先进经验和做法。8月15—18日，组织县政协部分常委会组成人员前往贵阳市开展"加强生态环境保护，推动绿色低碳高质量发展"专题视察，学习借鉴生态环境保护、绿色发展等方面的先进经验和做法。8月18日，组织县政协环保建设委员会委员到县城综治局就县创建国家森林城市的主要难点进行对口协商，并提出意见和建议。8月22—24日，为做好"佛商·县长面对面协商座谈会"调研工作，佛冈县政协主席袁卫国、副主席蓝山鹰、徐文婉分别率调研组到广州市黄埔区、惠州大亚湾经济技术开发区、肇庆高新区开展佛冈县"加快工业园区建设，助推佛冈招商引资工作高质量发展"专题调研。8月23—25日，组织县政协常委会组成人员赴潮州市开展"培育'文旅+新业态'，推进佛冈县文化和旅游特色村高质量发展"专题调研，学习借鉴文化旅游等方面的先进经验和做法。8月23—25日，组织政协常委会议政性课题调研组赴汕头市潮阳区、澄海区、金平区就"培育'文旅+新业态'，推进佛冈县文化和旅游特色村高质量发展"专题进行调研，学习借鉴文化旅游等方面的先进经验和做法。8月28—30日，组织县政协工交财贸委员会委员赴广西贺州市开展"关于农产品流通体系建设工作"的专题调研，学习借鉴工业园区发展、农产品流通体系等方面的先进经验和做法。8月28日，组织县政协农业农村委员会委员赴江西省宁都县地就"党建引领乡村振兴"专题进行视察，学习"乡村振兴"等方面的先进经验和做法。11

月2日，组织县政协港澳台侨外事委员会委员赴水头镇参观考察，就"乡村产业振兴如何助力本地经济社会发展"进行调研，学习借鉴乡村产业、农村经济发展等方面的先进经验和做法。11月15日，组织县政协农业界别委员前往广东春中宝蜂业有限公司等公司开展调研活动，了解佛冈县农业发展情况，并提出意见与建议。12月4日，组织县政协科文卫体委员会委员前往水头镇中心小学召开家庭、学校、社区落实《中华人民共和国家庭教育促进法》对口协商座谈会，并提出意见和建议。12月7—8日，组织县政协提案法制委员会委员赴连州市、连南县就"红色文旅资源以及乡村振兴法治保障体系建设"进行深化视察调研，学习"文旅资源发掘、乡村振兴战略保障"等方面的先进经验和做法。12月26日，组织县教科文卫体委员会委员前往县市场监管局开展座谈会与专题调研活动，了解县重点产业知识产权创造、运用、保护情况，提出意见与建议。是日，组织市政协委员佛冈工作组到北山公园、黄花存久洞、汤塘开展专题调研视察活动。

（欧阳苏清）

纪检监察

【纪检监察概况】2023年，中共佛冈县纪律检查委员会与佛冈县监察委员会合署办公，履行纪检、监察职责，实行一套工作机构、两个机关名称。内设机构：办公室，宣教调研室，党风政风监督室，信访室（举报中心），案件监督管理室，第一、二、三、四、五纪检监察室，案件审理室。派驻机构：派驻第一、二、三、四纪检监察组。全年，佛冈县纪委监委以习近平新时代中国特色社会主义思想为指导，紧紧围绕县委县政府中心工作，聚焦主责主业，下功夫出实招，扎实开展学习贯彻习近平新时代中国特色社会主义思想主题教育和纪检监察干部队伍教育整顿，强化监督执纪问责，不断深化党风廉政建设和反腐败工作，为佛冈营造风清气正、干事创业的良好政治生态提供坚强的政治保障。

2023年2月6日，召开中国共产党佛冈县第十四届纪律检查委员会第三次全体会议
（梁颖怡 摄）

【纪律审查】2023年，佛冈县纪检监察机关持续保持高压态势，坚持无禁区、全覆盖、零容忍，坚定不移正风肃纪，坚定不移"惩腐打伞"，坚定不移推动队伍建设，纪检监察工作取得新的全面进步。全年共受理信访举报95件（含上级转办26件），处置问题线索259条，立案108件，给予党纪政务处分69人，留置3人，涉嫌犯罪移送司法机关7人。

【作风建设】2023年，佛冈县纪检监察机关紧盯重要节点、关键环节，以永远在路上的恒心和毅力，严格落实越往后执纪越严的要求，持之以恒正风肃纪，坚决遏制"四风"问题反弹回潮。2023年，查处违反中央八项规定精神问题22起51人，给予党纪政务处分6人，采取组织措施45人，其中查处形式主义、官僚主义问题11起35人，给予党纪政务处分1人，采取组织措施34人。

【监督制约】2023年，佛冈县纪检察机关坚持以群众满意为标准，集中整治群众身边的腐败和作风问题，严惩涉黑涉恶腐败和"保护伞"，不断增强人民群众获得感、幸福感、安全感。全县共处置涉黑涉恶腐败和充当"保护伞"问题线索11条，立案2件，给予党纪政务处分9人。扎实推进乡村振兴领域不正之风和腐败问题专项整治，扛牢全国重点关注县政治责任，着力惩治群众身边的"蚁腐蝇贪"，全县共受理涉乡村振兴领域问题线索143条，立案查处51人，给予党纪政务处分20人，采取组织措施44人。

【源头治腐】2023年，佛冈县纪检监察机关贯通融合纪法情理，正确把握政策策略，落实"三个区分开来"。全县纪检监察机关运用"四种形态"批评教育帮助和处理195人次，同比减少31.3%，其中运用第一种形态批评教育帮助122人次，运用第二种形态给予轻处分、组织调整49人次，运用第三种形态给予重处分、职务调整7人次，运用第四种形态处理严重违纪违法、触犯刑律17人次。执纪、监督和预防联动，深入剖析典型案件，不断深化以案促改，压实整改责任。加强廉政教育，运用阵地教育、考试教育、宣讲教育、庭审教育，推动廉政教育全覆盖。全年共组织党员干部参观县廉洁文化教育基地128场次，参与党员干部和公职人员2802人次。

2023年9月20日，县纪委监委组织举办佛冈县第二十一期领导干部党章党规党纪教育培训班　　　　　　　　　　（梁颖怡　摄）

将职务犯罪案件庭审打造成警示教育、纪法教育的大课堂。组织各乡镇、县纪委监委、县卫健局、县人民医院等6个单位共209名干部职工参加旁听，从严做实做细同级同类干部警示教育。在"佛冈纪检监察网"和"廉洁佛冈"微信公众号开设"曝光台"，点名道姓公开曝光党员干部违纪违法典型案件，引导全县党员干部进一步筑牢拒腐防变的思想防线。

【重要会议】2023年2月6日，佛冈县纪委监委召开中国共产党佛冈县第十四届纪律检查委员会第三次全体会议。会议由县委常委、县纪委书记、县监委主任宋小平主持。县委副书记、县长江红平传达习近平总书记在二十届中央纪委二次全会上的重要讲话，二十届中央纪委二次全会、十三届省纪委二次全会和市纪委八届三次全会精神。县委书记潘国标在会上讲话。

【重要活动和主要工作】2023年1月16日，佛冈县纪委监委召开佛冈县纪检监察系统2022年度工作总结暨述职述责会议。会议由县纪委副书记、县监委副主任罗焯新主持，县委常委、县纪委书记、县监委主任宋小平出席会议并讲话，各镇纪委书记、县纪委监委机关各室（组）负责人在会上依次述职述责。1月16日，佛冈县纪委监委召开纪检监察系统党的二十大精神宣讲会。会议由县委常委、县纪委书记、县监委主任宋小平作专题宣讲，县纪委监委班子成员，机关各室（组、办）、县委巡察机构全体干部职工参加宣讲会。会议由县纪委副书记、县监委副主任罗焯新主持。2月16日，佛冈县纪委监委召开2022年度领导班子民主生活会。参会人员紧扣主题，严肃认真开展批评与自我批评。会议由县委常委、县纪委书记、县监委主任宋小平主持，县委督导组到会指导。4月13日，佛冈县纪委监委召开市纪委监委督导组教育整顿进驻通报会，会议由县委常委、县纪委书记、县监委主任宋小平主持并作表态发言。市纪委常委、市监委委员、市纪委监委第一督导检查组组长袁伟雄传达学习习近平总书记关于开展教育整顿的重要指示批示精神和省、市教育整顿工作部署，通报督导的工作安排、重点内容、目标任务。市纪委监委第一督导检查组成员、机关领导班子成员、县纪委监委各室（组）负责人、县委巡察机构负责人、县纪委审查服务中心全体干部职工、各镇纪委书记参加会议。4月19日，佛冈县纪委监委召开全县纪检监察干部监督工作会议。会议传达学习贯彻习近平总书记在广东考察时的重要讲话精神，通报佛冈县纪检监察干部队伍建设和监督工作情况，分析当前纪检监察干部监督工作形势责任。县委常委、县纪委书记、县监委主任宋小平出席会议并讲话。5月5日，佛冈县纪委监委举行廉政教育报告会，县委常委、县纪委书记、县监委主任宋小平出席会议并作题为"勇于自我革命，弘扬斗争精神"的廉政教育报告。县纪委副书记、县监委副主任罗焯新主持会议。8—9月，县纪委副书记、县监委副主任罗焯新带队分别前往石角镇、汤塘镇、高岗镇等镇开展乡村振兴领域不正之风和腐败问题专项整治宣讲会。9月20日，佛冈县纪委监委组织举办佛冈县第二十一期领导干部党章党规党纪教育培训班。县委书记潘

2023年7月18日，召开十四届佛冈县委第三轮巡察工作动员部署会　　　　　　　　　　（钟盛祺　摄）

国标出席培训班并讲话,县委副书记、县长江红平主持培训班。培训班上,江红平传达省、市第二十一期领导干部党章党规党纪教育培训班精神。县委常委、县纪委书记、县监委主任宋小平围绕"抓一手风腐同治 守一方气正风清"主题作党风廉政建设专题辅导报告。11月2日,佛冈县纪委监委召开新入职干部座谈会,勉励新入职干部增强纪检监察干部身份认同感,强化政治担当,帮助其更好地融入纪检监察"大家庭"。县纪委副书记、县监委副主任罗焯新出席会议并讲话。

(县纪委监委)

2023年8月29日,县明珠花园业主代表送锦旗感谢县委巡察组

(县委巡察办 供图)

县委巡察工作

【**县委巡察工作概况**】 2023年,县委坚决扛起巡察工作主体责任,县委主要领导坚持谋划、部署、审定每一轮巡察任务和方案,共召开3次县委书记专题会、6次县委常委会会议,听取巡察情况汇报并研究部署下一步工作,在书记专题会上点人点事72个(件),对巡察专题报告作出批示5次。至年底已完成全县巡察任务总数的57.7%,稳步推进县委巡察工作有形有效全覆盖。

【**巡察监督成效**】 2023年,启动十四届县委第二、三轮常规巡察,并配合市委提级巡察要求,对迳头镇各村(社区)开展联动巡察,对高岗镇等2个镇、县自然资源局等9个县直单位和汤塘村等36个村(社区)开展巡察。先后谈话421人次,走访群众458户,受理来信来访68件,共发现问题1164个,形成专题报告7份,发现问题线索22条,推动立案7人,给予党纪处分2人,共撰写"一把手"专题材料3份,指出问题33个。

【**巡察推动解决民生问题**】 2023年,县委巡察组大力推动边巡边改、立行立改,督促相关单位及时解决群众急难愁盼问题,积极推动解决县明珠花园2期长达11年之久的"办证难"问题,帮助412户住户办理不动产登记证,及时回应群众关切的问题,取得良好政治效果、纪法效果、社会效果。省纪委监委官方微信"南粤清风"和《广东巡视巡察》分别刊登佛冈县巡察组推动解决民生问题的成绩和亮点。

【**巡察整改和成果运用**】 2023年,县委巡察组着力推动巡察整改和成果运用走深走实,共向被巡察单位反馈问题1054个,其中到期整改数328个,到期已整改完成313个,整改率达到95.4%;根据巡察发现的突出问题,向相关职能部门发出交办函10份,提出意见建议17项,推动县出台规范性文件18份;推动县审计局在全县范围内进行乡村振兴资金管理使用专项检查,追回被套取的省级专项资金104.62万元。制定并印发《佛冈县巡察整改成效评估实施办法(试行)》和《巡察整改成效评估指标体系》,在12月首次对到期整改完成的14个被巡察单位开展整改成效评估和巡察满意度测评,并将评估结果作为年度绩效考核的重要依据。

【**各类监督贯通融合**】 2023年,县委巡察组充分发挥巡察综合监督平台作用,加强巡审结合、巡纪联动。以"巡审结合"的方式对县土地开发储备局进行监督检查,共发现问题32个;加强巡纪联动,针对巡察发现涉"百千万工程"和村(社区)"一肩挑"人员的问题线索,县纪委监委对1名公职人员采取留置措施,切实提高巡察监督的震慑力;县纪委监委针对巡察监督发现的工程项目建设不规范问题,建立政府性投资建设工程项目备案制度和村级"小微工程项目"备案抽查机制两项制度。

(县委巡察办)

民主党派

中国国民党革命委员会清远市佛冈县支部

【**民革概况**】 2023年,中国国民党革命委员会清远市佛冈县支部(简称"民革佛冈县支部")全面贯彻落实中共二十大和民革十四大精神,坚定不移坚持中国共产党的领导,不忘多党合作初心,继承和发扬孙中山爱国、革命、不断进步精神,深入践行"四

2023年3月4日，民革佛冈县支部与民革省直华南师范大学支部到汤塘镇濂溪书院、石角镇黄花存久洞村开展主题为"传承红色基因 赓续红色血脉"的"四史"学习暨联谊活动 （廖紫青 摄）

新""三好"要求，按照"夯实基础、提质保量、打造品牌、寻求突破"的工作思路，全面加强自身建设，切实履行参政党职能，锚定目标任务砥砺奋进，不断提升履职成效，较好地完成各项工作任务，党派形象得到不断提升。是年，民革佛冈县支部被民革清远市基层委员会评为社会服务先进集体；支部成员范秋萍、颜华荣被民革广东省委会评为2022年度反映社情民意工作先进个人并获三等奖；郑进达、陈间清、陈莉、胡军红、颜华荣被民革清远市基层委员会评为参政议政、社会服务、组织建设、信息宣传与社情民意工作先进个人。

【组织建设】 **组织发展** 2023年，民革佛冈县支部继续做好组织发展工作，把政治素质好、参政能力强、业务水平高的优秀人才吸纳入党，发展党员2名。支部主动加强与上级的沟通和联系，积极争取党员单位党组织的支持和帮助，努力把支部建成"智囊团""人才库"。此外，为贯彻落实民革中央关于进一步推动"民革党员之家"建设工作的部署以及省、市民革的有关工作要求，积极把佛冈"民革党员之家"打造成为全县民革的思想宣传窗口、组织活动阵地、参政议政交流平台、社会服务基地和交流联谊场所。

组织生活 2023年，民革佛冈县支部以"我们的节日"和周年庆为主题，开展内容丰富、形式多样的支部活动，促进党员交流学习，提高支部队伍凝聚力。3月，支部与民革省直华南师范大学支部分别到濂溪书院、黄花存久洞村革命老区开展主题为"传承红色基因 赓续红色血脉"的"四史"学习暨联谊活动。4月，支部党员郑进达、颜华在民革清远市基层委员会举办的纪念"五一口号"发布75周年演讲比赛中分别荣获一等奖、三等奖；在民革广东省委会举办的纪念中共中央发布"五一口号"75周年、民革成立75周年暨主题教育朗诵比赛中，颜华荣获三等奖；是月，民革佛冈县支部举行纪念中共中央发布"五一口号"75周年读书分享会，参会人员以"践行'五一口号'精神，携手共创新征程"为主题，分享《伟大的政治创造——中国新型政党制度》《中国共产党统一战线史》《大道——多党合作历史记忆和时代心声》《建国大业》《毛泽东诗词集》等书籍。5月，携手县委统战部、县侨联开展"情浓五月天，感恩母亲节"主题支部活动，参观广东省公共文化服务"三百工程"进基层非物质文化遗产主题展览，并邀请县人民医院医生作"合理膳食促进健康""常见传染病知识普及"的专题讲座，普及健康知识。7月，支部开展九周年庆祝活动，组织党员到黄花村、车头村开展产旅融合、乡村振兴等方面的调研。9月，支部联合县委统战部、县侨联、县消防救援大队共同开展"民族团结话中秋，共做月饼享团圆"活动。10月，支部参加民革广东省中山书画院清远创作基地揭牌仪式暨首届书画展。12月，民革佛冈县支部召开2023年民主生活会，开展互相批评，达到统一思想、互相监督、共同提高、增进团结的目的。

【思想建设】 **政治学习** 2023年，民革佛冈县支部开展理论学习培训，全面加强思想政治建设。是年，召开委员会议、全体党员会议、学习贯彻习近平总书记考察广东重要讲话重要指示精神专题学习会、参政议政工作会议等学习活动10余次。此外，积极组织党员参加市民主党派与市、县统战部的轮训班，党外干部培训班，理论研究能力和信息宣传写作培训班以及其他报告会、学习交流会等。其中，11月派副主委王忠军参加中共清远市委统战部组织的清远市首期党外中青年干部培训班。12月派党员李俊到广东省社会主义学院参加省民革组织的新党员培训。

主题教育 2023年，民革佛冈县支部按照民革省委会关于开展"凝心铸魂强根基、团结奋进新征程"主题教育要求，组织全体党员到濂溪书院、黄花存久洞村革命老区开展"学党史、观故居，走多党合作之路"主题学习，重温民革前辈与中国共产党风雨同舟、荣辱与共的光辉历史和统一战线光辉历程，增强对中国共产党领导的多党合作制度体会和感悟。9月，支部开展主题教育读书会，本着坚持读原著、学原文、悟真理的精神，与会支部党员和积极分子共同集中学习并开展读书分享活动，并就如何将学习"凝心铸魂强根基、团结奋进新征程"主题教育的精髓与支部发展有机结合以及如何以身作则、时刻保持民革党员本色谈心得体会。

日常教育 2023年，支部为提高党员政治素养，增强党员们的政治责任心，给党员每人订阅《团结报》，并利用微信工作群、"粤政易"工作群及时通知党员收看重要时事，推送习近平总书记关于多党合作理论的"金句"以及各级民革召开的会议精神等内容，推动学习教育的常态化。同时，推动学习《中国共产党政治协商工作条例》《中国共产党统一战线工作条例》《习近平新时代中国特色社会主义思想专题摘编》《习近平新时代中国特色社会主义思想学习纲要（2023版）》《习近平著作选读》等，进一步增强基层党员接受共产党领导的自觉性，不断巩固与中国共产党团结合作的政治共识。

【**参政议政**】 **专题调研** 2023年，民革佛冈县支部为提前谋划做好本年度的参政议政工作，促使政协提案更加契合党委政府中心工作，更加贴近社会民众，准确反映社情民意。4月，民革佛冈县支部召开2023年参政议政工作会议，把党员分成3个小组，各小组独立讨论提案选题，共同探讨2023年参政议政的思路和计划，部署调研课题任务，凝心聚力做好参政议政工作。组织党员到英德市开展"关于持续深化文旅融合，促进佛冈县经济高质量发展"专题学习考察。

履行参政议政职责 2023年，认真履行参政议政职责，发挥"智囊团"作用。积极参加县委、县政府、县政协及有关部门举办的各种协商会、征求意见会等，代表民主党派在会议上发言。3月，主委范秋萍赴广州参加民革广东省第十四届委员会理论研究与学习委员会第一次全体会议。4月，主委范秋萍参加民革清新区支部召开的"民革中央示范支部创建活动动员大会"。5月，主委范秋萍、党员郭志新、陈间清参加全县统战系统学习贯彻习近平总书记考察广东重要讲话重要指示精神及省、市、县有关会议精神座谈会暨纪念"五一口号"发布75周年座谈会暨县各民主党派、工商联和无党派代表人士参政议政专题调研成果汇报会。6月，主委范秋萍参加市民革召开的"凝心铸魂强根基、团结奋进新征程"主题教育动员部署会议。8月，主委范秋萍、党员庞志英、朱小凤参加县委统战部召开的2023年佛冈县党外人士暑期座谈会。11月，副主委王忠军参加佛冈县新的社会阶层人士联合会第一次会员大会暨成立大会。在县两会期间，省人大代表范秋萍，县人大代表庞志英，市政协委员陈间清以及县政协委员胡军红、王忠军等10名党员参加两会。

2023年4月28日，民革佛冈县支部开展"凝心铸魂强根基、团结奋进新征程"主题教育暨参政议政工作会议 （廖紫青 摄）

提升信息质量 2023年，民革佛冈县支部抓住重点、突出亮点、反映热点，信息报送量大幅度增长，质量不断提高，影响力不断提升，在服务领导决策、推动各项信息宣传工作顺利开展等方面发挥了重要作用。民革广东省委会网站、民革清远、佛冈县委统战部采用民革佛冈县支部的宣传稿件共11篇。向市委统战部及省、市民革报送社情民意4篇。佛冈政协十一届三次会议中，佛冈支部提交议政发言3篇，提交集体提案21篇。佛冈民革提交的集体提案《关于进一步大力开展青少年"红色革命传统""学农学工"课外社会实践活动促进"双减"有力措施的建议》等4篇提案被评为优秀提案。其中，民革佛冈县支部提出的《关于我县加快推进新能源汽车充电桩科学规划建设的建议》受到县发展和改革局的关注。民革佛冈县支部联合县自然资源局、县城市管理综合执法局等单位充分调研，认真研究国家、省、市充电桩建设、电力价格政策，加快布局建设，群众充电难问题逐步得到改善。《关于做好我县供水水源规划的建议》引起县水利局高度重视，县水利局积极与省、市发改、水利、环保、清城区密切沟通提案提出的"利用飞来峡水利枢纽工程，建设管道从北江引水"建议，该建议现已由清远市发展和改革局立项，工作稳步推进。此外，支部范秋萍、朱小凤被评为优秀履职委员。

【**社会服务**】 2023年，民革佛冈支部立足扶贫帮困、志愿服务等项目，结合民革特点和党员职业优势，有计划、有步骤、多层次、多渠道扎实推进社会服务工作。继续开展以"送医送药送文化，入户慰问暖人心"为主题的系列活动，进一步拓展服务社会工作领域，提高社会服务品牌的美誉度和影响力。1月，支部联合县委统战部到高岗镇高岗村、汤塘镇石门村开展"新春慰问送关怀"活动，共慰问困难老人30户。5月，支部开展以"推进绿美广东生态建设，促进人与自然和谐共生"为主题的义务植树活动，引导民革党员牢固树立和践行绿水青山就是金山银山的理念，大力营造爱绿、护绿、植绿、兴绿的浓厚氛围。6月，支部与县委统战部、县侨联、县行政服务中心到佛冈县汤塘镇石门小学开展2023年"六一"联谊活动，通过"六一"游园活动和知识讲座的形式，让每一个学生在精彩的活动中快快乐乐过"六一"。12月，支部结合自身工作，联合县委统战部组织党员干部在元旦期间到高岗镇高岗村慰问10户困难党员、老党员、贫困老人。此外，支部在巩固已有活动成果的基础上，持续开展结对帮扶、扶危助困等"博爱·牵手"品牌活动。

（廖紫青）

2023年8月24—26日，民盟佛冈县基层委员会和佛冈县教育局承办的2023年民盟"烛光行动——新东方教师社会责任行"佛冈站开班仪式在佛冈县教师发展中心举行　　　（钟筱茵　摄）

中国民主同盟佛冈县基层委员会

【县民盟概况】 2023年，中国民主同盟佛冈县基层委员会（简称"县民盟"）在民盟清远市委和中共佛冈县委的领导下，坚持以习近平新时代中国特色社会主义思想为指导，深入学习贯彻中共二十大精神，认真贯彻落实习近平总书记考察广东重要讲话、重要指示精神，积极履行参政议政职责，主动服务大局，勇于担当作为，不断加强自身建设，各项工作扎实推进，为佛冈高质量发展贡献民盟力量。

【思想建设】 政治理论学习　2023年，县民盟召开3次主委会议和5次基层委会议，通过每次会议的"第一议题"加强理论学习，传达学习中央和省市县有关精神。召开"传达学习全省高质量发展大会精神"大会，掀起学习高潮。同时，通过组织盟员参加培训班及开展支部活动，参观红色革命教育基地，开展座谈研讨会、线上线下学习等多种学习形式，深入学习中共党史和民盟盟史，引导广大盟员把思想统一到自觉接受中国共产党的领导上来，把力量凝聚到贯彻落实党委政府决策部署上来。

主题教育学习　2023年5月，县民盟召开"凝心铸魂强根基、团结奋进新征程"主题教育活动动员大会；11月，组织基层委班子、各支部班子及盟员骨干代表走进石角镇黄花存久洞红色革命教育基地，实地参观了解佛冈县发生的革命史迹，增强"跟党走"共识，提升合作共事定力，坚定盟员更好发挥智慧和力量服务大局的信心，努力开创县民盟工作新局面。

【社会服务】 2023年6月12日，县民盟引领有关方面在汤塘中学举行"科教强国乡村振兴"公益捐赠活动，由陶行知教育基金会向县49所中小学校捐赠总价值73万元的信息化教学设备等物资，其中向汤塘中学捐赠三屏互动AI智慧教室1间。在县民盟积极奔走下，8月24—26日，民盟中央"烛光行动——新东方教师社会责任行"佛冈县高中语文、数学、英语教师培训活动在佛冈县教师发展中心举行，共培训教师160多人次。为期3天的培训中，来自新东方机构的优秀教师结合新课程改革精神，围绕教学理念分享、教学技能提升等主题，采用丰富多彩的教学方式，分享高中教学新理念，帮助佛冈县教师进一步提高教学水平。

【组织建设】 组织发展　2023年，县民盟在组织发展过程中，坚决执行《中国民主同盟组织发展条例》精神，按照组织界别要求和每年不超3%增速的原则发展盟员，注重吸纳政治素养好、作风正派、学有专长的高素质人才入盟。是年，发展新盟员2名，物色预备盟员3名（含1名市人大代表），均已通过考察及基层委会议决定，并上报市盟待批复，全县有正式盟员71人。

组织生活　2023年2月，县民盟积极开展退休盟员新春茶话会活动，把组织的关怀和新春的祝福送到老盟员心中。3月，组织女盟员开展三八妇女节郊游踏青庆三八主题活动。9月，在中秋、国庆双节即将来临之际，组织开展退休盟员中秋茶话会，为老领导、老盟员送去祝福。11月，组织基层委班子、各支部班子及

2023年11月4日，民盟佛冈县基层委员会开展"凝心铸魂强根基，团结奋进新征程"主题教育活动　　（钟筱茵　摄）

盟员骨干代表走进石角镇黄花存久洞红色革命教育基地，开展"凝心铸魂强根基、团结奋进新征程"主题教育活动，引导盟员们不忘历史，不忘初心，为践行社会主义核心价值观、实现中华民族伟大复兴的中国梦而不懈奋斗。

机关服务　2023年，县民盟全力贯彻落实县委安排的乡村振兴、"百千万工程"等中心任务，助力主委完成主题教育调研及相关驻镇驻村、联系企业工作；持续打造机关温馨"盟员之家"和设在龙山沃龙公司的第二"盟员之家"，筑牢阵地，激发组织活力；做好协调沟通联动工作，为县民盟的两大重要社会服务行动精心组织，做好广州市民盟来佛交流活动协调服务，向各方宾客推介佛冈新时代"百千万工程"风采。

【参政议政】**专题调研**　2023年，县民盟继续发挥各支部集群智慧和团队力量，整合盟内人才资源，组建跨支部参政议政专责工作领导小组，牵头做好参政议政工作。同时，建立健全民盟专责工作奖励激励机制，致力培育盟集体精品提案和组织撰写盟集体调研报告，奋力为佛冈高质量发展建言献策。3月16日，县民盟参政议政专题会议选定"打造营地经济示范区，激发旅游消费活力"和"推动公共法律服务进园区建设，优化营商环境大气候"两个课题为盟集体年度重点调研项目及承接为市民盟调研课题。9—10月，两个专题调研组分赴广州市从化区、花都区及东莞市万江街道实地调研考察，并与相关人员开展座谈。同时，深入到佛冈相关营地经营主体、有关工业园区及有关职能部门了解情况，掌握第一手数据。

履行参政议政职责　2023年，县民盟支部继续积极履行参政议政职责，发动广大盟员关心地方经济社会发展大事，关注民生问题和堵点，形成有份量的"一人一议"向组织提交。经各支部整合审议和参政议政专责小组提炼把关，形成盟组织集体提案向政协提交，落实参政党参政议政职能。在佛冈政协十一届三次会议上，盟集体和盟员政协委员提案共立案49件（占立案总数的30%）。其中《关于在县城和小区解决电动车充电难和消防安全隐患的建议》《关于建立健全农村生活污水治理长效管护机制的建议》《关于加强我县中小学生心理保健工作的建议》《关于大力推进基层镇村公共服务建设的建议》《关于加快土地流转　实现我县乡村振兴的建议》5件提案分别在第十一届第一、二次会议上被评为优秀提案。

【宣传工作】　2023年，盟内跨支部宣传信息工作专责领导小组进一步加强工作，主导宣传信息新媒体工作。县民盟1998年创办《佛冈盟讯》，2015年建立"佛冈民盟"网站，2017年创立"佛冈民盟"微信公众号。《佛冈盟讯》25年来风雨不改、未曾间断，内部印发70期，换届后升级《佛冈盟讯》为彩色版。截至12月底，出版彩色版《佛冈盟讯》换届专刊（总第71期），"佛冈民盟"微信公众号已发布各类通信稿件70余篇，对外宣传推介全县各方面政务动态，并宣讲统战知识，叙述民盟历史，对提高民盟知名度、扩大民盟影响力起到关键作用。

（钟筱茵）

群众团体

责任编辑：李协湖

佛冈县总工会

【总工会概况】 2023年，佛冈县总工会以党的二十大精神为指导，认真贯彻落实市总工会工作部署，以"夯基础、强管理、抓规范、创特色、求实效、促和谐"的总体思路，扎实推进全县工会工作。是年，全县有非公企业工会193家，产业工人2.6万人；新成立基层工会组织16家，规范化换届24家。

【佛冈县工会第十五届委员会第三次全体会议】 2023年6月16日，县总工会在佛冈县石角社区工会联合会召开佛冈县工会第十五届委员会第三次全体会议。会议选举林伟平、陈永胜、宋晓丹、钟燕萍、温林明、何高要替补为佛冈县工会第十五届委员会委员；县工会第十五届委员会常务委员选举林伟平、陈永胜替补为佛冈县工会第十五届委员会常务委员会委员，选举林伟平替补为佛冈县工会第十五届委员会常务副主席、陈永胜替补为佛冈县工会第十五届委员会副主席、选举林伟平替补为佛冈县工会第十五届经费审查委员会委员、主任；县工会第十五届女职工委员会委员选举陈永胜、张毅、钟燕萍、黄淑贞、周艳娟、黄洁铭、黄嘉敏、黎丽媚等替补为佛冈县工会第十五届女职工委员会委员，陈永胜替补为女职工委员会主任。

【助推"百千万工程"】 2023年，县总工会助推"百千万工程"，开展乡村振兴人居环境整治共12次，并支持迳头镇大村村开展人居环境整治工作经费3.5万元，助力打造绿色生态宜居美丽乡村。9月，县总工会与县乡村振兴局联合发文《关于持续开展消费帮扶工作的通知》至全县工会组织，营造全社会参与消费帮扶浓厚氛围，并收集统计各工会组织的消费帮扶有关数据。全年收集到消费帮扶总金额达59万多元，参与消费帮扶人数为983人次。

【业务培训】 工会主席培训 2023年8月21日，县总工会举办基层工会主席培训，50名会员参加培训班。培训班采取远程教学、现场教学方式开展，分别围绕学习党的二十大精神，新形势下如何做好职工服务站、点、家建设，基层工会工作的开展与实施，产业工人队伍建设改革，"互联网+"背景下群团工作的创新与思考开展专题学习；到毛泽东同志故居和刘少奇同志纪念馆，重温老一辈革命家的革命经历和工作历程。县人大常委会副主任、县总工会主席黄丽作开班动员。

工会财务、经审、维权业务知识培训 2023年，县总工会为进一步提高佛冈县工会财务经审干部的政治理论素养及业务能力，开拓创新工会干部队伍。8月7日，在深圳举办为期5天的佛冈县工会财务、经审、维权业务知识培训班。县工会经审会委员，各镇总工会、各基层工会经审会委员及财务人员、工会业务干部共计50人参加此次培训。培训主要学习党的二十大精神、工会经费审计与案例分析、新修订《工会会计制度》、新工会会计制度下的工会经费规范化管理、新就业形态用工的特点及劳动者权益保护。

"粤工惠"平台专题培训 2023年，县总工会举办2023年"粤工惠"平台专题培训，佛冈县各基层工会"粤工惠"平台后台管理员约200人参加培训。据统计，全县在"粤工

2023年8月21日，佛冈县总工会举办2023年基层工会主席培训班

（郑佩佩 摄）

惠"平台组织登记率达到90%，会员实名登记率达到86.5%。县工会全年组织开展6场线上活动，发布资讯54篇，较好地完成智慧工会建设。

基层工会女工干部培训 2023年8月14—18日，县总工会在汕头市举办2023年佛冈县基层工会女工干部培训班。县工会女职工委员会部分委员，基层工会女工主任、女工工作者等52人参加培训。培训班采取理论教学与现场实践教学相结合形式，培训内容包括学习贯彻党的二十大精神、推动工会工作高质量发展、解锁幸福家庭的密码——婚姻家庭经营艺术、用"五把钥匙"打开职工的心门——工会干部沟通技巧提升、新就业形态女职工权益保护法律法规知识以及如何做好新时代女职工工作等。

【工会工作创新】 **创新台账管理** 2023年，县总工会为全面完成市总工会2023年产业工人建设改革专项行动任务，推荐纳入省级台账管理企业1家、市级台账管理企业5家、县级台账管理企业45家，并及时召开产业工人队伍建设改革领导小组会议和产业工人队伍建设改革工作培训会议。

产业工人队伍建设改革 2023年，县总工会以点带面、稳妥推进相关工作，在龙山镇开展推进产业工人队伍建设改革。其间省、市领导分别到佛冈县新时代产业工人队伍建设改革省级非公企业试点（约克广州空调冷冻设备有限公司）开展调研指导工作。4月21日，清远市总工会在龙山镇开展推进产业工人队伍建设改革交流学习活动，来自全市各县市区23个企业70多名代表参加交流活动。是年，佛冈县有非公企业工会193家，产业工人约2.6万人。

【劳模、工匠选树培养】 **评选推荐** 2023年，经县总工会按照择优推荐原则推荐，约克广州空调冷冻设备有限公司一线产业工人王宝刚获2023年"广东省五一劳动奖章"，盈泰纺织品染整有限公司获"广东省五一劳动奖状"。是年，全县总计有劳动模范45人，其中全国劳模4名（全国先进工作者1名，全国"五一"劳动奖章获得者3名），省级劳动模范28名（省劳模8名，省先进工作者7名，省"五一"劳动奖章获得者12名，部级劳模1名），市级劳模13名（市先进工作者2名，市劳模11名）；清远市产业工人5人。

劳模座谈慰问 2023年4月27日，县总工会组织开展弘扬劳模精神，凝聚榜样力量庆"五一"劳模交流活动，并为45名劳模送上慰问品。

【基层工会规范化建设】 **建会入会工作** 2023年，县总工会积极推进建会入会工作。截至11月，新成立的基层工会有13家，新纳入会员1075人，换届的基层工会23家。

"三个一批"工联会建设 2023年，县总工会结合省总工会、市总工会"三个一批"的有关部署，坚持围绕中心、服务职工，多策并举推进"三个一批"工作。在广佛产业园区建设广佛产业园工会联合会办公面积约470平方米，已投入使用。

职工服务中心建设 2023年，县总工会选址在佛冈县石角镇生产街15号2栋金尊大厦101室建设佛冈县职工服务中心。服务中心面积约100平方米，已正式启用。

工会爱心驿站建设 2023年，县总工会指导广东二十四度商旅科技有限公司在体育馆建设户外劳动者驿站——"工会爱心驿站"，并在县城的6间福利彩票店和龙澄环保公司建立户外劳动者工会爱心驿站。让酷暑和严寒下坚守岗位的一线工作者感受到家的温暖，提升户外劳动者的幸福感、获得感和归属感，让更多的户外劳动者感受到工会组织的关怀和温暖。同时，会同县妇联推进"公共场所母婴室""爱心妈妈小屋"等公益项目建设。

工人文化宫建设 2023年，县总工会为加快实现佛冈县工人文化宫建设和服务全覆盖，经县委、县政府领导同意，规划在县龙凤新区东北地块建设工人文化宫，总建筑面积约4200平方米，投资估算2600万元。

【职工服务】 **送温暖慰问活动** 2023年春节期间，县总工会慰问困难企业1家、劳动模范45人、困难职工125人，发放春节送温暖帮扶慰问资金合计23.54万元。1月10日，县委常委、组织部部长黄成灼，县人大常委会副主任、县总工会主席黄丽带队开展2023年春节送温暖活动，分别到县中医院慰问劳模，汤塘镇聚龙湾、石角镇新力化机等企业慰问困难职工，以及开展安全生产、反诈、禁毒等宣

2023年4月27日，县总工会在聚龙湾天然温泉度假村召开"五一"劳模座谈会

（陈树珍 摄）

传活动。1月12日，佛冈县总工会在广东华劲汽车零件制造有限公司和佛冈县新业态行业工会联合会开展"送万福进万家"春节送温暖活动，向基层一线职工和新就业形态劳动者送"福"字和春联，共送出300余副对联。1月13日，清远市总工会副主席曲爱军，县人大常委会副主任、县总工会主席黄丽带队开展2023年春节送温暖活动，先后到供水服务中心慰问劳模，到广东鑫源恒业电力线路器材有限公司慰问企业和困难职工，以及开展安全生产、反诈、禁毒等宣传活动。

送清凉系列活动 2023年，县总工会在五一劳动节来临之际，会同县融媒体中心携手东建·凯旋新城开展2023年五一"劳动最光荣，平凡亦有光"送清凉慰问活动。4月26日，县人大常委会副主任、县总工会主席黄丽率慰问组一行先后来到佛冈供电局、县城乡饮用水服务中心、县应急管理局进行慰问，为一线劳动者送上清凉物品和真挚关怀。慰问活动共为350名一线职工送上致敬物品及清凉饮料各一份。8月3日，佛冈县总工会启动2023年"夏季送清凉"防暑降温慰问活动。县委常委、县委组织部部长黄成灼，县人大常委会副主任、县总工会主席黄丽，县总工会常务副主席林伟平，县总工会副主席陈永胜等一行组成慰问组，先后来到中国电信集团佛冈分公司、佛冈龙澄环保有限公司、佛冈县捷达贸易有限公司，看望慰问坚守在工作岗位的一线职工、新就业形态劳动者等，共为1095名一线职工送上清凉饮料，价值6万多元。

职工医疗互助保障工作 2023年，县总工会根据上级文件精神，为5名在档困难职工发放中央财政专项帮扶资金3.4万元。是年，购买四种互助计划总人数共10 809人，共307个保单（其中县总工会为2644人赠送了保单，总金额22.9万元），购买金额105万元，办理理赔人数444人，理赔金额66万多元。

2023年4月28日，县总工会在县体育馆举办第七届职工趣味运动会，基层工会、机关、企事业单位约1500人参加 （王聍佞、李园 摄）

先进职工疗休养工作 2023年，县总工会组织24人参加2023年清远工会组织的技术工人和先进职工疗休养活动。

【**工会活动**】 **主题宣传教育** 2023年，县总工会进一步加强产业工人思想政治引领，以习近平新时代中国特色社会主义思想教育职工，引导广大职工"听党话、感党恩、跟党走"，开展5场"中国梦·劳动美——凝心铸魂跟党走·团结奋斗新征程"主题宣传活动。4月14日，广东劳模工匠宣讲团成员走进广东国珠企业集团、佛冈盈泰纺织品染整有限公司，开展"中国梦·劳动美——凝心铸魂跟党走·团结奋斗新征程"学习贯彻党的二十大精神广东劳模工匠宣讲活动，企业100余名职工聆听宣讲。

第七届职工趣味运动会 2023年4月28日，县总工会在佛冈体育馆举行第七届职工趣味运动会，运动会围绕"中国梦·劳动美——奋斗新征程 建功新时代"主题展开，吸引128支队伍约1500名干部职工参加。

职工技能培训与大赛 2023年7月20日，县总工会在水头镇举办第六届中国梦·劳动美"提高摄影技能，建设美丽佛冈"职工摄影技能培训班。11月26日，在佛冈县金博士校企实训基地举办"匠心筑梦 技创未来"——2023年佛冈县焊工职业大赛，比赛共有39名选手参加，充分展示了焊工人员的技能和风采。

安全生产培训班 2023年10月31日，县总工会与县交通运输局联合举办佛冈县新业态行业从业人员安全生产培训班，共计100余名货车司机、快递配送员、外卖配送员等相关从业人员代表参加培训。

联谊活动 2023年8月21日，县总工会举办2023年佛冈县"青聚人才 缘满佛冈"第十二期人才交流活动暨七夕交友露营音乐节。10月23日，在田野绿世界开展"我们的节日·精神的家园"重阳节主题活动，弘扬重阳节登高望远的中华优秀传统文化。11月15日，佛冈县总工会联合佛冈县文化广电旅游体育局举办2023年佛冈县"职工杯"五人制足球赛。

（何高宽）

共青团佛冈县委员会

【**团县委概况**】 2023年，中国共产主义青年团佛冈县委员会（简称"团县委"）贯彻执行上级关于青少年工作的方针、政策和工作部署，制定并推动实施共青团和青年工作发展规划、年度计划和改革的总体规划及配套措

2023年11月2日，团县委召开佛冈县中长期青年发展规划实施工作联席会议第三次全体会议　　（团县委　供图）

施，指导各级团组织开展工作。组织青年学习习近平新时代中国特色社会主义思想。向党组织推荐优秀团员入党，为党和政府凝聚、培养、举荐各类优秀青年人才。积极维护青少年的利益和合法权益，参与全县有关青少年事务政策性文件的制定和实施。负责建立直接联系服务青年的长效机制，带领广大青年积极投身创新创业。促进与港澳台及海外青少年交流合作，推动志愿服务事业发展。是年，全县有共青团员10 944名，其中学生共青团员2870名。团干部1153名，基层团委26个，县直机关企事业单位团组织45个，县直属"两新"团组织10个，村（社区）团组织616个。少先队员36 855名，学校少工委26个。全县实名注册志愿者约4.5万人、志愿服务组织459个，孵化团属社会组织7个。

【基层团组织建设】　新兴领域团组织建设　2023年，开展新兴领域企业和规上企业的团员青年摸底调查工作，印发《关于持续推进2023年度两新组织团建"三个百分百"工作通知》，成功组建广佛产业园团工委，成功建立"两新"团组织13个，完成率达108%。

严把团员发展质量关口　2023年，全面开展2022年发展团员核查整改工作，规范发展团员的档案资料。4月，举办2023年佛冈县团干部业务培训班，分领域科学制订团员发展计划，推动学校"积分制"入团及团校分类课程常态化开展。成功发展新团员1105名（学校领域1075名，社会领域30名）。

基层组织工作　2023年，依托"智慧团建"系统，定期分析研究基层团组织各项业务数据，结合工作实际，派出团建指导员协助解决各基层团组织的实际问题。是年，组织召开佛冈县2022年度基层团组织书记述职评议会，采取"现场＋书面"述职模式，对各镇、各学校团委开展述职评议，同时强化结果运用，向其同级党组织详细反馈基层团组织工作情况，突出党建带团建实效。

基层团组织改革　2023年，团县委在全面推进实施县域基层团组织改革中期评估中，整体改革取得较好成果，综合评价为"好"。获得国家级荣誉的个人4个、集体3个、经验做法1个；获省级荣誉的个人7个、集体18个；获市级荣誉的集体38个、个人164个。

【服务青年】　青年发展规划　2023年11月，团县委组织召开佛冈县中长期青年发展规划实施工作联席会议第三次全体会议，审议通过《佛冈县中长期发展规划统计指标体系》《2024年佛冈县青年民生实事》。

青年实践活动　2023年，团县委持续开展"返家乡""展翅计划"大学生就业创业能力专项提升行动。全年共发动佛冈县50个单位提供290个优质实习见习岗位，机关单位领域共匹配实习见习在校大学生近百名。以"三下乡行动"推动乡镇、高校结对合作，成功与15所高校25支团队结对25个项目，吸引300多名大学师生赴各镇开展社会实践活动。在"三下乡"社会实践活动暨"百千万工程"突击队行动评选中，到佛冈服务的2个高校团队被评为全国重点团队，10个高校团队被评为省级重点团队。

青年创新创业　2023年，团县委持续开展"农村创业青年小额贴息

2023年4月27日，团县委举行学习宣传贯彻党的二十大精神"高质量发展，青年在行动"暨纪念五四运动104周年"青话筒"演讲比赛决赛
（团县委　供图）

2023年8月21日，团县委会同县镇有关部门共同主办第十二期"青聚人才 缘满佛冈"青年人才交流活动，来自各机关企事业单位的88名青年参加活动
（团县委 供图）

贷款"项目，联合佛冈农商行原创制作《追梦人 守梦人》贴息贷款宣传片，激发点燃广大青年的返佛来佛创业热情。是年，累计发放贷款10笔，放款金额累计225万元，其中农业类项目9个，其他创业项目1个，撬动资金400万元，带动就业30人，有效解决农村创业青年项目启动和扩大经营融资难的问题。发动创业青年刘秀姿参加"大沥杯"第九届"创青春"粤港澳大湾区青年创新创业大赛，获得乡村振兴赛道企业组"三等奖"。

青年交流活动 2023年，团县委围绕青年人才的兴趣爱好、所需所想，联合相关部门组织开展青年人才摄影培训及比赛、读书交流创作分享会、乡村振兴志愿者就业指导及职考培训、露营音乐会等多种形式的交流学习活动，参与青年人才累计达2000多人次。活动有效提升了青年人才各项兴趣技能水平，引领青年人才在"百千万工程"中施展才干。

【青少年思想引领】 开展专题学习 2023年，团县委主导开展"学习二十大 奋进新征程"专题学习、主题团日活动累计100场次，覆盖团员青年3.5万人次。广泛发动团员群众共同参与"青年大学习"网上主题团课，通过集中学习、奖励先进等方式，营造比学赶超的学习氛围，佛冈"青年大学习"参学率长期稳居广东省点赞榜前10名，平均参学率全市第一。

推行榜样教育 2023年，团县委组织开展佛冈县"高质量发展，青年在行动"纪念五四运动104周年"青话筒"演讲比赛，由佛冈青年讲述助力"百千万工程"点滴，号召发动广大青年在县高质量发展的大舞台上施展才华。

促进青少年成长成才 2023年，团县委开展"学习二十大 奋进新征程"志愿服务、"春禾爱心课堂"、"福彩育苗计划"乒乓球公益培训等一系列关心关爱青少年成长公益活动。持续开展"希望工程""蓝天计划"等爱心助学活动。是年，累计资助学生323人次，助学金额达22.3万元。

帮扶迷途青少年 2023年，团县委引入团属社会组织，持续开展"培正行动"，协助县检察院监督考察附条件不起诉的迷途青少年。是年，共结案9宗，完成结案报告9份，开展公益活动30多场，走访对象30余次，面谈50余次，微信电话联系400余次。

创新普法宣传实践 2023年，团县委依托春节花市、每月创文进小区、全民阅读日、民法典宣传月、未成年人保护集中宣传月等各种活动，联合各社会组织开展有奖问答、竞技抢答、互动游戏等普法宣传活动共计22场，普及群众超5000人次。联合相关部门开展"'护苗2023'绘画征集""青少年模拟政协提案征集"等评比活动，共收集绘画作品496幅，模拟提案37份。运用"青春佛冈"公众号、视频号和抖音等新媒体矩阵，原创制作《团团普法 未保行动》普法宣传短视频5个，视频播放量超3万次，有效引导青少年学法、懂法、守法。

创新传播正能量 2023年，团县委联合县融媒体成立全市首个"红小荔"正能量传播培育基地。选拔4名青年人才担任种子讲师，聘用22名团干部为首批成员，组建县、镇、村三级"红小荔"正能量传播青年志愿服务队超90支，发布原创作品25个，观看量超70万次，开展宣讲宣传志愿服务活动超200场次。

【助力乡村振兴】 2023年，"大学生志愿服务山区计划"被纳入2023年县十件民生实事。是年，成功招募选派大学生志愿者57名，超标完成任务，完成率达228%。组织16名希望乡村振兴教师、77名乡村振兴志愿者（其中在读研究生3名）到农村、工作队、产业园开展为期2～3年的乡村振兴服务。开展"千百团员青年下乡村行动"，号召各级基层团组织和团员青年到村（社区）"双报到、双服务"，围绕文明创建、生态环保、便民指引等基层治理内容，开展常态化志愿服务项目，完成集体报到的基层团组织共76个，团员青年超9560人次，共计开展志愿活动1200场次。"双报到、双服务"模式被团中央推广宣传。

【共建"绿美广东"】 2023年，团县委组织建立6支"绿美广东"青年志愿服务队伍，开展"绿美广东"生态建设志愿活动60场，参与人数888人次，共种植"青年林"1589棵。开展"绿美广东 红领巾在行动"主题活动，通过主题班会、绿美诗歌创作、主题演讲、手抄报评比等方式，引导青少年从小养成"爱绿护绿"的良好习惯。

【推动志愿服务专业化】 2023年，团县委组建"百名青年人才志愿服务团"，通过礼仪培训、赛会服务等进一步提升青年人才专业素质，顺利承接"魔芋节""省运会""南粤古驿道"等重大赛事（活动）志愿服务项目，成功举办2023年志愿服务高质量发展培训班和"凝聚志愿心，文明佛冈城"2023年佛冈县志愿服务项目成果展示大赛。是年，全县共有志愿服务队459支，注册志愿者约4.5万人。春禾爱心课堂、"捐滴会千，诗美校园"诗词文学公益培训、"河小青"巡河志愿服务活动、"培正行动"——"附条件不起诉"护航迷途青少年志愿服务活动等4个项目在2023年"益苗计划"——广东志愿服务组织成长扶持行动暨志愿服务项目大赛中，获评"持续扶持项目"和"重点培育项目"。全县14个重点交通路口持续开展文明交通志愿服务，日均出动志愿者180人次，每季度召开总结会，确保县文明交通劝导常态化、保成效。每月开展创文进社区活动，为群众提供义剪、家电维修、垃圾分类宣传、文明创建意见收集等便民服务，进一步提高群众对创文工作的满意度。

（团县委）

佛冈县妇女联合会

【妇联概况】 佛冈县妇女联合会（简称"县妇联"）内设综合办公室，下设妇女儿童活动中心。2023年，全县有妇女组织283个（登记在册）。

【思想领航】 2023年，各级妇联组织巾帼宣讲员开展"巾帼心向党·奋进新征程"宣讲活动100多场，宣传覆盖近5000人次。三八前夕，在县人民公园开展"巾帼心向党"群众性宣传活动，逾2000名群众参加，带动各级妇女组织开展三八主题活动共计200余场。培树1个单位荣获市城乡妇女岗位建功先进集体、2个集体荣获市巾帼文明岗、7名同志荣获市城乡妇女岗位建功先进个人。41篇工作信息在市级以及以上媒体刊登，信息宣传工作走在全市妇联系统前列。

【深化改革】 2023年，县妇联不断深化基层妇联改革，通过前期调研、摸排全县机关事业单位、"两新"组织党建工作情况和妇女人数等，结合实际，出台《佛冈县"大妇联"建设实施方案》，全力打造"大妇联"工作格局，撤销县直系统妇委会10个，推动教育系统、卫健系统、公安局、法院、税务局建立妇联，延伸新建妇女组织50多个。8月，县妇联指导佛冈县聚宝工业园区成立妇联，这是佛冈首家工业园区妇联。组织开展三级妇联干部履职能力提升培训班，培训三级妇联干部120多人。

【巾帼建功】 2023年，县妇联深化"创业创新巾帼行动"，培树市级巾帼创业创新基地1个，发放小额贴息贷款60万元。开发培育250多个"妈

2023年3月29日，县妇联召开县妇女儿童工作委员会全体会议

（范文静 摄）

2023年5月31日，县委书记潘国标（前）到第二小学探望在校学生

（范文静 摄）

妈岗"，帮助50多名宝妈就业。小额担保贷款项目和"妈妈岗"帮扶女性就业项目被市妇联评为2023年度工作优秀项目。与"我为群众办实事"相结合，常态化组织开展志愿服务活动近170次。培树11户市级"美丽庭院"示范户和1个市级"美丽庭院"示范村。开展"同植幸福树 共建绿美家"植树活动20余场。

【家庭教育】 2023年，县妇联创建市级家教家风实践基地1个。常态化开展寻找"最美家庭"、创建文明家庭活动，评选出市、县各级最美家庭共17户。开展"家教家风+"示范性宣讲活动、家风家教大宣讲活动、家教大讲堂、亲子活动、家风家教图文巡展、"扣好人生第一粒扣子"等系列活动500多场次，宣传覆盖家庭2万多户。

【维权关爱】 妇女维权与普法服务 2023年10月底，县妇联建成清远市妇女维权与普法服务站（佛冈站），成立由百名志愿者组成的5支志愿者工作团队，设立县级维权热线电话4483838。做好婚姻家庭矛盾调解、重点妇儿个案和来电来访咨询工作，是年，共受理相关工作102件。常态化开展普法宣传活动120余场次。举办维权培训班培训基层妇联干部及基层网格员400多人次。

关爱重点妇儿 2023年，县妇联积极实施"爱心父母""小红花""康乃馨"等多个救助帮扶项目，共走访慰问重点妇儿近400人次。共招募社会各界"爱心父母"近1000人次，募集善款约11万元，帮扶重点儿童270人次。发动全县3600多名城乡妇女参加"两癌"免费检查。为2000多名城乡妇女赠送"两癌"保险，被市妇联授予2023年度清远市关爱女性公益赠险优秀组织奖。

妇女、儿童发展规划 2023年，县妇联起草制定《〈佛冈县妇女儿童发展规划（2021—2030年）〉目标任务分工方案》和佛冈县妇女、儿童发展规划（2021—2030年）统计监测指标体系。通过召开专项工作会议、落实定期通报制度、优化婚检"一站式"服务流程等举措，推动婚检、孕检两项重难点指标排全市前列。推动公共场所母婴室示范工作落地落实，全县建有母婴室共50间，公共场所母婴室实现全覆盖。

（范文静）

佛冈县工商业联合会

【县工商联概况】 2023年，佛冈县工商业联合会（简称"县工商联"）紧紧围绕上级工商联和县委、县政府的工作部署，以学习贯彻习近平新时代中国特色社会主义思想为工作主题，推动佛冈县非公有制经济健康发展和非公有制经济人士健康成长，发挥积极的作用，作出应有的贡献。是年，全县有隶属县工商联的行业协会2个，镇级商会6个（全覆盖），协助筹建的异地商会2个（深圳、佛山）；会员总数（含行业协会、镇商会）624人，其中市政协委员3人，县人大代表2人，县政协委员32人，镇人大代表1人。

【组织建设】 2023年，县工商联充分发挥党建引领作用，全县有5个镇商会、24个会员企业组建党支部，年增长率分别为33.3%、50%。党建引领作用发挥良好。10月30日，中共清远市工商业联合会党组、中共清远市非公有制经济组织委员会授予中共佛冈县石角镇商会支部委员会、中共约克广州空调冷冻设备有限公司支部委员会"2023年度清远市非公经济领域党组织党建品牌示范单位"称号。2023年，佛冈县工商业联合会荣获"2023年度广东省'五好'县级工商联""2023年度全国'五好'县级工商联"两项重量级荣誉。

【参政议政】 2023年，县工商联积极引导非公经济人士围绕县经济社会发展的短板、堵点、难点开展调查研究，建言献策。是年，县工商联、民营经济专委会和民营经济界别的政协委员向县政协十一届三次会议提交大会发言2份、提案10件，其中县政协民营经济组的《关于加大工业企业支持力度，促进我县工业经济高质量发展的建议》为县重点提案。

【创优工作】 2023年，县工商联紧扣"两个健康"主题，坚持"政治建会、团结立会、服务兴会、改革强会"，扎实加强自身建设，认真开展以领导班子好、会员发展好、商会建设好、作用发挥好、工作保障好为主要内容的工作，取得一定成效，荣获全国

2023年，县工商联荣获全国"五好"县级工商联荣誉称号

（县工商联 供图）

2023年7月17日，县工商联组织民营企业家参加学习贯彻党的二十大精神报告会 （县工商联 供图）

"五好"县级工商联荣誉称号。

【**开展理想信念教育**】 2023年，县工商联把提高非公有制经济人士政治素养，作为重要学习内容，通过县工商联第十四届四次常委（理事）会会议、三次执委（会员）会会议、民营企业座谈会、工作交流群等，坚持把学习贯彻习近平新时代中国特色社会主义思想、习近平总书记考察广东重要讲话和重要指示精神及时传达到民营企业家，让非公有制经济人士深刻领悟"两个确立"的决定性意义，增强理想信念。同时，坚持访企送教，注重抓好民营企业家和党支部联系点理想信念教育，积极推进省市"百场党课进千家商会万家民企"活动，把党的二十大报告精神、习近平新时代中国特色社会主义思想、党史学习教育、诚信经营、普法宣传等内容输送到企业。是年，县工商联党组班子成员到企业或组织企业开展宣讲二十大报告精神、"学习党史，增强党性"主题教育、诚信法治宣传、暖企惠企等行动，累计开展宣讲活动14场次，普及企业员工350人次。

【**服务企业**】 **走访企业** 2023年，县工商联结合"百千万工程"和乡村全面振兴工作情况，多次走访企业，听取各企业对发展民营经济的意见建议，及时了解企业发展状况及面临的困难，并帮助其解决。累计走访企业超50家次，收集急难愁盼问题51项，集中解决10项。

开展"纵合横通强党建，税企同行践'枫桥'"活动 2023年11月9日，县工商联、县税务局联合开展"纵合横通强党建，税企同行践'枫桥'"活动。此次活动主要目的是为企业解答经营过程中遇到的税务问题，持续优化营商环境，提升纳税人缴费人的满意度和获得感。活动有10多家工商联会员企业代表参加。

开展工商联组别活动 2023年，县工商联组织房地产组、制造业组、文旅农组开展组别活动，集体参观县内优秀企业、优秀乡村振兴建设项目，拓宽视野、增强交流。大家紧紧围绕自身行业发展现状，把握新时代发展大势，立足新发展阶段，对"百千万工程"进行了深入的探讨和交流。

【**服务社会**】 **开展"我为群众办实事"实践活动** 2023年，县工商联党员突击队积极响应县委的号召，下沉高镇村协助开展清明期间森林防火、汛期防洪防汛、乡村振兴、农村人居环境整治等工作，全年累计出动车辆12辆次，出动人员36人次，充分展现党员干部敢于担当、勇于作为、甘于奉献的精神风貌。

参与"广东扶贫济困日"活动 2023年，县工商联执委以上会员企业、全县6个镇商会、异地商会的企业及人士共认捐220.1万元，为佛冈县慈善工作添砖加瓦。与广东省浙江商会签订帮扶结对协议，县工商联与广东省浙江商会签订《广东省"百会助百县 万企兴万村"助力"百县千镇万村高质量发展工程"结对共建帮扶协议书》。

打造"与爱同行 圆大学梦"公益活动品牌 2023年9月28日，县工商联牵头组织佛冈县总商会、深圳市佛冈商会、佛山市佛冈商会及各镇商会开展"与爱同行·圆大学梦"公益助学活动，为佛冈县第一中学和佛冈中学以优异成绩考上大学的10名贫困学子每人捐助1万元。此项活动自2017年起已连续举办7年，共资助优秀贫困家庭学子134名（共134万元）。

引导商协会开展公益活动 2023年，高岗镇商会联合爱心企业、热心人士到高岗中学、长江小学开展"'尊师重教·奖优助学'暨第39个教师节慰问活动"，捐赠助学金及物品约4.6万元。石角镇商会到龙南中学开展捐资助学活动，共捐助资金1万元。是年，县工商联系统（含各商协会）累计捐款达252.321万元，其中"6·30"款项达220.1万元。

（刘银苑）

佛冈县文学艺术界联合会

【**县文联概况**】 2023年，佛冈县文学艺术界联合会（简称"县文联"）肩负着政府与各文化团体之间"组织、服务、联络、协调"的职责，现有8个团体会员，包括作家协会、戏剧曲艺协会、书法协会、美术协会、音乐协会、舞蹈协会、摄影协会、民间文艺家协会。现有会员547人，其中国家级会员9人、省级会员27人、市级会员130余人，会员中新文艺群体有70人。

【交流培训】 2023年，县文联指导主办全县的文艺作品征集活动，为文艺爱好者提供展示平台。承办"招才引智结硕果 赋能蓄力建新功"佛冈县人才嘉年华暨文化艺术节系列活动。组织各文艺协会排练精品参加2023年佛冈县人才活动周暨广场文化艺术节系列活动，组织"'以艺术为媒，展英才风采'——2023年佛冈文艺作品赏析，我和书法、美术，2023年人才活动摄影周"等活动，活跃全县的文化氛围。指导各文艺协会及文化名家工作室开展"请进来，走出去"活动，帮助文艺爱好者提升创作理念、提升业务水平；指导各文艺协会及文化名家工作室开展形式多样的采风交流、培训学习、"传统文化进校园"等活动；支持各文艺协会开展作品打磨提升等活动，指导佛冈县戏剧曲艺协会组织线上作品研讨会，对本年度新创作的戏剧曲艺作品进行点评提升。

【文艺创作】 2023年，县文联发挥文化名家示范引领作用，为文化事业发展提供人才保障。以带徒授艺、传统文化入校园、送戏下乡、诗词网校等形式，带领文艺工作者在服务基层、服务群众中汲取创作源泉，创作出优秀的文学艺术作品，推动全县文化大发展大繁荣。张春兰文艺创作工作室完成"清远市乡村微博（第三季）"拍摄任务（共12集）；完成佛冈县特色农产品专题短视频拍摄3个；组织佛冈县乡村振兴报告文学采写活动，以驻镇帮镇扶村第一书记为切入口，记录佛冈县农业、农村、农民新变化；拍摄佛冈县文旅短片多个；创作歌曲《爱在这里》《阿嫲的靓汤》；通过视频号发表文化旅游、民间文化、乡村振兴等短视频近40个；通过公众号发表民间传说故事、文学作品50余篇。罗小娟文学创作工作室创作的诗歌在国家级刊物发表50首、省级刊物发表80首、市级刊物发表25首；是年，该工作室开展传统文化进校园活动20多场，举办"名刊名编"走基层诗词网校等活动，1人加入中国作家协会。黄曙华书法创作工作室走进佛冈县第三小学、清远市美术教师书法骨干班举办书法公益讲座；承接清远市文艺志愿协会的高岗镇"美育教育"帮扶活动，从10月18日开始分别对高岗中心小学、长江小学、三江小学、高镇小学开展为期一年的书法帮扶。黄曙华作品参加第二届"中国砚都杯"全国书法篆刻展、首届黄苗子杯全国书法篆刻大展、第十二届中韩书法展、中国当代草书名家作品学术研究展等。工作室指导学生参加省市书法作品大赛，获得市级及以上奖励作品37件，其中省级奖励作品2件。黄梦权粤曲传承工作室参与送戏下乡10多场，开展"戏曲进校园"活动2场，公益培训课30节。黄焜文民间文艺创作工作室开展田野调查1项。

【人才建设】 2023年，县文联注重人才建设，做好推选工作。罗小娟成功入选中国作家协会会员，廖镇尧入选广东省作家协会会员，佛冈县摄影协会推荐5名优秀会员加入市摄影协会。佛冈县民间文艺家协会妇委会正式成立，并选举产生第一届妇委会委员：廖镇尧任妇委会主任，郑小英、宋慧明任执委。

【《湛江文艺》】 2023年，县文联发行三期《湛江文艺》，每期1000本，免费派送至各机关事业单位及中小学传阅。《湛江文艺》由卷首开篇、焦点视线、诗坛梨园、校园文学等9个板块组成。

（潘洁倩）

佛冈县归国华侨联合会

【县侨联概况】 2023年，佛冈县归国华侨联合会（简称"县侨联"）坚持以人为本、为侨服务的工作理念，围绕中心、服务大局，充分发挥"侨"的独特优势，做好新时代"佛冈的侨"纪实工程，为助推"百千万工程"注入"侨动力"。

【基层组织建设】 2023年，县侨联继续发挥"佛冈侨胞之家""城东社区为侨服务示范点"阵地作用，新建"高岗镇侨胞之家"，不断强化基层侨联组织建设。是年，佛冈侨胞之家、城东社区为侨服务示范点获"清远市侨联系统优秀集体"荣誉称号，侨联

2023年7月27日，县委常委、统战部部长杨征南（左三）参加"高岗镇侨胞之家"揭牌仪式

（县侨联 供图）

干部郑杰文、金音获得"清远市侨界优秀个人"荣誉称号。

【助推"百千万工程"】 2023年，县侨联多措并举，积极动员侨胞参与"百千万工程"。牵线广州市委外办组织英国、加拿大等国侨领侨商代表到佛冈县迳头镇调研农村基层治理及乡村振兴工作，通过他们向其所在华人社区大力宣传广东乡村治理及乡村振兴成效，讲好中国故事，传播佛冈好声音。抓住海外侨胞回佛冈探亲访友的契机，组织2批共20多人开展"情系桑梓，助推高质量发展"考察交流系列活动，宣传和推广佛冈县营商环境，动员侨胞回乡投资兴业。积极优化营商环境。以侨企的需求为导向，多次到大湾区生命科技园、汤醍水岸温泉度假村、惠文优质种养专业合作社等侨企走访调研，了解企业的诉求和困难，建立企业服务档案，形成助力侨企持续健康发展的调研报告、人大议案和政协发言材料3篇，搭建企业与政府之间的桥梁纽带，提振企业发展信心。

【侨情数据库建设】 2023年4月，中共佛冈县委统战部和县侨联联合发文，全面开展侨情摸底调查，加强动态管理，常态化更新侨情数据，做到底数清、情况明。经摸查统计，全县现有归侨19人，海外华人华侨63人，侨眷623人，合计705人。

【为侨服务】 2023年，县侨联践行以人为本、为侨服务的宗旨，走访困难归侨侨眷、新侨在国内侨眷、侨界企业家等250多人次，营造浓厚的知侨情、暖侨心、解侨困的社会氛围。同时，开展"送温暖·献爱心"活动，是年，发放困难归侨子女助学金1.2万元、困难归侨临时帮扶资金3万元。

【新时代"佛冈的侨"纪实工程】 2023年，县侨联启动新时代"佛冈的侨"纪实工程，采写佛冈侨胞"过番出海"、异乡打拼、艰苦创业、爱岗敬业的感人故事，引导侨胞们把爱国之心、报国之情、强国之志紧密结合起来，把国家繁荣、民族大义和自身发展紧密结合起来，积极主动做创新发展的探索者、现代化经济体系建设的先行者、高质量发展的实践者。全年完成9篇故事采写、编辑工作。

【公益事业】 2023年，县侨联大力弘扬"人道、博爱、奉献"的红十字精神，在腾讯公益"5·8人道公益日""99公益日"活动中，组成"佛冈县侨联爱心队"，侨联委员和机关干部"带头捐"，爱心侨企和侨胞"一起捐"，为"广东救在身边"项目成功捐出13笔共1568.80元，为"清远博爱暖万家"项目捐出29笔共5894.97元，共筹捐款7463.77元。"佛冈县侨联爱心队"积小善成大爱，弘扬文明友善好风尚，构建互联网时代人道互助新局面。

【巡察整改】 2023年，根据县委巡察工作的统一部署，2月至4月，县委第一巡察组对县侨联开展巡察。6月14日，巡察组将巡察情况向县侨联反馈，实事求是地指出县侨联在"三聚焦，一了解"四大方面27个问题。县侨联把落实好巡察整改作为查找差距、锻炼队伍、促进发展的关键环节，围绕存在的问题，细化整改措施，推动全面从严治党，把整改工作置于巡察组和广大群众的监督之下，动真碰硬、从严从实，全面完成整改工作。

【世界华人学生作文大赛】 2023年，县侨联联合佛冈县教育局组织全县在校高中学生参加"第二十四届世界华人学生作文大赛"。通过宣传发动、征集筛选、汇总报送，全县3000名学生参与，初评筛选出212篇优秀作品参赛，进一步弘扬中华民族的优秀文化。

（金 音）

佛冈县科学技术协会

【县科协概况】 佛冈县科学技术协会（简称"县科协"）是中共佛冈县委领导下的人民团体。负责对县属专业技术学（协）会的管理，组织、指导开展学术交流，活跃学术思想，促进学科发展；开展青少年科技教育活动，培养科技人才苗子；普及科学知识，推广先进科技，促进科技成

2023年9月17日，县科协和县气象局在佛冈县气象科普基地开展"提升全民科学素质，助力科技自立自强"——佛冈县全国科普日启动仪式暨气象开放日活动

（县科协 供图）

2023年，全县有县科协所属学（协）会14个，其中，镇协会6个、企业协会2个；全县共建立90个村（社区）科普活动室、1个国家级科普示范社区、1个省级科普教育基地、3个市级科普教育基地、9个县级科普教育基地。

【全国科普日活动】 2023年，县科协发挥科普牵头单位作用，做好全国科普日活动，统筹安排6场县级层面活动，全县6个镇、20多个部门单位积极响应，一周时间共举办科普活动69场次，参与群众超过2万人次。活动派发科普宣传资料5000多份，被媒体报道40多次。县科协荣获"2023年广东省全国科普日活动优秀组织单位"称号。

【科普能力建设】 2023年7月，县府办发文建立县科普工作联席会议制度，办公室设在县科协。县科协以换届为契机，落实上级科协关于基层科协组织建设和"3+1"工作的部署要求，积极吸纳和发挥"三长"在科普工作中的重要作用。在县科协代表中，"三长"占了三分之一，且其中绝大部分是乡镇"三长"。邀请科学家、"劳模工匠"、医务工作者、农业技术专家等进校园、进乡村进行科普，助力"百千万工程"，为科技工作者履行科普社会责任搭建平台。县科协与县教育局联合成立青少年科技教育工作领导小组及指导中心，加强青少年科技教育工作协同。同时，新建县青少年宫、竹山粉葛基地2个县级科普教育基地，县气象科普基地晋升市级科普教育基地。县科协被评为广东省2023年度基层科协组织建设及提升基层科协组织力"3+1"工作先进单位。

（县科协）

佛冈县残疾人联合会

【县残联概况】 2023年，佛冈县残疾人联合会（简称"县残联"）根据中共佛冈县委机构编制委员会印发的《佛冈县残疾人联合会机关职能配置、内设机构和人员编制规定》（佛机编发〔2023〕1号），将县残联内设机构由办公室调整为办公室及综合业务股两个内设股室。全县持证残疾人9191人。

【上门评残工作】 2023年，县残联会同县人民医院评残医生共开展上门评残29次，为164名行动不便重度残疾人提供上门评残服务，解决他们评残不便问题。

【残疾人发证工作】 2023年，县残联全年累计核发第三代残疾人证1057本，其中一级残疾126人、二级残疾536人、三级残疾220人、四级残疾175人。

【残疾人教育就业】 2023年，全县有306名适龄义务教育残疾学生，均已安置。其中，随班就读129人，送教上门92人，特殊教育学校就读68人，延缓入学17人，安置率达100%。是年，县残联共组织89名残疾人现场参加"南粤春暖"春季招聘会、秋季招聘会，其中2名残疾人现场与用人单位达成就业协议。

【残疾人体育运动】 2023年，县残联组织选拔13名残疾人运动员参加广东省第九届残疾人运动会各项比赛，先后派出8名工作人员协助工作。是年，县残疾人运动员共取得16枚奖牌的优异成绩，其中金牌4枚、银牌5枚、铜牌7枚。

【残疾人居家康复服务】 2023年，全县有康复需求残疾人1124人，已服务1124人，康复服务率100%。有辅具需求127人，已适配127人，辅具适配率100%，同时为9名肢体残疾人提供居家康复服务。组织全县残疾人进行白内障筛查400人，手术复明376例；为20名肢体残疾人提供假肢安装、维护服务；为23名残疾儿童提供矫形器具。为3名0～6岁聋儿人工耳蜗手术申报补助共4.5万元；残疾人基本型辅助器具适配补助5人共1.2万元。

【残疾人"两项补贴"核实发放工作】 2023年，县残联发放残疾人"两项补

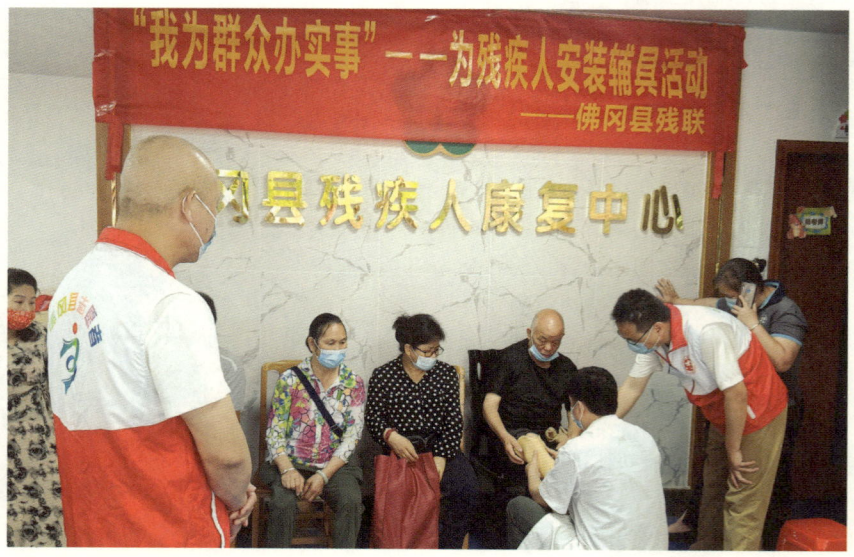

2023年5月16日，县残联在县残疾人康复中心为残疾人适配辅具

（县残联　供图）

贴"，共核实发放81 121人次，金额1978.02万元。其中核发残疾人生活困难补贴23 479人次，金额461.36万元；核发残疾人重度护理补贴57 642人次，金额1516.66万元。

【残疾人维权】 2023年，县残联加强县、镇、村（社区）三级残疾人维权网络建设，健全各项工作制度，扎实做好残疾人维权工作。是年，县残联受理残疾人来信来访1件，清远市12345服务热线信访案件19件，全部依法处理完毕，结案率100%。未发生恶性上访、集体上访和越级上访事件。

【贫困重度残疾人家庭无障碍改造】 2023年，全县完成困难重度残疾人家庭无障碍改造173户。每户改造工程平均造价5722.54元，合计990 000元。是年11月，县残联与市残联及第三方监理单位全面完成工程核查验收工作，及时交付残疾人家庭使用。

【残疾人就业和残保金征收工作】 2023年，县残联与县人社局、县税务局、县财政局相互配合，做好佛冈县2023年残疾人就业和就业保障金征收工作。是年，全县共有120家用人单位安置303名残疾人，收缴残疾人就业保障金1245万元。

【残疾人免费乘坐公交车】 2023年，全县持证残疾人9191人，累计有4939人已办理残疾人市民卡（免费乘车卡），其中2023年新办106张。2023年，县残疾人免费乘坐县内公共汽车共14.71万人次，免费金额71.96万元。

【全国持证残疾人基本状况调查】 2023年，县残联按照全国持证残疾人基本状况调查工作要求，调查全县6个镇村（社区）残疾人9208人，其中入户率为99.95%、电话调查率为0.05%、手机APP采集录入率为100%，在上级规定时间内全部完成上报。至9月30日，全面完成持证残疾人基本状况调查，做好底册数据采集工作。

【残疾人慰问】 2023年，县残联开展春节和助残日慰问困难残疾人活动，全县各级残联慰问困难残疾人831人次，发放慰问金9.54万元。

(李功俊)

佛冈县红十字会

【县红十字会概况】 2023年，佛冈县红十字会严格执行《中华人民共和国红十字会法》，弘扬人道、博爱、奉献精神，积极推动红十字会事业的健康发展。

【管理体制理顺】 2023年3月14日，县委编委印发《〈佛冈县红十字会机关职能配置和人员编制规定〉的通知》，批准佛冈县红十字会机关职能配置和人员编制规定，11月10日提名廖监军为佛冈县红十字会常务副会长人选。

【社会募捐】 2023年，县红十字会共收到国内社会各界捐赠款物折合人民币31.45万元。收到国内社会各界捐款情况：约克广州空调冷冻设备公司4名员工捐款0.13万元；刘榕春、刘连金捐款0.2万元；佛冈鑫源电力设备有限公司捐款0.1万元；"5·8人道公益日"众筹捐款11.61万元，"99公益日"众筹捐款19.41万元。

【博爱送万家活动】 2023年，县红十字会利用"99公益日"捐赠款采购52份（200元/份）包括10斤米、8斤花生油、茶树菇和饼干的"博爱送万家"慰问品，深入开展"博爱送万家"春节慰问活动。通过主动联系相关部门以及村委，迅速做好调查摸底工作，及时做好慰问公示，公示结束后通过各镇政府慰问和直接慰问两种方式对全县困难党员群众进行春节慰问。共慰问全县52户困难家庭，受益群众208人。

【关爱地中海贫血和白血病患儿工作】 2023年，县红十字会协助34名重症地贫儿成功申请生命燃料卡，合计28.5万元救助金；协助1名重症地贫儿申请2万元的移植手术补助。帮助5名白血病患儿获得"中央专项彩票公益金大病儿童救助项目"救助款共15万元。

【应急救护培训工作】 2023年，县红

2023年1月10日，县红十字会开展"博爱送万家"春节慰问活动

(县红十字会 供图)

十字会积极组织志愿者广泛开展应急救护知识进村居（社区）、企业、机关、学校活动。是年，开展应急救护培训活动32场，参与培训在校师生、机关干部、村居居民和企业员工共6429人次；开展4场次救护员培训，247人领取救护员证。

【"三献"工作】 2023年，县红十字会开展"血液与健康"志愿巡讲8场，培训360人次。积极配合佛冈县献血办开展无偿献血和造血干细胞捐献活动。是年，无偿献血人数再创新高；开展造血干细胞捐献活动4次，完成造血干细胞血样采集24份。

【"5·8人道公益日""99公益日"众筹捐款】 "5·8人道公益日""99公益日"是由中国红十字总会与腾讯公益基金会联合全国多家公益机构、企业等共同发起的全民公益日活动。是年，县红十字会通过佛冈县卫生健康局政府OA平台、佛冈通、多个粤政易工作群和微信朋友圈向全县各机关企事业单位、社会团体、志愿者及广大市民朋友发布《2023年佛冈县红十字会"5·8人道公益日"众筹倡议书》和《2023年佛冈县红十字会"99公益日"众筹倡议书》。9月6日，县政府组织召开"99公益日"众筹捐款工作会议，部署众筹捐款任务，得到全县社会各界的积极支持，大家踊跃组队捐款。

（廖监军）

佛冈县党外知识分子联谊会

【县知联会概况】 佛冈县党外知识分子联谊会（简称"县知联会"）成立于2015年，内设三个小组（第一组张丽英副会长任组长；第二组廖监军副会长任组长；第三组郑建国副会长任组长）。2023年，有会员（理事）53人，主要由无党派中青年知识分子组成，其中：教育系统15人（占总人数的28.3%），副高级及以上职称20人，中级职称8人。

【思想政治建设】 2023年，县知联会坚持以习近平新时代中国特色社会主义思想为指导，深入学习贯彻党的二十大精神，扎实推进学习教育常态化，并围绕纪念中共中央发布"五一口号"75周年交流发言以及讨论2022年参政议政专题调研成果和2023年参政议政专题调研思路、计划。县委统战部联合县知联会组织会员（理事）到广州开展"凝心铸魂强根基、团结奋进新征程"主题教育暨弘扬华夏民族文化助力百县千镇万村高质量发展学习培训班现场教学，按照主题教育"学思想、强根基、重履职、建新功"总要求，用习近平新时代中国特色社会主义思想凝心铸魂，为强国建设、民族复兴集智聚力，不断提高理论素养，增强履职本领，做中国共产党的好参谋、好帮手、好同事。

【组织建设】 2023年，县知联会切实加强组织建设，以优化会员（理事）队伍，激发知联会活力。坚持积极稳妥的发展策略，每年把一批职称高、能力强、业绩优、影响大的党外知识分子吸收到理事会中来，是年吸收会员3名。充分发挥理事会的核心带动作用。通过以点扩面，引导和团结广大党外知识分子拥护党的领导，坚决在思想上政治上行动上与以习近平同志为核心的党中央保持高度一致。深入基层，广泛倾听民意心声，发挥参政议政作用，共同致力于佛冈经济社会和其他各项事业建设。强化制度保障，明确严格按照各项规章制度办事，并接受会员（理事）监督，推动县知联会运行更加科学化、规范化、制度化，不断提升知联会影响力。

【参政议政】 2023年，县知联会坚持将参政议政作为履职工作的重中之重，并建立和完善参政议政调研激励机制，鼓励会员（理事）围绕县委、县政府中心工作，紧密对接融入粤港澳大湾区建设，坚持制造业当家，全面实施"百县千镇万村高质量发展工程"，大力推进绿美佛冈生态建设。深入实施创新驱动发展战略，高水平推进民生工作等重点工作，并提出建议和意见，为县委、县政府科学决策提供支持和参考，为推动佛冈高质量发展献计出力。积极发动知联会会员（理事）撰写提案和建议。2月27日，县知联会会员（理事）在佛冈县政协十一届三次会议上提交提案19篇（集体提案17篇、个人提案2篇），提案质量和数量日益提高。其中，县

2023年8月19日，县知联会赴广州市开展"凝心铸魂强根基、团结奋进新征程"主题教育暨弘扬华夏民族文化助力百县千镇万村高质量发展学习培训

（县知联会　供图）

知联会副会长廖监军的《关于部门联动，全民参与，减少突发急性心肌梗死发生率的建议》被列为大会书面发言；会长范杰忠的《关于加快工业园区建设，推进招商引资工作，共谋高质量发展新思路的建议》被列为县重点提案并被评为2023年度优秀提案；副会长郑建国的《关于石角镇塘二路长期交通阻塞意见和解决办法建议》、副会长张丽英的《关于加强引导与规范管理"地摊经济"的建议》、副会长谢思慧的《关于改造北山公园的建议》、副秘书长温荣辉的《关于加强县学校（幼儿园）食堂原材料规范采购的建议》、常务理事张西铭的《关于修建县城石角镇龙山门楼富村公路的建议》、常务理事李洪波的《关于整合农村土地资源推动乡村振兴的建议》、理事邓志光的《关于围绕红星村发展乡村旅游，助力水头镇乡村振兴的建议》、理事钟榕英的《关于加强对城市人行道路日常维护的建议》、理事黄营营的《关于推进县乡村振兴工作的建议》等政协提案深受好评，引起县领导重视并被采纳。2月15日在清远市政协八届二次会议上，县知联会会长范杰忠向大会提交2篇政协提案，其中《关于管好用好政府专项债券资金，助推清远经济社会高质量发展的提案》被评为优秀提案。会长范杰忠在政协清远市委员会履职综合评价活动中被评为2023年度优秀委员。2月24日，县审计局聘请一批符合条件和有专门知识的民主党派成员和无党派人士担任特约审计员，县知联会分别来自财政、水利行业的范杰忠和冯伯海受聘为特约审计员。

【社会服务】 开展扶贫助困 2023年，县知联会坚持以人民为中心，践行群众路线，聚焦百姓所需所盼，用更加贴近基层、灵活多样的方式为群众办实事、好事，不断增强人民群众获得感、幸福感和安全感。县知联会会员（理事）在2023年广东省扶贫济困日以知联会名义募捐1500元，会员在所在单位募捐6250元，共募捐7750元；1月16日，县委统战部联合县知联会到高岗镇高岗村开展"情系困难群众，送温暖，献爱心"活动，为困难群众送上粮、油等慰问物品，价值6000元。县委统战部联合县知联会到科惠白井（佛冈）电路有限公司开展"关爱困难职工送温暖"活动，为困难职工送上慰问物品，价值3000元。

开展送书法进校园活动 2023年10月20日，县委统战部与县知联会到高岗镇中心小学和长江小学开展"送书法进校园"活动。县知联会会长范杰忠详细讲述学习书法的意义和书法的内涵；副会长张丽英就学习书法的方法、笔法技巧和当前国家政策对书法等艺术类课程的重视作详细的讲解，并勉励同学们要重视书法基础、勤加练习。同时，由副会长郑建国和常务理事、县书法协会会长张振山进行现场挥毫泼墨，把书写的书法作品赠送给学校并赠送一批毛笔给学生。

开展村级财务讲座 2023年11月8日，县知联会联合汤塘镇政府、县农业农村局、县财政局深入到汤塘镇汤塘村开展"乡村振兴农村财务管理""组账镇代管"下乡培训活动。会长范杰忠为参训人员详细讲解《农村集体经济组织会计制度》《佛冈县乡村振兴驻镇帮镇扶村资金筹集监管使用实施细则》《佛冈县农村集体经济组织资金管理办法》《佛冈县推进"组账镇代管"工作实施方案》等内容。通过列举农村集体财务管理常见问题及案例，并结合汤塘镇农村实际情况进行分析，举一反三，提出具体财务操作办法，提升参训人员农村财务管理能力，防止类似问题的发生，有效化解农村基层廉政风险，持续强化基层治理，助力乡村振兴，推动"百千万工程"顺利开展。

【联谊交流】 2023年，县知联会鼓励会员（理事）参加交友联谊和调研交流活动，以增进会员之间的沟通和交流，增强会员之间的凝聚力与向心力。3月4日，县委统战部联合县知联会在北山公园和交流基地举办"北山公园健步走"活动以及以"情暖三八，伴你同行；运动健康，放飞心情"为主题的庆祝三八妇女节活动，并为女理事们送上节日的祝福和慰问品。12月7日，县委统战部联合县知联会与阳山县知联会一行先后到佛冈县城东中学和黄花存久洞红色基地开展联谊交流活动。双方就知联会制度建设、队伍建设、参政议政、活动开展等方面进行深入交流。双方一致认为，加强互访交流学习不仅有益于增进双方友谊和加强两地工作交流，还有利于开阔视野、相互借鉴经验、提升工作成效，把两地知联会建设成为对内有凝聚力、对外有影响力的活力社团，为阳山、佛冈高质量发展贡献力量。

（县知联会）

外事·侨务·台港澳事务

责任编辑：李协湖

外　事

【外事工作概况】 2023年，佛冈县外事工作主要围绕统筹协调、服务管理、海外利益安全保护等方面做好工作。坚持深学细悟笃行习近平外交思想，牢牢把握正确政治方向；持续优化外事服务管理，助推全县经济高质量发展；深化拓展多领域对外交流合作，推动构建开放新格局；树立总体国家安全观，全面做好涉外安全工作。

【外事服务】 服务涉外企业　2023年，县外事部门先后走访县6家涉外企业，为一线企业提供周到暖心的外事服务。坚持"走出去，引进来"相结合，对现有的重点涉外企业实行更有针对性的管理和服务，主动对接企业，详细了解企业当前的投产运行、安全生产及派出海外企业的员工等情况。针对企业诉求和提出的问题进行解答，并提出意见和建议。通过大力宣传县的激励政策、优质便利服务，让企业能够安心落户佛冈，促进更多优质外资企业项目在佛冈落地。组织企业抢抓新机遇，用好用足涉外政策，大力推广APEC商务旅行卡，为企业"请进来、走出去"提供更大程度便利。为丰富企业的涉外知识产权、海外投资存在的主要法律风险及防范措施等方面的专题知识，县司法部门到相关的涉外企业举办2场涉外法律培训，律师就企业代表提出的问题进行解答，并就国际贸易中如何建立健全贸易风险防范应对机制提供指导。

服务外事人才　2023年，县外事部门针对县外事系统外语水平不高、处理外事文献翻译经验不足的情况，积极动员各单位的外语干部参加市委外办组织的外事系统外语干部线上翻译培训班。是年，有15人次参加四期翻译培训班，有效提升相关外事系统干部的外语水平。

【外事管理】 2023年，县外事部门坚决贯彻执行党中央对外方针政策，严格规范外事工作流程，严守外事工作纪律，科学规划出来访工作，全县无因公临时出国情况。协助爱克威贸易有限公司办理两次涉及3名外国客商来华核实订单和签证邀请函审批工作。是年，全县共有117名外籍人士在佛冈长期居住。县外事部门对居住在佛冈县的外籍人士进行信息登记管理，建立信息台账和跟踪服务，并及时更新外籍人士名单，做到"底数清、情况明"。坚决反对任何种族主义和歧视性言论及行为。对县"走出去"的企业和外派海外企业的人员进行走访，了解企业的运行状况、海外公司是否有在大使馆报备、涉外应急能力、安全生产工作等，普及海外安全知识，引导企业强化主体责任，切实增强安全意识，提升风险防范能力。

【外事宣传】 开展领事保护宣传活动　2023年，县外事部门通过积极开展"平安走四方　领保伴我行"领事保护宣传活动，提升群众对领事保护工作的知晓率和认知度，帮助公民、企业更多地了解领事保护相关内容及政策，增强其规避海外风险和自身防范能力。县外事部门在县人民公园设立现场咨询点，重点科普中国公民海外旅行、留学、经商的常见问题，积极推广"外交部全球领事保护与服务应急呼叫中心12308热线"，帮助大家了解海外领事保护知识。工作人员在振兴社区的宣传栏张贴领事保护宣

2023年4月13日，美国驻广州总领事馆领事到佛冈县参观约克广州空调冷冻设备有限公司　　　　　　　　　　（徐金环　摄）

2023年5月9日，县外事部门在县人民公园开展领事保护宣传工作

（徐金环　摄）

传海报和摆放宣传资料，到公安出入境大厅发放宣传手册，并对在现场办理业务的群众讲解领事保护相关知识和海外出行安全注意事项。宣传活动共发放各类宣传资料300余册，宣传品100余份，有力拓展领事保护宣传覆盖面。

开展对外交流宣传活动　2023年，县外事部门为讲好清远佛冈故事，促进对外交流，开设45个海外社交平台账号，发送推文4800余条，借助"互联网+"推动中华优秀传统文化走出去。在广州市委外办的帮助下，组织英国、加拿大等国侨领侨商代表到迳头镇调研农村基层治理及乡村振兴工作，通过他们向所在的华人社区大力宣传广东乡村治理及乡村振兴成效，讲好中国故事，传播广东好声音，进而发动更多侨胞助力"百千万工程"。

（徐金环）

侨　务

【侨务工作概况】　2023年，佛冈县侨务部门坚决贯彻落实习近平总书记关于做好侨务工作的重要论述，围绕中心、服务大局，积极应对国内外侨情的新变化新特点，做好新形势下侨务工作，用好侨务资源，为助推"百千万工程"注入"侨动力"。是年，开展全面侨情摸底调查工作，据统计，全县现有归侨19人，海外华人华侨63人，侨眷623人，合计705人。

【归侨服务】　2023年，佛冈县侨务部门坚持"以人为本，为侨服务"的宗旨，重点做好"三侨生"报送、涵养侨务资源、建立侨务人才信息库、侨务信访维稳等工作。主动下沉一线开展侨法宣传、安全生产、社会稳定、乡村振兴和新文明实践活动等工作，扎实开展"我为侨界群众办实事"等活动，团结带领侨界群众跟党走。

【归侨民生保障】　2023年，佛冈县侨务部门根据全县归侨大部分是20世纪50年代初回国定居的马来西亚、新加坡、越南归侨，且年老体弱、劳动能力不强、家庭生活普遍困难的情况，本着求真务实的态度，认真贯彻落实《中华人民共和国归侨侨眷权益保护法》及其实施办法，执行国家对归侨侨眷"根据特点、适当照顾"的政策，着力解决涉及归侨侨眷民生保障问题，促进当地社会和谐发展。

台湾事务

【台湾事务概况】　2023年，佛冈县有台商投资企业10家。台资企业涵盖制造、化工、旅游等产业，其中制造业企业8家，主要产品包括五金制品、油墨、家具、陶瓷等。是年，规模以上台资企业5家，分别是汇康荧光科技（清远）有限公司、强丰（佛冈）制鞋有限公司、广东吉多宝制罐有限公司、佛冈县同庆陶瓷有限公司、永旭精化科技（清远）有限公司。

【台胞事务】　服务台资企业　2023年，县委台港澳办围绕县委、县政府中心工作，提高行政服务质量，开展"我为企解难题"活动。做好台企服务工作，做到涉台企服务制度化、走访活动经常化、台商投诉调处规范化。建立台港澳资企业联系走访机制，加强沟通与联络；通过微信群，积极向企业宣传各种政策利好，组织县领导与行业协会、企业代表座谈会，增强企业士气与信心，共同推动佛冈高质量发展。开展"暖企惠企稳企行动"，了解企业生产经营情况和存在的困难、问题，全力帮助企业发展壮大。深入东立（佛冈）木业有限公司、田野（佛冈）休闲农牧有限公司、强丰（佛冈）制鞋有限公司等台资企业了解发展情况及存在的问题和困难。县委台港澳办会同司法等部门，引导企业运用诉讼、仲裁、调解等途径化解矛盾纠纷。协助东立（佛冈）木业有限公司解决征地遗留问题，协助田野（佛冈）休闲农牧有限公司解决土地纠纷问题，切实为企业排忧解难，确保台资企业稳定发展。不断扩大对台交流与合作，台港澳协调发展，共同促进我县经济社会长足发展。

服务台胞台属　2023年，县委台港澳办扎实有效做好台胞台属服务工作，加强台胞数据库的动态管理，认真做好台胞证明出具等服务工作。在春节及中秋、国庆期间，及时开展慰问活动，慰问台胞台属20户。同时，力所能及提供就医、求学等相关服务。

港澳事务

【港澳事务概况】 2023年，县委台港澳办从严管理党政机关干部因公赴港澳经费，进一步规范因公临时赴港澳经费管理和因公短期赴港澳培训经费管理。严禁利用公款赴港澳旅游，按照务实、高效、精简、节约原则，根据工作需要有计划地进行公务派出，并按规定执行经费预算及财务管理，严格执行赴港澳管理（赴港澳人员按级别报相关的分管领导指示后方可办理赴港澳手续），确保赴港澳人数零增长。坚决防止因人我事和安排无实质内容的照顾性、考察性出访，严格执行出访绩效考核评估制度，出访的具体行程需报告本单位，并进行"阳光公示"一周，再按级别报送不同的组织部门进行备案。

【联络联谊工作】 2023年3月，佛冈县委书记潘国标率团赴香港访企业、谈合作、谋发展、会乡亲、增乡谊、聚乡情；考察团一行先后拜访建滔集团、香港清远社团总会、莲和医疗健康集团有限公司，并出席香港佛冈联会新一届理事会就职典礼。是年，县委台港澳办共办理17批共33人次赴港联络联谊及开展招商引资活动。

【粤港澳青少年交流】 2023年5月12日，配合市委台港澳办共同做好"赓

2023年5月12日，市委台港澳办组织开展"赓续红色精神血脉 凝聚港澳青年力量"在清港澳台青年学党史活动，一行28人参观水头镇石潭村中共天西乡革命遗址纪念馆 （朱耀莹 摄）

续红色精神血脉，凝聚港澳青年力量"在清港澳台青年学党史活动，组织在清远工作、生活、学习的港澳台青年一行28人，赴佛冈参观佛冈水头镇石潭村中共天西乡革命遗址纪念馆，开展学党史之参观红色教育基地活动，有力推进在清港澳台青少年广泛交往、全面交流、深度交融，增强他们对祖国的向心力。8月18—20日，粤港澳青少年足球交流赛（清远佛冈赛区）在佛冈县城东中学举行。来自香港、澳门、清远当地的4支参赛球队，共有55名运动员开展了一场激烈精彩的足球友谊赛。港澳青少年反响强烈并建议今后多开展此类活动。港澳青少年表示，此次粤港澳青少年足球交流赛规格高、专业性强又不乏趣味性，既使他们开阔眼界、增进友谊，又使他们深入了解了国家乡村振兴发展战略以及感受清远佛冈推进"百千万工程"的成果。活动进一步增强了港澳青少年对祖国的认同感与向心力。

【港澳企服务】 2023年，加强对驻佛冈港澳企业的联系，密切关注在县的所有港资、澳资企业发展情况，通过召开政企座谈会和定期走访，了解其在县生产经营遇到的困难，对于港澳企反映的问题，及时与县各职能部门、相关负责领导反映，协助解决，切实为企业排忧解难，做好纽带的作用。通过香港佛冈联会，加强双方联系，让港澳企业对佛冈有更明晰的了解，增强港澳企业对佛冈的投资信心。同时，通过春节、国庆等重要节庆对港澳企业开展慰问，送去县委、县政府的关怀。

（董莲香）

法　治

责任编辑：胡　辉

法治综述

【政法概况】 2023年，佛冈县委政法委扎实推进平安佛冈建设，深入开展"1+6+N"基层社会治理工作体系建设、"网格化＋信息化"与"网格员＋信息员"基层社会治理工作，以实现网格化治理中人防、技防资源的最优化配置，切实抓好维稳（信访）各项工作开展，常态化推进扫黑除恶工作。同时，持续巩固深化政法队伍教育整顿成果，加强政法干警政治教育，为全县经济社会高质量发展创造安全稳定的社会环境。

【"两化""两员"工作】 优化运行机制　2023年，县委政法委深入推进"网格化＋信息化""网格员＋信息员"基层社会治理工作。定期召开联席会议，完善事项入格管理、事件分级处置、网格员管理培训、网格员奖惩等机制，对网格员工作情况实行一月一通报、一月一奖励，印制《网格员工作手册》，推动全县网格优化整合为479个，实现基层治理有章可循、有规可依、有格可管。

优化部门联动　2023年，县、镇职能部门分别派员进驻"粤平安"综合网格管理服务平台，设置县镇两级辖区管理员16名、部门管理员178名、受理员374名、整治员369名。依托"粤平安"综合网格管理服务平台进行线上综合办公，推动县级研判处置力量下沉镇村一线、镇村网格事件上移县级处置，实现网格事件高效流转处置。全年共流转职能部门处置网格事件2018件，办结率100.0%。

优化要素保障　2023年，县委政法委强化人力保障，配备专、兼职网格员和专业网格员，将党员干部、"两代表一委员"、志愿者、热心群众等发展为信息员，实现网格无缝隙、全覆盖。强化能力提升，根据网格管理实际，制订网格员年度培训计划，全面提升网格员的业务水平和履职能力，打造一支"全科化"的网格员队伍。2023年，县委政法委开展18次"线上＋线下"培训，内容涵盖隐患排查等19个类别37个事项，共计3489人次参加。强化专业装备，为专职网格员配备执法记录仪、马甲等装备，提升工作效能。

【"1+6+N"基层社会治理工作体系建设】 加强综治中心规范化建设，建强"1"个中心　2023年，县委政法委印发《佛冈县推进"1+6+N"基层社会治理工作体系建设工作方案》《佛冈县乡镇综治中心规范化建设实施方案》《"中心吹哨，部门报到"机制》《驻镇综治中心衔接工作机制》等。各镇综治中心设立群众接待厅、矛盾纠纷调处室、网格化工作室、社会心理服务室、部门进驻室、视频监控研判室等"五室一厅"。

提升统筹协调能力，善用"6"个元素　2023年，县委政法委以镇综治中心为平台，统筹整合法院、检察院、公安、司法等职能部门力量。在各镇挂牌"佛冈法院巡回审判点"和县检察院"12309检察服务中心"，实现公、检、法、司全面进驻综治中心。以"两化""两员"基层社会治理为抓手，强化"粤平安"社会治理云平台支撑作用，县、镇级职能部门安排专人负责"粤平安"综合网格管理服务平台，实现网格事件闭环流转。

抓资源整合，壮大"N"种力量　2023年，县委政法委在充分发挥综治中心进驻部门作用的基础上，将党员、人大代表、政协委员、社区民警、社工、乡贤、志愿者等队伍共1.25万人充实到网格队伍中，营造全民参与社会治理浓厚氛围。有主要群防群治组织317个，共1728人，形成专业力量引领下的新时代群防共治模式。践行新时代"枫桥经验"，积极打造"蓝榕概法官调解工作室""泖姐调解工作室""西哥工作室""老张调解工作室"等品牌项目，有效化解各类矛盾纠纷。

【开展救治救助】 2023年，佛冈县扎实推进严重精神障碍患者救治救助各项措施落实，对每名严重精神障碍患者逐一落实监护人，对三级及以上精神障碍患者确定两名协助监护人，对每名严重精神障碍患者建立档案。是年，佛冈县精神分裂症患者规律服药率全市排名第一，严重精神障碍患者规律服药率、综合评价指数全市排名第二。

【治安综合治理】 2023年，佛冈县开展社会治安重点地区和突出治安问题排查整治工作。全县实施挂牌整治重点治理地区1个（迳头镇楼下村委因涉车"碰瓷"等问题被确定为重点治理地区），突出治安问题7个，其中由县实施挂牌整治2个（石角镇振兴社区涉盗窃问题、汤塘镇四九村涉交通安全问题），由镇实施挂牌整治5个（高岗镇墩下村涉电信网络诈骗问题、迳头镇大村村涉电信网络诈骗问题、水头镇莲瑶村涉交通安全问题、石角镇莲溪村涉电信网络诈骗问题、龙山镇良塘村涉赌问题）。针对排查出的问题，深入梳理、分析研判，并制定专门工作方案进行严厉打击整治，取得一定成效。

【社会矛盾化解】 2023年，佛冈县严格落实全县"一盘棋"思想和重大突发事件"四个一"应急处置、敏感节点"六个一"调度指挥、"三同步"和重点案件交办督查机制等，不断健全完善涉稳风险隐患排查、化解工作机制。全年全县综治中心三级工作平台受理排查矛盾纠纷587件，办结及成功调处557件，办结率94.89%；列入矛盾纠纷排查化解攻坚台账的10宗、列入省市县社会矛盾三级台账的12宗，均落实牵头化解责任单位和包案领导，全部化解，化解率达100%。

【市域社会治理现代化试点工作】 2023年，佛冈县通过推进体制现代化，完善党委领导、政府负责、群团助推、社会协同、公众参与体制。防范化解政治安全、社会治安、社会矛盾、公共安全、网络安全"五类风险"。充分发挥政治引领、法治保障、德治教化、自治强基、智治支撑"五治"作用。8月，在全市2023年市域社会治理现代化试点工作创新项目大赛中，县人民法院（夯实"蓝榕概法官调解工作室"调解模式，推动调解工作"基层循环"）获得三等奖，团县委（"千百团员青年下乡村"，注入乡村振兴"新活力"）获得优秀奖。

【扫黑除恶斗争】 2023年，县委政法委与各镇各成员单位继续把扫黑除恶斗争作为一项重要的政治任务，认真履行职责、精心组织、周密部署，扫黑除恶斗争取得新成效。全县共掌握线索36条，其中上级单位交办线索3条、成员单位上报线索31条、群众来访举报线索2条；线索办结及初步办结32条，线索办结及初步办结率为88.88%。

打击黑恶犯罪行为 2023年，全县共打掉1个"村霸团伙"、1个涉恶团伙；共立涉黑涉恶刑事案件22宗，破案22宗，破案率100%；刑拘90人，逮捕32人。

深挖保护势力 2023年，佛冈县持续加大对黑恶势力深挖打击力度，把扫黑除恶与反腐败斗争、基层"拍蝇"结合起来，彻查背后的"关系网"、保护伞，严惩涉黑涉恶腐败和失责问题，查处一批涉黑涉恶腐败"保护伞"案件，力争实现深挖彻查、除恶务尽。是年，共查处涉黑涉恶腐败和"保护伞"问题12人，给予党纪政务处分10人，免予处分并给予诫勉2人；"黑财"执行处置到位率100%，处置入库总金额共计160.54万元。其中2022年排查的汤塘镇官山村、田心村完成检查验收，进一步建强基层党组织。

加强宣传发动 2023年，佛冈县持续加大开展扫黑除恶斗争宣传力度，据统计，共开展《中华人民共和国反有组织犯罪法》普法宣传活动753场，其中"进校园"18场，宣讲活动52场，培训32场；制作、派发宣传小册子、口罩、扇子、环保袋、笔袋、纸巾、雨伞等宣传物料约12.5万份，通过多种渠道共发布新闻稿件、视频等共60条，助推全县扫黑除恶斗争不断取得新成效。11月15日在县人民中心综合楼301会议室召开县扫黑除恶斗争新闻发布会，向社会公布全县常态化开展扫黑除恶工作取得的成效，着力提升广大群众对常态化扫黑除恶斗争的知晓率和满意度。通过营造全民扫黑除恶的浓厚氛围，全力助推扫黑除恶斗争工作常态化开展。

【全民禁毒工程】 保持禁毒严打高压态势 2023年，佛冈县共立涉毒案件18宗，破获涉毒刑事案件13宗，破案率72.22%。抓获犯罪嫌疑人51人，刑事拘留45人，逮捕14人；查处吸毒人员85人，执行强制隔离戒毒9人，责令社区戒毒12人，并对重点吸毒人员开展管控帮教"敲门行动"、加强"酒毒同检"，防范吸毒人员肇事肇祸。同时，为遏制新型毒品滥用蔓延，有效防范依托咪酯的危害，营造安全稳定社会环境，佛冈县成立打击防控吸贩依托咪酯专项行动工作专班，对涉吸贩依托咪酯行为依法查处打击；对校园周边电子烟非法销售情况进行全面排查并开展专项整治；查处吸食依托咪酯261人，其中教育劝诫186人，形成强烈社会震慑作用。

线下大力推进禁毒宣传教育活动 2023年，组织全县各单位人员及青少年学生积极参与清远市"红棉杯"禁毒主题朗诵比赛。全县全年共开展禁毒宣传"六进"活动3800

2023年11月15日，县委政法委在县人民中心综合楼301会议室召开佛冈县扫黑除恶斗争新闻发布会

（县委政法委 供图）

2023年3月7日,县委政法委在县文化公园开展反邪教宣传
(县委政法委　供图)

余场。积极搭建各级主流媒体平台,其中,中国禁毒网报道1次,粤虎工作室报道2次,《南方日报·佛冈视窗》报道4次,《清远壹周》报道77次,"广东禁毒"公众号、广东禁毒网、新浪网、网易网、搜狐网、腾讯网、今日头条及佛冈电台等多家新媒体平台对佛冈县禁毒工作进行宣传报道。另外,开通3条禁毒公交专线,在全县70多辆公交车投放禁毒宣传视频。

【法治建设】　2023年,县委政法委深入企业、村(社区)、学校开展系列法治宣传活动,深入推进"双百"活动暨"南粤法治报告会"。10月19日,组织召开佛冈县2023年"百名法学家百场报告会"暨南粤法治报告会,会议邀请省法学会副会长、省委政法委原一级巡视员邓远强出席并就"学习贯彻习近平法治思想推进法治化治理化解基层社会矛盾"作主题宣讲,各镇政法委员,县政法各单位班子成员、中层及以上干部共100多人参加会议。11月8日,联合县法学会、县司法局在清远南玻节能新材料有限公司开展"以法兴企"文化沙龙活动,活动邀请广东大观律师事务所黄绍腾律师讲解法律知识,为企业遇到的法治问题答疑支招,提出可操作性的法律意见。同时,深入开展"青年普法志愿者法治文化基层行活动",共举办法治文化基层行活动5场,开展法律服务场次5场,发放宣传资料约1019份,参加普法志愿者43人,普法受众人数约343人次,进一步推动法治文化深入人心,为平安佛冈、法治佛冈建设作出新的贡献。

【反邪教警示教育】　线上线下宣传　2023年,县委政法委组织各镇、各单位先后派出350多名干部职工向各村(社区)群众派发《行动起来,共同打击邪教组织的滋事活动——致佛冈市民的一封信》2.1万份、反邪教宣传折页1.3万份、反邪教主题文化宣传服2500件,同时在县人民中心、县中心公园、文化广场等场所更新大型宣传栏7幅。各镇、各单位共开展反邪教警示教育宣传活动98场,通过网络媒体、传统媒体发布原创稿件25篇,向市委政法委提交原创宣传稿件12篇,其中2篇报道在广东省反邪教网上发布。通过佛冈电视台、电台、佛冈通、佛冈发布、户外大型电子屏等多种渠道滚动播放反邪教宣传短片约3800次。5月10日,组织全县500多名网格员参加反邪教工作专题网络宣讲培训,进一步提高全县基层网格员履职能力和水平。

系列宣传活动　2023年,县委政法委结合法治、扫黑除恶、禁毒等主题专项宣传行动,联合各镇各相关单位开展以"同心反邪教·启航新征程"为主题的警示教育宣传活动。通过借助"送戏下乡"活动平台深入到各村(社区)共开展反邪教宣传活动12场,受众人数约2000人。活动现场结合悬挂反邪教宣传标语、派发反邪教宣传资料及礼品、摆放反邪教宣传展板、服务反邪教法律知识咨询答疑等形式,引导广大市民群众认清邪教组织反人类、反科学、反政府、反社会的危害本质,做到相信科学、远离邪教、共建平安家园。

2023年8月22日,清远市见义勇为基金会、佛冈县见义勇为协会在县人民中心综合楼301会议室召开表彰奖励见义勇为人员座谈会　(县委政法委　供图)

【见义勇为协会】 2023年，佛冈县见义勇为协会在县委政法委的正确领导下，认真贯彻落实上级的工作部署，大力弘扬和宣传见义勇为先进事迹，积极做好见义勇为基金的筹集管理和奖励慰问工作。健全完善见义勇为协会管理工作制度，充分发挥见义勇为基金激励引导群众的积极作用，营造见义勇为的良好社会道德风尚。全年共慰问18人次，发放奖励慰问金4.85万元。全县通过"清远+"平台、"清远Plus"平台、《清远日报》等媒介刊登见义勇为宣传稿件共6篇，通过佛冈发布、佛冈新闻、佛冈政法、佛冈文明等新媒体发布稿件共14篇，进一步扩大见义勇为的社会影响力。

【维稳（信访）工作】 2023年，佛冈县共召开政治安全和社会形势分析研判会议12次，召开专题分析研判（协调）会议63次，扎实开展维护政治安全专项行动与社会矛盾问题专项治理工作。在全县推进社会稳定风险评估、网络舆情、政法网军、专班建设等工作。同时，做好成都大运会、杭州亚运会、全国"两会"等重要特护期的各项维稳安保工作。坚持领导24小时带班值班制度，牢固树立全县"一盘棋"思想，落实重大突发事件"四个一"应急处置和敏感节点维稳安保等级"六个一"调度指挥工作机制，确保全县大局稳定、重要敏感节点平稳度过。

【政法系统政治轮训】 2023年8月，县委政法委牵头开展县政法系统政治轮训工作，举办佛冈县政法干部政治轮训工作，深入学习贯彻习近平新时代中国特色社会主义思想和党的二十大精神，加强平安建设、法治建设、基层社会治理、队伍建设，开展培训交流，进一步提升全县政法干警的政治素质、理论修养和业务水平。通过强化政治建设、深化理论武装、实化作风建设、细化队伍建设，全面提高佛冈县政法机关政治觉悟，提升政法系统工作人员的政治判断力、政治领悟力、政治执行力，推动全面从严管党治警向纵深发展。

【荣获"平安鼎"】 2023年9月25日，在平安广东建设工作会议上，佛冈县2020—2022年连续三年在平安清远建设考评中获评优秀，被省委平安办授予"平安鼎"，是清远唯一获奖单位。

（黄媛媛）

依法治县

【依法治县工作概况】 2023年，佛冈县围绕省委"1310"具体部署、市委"十大行动方案"以及县委中心工作，以提升全民尊法学法守法用法意识为目标，深入推进佛冈全面依法治县相关工作，取得阶段性成效，为全县经济社会高质量发展提供强有力的法治保障。

【思想政治建设】 强化党对法治建设的领导 2023年，佛冈县持续加强党内法规制度建设，及时调整依法治县工作领导小组成员，切实把推进依法治县工作纳入重要议事日程，召开专题会议研究部署，定期听取汇报，及时研究解决推进工作中的实际问题。做好党内规范性文件报备工作，推动法治建设与业务工作相融合。印发《佛冈县党政主要负责人履行推进法治建设第一责任人职责清单》，发挥"关键少数"作用。抓好法治佛冈考核工作，对全县6个镇和66个单位开展2022年度法治佛冈建设考核；部署法治清远考评迎检工作，对15个参评单位开展实地督察；在2022年度法治清远建设考核中佛冈县总分93.9分，全市排名第3。

学习贯彻党的二十大精神和习近平法治思想 2023年，佛冈县深入学习贯彻党的二十大精神，充分发挥党组理论学习中心组学习、党组学习制度作用，坚持"第一议题"传达学习党的二十大精神。组织开展全县2023年干部教育培训，以习近平新时代中国特色社会主义思想、党的二十大精神为主要培训内容，分期分批对全县干部开展集中轮训，引导、激励广大党员干部做到理论联系实际，推动党的二十大精神转化为指导实践、推动工作的强大力量。举办公务员初任培训班、公务员全员培训暨学习贯彻党的二十大精神专题培训班等13期，培训合计2610人次。学习贯彻落实习近平法治思想，坚持以党组理论学习中心组学习、党组学习、干部职工会议等形式认真学习习近平新时代中国特色社会主义思想和习近平法治思想，举办2023年习近平法治思想专题研讨班、2023年全县领

2023年1月13日，县委依法治县办组织召开佛冈县2022年度法治清远建设考评工作推进会
（县司法局 供图）

2023年8月17日，县委依法治县办组织举办佛冈县2023年习近平法治思想专题研讨班　　　　　（县司法局　供图）

导干部法治专题学习培训班及两期县政府常务会议法治专题讲座，掀起学习习近平法治思想热潮。加快推进习近平法治思想学习宣传阵地建设，在全县镇村94个宣传栏宣传习近平法治思想相关内容，在各镇政府、各村居的LED屏播放有关宣传片、宣传标语超120条次，运用各村居的410个大喇叭播放超3000次，在县人民政府社会服务中心广场大屏幕播放超6000次，让习近平法治思想"飞"入佛冈寻常百姓家。

【依法行政】**法治护航"百千万工程"走深走实**　2023年，佛冈县认真落实省市工作要求，以头号工程的力度推动落实"百千万工程"，法治助推佛冈在高质量赛道上奋勇争先。成立由县委主要领导牵头的指挥部并配置6个工作专班，围绕经济工作、招商强链、绿美生态、重点项目等4个中心工作成立工作组，落实"三级书记"责任制，集中力量抓产业、促发展、惠民生，推动"百千万工程"稳步开展。持续开展法治六进活动，大力开展"法治体检"，推进产业园区化，建立"七个一"专班园区开发建设机制，其中广佛产业园累计签约项目120个，总投资约262亿元，预计年产值515亿元，年税收24.3亿元。着重抓好"百千万工程"1个典型镇、6个典型村创建；做强丝苗米、柑橘、魔芋、粉葛等土特产文章，成功创建魔芋省级农业科技园，农副产品加工中心正式开工；打造"芋香胖胖"系列产品，省级农村电商试点年度考核获优秀等次。

坚持"放管服"改革　提升服务质量　在"放管服"改革中，着力提升政府服务质量，全县政务服务事项1921项。完善"互联网＋监管"工作机制，印发《佛冈县推进"互联网＋监管"工作实施方案的通知》。优化政务服务平台，设立工程建设审批、企业开办和实名认证专窗、"办不成事"反映窗口、"惠企政策兑现"专窗。推行"政务晓屋""视频办"业务办理模式，与广州市从化区签订政务服务"跨域通办"合作协议，实现佛冈县"跨城通办"事项57项，进一步提高企业和群众办事的体验感和便利度。梳理实现县级政务服务"免证办"事项1100余项。推广使用"粤智助"政府服务自助机（桌面型和增强型）106台，推动有关问题及时有效化解处理。

持续营造法治化营商环境　着力出台《佛冈县"暖企惠企稳企行动"实施方案》《佛冈县政企"直通车"工作方案》等文件，持续深化首席服务官体系标准化建设试点、"企业直通车"机制、损害营商环境突出问题专项整治等工作，以法治方式打造审批最少、流程最短、诚信最优、服务最好的营商环境。稳步推进社会信用体系建设，报送"双公示"数据超2.5万条；逐步优化企业信用监管，开展"双随机、一公开"抽查工作，完成约700户商事主体抽查并公示结果，为企业修复信用19次；扎实开展"屡禁不止、屡罚不改"严重失信问题专项治理，开展企业信用监管工作超4000家次，完成县两家房地产开发企业149宗严重失信案件治理，治理涉案金额约120万元。大力推进民生领域案件查办"铁拳"行动和"双打"专项行动，查处各类案件284宗，移送公安机关刑事立案5宗，涉案货值近100万元。在南玻公司设立佛冈首家专利预审服务工作站，"佛冈蜂蜜"入选首批广东省地理标志培育产品名单。畅通渠道快速处理投诉举报，受理消费投诉、举报2100余宗，为消费者挽回经济损失约95万元；培育"放心消费承诺单位"和"线下无理由退货承诺店"超100家。

严格落实规范性文件合法性审查工作　做好规范性文件立项工作，将《佛冈县农村集体经营性建设用地产权登记管理试行办法》等3份规范性文件纳入《佛冈县政府2023年度规范性文件制定工作计划》并发布。完成规范性文件合法性审查8件，向市政府、县人大常委会报备4件，有关部门报备部门规范性文件3件，推动规范性文件合法性审查工作迈上新台阶。

积极开展县政府重大行政决策目录制定工作　将《佛冈县综合交通运输体系发展"十四五"规划》等4件重大行政决策事项纳入县人民政府2023年度重大行政决策事项目录，完成率100%；对《佛冈县国土空间总体规划（2021—2035年）》等6件重大行政决策事项进行合法性审查。充分发挥法律顾问"参谋助手"作用，2023年交办县政府法律顾问办理法务事项101件。

依法做好行政复议应诉和裁决工作　发挥行政复议化解行政争议主渠道作用，开启"党建＋复议"融合发展新模式，探索"行政复议＋调解"办案机制，激发司法行政内生动力。2023年，全县申请行政复议83件，受理55件，审结56件（2022

年转结5件），以调解和解等方式化解行政争议13件；以撤销、确认违法方式纠错行政行为11件，发出行政复议意见书8份；代理县政府出庭应诉案件28件，代理行政机关负责人出庭应诉率100%；办理以县政府为被告的行政案件答辩状、行政上诉状、行政裁决、执法批复、各部门发来有关执法征求意见稿等法律事务件67件。

着力强化行政执法监督和指导 锚定提高行政执法水平这一目标，指导协调各行政机关解决执法争议事项13项，成立行政执法案卷评查小组，开展行政执法案卷实地评查和行政执法不规范专项整治工作，抽查全县26个执法单位130宗案卷进行评查并通报，以评促改、倒逼提升。深化"粤执法"平台应用，到各镇各执法单位开展案卷评查，建立清远"粤执法"应用月通报制度，联合县纪委到平台应用落后的单位和乡镇开展法治督察，点对点与有关单位主要领导通报情况，到重点执法部门进行实地督导。25个上线单位运用"粤执法"办理行政执法案件超5300件，无纸化办案率为92%，在清远市8个县市区中排名第1，办案量排名前3。组织佛冈县行政执法人员综合法律知识网上考试，2023年全县办理新证申领185人，持证总数1013人。

有序推进乡镇综合行政执法工作 组织县级执法部门业务骨干到各镇开展乡镇综合行政执法业务指导，通过现场面对面的解疑释惑和对执法案件的评查，充分发挥乡镇综合行政执法导师团作用，提高乡镇办案人员业务水平；举办2期乡镇综合行政执法培训班，培训总人次达150余人；印发《佛冈县乡镇街道综合行政执法规范化建设实施方案》，成立规范化建设工作专班，进一步规范乡镇综合行政执法队伍建设和办公场所建设；召开规范化建设推进会，到各镇开展乡镇综合行政执法规范化建设工作调研，组织各镇到清城区凤城街道、东城街道综合执法办开展调研，交流学习清城区镇街综合行政执法办规范化建设的先进经验，进一步提高乡镇执法人员业务水平。

开展道路安全和交通运输执法领域突出问题专项整治工作 召开专项整治动员部署会议、工作推进会，做好专项整治工作统筹协调；多次组织督导组到县公安交警大队和县交运局开展专项整治实地督导，组织督导组到京珠高速佛冈站出口和佛冈县便捷客运站实地督导县交运局、县公安局交警大队联合执法行动，召开督导反馈问题整改落实推进会，推动问题整改细落实；组织县交运局、县公安交警大队业务骨干到连山县进行专项整治交叉检查，对照发现的问题开展自查自纠，切实做到整当前、消隐患、管长远，确保专项整治工作见真见底见实效。

【**维护社会和谐稳定**】 **严厉打击各类违法犯罪** 2023年，全县有效刑事治安警情1371起，同比2021年下降56.25%，下降幅度全市排名第2；道路交通事故警情6894起，同比2021年下降10%，下降幅度全市排名第3。全面打击犯罪"零容忍"，受理治安案件1436起，刑事立案810起，侦破750起。保障人民财产安全，盗抢销立案143宗，破案173宗；受理经济案件22宗，破案10宗。严厉打击"黄赌"违法犯罪，破获刑事案件6起。开展"清湾2023""双反"等专项行动，在风头岭检查站成功查缉5000万元现金，为后续提供战机，受省公安厅表扬。纵深推进常态化扫黑除恶工作，打掉2个恶势力犯罪组织，破案22宗，刑拘90人，逮捕32人。坚决打好人民禁毒战争，侦破涉毒刑事案件5起，刑拘43人，逮捕22人，查获吸毒人员82人次，成功侦破"2023-70"省目标案件。严密防范电信网络诈骗犯罪，破案153宗，抓获犯罪嫌疑人188名，侦破10宗案值超20万元市督办案件。全县通过拨打电话、上门见面等方式预警共12 560人，预警率达97.33%，成功劝阻近3000名群众受骗。

精准监督做强人民检察，护航佛冈经济社会高质量发展 依法严惩各类刑事犯罪，批准和决定逮捕94件150人，提起公诉187件235人。共办理案件1518件，获评最高检"为民办实事"实践活动表现优秀团队，佛冈检察控申团队获评全国优秀办案团队，县检察院获评广东省青年文明号，"益·青清"志愿服务队获"广东省最佳巾帼志愿服务组织"称号，2人入选省人才库，9个集体和48人次获县级以上表彰。开展湿地保护专项行动，相关经验获《检察日报》推广。成立"检·青蓝"新媒体团队，打造"互联网+"新媒体宣传矩阵，81篇宣传材料被最高检、《法治日报》、"学习强国"等媒体平台采用，《民房里攒出"大品牌"》等2个作品被最高检收录。延伸打造"'益'心可望，青绿可守"公益诉讼普法矩阵品牌，获评"广东省优秀普法项目"。坚持数字赋能队伍建设，积极参加数字检察案例评选比赛，22个数字模型获市级以上奖项。

依法履行审判监督职能，着力深化司法体制改革 2023年，新收案件5765件，审执结6015件。常态化推进扫黑除恶，审结涉黑恶案件3件15人，累计执行涉黑恶财产近160万元。依法高压态势打击毒品犯罪，审结涉毒案件7件，连续5年下降。持续开展电信网络诈骗、跨境赌博等专项治理，审结涉电信网络诈骗及关联犯罪案件10件。审结商品房预售、物业纠纷等民生案件452件。出台《劳动争议仲裁诉讼衔接机制》，为务工人员追回拖欠工资款超2100万元。营造一流法治化营商环境，依法审结合同纠纷案件2355件。发挥"蓝榕概法官调解工作室"作用，新增"金融消费纠纷调解工作室"，在石角镇设立首个社区"诉前调解工作室"，成功诉前调解案件1810件。持续推广"一村一法官"工作模式，接待群众243人次。推动简证便民、集约服务、一站通办，实现网上立案约

2023年12月4日，县司法局联合县融媒体中心在县人民中心广场开展佛冈县2023年度"12·4"国家宪法日宣传活动　　（县司法局　供图）

1700件、网上缴费超3000件、电子送达近万次。建立发回和改判案件台账，不断完善案件质量管理常态长效机制，案件被改判、发回重审率全市最低，刑事案件无一被发回和改判。

【法律服务】　**开展普法宣传**　2023年，扎实推进"八五"普法活动，组织开展2023年全县国家工作人员年度学法考试，近7700人参加，参考率100%；开展"法律六进"活动，开展法治体检进企业活动5次。结合"12·4"宪法宣传日等时间节点，利用LED电子显示屏、公交车、宣传栏、法治文化主题公园等宣传阵地，积极宣传宪法、民法典等内容。据统计，共播放宣传标语182条、视频37个。开展民法典宣传暨服务农民工公益法律服务线上答题活动，约23.5万人参与；围绕《中华人民共和国民法典》《中华人民共和国未成年人保护法》开展主题绘画征集活动，共征集绘画500多幅，36名青少年学生获奖；拍摄"援来有你"系列宣传短片，加大《中华人民共和国法律援助法》宣传力度。全面打造示范"硬"实力，申报创建水头镇石潭村、石角镇黄花村为省级"民主法治示范村（社区）"；积极开展龙山镇上岳村全国"民主法治示范村（社区）"创建工作；全县共有省民主法治示范村（社区）6个，县、镇、村法治文化主题公园15个，省法治文化建设示范企业11家，青少年法治教育基地1个。

依法有效化解矛盾纠纷　坚持和发展新时代"枫桥经验"，充分发挥人民调解"第一道防线"作用。各调解组织共开展矛盾纠纷排查超2000次，调处化解各类矛盾纠纷504件，调解成功500件，调解成功率99%；参与调处各类重大疑难复杂民间纠纷26件。创建"村（社区）法律顾问+人民调解"双向联动解纠纷品牌项目，制作宣传视频《不如坐低慢慢倾》，精选人民调解优秀案例汇编成册，供基层学习借鉴和研讨交流。加强"网格化+信息化""网格员+信息员"基层社会治理，推进"1+6+N"基层社会治理工作体系建设。积极参加市委平安办举办的"2023年市域社会治理现代化试点工作创新项目大赛"，县法院获三等奖，团县委获优秀奖。佛冈县2022年度群众安全感排名全市第1、政法工作满意度排名全市第3；2020—2022年连续三年在平安清远建设考评中获评优秀，被省委平安办授予"平安鼎"。

强化优质公共法律服务供给，满足群众多样化法治需求　建立以"法律服务+心理辅导"为工作特色的城北中学公共法律服务工作室，构建"法律服务+心理辅导"一体化服务体系。扎实开展法律援助，承办法律援助事项近400件。稳步推进公证工作，累计提供公证服务1600人次，办理公证事项超500件。着眼村（社区）法律顾问作用发挥，举办2023年村（社区）法律顾问业务能力提升主题培训班，累计提供各类法律服务超1600件次，其中法律咨询1074次，为所在村（居）民承办法律援助事项约400件，举办法治宣传370场次，受教育人数超5000人。

（朱小曼）

公　安

【公安工作概况】　2023年，佛冈县公安局紧紧围绕一个中心，突出抓好两个重点，推动三项工作，全力以赴防风险、保安全、护稳定、促发展，实现刑事、治安警情"双下降"，重大恶性案件"零发生"，有效确保全县政治安全和社会大局平安稳定。年内，全县有效刑事治安警情1371起，同比下降56.25%，下降幅度在全市排名第2；接报道路交通事故警情6894起，同比下降10%，下降幅度在全市排名第3。在全市公安机关专项行动考评中，县公安局总体成绩排名全市第1；在2023年全省群众安全感和公安工作满意度测评中，排名全市第2。9月25日，佛冈县被省平安办授予"平安鼎"，是清远地区唯一获奖县区。

【平安建设】　2023年，据全省群众安全感和公安工作满意度第三方调查结果情况通报显示，佛冈县群众安全感总体满意度99.00%，全市排名第2，在全省139个县（区、市、经济开发区）中排名第31；对佛冈公安工作满意度得分97.75%，全市排名第2位，在全省139个县（区、市、经济开发区）中排名第55；全年破案、警情打防效能比为4.2，排名全市第1；百名民辅警处警量6192宗，排名全市第3；百名民辅警破刑事案件量排名全市第3；全县有效刑事治安警情1371起，同比下降56.25%，下降幅度排名全市第2；执法质量考评排

2023年10月24日，县公安局开展佛冈（四九）霜降牛肉节安保工作
（县公安局　供图）

名全市第2，执法质量考评连续三年持续提升；全县交通安全管理工作排名全市第2，实现交警事故警情数、死亡数及受伤人数三大指标同比下降；盗窃类刑事警情立案数、入室盗窃立案数同比下降，重大恶性案件"零发生"。

守牢社会治安防控底线　2023年，县公安局高标准做好重大节点安保维稳工作，并圆满完成春节、两会、首届中国佛冈魔芋节等时期的12个安保任务。同时，认真落实好警卫各项工作任务，全年警卫基础信息共采集464条，全市排名第3。建立早调度、午会商、晚研判机制，以及领导包案和"一案一册一专班"制度，加强重点人员管控，防范个人极端暴力犯罪，全县未发生严重精神障碍患者肇事肇祸案事件和列管在控涉退涉稳重点人员到省进京集访情况。推进治安防控"四个一"体系建设。构建"守点、巡线、封圈"立体巡防体系，在全县党政机关、繁华商街、交通枢纽等重要部位设置3个"1、3、5分钟"快反圈。将县城主要区域划分为8个网格进行管理，打造"三支队伍"（夜间巡逻队、便衣防控队、机动铁骑队），对县城全天候24小时巡防。全年出动警力4万余次、警车及铁骑2.4万余次，抓获网上追逃人员、红色预警人员、临控人员共38人，帮助群众233人次。

守牢监管场所安全防线　2023年，县公安局细致开展重大事故隐患专项排查整治工作，并以高于社会面的要求确保公安内部及监管场所安全。成立隐患排查工作专班，全面排查4个方面的重大事故隐患，确保公安监管场所"零事故"。同时，围绕"7个重点"开展公安监管场所队伍突出问题整治工作，按照"五步递进排查法"，分析现状，剖析突出问题，深挖病灶和病根，找准突破口和发力点，确保监管场所"零违纪"。完善出所就医押解方案，落实"三条铁律""三个严禁"等规定，落实所领导每日到医院检查出所就医看护情况，确保脱逃事故"零发生"。

严厉打击突出违法犯罪行为　2023年，全县共受理治安案件1436起，同比下降64.99%；共立刑事案件810起，同比下降15.09%；侦破刑事案件750起，同比上升41.24%。全县现行命案实现100%全破，并成功破获2起命案积案。以"清风行动"保平安，治理突出刑事、治安问题。常态化推进扫黑除恶斗争，严厉打击涉未成年人违法犯罪、涉盗抢骗、涉电信诈骗、涉非法采矿、涉性侵等各类突出刑事犯罪和突出治安问题，针对治安突出问题和地区开展专项整治，有效压降各类刑事治安警情、案件。其中，常态化扫黑除恶方面：打掉2个恶势力犯罪组织，包括破获"2·1"涉村霸专案、"12·7"专案等，共破案22宗，刑拘90人，逮捕32人。涉传统侵财犯罪方面：盗抢销立案143宗，同比下降50.52%；破案173宗，同比上升124.68%；刑拘69人。打击整治涉电信网络诈骗方面：破案153宗，同比上升101.32%，抓获犯罪嫌疑人188名，侦破10宗案值超20万市督办案件，全县通过拨打电话、上门见面等方式共预警12 560人，预警率达97.33%，成功劝阻2929名群众受骗，成功为群众反诈挽损追回14.02万元。打击整治涉黄赌专项行动方面：全县共接到涉黄赌警情317起，同比前三年平均数下降15.01%。其中涉黄警情42起，同比前三年平均数下降38.24%；涉赌警情248起，同比前三年平均数下降18.69%。另外，涉黄刑事立案2宗，破案4宗，刑拘33人，逮捕10人；涉赌刑事立案4宗，破案2宗，刑拘29人，逮捕14人，成功打掉"3·10""7·16""9·10"等涉黄重大团伙案件；按摩沐足场所罚款1间，停业、罚款并罚4间。禁毒方面：深入开展禁毒"清源断流"、全省禁毒攻坚、"清风2号"等专项行动，共侦破涉毒刑事案件5起，刑拘43人，逮捕22人，查获吸毒人员82人次，成功侦破"2023-70"省目标案件。打击整治盗窃违法犯罪方面：印发制定《佛冈县公安机关盗窃类"片区包干"机制》《佛冈县公安机关打击整治盗抢骗违法犯罪专项行动工作方案》，通过制定机制、专人专职、研判会商等措施形成破案攻坚行动。自开展行动以来，全县盗窃类警情同比下降53%，立案同比下降50.53%，破案同比上升62.26%。

维护社会安全稳定　2023年，县公安局始终把维护政治稳定作为头等大事来抓，加强对问题楼盘、重大项目建设、劳资纠纷、网络舆情等重点领域排查，做实基层基础，深化矛盾纠纷排查化解工作。开展矛盾隐患排查化解。在县政法委"1+6+N"基层社会治理体系下，以"西哥工作室"为基点，重点化解欠薪、涉退、涉稳、涉诉等相关矛盾。年内化解欠薪矛盾纠纷7起，化解涉军涉稳等重点人员到省进京信访20余起。开展"五大要素"摸排采集，全县公安机关对"人、地、事、物、组织"五大要素涉及的33类要素135风险点开展全方位、全要素、全覆盖摸排整治，排查处置各类治安风险隐患6892条，并圆满完成各项维稳任务。

防范治理未成年人违法犯罪 2023年，县公安局坚持春风化雨，深化未成年人矫治教育春风工作体系。构建"1+6+N"春风工作体系，拧紧预防未成年人参与违法犯罪活动"安全阀"。9月，在县委政法委牵头组织下，石角镇的春风工作站正式投入使用，以信息采集室、观护室、谈话室、普法宣传室、辅导室等五大功能室为主体为未成年人矫治教育提供良好的环境。积极开展"春风2023"专项行动，开展"一对一"结对帮扶工作、"春风一日游"、"春风体验班"、"春风一堂课"等多种形式的春风活动，以点带面织密基层综合治理"安全网"。

科技赋能，打造县域立体防控体系 2023年，县公安局在县智慧城市的整体框架下，打通数据共享通道，联合佛冈电信个性化开发智慧佛冈AI智感安防平台，整合交通安全、社会治理、消防、食品安全等6大领域合计开发44种AI功能，并借鉴浙江湖州等地先进经验和警务机制改革，正式运行县公安局"合成作战中心2.0版本"，深度整合情指、合成作战和互联网监控，打造"情指勤舆指"大厅。大厅运行以来，通过视频巡查发现街面案事件300余起，抓获临控、在逃人员30人。

健全社会面治安巡防管控"四个一"体系 2023年，县公安局建立"1+3+7"合成作战中心，在"压事故、降警情"中心工作下，推动县局指挥大厅、交警分中心、侦查分中心"三中心"融合。在县城中心安装6套电子围栏采集设备，动态采集治安要素。不断提升社会治安要素

2023年1月17日，佛冈县公安局与佛冈电信分公司举行智感安防联合实验室框架合作协议签约仪式 （张可军 摄）

上图率、优化"1、3、5分钟"快反圈设置，尤其是重点打造"指挥"一张图建设，推动4345路视频监控、2733个治安卡口、466个交通卡口、325台移动警务终端、87台PDT对讲机、248台执法记录仪、455台对讲机、204个二级社会面治安巡防管控圈等要素关联上图。设置3个"1、3、5分钟"快反圈，夜间巡逻队、便衣防控队、机动铁骑队全天候负责县城中心8个网格的巡逻防控网。同时，以开展夏夜治安巡查宣防行动为抓手，全面清查社会治安隐患。累计出动警力11 406人次，检查重点场所2486场次，巡查重点部位470个次，排查整改各类安全隐患17处。

【**警务机制改革**】 2023年，县公安局推动警务机制改革，全面升级改造派出所基层基础设施，助推派出所工作提质增效。6月，石角派出所和广佛产业园派出所正式揭牌；11月，汤塘派出所搬入新的办公场所。大力推动派出所"一村一（辅）警""社区民警+网格"警力标准化配备，全县共有63名社区民警，在91个村居挂牌警务工作站，共有29名社区民警进入社区（村委）班子。县公安局结合佛冈县治安形势特点，在市公安局党委的部署下，将县局28个警种或派出所整合成"六部七所一大队"，持续探索"交所融合""公安铁骑"等基层警务机制勤务机制改革。其中，新增交警大队高岗中队、汤塘中队，实现"一镇（街）一中队"，筑牢农村交通防线。

【**队伍建设**】 2023年，县公安局党委严格落实党委会议第一议题及党委理论学习中心组学习制度，深入学习党的二十大精神及习近平总书记最新重要讲话和重要指示批示精神，年内共召开党委理论学习中心组专题学习会12次，学习重点内容95项。巩固深化第一批主题教育成果，进一步强化党对公安工作的绝对领导，确保将忠诚熔铸于灵魂与血脉。制定下发《关于进一步加强全县公安队伍纪律作风建设的通知》，进一步加强队伍纪律建设和党风廉政建设。

执法规范化建设迈上新台阶 2023年，县公安局坚持"一体规划谋"，推进执法办案管理中心升级建设。优化各级办案场所布局，分类培塑县局执法办案中心、南部和北部"标杆式"分中心。全年全县执法办案"零投诉"、安全事故"零发生"。聚焦内外部执法监督，整合行政刑事复议、12389警务投诉热线、"平安厅信箱"、公安信访等执法监督渠道，将执法监督问题与"慵懒散漫"、红黑榜通报制度挂钩，每月对案件进行

2023年11月30日，县公安局召开队伍纪律作风建设工作会议 （张可军 摄）

考评，并给予相关通报。

严管厚爱激发队伍战斗力 2023年，县公安局坚持从严治警、从优待警，通过深化纪律作风建设、加强思想政治教育、完善考核评价机制、落实从优待警政策等，明确用人导向，激发实干精神，培养复合型人才，进一步强化民辅警的职业素养和道德观念，提升公安队伍的整体素质，激发队伍战斗力，锻造一支政府放心、群众满意的公安铁军，为各项工作的顺利开展提供有力保障。

明确用人导向，激发实干精神 2023年，县公安局坚持"人人渴望成才、人人努力成才、人人皆可成才、人人尽展其才"的选人用人导向，提拔副科实职5人，正股职2人，完成33人职级晋升。获评全国公安机关成绩突出个人1人、个人二等功1人、集体二等功1个、集体三等功2个、个人三等功8人，广东省公安机关派出所辅警标兵1人，全省2022年打击骗取留抵退税和常态化打击虚开骗税违法犯罪工作成绩突出个人1人，市局个人嘉奖1人，市局第一季度平安之星1人，市局第二季度平安之星1人；获得市局通报表扬11人，县局通报表扬900余人。

【放管服便民服务措施】 2023年，县公安局深化"放管服"改革，打通便民服务"最后一公里"。在治安、户政、出入境、交管服务大厅设置"绿色窗口"，积极推广"粤居码""粤省事"小程序，全面推行"警税""警医""警企"服务模式，实现办理身份证换证、小型汽车登记、港澳旅游签注等业务最多跑一次。年内，全县办理户籍"两证一簿"业务共5万人次，其中办理居民身份证业务2.7万人次、户口簿业务1.5万人次、居住证业务3647人次；办理赴港澳旅游签注共3.4万人次。

（张晓鲁）

【交警工作】 队伍建设 2023年，县公安局交警大队狠抓班子和队伍的教育管理，深入开展党史学习、廉政教育、顽瘴痼疾整治、交警大练兵等纪律教育、学习培训，全面提升民警、辅警的政治、业务素质，打造一支忠诚、廉洁、担当的交警队伍，队伍精神面貌焕然一新。全年交警大队石角中队获集体三等功，6人获市局交警支队"平安之星"，5人获县局"平安之星"，37人获县局通报表扬，1人获个人三等功，1人获个人嘉奖，2人获三级嘉奖，6人获四级嘉奖。在各项比武竞赛中，荣获2023年全市公安机关交警部门执法大比武宣传类一等奖、机动车登记查验实战大练兵比武第二名、执勤执法类三等奖、事故现场勘查类三等奖。

交通事故预防工作 2023年，县公安局交警大队紧紧围绕"压事故、降警情"中心工作，坚持"预防为主、防为上"的理念，以事故预防"减量控大"为抓手，深入开展交通安全各专项整治行动。据统计，2023年全县共发生交通事故警情6889起，同比减少773起，下降10.09%。共发生道路交通事故5486起，其中一般事故109起，同比减少8起，下降6.84%；死亡26人，同比减少4人，下降13.33%；受伤101人，同比减少26人，下降20.47%。实现交通警情、交通事故死亡人数、交通事故受伤人数"三项指数"下降10%的预期工作目标，综合成绩排名全市第2，道路交通事故预防工作成效明显。

交通秩序专项整治 2023年，县公安局交警大队根据上级公安机关的统一部署和要求，并结合佛冈实际，持续不断开展"减量控大"、"百日攻坚"、春季守护行动、压降亡人交通事故专项攻坚冬季行动、"清风2023"统一行动、"周末夜查"、摩电专项整治、酒毒同检等交通专项整治行动，道路交通秩序得到进一步好转。全年现场查处各类交通违法行为24 663起，其中查处酒醉驾609起、摩电违法13 084起、货车超载1695起、国省道5类违法1373起、农村4类违法798起、乘客不使用安全带7796起。

系统治理道路交通隐患 2023年，县公安局交警大队重点针对辖区道路事故多发路段，联合县应急、交通、公路等部门对辖区G106国道、S252省道、S355省道等国省道、县乡道进行排查治理及升级改造。全年完成S252省道高岗镇墩下村路口路段等8处四级督办隐患路段治理；同时大力推进县委"两个清单"中S355省道87公里—90公里（3公里）等4个道路隐患路段治理；创建6条"示范路严管路"，完善"示范路严管路"各个路段减速带、爆闪灯、标识标牌等交通安全设施182处；完成对G106国道城南小学路口、岭背路口、水头路口等红绿灯安装使用及道路基础优化；开展"警情闪烁"治理工作，在G106国道6处重点路段及沿线40家企业门口安装"红蓝"爆闪灯，进一步强化夜间行车提示警示；完成23处省道夜间事故多发路段主动发光设施的增设或修复等系列治理，系统提升辖区道路交通安全通行能力和水平。

重大节假日交通安保 2023年，县公安局交警大队坚持以春节、清明、五一、端午、中秋、国庆节日交通安保，高岗豆腐节、四九牛肉节等重大活动安保及防汛抢险为工作重点，扎实开展宣传发动、安全隐患排查治理、交通秩序专项整治等工作，全力以赴确保重大节假事日、重大活动的交通安全及群众生命财产安全。重点节假日及防汛抢险期间，县公安局交警大队实行高等级勤务、全员在岗在位，积极主动作为，完成各类交通安保及防汛抢险任务56场次。

"公路安全精品路"创建活动 2023年，县公安局交警大队充分借助县道安办平台作用，组织交通、公路等部门开展新S252省道"公路安全精品路"创建活动，成功打造S252省道观山村村委路口、沿江路与龙凤大道交汇路口两个示范点位，完善三联村口等41处路口路段道路安全设施提升。安装3套视频监控设备及5座交通信号灯，强化科技管控措施。精心组织"公路安全精品路"创建活动宣传，充分发挥融媒体阵地作用，推送8篇"公路安全精品路"专题报道，打造观山村村委"交通安全文明村"。通过综合治理，消除道路交通安全隐患，优化通行条件，进一步提升S252省道交通安全通行能力。

深化AI智感安防系统建设，创新农村地区摩电交通管理模式 2023年，县公安局交警大队打破以往摩电交通违法劝导方式，向科技要效率，积极主动联合中国电信佛冈分公司共同研究打造智感安防联合实验室，并在全市首创智感安防系统交通管理应用模块，在全县建设覆盖90个行政村共80套的智感安防AI设备设施，主要应用场景为摩电车辆不佩戴安全头盔智能抓拍和国省道提醒行人横过道路，形成"信息采集数据分析—县公安局—县道安办—镇道安办—村居委—交通违法当事人"的成效评议闭环机制。是年，全县共发涉摩电车辆一般交通事故65起，造成12人死亡，同比分别下降17.72%和23.53%，其中涉摩电不佩戴安全头盔一般交通事故17起，同比下降50%。通过科技赋能，创新农村地区摩电交通安全管理治理模式，涉摩电事故预防工作成效明显。

交通安全宣传引导 2023年，县公安局交警大队不断完善和创新全方位的交通安全宣传活动，努力提升全民交通安全意识。完善交通安全宣传机制，联合县融媒体开展摩电交通安全主题报道；每月"逢1"向各村居委推送交通安全警示视频累计36期，加强"一老一少"重点群体宣传教育，引导群众安全文明出行，开展各类主题宣传活动34场次；开展"五大曝光行动"，每月通过新闻媒体、双微平台、今日头条，集中曝光事故多发路段、高危风险企业、突出违法车辆、典型事故案例、逾期未审验驾驶员等情况，曝光重点违法车辆484辆次，曝光突出违法人员1036人次，曝光高风险企业2家；强化交通安全警示提示，通过电信运营平台发送节假日、恶劣天气、交通分流等针对行车安全的提示信息，向重点驾驶人微信群推送安全提醒、交通安全常识等提示信息5万余条；联合宣传部门、各镇"两站两员"加强农村地区交通安全宣传教育力度。通过开展国省道沿线"敲门入户"、交通安全宣传"七进"等活动，加大交通安全宣传力度，增强群众安全出行意识。全年共开展"美丽乡村行"13次，开展进学校宣传活动17场次、进企业宣传活动18场次、进社区宣传活动12场次，悬挂交通安全宣传横幅117条，发放宣传资料1.6万余份，受教育人数达15 000余人次。

深化"放管服"改革措施 2023年，县公安局交警大队结合"平安+满意"行动，深化交管"放管服"改革，力争实现车驾管服务"马上办、网上办、就近办、一次办"，持续推进送考下乡、带牌销售、警邮合作、一证通办、一窗通办、机动车查验网上预约、补换领驾驶证与行驶证、机动车选号、申领免检标志等25项互联网平台服务项目，多措并举为民办实事，切实做到情为民所系，利为民所谋。全年共计办理驾驶证业务17 974笔，其中初次申领424人，增驾申请2154人，补证换证9153人，驾驶人审验6243人，核发驾驶证8297本；"送考下乡"开展摩托车考试3226人，发放摩托车驾驶证2466本。联合县市场监督局开展"带牌销售"督导检查18次，通过"警邮合作"查验电动自行车11 795辆，其中注册登记9719辆；查验摩托车1224辆，注册登记1039辆。

（县公安局交警大队）

2023年6月7日，县公安局巡警大队全力护航2023年高考 （赖艺芬 摄）

【巡警工作】 巡逻防范 2023年，县公安局巡警大队坚持将县城巡逻勤务工作摆在突出位置，确保全年县城社会治安秩序持续稳定。是年，巡警大队共出动机动车13569辆次，出动警力21255人次，救助群众114人，协助各级党政部门开展维稳安保工作共18起，工作中抓获网上追逃人员、红色预警人员、临控人员共41人。

打击街面现行犯罪 2023年，县公安局巡警大队为适应新时代警务工作要求，加强所队职能融合，队伍人员构建科学化，将大队机关精简，落实"巡特警合一"改革要求，打造巡逻防控全新体系。扎实编织"巡防一张网"，充分运用各项警务资源，强化科技赋能，打造"最快双腿"，围绕"压事故、降警情"中心工作要求，整合街面巡防警力资源，按照"快速到达、有效防控、疏密有致、动静结合"的原则，结合县城治安防控实际，组建巡逻防控组，在全县城范围内开展24小时不间断巡防。通过采取街面巡逻与定点执勤相结合、武装巡逻与动中备勤、便衣伏击相结合等多种巡控方式，严厉打击街面违法犯罪活动，切实提高街面"见警率、管事率、盘查率"，切实维护社会人民群众生命财产安全和社会大局稳定。

处置突发性案（事）件 2023年，县公安局巡警大队严格落实"1、3、5分钟"防控圈要求，科学划分巡区，屯警街面，动中备勤。利用定点执勤、车巡、步巡、动中备勤相结合的方式全方位开展社会面巡防，全力推进"打、防、管、控"工作机制，在人员密集的区域、汽车站、商场、党政机关等重点区域加大巡逻防控力度，切实提高街面的见警率和管事率。做到"囤警街面、动中备勤"，把有限的警力压实到路面，全力压降辖区交通警情、刑事及治安警情，及时有效处置各类突发性事件，最大限度挤压现行违法犯罪空间。全年共协助各级党政部门开展维稳安保工作18次，有效维护社会治安稳定，保障人民群众利益。

服务群众 2023年，县公安局巡警大队坚持"为人民服务、人民至上"的宗旨理念，把服务群众和保护公民的合法权益贯穿在巡逻勤务的始终。将巡逻警力渗透县城的大街小巷，不仅有效震慑违法犯罪活动，还及时为遇到困难的群众排忧解难，全年帮助群众114人次。

（赖艺芬）

检 察

【检察工作概况】 2023年，县检察院坚决落实省委"1310具体部署"和市委"十大行动方案"，深化"四大检察"融合履职，以大数据赋能纵深推进检察工作现代化，各项工作持续向前，各项指标稳中向优。办理各类案件1518件。是年，县检察院荣获最高人民检察院"为民办实事"实践活动表现优秀团队，2件案件被最高人民检察院专题报道，2人入选省人才库，9个集体和48人次获县级及以上表彰奖励。

【刑事检察工作】 2023年，县检察院共批准逮捕各类犯罪150人，提起公诉235人。适用"认罪认罚从宽"制度办结案件184件，认罪认罚适用率88.07%。加强立案和侦查活动监督，监督立案撤案14件，纠正漏捕漏诉18人，提前介入引导侦查27件次。探索轻罪治理现代化有效路径，推动构建"齐抓共管、治理为先、惩防并举"轻罪治理工作格局。加强刑事执行检察工作，对各类刑事执行违法案件提出书面监督意见143份，开展监管场所巡回检察3次，督促整改问题189个。

【民事检察工作】 2023年，县检察院坚持精准监督理念，办理各类民事监督案件154件，对1件民事裁判提出再审检察建议并获法院采纳。深入推进民事审判、民事执行活动监督，提出类案检察建议2份。运用大数据赋能，开展民事执行案件违法适用终结本次执行程序专项监督活动，办理此类案件72件，推动民事执行程序规范化。聚焦应退未退诉讼费问题，精准监督应退未退诉讼费案件75件。依法对困难妇女支持起诉6件，切实保障弱势群体合法权益。

【行政检察工作】 2023年，县检察院受理各类行政监督案件82件，发出检察建议3份。构建行政非诉执行案件大数据法律监督模型，督促规范整治"失信""限消"问题39个。针对办案中发现的矿山勘查储量和探矿工作存在监管盲区等矿产资源领域问题，发出社会治理类检察建议。通过工程竣工验收备案行政违法行为类案监督模型，筛查线索100余条，发出类案检察建议1份。对1件行政审判程序违法案件发出检察建议，实现行政审判程序违法监督工作零的突破。

【公益诉讼检察工作】 2023年，县检察院健全一体化履职、专业化支撑、社会化参与的公益诉讼办案机制，办理各类公益诉讼案件111件，发出检察建议、磋商函107份。办理生态环境领域公益诉讼案件39件，追偿生态损害赔偿金、修复费用2100余万元，升级扩容生态补植复绿基地130余亩，开展湿地保护专项行动，推动构建湿地保护管理长效协作机制。携手广州从化、惠州龙门、韶关新丰3地检察院联合签署《粤港澳大湾区北部生态环境和自然资源联合保护机制》，切实落实"线索移送、信息共享、跨区域办案"等七大制度，打破区域壁垒，凝聚综治合力。

【未成年人检察工作】 2023年，县检察院加强未成年人司法保护，以"零容忍"态度，严惩侵害未成年人犯罪

法治 FAZHI

2023年5月31日，县检察院组织干警到三联小学开展"检爱同行，共护花开"检察开放日活动　　（县检察院　供图）

12人。全面贯彻"宽容不纵容"理念，依法批准逮捕涉案未成年人10人，起诉13人，依法不捕不诉19人。创新打造"未成年人保护e站"云端程序，开展在线帮扶救助未成年人50余人次。创建"数字检护矩阵"，构建落实强制报告制度、校园周边环境治理等大数据法律监督模型，发现涉未成年人案件线索74条，成案4件。建立乡村检察图书角，捐赠图书300余册。24名检察官担任"法治副校长"，助力平安校园建设。

【法治化营商环境】 2023年，县检察院严格落实市检察院"安商护企十项措施"，依法严惩侵犯企业合法权益犯罪14人，督促清理涉企"挂案"。着力防范化解重大金融风险，依法办理洗钱等犯罪案件，持续开展"断卡"等26个专项行动，督促追赃挽损2300余万元。做好企业"司法体检"，实行涉案企业合规案件"双审查""同步审""提前审"，推动涉案企业合规整改。依托"驻广佛产业园检察办公室"，为企业生产经营提供法治"锦囊"。扎实推进反腐败斗争，受理监察机关移送职务犯罪案件4件4人。

【市域社会治理】 2023年，县检察院积极拓宽信访渠道，建立12309检察服务中心驻镇工作站，实现6个乡镇"检察面对面接访"线上全覆盖，化解涉法涉诉信访15件。创新建立"司法救助线索筛查"大数据法律监督模型，办理司法救助案件12件，发放救助金13万元。探索开展简易公开听证、类案集中听证、带案上门听证等182件次，邀请人大代表、政协委员、人民监督员等参与听证，最大限度做实矛盾争议实质性化解。组织普法进学校、进乡村等"六进"活动30余场次，覆盖受众5万余人次。延伸打造"'益'心可望，青绿可守"公益诉讼普法矩阵品牌，获评"广东省优秀普法项目"。

【队伍建设】 2023年，县检察院全面从实抓好主题教育，覆盖全员开展"三会一课"、专题党课、党支部学习交流等常态化理论学习100余次，累计轮训干警683人次，查摆检视问题6项。常态化组织"法律训练营""检察沙龙交流分享"等业务交流活动20余场，持续落实"双导师""青蓝"人才培养计划，5个特色青年检察骨干团队释放才能优势，县检察院被确定为广东省青年文明号。努力培养"精业务、懂数字、知技术"复合型检察人才，参加数字检察案例评选比赛12场，以赛代训、以学促干，提高干警专业素能，22个大数据法律监督模型获市级以上奖项。

（县检察院）

审　判

【审判工作概况】 2023年，县法院围绕省委"1310"具体部署、市委"十大行动方案"，深入实施高质量发展佛冈"三区一城"规划，做深做实为大局服务、为人民司法，为推进平安佛冈、法治佛冈建设提供有力司法服务和保障。县法院全年新收各类案件5765件，同比下降9.2%；审执结6015件，同比增长0.7%，在收案大幅下降的情况下，实现结案增长；未结案件560件，同比下降31.0%；法官人均结案273.4件，同比增加52.1件。

【刑事审判】 2023年，县法院贯彻总体国家安全观，依法惩治各类犯罪，审结刑事案件210件，判处罪犯301人。常态化推进扫黑除恶，审结涉黑恶案件3件15人，累计执行涉黑恶财产158.5万元。深入开展禁毒攻坚行动，审结涉毒案件7件，持续巩固禁毒斗争成果。加强人权司法保障，依法适用认罪认罚从宽制度审结刑事案件178件，对66名被告人判处非监禁刑。将保障人民生命健康安全放在首位，审结故意杀人、抢劫、绑架等严重暴力犯罪案件24件。快审快结危险驾驶犯罪案件73件，维护群众出行安全。严惩侵害未成年人犯罪，审结保护未成年人案件16件，选派15名法官、法官助理担任县中小学法治副校长，共同营造关爱未成年人的良好环境。持续开展电信网络诈骗、跨境赌博等专项治理，审结涉电诈及关联犯罪案件10件。保持惩治腐败高压态势，审结职务犯罪案件3件3人，彰显反腐惩恶的坚定决心。

【民事审判】 2023年，县法院深刻把握新发展阶段、新发展理念、新发展格局的时代要求，审结民商事案件3326件。加强劳动权益保障，审结劳动争议案件213件，为务工人员追回拖欠工资款2145.5万元。稳妥审结与群众生活息息相关的住房问题，审结商品房预售、物业纠纷案件452件，成功处置信访案件47起，实现"有信必复"。

【案件执行】 2023年，县法院开展压减执行存案攻坚战，执结案件3051件，执行到位3.1亿元。加大强制执行和失信惩戒力度，发布失信名单1103人次，限制消费1592人次。探索执行宽限期措施，以申请执行人是银行的金融纠纷案件为试点，给予被执行人履行宽限期，促使43名被执行人主动履行法律义务。深化网络司法拍卖，与税务局、不动产登记中心合力破解不动产涉税难题，成交标的258个合计9099.2万元。

【服务县域发展】 2023年，县法院牢固树立服务现代化产业体系建设，广佛产业园巡回审判点审结园内涉企案件5件。营造一流法治化营商环境，依法审结合同纠纷案件2355件，其中涉民营经济案件1141件。加强破产审判，受理企业破产、清算类案件7件，充分保护债权人及相关方合法权益。审结涉"三农"纠纷案件13件，支持绿色农业品牌做大做强。服务美丽乡村建设，坚持山水林田湖草沙一体化保护，审结污染观音山等环境资源案件11件。

（宋　宇）

司法行政

【司法行政工作概况】 2023年，佛冈县司法局认真落实省委"1310"具体部署，扎实推动"百千万工程"，深入实施清远高质量发展"十大行动方案"，普遍抓总与重点强化相得益彰，扎实推进司法行政工作向纵深发展，较好地完成司法行政各项工作任务。

【法治建设】 2023年，县司法局充分发挥县委依法治县办"一统筹四统一"职能，印发《佛冈县乡镇街道综合行政执法规范化建设实施方案》，成立规范化建设工作专班；对全县6个镇和66个单位开展2022年度法治佛冈建设考核；制定并印发《佛冈县党政主要负责人履行推进法治建设第一责任人职责清单》；组织开展行政执法人员综合法律知识网上考试；组织召开县委依法治县委员会第七次会议并审议通过《佛冈县2023年全面依法治县工作要点》；举办2023年习近平法治思想专题研讨班，切实推动学习贯彻习近平法治思想在佛冈县不断走深走实；开展道路安全和交通运输执法领域突出问题专项整治实地督导；组织开展2期乡镇综合行政执法培训班，培训人次达150余人次；开展2022年度法治清远建设考评实地督察，在2022年度法治清远建设考核中佛冈县总分93.9分，全市排名第3，考评等次为优秀。

【法治政府建设】 2023年，县司法局积极推进法治政府建设、完善依法行政制度体系。组织撰写《佛冈县2022年法治政府建设情况报告》，制定《佛冈县贯彻落实〈广东省法治政府建设实施纲要〉的实施方案》及《佛冈县2023年法治政府建设工作要点》，指导监督全县30个单位依法及时公开本单位的"2022年度法治政府建设工作情况报告"；推进县人民政府2023年度重大行政决策工作，是年9月纳入目录管理的四个重大行政决策事项完成率达100%，完成7件县政府重大行政决策事项审查；举办全县领导干部学法培训班及2期县政府常务会议法治专题讲座；完成规范性文件合法性审查8件，向市政府、县人大常委会报备4件，有关部门向县司法局报备部门规范性文件3件；推进政府法律顾问制度建设，交办县政府法律顾问办理法务事项101件；与县纪委联合组成督察组开展法治督察工作，持续推动各行政执法部门无纸化办案比例达90%以上；组织参加广东省司法厅开展的第三批全国法治政府建设示范创建单项候选项目视频评估工作；完成合法性审查意见91件，其中审查规范性文件8件、重大行政决策事项7件、重大项目及重大合同76件，办理法律意见复函623件；举办2期行政执法人员综合法律知识网上考试，共212人参加考试，全年全县办理新证申领185人，持证总数1013人。

【行政复议】 2023年，县司法局始终秉承"复议为民"理念，充分发挥行政复议层级监督和行政救济两大功能作用。收到申请行政复议案件83件，同比增长189%，作出不予受理决定28件，受理55件，办结行政复议案

2023年6月28日，县司法局到汤塘镇开展以"法援惠民生，助力农民工"为主题的2023年保障农民工工资支付专项法治宣传活动　　（县司法局　供图）

件56件（2022年转结5件），以撤销、确认违法方式纠错行政行为11件，发出行政复议意见书8份，以调解和解形式化解行政争议案件13件；开启"党建+复议"融合发展新模式，探索"行政复议+调解"办案机制，设立"党员先锋岗"，打造"党员调解员"，将调解贯穿行政复议办案全过程，以党建为引领、以人民为中心，做到"立等即取、立收即审"，借助"行政复议地址确认书"实现邮寄送达复议文书，让群众"最多跑一次"，充分发挥行政复议作为化解行政争议的主渠道作用。

2023年9月7日，县司法局举办佛冈县2023年清远市一体化行政执法平台2.0版本业务培训
（县司法局　供图）

【行政应诉】2023年，县司法局承办经复议提起的行政诉讼案件共58件，代理县政府出庭应诉案件28件，审查以县政府为被告的行政复议应诉案件文书共48份，全县各级行政机关负责人应出庭应诉案件64件，出庭率达100%；落实行政机关负责人出庭应诉和败诉行政案件报告制度以及行政机关负责人出庭应诉和败诉行政案件分析报告制度，及时掌握全县各行政机关败诉案件，分析研判败诉原因。

【行政执法】2023年，县司法局积极履行行政执法监督和指导职能，审查答复有关行政裁决、执法批复、执法征求意见稿等法律事务19件；指导协调各行政机关执法争议事项共13项，有效防止出现执法真空、推诿扯皮现象。成立行政执法案卷评查小组，组织开展2023年行政执法案卷实地评查和行政执法不规范专项整治工作；指导并推动"粤执法"办案，建立一月一通报工作机制，提升行政执法案件无纸化办案率；邀请省"粤执法"专家团队到佛冈县对升级的"粤执法"2.0平台开展实操培训，推动全县执法能力提升；是年，佛冈县在广东省行政执法信息公示平台的公示及时率达97%以上；佛冈县上线单位运用"粤执法"办理行政执法案件共计5307件，无纸化办案率为92%，在清远市8个县市区中位居第1，办案量排名前3。

【普法工作】2023年，县司法局积极开展法律"六进"活动，分层次分类别推进法治宣传教育工作。印发县"八五"普法工作规划和县普法依法治理工作要点，指导全县各镇各部门做好普法工作；组织开展《中华人民共和国宪法》与《中华人民共和国法律援助法》专项宣传活动、农民工劳动合同普查与体检专项活动、未成年人权益保护、"敬老月"系列法治宣传讲座等活动26场次；开展以民法典宣传暨服务农民工公益法律服务行动为主题的线上答题活动，参与活动的群众达23万人次；开展2023年全县国家工作人员年度学法考试和领导干部旁听庭审活动；召开2023年度全县国家机关"谁执法谁普法"履职报告评议会，促进各镇各单位落实普法责任制，全面推动法治社会建设，提升公民的法治素养。

【人民调解】2023年，县司法局紧紧围绕县委县政府中心工作，紧扣维护社会稳定这一大局，坚持发展"枫桥经验"，打通人民调解"最后一公里"，完善人民调解组织网络；全年各调解组织共开展矛盾纠纷排查2087次，调处化解各类矛盾纠纷504件，调解成功500件（涉案金额2220万元），调解成功率99%，参与调处各类重大疑难复杂民间纠纷26件，无因调解不及时而发生民转刑的案件，通过排查和调处，把大量的矛盾纠纷化解在基层，消灭在萌芽状态，稳守基层"第一道防线"；精选30篇人民调解优秀案例汇编成册，供基层学习借鉴和研讨交流；打造个人调解工作室品牌效应，复制延伸石角镇沏姐调解工作室成功经验至龙山镇；树立"村（社区）法律顾问+人民调解"双向联动解纠纷品牌项目，制作《不如坐低慢慢倾》宣传视频2部，展现司法行政部门在平安建设中的积极形象。

【公共法律服务】2023年，县司法局法律援助工作扎实开展，共办理法律援助事项393宗，其中，办理刑事辩护案件110宗、民事案件105宗、代书3宗；值班律师提供法律帮助175宗次，窗口接待群众法律咨询356人次。举办各类法律援助宣传活动26场次，派发各类宣传资料5000多份，制作法律援助品牌建设宣传短视频《援来有你》一部。一村（社区）一法律顾问服务效果明显，2023年全县村（社区）法律顾问累计进村（社区）1000余次，累计为群众、村（社区）提供各类法律服务1474件次，其中法律咨询1077次，出具法律服务意见及代拟法律文书108件，参与人民调解26件；举办法治宣传374场次，受教育群众6000多人次；成

2023年12月27日，县普法办在县人民中心西楼403室召开2023年度佛冈县国家机关"谁执法谁普法"履职报告评议会　　（县司法局　供图）

功举办2023年村（社区）法律顾问业务能力提升主题培训班，深入42个村（社区）开展督导检查，成功举办"商务法律服务月活动"，开展法治体检进企业活动4次，法律培训2次。公证工作稳步发展，服务质量不断提升，全年接待、解答当事人法律咨询1600余人次；办理公证事项508件，所有公证案件无一例假证、错证出现。

【社区矫正和安置帮教】　2023年，县司法局社区矫正工作以贯彻《中华人民共和国社区矫正法》为主线，积极发挥法治促维护社会稳定职能。依法加强社区矫正工作。全年全县接收社区矫正对象83人，解除社区矫正对象135人，变更执行地8人，开展宣告152人、教育学习1752人次、公益活动1752人次，受全国公安、检察院、法院等部门委托，开展拟适用社区矫正的调查评估67人（其中未成年32人），开展远程视频会见432宗；先后建立社区矫正"三大基地"（就业基地、教育基地、公益活动基地），覆盖全县6个乡镇；2023年列管社区矫正对象265人，没有发生漏管、脱管现象。有序推进安置帮教工作。是年，全县在册安置帮教对象共1959人，重点人员343人，全年共衔接佛冈籍安置帮教对象442人，其中包含刑满释放人员289人、解除社区矫正对象121人、其他地区解除社区矫正转入佛冈县安置帮教32人。多方联动做好安置重病刑满释放人员申请司法救助金和办理特困人员救助供养证工作，协助英德监狱完成22名刑满释放人员再就业、创业典型回访，协助北江监狱完成2名刑释人员问卷调查，协助湖北省未成年犯管教所完成3名刑满释放人员重新犯罪情况调查评估，确保刑满释放人员有序回归社会。

【基层司法】　2023年，县司法局不断推进基层司法工作走深走实。以"线上""线下"相融合方式，不断延伸公共法律服务网络，建立98个公共法律服务实体平台，其中县公共法律服务中心1个、镇公共法律服务工作站6个、村（社区）公共法律服务工作室91个，公共法律服务实现县、镇、村三级全覆盖。按照实体平台运营管理要求，每月安排专职人员进驻公共法律服务平台值班，按要求录入平台相关数据，全年未收到群众关于佛冈县公共法律服务中心的相关投诉，群众满意率100%，法律服务工单办结率100%。开展公共法律服务站（室）进校园建设工作，依托学校心理辅导室建立以"法律服务＋心理辅导"为工作特色的城北中学公共法律服务工作室，构建"法律服务＋心理辅导"一体化服务体系。开展法治创建工作，申报水头镇石潭村、石角镇黄花村为省级"民主法治示范村（社区）"，指导龙山镇上岳村开展全国"民主法治示范村（社区）"创建工作；截至2023年，全县共有省民主法治示范村（社区）8个，县、镇、村法治文化主题公园15个，省法治文化建设示范企业11家，青少年法治教育实践基地1个。

（朱剑烽）

军　事

责任编辑：李协湖

人民武装

【人民武装概述】 2023年，佛冈县人民武装部（简称"县人武部"）坚持以习近平新时代中国特色社会主义思想为指导，深入贯彻习近平强军思想，在军分区党委的坚强领导和县委、县政府的大力支持下，始终坚持举旗铸魂、深化练兵备战、聚力夯基固本、锐意进取作为，狠抓各项工作落实，全面建设水平得到更大的提升。

【政治建设】 理论学习　2023年，县人武部紧紧围绕学习贯彻习近平新时代中国特色社会主义思想主题教育这个主线，探索推进"领导领学、党课促学、现地悟学、工作践学"理论学习模式，统揽年度基础教育和经常性思想教育。统筹开展"学习强军思想、建功强军事业"教育实践活动，通过战备拉动演练、到革命旧址参观见学和参观高新技术产业等活动洗炼灵魂、锤炼血性、勤炼担当，持续推动党的二十大精神学习和全面建设各项工作走深走实。

党管武装　2023年，全县各级坚持落实党管武装工作各项制度，坚持把习近平强军思想纳入各级党委理论学习中心组学习内容。潘国标书记多次在县人武部召开第一书记现场办公会，县委组织召开议军会研究武装工作形势和协调解决驻佛部队问题，组织"军事日"活动，进一步增强全县党政班子国防意识和党管武装政治责任感。各级坚持把武装工作纳入经济社会发展总体规划，纳入党委政府的年度目标责任考核内容，认真组织各镇党委书记党管武装工作述职，提高党管武装绩效考核分值，强化全县管武意识。

2023年3月13日，召开佛冈县2023年武装工作暨民兵工作会议

（田康俊　摄）

作风建设　2023年，县人武部以接受军委常规巡视为契机，狠抓共性问题整改，突出抓好行业领域整肃治理、"五治八查树形象"、军地交叉地带"五查五纠"等清理清查。突出主动作为、纠建并举，高标准完成上级赋予廉政文化建设试点任务，持续纯正内部风气，不断推动作风建设向纵深推进。

【军事训练】 2023年，县人武部深入贯彻习近平主席关于加强军事训练的重要指示，坚持以战领训、以训促战，聚力提升支援保障打仗能力。紧盯应对复杂形势，加强作战问题研究，牵引带动军事斗争准备，夯实备战打仗基础。紧贴落实开训动员令、比武竞赛、民兵出入队集训、抢险救灾演练等时机，全面锤炼队伍素质、检验方案效果、锻造过硬能力。9月，在参加全省比武竞赛中，汤塘镇基干民兵获得团体单项科目全省第1。

【国防动员】 2023年，县人武部突出新域新质力量重点，深入高新企业挖掘潜力，高质量完成民兵编组任务。以紧盯落实国防动员体制改革为着力点，抓好国防动员改革相关指示精神、政策法规学习。积极推进国防动员机构调整改革，建立国防动员重要事项军地协商机制，明确联合办公室工作运行细则、成员单位联络员职责等制度，协助地方健全国防动员队伍编制力量和开展国防动员潜力调查，助力构建新型国防动员指挥体系。

2023年8月21日，县人武部组织基干民兵开展应急拉动演练。图为民兵穿越"染毒地带" （田康俊 摄）

【征兵工作】 2023年，县人武部深入抓好专武干部、征兵办人员对新的《征兵工作条例》学习。锚定提高毕业生兵员征集比例目标，严谨细致开展征兵体检政考工作，落实廉洁征兵、阳光定兵。潘国标书记亲自参与《书记喊你来当兵》宣传片拍摄、江红平县长亲自作征兵工作动员部署，县人武部领导逐镇逐村检查推动责任落地，各镇书记、镇长亲自到青年家里宣传发动，组织"书记送我去当兵"活动，全县形成齐心合力抓征兵的好局面，征兵"五率"考评和大学毕业生征集比例均排名全市第1，石角镇超额完成年度征集任务。

【基层治理规范化建设】 2023年，县委县政府大力支持解决县人武部低洼营院和训练场地改造，配套修建各类球场、冲锋舟停放场、高低杠、爬梯等训练设施，全面提升民兵训练环境水平。县人武部严把经费投向投量，坚持做到经费向练兵聚焦、向打赢用力，投入相关经费用于装备器材库房建设、兵器室条件改善、购置冲锋舟（救援舟）和配套民兵物资器材。深入学习贯彻军委国防动员部基层治理规范化会议精神，推动各镇投入经费用于基层武装工作，完成基层武装部和退役军人服务站合署办公。通过组织专武干部和民兵连长业务集训，落实每月专武干部例会，培养武装工作明白人，提升基层骨干能力素质，全县基层武装建设水平进一步提升。

【双拥共建】 2023年，全县各级积极开展立功送喜报、节日走访慰问、最美退役军人评选、趣味运动会、双拥主题晚会等活动，组织县党政领导干部、新任职公务员、广大民兵学习贯彻《中华人民共和国国防教育法》，广泛开展国防教育进校园活动。县人武部贯彻落实省委"1310"工作部署和助力"百千万工程"建设，积极协调军分区、市双拥办解决申报"双拥模范城"遇到的矛盾问题，协调驻佛部队配合石角镇推进G106国道县城段消防栓安装工程，指导水头镇基干民兵成立退役军人专业合作社，下拨20万元乡村振兴专项经费建设汤塘镇脉塘村光伏项目，尽心尽力为民办实事。

（县人武部）

人民防空

【人民防空概况】 2023年，根据体制改革的相关工作要求，佛冈县人民防空办公室于2023年1月5日在县发展和改革局正式挂牌。佛冈县人民防空办公室紧紧围绕高质量发展主题，快速融入体制改革新格局，凝心聚力，狠抓落实，切实履行"战时防空、平时服务、应急支援"的使命任务，顺利完成年度各项任务。

【人防工程建设】 2023年，佛冈县人防工程建设始终贯彻"与经济建设协调发展、与城市建设相结合"的原则进行同步建设，严格把控人防工程建设的各个重要环节，确保人防工程按照防护标准要求进行建设。是年，佛冈县人防系统竣工结建人防工程6

2023年9月15日，举行佛冈县2023年"书记送我去当兵"暨新兵入伍欢送仪式 （田康俊 摄）

2023年9月19日，县人民防空办公室在县人民公园广场开展人民防空宣传教育活动　　（陈敏　摄）

处，办理人防工程质量监督报告6份，面积为2.47万平方米；历年累计竣工备案验收工程36宗，面积20.43万平方米。坚持"以建为主，以收促建"的原则，全年共办理易地修建防空地下室的民用建筑项目许可38宗。

【人防队伍建设】2023年，根据体制改革要求，佛冈县人民防空办公室重新组建一支佛冈县新型人防综合救援队伍，该队伍由县发展和改革局、县住房城乡建设局、县交通运输局、县工业和信息化局共4个职能部门分别派员组成，队伍跨部门协同能力强，跨学科专业面广，为佛冈县人防队伍建设增添新力量。是年，佛冈县新型人防综合救援队参加清远市新型人防综合救援队训练，通过集中式的专业培训和演练，有效提升人防队伍的遂行任务能力和应急应灾水平。

【人防警报试鸣活动】2023年，为确保高质量完成改革首年的防空警报试鸣工作，佛冈县人民防空办公室提前谋划，积极落实各项前期准备工作和组织工作。线上线下多途径发布试鸣公告，积极营造人防宣传氛围。组织技术专员对全县警报器进行检测维护，确保设备维持良好使用状态。10月12日，县人民防空办公室组织开展佛冈防空警报试鸣活动，县委常委、副县长张邦正到人防警报试鸣控制指挥中心检查防空警报鸣放工作。

【人防宣传教育工作】2023年，佛冈县人民防空办公室积极开展人防普法和宣传教育"五进"活动。9月19日和11月20日，分别在县人民公园广场和县文化广场举行人民防空宣传教育活动，通过发放宣传资料、设立宣传教育展板、现场宣讲和有奖问答等多种形式，向广大群众普及防空防灾等知识。10月19—24日，深入6个社区人防工作站开展人防宣传教育活动，充分发挥社区人防工作站的宣传基地作用。通过多形式开展人民防空宣传教育活动，有效提高群众防空防灾和应急避险的能力，不断提升群众自觉履行国防和人防义务的意识。

（陈　敏）

退役军人事务

【服务保障体系建设】2023年，县退役军人事务局落实全市"十四五"退役军人服务和保障工作规划，深化"强镇带村固基础"行动。完成石角镇黄花村、迳头镇龙岗村、水头镇石潭村、高岗镇宝山村首批红色服务站建设，开展政策宣传、走访慰问、为民办实事等志愿服务活动26场，加强退役军人思想政治引领，选树陈斌、陈剑雄、刘榕华、徐炜芳、郑松滔为"五种力量"先进典型。

【就业创业扶持】2023年，县退役军人事务局广泛推送招聘信息，县、镇、村三级退役军人服务站充分利用微信群、移动短信群发平台推送就业招聘信息90多条，联合县人社局举办退役军人就业专场招聘会2场，参加市局举办的大型就业专场招聘会3场，组织退役军人参加2023年"戎归南粤·乐业湾区"退役军人区域性招聘会。积极宣传落实就业创业优待政策，开展就业创业政策宣传活动6场，利用走访慰问、座谈会等派发宣传小册子1300多册，受理退役军人创业担

2023年7月21日，佛冈县委、县政府召开退役军人事务工作领导小组会议　　（马钱　摄）

2023年6月27日,县退役军人事务局到小潭村开展送喜报活动

(马钱 摄)

保贷款6宗(已通过银行审批3宗,发放贷款金额合计150万元)。

【帮扶解困政策落实】 2023年,县退役军人事务局为全县退役军人购买"仁军保"人身意外伤害保险,其中26名退役军人因意外伤害得到理赔共95 248.47元。提升省应急救助办理效率,受理重大疾病申请6宗,发放救助金额23.39万元。加大临时救助力度,临时救助困难退役军人40人次,共发放救助金12.4万元。开展"爱心献功臣"活动,向全县多名重点优抚对象免费提供义诊服务,发放药品价值6万元,筹集困难帮扶资金3.5万元。

【做好移交安置工作】 2023年,县退役军人事务局对2022年度退役士兵(士官)发放一次性补助款347万元。提供"一站式"退役报到服务,接收是年退役士兵(士官),将符合条件的转业士官全部安置到公益一类事业单位,组织开展年度退役士兵适应性培训2场。同时,引导多名退役士兵参加学历提升计划。

【开展烈士纪念褒扬活动】 2023年,县退役军人事务局组织开展"缅怀革命先烈,传承红色精神"清明祭扫、"9·30"烈士纪念活动12场。同时,组织对越自卫反击战牺牲烈士家属代表到广西开展异地祭祀。

【落实优待抚恤政策】 2023年,县退役军人事务局完成重点优抚对象抚恤和生活补助标准调整工作,及时发放抚恤和生活补助1319万元,发放重点优抚对象医疗补助费59.7万元;落实军休干部离退休生活待遇;持续推进优待证制发,并协调辖区景区推出各类优待政策。全县符合申领条件对象已办理优待证的占比96%。

【新时代双拥工作】 2023年,为纪念"延安双拥运动80周年",县退役军人事务局开展"双拥宣传进军营,法律援助解兵忧"送法进军营活动,举办"爱我国防——军旅歌曲"演唱活动,举办全县军地趣味运动会,丰富驻军部队精神文化生活。落实拥军支前、军民共建工作,建立炊事保障队、摩托车运输队等队伍,支持部队练兵备战。春节、"八一"期间开展走访慰问活动,组织慰问团9个,慰问部队18次;召开村(居)以上座谈会183场,走访慰问重点优抚对象,发放经费275万元。

(马 钱)

经济管理

责任编辑：郑中扬

发展与改革

【经济总量概况】 2023年，佛冈县实现地区生产总值171.57亿元，比2022年增长4.0%，增速排全市第5位。其中，第一产业增加值26.49亿元，同比增长6.4%；第二产业增加值76.44亿元，同比增长5.6%；第三产业增加值68.65亿元，同比增长1.4%，三大产业比为15.4∶44.6∶40。实现固定资产投资同比增长4.1%，增速排全市第2位。全县实现社会消费品零售总额41.41亿元，同比增长6.7%。实现城乡居民人均可支配收入28 609元，同比增长5.2%。其中，城镇常住居民人均可支配收入36 718元，同比增长3.5%；农村居民人均可支配收入21 988元，同比增长6.3%。

【工业生产】 2023年，佛冈县工业经济韧性良好，发展质量持续提升，工业经济复苏迎来"双转正"。实现规模以上工业总产值349.97亿元，同比增长4.6%；规模以上工业增加值65.16亿元，同比增长2.9%。新投产规模以上工业企业9家，排名全市第1。规模以下工业增加值增长14.4%，排名全市第1。轻工业发展稳定向好，全县规模以上轻工业实现增加值23.32亿元，同比增长5.3%，高于全县规模以上工业增加值增速2.4个百分点。聚焦"工业强县、产业兴县"目标，立足南北区域比较优势，开创"南北工农联动"的全新产业格局。南部"一主两辅"产业平台扩容提质，佛冈产业转移工业园成功入选省重点支持的产业有序转移主平台，主平台全年引进优质产业项目38个，计划总投资127亿元，达产产值168亿元，投资3亿元以上项目5个。产业发展聚链成势，电动车产业集群总产值增长28.9%，突破80亿元，实现三年翻一番。空调制冷产业入选全省首批中小企业特色产业集群。北部"农头工尾"现代产业全面起势，高岗中核汇能农光互补项目有序推进，迳头建成全市首个丝苗米数字化基地，水头成功创建魔芋省级农业科技园。

【农业生产】 2023年，佛冈县全年实现农林牧渔业总产值43.08亿元，同比增长6.5%，增速排全市第2位。粮食生产扩面增量，粮食播种面积11 826.67公顷，同比增长0.17%，整治撂荒耕地72.3公顷，建成高标准农田500公顷，粮食总产量超6万吨。特色农业渐成规模，清远鸡、丝苗米、魔芋等量价齐升，综合产值分别达5.39亿元、4.02亿元、1.15亿元。魔芋种植面积近万亩，带动村集体和农民增收约800万元。成功举办全省农村电商资源对接大会、首届国际魔芋节，打响"芋香胖胖""迳头白鹭"等系列品牌，竹山粉葛、益肾子等土特产产销两旺。"佛冈有礼"带动农产品销售达1.26亿元，增长100%。

【固定资产投资】 2023年，佛冈县固定资产投资同比增长4.1%，增速排全市第2位，其中房地产投资同比下降5.8%，基础设施投资同比增长0.2%，工业投资同比下降14%。商品房销售面积42.11万平方米，同比下降26.7%。有效投资不断扩大，26个项目成功申报获得专项债券资金14亿元，乡村振兴项目建设成效显现，水利、教育、卫生健康、园区基

2023年3月2日，省发改委调研国家城乡融合发展试验区广清接合片区（佛冈县）工作座谈会　　　　　　　　　　（县发展和改革局　供图）

2023年7月11日，佛冈县发展和改革局在县文化公园开展"节能降碳 你我同行"宣传活动
（县发展和改革局 供图）

础设施建设等领域重大基建项目稳步推进。佛冈体育中心建设工程等获得省级补助资金1400万元。坚持"大抓项目、抓大项目"，一批重大项目落地见效，全面夯实投资发展基础，稳定全县经济运行基本盘。

（王晓彤）

【深化改革激发动能】 2023年，佛冈县持续深化"放管服"改革，优化服务事项业务流程、精简办事材料、压缩办理时限，企业开办时间压减至0.06天内，公章刻制、营业执照及公章邮寄等服务全部免费提供；优化县行政服务窗口设置，设立工程建设审批、企业开办和实名认证专窗，涉税业务进驻县政务服务中心集中办公，设立24小时自助服务专区，新增税务台式自助机一体机3台；大力推进统一物流、容缺受理，全面推行"网上办""零见面"。全县政务服务事项共1739项，实现网上可办县级政务服务事项占比98%，承诺办理时限压缩率95%，平均跑动次数0.0194，网上可办率100%；在广佛园设立企业服务中心，为企业提供"保姆式一站服务"；优化纳税业务，实现网上事项当天"即办"，网上办税率达98.1%，居全市首位；不动产登记实现受理、缴费、审批、发证一个流程办结；成立清远地区首个用电营商环境专班，主动为企业落地提供优质服务；升级打造人才服务硬件设施，建成1个县级和6个镇级乡村振兴人才驿站，加快推进人才公寓建设，投入375万元，完善24套人才公寓室内装修和设备配置。

（肖伟生）

价格管理

【价格管理概况】 2023年，佛冈县发展和改革局坚持稳中求进工作总基调，找准价格调控杠杆发力点，做好价格调控管理和涉案财产价格认定工作，强化价格监测、分析、预警和信息发布工作。

【价格调控管理】 建立价格备案 2023年，县发展和改革局做好价格调控管理，严把新建商品房销售价格备案关，坚持"房地产价格平稳发展"总基调，充分发挥价格调控促进地区经济发展的重要作用，全年共计备案140宗，涉及房企28家。

强化价格监测 2023年，县发展和改革局强化重要商品价格监测机制，坚持宏观管理、市场调节相结合的价格管理机制，精准研判价格走势，全年共计发布价格分析报告12份，价格简讯48条。

优化价格调解 2023年，县发展和改革局优化价格调解机制，建立价格调研常态化机制，以社情、民意和群众急难愁盼作为调研方向，收集采纳部分群众意见并作为政府定价的重要参考依据，全年围绕城镇水电气行业收费、非居民天然气价格等民生领域共计开展5次价格调研。

【民生价格管理】 助企纾困措施落实 2023年，县发展和改革局积极协助佛冈华润燃气有限公司制定佛冈县制造业、服务业等领域困难行业恢复发展的纾困措施，确保天然气价格健康运行。

行业市场价格调节 2023年3月，县发展和改革局出台《佛冈县河砂市场销售价格调节机制》，进一步规范佛冈县国有企业河砂销售行为，促进河砂市场价格健康有序运行。

民生价格制定 2023年3月，县发展和改革局制定县城环城东路、县旧中医院立体停车库的停车收费标准；5月，通过深入调研，对城乡客运线路票价作出不予调价、农村客运线路票价执行市场调节价的决定，并向县人民政府作专题汇报；6月，依法履行全民健身中心收费试行期延期审批程序；12月，制定佛冈体育馆收费标准。

收费专项整治 2023年，县发展和改革局进一步巩固涉企收费整治成效，开展行业收费检查，全年检查涉企收费6次。

（邹玉林）

【价格认定】 2023年，县发展和改革局价格认定中心通过综合业务平台受理涉案物品价格认定134宗，涉案物品价格认定金额774万元。在涉案物品价格认定工作中严格办案程序，保证司法活动和行政执法活动正常进行，为维护司法公正、保护当事人的合法权益提供优质高效服务。

（罗 俊）

市场监督管理

【市场监管概况】 2023年,佛冈县市场监督管理局在县委县政府的正确领导和市局的指导下,主动适应经济发展新形势,紧紧围绕"百千万工程"高质量发展目标任务,不断优化营商环境,规范市场秩序,守牢安全底线,彰显市场监管担当作为。全县新增市场主体3213户,同比减少7.78%;全年累计有市场主体23 929户,同比增长5.22%。

【优化营商环境】 政务服务效能提升 2023年,佛冈县市场监督管理局全面推行"一网通办",电子化登记和变更登记业务全程网办,提升办事便利度,有力缓解窗口排队办事拥堵问题。通过网上申请设立登记的企业有667户,"网办率"98.81%。针对年龄大、不会使用电子设备的群众,主动提供帮办代办服务。通过周末加班加点、上门服务为企业办理加急业务,分别收到企业赠与锦旗2面以及感谢信。

企业信用监管优化 2023年,佛冈县市场监督管理局制订各项双随机抽查计划,组织开展部门、跨部门"双随机、一公开"抽查工作,在实现抽查事项全覆盖的基础上,最大限度减少对企业经营的干扰。全年抽取696户检查对象,全部完成检查并将检查结果公示。全年为企业进行修复信用21次。

【市场监管执法】 执法办案严格 2023年,佛冈县市场监督管理局开展民生领域案件查办"铁拳"行动、食品安全"四个最严"等专项行动,打击成品油非法经营等专项行动,重点查处医疗美容领域虚假宣传、"神医"和"神药"虚假违法广告、油品质量和加油站计量作弊等突出问题。开展"双打"专项行动,严厉打击侵犯知识产权和制售假冒伪劣商品违法行为,加强反不正当竞争执法专项行动,营造公平竞争、健康有序的市场环境。全年查处各类案件284宗,涉案货值97.525万元,移送公安机关刑事立案5宗。

消费维权 2023年,佛冈县市场监督管理局开展"放心消费承诺单位"和"线下无理由退货承诺店"活动,畅通快处、投诉、举报渠道,稳步推进在线消费纠纷解决机制建设,依法高效办理消费投诉举报。全年共受理消费投诉、举报2135宗,为消费者挽回经济损失94.32万元;培育"放心消费承诺单位"和"线下无理由退货承诺店"101家。

价格监管 2023年,佛冈县市场监督管理局重点开展春运客运票价、殡葬行业和医疗用品稳价保质、涉企违规收费、教育收费等行业价格监管和违法行为查处工作,检查市场经营主体558家次。制定《佛冈县市场监督管理局关于印发开展民生领域反垄断专项行动工作方案的通知》,成立专项行动领导小组。聚焦建材、日用消费品、汽车、医药、公用事业、教育、交通运输、工程建设、保险、政府采购、招投标等重点行业和领域,依法严格从重查处各类垄断行为,积极畅通举报投诉渠道,暂未发现垄断违法行为线索和各类垄断行为。

网络交易和广告监管 2023年,佛冈县市场监督管理局加强对辖区内网站清查摸底,核实网络经营主体信息,规范网络经营者经营行为,全面推进商品交易监管。深入开展整治电商领域借重大节日从事商业牟利活动,加强对网售"特供""专供"商品的常态化监测监管,开展互联网销售危险化学品、网络订餐等专项整治,共检查市场主体60户次、网站54个次,检查外卖平台入网餐饮服务经营者公示信息330条,未发现违法行为。开展防范和处置虚拟货币交易炒作风险、医疗美容行业、落实"双减"改革广告监管等专项整治行动,共检查相关经营主体700多家(间)次。

【"四大安全"底线守牢】 食品安全整治 2023年,佛冈县市场监督管理局严格落实食品安全分级包保工作机制,包保督导完成率、问题整改率均达100%。开展食品生产企业和学校食堂全覆盖检查、制止餐饮浪费、食品安全风险隐患排查等各类专项整治行动,累计检查各类食品生产经营主体5484家次。开展食品安全监督抽检、农产品快筛快检,从源头把牢食品安全关。完成民生实事食品抽检1163批次,合格率97.67%;快筛

2023年9月8日,佛冈县市场监督管理局到城西小学开展"开学安全第一课——食品安全进校园"主题宣讲活动　　　　（县市场监督管理局　供图）

快检18 900批次，合格率98.74%；3次约谈美团、饿了么网络第三方订餐平台，不断规范网络订餐行为。圆满完成重大活动食品安全保障13场次。线上线下齐发力，开展食品安全宣传活动40场次。

药械监管整治 2023年，佛冈县市场监督管理局扎实开展各项专项整治，在日常监管基础上相继开展中药饮片、药品网络销售、稳价保质、网络销售、无菌和植入性医疗器械等专项整治行动，检查各类药械化市场主体657家次，抽检"两品一械"50批次，合格率为100%。全面提升不良监测工作，上报药械化不良反应403例。

特种设备监管 2023年，佛冈县市场监督管理局推进广东省特种设备电子监管系统企业自主管理平台，全县特种设备使用单位上线率达76.6%，位居全市第1。开展燃气安全、经营性自建房电梯安全、大型游乐设施与锅炉安全风险以及超期未检特种设备排查等专项整治，共检查相关单位260家次，下达"特种设备安全监察指令书"92份。

产品质量监管 2023年，佛冈县市场监督管理局鼓励辖区内48家企业设立首席质量官，组织企业首席质量官参加网络培训，为企业高质量发展夯实基础。持续开展消防产品、电动自行车及其配件、燃气用品、成品油等重点产品质量整治行动。以问题为导向，委托第三方检验机构开展消防产品、燃气用具及配件、儿童学生用品等县级工业产品质量监督抽查，共抽检60批次，其中不合格5批次，合格率91.7%。

【**监管队伍建设**】 2023年，佛冈县市场监督管理局强化监管队伍建设，实施"党建+安全卫士"工程，以聚焦"查、练、宣"三种方式，推行"直播查餐厅""你点我检"检查新模式，举办应急救援演练，组织"食品安全进校园"和"特种设备安全周"等宣传活动，打造一支让党和政府放心、人民群众满意的政治坚定、业务精湛、作风优良、纪律严明的市场监管队伍。

【**法治市监建设**】 2023年，佛冈县市场监督管理局充分发挥局党组领导核心作用，深入研讨在市场监管领域贯彻落实党的二十大报告中关于法治建设重大部署的具体举措，严格执行"三项制度"，坚持全面依法向社会公示行政执法全过程的相关信息，主动接受社会监督，行政处罚案件公示率100%。严格执行重大行政决定法制审核和集体讨论，规范执法行为。全年，审核案件共计175宗，重大行政执法决定法制审核率100%。积极组织执法人员参加县组织的专题培训，加强局内部平台运用督导，不断提高执法人员的行政执法规范化意识和平台实操水平。全年共组织66人次参加县的专题培训，平台录入行政检查案件844宗，行政处罚案件122宗，行政强制案件29宗。广泛开展社会普法宣传活动，更新法治文化主题公园法治宣传栏4期，在县政务网发布以案释法案例4宗。开展进企业、进乡村、进社区、进学校等专题宣传活动，营造遵法学法守法的良好氛围。

【**个体私营协会**】 2023年，佛冈县个体私营协会在县市场监管局的指导下，在会长、秘书长、全体理事和广大会员的共同努力下，工作有序开展，取得飞跃的发展。协会会员持续增长；协会面貌焕然一新，发挥两新协会积

2023年6月27日，县市场监管局在森波拉度假山庄开展特种设备应急演练

（县市场监督管理局　供图）

极自主的纽带作用，得到社会各界的认可，被评为2023年度全省个体劳动者私营企业协会先进单位。

真情服务 2023年，佛冈县个体私营协会按照章程"入会自愿，退会自由"的原则开展协会各项工作。为减轻协会会员负担，实行协会会员会费减半政策，进一步密切协会与会员关系，确保会员会费的正常缴交，保障协会有效运转。同时服务会员，帮助会员排忧解难，做好来访办事登记、协助会员填报年报等工作。

平台搭建 2023年，佛冈县个体私营协会组织部分协会成员参观考察佛冈（城西）万洋科技众创城，加强个体私营企业与集团企业的沟通和联系，让个体私营企业对全县工业发展规划有了更全面的了解。举办佛冈电商、个体私营协会交流会，进一步加强协会之间的沟通和联系，给会员搭建交流和合作的桥梁，实现商协会之间、企业之间的资源互补、信息共享。组织部分协会成员到佛冈县博物馆进行参观学习活动，进一步加强协会内部凝聚力，丰富会员的文化活动。在篁胜酒店举办佛冈县个体劳动者私营企业协会2023"同心同德 携手共赢"年终晚会，得到佛冈县石角商会、佛冈县铸造协会、佛冈县客家文化协会等有关单位的关注和支持。通过活动，进一步团结协会组织力量，增加会员对协会的信心，增强社会各界对协会的认可。

助力帮扶 2023年，佛冈县个

体私营协会在庆祝建党102周年之际，到龙山镇关前村慰问部分老党员和困难党员，并送上慰问金和慰问品，把党组织的关怀和温暖送到他们心中。支持举办"凝聚志愿心 文明佛冈城"2023年志愿服务项目成果展示大赛，扩大佛冈个体私营协会在本地的影响力。在新春佳节来临之际，前往汤塘镇升平村开展走访慰问活动，亲切看望困难群众、老党员等，向他们送上慰问金及慰问品，并致以诚挚问候和新春祝福。还对协会的困难会员开展慰问工作，让困难会员感受到组织的关怀。

（黄绮萍）

2023年8月2日，佛冈县召开十四届县委审计委员会第三次会议

（县审计局 供图）

审 计

【**审计概况**】 2023年，佛冈县审计局依法履行审计监督职能，推进审计监督全覆盖。全年完成审计（调查）项目15个，审计促进整改落实增收节支资金4646.08万元。向被审计单位和有关部门提出审计建议50条，揭露被审计单位存在突出问题140多个，促进被审计单位制定整改措施90多项。提交审计专报等重要审计信息6份，派出审计骨干9人次配合县纪委监委开展巡察和查办案件。

【**财税金融审计**】 2023年，县审计局聚焦财政财务收支真实合法效益审计主责主业，深入开展研究型审计，紧盯财政资金管理使用，着力揭示违反财经纪律问题；紧盯重大项目建设，促进扩大有效投资；紧盯重大风险隐患，及时反映影响经济安全的苗头性、倾向性、普遍性问题，促进积极财政政策加力提效。重点抓好当前财政管理存在的突出问题，促进财政管理改革相关政策落实；围绕资金安全，揭示财政运行风险隐患；关注预算绩效管理相关政策落实情况，促进财政资金提质增效。全年组织对2022年度本级财政预算执行、决算草案和其他财政收支情况审计，2个县直单位部门预算执行和决算以及其他财政收支情况审计，石角镇人民政府2022年度财政决算情况审计。

【**经济责任审计**】 2023年，县审计局深入贯彻落实《党政主要领导干部和国有企事业单位主要领导人员经济责任审计规定》，加强对权力运行的"巡审结合"贯通协同，深化领导干部经济责任审计，促进领导干部守法守纪、尽职尽责和主动作为、依法作为、有效作为。全年完成领导干部经济责任审计项目6个，审计领导干部7人；实施龙山镇人民政府主要负责同志自然资源资产离任（任中）审计1个。审计查出管理不规范资金1239万元，移送县纪委监委处理落实事项1件，提交审计专题报告3份。

【**行政事业审计**】 2023年，县审计局认真落实"稳增长、稳就业、稳物价"工作要求，聚焦本地区重大项目建设以及重大任务落实情况开展审计。重点关注坚持实体经济为本、制造业当家、绿美广东生态建设等方面重大政策措施和决策部署的贯彻落实情况，加强各专业审计与政策落实跟踪审计的有效对接，全方位推动政策措施有效落实、项目加快实施、资金高效使用，助推佛冈经济社会高质量发展。全年完成审计项目5个，审计促进整改落实有关问题资金86万元，审计提出建议17条。不断强化内部审计质量控制，督促全县81个机关企事业单位落实《内部审计统计调查制度》，重点对5个行政事业单位开展内部审计专项检查。

【**固定资产投资审计**】 2023年，县审计局围绕政府重大投资项目，着力注重对项目立项审批、用地审批、工程招投标、概算调整、合同签订、设备材料采购、资金管理使用、竣工决算、工程质量管理全过程管理和投资绩效等关键环节开展审计监督，强化重大投资事前事中监督管理，避免或减少损失浪费和重复建设。全年完成县城北篁胜小学、县城水厂改扩建工程等2个项目工程建设管理和资金使用情况审计，为地方财政增收节支3050.7万元，揭示工程建设存在主要问题13个，办理移送处理事项2件，提出审计建议8条。

【**审计整改**】 2023年，县审计局坚持学习贯彻习近平总书记在二十届中央审计委员会第一次会议上的重要讲话精神，把审计整改作为推动高质量发展、高效能治理的有力抓手，坚持审计整改与审计揭示问题同向发力、一体推进。按规定向县委审计委员会提交《关于佛冈县2023年度审计查出问题整改情况的报告》，全年对审计报告反映的148个问题，整改到位140个，整改完成率95%；实现阶段性整改问题8个，整改金额合计4646.08万元。

（蓝冬晴）

统　计

2023年8月18日，佛冈县统计局召开第五次全国经济普查领导小组会议

（县统计局　供图）

【统计概况】 2023年，佛冈县统计局全面贯彻落实习近平总书记关于统计工作重要讲话重要指示批示精神，在县委、县政府的指导下，突出党建引领、经济普查、升规纳统、日常监测、统计基层基础建设等工作重点，着力打造让党放心、人民满意的统计队伍，为佛冈县经济发展提供坚实统计保障。

【统计服务】 2023年，佛冈县统计局强化监测和参谋，充分发挥智库作用。加强统计监测和调研，及时掌握经济运行中出现的新趋势、新问题、新难点。加强分析研判的前瞻性和预见性，承担统计业务（专业）和国家统计局清远调查队部署的调查任务，坚持按照提前通知、及时催报、随报随审、有错必改的原则，每月每季度督促统计单位及时完成报表上报，并认真撰写分析报告，形成《佛冈县2023年1—5月经济运行情况及上半年经济指标预判》《前三季度全县经济运行情况、存在问题及下一步工作措施》等报告，为县委县政府部署经济工作提供有力参考。

【统计调查】 2023年，佛冈县统计局贯彻落实国家及省、市关于2023年畜禽监测调查样本轮换工作的部署，及时召开主要畜禽监测调查样本轮换摸底调查培训会议，严格按照调查时点和调查口径，加强与农业农村部门及各镇沟通协调，建立健全摸底台账，将全县主要畜禽样本点数据应统尽统。全年畜禽监测调查样本轮换摸底调查工作共摸底全县6个镇、78个村，10 070户。

【统计法治】 专项治理　2023年，佛冈县统计局贯彻落实习近平总书记关于法治建设的重要指示精神，进一步增强依法统计、依法治统的责任感和使命感，切实以统计执法监督保障数据质量，推进统计现代化改革。根据国家、省、市统计局专项治理行动动员部署会议精神，召开动员部署会议，组织各镇、各企业开展培训，制定《佛冈县统计造假屡禁难绝专项治理行动实施方案》《佛冈县统计造假屡禁难绝自查自纠工作方案》。综合采取全面自查、重点抽查等多种措施，对"四查一重"方面的内容开展排查，严格按照专项治理行动实施方案履职尽责，落实工作责任制，积极推动解决制约自查自纠成效的重点难点问题，扎实开展专项治理工作，并取得良好成效。全年核实入库企业34家，退库企业17家，对205家企业（单位）进行源头数据质量核查，其中自纠26家。

统计执法　2023年，佛冈县统计局强化数据核查和统计执法检查，切实提高统计数据质量。根据清远市统计局《关于做好2023年度全市统计执法检查工作的通知》要求，印发《关于做好全县2023年度统计执法检查工作的通知》，对26家企业开展统计执法检查并进行统计法宣传。其中，对1家工业企业进行双随机抽查，与县市监局一起对1家商贸企业开展联合执法检查。

【第五次全国经济普查】 业务培训　2023年，佛冈县统计局加强组织领导，压实压紧工作责任，组建县、镇两级普查领导小组及其办公室，建立佛冈县第五次全国经济普查工作组，组织县、镇两级普查指导员参加市、县组织的普查业务培训，确保受训人员全面掌握入户技巧、清查、区域划分等普查业务。

工作措施　2023年，佛冈县统计局认真收集办、民政、市监、农业等部门名录资料，通过比对核查，更新名录单位信息，合并编办、民政、市监、农业等部门的单位名录，形成清查底册。协调各镇数据处理业务人员开展普查区域划分和绘图工作，完成93个普查区、179个普查小区的划分和3644个建筑物的标注工作；协助普查员进行"地毯式"上门清查，及时对进度较慢的乡镇和社区进行督查指导，严把审核关，确保数据真实准确。全县上报单位6319个，比第四次经济普查增长22.72%；单位上报占比88.33%；上报个体户22 469

2023年9月25日，佛冈县统计局在人民公园开展第十四届中国统计开放日活动　　　　　　　　　　　　　　　（县统计局　供图）

户，同比增长97.13%，有证查找占比64.81%。强化宣传动员，"线上＋线下"全覆盖，通过联系佛冈县税务局，利用税务短信平台向11 880户纳税户发送第五次全国经济普查宣传短信，大大降低纳税户对普查员的戒心；开展以"经济大普查，数说新时代"为主题的第十四届"中国统计开放日"宣传活动，展现经济普查服务国家发展的重要作用，提高民众对经济普查的知晓度、支持度和配合度。

督导通报　2023年，佛冈县统计局领导班子率队到各乡镇开展第五次全国经济普查清查工作督导和抽查工作，督促进度较慢的乡镇加强工作推进。建立"每日通报"制度，对全县每日单位上报数和个体户上报数进行通报，加强对排名较后的乡镇工作指导。

（叶芳芳）

国有资产管理

【**国有资产管理概况**】　2023年，佛冈县公共资产管理中心对全县行政事业单位和国有企业经营性资产及闲置资产进行全面调查摸底，加强对行政事业性资产、国有企业等国有资产管理，对部分闲置办公用房进行调查和调配。部署和完成本年度国有企业、集体企业和金融企业的年终报表统计，同时做好全县行政事业单位和县属国有企业每月快报汇总上报工作，加强对县级国有资本经营预决算的编报和调查。加强国有资产管理和治理，做好县政府向县人大常委会报告国有资产管理情况工作，做好佛冈县公益三类及经营服务类事业单位改革工作，盘活整合有关国有资源，确保为完成全年收入任务提供有力保障。成立乡镇国有独资公司，助力推进乡村振兴发展。是年，全县行政事业单位资产和县属企业国有资产合计为133.29亿元，其中行政单位资产总额为23.87亿元，事业单位资产总额为95.47亿元，县属企业资产总额为13.94万元。佛冈县公共资产管理中心2022年至2023年度财务快报工作获清远市国资委先进单位称号。

【**资产存量调查**】　佛冈县国有资产按其经营形式分为经营性资产和非经营性资产两大类。实行企业化管理并执行企业财务会计制度的事业单位按照企业国有资产管理有关规定进行管理。随着国有企业改制工作全面深化，企业通过有偿转让等方式对国有资产进行处置，除少数公益性企业持续经营外，大部分国有企业已完成改制工作。经营性资产在全县国有资产总量中所占份额不大，国有资产分布重点在行政事业单位。2023年，佛冈县公共资产管理中心按照财政部工作部署，对全县行政事业性存量资产及出租情况开展调查和摸底，为建立资产信息实时动态监控系统提供管理依据，并做好本年度行政事业单位国有资产和县属国有企业报告统计工作。佛冈县纳入此次统计的行政事业单位有186家。县属国有企业有20家。通过对资产进行统计，摸清家底，夯实政府资产管理基础，对防止国有资产流失、推进政府资产管理与预算管理、推动国企改革、加强地方政府性债务管理有着积极意义，为县政府进一步优化、整合资源提供依据。

【**国有资产管理工作**】　2023年，佛冈县公共资产管理中心根据上级《行政事业性国有资产管理条例》《关于进一步推进国有企业贯彻落实"三重一大"决策制度的意见》文件精神，进一步加强国有企业管理，指导相关企业结合实际制定"三重一大"议事决策制度。为依法履行出资人职责，规范县属国有企业的投资和融资行为，提高投资和融资决策科学性、规范性，有效防范投资和融资风险，确保国有资产保值增值，特制定《佛冈县属国有企业投资和融资监督管理办法（试行）》。加强国有企业反腐倡廉建设，进一步促进国有企业领导人廉洁从业、规范决策行为、提高决策水平、防范决策风险，保证国有企业科学发展。通过完善相关管理制度，使国有资产管理做到有章可依、有章可循，责任明确、运行规范。从根本上改变"重采购、轻管理"思想观念，优化资产配置，深入推进资产管理与预算管理相结合，切实提升国有资产管理的治理能力和治理水平。加强对各单位国有资产管理，明确管理责任，规范使用流程，加强产权保护，推进资产安全有效使用，明确资产使用人和管理人职责，进一步完善国有资产管理制度，充分发挥国有资产效益，确保国有资产安全。

资产信息系统管理　2023年，佛冈县公共资产管理中心根据国务院、广东省及清远市文件精神，贯彻落实国企改革三年行动有关任务要求，落实国资国企监管数字智能化提

2023年3月23日，县财政局党组成员和县德城公司一行到韶关南雄市财政局公共资产管理中心开展国有企业转型升级改革调研交流 （县公共资源管理中心 供图）

升专项行动部署，全面完成国资国企在线监管系统建设，实现全国国资国企在线监管系统全面升级，建立横向到边、纵向到底、形成全面协同的数字化、智能化监管体系。同时，组织县属国有企业积极参加上级国资部门的各类业务培训及讲座。通过行政事业资产管理信息系统，对国有资产实行动态管理，随时掌握国有资产变动信息，为编制资产预算打基础，为资产预算和财政部门预算相结合创造有利条件，实现资产管理系统与其他上下级单位及同级各部门之间各系统对接预留接口，加强上级与下级单位以及三级财政数据连接，以便于对国有资产进行监督和管理，实现资产保值增值。各系统之间在同一平台之下有机衔接，实现数据资源共享，为进一步深化行政事业资产管理改革和促进财政管理打下了坚实基础。

固定资产租赁管理 2023年，佛冈县公共资产管理中心为全面掌握全县行政事业单位以及有关国有企业经营性资产和闲置资产情况，认真部署，通过印发文件、召开动员大会等形式，对全县行政事业单位及国有企业等单位固定资产租赁情况开展调查。是年，全县租赁总收入2812.50万元。其中，土地租赁年收入288.88万元，房屋租赁年收入2515.66万元，其他收入7.96万元。

资产优化整合 2023年，佛冈县公共资产管理中心对有关非税收入资源进行调查摸底，做好整合和处置计划，配合县水利等部门开展相关水务资产及土地资源整合，并依法公开处置。是年，整合部分水务资产和土地资产，实现非税收入17 982.46万元，全额上缴县财政。

【国有资本经营预决算】 2023年，佛冈县公共资产管理中心为做好县级国有企业资本金预决算编报，开展本年度县级国有资本金经营预决算编报和调查工作，以依法依规、量入为出、收支平衡、编制科学、体例规范、相对独立和相互衔接等原则进行编制。通过对县属国有企业相关报表进行分析和测算，合理编制2023年国有资本经营预算。是年，全县国有资本经营预算总收入为1208万元。其中，当年国有资本经营预算本级收入为1168万元（企业利润收入69万元、股权股息收入1099万元），上年结余收入40万元。

【国有资产报告制度】 2023年，为贯彻落实中央、省、市决策部署，加快建立健全全面规范的政府报告国有资产情况制度，加强人大和全社会对国有资产管理的监督，推进国有资产公开透明，为国有资产管理和治理体系建设奠定基础，使国有资产更好地服务于佛冈高质量发展格局，为佛冈全面"融湾"迈入新阶段提供保障，县公共资产管理中心建立健全全县各类国有资产管理报告制度，明确责任主体，采取有力措施，编制佛冈县2022年国有资产管理情况综合报告。向县人大报告佛冈县2022年国有自然资源资产管理情况专项报告和佛冈县2022年国有资产管理情况综合报告。至2022年底，全县企业国有资产、行政事业性国有资产两大类国有资产总额为686 929.00万元（不含金融类企业）。统计依据是从《行政事业资产管理系统》汇总当年全县各单位上报数据，国有自然资源只统计实物量，暂不统计价值量。其中，企业国有资产总额178 647.38万元，占比26.01%；行政事业性国有资产总额508 281.62万元，占比73.99%。负债总额合计301 777.91万元，其中，企业负债总额121 542.03万元，占比40.28%；行政事业性负债总额180 235.88万元，占比59.72%。净资产（所有者权益）总额合计385 151.09万元，其中，企业所有者权益总额57 105.35万元，占比14.83%；行政事业性净资产总额328 045.74万元，占比85.17%。

（曾宪跃）

公共资源交易

【公共资源交易概况】 2023年，清远市公共资源交易佛冈分中心（简称"县公共资源交易中心"）立足中心工作实际和职责使命，按照深化"放管服"改革、优化营商环境的要求，持续优化交易流程，规范开展公共资源交易服务。升级改造远程异地评标功能，公共资源交易平台网站接入粤公平平台，实现全省数据对接和共享。

【营商环境优化】 2023年，县公共资源交易中心以党建为引领，强化交易服务职能。规范和升级招标投标场地

2023年12月19日，评标专家在县公共资源交易中心远程异地评标室通过线上与清远市评标专家交流评标事宜　　（县公共资源交易中心　供图）

设施和设备建设，持续推进公共资源交易全流程电子化、标准化、规范化，持续优化交易流程。根据全省"一张网"的工作安排，县公共资源交易中心多次到清远市政务服务中心学习和交流，并与市政务服务中心签订远程异地评标合作框架协议。经设备调试和技术对接。12月19日，"佛冈县智慧城市建设工程（一期）"项目在县公共资源交易中心远程异地评标室顺利完成线上实时评审工作，成功与清远市实现两地远程异地评标。该项目的顺利完成标志着佛冈县在深化公共资源整合共享、推进"互联网＋公共资源交易"改革工作上迈出重要步伐，开启远程异地评标"市县联动"的新篇章，是公共资源交易领域取得的一次新突破。升级改造后县公共资源交易中心具备跨地区远程异地评标功能，公共资源交易平台网站所有功能（包括专家评标录像全过程）全部接入粤公平平台，实现全省数据对接和共享。

【公共资源交易管理】　2023年，县公共资源交易中心高质、高效完成各类公共资源交易项目。建设工程交易部完成工程交易招标63宗，中标金额为12.69亿元，节约资金2800万元。政府采购部完成政府采购招标27宗，中标金额为1.60亿元，节约资金84.45万元。国土资源交易部完成土地交易28宗，其中一级市场土地招拍挂21宗，面积55.17万平方米，成交金额5.52亿元；二级市场土地协议转让交易7宗，面积7.31万平方米，成交金额0.44亿元。综合产权交易部完成商铺、房屋及土地网上竞租，车辆与物品网上拍卖等综合产权交易55宗项目203个，总成交额3322.02万元，增值518.45万元。中介服务超市选取944宗项目，受理法人项目业主入驻17个单位，中介机构入驻7家。

（刘良金）

代建项目管理

【代建项目管理概况】　2023年，佛冈县代建项目管理中心负责代建项目8个，其中竣工验收项目1个，正在建设项目5个，处于前期筹建项目2个。

【竣工验收项目】　佛冈县水头镇卫生院异地新建项目　该项目总投资为10 140.11万元，总建筑面积18 760.7平方米。一是建设门诊住院部，主要建设卫生院综合业务大楼和发热诊室及其基础配套设施等，计划设置床位40张；二是建设医养结合部，主要建设养老居住区、医疗保障用房、休闲和生活配套区等，计划设置床位数280张。该项目于2023年5月竣工验收。

【正在建设项目】　龙凤大道项目　该项目总投资为49 921.8万元，是县重点工作及十大行动方案项目之一。重点推进环城东路以北至省道252线路段的建设，该段道路长约2.1千米，正在进行工程收尾及竣工验收前检测等工作；该路段的主车道于2023年4月29日起试运行通车，计划2024年内完成该段道路的竣工验收。

体育中心项目　该项目总投资为16 322.81万元，是县重点工作及十大行动方案项目之一。总建筑面积11 952.07平方米，已完成体育馆和游泳场的建设和验收工作，正在进行室外体育场区域的跑道、足球场等室外工程施工。

佛冈县城乡"菜篮子"工程建设项目（全县农贸市场新建项目）　该项目总投资为4619.98万元，总建筑面积8229.98平方米，主要建设一栋三层市场主体，设置车库、肉菜生鲜区、粮油干货区及公共服务区域等功能区域。该项目正在进行装修工程收尾工作，计划2024年1月底完成建设。

佛冈县第一中学校园配套设施建设工程　该项目总投资为7113.47万元，新建总建筑面积10 463.84平方米，主要建设一栋教学楼、一间阶梯教室和一间设备房，主体结构均封顶，计划2024年5月底完成建设。

佛冈中学校园配套设施建设工程　该项目总投资为4069.49万元，新建总建筑面积8701.58平方米，主要建设一栋教学楼、一栋宿舍楼和一个风雨长廊，主体结构均封顶，计划2024年5月底完成建设。

【前期筹建项目】　佛冈县职业技术学校建设工程　该项目立项总投资为35 000万元，拟建总建筑面积

2023年5月23日，佛冈县水头镇卫生院新院落成

（县代建项目管理中心　供图）

64 414.54平方米。已完成勘察和初步设计服务招标，及校园规划方案初步设计工作。

龙南中学新建学生食堂项目　该项目立项总投资为480万元，拟新建一栋两层学生食堂，总建筑面积805.59平方米，已完成勘察、设计等前期工作，计划2024年3月开工建设。

（黄灼兴）

市场开发服务

【**市场开发服务概况**】2023年，佛冈县市场开发服务中心（简称"县市场中心"）进一步规范农贸市场经营秩序和环境秩序，加强市场管理，做好市场服务管理和市场综合开发利用及市场安全生产工作。县市场中心所辖的农贸市场，有石角中心市场、小商品市场、城东市场、德星市场、蔬菜水果批发市场及城西综合市场（新建成，尚未营业）。全年各市场设施费收入628.41万元，税后上缴财政591.68万元。

【**市场服务管理**】**市场服务**　2023年，县市场中心以打造人民群众满意的农贸市场为目的，牢固树立"诚信服务，以人为本"服务理念，落实"一场一策"，营造管理有序、设施完善、环境卫生整洁、市面整齐规范、经营文明有序、服务功能齐全的市场营商环境，坚持公平、公开、公正的市场摊位投标（抽签）定位，实行诚信租赁，营造"重商、亲商、护商"的良好氛围，为经营户提供"零障碍，高服务"的经营环境，做到热情服务、文明管市。

市场管理　2023年，县市场中心所辖农贸市场实行全方位监控管理。所辖市场均制定卫生管理工作制度并上墙公开，规范卫生秩序；实行划行归市规范经营，做到各类商品上台摆放，水产入池，熟食带罩，净菜上市；建立市场食品安全长效监管机制，严把所辖市场准入关；监督入场经营者依法向县市场监督管理局申请登记注册，领取营业执照后方可在市场内营业，并在经营场地明显处悬挂营业执照，确保所辖市场内的食品安全卫生；规范索证索票制度，所辖市场按照"一户一档"的原则，对应索取的票、证等资料进行分类、建档，方便查询；每天实时对市场档位采样检测，并利用电子显示屏公示检测结果，做好广大市民的"菜篮子"卫士。

安全生产　2023年，县市场中心对所辖各大市场认真落实安全防范管理制度，坚持"安全第一，预防为主"的方针，把市场管理、市场服务、市场经营与安全防范工作有机结合起来，成立市场织网巡防队伍，进一步完善治安防控体系，为经营者和消费者提供良好的市场环境，确保市场国有资产及广大市民生命财产不受损害。县市场中心所辖市场全年安全运营，未发生一起安全事故。

投诉机制　2023年，县市场中心对所辖农贸市场建立完善的举报投诉制度。统一设置投诉箱并放在市场显眼位置，张贴投诉件处理流程，指定专人负责收集投诉件，做好登记、交办、答复、归档等工作。同时，积极组织学习、熟悉《清远市12345政务服务平台热线管理办法》等相关管理制度，对市民的诉求第一时间作出回应，并进行跟踪回访，提高市民满意度。

市场设施维护　2023年，县市场中心定期对所辖市场的消防设施、供水供电等设施安全隐患进行排查，及时更新创文创卫宣传、健康宣传等宣传设施，维护维修市场设施，确保国家财产和人民群众的生命安全。

市场及周边整治　2023年，县市场中心进一步规范农贸市场经营秩序和环境秩序，加强日常管理，积极配合执法队，引导占道经营的临时档位入场经营；县城各农贸市场全面禁止活禽交易，进一步加强源头防控，督促市场周边活禽经营者落实"1110"制度（一日一清洗、一周一消毒、一月一休市、过夜零存栏）；按卫生防疫要求，对交易场所、设施设备实行"大扫除""大清洗""大消毒"。全天候对市场进行巡查、监管，并按照县创文办要求，做好市场周边、网格地段巡查及文明劝导工作，协助做好市场周边环境卫生，对占道经营、车辆乱停放、流动摊点经营等行为做好引导。

【**市场设施利用**】2023年，县市场中心所辖农贸市场共设置300个档位，其中利用122个档位，空置178个档位，利用率为40.7%。各农贸市场设施设置及利用情况（其中，石角中心市场为现代化自选式生鲜市场）如下：小商品市场有档位42个，其中利用13个档位，空置29个档位，利

2023年3月18日，德星市场划行归市、规范经营　（张辉　摄）

用率31%；德星市场有档位95个，利用57个档位，空置38个档位，利用率60%；城东市场有档位57个，利用8个档位，空置49个档位，利用率14%；蔬菜水果批发市场有档位106个，利用44个档位，空置62个档位，利用率41%。为引导市场周边自产自销菜农入场销售，各市场均划出一定数量的摊位供其免费摆卖。

【市场文明建设】 2023年，县市场中心高度重视精神文明建设，对所辖市场在显著位置设置诚信经营教育、志愿服务、倡导绿色生活等健康教育公益宣传栏；在显著位置展示诚信议题公益广告或宣传诚信建设内容（包括发布诚信红黑榜）。公益广告主题精准、内容规范、制作优良、融入环境、品位自然、干净整洁，画面无破损脱落，并及时更新。每天利用市场滚动屏展示行业规范标语、安全信息提示以及快速快检数据等信息，为广大市民创造良好的购物环境。

【市场开发建设】 2023年，位于南港路原酒厂的新建农贸市场（城西综合市场）建成，计划2024年4月进行综合验收。该市场自2022年12月开始施工，项目审定造价为3409.57万元。市场是1栋单体建筑，总建筑面积8232平方米，总计容面积5892平方米，总基底面积1841平方米，容积率1.48，建筑密度48.0%，绿地率11%。地上最高3层，地上高度18.3米，地下1层，地下室埋深4.5米。地下室建筑面积2340平方米，车位45个，配备智能停车收费系统、水泵房、发电机房、风机房及网络监控房等配套设施。首层室内建筑面积1841平方米，铺位8间，检测室1间，配有男女公共卫生间和母婴室，市场档位61个，其中豆腐档位6个，水产档位3个，海鲜档位2个，烧腊档位4个，干货档位6个，光鲜档位8个，肉类档位16个，蔬菜类档位16个；室外停车位14个，充电桩14个，有绿化、灯光、监控等配套设施。第二层建筑面积1948平方米，有配套商铺11间、男女公共卫生间和母婴室。第三层建筑面积1948平方米，配套8间市场管理用房、男女公共卫生间和母婴室等。县市场中心致力将城西综合市场打造成公益、便民、整洁、服务一体化的市场品牌。实现市场增容提质，满足城市发展要求，做到布局合理、环境优良、配套完善、设施先进，全面提升市场服务水平，为广大市民营造更加健康、文明、安全、舒适的市场消费环境，并解决部分村民农产品自产自销问题，不断提升广大人民群众的满意度和幸福感，推动佛冈县农贸市场服务管理工作高质量发展。

（张　辉）

自然资源管理

【自然资源管理概况】 2023年，佛冈县自然资源管理工作围绕县经济社会发展目标和省、市自然资源部门工作部署，认真履行职责，严格规范管理，依法行政，切实解决涉及群众利益的难点热点问题。在保护资源、保障发展、维护权益、服务社会等方面取得明显成效。根据土地变更调查成果，2022年末佛冈县土地总面积129 516.29公顷，其中国有土地面积10 291.79公顷，集体土地面积119 224.5公顷。全年批准供应土地总面积144.41公顷，出让价款收入5.52亿元。全县有效采矿权共5个，探矿权共2个，有2个项目列入市年度采矿权挂牌出让计划。完成2宗采矿权出让工作，收益累计5.76万元。

【建设用地管理】 项目用地报批 2023年，佛冈县使用省级指标31公顷、市级指标3.5公顷、点状供地指标0.55公顷、县增减挂钩指标18公顷、县指标4.75公顷。组织13个城镇报批建设用地57.62公顷，组织2个集体农转用批次0.18公顷的报批材料。

重点项目土地供应 2023年，佛冈县供应土地65宗，总面积144.41公顷，出让价款5.52亿元，同比减少34.93%。其中，划拨土地44宗，面积89.24公顷；出让土地21宗，面积55.17公顷。其中出让工业用地7宗，商服用地4宗，城镇住宅用地5宗，公用设施用地2宗，教育用地2宗，仓储用地1宗。出让用地包括县重点项目广州城建学院项目21.61公顷等。

用地审核 2023年，佛冈县自然资源局完成19宗用地审核，总面积25.25公顷，其中，审核集体建设用地9宗，面积1.45公顷；审核临时用地10宗，面积23.80公顷。

2023年12月1日，县自然资源局召开高岗镇宝山村委钟屋村与格田村飞鹅庙山林争议协调会　　　　　　　　　　　（县自然资源局　供图）

闲置土地清理　2023年，佛冈县自然资源局依托省土地市场动态监测与监管系统，加强土地利用巡查。全年开展土地批后监管动态巡查139次，涉及交地巡查65次、出让金巡查21次、开工巡查38次、竣工巡查13次、日常巡查2次。全年处置闲置土地19宗，面积2.96公顷。

批而未供土地清理　2023年，佛冈县自然资源局为确保完成"去库存"任务，召开批而未供土地"去库存"专题工作会议，逐宗研究并列出未供土地清单。全年消化库存未供土地104.43公顷，超额完成本年度市下达的去库存任务。

三旧改造工作推进　2023年，佛冈县制订"三旧"改造年度计划，有1个项目列入本年度的改造计划，占地面积8819.96平方米。

【**土地所有权管理**】　**房地一体确权登记**　2023年，佛冈县自然资源局继续深入开展全县范围内的宅基地使用权及其地上房屋所有权和集体建设用地使用权及其地上建筑物、构筑物所有权的调查登记工作。佛冈县房地一体涉及全县6个镇78个行政村和1个林场。全县符合"房地一体"调查要求的有181 808宗，其中符合发证的有85 005宗，完成数据成果汇交工作和77个村1个林场的签章工作以及三级认定工作，正全力推进发证工作。截至是年底，登记中心完成登簿76 088本，登簿率89.51%。

集体土地所有权确权　2023年，佛冈县自然资源局做好登记造册地块的集体土地所有权确权发证工作，明晰土地产权主体，助力用地报批，全年完成集体土地所有权确权91宗，其中黄埔材料院4宗、广州城建学院项目14宗、钟氏祠堂5宗、华润风电7宗、京珠高速佛冈段扩建项目52宗、其他项目9宗，全部完成外业调查及组织相关村集体进行签章确认，并移交县不动产登记中心办理登记确认。开展集体土地所有权登记成果更新工作，制定《佛冈县集体土地所有权登记成果更新》工作方案，对依法批准实施征收为国有、原属农民集体所有的宗地进行注销或变更登记。经初步核查，该项工作共涉及更新处理宗地数为1400宗，包括内业处理、外业核实签章、成果更新入库等工作，概算工作经费需77.2万元。截至年底，就该项工作的费用征求县财政局意见，待财政局复函后请示县政府同意。经费落实并选定作业单位后正式开展该项工作。

自然资源纠纷调处　2023年，佛冈县自然资源局处理的案件共8宗，涉及面积共119.54公顷，其中林木林地权属纠纷案件6宗，土地权属纠纷案件2宗。在纠纷调处中，属法院撤销裁决需重新作出裁决的土地权属争议1宗，市人民政府行政复议决定撤销裁决的林木林地权属争议2宗；达成调解并签订调解协议书的林木林地权属争议1宗，作出裁决的土地权属纠纷案件2宗。

【**矿政管理**】　**矿产资源开发管理**　2023年，佛冈县自然资源局开展矿山巡查67次，出动人员237人次，填写巡查表67份；公示矿业权6个（其中采矿权5个、探矿权1个）；新立1个采矿权、1个探矿权。完成矿山治理复绿任务6.74公顷，超额完成市下达佛冈县4.52公顷复绿任务；完成2022年度矿山储量年报核查工作；通过填报矿山年报和储量统计报表及对矿山企业实行信息公示、埋设界桩等措施，建立矿产资源动态监察管理体系，基本实现对矿产资源从勘探开

2023年4月2日，县自然资源局到龙山镇鹤田村金福酒店一带地质灾害隐患点开展地质灾害防治督导检查　　　　　　（县自然资源局　供图）

发直至闭坑的全程动态监督管理。

建设用地开挖砂石土处置 2023年，佛冈县自然资源局加强对全县建设项目施工范围内开挖出来的砂石土监管，允许建设单位因工程需要使用开挖出的砂石土用于本工程建设，多余砂石土由县自然资源局聘请第三方进行储量核算和价值评估。全年开展4宗砂石土拍卖出让工作，矿产资源收益累计2014.83万元。

【**地质灾害防治管理**】 **巡查监测** 2023年，佛冈县原有在册地质灾害隐患点58处，其中威胁百人以上地质灾害隐患点3处。经排查整治，全年成功申请核销地质灾害隐患点4处，新增隐患点1处。截至年底，全县在册隐患点55处，具体包括2处大型隐患点和53处中小型隐患点，受威胁人员总计971人，受威胁财产1993万元。县自然资源局健全县群测群防体系，成立地质灾害防治工作领导小组，实行汛期地质灾害领导带班和24小时值班制度等，落实地质灾害隐患点责任人、管理员和专管员（监测员），更新地质灾害隐患点警示牌，编制县地质灾害防治方案和地质灾害防治工作领导小组工作规则，开展地质灾害应急演练，举办地质灾害防治知识讲座，对县群测群防员及网格员开展业务培训，对进村入户开展科普宣传。全面排查登记在册的58处地质灾害隐患点，聘请40名地质灾害现场监测员对全县地质灾害隐患点开展巡查排查、监测工作，做到险情提前发现，提前处置，最大限度保障人民群众生命财产安全。全年未出现在册地质灾害隐患点人员伤亡情况。

地质灾害防治 2023年，佛冈县自然资源局扎实推进地质灾害点综合治理工程，通过工程治理方式，完成3处中小型地质灾害隐患点综合治理工作。

【**耕地保护**】 **耕地保护责任制落实** 2023年，佛冈县严格落实耕地保护目标责任制，完成本年度耕地保护目

2023年10月23日，佛冈县召开耕地保护工作会议（县自然资源局 供图）

标任务。根据本年度变更"一上"数据，年末耕地面积8896.6公顷，耕地流入123.84公顷、流出47.65公顷；非耕农用地流向耕地94.25公顷，耕地流向非耕农用地32.12公顷。耕地总量净流入76.19公顷，进出平衡净流入62.13公顷，确保耕地实现"双平衡"。

垦造水田项目推进 截至2023年，佛冈县先后实施的垦造水田项目共13个（2017年度项目6个，2018年度项目4个，2020年度项目1个，2021年度项目2个），建设总规模294.80公顷，新增水田面积249.51公顷。其中，2017—2018年度完工并通过竣工验收垦造水田项目10个，10个项目通过部级审核并入库备案，形成水田指标182.62公顷，为全县重大基础设施建设提供水田指标支撑。2020—2021年度在建垦造水田项目3个，均完工并通过市级竣工验收，新增水田面积65.33公顷。

基本农田补偿金使用 2023年度省下达佛冈县永久基本农田补偿资金194万元，全部下达各镇政府，由各镇政府统筹使用、专款专用，确保资金发挥最佳效益。据各镇反馈，至年底，194万元资金悉数用完，主要用于耕地保护宣传、基本农田后续管护、农村土地整治、农田水利建设等，包括排水渠工程、水圳建设、损毁农田复垦等项目。

矿山生态修复任务完成 2023年，上级下达佛冈县本年度矿山生态修复任务24.05公顷，县自然资源局结合实际，安排实施汤塘镇田心村黄竹田原陶瓷矿区（一期）生态修复工程（已完工并通过竣工验收），实际完成复绿面积24.16公顷，按时保质完成矿山生态修复任务，获市自然资源局表扬。

土地综合整治试点开展 2023年2月，汤塘镇正式开展广东省全域土地综合整治试点工作，以实现"留空间、添动力、保用地、优生态"为目标，聚焦农用地整理、建设用地整理、乡村生态保护修复和历史文化保护四大任务，以"治理十里流域，整治百亩工业，调优万亩良田，统筹城乡融合发展"为整治目标，立足汤塘自身特色，充分发挥汤塘镇"全域土地整治+城乡融合示范区+统筹城乡融合"的独特叠加优势，推进"2259"工程，即农用地整理项目2个、建设用地整理项目2个、生态保护与修复项目5个、乡村历史文化保护与提升项目9个共18个子项目的建设。

【**执法监察**】 **自然资源动态巡查** 2023年，县自然资源局积极开展违法用地、非法采矿巡查，对新发现的违法行为现场制止，并及时通过在线巡查系统上报。全年全县在线执法巡查平均上线率100%，上线时间26 836.26

2023年12月31日，汤塘镇田心村黄竹田原陶瓷矿区（一期）生态修复工程现场　　（县自然资源局　供图）

小时，巡查距离230 472.93千米。

违法行为查处　2023年，县自然资源局在打击整治中查处违法用地案件1宗，出处罚决定1宗，处罚1人，罚款62 786元，涉案面积3139.3平方米；查处矿产资源领域违法案件3宗，出处罚决定3宗，缴交罚款1宗共43 953元；对各类违法建筑下达责令改正通知书95份，立案查处14宗，依法作出处罚决定11宗，罚款8.98万元，依法申请县政府强制拆除10宗，获批准7宗。

土地卫片执法　2023年，全县土地卫片非农化违法用地面积12.15公顷（耕地1.4公顷），整改7.89公顷（耕地0.83公顷），剩余未整改4.26公顷（耕地0.57公顷），整改率64.94%。

矿产资源违法行为查处　2023年，县自然资源局严格落实巡查打击职责，开展打击非法采矿行动245次，出动执法人员巡查执法980人次，捣毁非法采矿点与尾矿点41处、偷采河砂点10处、偷挖田砂点1处、合法工地非法外运矿产资源4个。捣毁大小矿池收查处拣设施66处；扣押挖掘机、铲车等大型机械8台，汽车、拖拉机、摩托车等运输车辆30台，发电机、抽水机、抽砂机等设备29台；收缴稀土湿矿78包、草酸22包、硫胺碳铵半包、水管及采矿工具一批。扎实开展矿产卫片整改工作，是年，收到矿产卫片图斑17宗，其中伪变化图斑1宗，合法图斑5宗，违法图斑11宗。在11宗违法图斑中，2宗涉及刑事，被移交公安部门查处；2宗为历史非法开采案件图斑，被立案查处并结案；7宗为稀土专项图斑，涉及2个非法开采稀土矿点，未发现违法人员，非法开采稀土矿现场由属地镇政府按照"三不留、一毁闭"要求进行清理。

扫黑除恶专项斗争　2023年，县自然资源局积极开展扫黑除恶专项斗争行动，全年收到关于自然资源领域的扫黑除恶有关线索6条（县扫黑办交办6条），办结5条，还有1条正在处理中，尚未办结。

占用耕地建房整治　2023年，佛冈县加大对占用耕地杂建房整治力度，坚持以"零容忍"的态度细化措施，坚决拆除并复耕到位，严守耕地保护红线。是年，省市下发并已定全县新增农村乱占耕地建房图斑218宗，其中需整改211宗，已整改209宗，整改率为99.05%。

【信访综治维稳】　做好信访工作　2023年，佛冈县自然资源领域无相关社会领域重大涉稳风险矛盾个案发生，在信访平台收到信访类案件712件，均办结（含重复件）。其中12345平台信访举报案件476件、县信访局转办案件7宗、群众来信来访登记23宗、县委巡察组转办3宗、县维稳工作专班转办9宗、省一体化信访信息平台案件187宗、粤平安平台转办4宗、人民网转办2宗、"互联网+督查"平台交办1宗，均全部办结。在处理信访案件中，切实做好信访群众思想疏导及稳控工作，做到逐个问题逐个处理，不推诿，不扯皮，不上交矛盾，确保群众反映的问题能够得到及时、合法、有效解决。

行政应诉　2023年，佛冈县自然资源局受理行政诉讼案件26宗，行政复议案件5宗；协助县政府处理行政诉讼案件11宗，行政复议案件1宗。

普法宣传　根据县委《关于实行国家机关"谁执法谁普法"普法责任制的实施意见》《2023年佛冈县普法依法治理工作要点》和佛冈县"宪法宣传周"工作要求，县自然资源局组织开展2023年"12·4"国家宪法日和"宪法宣传周"活动，开展"美好生活·民法典相伴"主题宣传活动，结合"6·25"全国土地日与"8·29"测绘宣传日开展普法宣传活动。通过线上线下、横幅张贴宣传标语等形式，全方位、多样化进行普法宣传，主要围绕自然资源管理、安全生产、自然资源法律法规等知识，进行广泛宣传。全年开展普法宣传7次，使法律知识深入人心，切实增强公众关注自然资源的意识。

（朱雪雯）

土地开发与储备

【土地开发与储备概况】　2023年，佛冈县土地开发储备局做好土地开发整理、储备工作，扎实推进重点项目土地收储，依法依规做好土地供应，取得良好成效。全年成功出让土地65

宗，成交面积 144.41 公顷，成交金额 5.52 亿元。

【**土地开发整理**】 2023 年，佛冈县土地开发储备局做好土地生态修复工作。土地生态修复项目有：完成佛冈县迳头镇社坪村稀土矿治理复绿项目，涉及面积 14 公顷；完成汤塘镇田心村黄竹田原陶瓷矿区（一期）生态修复工程，涉及面积 24.05 公顷。

【**土地储备**】 **土地储备规划** 2023 年，佛冈县土地开发储备局为优化土地资源配置，科学谋划、及时制定《佛冈县 2023 年储备土地供应计划》《佛冈县 2023 年土地储备计划》《佛冈县 2023 年土地储备资金计划》。

土地收储工作 2023 年，佛冈县土地开发储备局高质高效推进土地收储工作：在城西科技园完成收储土地 52.4 公顷，入库储备土地 17.66 公顷，其中本年度新增收储土地 16.93 公顷，全年完成园区内黄洞基站通信线路迁改、10kV 象龙线电力线路迁改；在龙山智造城完成收储土地 66.53 公顷，入库储备土地 51.2 公顷，其中本年度新增征收土地 24 公顷，收回存量国有建设用地 15.33 公顷，全年完成园区内通信线路迁改、10kV 电力线路迁改；在广佛（佛冈）产业园完成收储土地 645.8 公顷，入库储备土地 302.26 公顷；在大湾区生命科技园完成收储土地 49.73 公顷，入库储备土地 19.93 公顷，园区地块内的通信线路和 10kV 电力线路迁改工程完成结算；在聚宝工业园 B 区完成收储土地 51.66 公顷，入库储备土地 48.4 公顷，其中本年度新增入库土地 4.378 公顷。推进城镇扩容提质：完成龙凤新区一期收储土地 166.66 公顷的征地补偿、迁坟等遗留工作；完成京港澳高速公路粤境清远佛冈至广州太和段改扩建项目 85.4 公顷的征地拆迁工作；完成青松西路沿线建设项目 2.11 公顷用地收储工作。推进重点民生工程及公共配套工程：完成龙凤新区县域医共体项目 13.33 公顷用地征地协议签订；完成广州城建学院项目扩征 0.58 公顷用地的征地工作，供应土地 43.6 公顷；全力攻坚县职校三八校区项目用地 20.93 公顷的征地工作；完成划拨佛冈一中扩容和扩建项目用地（项目已动工），启动项目用地内原教育局果场宿舍楼房改房的拆迁工作。

土地出让 2023 年，佛冈县土地开发储备局抓住时机，与有关部门协调配合，确保地块如期出让，有效调节土地开发市场。全年成功出让土地 65 宗，其中通过挂牌方式出让 21 宗、划拨方式出让 44 宗，成交面积 144.41 公顷，成交金额 5.52 亿元。

（陈 喆）

2023 年 6 月 13 日，县委副书记、县长江红平（左三）率队到汤塘镇田心村黄竹田原陶瓷矿区生态修复项目调研 （县土地开发储备局　供图）

财政·税务

责任编辑：郑中勇

财　政

【财政收支概况】　**一般公共预算收支**　2023年，佛冈县一般公共预算总收入412 265万元（决算预计数，下同），比2022年决算（下同）下降7.78%。其中，本级收入135 890万元，完成调整预算100.42%，增长6.45%；返还性、一般性转移支付和专项转移支付等上级补助收入195 845万元，下降4.49%；动用预算稳定调节基金18 988万元；调入资金20 090万元；债券转贷收入8030万元；上年结转结余33 422万元。一般公共预算总支出381 073万元。其中，本级支出347 494万元，完成调整预算91.95%，下降8.88%；上解支出18 812万元；债务还本支出3045万元；安排预算稳定调节基金11 722万元。收支相抵后，结转下年支出31 192万元。其中，上级转移支付结转24 493万元，县级结转6699万元。

政府性基金预算收支　2023年，佛冈县政府性基金预算总收入239 387万元，增长2.31%。其中，本级收入64 400万元，完成调整预算103.97%，下降40.13%；上级补助收入1725万元；专项债券转贷收入159 000万元；上年结转结余14 262万元。政府性基金预算总支出226 878万元。其中，本级支出187 647万元，完成调整预算94.97%，增长11.79%；上解支出231万元；债务还本支出19 000万元；调出资金20 000万元，调入一般公共预算统筹。收支相抵后，结转下年支出12 509万元。其中，上级转移支付结转1051万元，县级结转11 458万元。

社会保障基金预算收支　2023年，佛冈县社会保险基金总收入37 485万元，完成调整预算99.94%，同比增长2.01%。其中，保险费收入31 022万元，完成调整预算101.20%，同比增长12.70%。社会保险基金总支出36 694万元，完成调整预算102.25%，同比下降11.30%。其中，待遇支出25 229万元，完成调整预算99.33%，同比增长4.25%。收支相抵后，社会保险基金当期结余791万元。年末累计结余2495万元。

国有资本经营预算收支　2023年，佛冈县国有资本经营预算总收入1517万元，同比增长197.45%。其中，本级收入1470万元，完成调整预算100.07%，同比增长228.13%。主要原因是股利、股息收入增加1006万元；上级补助收入7万元；上年结余40万元。国有资本经营预算总支出1476万元。其中，本级支出1386万元，完成调整预算97.81%；调出资金90万元，调入一般公共预算统筹。收支相抵后，结转下年支出41万元。

地方政府债务情况　2023年，佛冈县地方政府债务年末余额530 311万元，比2022年增加144 929万元。其中，一般债务49 844万元，专项债务480 467万元，均控制在债务限额以内。全年偿还政府债务22 045万元，其中偿还一般债务3045万元、专项债务19 000万元。政府债务利息支出13 738万元，其中一般债务利息1495万元、专项债务利息12 243万元。

【组织收入管理】　2023年，佛冈县财政部门扛起抓收入主体责任，全力以赴保平衡、稳增长。推进税费协同共治，构建部门协作和信息交换机制，定期召开税费协同共治工作会议，研究促进财税增收具体举措。加大对重点企业、重点财源精准服务力度，加强各行业税收征管工作，确保"颗粒归仓"。充分挖掘非税收入潜力，进一步规范非税收入征缴管理，优化奖惩机制，调动部门和单位积极性，保证非税收入依法征收、应收尽收。

【财政支出管理】　2023年，佛冈县财政部门强化财政支出管理，确保重大政策落实。

财政预算　2023年，佛冈县财政部门编制好政府财政预算和部门预算，全县纳入县级部门预算编制的县级行政单位、参（依）照公务员管理单位、公益一类事业单位等共271个，人员经费、公用经费、专项经费和对个人和家庭的补助方面的财政统筹安排资金共236 627万元。

"三保"预算　2023年，佛冈县财政部门做好"三保"预算编制，严格对照国家和省定"三保"保障范围和标准，全面保障"三保"支出，是年，全县"三保"预算编制数为223 692万元，"三保"支出189 454万元，其中"保工资"123 271万元、"保运转"6502万元、"保民生"59 681万元。

债券资金管理　2023年，佛冈县财政部门加强债券资金管理，督促各单位加快债券资金支出进度，尽快形成实物工作量，充分发挥债券资金效益。是年，全县发行专项债项目26个，一般债项目1个，下达专项债券资金140 000万元，一般债券资金5000万元。全年实际支出专项债券资金139 909万元，实际支出进度99.93%；实际支出一般债券资金5000万元，支出进度100%。

预算执行管理 2023年，佛冈县财政部门加强预算执行管理，根据县人大批复的年初预算，按时间进度拨付单位人员工资、津补贴及公用经费。明确资金拨付和报批程序，按照各项专项资金管理办法有关要求进行拨付，督促项目单位严格按照资助资金使用范围进行支付，确保资金落到实处。是年12月21日，广东省财政厅发布《广东省财政厅关于2022年度县级财政管理绩效综合评价结果的通报》，财政部对2022年度全国1852个县（市）开展县级财政管理绩效综合评价。经评价，佛冈县县级财政管理获得历史最好成绩，综合评价名列全国第39名、广东省第7名、清远市第1名，得到省财政厅通报表扬，并获得600万元财政奖励。

【**支出结构优化**】 2023年，佛冈县财政部门进一步优化支出结构，切实保障和改善民生。

农村经费保障 2023年，佛冈县财政部门切实做好农村基层组织和"两新"组织经费保障，全年安排正常离任村（社区）干部生活补助预算1033万元、村（社区）办公经费和党组织服务群众经费预算1456万元，发放县村（社区）"两委"干部补贴2151万元。

教育经费保障 2023年，佛冈县财政部门保障教育优先发展，持续落实教育支出"两个只增不减"，是年，一般公共预算教育支出8.75亿元，较上年8.47亿元增长3.30%。其中：安排学生资助资金预算1815万元；安排农村义务教育阶段住宿生伙食补助301万元、教育公用经费8493万元。

公共安全资金保障 2023年，佛冈县财政部门继续做好公共安全资金保障，及时下达上级办案经费等转

2023年8月14日，县财政局党组书记、局长邓武军（左一）到迳头镇湖洋村走访调研
（县财政局　供图）

移支付资金604万元，安排警务辅助人员预算经费2916万元，充分保障病残（吸毒）违法人员收治专区安保经费、禁毒经费、村级法律顾问经费等资金。

支农力度加大 2023年，佛冈县财政部门按照国库集中支付要求，全年拨付各类支农专项资金34 060万元；同时，积极推进涉农资金统筹整合工作，是年，省级下达佛冈县涉农项目33个共14 318万元。截至12月底，省级涉农资金支出5559万元，支出进度38.82%，支出进度排名全市第1。

社会保障力度加大 2023年，佛冈县财政部门全年发放城乡居民最低生活保障对象低保金4206万元，特困救助供养金及照料护理对象补贴4036万元，重点优抚对象抚恤补贴资金1319万元，高龄津贴513万元，残疾人"两项"补贴资金1978万元，就业创业专项资金861万元。

居民保险资金落实 2023年，佛冈县财政部门足额落实城乡居民医疗保险县级配套资金1894万元，落实城乡居民养老保险县级配套资金1455万元。

【**监管效能提升**】 2023年，佛冈县财政部门准确把握职责定位，不断提升管理效能。

监督检查 2023年，佛冈县财政部门做好财政监督检查，切实履行财政部门监督职责，发挥监督服务宏观调控和财政管理作用，有针对性从全面自查和重点抽查两个方面开展预决算公开检查，达到预期效果。

财政评审 2023年，佛冈县财政部门受理工程概预结算审核总数987个，送审总金额350 627万元，审定总金额331 201万元，核减总金额19 426万元，总核减率5.54%，进一步节减财政支出，提高财政资金使用效益。审核专项债定案29个，送审总金额114 558万元，审定总金额105 006万元，核减金额9552万元，核减率达8.34%。

采购监管 2023年，佛冈县财政部门进一步提升政府采购服务与监管水平，助推政府采购工作提质增效。是年，全县通过政府采购招标项目预算28 283万元，实际采购27 947万元，节约资金336万元。

预算公开 2023年，佛冈县财政部门根据新《中华人民共和国预算法》和上级部门关于预算公开有关规定，要求全县各预算单位按照规定时限和公开要求在政府门户网站公开部门预算和"三公"经费预算。

绩效评审 2023年，佛冈县财政部门开展县本级部门预算绩效目标

联合评审工作，对县本级2023年度其他事业发展性支出、专项资金150万元以上部门职能类等项目资金进行项目绩效目标联合评审。同时，聚焦"百千万工程"，强化绩效目标管理，切实提升资金使用效益和政策效能。

【财政改革深化】 国有资产管理改革 2023年，佛冈县财政部门推行国有资产管理体制改革，确保国有资产保值、增值。是年，结合资产管理台账对合同到期的公房开展4期对外挂牌招租，挂网125间，成功签约77间，全年商铺及公房租赁总收入（含税）848.39万元。同时，严格按照相关程序，有序开展房改工作，做好县房改办工作及房改房上市工作。全年共上市房屋86套，面积7687.58平方米。

票据电子化改革 2023年，佛冈县财政部门继续深化财政票据电子化改革，积极开展票据监管工作。全年票据监管中心发放密匙量19只，出库纸质财政票据224箱，核销财政票据2929本共计64.81万份。

国库集中支付深化 2023年，佛冈县财政部门做好相关账务处理，及时上报收支旬报、库款规模旬报、直达资金支付情况表等报表，做好预算收支分析并按时上报。监测好时点库款及收支情况，做好收支预测，为领导决策提供参考依据。同时，积极开展部门决算公开工作，根据《关于佛冈县2022年县级决算草案的报告》文件精神，协调各预算单位批复部门决算并公开。在数字财政建设工作方面，协助和联合各业务股室加强预算单位的预算资金规范拨付，严格按照省市财政部门"到人到企"支付要求，加强预算单位财务核算工作。

（黄韶峰）

税　务

2023年4月6日，县税务局举办第32个全国税收宣传月启动仪式暨高质量发展税园企交流会 （赵丽芬　摄）

【税务概况】 2023年，佛冈县税务局全年累计组织税费收入41.90亿元，同比减少8.15亿元，下降16.29%。其中国内税收收入21.94亿元，同比减少0.15亿元，下降0.68%，扣除留抵退税因素还原后同比下降8.99%。办理出口产品退（免）税5.94亿元，同比减少2.81亿元，下降32.12%，其中免抵调库2.89亿元，同比减少2.11亿元，下降42.20%。是年，相关税收调研分析报告及工作性报告获县委县政府主要领导肯定性批示5次。

【特色党建品牌】 2023年，佛冈县税务局以"抓好党务"为目标，深化模范机关创建，打造"一个统领、两个保障、五维考核"工作法，推动模范机关创建任务落地落实。持续增强基层党组织"两功能一作用"，改进基层党组织建设薄弱情况，增强基层党组织战斗堡垒作用。建立常态化沟通联络机制，搭建"共同学习、座谈讨论、走访调研、联谊活动"平台，与县府办、县公安局以及团县委等联建共学，将共建成效转化为业务实践，进一步强化党建与业务融合。打造一支部一品牌，其中一支部"四心驱动·同向而行"获佛冈县党组织书记抓党建促业务提升擂台赛一等奖；第一税务分局入选省局首批五星新时代"枫桥式"税务所。

【税费征管治理】 税收执法 2023年，佛冈县公安局和佛冈县税务局做好信息共享和线索及时移送等工作，提高涉税违法犯罪预警、防范能力，依托核心征管系统和大数据平台，建立发票监测服务机制，按"蓝、黄、红"预警级别对辖区内开票的纳税人开具发票，并实施全环节动态监管，对"黄色风险预警"企业发出"开票预警风险提示单"并辅导自查，引导合规经营。将超定额开票未足额申报问题整改列为专项工作，采取"非强制性"执法措施辅导纳税人自行补申报。

减税降费 2023年，佛冈县税务局紧密围绕县委县政府"工业强县"战略以及"制造业当家"主题，组织开展"税园企高质量发展交流会"、"税宣杯"乒乓球赛、"税法六进"等宣传辅导活动，促进研发费用加计扣除等支持科技创新政策直达快享，加强与财政、住建、银行、法院等部门联动，形成税收共治格局，全年共清缴欠税3255万元。加强税源监控，重点关注七大支柱性产业生产经营情况，力争提高增值税、企业所得税收入。加强重点税种管理，做好留抵退税企业税收回补情况跟踪及分析。扛牢压实税费优惠政策落实主责，切实抓好政策落实"最后一公里"。

2023年3月5日，县税务局人员辅导纳税人通过数字人民币办理税费业务
（钟盛祺 摄）

是年，全县新增减税降费及退税缓费26 497万元，累计办理出口退税59 362万元；退税办理平均时间压缩至1.5个工作日，税费优惠"活水"加速流向经营主体，推动经济运行持续好转、内生动力持续增强。

【纳税服务】"智慧税源"超市 2023年，佛冈县税务局成立佛冈县"智税青年"工作室，自主开发设计佛冈县"智慧税源"主题超市，打造基于前100纳税大户、工业园、规模以上工业企业、七大支柱产业集群等维度的智慧化税源管控平台，开发"一键生成企业分析报告"和税收收入自助查询等功能，动态展现和掌握重点企业涉税数据。

便民服务 2023年，佛冈县税务局按照"一口进一口出"工作机制，扎实推进申请事项全过程管理，把第一税务分局变成纳税人事项办理的"中枢大脑"，实现全部依申请事项和25项前移事项由第一税务分局受理。构建"1个号码+6个业务组+N个网格业务专员"集约运营模式，为"线上办"全力提速，实现"非接触式"办税率稳中求进。该模式运行以来，月均服务6000人次，同比增长20%；月均受理线上咨询7000人次，月均审批业务逾万笔；凭借V-tax的强力"助攻"，佛冈县税务局"非接触式"税费业务办税率达到98.08%，居全市第1。

服务经济 2023年，佛冈县税务局推动办税服务厅功能转型，打造全市首个"功能性"税费服务场所，设置纳税人权益保障中心、个性化咨询室、税费争议调解室三个功能室，实现常态化运行，月均使用量20次，成为管理部门与纳税人缴费人沟通接触的重要场所，三个功能室推广使用被纳入全市试点。依托"粤"系列融入地方政务体系，借助"双报到 双服务"党员文明实践活动，在社区开设"粤智助"实践讲堂，积极推进税费事项与"粤智助"深度融合。是年，佛冈县"粤智助"可办税务事项从41项增加至63项，涉税费业务量超500笔，占全市约12%，同比增幅9.74%。创新推出税费需求"码"上办小蓝卡，以每季度大走访、大调研收集到的意见建议为"数据库"，整理出纳税申报、社保费业务等高频涉税需求，分类定制二维码税费套餐，推出一周内，纳税人通过该方式完成业务办理500余次，这一创新举措获得市局推广。

（赵丽芬）

金融·保险

责任编辑：范金来

金融业综述

【金融业管理】 2023年，佛冈县金融系统认真学习贯彻习近平新时代中国特色社会主义思想、党的二十大和二十届二中全会精神、中央经济工作会议精神，坚持和加强党对金融工作的全面领导，坚持稳中求进工作总基调，完整、准确、全面贯彻新发展理念，落实高质量发展要求，认真贯彻执行稳健的货币政策，加大金融支持实体经济的力度，创新推动绿色发展，积极稳妥防范化解金融风险，全县金融运行良好。

【金融业指标】 2023年末，全县本外币存贷款继续保持增长，贷款增速高出存款增速7.22个百分点。人民币存贷比为88.83%，存贷比在全市8个县（市、区）中排名第3，在全市6个县市中排名第1。是年，全县年末各项存款余额235.81亿元，较2022年同期增加9.67亿元，同比增长4.28%；年末各项贷款余额209.48亿元，较2022年同期增加21.61亿元，同比增长11.5%。

（邓梓培）

金融改革创新

【扶持企业上市】 加大对企业上市的扶持力度 2023年，为切实推动企业借助多层次资本市场实现高质量

2023年3月15日，佛冈县处非办利用"3·15"消费者权益日宣传活动契机开展防范处非宣传　　　　　　（县金改办　供图）

发展，持续挖掘和培育上市后备企业，佛冈县扶持企业上市工作领导小组根据《关于申报清远市上市企业资源库入库的通知》《清远市人民政府关于印发清远市扶持企业上市办法（修订）的通知》等文件精神，加大对拟上市企业的宣传力度，为企业上市开辟绿色通道。同时，联合各相关单位定期召开县重点企业工作会议，协调解决企业发展中遇到的困难。组织企业积极参加省、市企业上市工作培训会，学习资本市场理论知识；做好中小企业孵化、培育、融资及与资本市场对接等服务，促进中小企业更好发展。是年，佛冈县有2家企业被认定为上市后备企业，分别为广东中科天机医疗装备有限公司和广东鑫源恒业电子线路器材有限公司。

搭建"信用桥梁" 2023年，佛冈县加大宣传力度，引导金融机构和相关企业学习省中小企业融资政策，积极对接入驻省中小融资平台，加强银企合作，破解中小企业融资难、融资贵、融资慢、信息不对称等问题。是年，全县在省中小融资平台注册的企业有526家，其中37家企业授信1.25亿元，30家企业放款1.71亿元。

【防范和处置非法集资】 健全架构 2023年，佛冈县健全和完善处置非法集资工作领导小组、金融风险应急处置工作领导小组机构，加强组织领导，提高思想认识，工作落实到位，形成齐抓共管的工作格局和强劲的工作合力，扎实推进防范和处置非法集资工作。

强化保障 2023年，佛冈县相继出台《关于开展佛冈县2023年防

2023年6月19日，佛冈县召开防范非法集资宣传月工作部署会议

（县金改办　供图）

范非法集资宣传月活动的通知》《关于召开2023年防范非法集资宣传月工作部署会议的通知》《关于印发〈2023年佛冈县涉非涉稳风险专项排查整治工作细则〉的通知》《关于组织参加清远市"防范非法集资"原创短视频征集活动的通知》等政策文件，并建立处理突发事件工作机制和投诉举报制度，设立投诉举报电话。

加强日常工作监管和风险排查　2023年，佛冈县防范和处置非法集资工作领导小组要求各行业主管、监管部门将防控本行业、本领域非法集资作为履行监督管理职责的重要内容，加强日常工作监督管理。继续落实长效报送机制。落实逐月滚动排查、定期分析研判及定期报送机制，加强日常监管与信息共享，及时更新、报送统计数据，做好预警监测。加强落实属地原则。各镇政府作为专项治理工作的责任主体，实行综合治理网格化管理，各村包片干部进村入户。通过实地走访做好宣传和风险隐患排查，广泛听取群众意见，重点排查各企业、各村、私人是否存在私自放贷、集资行为等，密切关注辖内金融风险动态，健全风险预警机制及应急处置方案。开展专项排查整治。结合本县实际，明确各个处置非法集资成员和各有关职能部门的工作职责和要求，按照《2023年佛冈县涉非涉稳风险专项排查整治工作细则》，有计划地开展八大领域排查整治及涉嫌非法集资广告日常排查工作。是年，佛冈县在私募资金、养老服务、虚拟货币、"创新"型集资平台、教育培训、房地产开发及中介机构、电子商务等方面均未发现涉非涉稳风险和非法集资广告风险。强化组织培训，提高防非处非工作质效。进一步提高全县防范与处置非法集资工作人员的政治素养和专业能力，扎实推进全县打非处非工作及金融风险专项整治工作的深入开展。

加大宣传教育力度，提升民众防范水平　2023年，佛冈县印发《关于开展佛冈县2023年防范和处置非法集资宣传月活动的通知》，要求全县各防非处非成员单位通过开展宣传活动，进一步增强群众风险防范意识和法律意识。发动各成员单位积极参与防范非法集资知识答题赛活动。是年，全县参与全国防范非法集资知识答题赛活动人数达6200多人次。在佛冈通APP、融媒佛冈微信视频号、佛冈政务网等主流媒体，推出《警惕以"解债"为名的非法集资骗局》，了解非法集资各种伪装手法，提高广大群众的风险防范意识。丰富宣传载体与内容，推动宣传教育工作深入人心，利用一切可能的方式和机会开展公开宣传，提高广大人民群众对非法集资的甄别能力和防范意识。全年全县开展"七进"活动823次，参与群众达6.53万人次，发放宣传资料8万多份，宣传成效明显。

创新亮点　2023年，佛冈县处非办坚持创新宣传方式和工作方法，精准有效深化宣传教育：一是聚焦县域经济高质量发展，增添防非处非宣传新元素。结合县"百县千镇万村高质量发展工程"中心工作，进一步加大金融政策和防非处非工作宣传力度，切实加强金融风险防控意识，紧紧围绕全县经济高质量发展的主责主业，深入镇村开展宣传活动。二是创新宣传方式，打造线上线下宣传阵地。强化短视频宣传，切实做到深入群众，提高广大群众的风险防范意识，维护经济金融秩序稳健运行。三是开展差异化宣传，多种方式进行精准宣教。针对易上当的受害人普遍文化水平较低的特点，编制以防范和打击非法集资活动为主要内容的宣传资料，运用通俗易懂的语言，结合具体案例说"法"、讲"法"。

（张晓婷）

银行业机构选介

【**中国工商银行股份有限公司佛冈支行**】　中国工商银行股份有限公司佛冈支行（简称"工行佛冈支行"）位于佛冈县石角镇振兴中路120号，成立于1984年12月30日，是中国工商银行清远分行辖属一级支行。下设行长室、办公室、市场信贷部，下辖营业部、汤塘支行2个营业网点。自助银行服务覆盖县城、汤塘、龙山等地区。

经营业务　2023年末，工行佛冈支行各项存款余额44.96亿元，其中储蓄存款余额26.05亿元、对公存款余额18.71亿元。各项贷款余额30.38亿元，其中个人贷款余额18.71亿元、公司贷款余额11.67亿元。当年底，为各类企业核定授信总

2023年1月30日，工行清远分行、工行佛冈支行与企业开展座谈并进行业务签约　　　　　　　　　　　　　　　（工行佛冈支行　供图）

额79.28亿元。

党建工作　2023年，工行佛冈支行分别与佛冈人民政府办公室、中国移动佛冈分公司、广佛园管委会、佛冈县人民医院等单位、企业开展党建共建活动。通过将个性化的金融服务融入党建活动中，强化银政、银企的党建联系，提高工行的服务水平。

普惠金融　2023年，工行佛冈支行贯彻落实国家关于大力发展普惠金融、全面建成小康社会的方针政策，提供多种普惠金融贷款产品，包括法人e抵快贷、e企快贷、税易通、经营快贷、粤农e贷、购建贷、跨境贷、线上供应链融资、个人网贷通、尊享贷等，满足各行业的贷款需求，促进普惠金融发展。是年底，工行佛冈支行普惠金融贷款余额1.5亿元。

内控案防管理　2023年，工行佛冈支行无重大事故和案件发生，实现安全运营。支行领导班子通过每月召开内控案防工作分析会议，对存在的问题进行分析、研究，深化风险防控管理，提高全行的风险意识和自我保护意识。同时，加强全行员工的合规意识的教育，使其牢固树立底线思维，确保实现依法合规经营。

金融知识宣传　2023年，工行佛冈支行开展多渠道多样化的宣传，在网点陈列宣传资料供客户阅览，提供进社区进企业上门服务。同时，普及金融知识，联动县医保局进村宣传医保缴费流程，联合帮扶村委对村民开展科普教育，利用社交媒体传播金融知识等，通过一系列宣传，向大众普及各类金融知识，体现国有大行责任担当，创造良好安全的社会金融环境。

特色家园文化建设　2023年，为增强员工振兴经济的信心，调动工作积极性和主动性，工行佛冈支行组织员工参加各类活动，如户外休闲减压活动、电子竞技比赛、健步走活动、"迎国庆·颂祖国"摄影活动、全员阅读活动等，进一步丰富员工业余文化生活，为全行员工营造"共创共健共享"的和谐家园文化气氛，从而进一步激励员工爱岗敬业、追求进步。

（潘　慧）

【**中国农业银行股份有限公司佛冈县支行**】　2023年，中国农业银行股份有限公司佛冈县支行（简称"农行佛冈支行"）有在职人员67人，内设综合管理部、风险管理部、运营财会部、个人金融部、乡村振兴金融部、公司业务部、三农对公业务部，下辖县城支行营业部、石城支行、石角支行以及汤塘支行4个营业网点。自助银行服务覆盖县城、汤塘等区域。设置金穗惠农通自助服务点16个，覆盖全县所有行政村，为广大客户提供便捷金融服务。

经营业绩　2023年末，农行佛冈支行各项存款余额38.7亿元，比年初增加5.6亿元，其中，个人存款余额25.7亿元，比年初增加2.3亿元；对公存款余额13.2亿元，比年初增加3.3亿元。本外币各项贷款余额39.5亿元，比年初增加7.1亿元，其

2023年2月1日，中国工商银行清远分行和佛冈支行为企业颁发省行级"国际业务卓越客户"牌　　　　　　　（工行佛冈支行　供图）

2023年3月3日，农行佛冈支行与佛冈县妇幼保健院举行党建共建暨银医通项目合作协议签约仪式　　　　　　（农行佛冈支行　供图）

中，法人贷款14.4亿元，比年初增加2.7亿元；个人贷款25亿元，比年初增加4.3亿元。

党建共建聚合力　互促共赢助发展　2023年，农行佛冈支行认真落实"党建+金融"工作模式，以组织联建、资源共享、机制共创的方式，结合共建单位需求，找准双方合力点。与多个单位签订党建共建协议，将合作单位服务需求、高质量发展及乡村振兴建设与金融服务需求相融合。进一步发挥党建引领作用，强化党组织之间的联系互动，依托党建共建、合作共促等方式，持续开展党建共建活动，充分发挥党支部战斗堡垒作用，积极推进各项重点工作顺利开展，真正做到党建引领业务发展出成效。

金融+旅游　2023年，农行佛冈支行大力支持绿美佛冈建设，主动对接县域旅游产业企业，满足其金融服务需求，助力佛冈县争创国家全域旅游示范区，推动做强温泉旅游品牌。农行佛冈支行积极支持县域4A级景区项目建设，共计授信7.4亿元。推进佛冈县特色景区提档升级，首创温泉民宿业特色产品。结合当地实际情况，出台区域性服务方案和金融产品，创新推出"温泉民宿贷"特色业务。成立专门工作组，确保服务人员及服务时间不断档，及时满足行业客户资金需求，保证授信资金及时发放到位，得到温泉产业商户广泛好评，支持温泉民宿商户30多户，累计投放"温泉民宿贷"2000万元。

支持佛冈县重点企业　2023年，农行佛冈支行继续为县域头部企业提供优质快速高效贷款业务。几年来为县域多家重点企业提供信贷累计达5亿元。与国开行合作的银团贷款农光伏太阳能发电项目审批项目贷款3.5亿元，至2023年末投放1.9亿元。授信某职业技术学校2000万元，投放校园贷1700万元。同时，加强对公路交通建设金融支持力度，积极参与各项重点交通设施建设，联合农行广州分行授信某路桥公司40亿元，投放1.5亿元，取得良好社会效益和经济效益。是年，全年投放对公业务贷款4.9亿元。

普惠金融新生态　2023年，农行佛冈支行贯彻落实加大"三农"金融服务力度，解决农户"贷款难""担保难"问题，积极推行"整村授信"工作，让信用变成资本，助力乡村振兴。授信覆盖县域镇、行政村共25个，惠农e贷累计投放近2亿元，惠及农户800多户，整村授信工作取得良好工作成效，更好满足乡村振兴多样化、多层次的金融需求。同时，支持城乡融合试验区推进工作，利用差异化政策作为乡村振兴的重要支撑，以佛冈县水头镇为试点，支持康养和特色农业项目发展，授信约8000万元。授信50万元支持水头镇某经济合作社成立农机合作队，发展种植业，共授信农户贷款500多户，授信金额5亿元。

支持乡村特色产业　2023年，农行佛冈支行配合县水利局，发放"小水电贷款"1200万元，全面支持小水电站改造。在支持乡村特色产业方面，不断拓宽惠农增收覆盖面，为"一村一品"的合作社及农户提供信贷资金600万元。针对佛冈县家庭农场发展需求，推出家庭农场贷，为符合清远市产业政策和乡村振兴发展方向的农户发放农场贷款。是年，授信5户家庭农场，发放贷款金额200万元，全力为县域各镇家庭农场提供低门槛、低成本、高效率的金融服务，让农户坐上"家庭农场信贷直通车"，为辖内近200户家庭农场提供发展资金近亿元。此外，农行佛冈支行积极探索乡村振兴专项资金管理新路径，实现专项资金通过"县财政局—县农业农村局专户—各乡镇专户—实施主体"闭环运作，成为广东省首个探索乡村振兴专项资金闭环运作管理模式的支行。

尽职尽责为乡村谋发展　2023年，农行佛冈支行认真贯彻落实中央和上级行关于全面推进乡村振兴的战略决策部署，加强对驻镇金融助理人员管理和业务组织推动，发挥好"联络员""服务员""宣传员"的工作职能。农行佛冈支行金融助理在驻镇期间，引荐并协同支行向当地客户投放贷款超亿元。拓展高岗镇政府入驻SaaS乡镇治理场景并激活有效，成功推动汤塘镇入驻SaaS乡镇治理场景并激活有效，吸引近50个企业到本行开立对公结算账户，让更多特色农产企业获得更多授信和融资机会，开创服务乡村振兴新局面。

科技赋能，数字化转型支持

民生领域 2023年，农行佛冈支行开发利用智慧项目，服务民生。一是配合佛冈县公安局监管公安系统安全监管资金，支持平安佛冈建设，上线"涉案资金管理平台"，成为清远市首个开立公安系统相关资金账户的支行。二是为佛冈中学、佛冈一中、汤塘二中、德圣职校等多家校园提供线上学费缴纳平台、智慧食堂、代发工资等多种业务，打造智慧校园生态，提供财务管理、教育教学管理、金融服务、支付结算等一体化综合服务金融方案。三是不断优化医疗系统金融服务，完成佛冈县人民医院全省首笔账户透支业务及数字人民币业务开通、佛冈县人民医院"智慧医院"银医通、佛冈县妇幼保健计划生育服务中心银医通等项目，投放多台自助缴费一体机，优化就医流程，惠民利民，联合佛冈县殡仪馆建立"慈孝通"系统给予便民服务。四是与佛冈县财政局开展"佛冈县财政局车牌识别系统"项目建设合作，为职工提供便捷、安全的支付环境，提高停车场管理水平，并支持县财政局、高岗镇政府开通智慧食堂服务，方便食堂管理和干部职工就餐，推进政府机关事务数字化建设。

（周 悦）

2023年11月24日，建行佛冈支行党员金融服务队在汤塘镇联合村委开展"以案说法 全民反诈"金融宣传活动　　　　（建行佛冈支行　供图）

【**中国建设银行股份有限公司佛冈支行**】 2023年，中国建设银行股份有限公司佛冈支行（简称"建行佛冈支行"）内设行长室、综合部，下设营业部、振兴支行。主要经营领域包括公司银行业务、外汇结算业务、个人银行业务和资产业务等，为广大客户提供全面的商业银行产品与服务。

经营业绩 2023年末，建行佛冈支行各项存款余额20.32亿元；各项贷款余额28.36亿元，其中，个人住房贷款余额22.21亿元，新发放个人公积金住房贷款3888.1万元，企业贷款余额为2.58亿元。实现税前利润7064万元。是年，建行佛冈支行将普惠金融中心改为资产专营团队，通过普惠金融相结合加大对县内中小企业贷款投放，推荐贷款投放资金7000多万元，达到以贷吸存效果。贷款及分期业务投放共计2亿多元。

住房按揭贷款 2023年，建行佛冈支行全面推进"住房租赁、普惠金融、金融科技"三大战略，新发放个人住房按揭贷款4.27亿元，个人住房贷款新增占比30%以上，余额排在当地四大国有银行之首。

贷款产品创新 2023年，建行佛冈支行创新推出专精特新贷款"善新贷"，为高新企业提供信用循环贷，帮助企业解决无抵押物问题。在原有"粤兴贷"产品基础上，建行佛冈支行与"农担""粤财"两家担保公司合作，为企业提供担保，满足小微企业多元化金融需求，帮助企业解决融资难问题。

内部及安保管理 2023年，建行佛冈支行严格落实市分行"平安建设+安全年"工作要求，深化巩固合规管理基础，全面加强基层机构合规管理，定期进行各种预案演练，增强安全防范能力。加强对内部审计、安全保卫检查等管理，发现问题立即整改。要求员工认真学习《中国建设银行广东省分行合规底线手册》，对出现违规行为的员工对照《员工违规行为积分办法》主动积分，有效控制违纪事件发生。坚持执行员工行为排查制度，从源头上堵塞漏洞，化解防范风险，实现市分行"平安建设+安全年"工作目标。2023年末，实现"零案件"工作目标，并成功堵截一起电话诈骗案件，帮助客户及时挽回30多万元的钱财损失。

（谭梓鹏）

【**中国银行股份有限公司清远佛冈支行**】 2023年，中国银行股份有限公司清远佛冈支行（简称"中行佛冈支行"）有在职人员19人，内设行长室、业务发展部、营业部。主要经营公司金融业务、个人金融业务、国内结算业务、国际结算业务以及金融代理等业务。有自助银行柜员机5台。

经营业绩 2023年末，中行佛冈支行本外币存款5.94亿元，较年初减少1.2亿元；储蓄存款余额4.61亿元，较年初增加6510万元；企业存款余额1.26亿元，较年初减少8154万元。年末本外币贷款余额13.03亿元，较年初新增1.41亿元，增幅12.11%。其中，公司贷款6.56亿元，较年初新增2.94亿元，增幅19.42%；零售贷款余额6.47亿元，较年初新增3417万元，增幅5.57%；非息收入实现329.28万元；营业净收入3386万元，同比增长3.72%。

跨境结算业务 2023年末，中行佛冈支行全年跨境结算业务人民币13.18亿元，较上年减少15.56%。其中，人民币收入5.15亿元，人民币支出8.03亿元；外汇收入1.26亿美元，外汇支出7603万美元；结售汇总额5609万美元。

助力实体经济 2023年，中国银行清远佛冈支行积极响应国家关于金融支持"百县千镇万村高质量发展工程"相关政策，在支持县域经济发展壮大、提升承载能力、支持乡村产业振兴、支持县域基础设施建设等方面取得一定的成效。截至2023年9月末，中行佛冈支行为广佛产业园、聚宝工业园辖内企业累计核定授信额度4亿元，授信余额2亿元。

优化小微企业金融服务 2023年，中行佛冈支行积极围绕地方特色产业等重点领域企业需求，定制具有区域特色的情景分析，提升佛冈中行普惠金融的覆盖面，获得中国银行广东省分行青年文明号。

金融知识宣传 2023年，中行佛冈支行坚持以人民为中心的发展思想，提升消费者金融素养，增强金融安全意识。是年3月15日，中行佛冈支行联合人民银行佛冈县支行，在佛冈县文化馆开展消费者权益日教育宣传活动，向广大金融消费者普及基础金融知识，提示金融风险，倡导理性消费、价值投资观念，重点针对防范电信网络诈骗、非法集资、反洗钱等危害金融稳定安全的行为，开展教育宣传活动。从贴近人民群众需求的金融基础知识入手，普及金融知识，传播金融正能量，推进行业诚信文化建设，营造安全稳定的金融环境，树立金融为民、金融惠民、金融便民理念，积极宣传惠及民生的良好做法和成效，展现金融消费者权益保护新担当、新气象。

打造有活力的员工队伍 2023年，中行佛冈支行履行引领凝聚青年、组织动员青年、联系服务青年的基本职责，全面落实总行和省行党委关于青年工作的决策部署，进一步团结带领广大团员和青年员工，做好青年员工思想引导。要求40岁以下青年员工列席支部党员大会，组织青年员工深入学习习近平新时代中国特色社会主义思想、党的二十大精神、总行及省行重要工作会议精神等重要内容，牢固树立"四个意识"，始终坚定"四个自信"，切实践行"两个维护"，不断保持和增强政治性、先进性和群众性，取得一定成效。

（刘敏萍）

2023年3月15日，中行佛冈支行与反诈办、公安局等单位开展诚信教育、全民反诈宣传活动　　　　　　（中行佛冈支行　供图）

【**中国邮政储蓄银行股份有限公司佛冈县支行**】 2023年，中国邮政储蓄银行股份有限公司佛冈县支行（简称"邮储银行佛冈县支行"）下辖2个自营网点、6个代理网点，定位于服务"三农"、城乡居民和中小企业，依托"自营＋代理"的独特模式和资源享赋，加速向数据驱动、渠道协同、批零联动、运营高效的新零售银行转型，积极履行社会责任，坚守金融服务实体经济初心，支持现代产业体系建设，为客户提供可靠的金融支持。

经营业绩 2023年，邮政储蓄佛冈县支行支持佛冈小微民营企业贷款26家，涉及贷款金额1.24亿元。其中，制造业企业17家，金额0.94亿元；高新技术企业11家，金额0.72亿元。办理知识产权质押贷款（享受利息补贴）企业5笔，金额0.15亿元。全年累计发放个人经营性贷款2239笔，金额3.01亿元；发放小企业经营性贷款64笔，金额0.94亿元。累计发放线上信用户贷款369笔，发放贷款金额0.19亿元；累计发放产业链贷款121笔，发放金额0.1亿元。截至2023年10月末，邮储银行佛冈县支行累计发放创业担保贷款共161笔，金额0.85亿元。其中，企业类创业担保贷款11笔，金额0.47亿元，贷款结余0.38亿元；个人类创业担保贷款150笔，金额0.37亿元，贷款结余0.17亿元。

金融普惠 2023年，邮政储蓄佛冈县支行充分发挥资金、网络、客户等方面的优势，多渠道、多方式、多举措服务地方经济，大力支持中小微企业的发展。针对线下小微企业、民营企业申请贷款时提交资料较多、流程较长问题，推出小额极速贷、小微易贷等线上产品，做到线上申请、线上审批放款，大大提高客户申请贷款便捷性，缩短贷款流程。同时，邮政储蓄佛冈县支行对2023年末前到期的普惠型小微企业贷款，主动提供延期还本付息服务，做到应延尽延，保障客户征信权益。此外，积极利用各级政府推出的纾困帮扶基金、风险补偿、财政贴息等政策，多种方式支持小微企业纾困发展，持续为客户减费让利，切实降低普惠小微客户的融资成本。截至是年12月31日，邮政储蓄佛冈县支行普惠小微企业贷款结余22户、金额0.79亿元，年增0.2亿元；普惠三农贷款结余475户，贷款结余2.37亿元，年增0.58亿元。

乡村振兴支持 2023年，邮政储蓄佛冈县支行积极完善三农金融业务数字化运营体系，加大线上贷款投放，进一步扩大邮储银行金融服务的覆盖面，全力解决农业融资难题，加快推动全县农业现代化发展步伐，健全数字化运营体系。是年7月9日由水头镇人民政府主办的"助农惠农·开启未来乡村高质量发展新通路"活动在水头镇国际医养中心举行。仪式上，邮政储蓄佛冈县支行与水头镇各村委经济联社代表进行整村授信5亿元签约。

创新涉农金融产品 2023年，邮政储蓄佛冈县支行大力推广"一次授信、随借随还、循环使用"的小额信贷模式，完善覆盖农业、农村、农民全领域全范围的信贷产品体系，满足农业各种群体特定的融资需求。11月，邮政储蓄佛冈县支行成立支持乡村振兴领导小组，贯彻落实党中央、国务院和上级分行关于乡村振兴的各项决策部署，协同邮政集团围绕"村社户企店"，深入开展惠农合作项目。是年，全县建成信用村86个，评定信用户3065户，累计发放信贷369户，发放金额1003万元。

风险防控 2023年，邮政储蓄佛冈县支行坚持风险为本，秉承审慎稳健的风险偏好，全面提升风险引领能力，持续完善"全面、全程、全员"的全面风险管理体系，运用数字化风控技术开展过程管理和闭环管理，积极赋能业务高质量发展。截至是年12月31日，邮政储蓄佛冈县支行发现不良贷款金额911万元，不良贷款率0.58%，逾期金额1457万元，逾期率为0.92%，主要集中在线上信用产品，整体资产质量良好，风险可控。

（赵　军）

【广东佛冈农村商业银行股份有限公司】 广东佛冈农村商业银行股份有限公司（简称"佛冈农商银行"）内设19个部室，下设营业部1个、支行17家。2023年，佛冈农商银行围绕金融支持"百千万工程"的主线，瞄定"户户通工程"，守正创新，服务实体，探出一条"勤劳金融+效率金融"的新路子。至年末，佛冈农商银行对全县农户、个体工商户及小微企业信息建档31.38万户，授信覆盖率为100%，签约覆盖率为35.88%。是年，佛冈农商银行被评为全国"农村商业银行小而美50强和风险控制能力50强"和全国中小农商银行公司治理优秀机构。5年来，累计缴纳各项税款3亿元，获评"十佳纳税企业"。

经营业绩 2023年，佛冈农商银行各项存款余额103亿元，比2018年初增加44亿元，增长74.93%；各项贷款余额83亿元，增加45亿元，增长117%。

同频共振、守正创新 2023年，佛冈农商银行将"户户通"工作与"百千万工程""制造业当家"等政策有机结合。对本县制造企业贷款成为本行贷款投向第一大行业（占比近三成），全年累计投放制造业贷款12亿元，近3年累计投放制造业贷款

2023年2月25日，佛冈农商银行向佛冈县魔芋产业授信10亿元

（佛冈农商银行　供图）

2023年12月19日，佛冈农商银行承办佛冈县金融赋能"百县千镇万村高质量发展工程"暨"广东农村金融（普惠）户户通"推进会

（佛冈农商银行　供图）

超过40亿元。大力支持制造业当家和"工业强县"建设。其中，对专精特新、高新技术制造业企业，创新推出"高新企业贷""专利权质押贷款"等专属金融产品，累计支持本地高新技术企业30家、专精特新企业10家，覆盖本县48家高新企业的63%、17家专精特新企业的59%。同时，发挥机制活、决策快的优势，守正创新，是年连续创造多个"第一"，如全市第一家银行推出农地经营权抵押贷款，助力实现农地经营权流转、确权颁证、抵押登记全流程管理；发放全县第一笔"带押过户"贷款；发放全县第一笔"税快贷"贷款，支持企业解决办理不动产权证契税的资金问题；创新担保方式；发放全县第一笔奶牛活体抵押贷款；率先向魔芋产业授信10亿元。支持佛冈打造"第六个百亿"农业产业。

重心下移、资源下沉 2023年，佛冈农商银行按照省联社"户户通"工作"985"的目标要求，采取合并部门、优化网点等举措，持续推动网点、人员、资源和信贷权限向乡镇农村下沉，是年有三分之一以上的员工"走出去"，开展网格化的金融服务。同时，依托广东农信大系统的优势，精准营销，科技赋能，通过"普惠三易"等数字化系统，进一步解决普惠贷款"短、频、急"和"额小量大"等难题。是年，佛冈农商银行"户户通"贷款户数达2.37万户。佛冈农商银行还承办佛冈县金融赋能"百县千镇万村高质量发展工程"暨"广东农村金融（普惠）户户通"推进会和佛冈县"金融+高端制造"政银企座谈会，推动金融服务体制机制不断完善，金融资源配置更趋均衡，金融服务质效持续提升，以金融高质量发展助力打造城乡区域协调发展的"佛冈样板"。

（黎文琪）

保险业机构选介

【**中国人寿保险股份有限公司佛冈县支公司**】 2023年，中国人寿保险股份有限公司佛冈县支公司（简称"中国人寿保险佛冈支公司"）主要经营人寿保险、健康保险、意外伤害保险等各类人身保险业务，人身保险的再保险业务，国家法律法规允许的或国务院批准的资金运用业务，各类人身保险服务、咨询和代理业务，国家保险监督管理部门批准的其他业务。公司内设经理室、综合部、营销发展部、收展发展部、机构业务部、客户服务中心，下设汤塘、民安等营销服务部。

2023年9月27日，中国人寿保险佛冈支公司与中行佛冈支行洽谈业务

（中国人寿保险佛冈支公司 供图）

继续开展"银龄安康行动" 2023年，中国人寿保险佛冈支公司继续与佛冈县卫生健康局合作，围绕老有所养、老有所医的目标开展关爱老人健康等保障业务。是年，佛冈县政府出资为全县60岁以上5.58万人统一投保"银龄安康"保险。截至年末，银龄安康保险自付费1.37万人，覆盖率23.4%。全县共赔付"银龄安康老人险"逾129万元，惠及1240人次。办理村居、社区"银龄安康防疫保"政策活动80多场，服务1000多人。

创新金融服务，强化服务效能 2023年，中国人寿保险佛冈支公司积极推广电子化服务，大力推广无纸化投保、核保智能化审核、保全e化、理赔e化等各模块的线上服务，通过推进保险科普师队伍建设，充分发挥科普师桥梁作用，强化保险销售人员对电子化工具的熟练运用，借助销售队伍力量加大e化推广力度，销服融合，提升自助化、智能化水平，减少客户临柜办理业务，强化服务效能。

（刘灵峰）

【**中国人民财产保险股份有限公司佛冈支公司**】 2023年，中国人民财产保险股份有限公司佛冈支公司（简称"人保财险佛冈支公司"）内设部门有经理室、综合部、修理厂业务部、续保业务部、专兼代业务部、商团业务部、直销业务二部，下设汤塘营销服务部、迳头营销服务部、石角营销服务部，共有员工及代理制销售人员29人。

保险业绩 2023年，人保财险佛冈支公司实现保费收入5301.2万元，同比增长6.1%，整体市场份额42%，累计提供各类风险保障金额1085.01亿元。全年累计赔付支出2517.3万元，同比增加28.43%。

加强五级网点建设 2023年，人保财险佛冈支公司积极拓展农村市场，开展保险进乡村、入农户、进企业，服务村民，服务农企，服务乡村振兴。其中，汤塘营销服务部实现全险种保费收入1079.51万元，保持位于千万元营销服务部行列。

2023年8月8日，人保财险佛冈支公司与县农商行洽谈业务
（人保财险佛冈支公司　供图）

承保佛冈县政策性农村住房保险　2023年，人保财险佛冈支公司承保佛冈县政策性农房保险业务，为7.7万户农户提供农房险保障84.9亿元。

安全生产责任保险　2023年，人保财产佛冈支公司累计为79家企业提供安责险风险保障8.29亿元，并为70家企业提供事故预防服务。承保自然灾害公众责任险，提升政府部门防灾减灾救灾能力。是年，人保财产佛冈支公司为佛冈县32万人提供1.5亿元的自然灾害公众责任险保障。

防返贫保险　2023年，人保财险佛冈支公司为佛冈县原建档立卡户11 017人提供21.98亿元的防返贫综合风险保障，有效巩固脱贫攻坚成果。

工程风险保障　2023年，人保财险佛冈支公司为佛冈县90个工程项目提供4.34亿元的工程险风险保障。

农民工工资支付保障　2023年，人保财险佛冈支公司为农民工提供0.64亿元的工资支付保障。

魔芋种植保险　2023年，人保财险佛冈支公司为佛冈县水头镇魔芋种植提供1111.2万元风险保障。为加强防灾防损，向佛冈县水头镇魔芋种植户捐赠防灾防损物资价值16万元。

（巫汉辉）

【**中国太平洋财产保险股份有限公司清远市佛冈支公司**】　中国太平洋财产保险股份有限公司清远市佛冈支公司（简称"太平洋产险佛冈支公司"）成立于2004年3月，地址位于佛冈县石角镇环城东路378号、380号锦绣江南花园1栋1号、1栋2号2楼，营业面积为350平方米。公司建立新的标准化职场，设有前台大厅、会议功能室、个人业务功能室、保险业务咨询室以及培训室，在职人员共13人。2023年，太平洋产险佛冈支公司秉承"诚信天下、稳健一生、追求卓越"的核心价值观，积极为广大农民提供全方位的风险保障服务，包括各种财产保险、短期健康保险和意外伤害保险业务，承保范围涉及电力能源、石油化工、基础建设以及金融贸易、船舶汽车、机械设备、电子通信、仓储物流、纺织烟草、科技创新等各行各业、各个领域。

业务经营　2023年，太平洋产险佛冈支公司保费收入7395万元，同比增长53.1%。其中，车险保费收入1555万元，非车险保费收入417万元，农业保险保费收入5423万元（其中政策性农业保险3759万元）。

理赔服务　2023年，太平洋产险佛冈支公司继续做好索赔咨询、现场查勘、资料收集、赔付反馈等工作。全年综合赔付金额为4644万元，综合成本率为92.3%，与上年持平。

警保合作　2023年，随着警保联动的深入推进，太平洋产险佛冈支公司将以劝导站为起点，不断加强警保合作的深度和广度。扩大太平洋产险佛冈支公司在市场上的影响力，持续提升公司品牌形象和打假反欺诈能力。

助力乡村振兴　2023年，太平洋产险佛冈支公司中标承保佛冈县政策性农业保险。自中标政策性农林保险以来，认真贯彻集团公司农村保险发展战略，紧紧抓住国家强农惠农政策，落实推进农业保险高质量发展。是年底，政策性农业保险保费收入3759万元，顺利完成各方考核任务。

（刘新梅）

2023年5月16日，太平洋产险佛冈支公司在汤塘镇举办农业保险培训
（太平洋产险佛冈支公司　供图）

农 业

责任编辑：钟少军

农业综述

【**农业发展概况**】 2023年，佛冈县农林牧渔业总产值43.08亿元，同比增长6.5%，增速排名全市第2。其中，农业产值28.97亿元，同比增长5.5%；林业产值2.72亿元，同比增长9.9%；牧业产值9.19亿元，同比增长9%；渔业产值0.76亿元，同比增长1.5%；农林牧渔专业及辅助性活动产值1.44亿元，同比增长7.8%。全县耕地面积8820.4公顷，完成500公顷高标准农田建设项目，耕地质量进一步提升。发展特色现代农业产业，累计建设村级优势特色产业项目27个，其中7个特色农产品入选全国名特优新农产品名录，10个特色农产品成功入选"粤字号"农业品牌目录。稳步推进丝苗米种植，大力发展清远鸡产业、麻竹笋产业；形成以柑橘、益肾子、粉葛、澳洲坚果为特色的优势农业产业体系。全力打造市五大百亿农业产业，实现水果（柑橘）省级现代农业产业园25个项目全部开工，完成核心区主体工程建设，国家柑橘种苗繁育基地全面竣工。成功将水头镇魔芋特色产业园创建为省级农业科技园，建成省级"菜篮子"基地1家，粤港澳大湾区"菜篮子"生产基地3家。澳洲坚果、三联红薯、芦笋等入选全国"名特优新"农产品名录，益肾子、糖冬瓜、糖橘饼等入选"粤字号"农业品牌目录。数字化赋能现代农业发展，成功打造综合管理服务平台1个、数字农业展厅2个、数据服务3项、产业环节4个、重点农业产业5个。

（冯伟健）

2023年8月26日，水头镇建成全国首个魔芋数字化产业种植基地

（县农业农村局 供图）

【**涉农资金项目库建设**】 2023年，佛冈县农业农村部门开展涉农资金统筹整合工作，加快提升产业发展水平，巩固拓展脱贫攻坚成果，提升镇域公共服务能力，建设政策性农业保险省级财政保费补贴、农田建设及管护项目库。是年，省下达佛冈县农业农村局涉农资金9473万元，县农业农村部门安排涉农项目9个，使用涉农资金3260.41万元，使用率34.29%。

（刘志敏）

【**新型农村集体经济工作**】 2023年，县农业农村局根据省委组织部、省财政厅、省农业农村厅转发中共中央组织部、财政部、农业农村部《关于强化农村基层党组织政治功能和组织功能 扶持发展新型农村集体经济的通知》精神，确定2023年村级集体经济发展项目7个，分别为高岗镇墩下村、迳头镇仓前村、水头镇新联村、石角镇山湖村、汤塘镇田心村、龙山镇从化围村、龙山镇车步村，每个项目资助50万元，其中中央资助30万元。

（赖海燕）

【**土地流转**】 2023年，佛冈县承包耕地流转面积2648公顷，以出租的形式流转为主，占承包流转耕地87.7%；流转耕地用途主要是种植粮食、水果等，其中种植粮食占23.1%，种植水果占27.1%。承包流转耕地规模以3～20公顷为主，占流转面积33.8%。流向多为一般农户和专业合作社。

【**农村产权流转交易**】 2023年，佛

2023年8月14日，县委组织部、县农业农村局和县财政局联合召开佛冈县2023年扶持壮大农村集体经济试点项目工作会议　　（县农业农村局　供图）

冈县全面推广使用广东省农村产权流转交易管理服务平台。至年底，全县通过广东省农村产权流转交易服务平台上线商铺、厂房、耕地等农村产权交易共158宗，涉及金额2929万元，成交88宗，交易总额达1729万元。

（黄焕菊）

【推进和美乡村建设】　2023年，佛冈县持续推进农村人居环境综合整治，建设生态宜居和美乡村。是年，78个行政村制定村规民约，785个自然村实现村道硬底化。全县688个自然村实现村内巷道硬底化；785个自然村实现集中供水；785个自然村建有生活垃圾处理收集点共2423个，配有保洁员1141人；746个自然村实行生活污水收集，695个自然村建有农村生活污水处理设施。全县纳入改厕共6.644万户，已基本改造成无害化卫生户厕，无害化卫生户厕普及率99.85%。建成农村公厕819间（包含独立农村公厕及创建美丽乡村文化室内公厕）。是年，成功通过清远市验收的自然村（含村民小组）共101个，其中，整洁村38个、示范村52个、特色村11个。

（钟小香）

【农业执法】　农资打假专项整治　2023年，县农业农村局扎实开展农资打假保春耕"春雷"专项执法行动，依法严厉打击农资制假售假行为。全年举办培训班1期，开展宣传活动7次，悬挂横幅31条，派发宣传单张4000余份；出动执法人员309人次，检查农资经营门店187间次，立案处理6宗，罚没款共12 000元；发出责令整改通知书20份，全部完成整改工作。

拖拉机道路交通安全专项整治　2023年，县农业农村局进一步强化全县农用车辆道路交通安全管理，有效预防和减少农用车辆道路交通事故发生。按照县道安办工作部署，联合交警部门开展农用车辆交通违法整治行动13次，共出动执法人员48人次，检查拖拉机32辆，整治违法违规上路行驶拖拉机10辆，行政处罚立案7宗，罚款1400元。

禁渔专项执法　2023年，县农业农村局对"电、毒、炸、网"鱼等违法行为加大打击力度，通过网络向全县发布《关于实施佛冈县禁渔期制度的通告》《致全县人民群众的公开信》6遍次，悬挂横幅7条，派发宣传资料2000余份。明确除休闲渔业、娱乐性垂钓外，在规定禁渔区和禁渔期内，禁止所有捕捞作业。开展不定期巡河检查，以夜间执法巡河为主。是年，共出动执法车辆29辆次，执法人员78人次，受理群众举报1次，案件处理回应率达到100%，查扣非法放置的地笼、渔网20件。

【农产品质量安全监管】　农产品质量安全监测　2023年，县农业农村局为保障农产品质量安全，先后印发《佛冈县2023年县级农产品质量安全监督抽查工作方案》《2023年佛冈县农产品质量安全例行监测（风险监测）工作方案》，强化抽样监测，筑

2023年8月8日，县农业农村局联合龙山镇综合执法队开展非法捕捞执法。图为收缴违法放置地笼一批　　（县农业农村局　供图）

牢农产品质量安全防线，全年共完成农产品质量安全定量检测547批次，合格率99.8%。

豇豆农药残留攻坚治理 2023年，县农业农村局开展豇豆农药残留攻坚治理。制定专项治理方案，印发《关于加强佛冈县豇豆质量安全监管包片联系工作的通知》；加强对豇豆种植主体的监管，建立豇豆种植主体名录，对种植户建档立卡，实行一户一档监管；印制《豇豆经常检查问题农药清单》和《禁限用农药名录》，加强对豇豆种植户用药检查，及时掌握用药情况，提高豇豆上市前定量检测次数。全年开展豇豆抽样检测33批次，合格率100%，豇豆治理初见成效。

落实新《中华人民共和国农产品质量安全法》 2023年，县农业农村局落实新《中华人民共和国农产品质量安全法》，做好新农产品质量安全法的宣传贯彻，加强对农业生产企业、农民专业合作社的检查巡查和监督指导，全面实施农产品承诺达标合格证。是年，召开新农产品质量安全法宣传会议2场，举办承诺达标亮证行动1场；开展巡查检查生产主体221家，实施合格证主体数255家，开证数24 636张；参与农产品质量安全信用评级评价企业、合作社共191家，达到A级评价63家。

农产品绿色食品、有机产品认证 2023年，县农业农村局为打造佛冈县优质安全的农产品，鼓励和引导全县农业企业、合作社申报绿色食品和有机产品认证，增加佛冈县农产品的市场竞争力。指导佛冈县联心种养专业合作社、广东春中宝蜂业有限公司、佛冈县锄头粑粑生态农业有限公司申报绿色食品和有机产品认证。是年，全县获得绿色食品认证产品3个、获得有机转换期认证产品1个。

（李 俊）

新型职业农民培育 2023年，县农业农村局开展省级高素质农民培育工作，项目资金18万元，培训总人数61人，培训学时为50学时。组织参训农民到省级电商基地、省级龙头企业、现代农业产业园、合作社、创业孵化基地实训交流，使农民开阔视野、更新观念，了解农业新品种、新技术及农业产业发展趋势，促进农业转型升级、农民职业技能和管理水平进一步提高。

（黄洁雯）

农业经济工作

【农业经济工作概况】 2023年，县农业农村局根据省农业农村厅、省财政厅《关于做好2023年度农村政策与改革统计年报和农村集体资产清查工作的通知》精神，组织开展2023年度农村政策与改革统计年报和农村集体资产清查工作。据统计，2023年度全县农村集体资产总计10.71亿元。其中，流动资产2.53亿元，农业资产0.01亿元，长期投资1.02亿元，固定资产7.08亿元，其他资产0.06亿元。2023年度全县78个行政村，村级集体经济年总收入1.12亿元。其中，年总收入200万元以下（含200万元）64个，200万～400万元（含400万元）12个，400万～600万元（含600万元）1个，600万～800万元（含800万元）1个；年经营收益（年总收入扣除补助收入）0.36亿元。

【集体产权制度改革】 2023年，县农业农村局根据《清远市关于探索推进农村集体经济组织股份合作制改革的工作方案》《清远市农业农村局关于印发〈清远市农业农村政策法规与改革2023年工作要点〉的通知》《水头镇建设国家城乡融合发展试验区广清接合片区示范镇实施方案》要求，因地制宜推进集体经济组织股份合作制改革。全县1991个农村集体经济组织全部完成登记赋码和成员身份确认，确认成员身份28.94万余人，503个农村集体经济组织完成股份合作制改革，占总数的25.3%，资产量化4503.22万元。其中，水头镇按照《水头镇建设国家城乡融合发展试验区广清接合片区示范镇实施方案》要求，全镇确认农村集体经济组织成员3.05万余人，有64个农村集体经济组织完成股份合作制改革，股份量化资产519.44万元，完成31.07%村小组股份合作制改革。

（何道迎）

【农业经营主体发展】 2023年，县重点构建现代新型经营主体，大力发展农业龙头企业、家庭农场和农民专业合作社。是年，全县有农业经营主体省级重点农业龙头企业2家、市级重点农业龙头企业5家、县级重点农业龙头企业16家。全县共培育家庭农场393家，其中省级示范家庭农场9家、市级示范家庭农场8家。全县有农民合作社373家，其中省级合作社示范社3家、市级合作社示范社27家、县级合作社示范社9家。

（廖建东 赖海燕）

种 植 业

【种植业概况】 2023年，佛冈县在稳定粮食生产面积基础上，调整农业产业结构，扩大经济作物种植比例。全年农作物播种面积2.73万公顷，产量35.26万吨。粮食播种面积1.18万公顷，总产量5.78万吨，其中水稻播种面积1.11万公顷，产量5.52万吨；豆类、薯类种植面积0.05万公顷，产量0.18万吨。经济作物播种面积1.55万公顷，产量28.98万吨。其中，花生播种面积0.31万公顷，产量1.32万吨；蔬菜播种面积1.23万公顷，产量27.48万吨；其他经济作物播种面积84.33公顷，产量0.19万吨。

（黄昶成）

2023年5月5日,县农业农村局技术推广中心农技人员到仓前村指导水稻病虫害防治工作
（县农业农村局　供图）

【落实粮食生产补贴政策】 2023年,县农业农村局全面完成全县耕地地力保护补贴面积核实工作。经过各级政府及有关部门努力,完成中央财政耕地地力保护1.09万公顷,财政部门发放补贴1558.64万元。开展政策性水稻（粮食）种植保险工作,全年完成投保面积1.07万公顷。

（朱秀珍）

【农业技术推广服务】 "科技下乡支农"志愿服务 2023年,佛冈县农业技术推广中心开展"科技下乡支农"志愿服务活动,组织"科技下乡支农"志愿服务活动15次,解答群众咨询400余人次;开展《农药管理条例》、农作物病虫害防治、农作物统防统治等宣传活动20余场,发放农业科技宣传指导资料4万余份;举办粮油作物种植管理技术、果树种植技术及蔬菜病虫害绿色防控技术等培训29场次,培训1100人次;派出农技人员1800余人次,农技人员深入田间地头,一对一开展农技指导。

引进推广农作物新品种 2023年,佛冈县农业技术推广中心引进种植丝苗米"19香""南晶香占""华航香银针""五香丝苗"等优良新品种;持续推广种植"广丰香8号""美香占2号""象牙香占""耕香优荔丝苗""野香优荔丝""粤禾丝苗"等高产优质丝苗米品种。推广良种良法、适当密植等技术,指导水头镇桂田村种植"19香""南晶香占""华航香银针"等水稻品种,示范面积约14公顷;指导种植花生"粤油1821"和"粤油901"优良品种,示范面积1.33公顷。

（朱沛军　陈翠媚）

【农作物病虫害防治】 2023年,佛冈县农业技术推广中心积极开展农作物病虫害防治工作,以佛冈县农作物主要病虫害历年发生程度与发生面积、农作物病虫冬后基数调查数据和日常监测调查数据为依据,预测病虫害发生情况,全年编发《农作物病虫情报》20期,预报准确率95%以上。

（邓敏珍）

【水果产业园建设】 2023年,佛冈县实施水果（柑橘）省级现代农业产业园项目,产业园以柑橘等水果特色产业为主导产业,以迳头镇、高岗镇、石角镇、汤塘镇和龙山镇等5镇为核心,按照"一核四区"（综合服务中心、科技创新示范区、现代化种植示范区、农旅休闲区、特色农产品加工示范区）总体布局,重点建设六大板块（科技创新与示范功能板块、加工物流与品牌培育功能板块、农旅融合功能板块、新型经营主体培育与土地流转功能板块、人才振兴与"双创"孵化功能板块、联农带农扶贫示范功能板块）,带动农业特色产业按"生产研发＋加工冷藏＋冷链配送＋品牌营销"全产业链高质量发展,形成集科研创新、生产示范、加工流通、休闲旅游等综合功能于一体的省级现代农业产业园。是年,产业园25个建设项目全部开工。项目计划投资2亿元,其中省级财政资金5000万元全部到位,省级财政资金支出4811.71万元,支出率96.23%;县涉农统筹资金到位5039.96万元,企业自筹资金到位7900.24万元,项目资金使用率为88.76%。

（张秀枝）

畜牧与水产

【畜牧与水产概况】 2023年,佛冈县肉类总产量约3.86万吨,禽蛋产量4517.1吨。其中,生猪出栏量25.35万头,存栏量17.44万头,肉产量1.90万吨;牛出栏量1286头,存栏量2463头,肉产量160吨;羊出栏量3809头,存栏量8504头,肉产量72吨;鸡出栏量1085.56万只,存栏量330.91万只,肉产量1.66万吨;鹅出栏量44.03万只,存栏量14.8万只,肉产量1320吨;鸭出栏量71.08万只,存栏量14.15万只,肉产量1422吨;奶牛存栏量1057头,其中母奶牛存栏量497头、后备及犊母牛量560头,产鲜奶量4077吨。全县淡水水面1010.8公顷,其中可用于水产养殖淡水水面（池塘）458.3公顷,养殖品种以四大家鱼、罗非鱼为主,年产量7182吨。

【动物疫病防控】 2023年,佛冈县由政府采购疫苗,对畜禽实施春秋两防免疫。是年,猪口蹄疫O型疫苗免疫生猪8.6万头份,高致病性禽流感疫

2023年6月13日，县农业农村局到龙山镇涅镇村生猪养殖场开展畜禽粪污资源化利用整治工作　　　　　　　　　（县农业农村局　供图）

苗免疫家禽185万羽份，禽流感新城疫疫苗免疫家禽120万羽份，小反刍兽疫疫苗免疫山羊2.57万头份，牛疫苗免疫牛3.7万头份。加强动物疫病防控队伍建设，配备官方兽医23名（执业兽医注册备案4人）、村级动物防治员47名，安排7名屠宰协检员协助官方兽医开展屠宰检疫。进一步加强非洲猪瘟等重大动物疫病防控及广东从化无规定马属动物疫病维护区维护工作。全年无重大动物疫病发生，广东从化无规定马属动物疫病佛冈维护区维持无疫状态。

【生猪和家禽屠宰管理】 2023年，佛冈县加强对定点屠宰、冷链配送工作及定点屠宰企业（佛冈锦汇食品贸易有限公司）生猪屠宰监管。石角镇政府按属地管理原则向屠宰企业派驻官方兽医5人、协检员7人，开展屠宰场检疫监管工作，对入厂生猪进行非洲猪瘟PCR等检测，落实企业责任。是年，全力推进佛冈康隆家禽屠宰有限公司监管工作，落实家禽集中屠宰，确保生鲜肉品安全稳定供应。

【水产养殖】 2023年，按照《佛冈县养殖水域滩涂规划（2018—2030年）》要求，科学划定水产养殖禁养区、限养区、适养区，在全县辖区范围内开展水域滩涂发证登记工作，完成水域滩涂发证登记8例；严格执行禁渔期制度，按时完成渔业月报、季报和半年报统计工作。水产养殖新品种有桂花鱼、加州鲈鱼、观赏鱼蝴蝶鲤、水生野生动物黄喉拟水龟。

【清远鸡产业发展】 2023年，佛冈县积极落实市委、市政府五大百亿农业产业之清远鸡百亿产业建设部署，稳定提升企业产能，推动清远鸡省级畜禽养殖标准化示范场创建，制订全县清远鸡产业发展计划，积极促进各养鸡企业入驻，多措并举调动发挥农业龙头企业、农民专业合作社、养殖大户辐射带动作用，探索建立企业牵头、农民养殖、利益共享、风险共担新模式，多主体、多元化建设高标准、规模适度的生产基地。是年，有天龙、参凤、立华等公司，以公司加农户的形式进驻佛冈发展清远鸡产业。继清远市广生元畜牧发展有限公司获得2021年广东省畜禽养殖标准化示范企业荣誉称号后，广东省华农正大禽业有限公司获得2023年广东省畜禽养殖标准化示范企业荣誉称号。是年，佛冈县规模以上养殖场194家，清远鸡年出栏1079.86万只，存栏量300.26万只。

【生猪稳产保供】 2023年，佛冈县大力发展生猪养殖业，推广生猪高效养殖场；落实生猪稳产保供政策，持续推进全县生猪产业转型升级。根据《清远市农业农村局关于印发〈清远市生猪产能调控实施方案（暂行）〉的通知》精神，实现全县能繁母猪保有量1.12万～1.24万头、生猪规模养殖场保有量42个的调控目标，对101个规模猪场生产情况实行每月监测。是年，全县生猪养殖场（户）507家，生猪存栏量17.44万头，出栏量25.35万头，能繁母猪保有量1.60万头。

【畜禽养殖废弃物资源化利用】 2023年，佛冈县积极开展畜禽养殖废弃物资源化利用工作。通过积极转变畜牧业发展方式、建立健全制度、落实养殖场主体责任、加大扶持力度等方式，促进畜禽养殖废弃物资源化利用工作有效开展。将全县畜禽养殖规模场（专业户）基本信息录入直连直报信息系统，完成录入461户。是年，佛冈县直联直报系统中配套任务数为规模养殖场105家，完成配套数105家，配套率达100%；大型规模养殖场全部完成配套，配套率为100%。直联直报系统对全县生猪养殖场（户）畜禽粪污综合利用实行每月监测，规模场畜禽粪污综合利用率为85.24%。

（胡元淮）

农业机械化

【农业机械化概况】 2023年，佛冈县完成机耕面积2.72万公顷，其中水稻机耕面积1.10万公顷（占水稻种植面积99.6%），机插面积0.29万公顷（占水稻种植面积25.83%），机收面积1.09万公顷（占水稻种植面积98.4%），水稻耕种收机械化综合水平达到77.11%。是年，全县有下田作业拖拉机915台、联合收割机61台、无人植保飞机11架，全县拖拉机和联合收割机总拥有量为3170台，在册登记拖拉机驾驶员2708人。是年，完成拖拉机和联合收割机登记上牌3170台，上牌率100%；完成拖拉机和

2023年5月17日，县农业农村局开展佛冈县农机安全生产咨询日暨送检下乡活动　　　　　　　　　　　　　　　　（县农业农村局　供图）

联合收割机年度安全技术（审）检验1915台，检验率60.4%；拖拉机、联合收割机持证率达100%，三率平均86%。

【农业机械购置补贴】2023年，全县受理农户申请农业机械购置补贴的农机具84台（套）。其中，耕整地机械56台，田间管理机械6台，植保机械3台，拖拉机11台，其他农机具8台；发放指标确认书82份。是年，发放农机购置补贴44.45万元，受益农户65户。

【农机安全监督管理】2023年，佛冈县农业农村局组织县、镇农机监理员开展农机"送检下乡"便民服务活动。活动范围遍及全县6个镇21个村。活动期间，累计派出农机监理车辆21辆次、监理工作人员126人次，共检测拖拉机523台。全年未发生农机安全生产事故。

（曹伟权）

林　业

【林业概况】2023年，佛冈县林业局严格贯彻执行《中华人民共和国森林法》《中华人民共和国森林法实施条例》，深入贯彻落实习近平生态文明思想，以林长制为抓手，深入实施绿美广东生态建设"六大行动"，为佛冈高质量发展提供生态支撑。是年，全县林地面积9.04万公顷，森林面积9.02万公顷，森林蓄积609.99万立方米，森林覆盖率69.68%。

【生态公益林】2023年，佛冈县林业局认真编制生态公益林效益补偿分配计划，严格按照生态公益效益补偿资金计划拨付要求使用，确保资金落实到位。同时，加强生态公益林管护，签订管护合同，严格控制征占用公益林林地，严格公益林采伐审批，严厉处罚将公益林转变为商品林经营等行为。是年，全县省级以上资金支出1497.94万元，总支出率96.92%。

【林木采伐及林地审核审批】2023年，佛冈县林业局规范林地林木审核审批工作，不断完善工作机制，加强林地林木许可后续监管。制定《关于规范林木采伐、林地审核审批管理的通知》，规范林地林木审核审批流程，加强林木采伐和使用林地监管，做好伐前告知，加强事中监管，不定期进行事后抽查，切实为林农做好服务。全年共核发林木采伐许可证6067宗，林木蓄积30 8061.52立方米。全县报批征占用林地手续共9宗，使用林地面积91.115公顷，全县林业许可证发放数均未突破省政府下达的限额。

【全面推行林长制】加强队伍建设　2023年，佛冈县林业局加强森林管护队伍建设，组建一支由286名三级林长、93名执法员、118名监管员和221名护林员组成的"一长三员"森林管护队伍，承担森林资源管护责任，推动林长制工作走深走实，筑牢绿色生态屏障。

建立协调机制　2023年，佛冈县林业局先后印发2023年第1号、第2号林长令和《2023年林长制工作要点》，明确责任分工。建立"林长＋检察长""林长＋警长""林长＋森林法官"部门协作机制，实施县级林

2023年8月18日，广东省林业科学研究院何波祥教授为佛冈县全面推行林长制工作人员现场授课　　　　　　　　　　　　（朱慧玲　供图）

长挂点挂片护林新方式。全年共召开林长工作会议8次，统筹推进林长制工作。打造"三网三员三资"佛冈经验亮点，建立并推行林长工作述职机制，出台《佛冈县护林员管理实施细则》，多措并举压紧压实"一长三员"主体责任，确保林长制高效有序运行。

加强巡林督导 2023年，佛冈县林业局先后印发《关于深入推进佛冈绿美生态建设全面落实各级林长巡查工作的通知》《关于常态化开展巡林工作的实施方案》，成立7个巡林常态督导小组，下发《提醒函》《督导函》等提醒文件，强化日常巡林督导，督查执行林长巡林和护林员常态化巡林情况，加强源头治理效能。通过"巡、检、督"等措施，及时协调解决林区重点难点问题。是年，各级林长累计巡林12 938次。

坚持宣传引导 2023年，佛冈县林业局开展"优秀林长"评选活动，评选出10名各级优秀林长，激励各级林长履职尽责；开展"推深做实林长制 绿美佛冈林长治""林长+""林业知识进校园"等社会宣传活动15场次；编写工作简报45期，印发宣传资料2000余份，发布工作动态70余条。

【野生动物保护】 **强化主体责任** 2023年，县林业局切实做好野生动物保护工作，全面开展陆生野生动植物资源调查，摸清辖区野生动植物资源本底，建立完善资源档案。制定《佛冈县关于加强野生动植物保护管理工作方案》，与各镇签订野生动植物资源保护责任书6份，明确工作任务，细化工作安排，压实野生动植物保护工作责任。

加大打击力度 2023年，县林业局利用"清风行动"、林长制、打击野生动物非法贸易部门间联席会议等，开展打击野生动物非法贸易、运输、携带、寄递及其制酒等违法行为4次。是年，全县无涉及野生动物及其制品案件。

扩大管护范围 2023年，县林业局开展以"清网行动"为代号的野生动物保护行动，把巡护范围扩大到农田、耕地、鱼塘等，通过排查，全县范围内共清除私设的捕鸟网31张；设立鸟类警示牌65个，解救放飞鸟儿5只。

加强宣传监管 2023年，县林业局开展全县联合行动，深入各镇农贸市场、餐厅饭店、人工养殖场等场所，开展专题宣传和监管工作。全年发放《中华人民共和国野生动物保护法》《广东省陆生野生动物保护管理条例》宣传资料3200余份，悬挂横幅60余条，张贴广东省国家重点保护陆生野生动物分布图，覆盖率达88%，增强群众生态环境保护意识和野生动物保护意识。

致害防控补偿 2023年，县林业局在全县范围设立野生动物公示牌和野猪出没警示牌55个，购买野生动物致害政府救助责任保险。是年，接收群众或其他部门请求协助救助野生动物情况3宗，分别为国家重点一级保护动物海南鳽、国家一级保护动物眉纹天蚕蛾以及三有保护动物斑鸠。

【依法治林】 2023年，县林业局深入开展打击毁林毁草专项行动和森林督查查处整改工作，发挥县林长办作用，强化部门协作联动，集中综合执法力量，扎实推进违法毁坏林地复绿工作。全面清查自2013年以来破坏森林资源案件，完成2022年所有违法督查图斑的查处整改工作，持续推进2023年森林督查自查工作。综合运用粤执法平台，对采伐林木或使用林地情况组织"双随机、一公开"抽查。建立"部门+乡镇"联动工作机制，压实相关部门和各级林长责任，指导各镇开展森林督查案件行政执法。严抓执法质量，以"零容忍"态度严厉打击林业违法行为。是年，办理林业行政案件30宗，其中，擅自改变林地用途案26宗，滥伐林木案4宗；处理违法行为人员32人次，处理违法单位1个，行政处罚345.71万元，移送公安机关1宗；处理行政检查案件323宗、行政诉讼案1宗，均已出裁定结果。

【森林防火】 **强化工作部署，抓好责任落实** 2023年，县林业局认真做好森林防火工作，成立森林防火工作领导小组，抓好责任落实。组建3个督导小组，定期对各镇森林防火工作进行检查和督导。严格执行值班值守制度，在全县进入林区的227个重要路口设立森林防火检查点。对林木

2023年5月4日，县委副书记、县长江红平（右五）到佛冈县羊角山绿美山地公园示范点开展调研
（朱慧玲 供图）

采伐区、贮木场、木材加工厂、森波拉度假森林景区、羊角山林场、观音山自然保护区等森林防火重点区域开展常态化检查。

强化宣传教育，提高防火意识 2023年，县林业局在清明、中秋、国庆、重阳等重要节假日，通过设立森林防火值守点，派发森林防火宣传小礼品、小册子及无烟礼炮等形式，开展森林防火宣传。全年共派发张贴森林防火安全通告、森林防火禁火令、典型案例、森林火情举报奖励制度等海报3800份，发放森林防火宣传单张10万份，发放森林防火环保袋2万个、围裙2万条、牙签筒2万个，悬挂森林防火宣传横幅1200条。

强化火源管理，落实责任到人 2023年，县林业局指导各镇落实网格化管理，划分巡山责任区域，做到山林管护到位、火源监管到位、火情报告及时，确保巡山护林责任到人、工作到位、巡查到点。层层签订森林防火责任书，严格落实护林员网格化管理，做到"包山头、守路口、盯重点、签责任、打早小"。

加大执法力度，开展"猎火"行动 2023年，县林业局联合县公安局、县应急管理局，加大野外用火管控执法力度，开展"猎火"专项行动，严肃查处野外违规用火行为。是年，教育、劝阻违规用火群众653人次，全县未发生森林火灾刑事案件，实现全县森林"零山火"目标。

【**林业有害生物防治**】 **有害生物防控** 2023年，县林业局坚持"预防为主，综合治理"方针，压减松材线虫病发生面积200公顷；松材线虫病监测面积4480公顷，监测率100%；完成松材线虫病死树清理除治作业面积524.5公顷，清理病死树8761株；开展飞机喷洒噻虫林防治松材线虫病作业面积1000公顷；改造松材线虫病染病松树林分32.66公顷。是年，全县松材线虫病发生面积控制在319公顷、松材线虫病成灾率3.5‰，比市下达8‰的指标任务降低4.5‰，全县没有发现连片超过100公顷林分成灾的情况。

检疫执法检查 2023年，县林业局结合保护森林资源专项行动，开展检疫执法检查。是年，派出人员64人次，对65家涉木涉苗企业开展全面检查，未发现松材线虫病疫木非法加工和林业检疫性病害等情况。

（朱慧玲）

水　利

【**水利概况**】 2023年，佛冈县水利局全力推进水利投资建设，超额完成年度水利投资任务，完成率152%。依法行政、兴水利民、强化管理等方面成效显著。依法拆除"龙山镇亮一居陶瓷加工销售部"涉河违法建筑，该工作得到省水利厅通报表扬，被省水利厅评为整治先进典型案例，并在全省推广。扎实开展河湖长制工作，成功探索河长制"碧道+"新模式并获得省水利厅推介。推动一批民心水利工程提质增效，完成水厂改建、扩建工程项目4个，在建规模化水厂1个，受益人口25.16万人；成功争取中央水利发展资金，推进生态清洁小流域综合整治，高标准实现农村供水规模化，成功申报2024年度国家水土保持重点工程；顺利完成3宗大中型水利工程标准化建设和8宗水库大坝安全监测建设任务。

【**小型水库安全运行管理**】 2023年，县水利局继续加强小型水库安全运行标准化管理，完成3宗大中型水利工程安全运行标准化管理建设，完成8宗小型水库大坝安全监测设施建设，按时完成年度目标任务。

【**农村供水工程**】 2023年，县水利局把农村供水作为民生实事重要内容，出台《佛冈县农村集中供水"三同五化"改造提升工程实施方案》《佛冈县农村供水工程县级统管实施方案（试行）》等系列工作方案，统筹专项债资金3000万元、省级奖补资金751万元，用于全县农村集中供水"三同五化"改造提升工程，高标准完成农村供水规模化工作任务，受到清远市水利局表扬。

【**农业水价综合改革**】 2023年，佛冈县在清远市率先完成中央水利发展资金支付，将中央水利发展资金用于占果灌区节水奖励，发挥经济杠杆作用，促进农业节水和农户种粮积极性。建立健全农业水价补贴机制，进一步提升节水成效，树立节水标杆。

2023年10月31日，县委副书记、县长江红平（左三），省纪委监委驻水头镇工作队组长谢少举（右三）等领导参加佛冈县水头镇西田水厂通水仪式

（县水利局　供图）

2023年9月21日，广东省水利厅农水农电处副处长张磊（左三）到佛冈县开展农村供水"三同五化"调研　　　　　　　　（县水利局　供图）

【农田水利】 2023年，县水利局超额完成市政府下达的农田灌溉水有效利用系数测算目标（0.539），为粮食安全、耕地保障奉献水利力量，为助力"百千万工程"夯实基础。

【中型灌区建设】 2023年，佛冈县坚持"节水优先、空间均衡、系统治理、两手发力"治水方针，建立科学高效灌区标准化规范化管理体系，不断提升灌区管理能力和服务水平。通过绘制"灌区一张图"，推进灌区实现现代化、信息化、数字化建设和管理。是年，完成全县唯一中型灌区占果灌区智慧水利建设。

【城市排涝】 2023年，佛冈县政府安排市政排水运行维护专项资金，共清疏县城主要街道51.7千米，管道清淤103吨；更换市政井盖87座，安排应急执勤人员243人次。是年，开展佛冈县城区排水管网清淤检测，排查排水管网131.83千米，更换井盖22座，清淤排水管网2.2千米、排水井17座，提升排水管网管理水平，确保县城排水设施正常运作。

【污水设施建设】 2023年，佛冈县多方面争取资金，继续推进石角镇冈田水综合整治工程、佛冈县老旧小区改造之县城雨污分流综合治理工程、县城排水管网运维修复工程。加大污水设施建设力度，完善全县污水配套管网，逐步实现雨污分流，提升生活污水收集能力。是年，全县污水处理能力合计4.3万吨/天、市政排水管网约192.79千米，其中，污水管82.63千米、雨水管15.6千米、雨污合流管94.56千米。佛冈县城新建污水管网2.93千米、改造污水管网18.15千米、新建雨水管网3.86千米；镇级新建污水管网11.26千米、新建雨水管网2.12千米。全县排水管道长175.25千米。其中，县城污水管道长23.27千米，雨水管道长4.66千米，雨污合流管道长94.56千米，检查井超过4000座；镇级污水管道50.65千米，雨水管道2.12千米。

【河道采砂】 2023年，县水利局启动2021年度烟岭河高山村、烟岭河前所村河砂开采工作。是年，开采2个采区，控制采区长约为4.48千米，控制开采总量为20.48立方米。其中，烟岭河高山村可采区12.06万立方米，烟岭河前所村可采区8.42万立方米。河砂以合理价格，面向社会公开销售。

【落实防汛责任制】 2023年，县水利局对全县1座中型水库、9座小（一）型水库、22座小（二）型水库、14条千亩以上堤围、3座蓄水发电站配备防汛技术负责人，全面落实防汛责任制，落实率达100%。

【水旱灾害防御体系建设】 2023年，佛冈县水利局委托广东省水科院完善水旱灾害防御规章制度，编制各项预案。该预案经综合评估，得分为86.41分，达到良好等次。

【充实防汛物资】 2023年，佛冈县水利局共储备防洪砂石料4000立方米、发电机11台、电缆1250米、铅丝4300千克、投光灯11只、纺织袋62492个、土工布17191平方米、救生衣430件、松木桩9立方米，配置冲锋舟7艘，基本满足全县水利工程防汛需求。

2023年9月1日，副县长冯郁娴（右一）到放牛洞水库检查防御台风"苏拉"和开展水库巡查工作　　　　　　　　　（县水利局　供图）

【推行河长制】 2023年，佛冈县水利局全面深化河长制。是年，县、镇、村三级河长巡河达8482人次，有力推动系列河湖问题有效解决，守护一江碧水；利用主流媒体全方位抓好宣传引导工作；县河湖保护志愿服务队、"民间河长"、无人机进行不定期巡视，有效制止不当行为。采用河长制"互联网+"模式，实行信息化管理，加强宣传，接受群众监督及建议，确保全县河湖生态健康发展。

【碧道建设】 2023年，佛冈县有1个万里碧道建设项目，累计建成碧道14.18千米。其中，水头镇碧道建设与"百千万工程""绿美广东"部署相结合，整合沿线生态文旅资源，实现圩镇内部空间重塑目标，助力打造乡村旅游田园综合体，形成融"水清、岸绿、堤固、景美"为一体的生态特色碧道，对推动水头镇经济发展具有重要意义。

【河湖"清四乱"】 2023年，佛冈县水利局强力推进河道管理范围内乱占、乱采、乱堆、乱建整治工作，完成水利部下发403个河湖遥感图斑核查以及24个河湖"四乱"问题图斑整改工作。

【"清漂"行动】 2023年，佛冈县水利局继续开展一年两次流域集中"清漂"行动，把"清漂"和日常保洁结合起来。是年，全县清理水面垃圾漂浮物78.2吨，基本实现河道内无成片漂浮物目标。

【河湖空间管护】 2023年，佛冈县水利局完成河流划界任务，划定河道管理范围249.65千米，进一步明确全县河湖管理边界。是年，完成龙南水岸线、大陂水岸线保护与规划工作。

【水行政执法】 2023年，佛冈县水利局始终保持高压态势，加大对全县河道巡查力度，集中执法力量，重拳出击，联合执法，依法查处各类水事违法案件。全年共派出2287人次、510车次执法巡查；立案查处案件4宗，依法处以行政处罚104.5万元；查扣违法作业拖拉机11台、自卸车6台、抽砂设备6套、铲车2台；办理群众投诉15宗。

【水资源管理】 2023年，佛冈县水利局办理新增取水许可项目10个，延续取水许可项目8个，变更取水许可项目4个，封闭违法开采地下水取水设施3个。对纳入取水许可管理的143家取水户和11家管网用水单位下达用水计划。

【取水口取水监测计量】 2023年，佛冈县水利局为34宗农村饮水工程、1个小型样点灌区（水头镇王田灌区）配备安装取水计量设施，全面加强取水管理。

【水土保持监督管理】 2023年，县水利局严肃查处生产建设项目水土保持违法违规行为，共下达责令整改决定书14份。是年，审批生产建设项目水土保持方案22宗，开展生产建设项目水土保持方案质量检查5宗，对生产建设项目水土保持开展现场监督检查14次，下达整改意见通知书7份，接收生产建设项目水土保持设施自主验收报备18宗，开展生产建设项目水土保持设施自主验收核查4宗。

【水库移民后期扶持】 2023年，佛冈县有水库移民后期扶持项目9个，总投资共311.41万元。其中，中央资金项目4个，分别为佛冈县石角镇观山村乡村振兴教研基地（一期）、佛冈县石角镇观山村东壁水圳水利工程、2022年中央水库移民项目监理工程、石角镇观山村西元环境整治工程；省级涉农资金项目5个，分别为佛冈县汤塘镇黎安村庙上硬底化和排灌三面光工程，佛冈县汤塘镇大埔上氹村文化室配套设施及自来水报装入户工程，佛冈县龙山镇涟镇村冷三、冷四村民小组农耕路环山公园建设工程，佛冈县汤塘镇大埔火山村文体中心重建及配套设施、健身娱乐设施工程，佛冈县石角镇观山村二期亮化工程。以上项目全部完工，其中7个项目通过验收。

（骆仙霞）

2023年6月21日，县委书记、县总河长潘国标率队到龙山镇港二河开展巡河工作，实地查看河道管护、河湖水质、河道行洪等情况（县水利局 供图）

工 业

责任编辑：钟少军

工业综述

【工业概况】 2023年，佛冈县规模以上工业企业130家，规模以上工业企业总产值349.97亿元，同比增长4.6%；规模以上工业企业增加值65.16亿元，同比增长2.9%；规模以上工业企业销售产值338.16亿元，同比增长4.7%；规模以上工业企业利润总额22.32亿元，同比增长45.1%；规模以上工业企业产值超5亿元企业12家，超10亿元企业7家。

【产业结构优化】 2023年，佛冈县根据中央、省、市经济高质量发展要求，利用综合标准依法依规推动落后产能退出工作，引导优势传统产业主动淘汰落后产能，力促产业结构优化。是年，重工业总产值212.38亿元，同比增长1.9%；轻工业总产值137.59亿元，同比增长9%。继续贯彻执行国家去产能政策，化解钢铁产能过剩难题，加强对涉钢企业常态化监管，巩固淘汰落后钢铁成果，全县无"地条钢"死灰复燃现象。

【传统产业转型升级】 2023年，佛冈县加大工业企业转型升级力度，围绕智能化改造、设备更新、扩产增效和绿色发展目标，抓好新一轮工业企业技术创新、技术改造工作，加快产业转型升级进程。是年，全县有59个技术改造项目，实际投资完成8.89亿元。

（郑敏超）

工业主要产业

【工业主要产业概况】 2023年，佛冈县主要有电子、空调及配件、玩具、电动车及配件、钢铁铸造、食品、新材料等七大支柱产业，总产值284.43亿元，占全县规模以上工业总产值81.27%。

【电子产业】 2023年，佛冈县电子产业总产值61.91亿元，占全县规模以上工业企业总产值17.69%，同比下降8.2%。电子产业企业主要以建滔集团为龙头。

【空调及配件产业】 2023年，佛冈县空调及配件产业总产值38.82亿元，占全县规模以上工业总产值11.09%，同比增长0.08%。重点企业有约克广州空调冷冻设备有限公司、广东亿利达风机有限公司等。

【玩具产业】 2023年，佛冈县玩具产业总产值16.17亿元，占全县规模以上工业总产值4.62%，同比下降29.45%。重点企业有佛冈万兴电子塑胶制品公司、华联（佛冈）机械制造有限公司和骏达（佛冈）玩具有限公司等。

【电动车及配件产业】 2023年，佛冈县电动车及配件产业总产值80.76亿元，占全县规模以上工业总产值23.08%，同比增长29.23%。重点企业有广东雅迪机车有限公司、广东松峰机械有限公司、清远市拓达车辆配件有限公司等。

【钢铁产业】 2023年，佛冈县钢铁、铸造产业总产值49.51亿元，占全县规模以上工业总产值14.15%，同比增长4.03%。重点企业有佛冈达味特钢有限公司、广东省佛冈金城金属制品有限公司等。随着钢铁去产能成果的巩固，进一步支持钢铁企业做大做强，钢铁产业成为全县支柱产业。

【食品产业】 2023年，佛冈县食品产业总产值15.21亿元，占全县规模以上工业总产值4.35%，同比增长0.08%。重点企业有清远加多宝草本植物科技有限公司、加多宝（中国）饮料有限公司、广东吉多宝制罐有限公司等。

【新材料产业】 2023年，佛冈县新材料产业总产值21.9亿元，占全县规模以上工业总产值6.26%，同比增长1.88%。重点企业有清远南玻节能新材料有限公司、老虎表面技术新材料（清远）有限公司、广东鑫源恒业电力线路器材有限公司、清远天赐高新材料有限公司等。随着广佛园龙头企业清远天赐高新材料有限公司、广东合诚实业有限公司等新材料企业相继投产，新材料行业逐渐成为全县支柱产业。

（郑敏超）

企业技术改造·技术创新·品牌建设

【企业技术创新、技术改造和品牌建设概况】 2023年，佛冈县持续开展技术改造、技术创新工业转型升级。

2023年7月3日，县工信局到广东兆联纺织有限公司开展高新技术企业认定申报现场核查工作　　（县工信局　供图）

企业实施新一轮技术改造，推进产品结构调整，提高核心竞争力，加快促进全县电子、空调及配件、玩具、电动车及配件、钢铁铸造、食品、新材料等七大支柱产业形成，优化投资结构，推动重点产业优化升级，增强企业发展后劲。

【技术创新】　2023年，佛冈县工业企业不断发展壮大，企业自主技术创新能力逐步加强，科技进步和科技创新成效显著，企业竞争力得到提高。是年，县工信部门着力从三方面帮助企业提升核心竞争力：一是将广东雅迪机车有限公司、广东合诚实业有限公司、清远天赐高新材料有限公司等企业的技改项目列为重点跟踪服务项目，协调解决项目推进过程中遇到的各种问题，确保项目顺利完成，提升企业技术创新能力；二是贯彻落实促进技术进步和技术创新政策；三是提高企业技术研发、创新积极性，不断强化企业技术创新主体地位。

【技术改造】　2023年，佛冈县工业投资22.57亿元，同比下降14%，完成市级下达任务的74%。其中，工业技改投资8.89亿元，同比增长43.3%，增速在全市排名第三，完成市年初下达任务的116.97%；45家企业动态实施51个技改项目。是年，全县工业企业掀起技术改造新高潮，其中，佛冈建滔实业有限公司、广东吉多宝制罐有限公司共获得省技术改造专项资金2972万元。

【品牌建设】　2023年，佛冈县工信部门结合全县行业优势，围绕重点企业重点产品的资源条件、产品竞争力、市场影响力、品牌发展潜力和对同行业及相关产业的带动作用，积极发动企业提高争创名牌产品的意识，培育清远南玻节能新材料有限公司，并获得广东省省级企业技术中心称号。

【绿色发展】　鼓励企业申报国家级、省级绿色制造项目　2023年，佛冈县工信部门鼓励辖区内工业企业申报国家级和省级绿色制造项目，经上级审核批准，建滔（佛冈）绝缘材料有限公司、建滔（佛冈）积层板有限公司等5家企业验收通过自愿清洁生产项目；科惠电路、科惠白井成功申报粤港清洁生产伙伴项目；约克广州空调冷冻设备有限公司成功申报国家级绿色工厂，实现佛冈县零的突破。

争取企业绿色发展专项资金支持　2023年，佛冈县有4家企业获得清远市工业企业绿色发展专项资金支持合计53.2万元。其中，重点节能项目专题清远南玻节能新材料有限公司余热发电项目获得38万元；绿色制造体系建设专题约克广州空调冷冻设备有限公司2021年绿色供应链管理企业获得11.2万元；清洁生产项目专题佛冈县汤塘镇达明五金制品加工厂、汇康荧光科技(清远)有限公司分别获奖2万元。

（郑敏超）

工业节能减排

【节能监察】　2023年，佛冈县贯彻落实"双碳"和"1+N"政策体系，对7家重点用能企业开展专项节能监察，节约用能，提升能效水平。稳步提高能源清洁化水平，推动"风光"发电项目快速发展。是年，全县新增在建陆上风电项目2个，装机容量9.98万千瓦；新增集中式光伏发电项目1个，装机容量15万千瓦；天然气发电、电化学储能等项目稳步推进。加

2023年，雅迪科技集团有限公司清远分公司　　（县工信局　供图）

快新能源汽车推广，全年共投入营运电动出租车106台，电动公共汽车116台，实现城镇公共交通零排放。

（宋振华）

【**清洁生产审核**】 2023年，佛冈县积极推进清洁生产审核工作，督促企业加大资金投入，提高污染治理设施处理能力和效果，淘汰落后生产设施，改善生产环境，达到"节能、降耗、减污、增效能"目标。是年，全县开展清洁生产审核验收企业1家，已按时通过专家审核验收。

（林嘉敏）

工业主要企业

【**雅迪科技集团有限公司清远分公司**】 广东雅迪机车有限公司成立于2015年7月，坐落于佛冈县龙山镇，占地13.3公顷，注册资金3398万元，有员工1600多名。公司发展成为集电动自行车、电动摩托车研发、产销于一体的高端电动车制造基地。公司具备电动自行车、电动轻便摩托车、电动摩托车生产资质和3C准入资质，拥有12条全新全自动化生产流水线。2019年新国标实施，给公司带来巨大的发展机遇。2020—2022年公司获得国家高新技术企业、省级工程技术研究中心、十佳纳税企业、高成长中小企业、广东省名牌企业等多项荣誉称号。2023年，公司产值67.22亿元，纳税1.59亿元。公司计划未来三年把广东雅迪打造为华南最大的电动车产业园，年产值目标突破100亿元。

【**约克广州空调冷冻设备有限公司**】 约克广州空调冷冻设备有限公司成立于1995年，公司坐落于佛冈县龙山镇，占地面积9公顷，有员工750多名。公司主要设计及制造中央空调、末端产品、商用及家用空调、IAQ改善室内空气品质系列产品。2023年，公司产值29.76亿元，纳税2.02亿元。该公司1997年通过ISO 9002质量体系认证，2002年通过ISO 9001质量体系认证，2005年通过ISO 9001、ISO 14001、OHSAS18001一体化管理体系认证和ISO 50001能源管理体系认证。曾先后获得第四届制冷学会推荐产品、全国制冷行业质量领先品牌、全国质量服务消费者满意企业、全国质量信得过产品、全国机械制造500强、中央空调10强和企业信用等级证书3A等殊荣，被评定为广东省高新技术企业、广东省第一批建设培育产教融合型企业、广东省健康促进示范企业、国家绿色供应链管理企业和绿色领跑企业、广东省级企业技术中心、广东省工程技术研究中心、世界技能大赛制冷与空调项目中国集训基地、国家两化融合示范试点、广东省智能制造示范试点、广东省博士站。

2023年，约克广州空调冷冻设备有限公司生产车间　　（县工信局　供图）

【**清远南玻节能新材料有限公司**】 清远南玻节能新材料有限公司成立于2011年5月，坐落于佛冈县迳头镇，占地30公顷。该公司是中国南玻集团股份有限公司全资子公司、国家高新技术企业、广东省高成长型中小企业、清远制造业十大名片企业、全球7家高铝玻璃生产厂商之一。公司注册资本10.55亿元人民币，主营研发、生产、销售超薄电子玻璃，是广东省唯一生产高铝超薄电子玻璃企业。产品主要应用于手机、平板电脑等消费电子玻璃盖板。公司于2015年建成一条高铝超薄电子玻璃生产线；2020年投资7.85亿元的二期生产线建成投产，其中包括一条年产20万吨超薄电子玻璃生产线和一条相配套的年产12万吨超白特种玻璃生产线；投资2000万元，按高于广东省重点实验室标准建设的高规格光电玻璃新材

2023年，清远南玻节能新材料有限公司　　（县工信局　供图）

料研发中心建成投入使用。该公司开发出多种新型高性能铝硅酸玻璃配方和超白超薄电子玻璃系列新产品，在国内外率先量产 0.2～0.3mm 厚度高性能铝酸盐超薄电子玻璃产品，综合性能达到国际先进水平，大规格超薄成型和无色高透过率玻璃色度控制技术居国际领先水平。产品畅销国内外，在华为、中兴、三星等终端厂商得到广泛应用。近年来，承担广东省、清远市科技计划项目 7 项，公司内部研发项目十余项。其高性能铝硅酸盐超薄电子玻璃关键技术及产业化获 2018 年度广东省科技进步二等奖；发明专利"锆质铝硅酸盐玻璃及其制备方法"获 2019 年广东省第六届专利奖优秀奖。公司被评为国家知识产权优势企业及广东省知识产权示范企业，并获评广东省高性能铝硅酸盐玻璃（南玻）工程技术研究中心、广东省省级企业技术中心及广东省博士工作站。是年，公司年产值 6.4 亿元，纳税 2647 万元。

2023 年 12 月 27 日，清远市发展研究中心主任周幼平（中）率市调研组到佛冈达味特钢公司调研　　　（县工信局　供图）

【建滔（佛冈）积层板有限公司】　建滔（佛冈）积层板有限公司是建滔集团旗下全资子公司，位于佛冈县石角镇建滔工业园，占地面积 3.7 公顷。公司于 2002 年注册成立，注册资金 2900 万美元，固定资产投资超过 3.6 亿元，2003 年 12 月正式投产。公司拥有一支高学历研发队伍、一个高标准实验室、一个省级工程中心，注重产品研发，积极开发新产品，优化产品工艺，保证产品适应不同客户需求。公司主要产品为布基及复合基覆铜板，是电子及电器产品的基础原材料，广泛应用于家电、手机、电脑、汽车等领域。产品远销欧盟、北美、澳洲、东南亚等 20 多个国家和地区，奔驰、宝马、三星、HP、联想、美的等国际、国内多个知名品牌成为公司下游及终端客户。公司通过 ISO 9000、IATF 16969 质量体系认证及 ISO 14001 环境管理体系认证，并通过国家"清洁生产"验收；2016 年，公司被评为"高新技术企业"。2023 年，公司年产值 14.52 亿元，纳税 4121 万元。

【清远加多宝草本植物科技有限公司】　清远加多宝草本植物科技有限公司是加多宝集团旗下唯一一家荣获高新技术企业称号的全资子公司。公司坐落于佛冈县汤塘镇，建于 2008 年 8 月，注册资金 1.6985 亿美元，2011 年 3 月正式投产，是目前全国最大凉茶浓缩汁生产基地。公司主要产品"加多宝凉茶浓缩汁"，依据正宗配方，优选草本植物原料，采用自主研发凉茶浓缩汁工艺技术，提取本草精华浓缩而成。公司依托凉茶浓缩汁工艺技术，率先开创"集中提取、分散灌装"凉茶工业化生产模式，保证产品质量和口味一致性，为凉茶全球化发展提供技术保证。公司凉茶浓缩汁生产线主体设备均来自美国、意大利等国家，拥有全自动中央智能控制系统、国家级检测实验室（CNAS），运用 ISO 9001：2000、ISO 22000、HACCP（危害分析和关键控制点）等管理体系，对产品质量和食品安全进行规范管理，确保产品品质如一。公司为弘扬中华传统养生文化，推动凉茶行业持续高质量健康发展，打造世界级饮料品牌，以科技带动生产，坚持高效环保理念，专注产品质量，生产优质加多宝凉茶浓缩汁产品。该公司产品获 QS 质量安全认证。2023 年，公司年产值 5.49 亿元，纳税 5634 万元。

【佛冈达味特钢有限公司】　佛冈达味特钢有限公司，位于佛冈县石角镇建滔工业园区，成立于 2011 年 11 月，占地面积 11 公顷，注册资金 1.3 亿元，有员工 480 人。公司主营生产、加工、销售 HRB400E 及 HRB500E 高强度热轧带肋钢筋等建筑用钢材，集冶炼、轧制全流程于一体，年产量 60 万吨。公司拥有一批专业技术扎实，熟悉钢材市场营销的复合型高级管理人才，其中管理和技术人员占 68%，高级职称技术人员占员工总数 31%。公司坚持质量第一、科技兴厂理念，建立质量管理体系，不断提升企业管理水平。2023 年，工业总产值 27 亿元，纳税 1831 万元。

【清远天赐高新材料股份有限公司】　清远天赐高新材料股份有限公司位于广佛（佛冈）产业园，建设用地 15.4 公顷，投资金额 20 亿元，达产产值 30 亿元，预计税收 3 亿元。该公司由广州天赐高新材料股份有限公司投资建设。广州天赐高新材料股份有限公司成立于 2000 年 6 月，并于 2014 年 1 月在深圳证券交易所中小板成功挂牌上市。公司致力于精细化工新材料研发、生产和销售，目前拥有锂离子电池材料、日化材料及特种

2023年，清远天赐高新材料股份有限公司　（县工信局　供图）

化学品两大业务板块，拥有自主知识产权、核心技术和自主品牌，是国家高新技术企业、广东省创新型企业、广东优秀民营科技企业、广东省知识产权优势企业，被认定为广东省中小企业创新产业化示范基地、广东省战略性新兴产业培育企业，入选广东省自主创新100强企业。公司始终重视自主研发和创新，拥有国家级企业技术中心、院士工作站、博士后科研工作站、广东省精细化工材料工程技术研发中心、广东省企业技术中心、江西省企业技术中心、广东省动力锂电池电解质材料工程实验室、电化学储能材料与技术教育部工程技术研发中心，形成具有国际竞争力的精细化学品研发、生产和销售总体能力，依靠在精细化工领域多年的经验及技术积累，建立起以研发引导技术、以技术推动产品的发展模式。基于柔性中试体系及行业领先的化工工程能力，公司拓展出锂离子电池材料、日化材料及特种化学品两大业务板块。天赐高新材料股份有限公司以创造完美品质为使命，不断研发安全、环保、性能优良、具备国际品质的精细化工原料，生产稳定、均一、可靠产品，使顾客获取更优价值。公司致力打造精细化工行业高端品牌形象，创建精细化工行业的国际化一流企业。2023年，公司工业总产值1.08亿元，纳税243万元。

【广东合诚实业有限公司】　广东合诚实业有限公司创建于1996年，由合诚技术股份有限公司投资建设，注册资金3.6亿元。公司专注于高分子新材料（含精细化学品）、食品配料和添加剂及医药辅料发展，主导产品包括绿色环保PPR管道材料、特种工程塑料、功能聚烯烃、高性能透气膜专用料和生物医用高分子材料、塑料助剂以及各类食品配料和添加剂、医药原辅料，是一家集科研、生产、销售于一体的民营高新技术企业。公司拥有国家授权发明专利81件，建有广东省改性高分子材料工程技术研究开发中心、广东省食品添加剂及配料工程技术研究开发中心、广州市改性高分子材料重点工程技术研究开发中心、广州市功能性食品添加剂及配料工程技术研究开发中心。公司荣获"广东省省级企业技术中心""广州市市级企业技术中心"称号。公司与华南理工大学、中山大学、中国科学院广州化学研究所等多所知名院校、科研机构建立长期合作关系，其中与华南理工大学合作共建的"改性高分子材料技术产业化基地"，被广东省科技厅认定为"省部产学研结合示范基地"。公司先后被评为"广州市创新型企业""广东省创新型企业""广东省自主创新百强企业""广州市优秀民营企业"。该公司于2022年5月在中创材料谷租赁厂房建设生产线，9月建成投产，该部分生产线预计年产值2亿元。2023年，公司工业总产值0.51亿元，纳税180万元。目前，企业在广佛园占地11公顷。

【广东鑫统仕集团有限公司】　广东鑫统仕集团有限公司位于佛冈县汤塘镇，成立于2004年，占地面积6公顷，注册资本3350万元，员工770人。该公司是广东省散热器行业规模较大的内贸和外贸综合型企业，具有独立自主开发能力，主要从事汽车冷却系统热交换器生产经营，主营产品包括：汽车散热器、中冷器、暖风器、冷凝器及各总成产品配件。产品以出口为主，主要销往北美、中东、东南亚、欧洲等80多个国家及地区。公司品牌"TONGSHI"2006年在国内注册，目前在美国、欧盟、阿联酋、马来西亚等40多个国家和地区注册并拥有品牌代理商。公司运用集团管理模式，设有9个生产型事业部、6个对外贸易公司、1个国外销售事业部、1个国内销售事业部、1个研究所、1个集团管理处。公司分别获得国家知识产权局颁发的实用新型专利48项，发明专利2项，外观设计专利5项，软件著作权2项；先后获得"年度先进纳税企业""清远市先进基层党组织""清远市先进集体""广东省五一劳动奖状""广东省博士工作站""广东省高新技术企业"等多项荣誉。2022年，公司被认定为广东省专精特新企业，纳入2022年清远市"扶优计划"试点企业（第三批）名单。2023年，公司年产值4.3亿元，同比增长7%；工业增加值1.3亿元，同比增长7.2%；缴纳税款0.37亿元。是年，公司被评为清远市A类企业。

【洛科威防火保温材料（广东）有限公司】　洛科威防火保温材料（广东）有限公司隶属于全球最大岩棉制品生产商洛科威集团，位于佛冈县汤塘镇广佛产业园，是洛科威集团全球第51座生产基地。该生产基地占地面积6.5公顷，投资总额4.8亿元人民币。洛科威集团致力于为当代建筑及工业领域提供成熟的岩棉防火保温隔热产品服务和系统解决方案。洛科威岩棉具有"防火安全、保温隔热、吸音降噪、耐久稳定"等优点，被广泛应用于建筑外墙、屋面、隔墙及工

2023年，广东华劲汽车零部件制造有限公司　　　（县工信局　供图）

业隔热等领域，能有效提升居住舒适度，提高能源效率，减少建筑和工业设施产生的碳足迹，促进社会可持续发展。近年来，公司引进国际领先的低碳电熔融技术和新一代生产工艺，实施洛科威全球统一的质量标准和环保要求，加大中国市场投资，引领岩棉行业发展并推动当地节能减排、绿色发展。2023年，洛科威防火保温材料（广东）有限公司（清远生产基地）年产值1.22亿元。

【广东华劲汽车零部件制造有限公司】广东华劲汽车零部件制造有限公司位于佛冈县迳头镇金岭工业园，占地面积13.5公顷，主要生产车轴及其配套零部件，设计产能年产车桥总成24万支。公司现有员工300多人，拥有大专以上学历超过50%，中高级职称专业技术人才19人。公司经过四次生产工艺改进，引进全自动冲压生产线、先进全自动喷涂设备及自动化生产装配流水线，从原材料入库到成品出厂，对每一道工序实行数字化检测和质量管理监控，确保为客户提供配套性能强的9T-18T半挂车车轴总成、24T-36T单点平衡悬挂总成、2-4轴机械悬挂总成、28T双点平衡悬挂总成及半挂车零配件。2023年，华劲公司在全县工业企业匹配度综合评价中等级划分为C类。是年，华劲公司工业总产值3.2亿元，同比增长35%；工业增加值1亿元，同比增长36%；缴纳税款超970万元，同比增长68%。

（郑敏超）

中小企业和民营经济

【中小企业和民营经济概况】2023年，佛冈县中小企业和个体工商户比2022年有所增加。是年，全县民营企业4003家，比2022年增加866家，注册资金279.26亿元，同比增长16.41%。全县个体工商户19 434户，比2022年增加769家，注册资金17.0167亿元，同比增长15.57%。规模以上民营企业89家，比2022年减少7家，实现产值195.29亿元，同比增长16.26%，占全县规模以上工业企业总产值55.80%，成为全县经济增长生力军。

【中小微企业帮扶】助力企业提档升级　2023年，佛冈县工业和信息化局为破解企业发展难题，派出干部下沉企业，助力企业解决堵点问题68个，推动11家企业实现提档升级，滞后企业控制为7家，盘活整治闲置工业厂房5.26万平方米、低效工业用地16.37万平方米，有效推动工业企业土地集约高效利用，促进全县经济实现高质量发展。

清理拖欠中小企业账款　2023年，佛冈县工业和信息化局制定《佛冈县防范和化解拖欠中小企业账款专项行动实施方案》，成立工作专班，开展防范和化解拖欠中小企业账款专项行动，督办县中医院核实并及时支付拖欠江西可森医疗科技有限公司货款共144.73万元，助力佛冈经济社会稳定发展大局。

制定出台各项惠企政策　2023年，佛冈县工业和信息化局牵头出台《关于促进佛冈县制造业增资扩产的政策措施》《佛冈县扶持小微工业企业上规模奖励办法》，印发《佛冈县坚持以制造业当家推动实体经济高质量发展的若干措施》《佛冈县"暖企惠企稳企行动"实施方案》《佛冈县政企"直通车"工作方案》，有效纾解企业发展中政策兑现、市场拓展、要素保障、融资支持等重点难点堵点问题，推动中小企业高质量发展。

助力中小企业用好惠企政策　2023年，佛冈县工业和信息化局组织50家企业共120人参加佛冈县企业高质量发展政策宣讲会，组织18人参加清远市加快推进新型工业化高质量建设制造强省政策下基层巡回宣讲活动，组织3人参加清远市中小企业经营管理人员培训，提高企业对政策知晓度，确保企业用足、用活、用好惠企政策。

培育中小企业品牌　2023年，佛冈县工业和信息化局加强企业品牌培育工作，组织全县符合条件的企业申报创新型中小企业，树立自身品牌形象，提升企业竞争力。是年，全县有5家企业认定为2023年专精特新中小型企业，8家企业入选2023年第一批广东省创新型中小企业名单。

有效开展"小升规"工作　2023年，佛冈县工业和信息化局制定《2023年佛冈县促进小微工业企业上规模行动计划》，建立"小升规"重点企业培育库，鼓励和引导小微企业上规模，进一步激发小微企业活力，促进全县经济提质增效。是年，全县有17家企业完成"小升规"，其中新建投产并上规企业9家。

【打造省级中小企业特色产业集群】2023年，佛冈县工业和信息化局全力推进佛冈县申报中小企业特色产业集群工作，深入走访调查了解全县现有特色产业集群，分析电动车、电子、

2023年7月5日，县工信局到佛冈博华物业管理公司实地察看消防整改落实情况
（县工信局　供图）

空调等特色产业集群建设情况，以强链、补链、延链为主导，推动空调支柱产业转型升级，进一步做大做强产业链、提升价值链、融通供应链，推动"空调制冷产业集群"项目申报省中小企业特色产业集群。佛冈县空调制冷产业集群于2023年7月10日被省工业和信息化厅确定为2023年度广东省中小企业特色产业集群，集群认定有效期为3年。

（袁建英）

电力工业

【电力工业概况】　佛冈供电局是广东电网有限责任公司清远供电局直属县级供电分公司，主要负责佛冈县10千伏及以下供用电业务管理工作。2023年，用电客户约19.48万户；辖区有110千伏及以上变电站10座，总容量166.65万千伏安，基本形成以220千伏潖江、汤塘变电站为中心，以110千伏线路为主干，10千伏线路为基础的佛冈电网。是年，全县供电量26.62亿千瓦时，同比增长6.36%。中压客户平均停电时间2.4小时/户，同比下降20.3%；低压客户平均停电时间2.71小时/户，同比下降15.6%。中低压客户停电下降率均排名全市第二。重复停电用户比例16.59%，同比下降24.87%。全县用电最高负荷达51.59万千瓦时。电网连续安全稳定运行超过16年，未发生有责任电力安全事件。

【安全生产】　**加强设备安全风险管控**　2023年，佛冈供电局为切实保障民生用电安全，促成县政府出台全市首个《住宅小区、城中村供电线路安全隐患综合治理工作方案》，提前部署配网线路缺陷大排查、大起底工作，对30回线路开展缺陷排查，累计发现缺陷7000余宗。全年完成周期用电检查2077户，排查发现安全隐患298处，并全部完成整改。

加强人身安全风险管控　2023年，佛冈供电局强化关键领域风险管控，严守作业现场人身安全红线，持续优化"1+N"作业风险管控机制，以"六个聚焦"为抓手，严防作业人员人身事故事件发生。

不断优化应急管理体系　2023年，佛冈供电局切实做好防风防汛、迎峰度夏等季节性工作，组建应急队伍3支共88人，完成演练11项，应急发电车装机容量同比提升71%。圆满完成春运、两会、魔芋节等54项保供电任务。

【电网建设】　**电网建设取得新突破**　2023年，佛冈供电局构建政企联动工作新格局。是年，完成110千伏华润福音风电接入系统工程属地化交地任务，500千伏国华二期项目接入系统工程前期任务；完成10千伏文康线、龙凤线、城北乙线等县城人行通道分接箱改造项目，有力助推佛冈县提质扩容；完成110千伏迳头站10千伏迳高线改造工程；改造重过载、低电压配变38台，进一步提高城乡居民供电保障。精心打造优质配网工程，10千伏水头丙线法庭1号台区工程荣获佛冈局首个南网优质工程奖。

全面服务乡村振兴战略　2023年，佛冈供电局全方位融入并服务广东"百县千镇万村"高质量发展工

2023年10月24日，清远供电局总经理江伟斌（右五）和佛冈县县长江红平（左五）在佛冈供电局签署新时代乡村电气化建设工作协议
（佛冈供电局　供图）

程，推动农村地区电网基础设施提档升级，全面完成41个共3600万元乡村振兴项目建设。以推进城乡供电服务均等化为立足点，重点提升农村配电网可靠性和智能化水平，完成10千伏城东线等3条线路改造工程，解决不可转供和线路过载问题。持续开展人居环境三线整治，把服务美丽乡村落到实处。

【电力供应】 **不断优化电力营商环境** 2023年，佛冈供电局成立优化用电营商环境专班，达到用电更提前、督办更有力、服务更全面工作要求，助力20多家企业提早通电、提前投产，为企业节省办电成本1890余万元。深化"1233"客户投诉管控工作机制运转，有效落实客户服务"十个一"行动。

确保电力供应稳定可靠 2023年，佛冈供电局全力推动县区局标杆生产指挥中心建设，以数字化提升运维效率。全年AI图像识别缺陷累计7000宗；优化故障抢修流程，不断减少用户停电及低电压感知情况，100%完成治理低电压台区82个，实现动态清零目标；推进配电网自动化、实用化，配网自动化有效覆盖率由年初的66.18%提升至86.11%；配网自动化自愈率由年初的88.24%提升至91.18%。

提升网格化管理水平 2023年，佛冈供电局提升网格化管理水平，充分发挥网格化管理作用，建立网格化电力服务群125个，加强社区共建、村企共建模式，筑牢客服"三道防线"。110千伏黄花河站全停期间实现"零投诉"，获得良好的社会评价。

（黄蕾）

工业园区建设

佛冈县产业转移工业园

【园区概况】 佛冈县产业转移工业园（简称"产业转移园"）是经省及国家认定的省级工业园区。产业转移园重点承接和发展珠三角地区装备制造、电子信息、新材料及生物医药与健康"3+1"等主导产业，致力打造专业化程度高、特色优势突出、发展潜力大的工业园区。2023年，园区规模以上企业38家，全社会固定资产投资47.52亿元，累计工业固定资产投资17.97亿元，同比下降7.5%；累计规上工业产值220亿元，同比增长7.1%；累计规上工业增加值44.19亿元，同比增长5.6%；园区工业税收11.49亿元，同比增长24.22%。新纳统项目7个。

【园区基础设施建设】 2023年，园区以开发建设"七个一"工作专班为抓手，完成1.6亿元专项债申请，推动城西科技园纵一路一期、聚宝A、B区工业污水预处理池、聚宝工业园B区排水渠改道、龙山智造城通信线路迁改、龙山智造城10kV电力线路迁改等工程项目建设；有序开展城西科技园深化整理一期项目，龙山智造城纵三路一期配套工程，龙山智造城基础设施建设（一期）项目，聚宝工业园跨G106综合天桥新建工程，聚宝工业园B区横二路一期工程，城西科技园排洪渠建设，聚宝A、B区工业污水预处理池周边道路附属设施建设等工程项目。

【招商引资】 2023年，管委会大力推进招商引资工作，引进新项目。是年，新签约项目40个，其中3亿元以上项目5个，计划投资总额87.04亿元，其中，佛冈产业园（除广佛园外片区）新签约项目26个，其中3亿元以上项目4个，计划投资总额40.93亿元。园区新增开工项目33个，新增竣工项目38个，固定投资金额36.56亿元，超额完成市下达各项考核任务。

【广东雅迪机车有限公司华南基地项目】 该项目位于佛冈县产业转移园聚宝B区，申报用地面积13.5公顷，由广东雅迪机车有限公司投资5.54亿元建设，预计达产年产值30亿元，达产年税收7000万元。该项目主要生产电动自行车、电动轻便摩托车、电动摩托车及其他零配件。

【广州南粤防火门有限公司项目】 该项目由广州市南粤防火门有限公司投资建设，公司计划整体转移到佛冈县龙山智造城，申报用地面积3.33公顷，投资总额3.5亿元，预计达产年产值10亿元，达产年税收2600万元。项目主要生产防火门类、防火玻璃类、阻燃材料、光伏支架等。

【广州蒙娜丽莎卫浴股份有限公司SPA无边际泳池浴缸生产项目】 该项目位于佛冈县龙山智造城，申报用地面积3.33公顷，由广州市蒙娜丽莎卫浴股份有限公司投资建设，投资总额3亿元，预计达产年产值4.5亿元，达产年税收1900万元。项目主要生产泳池浴缸、按摩浴缸、桑拿房等卫浴产品。

【园区重点项目建设】 **城西科技园项目建设** 2023年，园区管委会大力推进城西科技园项目建设。其中，中心项目G地块工业大厦3层板面、E地块第一批4栋厂房（5、6、3A、3B楼栋）2层板面均在施工中。

龙山智造城项目建设 2023年，园区管委会积极推进龙山智造城项目建设。智造城智动优谷一期项目完成部分主体建设，二期项目方案正审批中；广东材料谷·未来科技园项目6.6公顷用地正在组卷报批中；标旗、铭泰富、正源环保、安博物流完成用地招标；中盛佛冈天然气调峰发电项目进行投资前期审批工作。

聚宝工业园项目建设 2023年，园区管委会加速推进聚宝工业园B区项目建设。其中，雅迪华南基地项目完成部分主体建设；万洋（聚宝）项目12栋厂房进行室外附属工程施工，2栋厂房完成主体结构封顶并进行室内外装饰施工，5栋厂房正在进行主体建设；扭得乐项目办公楼、厂房、研发车间主体封顶；禹鑫项目完成一期厂房建设；景华1号楼厂房主体封顶；永盛、翔昊、兆山等企业已进场。

（工业园区管委会）

广佛（佛冈）产业园

【广佛（佛冈）产业园概况】 广清经济特别合作区广佛（佛冈）产业园（简称"广佛产业园"）由广州开发

区和佛冈县采取"共商共建共享共赢"合作开发模式共建。园区位于佛冈县汤塘镇，总规划面积2590公顷，首期控规面积1153公顷，规划建设用地规模约881公顷。园区坚持对标广州开发区高标准规划。2023年5月30日，佛冈县在熹乐谷酒店举办2023"投资湾区北，共赢享未来"招商推介会，加快推进创服中心、邻里中心、污水处理厂等基础配套建设，建成园区路网16千米，为园区高速发展提供通行保障。园区各经济指标延续平稳向好态势，经济运行保持在合理区间。园区签约项目127个，总投资260亿元，预计年产值531亿元，年税收可达24亿元。计划投资额20亿元以上项目4个、10亿元以上项目7个，其中高新技术企业达到35家。是年，园区规模以上工业企业9家，工业总产值4.97亿元，同比增长101.1%；工业增加值1.06亿元，同比增长93.9%。

【科技创新】 2023年，广佛产业园迎来科技创新新风貌。新增高新技术企业3家，科技型中小企业2家，为园区注入新活力和生机。

【招商引资】 2023年，园区坚持"引进来"和"走出去"相结合，多措并举，稳中求进，推动招商引资提质增效。是年，园区共新引进项目15个，其中黄埔材料院（广佛园）生产基地项目预计总投资达到41.5亿元，年税收达2.7亿元。

【重点项目建设】 2023年，园区重点项目16个，包括广佛（佛冈）产业园首期公建配套设施及生态水利设施项目、广佛（佛冈）产业园首期基础公建配套及生态水利设施项目（标段一）、广佛（佛冈）产业园首期基础公建配套及生态水利设施项目（东片

2023年5月30日，佛冈县在熹乐谷酒店举行2023年"投资湾区北 共赢享未来"主题招商项目签约仪式 （广佛（佛冈）产业园 供图）

区）、广佛（佛冈）产业园配套污水处理厂一期工程、佛冈协鑫分布式能源站项目、广东合诚实业有限公司十万吨新材料及五万吨食品项目、广佛（佛冈）产业园生物岛拓展区标准单元建设项目、清远晶华精密仪器有限公司厂房新建项目、广东高兰德新材料有限公司项目、广东白云泵业股份有限公司生产基地项目、清远天赐高新材料有限公司年产18.5万吨日用化工新材料项目、广东材料谷（佛冈）项目、广东（佛冈）万洋众创城项目、广东科擎医药有限公司清远研发中心及制剂产业化基地建设项目、黄埔轮胎生产基地和中大医学创新园项目。园区在建项目49个，其中在库项目36个，计划总投资192.9亿元，完成投资57亿元；全年完成固定投资13.76亿元；新开工项目12个，新增入园项目11个。是年，有31家企业投产，新增投产企业11家；新上规企业5家，其中高兰德项目竣工并投产，实现投产即上规目标。

【产业发展】 大力布局生物医药产业 2023年，广佛产业园按照"对融湾区、产业协同、利益共享、绿色发展"开发模式，大力布局生物医药产业，借助良好区位优势，按照"广州研发+广佛制造""广州孵化+广佛生产"的产业协同发展模式，着眼建设湾区北先进制造业集聚区和战略性新兴产业集聚区。

积极推动产业发展布局 2023年，园区管委会积极推动产业发展布局，协助佛冈县制定完善园区"十四五"产业发展规划，推动形成以广佛（佛冈）产业园为主，城西科技园、龙山智造城为辅，聚宝工业园、大湾区生命科技园等特色产业园协同发展的"一主两辅、多点支撑"新格局。以"反向飞地"为核心，推进与广州产业互通、优势互补、协同发展，开展多方面合作活动。其中，通过在黄埔区建设佛冈县城市展厅和在广州市建设清远综合招商展示中心等举措，推动产业合作共建，促进经济发展。

【成立广佛（佛冈）产业园正式管理机构】 2023年5月，广清经济特别合作区广佛（佛冈）产业园管理机构正式成立，为推动区域协调发展、助力广清一体化注入更加强大的动力。

（广佛（佛冈）产业园管委会）

开放型经济

责任编辑：钟少军

开放型经济综述

【开放型经济概况】 2023年，外部环境不稳定性因素增多，国际贸易摩擦，国际贸易市场存在很大挑战性，影响部分增资项目进展。佛冈县工业和信息化局为助力企业抢抓国内市场，扩大进出口规模，积极支持企业参加"粤贸全球"线上线下展会、2023年第134届广交会、进口博览会等重点展会，协调解决企业在外贸进出口方面遇到的困难。是年，对外贸易进出口总额46.60亿元，同比下降16.2%，其中出口额36.46亿元，同比下降13.7%，进口总额10.14亿元，同比下降23.9%。

【引进外资项目】 2023年，佛冈县引进外资企业4家，分别为永捷（清远市）液压设备有限公司、广东康如通传导科技有限公司、安启智慧物流（清远）有限公司、广东博业物业管理有限公司。

【外资增资项目】 2023年，佛冈县增资外资企业5家，分别为华润新能源（清远佛冈）有限公司、骏达（佛冈）玩具有限公司、清远惠豪科技有限公司、保成佛冈机械有限公司、新菱空调（佛冈）有限公司。是年，全县实际利用外资6923万元。

【外资利用】 2023年，佛冈县继续做好招商引资、利用外资工作，引进外资企业4家，增资外资企业5家，

2023年7月13日，县委副书记、县长江红平（左二）率队到深圳开展招商引资考察
（县工信局　供图）

实际利用外资6923万元，同比下降62.81%。

（黄如蔼　李辉胜）

招商引资

【招商引资概况】 2023年，佛冈县工业和信息化局继续做好招商引资工作，成功引进兆富、丽泓数码、轩宇装饰、顺迪精密等11个项目，合同投资金额约2.5亿元。

【中小企业融资】 2023年，佛冈县工业和信息化局全力推进"专精特新""金融支持实体经济25条"等一系列助企纾困政策落到实处，切实减轻企业负担，与县金融机构联合举办"金融+高端制造"政银企业座谈会。

协调县农商行、建行、中行等机构增加贷款额度，向全县中小企业发放融资贷款累计约60亿元。协助2家企业成功申报2023年省级促进经济高质量发展专项资金（支持民营经济及中小微企业发展）（贷款贴息），1家企业成功申报2023年清远市"扶优计划"试点企业专精特新发展奖励。

（袁建英）

对外贸易

【稳住外贸基本盘】 2023年，佛冈县工业和信息化局积极服务企业，帮助企业参加"粤贸全球"线上线下展会、2023年第134届广交会、进出口博览会等重点展会；与建滔实业、万兴电子、科惠白井、科惠电路、美

雅迪、骏达玩具、约克空调、建滔绝缘材料、兆联纺织、华联机械、爱克威、建滔特种树脂等排名全市前100名的进出口重点企业建立联系服务，及时掌握重点企业经营运行动态，协调解决企业在外贸进出口方面的困难，全力稳住外贸基本盘，推动外贸进出口工作。

【出口支柱企业】 2023年，佛冈县对外贸易进出口企业有48家，主要支柱企业有：佛冈县万兴电子塑胶制品有限公司、佛冈建滔实业有限公司、科惠（佛冈）电路有限公司、科惠白井（佛冈）电路有限公司、建滔（佛冈）绝缘材料有限公司、美雅迪（佛冈）家具制造有限公司、约克广州空调冷冻设备有限公司、骏达（佛冈）玩具有限公司、广东兆联纺织有限公司、华联（佛冈）机械制造有限公司、清远南玻节能新材料有限公司、建滔（佛冈）积层板有限公司、强丰（佛冈）制鞋有限公司、广东爱克威贸易有限公司、建滔（佛冈）特种树脂有限公司、洛科威防火保温材料（广东）有限公司。其中，约克空调、建滔实业、万兴电子、建滔（佛冈）积层板、加多宝草本、加多宝饮料、建滔（佛冈）特种树脂、科惠电路等10家企业为纳税大户，占全县前20名纳税大户的50%；万兴电子、建滔集团、约克空调、科惠白井、科惠电路等16家企业进出口总额进入清远市前100名。主要大宗出口产品有：各种玩具、铜箔、积层板、纸板；各种电子线路板、纺织品；各种鞋类、户外家具、空调及配件、饮料等。产品主要销往欧美、日韩、东南亚、非洲等国家和地区。

（黄如蔼　李辉胜）

2023年，建滔（佛冈）积层板有限公司生产车间　　　　　　　　　　　　　　　　　　　　　　　　　　　　　（县工信局　供图）

商贸流通

责任编辑：郑中勇

商贸流通综述

【商贸概况】 2023年，佛冈县积极推进服务消费发展，开展质量提升行动，持续释放消费潜力，汽车销售、装修装饰、旅游消费、大宗家电消费加快增长。同时加大促销力度，通过"政府搭台、企业唱戏、市场化运作"模式，开展内容丰富、形式多样促消费活动，扩大消费。推进"互联网+流通"行动计划，引导内贸企业开展线上线下融合发展，推动城乡流通网络建设，促进商贸流通市场繁荣。加强市场监测，健全市场调控机制，保障供给能力进一步得到增强。积极配合清远市做好消费券宣传工作，鼓励市民消费。是年，全县商贸销售总额188.41亿元，其中社会商品销售总额147亿元，社会消费品零售总额41.41亿元。

【社会消费品零售总额】 2023年，佛冈县消费市场运行总体稳定，稳中有升。是年，实现社会消费品零售总额41.41亿元，同比上升6.7%。

【社会商品销售总额】 2023年，佛冈县批发零售、住宿餐饮业受多方面因素影响，销售额有所下降，全年社会商品销售总额147亿元，同比下降4.6%。其中，批发和零售业商品销售136.87亿元，住宿餐饮销售10.13亿元。

【批发零售业】 2023年，佛冈县批发业社会商品销售总额101.07亿元，同比下降6.3%；零售业社会商品销售总额35.8亿元，同比增长6.6%。

行业发展特点 2023年，批发零售业仍是佛冈县消费品市场发展主导力量。限额以下经营单位是批发零售业主体，是佛冈县批发零售业稳步增长主导力量。个体经营和私营经营占绝对地位。汽车、住房、餐饮、旅游等消费是佛冈县消费市场热点。随着批发、零售行业不断发展，连锁经营、加盟经营，专卖、超市、物流配送等新业态、新型流通方式逐步建立。批发、零售等市场货足价稳、市场活跃，但是此前受新冠病毒感染影响，批发业规模不断缩小，零售行业消费品零售总额有小幅增长。

行业面临困难 2023年，批发零售业融资难，租金、原材料、人工成本高，经营成本不断上涨，批发业下降幅度较大。电子商务加快发展对批发零售业冲击进一步扩大，越来越多城镇和农村消费者在网上购物，对经营服装、鞋类、食品、电子产品、家电产品等零售业实体店冲击越来越大。随着淘宝、天猫、京东等商城线下体验店进入佛冈，对全县家电零售业冲击进一步扩大。受交通条件和运输成本制约，全县零售业实体店开展线上线下相结合电子商务业务，面临很大困难。

【住宿餐饮业】 2023年，佛冈县住宿业社会商品销售总额3.69亿元，同比增长26.1%，餐饮业社会商品销售总额6.44亿元。

行业发展态势 2023年，人们消费意愿逐步增强，佛冈县住宿业、餐饮业销售总额呈现增长趋势。限额以下经营单位所占比重较大，成为住宿餐饮发展主导力量。大众化餐饮经营不断延伸，特色餐饮更加突出。旅游餐饮、养生餐饮主导餐饮新趋势。旅游业发展继续推动餐饮和住宿业发展。住宿餐饮业线上线下融合发展趋势明显，网上订房、网上订餐业务开展较为活跃，网上支付、微信支付等新支付方式成为消费者首选。随着佛冈县域旅游推介力度不断加强，住宿餐饮消费有升温趋势，不仅活跃住宿餐饮市场，而且成为佛冈县节假日消费一大亮点。

行业面临困难 2023年，随着人们消费意愿逐步增强，佛冈县住宿餐饮业发展势头呈现上升趋势，对县域经济作出贡献。随着市场竞争加剧，税费、原材料价格、人工、房租支出上涨较快，住宿餐饮业经营成本进一步提高，经济效益明显下降。

（黄如蔼 李辉胜）

粮食储备管理

【粮油储备概况】 2023年，佛冈县储备粮10 500吨，其中原粮9071.43吨，成品粮1000吨，储备食用植物油55吨，其中小包装油5吨。是年，根据国家粮食和物资储备局关于成品粮折率变更要求，原粮从9029.41吨变更为9071.43吨，成品粮储备量不变。

【储备粮油轮换】 2023年，佛冈县发展和改革局联合县财政局、市农发行印发《关于下达2023年县级储备粮油轮换计划的通知》，佛冈县轮换销售原粮5829.41吨，轮换采购原粮5871.43吨，轮换储备成品粮1000吨，食用植物油55吨。

【粮食质量监测】 2023年11月，佛冈县发展和改革局委托有资质检验机构抽样检验库存稻谷9071.43吨、成品粮1000吨、植物油55吨，检验结果合格，宜存率100%。县级储备粮油数量真实、质量良好、储备安全。

【仓储设施建设】 2023年8月，佛冈县人民政府投入91.84万元，用于县粮食和物资储备有限公司P2仓准低温工艺改造，改造面积600平方米。是年11月，该低温仓投入使用，用于县级储备粮（成品粮）储存。

【应急物资储备】 2023年，县发展和改革局累计采购救灾物资（含上级调拨）价值32.09万元，累计发放物资3128件，价值50.39万元。截至年底，县救灾物资仓库储备有帐篷、棉被、棉衣、雨衣、雨靴、棉裤等，储备数量15 829件，价值142.27万元。

【防控物资收储】 2023年，县发展和改革局根据县公共卫生防控工作需要，发放防控物资72.67万件，价值38.5万元。至年底，佛冈县库存有防护服、隔离衣、口罩、消毒液、测温器、空气消毒机等防控物资63.05万件，价值272.9万元。

（何仲明）

供销合作

【供销概况】 2023年，佛冈县供销合作社联合社（简称"县供销社"）下属单位有佛冈县土产公司、佛冈县供联综合贸易有限公司、佛冈县供销再生资源回收公司、佛冈供销嘉鑫农贸有限公司4家直属企业，及佛冈县基层供销合作社、龙山基层供销社2家基层社，从业人员有30人。是年，县供销系统下属单位营业收入为1096.97万元，营业成本877.73万元，实现利润219.24万元，同比增加189.52万元；缴纳相关税费共66.24万元，同比增加60.74万元。是年，佛冈县供销系统购销总额为47 900万元，同比增加1200万元；商品销售总额25 300万元，销售额同比持平。

【供销社综合改革】 2023年，县供销社根据中央、省、市、县关于深化供销合作社综合改革的文件精神，8月，县供销社组织召开佛冈县供销合作社第二次社员代表大会，恢复县供销社"三会"制度，选举产生新一届理事会、监事会班子，同时修订《佛冈县供销社章程》，进一步健全监督管理体系，同时按照佛冈县"百千万工程"总体规划，对全县6家镇级基层供销社全面改造，其中，龙山镇供销社共投入45万元，升级改造681.5平方米供销综合服务平台，并恢复高岗镇和水头镇供销社，基层供销社乡镇覆盖率达100%。截至年底，供销系统共建设完成综合服务中心平台7个，农资门店61家，庄稼医院9家，打造具备3项以上服务功能的镇级供销合作社4个，新增农民专业合作社4家。县供销社结合"开放办社"工作优化系统流通网络，出台《佛冈供销合作社联合社推进"生产、供销、信用"三位一体联合合作方案》《佛冈县供销合作社成员单位入社实施方案》，与8家涉农企业及商超签订开放办社战略合作协议，积极吸纳社会力量进入供销合作社经营服务体系，增强供销合作社实力，拓展供销服务功能。县供销社不断通过系列综合改革举措，极大增强为农服务能力，提高供销社在群众中的地位。2023年，佛冈县供销社获全省供销合作社系统县级改革发展进步奖。

【烟花爆竹经营管理】 2023年，县供销社严格落实烟花爆竹运输、仓储、消防、销售等安全生产"一岗双责"制度，成立安全生产领导小组，层层签订安全生产责任书，落实岗位职责。全年选派9名企业员工参加广东省安全知识培训，做到从业人员持证上岗。公司内部制定安全生产应急预案和各项安全管理制度，召开各种安全会议16次，配合省、市、县有关职能部门进行各种安全检查20次，全年开展模拟安全生产事故演练4次。同时，加强对烟花爆竹仓库及经营门市安全监管，每月组织相关人员成立检查组，对烟花爆竹仓库、经营门市部进行检查，发现安全隐患，及时消除，及时整改，把安全隐患消灭在萌芽状态，确保春节、元宵、清明节重点隐患日安全，实现全年无安全事故目标。是年，全县烟花爆竹销售额450.34万元，比上年增加259.37万元。

【农业生产资料管理】 2023年，县供销社农资流通协会配合农业、工商等相关职能部门，开展对全县农资经营单位、批发市场、销售门店等专项检

2023年4月6日，县供销社党组成员、副主任赵维在汤塘镇开展农业社会化服务调研

（县供销社 供图）

2023年2月15日，县供销社开展化肥、农药等农资储备工作

（朱慧燕 摄）

查。全年出动专项检查80人次，检查农资经营门店61间。农资流通协会严格要求经营门店按照有关部门规定，做到市场流通产品"三证"齐全，台账清楚、规范。农资流通协会设立举报电话，以方便群众监督，维护农资市场经营秩序。是年，全县农业生产资料总购进18 900万元，总销售19 500万元。其中，化学肥料销售额12 300万元，销售量46 000吨；化学农药销售额7088万元，销售量2517吨，销售额同比增加3920万元，销售量同比增加1637吨；农用薄膜销售额35万元，同比增加1万元；中小农具销售额16万元，同比增加0.5万元。

【再生资源回收管理】 2023年，县供销社再生资源回收公司持续推进生活垃圾分类及再生资源回收"两网融合"工作，按照"覆盖城乡、因地制宜、高效规范"的要求，开展废旧物资回收、纸类破碎、废品分拣处理、简易加工拆解及废旧物资销售等工作。是年，再生资源回收公司总收益为21.6万元，实现利润总额约7.4万元，利润同比增加2.4万元。

【农副产品购销】 2023年，县供销社系统农副产品购销整体良好，全年实现销售额3379万元。其中，粮油类68万元，鲜果类1458万元，鲜菜类175万元，肉禽蛋类974万元。

（罗 曦）

烟草专卖

【烟草专卖概况】 2023年，佛冈县烟草专卖局（分公司）紧紧围绕卓"粤"创一流高质量发展战略和"平安、活力、文明"三个清烟建设目标，全年销售卷烟65 066.22万支，实现税利12 072.41万元，同比增长2.01%。完成集职工之家、青年之家、妇女儿童之家、志愿者之家于一体的新时代文明实践点的阵地建设，为职工群众开展文学、艺术、体育活动等提供场所支持。落实乡村振兴及公益性捐赠项目工作，树立烟草良好形象，持续做好"6·30"活动、"爱心父母大联盟"、石角镇黄花村杨梅坑水圳工程等项目，各类志愿服务、乡村振兴、公益活动等共计捐赠近10万元。

【营销网建】 营销队伍建设 2023年，佛冈县烟草专卖局（分公司）探索"3+3"营销人才培养模式，聚焦"能力定位、理论学习、工作实践"模式，搭建"兴趣＋培训＋实践"成长平台，推动营销队伍在工作实践中提升"数字化""全业务"能力。是年，超30人次参加数字化、新媒体、内训师等培训，完全实现部门视频（动画）自主制作。

零售客户服务 2023年，佛冈县烟草专卖局（分公司）秉持"双向奔赴、共同成长"理念，扎实推进"让客户更满意，我们在行动"主题营销活动。坚持党建与业务深度融合，组织党员客户参观新时代社会文明实践点，召开"'党建＋网建'，同心话发展"座谈会；以"零距离、真服务"为主题，采取"6+N"模式，领导班子带头，共40余人次参与驻店"陪跑"体验活动。建立"暖心提醒"机制，佳节送祝福、汛期发预警，增进客户感情。

营销终端建设 2023年，佛冈县烟草专卖局（分公司）主动融入乡村振兴发展大局，找准"品牌下乡、数字赋能、服务均质、融合共享"农

2023年8月22日，县烟草专卖局联合县公安局禁毒大队开展"护航暑期"电子烟市场专项整治行动

（县烟草专卖局 供图）

2023年9月7日，县烟草专卖局联合县公安局、县城北中学在城北中学开展普法进校园活动　　　　　　（县烟草专卖局　供图）

网模式在佛冈烟草的"落脚点"。坚持"两高一强"（匹配度高、配合度高、引领性强）选点原则，深挖农网市场需求，新建村镇加盟终端4户、文旅终端1户、"三转"终端25户，完成"三化"改造141户。强化"烟草+N"赋能，主动与"佛冈有礼"区域公共品牌对接，"强强联合"助推优质农产品"上行"，建成农特实物货架42户，户均增收500元。坚持"农网优先、城乡融合"，全年建成现代终端174户，其中城网118户、农网56户。

【专卖管理】　卷烟市场监管　2023年，佛冈县烟草专卖局查处各类涉烟违法案件51宗，查获违法卷烟154.48万支，总案值81.42万元。强化违法违规大户治理，查处违法违规大户4户次，取消经营资格1户，纳入"黑名单"管理1户。全面落实中小学周边商户定期巡查工作，走访中小学周边50米商户190户，查处无证户17户，查获卷烟5.78万支，案值4.79万元。

打假打私成效　2023年，佛冈县烟草专卖局进一步加强与公安部门情报分析共享与联合执法衔接，加大案件侦办力度。5月，"2022.3.09"假烟调包真烟诈骗案通过省标二级重大网络案件评审；10月，"2022.9.21"谭建洪等人生产销售伪劣产品案顺利通过国标二级重大案件评审。

【管理创新】　2023年，佛冈县烟草专卖局（分公司）组建高质量发展专班（包括人才专班、数字专班、文化专班），制定《高质量发展专班管理办法（试行）》，深入推进卓"粤"创一流高质量发展战略实施工作，完成首部内刊《湛江烟语》第一期刊发，《清远市佛冈县烟草专卖局（分公司）"1522"模式打造"八小时以外"健康生活"打卡点"》案例入选全省烟草系统好经验好做法，获得软著申请授权3项，3个项目参与全市烟草系统数字化技能培训和应用开发竞赛，1人获聘中级专业技术职务、5人考取经济师、3人获得中级低代码开发师、17人获得初级低代码开发师，1人参加第四届全国烟草专卖管理岗位技能竞赛并取得全国第二名，获"烟草行业专卖管理技能标兵"称号。

【普法宣传】　2023年，佛冈县烟草专卖局（分公司）积极履行社会普法责任，持续在"3·15""4·15""12·4"等重要节点，面向广大群众开展法治宣传活动，提供法律咨询服务。9月，联合佛冈县公安局、佛冈县城北中学到城北中学开展普法进校园活动，在教学楼架空层摆设宣传摊位、设置法治咨询台，向学生们进行禁毒、禁烟、防校园暴力、防性侵、防诈骗等普法宣传，接受学生们的法律问题咨询，同时以"保护未成年人免受电子烟侵害"为主题进行法治宣讲，向学生们发放法治宣传页。

（朱惠媛）

食盐专卖

【盐业专卖概况】　2023年，佛冈县食盐市场基本稳定。全县销售各类盐品870.89吨，其中小包装食盐销售801.44吨，食品加工用盐销售69.45吨；本年度食盐销售同比减少24.2吨，其中小包装食盐同比增销131.6吨，完成本年度预算（780吨）的102.73%，食品加工用盐同比减少8.1吨，工业用盐同比减少147.7吨。

【食盐销售管理】　2023年，佛冈盐业分公司为保障市场食盐供应，本着"自愿、公平、互惠、诚信"的原则，与39家食盐配送商签订《食盐代储代配代收款服务协议》，加强对食盐配送商监督和规范经营管理。落实客户经理负责制，促使客户经理对县域食盐配送经营网络、经营状况、销售配送等情况进行巡访监管，做好售后服务、营销服务，接受监督。客户经理注重销售业绩情况，定期上门巡访交流，听取意见，收集客户投诉，杜绝外区盐入侵冲销，把处理意见及时反馈给食盐配送商。同时，佛冈盐业分公司贯彻省、市集团股份公司多品种多品牌营销模式，以国有企业品牌大力推出"粤盐"生产的多种调味品、调味酱及多品种食盐，如魅厨烧卤调味酱、魅厨百搭拌面酱、粤盐纯鲜蚝油及粤盐轻盐蚝油、青海湖盐、特制食盐和生态湖盐等，并进行多方面推广宣传营销。

【市场巡查巡访】　2023年，佛冈盐业分公司以国有企业品牌继续做好食盐储备保障供应和应急措施，认真贯彻落实省、市集团公司发布的相关防控通告，在抓好客户拜访工作的同时，

2023年5月15日，盐业佛冈分公司工作人员在县人民公园开展防止碘缺乏病宣传活动　　　　　（盐业佛冈分公司　供图）

积极参与县政府及各职能部门联合开展的食品安全活动，加强区域食盐市场安全管理。通过节假日重点联合检查和平常拜访巡查相结合的方式，不定期对商场、酒店、学校、工厂食堂等食用盐情况进行巡访，引导他们自觉抵制外区盐，主动购买使用"粤盐"，杜绝假冒伪劣产品，保障人民群众健康安全。在巡查中给食盐销售店铺发放食盐展柜和摆放箱，为销售客户食盐摆放提供方便。全年参与市场巡访1160人次，巡访食盐零售网点、食堂、餐饮店等780多个场所，确保人民群众能吃上安全、放心的食用盐。

【食盐安全宣传】 2023年，佛冈盐业分公司为提升广大市民对食盐碘盐认识，积极在商超店量身定做"粤盐"专柜，为食盐配送商、零售商发放"粤盐"展柜及盐箱，做好销售服务的同时也宣传"粤盐"品牌，让"粤盐"产品摆放得更显眼和美观。为让"粤盐"更深入人心，公司配合县组织开展"3·15"消费者权益日宣传活动，普及宣传食用碘盐和低钠盐知识，增强群众分辨真假食盐意识，让群众自觉选购合格食盐。拉横幅开展食用盐咨询宣传，在第二十九个"5·15"消除碘缺乏病宣传日，围绕"食盐一点'碘'，健康多一点"宣传主题，在商超、农贸市场开展地推、导购和宣传。全年活动期间派发宣传资料1250份，赠送碘盐罐40个、环保袋130个。

（莫峭辉）

佛冈县国家级电子商务进农村综合示范项目

【电子商务概况】 2023年，佛冈县电商办以推进电子商务进农村综合示范县建设为契机，围绕物流体系进一步完善工作，建立服务中心和大数据中心，创新"线上学习+线下孵化+社群运营+市场对接"人才培育发展模式。通过电商普及性培训、电商增值性培训及沙龙论坛等形式，培育一批农村电商带头人，创新农产品、工业品流通服务模式。

【物流体系完善】 配送中心建设 2023年，佛冈县电商办进一步完善农村电商物流仓储配送中心建设，开展共同配送和发展智慧物流业务工作。建设5000平方米配送中心，配备2条全自动分拣设备，全自动分拣能力达40 000票/天，设置配送干线7条，每天下行两个频次，实现快递从县城到农村配送时效不超过48小时。

共享共用资源 2023年，佛冈县电商办配送中心有效整合主流快递物流企业发往农村的零散资源，形成集聚后再次进行分拣。利用菜鸟旗下的溪鸟共配系统进行数据对接转换，实现物流快递不同品牌统一管理、多元信息统一平台、同一路线统一配送，构建收件"分散进、统一配"和发件"统一收、分散发"的配送体系，实现资源共享共用，全面提升农村快递服务质效，进一步降低物流成本。

资源统筹整合 2023年，佛冈县电商办统筹县域商贸、邮政、供销合作、物流快递等资源，整合订单、车辆、包裹、线路等，通过主流快递公司入驻可使用自动分拣设备等方式，实现整合抱团发展。利用乡村原有商店、供销合作社、邮政、快递网点资源，建立9个镇、村电商特色示范服务站，78个村级物流服务站，实现快递"村村通"，并通过整合县人社、烟草、邮政等部门资源，拓宽站点业务，实现可持续运营。

【"两个中心"建立】 服务中心建立 2023年，佛冈县电商办建立佛冈县电子商务公共服务中心，配套公共直播间、培训室、摄影室、电脑培训室、众创空间等公共设施设备。园区入驻31家企业，就业人数超300人，众创空间累计孵化300名学员，公共直播间使用次数超400次。孵化6家初创电商企业，众创空间指导服务超1000人次，培育出120余名电商主播。

大数据中心建立 2023年，佛冈县电商办建立农村电商大数据中心，利用县电商公共服务中心二楼建设可运用大数据提供可视化决策的电商大数据中心。通过建立县域经济一张图、电商发展一张图，实现数据可视化、应用化，便于政府进行监督、管理和科学决策。

【培训体系健全】 2023年，佛冈县电商办创新"线上学习+线下孵化+社群运营+市场对接"人才培育发展模式，通过电商普及性培训、电商增值性培训及沙龙论坛等形式，培育一批农村电商带头人。

普及性、增值性培训 2023年，佛冈县电商办针对掌握电商基础知识人员、从事电商行业人员、返乡创业大学生等人群，开展电商普及性、增值性培训，是年，共开展91场电

2023年4月19日，县农村电商物流仓储配送中心一角

（县农业农村局　供图）

商培训，培训学员3775人次。

讲师学员培训　2023年，佛冈县电商办开展师资培训，推动农村电商人才考取电子商务师职业技能等级证书。根据学员发展意向，量身定制教材、课程，培训讲师学员27人，为全县输送一批有农业技术专业知识的农村实用型讲师。

带头人培训　2023年，佛冈县电商办开展农村电商带头人培训，培育新媒体电商直播与短视频拍摄运营人才，增强学员电商直播与短视频就业创业意识和能力，掌握电商直播与短视频实操技能及实战技巧，提升学员对抖音直播、短视频平台理论水平与操作技能。是年，共开展7场农村电商带头人培训，培训学员305人次。

【"双向流通"体系推动】　**区域品牌打造**　2023年，佛冈县电商办打造"佛冈有礼"区域公用品牌，整合益肾子、澳洲坚果、大米、柑橘、红薯、粉葛、蜂蜜等特色优质农产品，经过包装设计营销推广，打造"余味回柑"柑橘、"薯实不赖"红薯、"葛舍"粉葛等农产品公用子品牌，扩大品牌知名度和影响力。是年，在清远市农业高质量发展大会暨首届中国佛冈（国际）魔芋节、乡村振兴产业品牌发布会活动中，"佛冈有礼"获佛冈县人民政府县长江红平颁发"区域公用品牌"牌匾。同时依托"公用品牌+电商平台"，开设"佛冈有礼"分店15个，建立线上连锁总店，每个服务站建立连锁分店。9月，在佛冈县石角镇开设佛冈县乡村振兴特色展销馆，实现线下线上双途径拓展销售渠道。是年，"佛冈有礼"带动农产品销售12 600万元，同比增长100%。

工业品下乡培植　2023年，佛冈县电商办培植壮大工业品下乡流通主体，支持5家合作社与商贸流通企业数字化转型升级。加强与电子商务、金融保险、移动支付、就业引导等资源对接，促进业务流程和组织结构优化重组，实现线上线下融合发展，建立本地化、连锁化、信息化商品流通网络，依托"佛冈有礼"线上商城，与本地商超合作，畅通工业品下乡渠道。

"百千万工程"助力　2023年，由广东省商务厅主办，清远市商务局、佛冈县人民政府协办，广东省网商协会承办的"加快发展农村电商　助力实施'百千万工程'交流研讨活动暨电商资源对接会"在佛冈县水头镇举办，全省21个地市商务局及53个国家级、省级电商进农村综合示范县农村电商业务主管部门代表，50家知名头部电商企业代表，以及来自53个示范县的产品供应商代表近200人参加活动。通过活动和对接，以电商赋能乡村振兴，助力实施"百县千镇万村高质量发展工程"，进一步坚定广大企业扎根农村、深耕农业、服务农民的信心决心，深化产销渠道对接合作，探索转型营销新思路。

（佛冈县电商办）

寄递物流安全管理

【**安全管理概况**】　2023年，佛冈县为确保寄递物流安全管理工作顺利开展，成立佛冈县寄递物流安全管理工作领导小组（简称"县寄递物流安全管理小组"）。小组成员由县委政法委、县公安局、县交通运输局、县市场监管局、县应急管理局、县禁毒办、县消防救援大队、县烟草局、中国邮政佛冈分公司等单位组成，领导小组下设办公室。领导小组制定《佛冈县寄递物流安全管理工作联席会议制度》，适时召开联席会议，开展联合督查行动并及时通报督查中发现的安全隐患问题。同时，将寄递物流安全管理工作纳入平安建设考评体系，以考评推动寄递物流安全管理工作责任落实。是年，全县寄递物流业平稳运营。

【**联动协作加强**】　2023年，县寄递物流安全管理小组办公室组织各成员单位召开4次寄递物流安全管理工作联席会议。会议听取各成员单位开展寄递物流安全管理工作的情况汇报，分析研判寄递物流行业安全形势，研究解决工作中遇到的问题并部署下一步工作。是年，开展4次寄递物流安全联合督查行动，重点对寄递物流企业是否落实"五个100%"（100%持证经营、100%从业登记、100%收寄验视、100%实名收寄、100%过机安检）制度，以及对企业安全生产、消防安全等情况进行督查。针对在督查中发现的安全隐患问题，督查组现场提出整改意见，要求寄递物流企业迅速整改，并将相关问题通报至责任部门、属地镇及抄报市邮政管理局，督促企业落实整改，确保寄递物流渠道安全畅通。

【**工作措施强化**】　**治安管理**　2023年，县寄递物流安全管理小组组织召

2023年12月28日，佛冈县召开寄递物流仓储安全管理工作联席会议

（县寄递物流安全管理小组　供图）

开佛冈县寄递物流治安管理工作会议，传达学习《广东省公安机关加强寄递物流企业内部治安保卫工作指引（试行）的通知》，要求寄递物流企业按照《寄递物流业管理条例》做好各项工作，签订治安责任书51份。在收寄过程中发现涉及违法犯罪物品，立即向有关部门报告并配合调查处理。要求派出所及时收集和掌握辖区内寄递物流企业相关信息并登记造册，做到"一企一册"。

管控防范　2023年，县寄递物流安全管理小组发挥破案打击职能优势，强化案件经营深挖意识。从侦查办理涉及禁寄物品个案入手，深挖扩线，严厉打击利用寄递渠道传递、贩运枪支弹药、爆炸物品、危险化学品、管制刀具和毒品等禁寄物品幕后组织者，严密监控禁寄物品收件人行为动向，落实管控、防范措施。

货运监管　2023年，县寄递物流安全管理小组依照有关法律法规和国家标准或者行业标准规定，加强货运企业安全生产检查，对其安全生产条件、安全生产管理制度落实情况、道路运输操作规程执行情况及守法诚信经营情况进行督查，着重对道路运输业户、运输车辆和从业人员动态经营资质和资格条件进行管理。是年，检查企业62家次，发出整改通知书34份，发现问题隐患81个，完成整改企业34家，完成隐患整改81个。

准入审核　2023年，县寄递物流安全管理小组对新增市场主体要求签署《企业安全生产、环境保护、食品安全主体责任告知书》《企业安全生产、环境保护、药品安全主体责任告知书》。对未取得营业执照擅自从事寄递物流经营业务的，依法责令限期办理执照，对逾期未改正的依法进行处理，同时加强与各职能部门沟通联系，并做好抄告工作。是年，共移送130条涉嫌无照经营线索至相关单位。

涉烟管理　2023年，县寄递物流安全管理小组通过不定期开展暗访、定期开展实地检查等方式，检查寄递物流企业是否按要求落实运输、邮寄卷烟限量标准，对不执行相关制度企业及时组织有关部门进行查处并责令限期整改。同时，要求寄递物流企业对存在利用寄递物流渠道方式销售卷烟的嫌疑人进行登记，并及时反馈。是年，出动执法人员30余人次，检查寄递物流企业40余户次。

消防管理　2023年，县寄递物流安全管理小组结合"双随机、一公开"及"重大风险隐患大检查大整治专项"工作任务，对寄递物流企业开展消防安全专项检查，重点检查场所消防设施配备是否齐全有效、消防疏散通道是否畅通、消防安全主体责任是否明确、电器线路敷设是否规范、是否制定消防应急预案等。针对发现的问题隐患，检查组现场提出整改要求和整改时限，并对隐患整改情况持续跟踪，确保整改到位。同时，根据行业特点，深入寄递物流企业开展上门帮扶，督促指导企业开展自查自纠，积极引导企业主动开展消防安全巡查工作，提升单位火灾防控水平。

禁毒管理　2023年，县寄递物流安全管理小组印发《2023年佛冈县深化禁毒攻坚行动方案》，要求相关责任单位加强对寄递物流行业的监管。组织寄递物流企业负责人召开寄递物流禁毒工作座谈会，详细了解企业日常运营情况，学习相关法律法规知识，梳理行业存在的禁毒工作问题及管理漏洞并针对问题分析原因、研究措施。各镇禁毒办联合辖区派出所加大对辖区寄递物流行业禁毒安全管理。是年，全县各镇对寄递物流行业开展检查行动共54次，开展禁毒宣传活动共59场次，对从业人员开展培训共33次。

（黄媛媛）

2023年12月28日，佛冈县开展寄递物流仓储安全联合督查行动

（县寄递物流安全管理小组　供图）

交通·邮政·通信

责任编辑：范金来

交通综述

【交通概况】 佛冈县交通运输局有2个下属事业单位，分别是佛冈县公路事务中心、佛冈县交通运输服务中心。2023年，全县公路通车总里程为1634.01千米，其中高速公路97.34千米，国道64.95千米，省道142.93千米，县道150.6千米，乡道339.85千米，村道838.31千米。国道省道管养桥梁96座，县乡村道管养桥梁348座。基本建成以高速公路为骨架（京港澳高速、广连高速、汕湛高速）、国道及省道为干线（G106线、G355线、S245线、S252线、S382线、S292线、S355线）、县乡公路为补充的"3+2+5"交通运输网络，形成佛冈"3060"交通时空圈。

2023年，全县全年完成长途客运量28.6万人次，长途客运周转量2183.3万人千米；城镇公交车共完成客运量340.05万人次，客运周转量3181.3万人千米。

【交通基础设施建设】 2023年，佛冈县交通运输局以高质量发展为首要任务，以"头号工程"力度深入推进"百千万工程"，重大交通项目有序推进。

京港澳高速佛冈县城至广州段十车道扩建工程 2023年，京港澳高速公路粤境清远市佛冈段（途经石角镇、汤塘镇），长21.43千米。全线按双向十车道技术标准进行改扩建，路基宽度49米，设计速度采用

2023年，京港澳高速公路扩建工程佛冈段起点　　（县交通运输局　供图）

每小时100千米，项目总投资45亿元。截至2023年12月底，累计完成投资6.2亿元。

G106线佛冈县城至龙山段改建工程 2023年，G106线龙山段改建工程，途经G106线大庙峡隧道西侧，两次跨过潖江河后设隧道穿过长岽山，继续向南经过汤塘暖水坑附近，再下穿汕湛高速，最后向西经龙山西侧，再跨过潖江河接回G106线，终点接G106线龙山段。路线全长21.18千米，项目采用一级公路技术标准，双向6车道，设计行车速度80千米/小时，路基宽33米，路面结构为沥青混凝土。是年12月完成工程可行性研究报告，并按程序上报市公路事务中心，同时办理社会稳定风险评估、用地预审和规划选址意见和资金来源证明等立项前置工作。

汕湛高速龙山出口至G106线龙山段公路改建工程 项目起点位于汕湛高速龙山互通出口处，路线沿县道376线自西北向东南走向，经过黄塱村和凤洲大桥后沿龙山镇规划道路走向，终点与G106线相交，路线全长4.6千米，工程总造价为1.27亿元。至2023年12月，完成设计和施工总承包招标、施工图设计、环境评估、用地预审、防洪评价报告编制等工作。

S355线佛冈县汤塘至从化交界段改扩建工程 项目分两期实施，一期工程项目起点位于佛冈县汤塘镇广清产业园附近，公路呈东西走向，终点位于佛冈县汤塘镇聚龙湾社区附近，一期工程全长4.71千米。项目采用一级公路技术标准，双向6车道，设计行车速度60千米/小时，路基宽32米，路面结构为沥青混凝土。项目投资估算总金额为3.15亿

元，项目需用地24.33公顷。二期工程项目起点位于佛冈县与广州从化交界处，公路呈东西走向，终点位于佛冈县汤塘镇广清产业园附近，二期工程全长12.83千米。项目采用一级公路技术标准，双向4车道，设计行车速度60千米/小时，路基宽21.5米，路面结构为沥青混凝土。项目投资总金额约为7.77亿元，项目需用地约63.2公顷。截至2023年12月，该项目启动工程可行性研究报告的编制。

佛冈县迳头镇大村至菜洞尾段公路新建工程 项目起点位于佛冈县迳头镇大村附近，与G106线平交，途经禾坪埂、旱窝、牛洞坑、亚公坑、横坑、菜洞尾、赤竹坪，终点位于与新丰县X852线交界处，路线全长共7.91千米，采用二级公路标准，路基宽度为12米，路面宽度为9米，双向2车道，路面采用混凝土路面，设计速度40千米/小时。路线走向自西北至东南，新建大桥2座（550米），涵洞41座，其中新建盖板涵23座，新建圆管涵11座，新建箱涵7座，总投资为1.98亿元，用地面积28.38公顷。该项目纳入《清远市综合交通运输体系发展"十四五"规划》和《佛冈县综合交通运输体系发展"十四五"规划》。改建工程起点与汕湛高速龙山收费站出口连接线呈Y形平交。路线总长5.45千米，路基宽28米，双向4车道（含汕湛高速龙山出口连接线），长度335米，路基宽19.5米，双向4车道，截至2023年12月，该项目完成项目工程可行性研究报告的评审及修编。

S245线佛冈西田至二七村委段路面养护工程 2023年4月12日，该项目开工，投资总额为1502.29万元。道路全长10.74千米，道路等级为二级，路面宽度11米（局部路段9.5米）。主要建设内容：对全线既有混凝土病害进行处理后全幅加铺5厘米厚度改性沥青混凝土面层，并重新施划路面标线。工程于当年6月9日完工。

佛冈县产业园区基础设施之龙山智造城入园道路一期工程 项目起点位于龙山镇从化围村，与S252线呈T形平交，终点位于龙山镇汕湛高速龙山收费站出口，顺接汕湛高速龙山出口至G106线龙山路段公路。一期工程用地面积27.1公顷，其中先行段线路长度1.93千米（含汕湛高速龙山出口连接335米），用地面积8.18公顷。截至2023年12月，完成工程可行性报告编制工作。

佛冈县篁胜片区篁胜新城至S252线连接线工程 项目起点位于篁胜新城北面的北园路平交口，终点与S252相接，主要建设内容是：（1）北园路下沉路段路线长94.84米，设计速度30千米/小时，双向4车道，路基宽18米；（2）连接线左线路线长321.87米，设计速度30千米/小时，单向双车道，路基宽9米；（3）连接线右线路线长453.97米，设计速度30千米/小时，单向双车道，路基宽9米；（4）北园路辅路路线长267.5米，设计速度20千米/小时，单向单车道，路基宽6.5米；（5）对北园路平交口进行改造。截至2023年12月，完成工程可行性研究报告评审，正在进行修编。

佛冈县聚宝工业园跨G106综合天桥新建工程 项目位于佛冈县聚宝工业园，主要建设规模及内容：新建1座全长161.7米的横跨G106线的L形天桥（含附属梯道桥2座），其中跨G106线桥宽12米、雅迪工厂专用段桥宽8米、梯道宽4.6米。截至2023年12月，完成立项，正在办理工程总承包招投标程序。

增设16个校园接送停靠站及4条校园接送专线安全生命防护工程 2023年，县交管部门对三八中心小学等16个停靠站点的标志、标线进行安全防护设施增设。工程于2023年1月开工，2月完工。

省道252线佛冈县石角大桥危桥改造工程 2023年8月，佛冈县交通运输部门对石角大桥（危桥）进行改造，该桥全长229米，宽8米。改造内容为：对桥面铺装裂缝灌缝处理后，加铺超薄沥青罩面，将人行道瓷砖铺装更换为彩色防滑铺装；增设桥面横向泄水管，对桥梁立面及引道段侧墙外立面进行耐久性涂装；对拱脚处主拱圈外包加固处理；对墩台外包加固；对墩台周边进行河底铺砌；对混凝土表面裂缝、破损露筋等常规损坏处进行耐久性修复处理。工程于当年11月完工。

农村公路水毁桥梁重建工程 受2022年5月强降雨影响，佛冈县多处遭到洪涝袭击，被毁坏乡村公路桥梁5座，包括上黎六队桥、霞蕉亚

2023年10月18日，Y282线佛冈迳头段单改双工程开工

（县交通运输局 供图）

桥、大坝水圳桥、低村桥、坑尾桥。水毁桥梁重建工程项目总投资467.39万元，建安费397.61万元。该工程于2022年11月30日开工，2023年1月底全部完工。

【"四好农村路"建设】 2023年，佛冈县完成农村路樟树陂桥、木桥头桥、七页车桥3座危桥改造工程；完成通建制村单改双及路网联结工程13.1千米；完成安全生命防护工程建设里程26.26千米。

通建制村单改双及路网联结工程 2023年，佛冈县完成通建制村单改双及路网联结工程13.1千米，按路面宽度不低于6米、水泥路面厚度18厘米的标准实施建设。项目总投资638万元，工程于2023年1月1日开工，当年11月10日完工。

安全生命防护工程 2023年，佛冈县安全生命防护工程建设里程为26.26千米，项目总投资242万元。工程于2023年7月28日开工，10月15日完工。

农村公路危桥改造工程 2023年2月起，佛冈县农村公路危桥改造陆续开工，分别为樟树陂桥、木桥头桥、七页车桥，共计3座，总投资418万元，当年11月全部完工。

【绿美佛冈生态建设】 2023年，佛冈县交通公路部门全面贯彻新发展理念，深入实施绿美广东生态建设"六大行动"，强化公路沿线生态建设和环境保护修复，促进交通基础设施与生态空间协调发展。一是实施佛冈县京珠高速路口至水头镇路口国道两边绿化工程，完成种植香樟184棵、细叶榄仁125棵、勒杜鹃564棵；二是实施水头镇省道245线K159+797～K165+462段优化升级工程，完成种植灰莉3920棵、大红花3028棵、樟树602棵、宫粉紫荆470棵、垂榕865棵；三是实施佛冈县新省道S252线县城段K0+000～K8+584"公路安全精品路"创建工程，共种植香樟树1967棵、勒杜鹃2577棵；四是实施县道X839线河西公路绿化种植工程，完成种植胸径15厘米的宫粉紫荆1000棵。

（县交通运输局）

交通行政管理

【交通行政管理概况】 2023年，佛冈县交通运输局对运输行政许可的发放严格按照《行政许可法》审批流程，作出行政许可53宗。其中，1宗新增公交线路审批，5宗新增货运企业经营许可审批，6宗延续货运企业经营许可审批，41宗涉路施工许可审批。全年共办结4231件业务，其中339件报名从业资格证考试业务，171件核发、续期、补办、变更从业资格证业务，1892件货运车辆年审业务，317件客运车辆年审业务，431件新增营运货运车辆业务，2件新增营运客运车辆业务，100件新增网约车业务，428件注销货运车辆业务，27件注销客运车辆业务，9件注销网约车辆业务，179件货运车辆迁出业务，6件客运车辆迁出业务；新增普通货运公司3家，新增普通货运个体经营户160家，注销业户经营许可102家，道路运输经营许可补换证、变更登记信息65家。全县运力结构均衡发展，满足运输市场需求。

【客运行业管理】 2023年，佛冈县交通运输局继续加强客运行业监管。建立关键岗位从业人员筛查机制。对"两客一危"、公交运营企业严格落实从业人员职业健康管理制度，对驾驶员开展年度体检、入职体检，建立"一人一档"职业健康档案。严格落实上岗前谈话谈心制度，严防心理不健康、情绪不稳定、身体不适应的驾驶员上岗。县交通运输局结合日常安全生产监管检查工作，加强营运客车驾乘人员安全带使用落实，组织人员实地对客运企业进行检查，重点检查客运场站是否落实"三不进站、六不出站"，特别是驾乘人员不系安全带不得出站要求，督促客运企业加强从业人员教育培训，严格执行客运安全告知制度。强化路检路查执法工作，以出租车乱要价、拒载、强行拼客为打击重点，全面整治营运秩序，不定期派出流动巡查执法人员，对佛冈县便捷客运站、县妇幼保健院、人民医院、银座大厦等重点区域进行全方位布控和巡查。是年，全县共检查公交、出租车、客运企业43家次，发出整改通知书17份，发现问题隐患39个，完成整改企业12家次，完成整改39个。

2023年12月8日，县交通运输局组织相关工作人员到维修行业开展交通运输行业安全检查

（县交通运输局 供图）

2023年6月30日，县交通运输局相关工作人员检查机动车维修企业

（县交通运输局　供图）

【**机动车维修行业管理**】 2023年，佛冈县交通运输局通过现场检查和以往许可审批数据资料整合，对辖区范围内机动车经营业户的底数进行全面的摸排并建立台账，确保底数清、情况明。同时，结合本地区的实际情况和日常执法管理工作，到维修业户经营场所加强政策宣传，对未向县交通运输部门进行备案的维修业户，耐心做好解释说服工作，通知其尽快完成经营备案。全县共452家维修经营企业，备案452家。其中，二类汽车维修企业11家，二类摩托车维修企业108家，三类汽车维修企业333家。是年，为贯彻落实佛冈县安全生产委员会办公室和佛冈县消防安全委员会办公室共同印发的《关于〈佛冈县违规施工和违规电气焊（割）作业综合治理工作方案〉的通知》精神，县交通运输局在开展日常行业检查中均对机动车维修企业是否从事电气焊（割）工种作业进行检查，要求企业人员必须持证上岗方可从事电气焊（割）工作。对需要开展电气焊（割）工种作业却未持有相关证件的企业加强相应的法律法规宣传，并联系行业协会提供优惠考证途径，既方便企业员工考证，也降低企业经营成本。为贯彻落实《清远市生态环境保护委员会办公室〈关于加强清远市机动车维修行业危险废物管理的通知〉》《清远市交通运输局〈转发关于加强清远市机动车维修行业危险废物管理的通知〉》文件精神，县交通运输局与县生态环境部门共同制定《佛冈县机动车维修行业危险废物联合检查工作方案》，按照方案要求开展联合检查工作。全年检查汽车维修企业11家，其中二类汽车维修企业10家，三类汽车维修企业1家。是年，根据《清远市交通运输局转发〈清远市消防安全委员会关于印发开展清远市2023年消防安全重大风险隐患大检查大整治工作的通知〉》及《清远市交通运输局关于做好2023年交通运输行业消防安全工作的通知》等，做好辖区所属行业的消防安全指示要求。县交通运输局高度重视，多次展开对维修行业消防安全专项检查行动。全年日常检查共94次，发现消防安全问题81个，派发整改通知书30份，共查处维修企业违章案件17宗。

【**机动车驾培行业管理**】 2023年，县交通运输局为更好地贯彻落实机动车驾驶培训考试大纲，规范驾驶员培训学时审核，强化驾培行为监管，维护市场安全稳定。针对培训中出现的不符合要求的现象和问题，逐个予以排除，责令驾培机构重新对该学员进行培训，维护学员权益。严格驾驶员培训机构管理。督促驾培机构全面落实安全生产主体责任，法人为安全生产管理的第一责任人。建立健全驾培学校安全生产管理机构，明晰安全生产管理责任人；按照驾培机构资格条件和教练场技术要求等国家标准，结合驾校质量信誉考核工作要求，对驾培机构落实各项管理工作进行检查。对复核中发现经营条件不达标的，责令驾校限期整改；逾期整改不合格的，依法进行处理。督促辖区驾校按纲施训，规范教学，不断提升教学服务质量，稳步推进驾培管理工作。截至2023年12月，检查驾培企业30家次，发出整改通知书10份，发现问题隐患22个，完成整改22个。

【**城市公共交通行业管理**】 2023年，佛冈县按照省市对"公交优先"战略的统一部署，积极落实公交优先政策，加大力度调整优化公交线网，着力推进基础设施建设，完善公交场站候车环境和接驳系统。截至2023年12月，县公交运营企业佛冈县永通公共汽车有限公司共有公交车辆116辆，全部安装驾驶区防护隔离设施。

（县交通运输局）

交通安全管理

【**交通安全生产管理**】 **安全生产宣传活动** 2023年6月15日上午，县交通运输局党组书记、局长赖宏基等人参加县安委会办公室组织开展的2023年佛冈县安全宣传咨询日暨"安全生产佛冈行"启动仪式活动，在县文化广场通过设置展台、发放宣传资料，宣传安全生产方针政策、法律法规和应急知识、防灾减灾救灾常识等安全科普知识和技能，面对面解答群众关心的交通运输行业相关问题。本次活动共发放宣传资料3000多份。

进企业、进农村"安全大家谈"宣讲活动 2023年,佛冈县交通运输局对各运输企业从业人员进行安全教育培训,向企业及员工宣传安全生产法律法规、安全生产十五条措施等,增强从业人员履行安全义务、维护安全权益的意识,营造行业学法尊法守法的良好氛围。本次"进企业"宣讲活动的运输企业共10家,"进农村"宣讲活动1次。

安全应急演练 2023年,佛冈县交通运输局组织开展安全生产宣传活动,多措并举,以"防灾减灾日"和"安全生产月"活动为契机。5月8日,县公路事务中心组织50多人参加在G106线开展"2023年公路汛期抢险保通应急演练"。通过此次应急演练,可以检验和提升交通公路部门的组织协调能力、应急处理的指挥能力、抢险救灾能力、后勤保障和支援能力。6月6日,县交通运输局联合佛冈县永通公共汽车有限公司到佛冈县石角镇观山村委开展公交车紧急疏散和消防实操演练。本次活动组织共60余人参加,采用"先培训,后示范,再实操"的演练形式,分应急疏散演练、消防器材知识讲解和灭火器使用、公交车应急知识讲解3部分进行。通过模拟公交车在运行过程中车辆起火事故的应急疏散、现场救火场景和灭火器实操培训,让村民熟悉掌握灭火器正确使用方法和提高突发事件应急避险意识。6月16日,县交通运输局联合县消防救援大队石角消防站开展二类机动车维修企业消防专项应急演练,共35人参加。通过本次演练,可以提高机动车维修企业消防设施的功能,增强员工在紧急情况下的应变能力、自我防护能力,使每位员工都知道消防知识,提高遇到火警、火灾时懂得如何报警,如何扑救初期火情,如何疏散人员等能力。11月7日,在全国第32个消防日来临之际,佛冈县交通运输局在本单位食堂开展"预防为主 生命至上"为主题的消防演练,食堂工作人员及单位干部职工20余人参加。是年,县交通运输局主办开展应急演练4场次,交通运输行业单位完成演练36场次,累计1025人次参与演练。

安全生产重大隐患排查整治和重大风险防范化解行动 2023年,县交通运输局共派出45组次检查组对本县运输企业开展督导检查,共抽查检查企业120家次。发现企业主要负责人未按要求亲自研究排查整治工作9家,企业主要负责人未带队检查9家,企业未制定分管负责人职责清单11家,未按规定开展应急演练、员工不熟悉逃生出口4家,共发现一般隐患问题(累计数)234条。为此,县交通运输局发出《关于佛冈县交通运输安全生产重大隐患排查整治和重大风险防范化解2023行动专项督导情况的通报》,要求企业限期整改。期间,市交通运输局到佛冈县开展帮扶指导4次,县交通运输局帮扶指导重点企业120家次,分管本部门的县领导现场督导检查2次,负责同志到企业宣讲2次,约谈企业3家,曝光企业6家,责令停产整顿2家,公布典型执法案例6宗,组织开展本系统安全监管执法人员专题培训10次,140人次,行政处罚9次,罚款10.2万元,企业和企业主要负责人"一案双罚"1宗。是年,共发现重大事故隐患26条,全部落实整改。全县有3家运输行业聘请专家指导帮扶工作,有23家运输企业发挥保险机构排查投保企业隐患情况,其中有5家投保企业利用安责险助力重大事故隐患排查整治帮扶。

"安全宣传佛冈行"活动 2023年,佛冈县开展安全宣传"专题行"活动5次,开展各类安全宣传活动10场,参与群众人数400人次。举办交通运输领域安全生产知识竞赛一次,有37家企业和单位职工共178人参加。活动期间,通过便捷站、治超站、高速出口等重点交通运输场所,结合日常工作业务,通过发放宣传资料、展出宣传展板和现场答疑形式,宣传道路交通安全生产法律法规及安全知识。向群众解答货运车辆超限超载管理规定、如何办理道路运输经营许可证等问题,并向群众积极宣传乘坐"黑车"的危害。

【**交通运输专项治理**】 2023年,县交通运输局开展专项治理工作,一是组织开展全面消防安全大排查,全面排查国省县道公路用地范围控制线的森林防火情况以及交通运输企业等场所消防安全存在的问题和薄弱环节,重点加强对"两客一危"车辆、客运站、在建工程临时用电情况,以及人员密集场所等交通运输行业消防安全重点单位、部位的消防检查。针对排查发现的问题,逐个建立问题清单和档案台账,推动落实整改。二是持续开展机动车维修行业消防安全专项检查行动,对无牌无证、未配备头盔的摩托车拒绝提供维修服务,压减无牌摩托车生存空间。同步做好宣传引导工作,在维修点醒目位置张贴悬挂相关公示,做好政策宣传和解释工作。是年,累计检查机动车维修企业(含个体户)143家,发出整改通知65份,已完成整改。

【**普通货运行业管理**】 2023年,佛冈县交通运输局严格依照国家有关法律、法规、国家标准和行业标准,加强货运行业安全生产监管。一是强化重点运输企业监管,压实企业主体责任。重点对企业安全生产条件、安全生产管理制度落实情况、道路运输操作规程执行情况及守法诚信经营情况进行督查。累计检查企业(业户)60家次,发出整改通知书30份,发现问题隐患71个,完成整改65个。二是落实岗位安全生产责任,协调组织拥有50辆及以上重型载货汽车或牵引车的道路货物运输企业在岗从业人员、企业主要负责人、安全生产管理人员开展安全培训,推动从业人员认真落实岗位安全生产责任,打通安全生产监管"最后一公里"。三是落实中高风险企业挂点、约谈机制。通过登门入户约谈、发函警示提醒等多措并举消除安全生产隐患,提高货运经营业户安全运营意识和水平。共约谈8家货运企业，要求企业加强安全隐患排查，坚决杜绝超载、超限等非法运营行为，并按照文件通报，立即处理交通违章，消除隐患。四是推进佛冈县交通运输领域2023年货车道路交通安全综合治理行动工作落实。制定印发《佛冈县交通运输领域2023年货车道路交通安全综合治理行动方案》，完善外省籍货车管理，摸清行业底数。集中清理隐患货车，强化落实运输业户安全生产责任，加强道路货物运输监督管理，严查货车严重超载违法行为，实现"一个改善、一个增长、两个下降"的工作目标。是年，检查货运业企业89家次，发现隐患25个，完成整改25个；检查个体企业11家次，发现隐患7个，完成整改7个，整改率为100%。

【危险货物运输专项治理】 2023年，县交通运输局切实做好道路危险化学品运输安全专项排查整治工作，确保危险化学品运输安全生产形势持续稳定。是年，共检查危运企业5家次，发出整改通知书2份，发现问题隐患7个，完成整改7个。

【汛期安全生产】 2023年，县交通运输局严格落实领导带班和24小时值班制度，强化公路抢险和运输保障应急队伍建设，落实应急抢险车辆和物资储备。强化应急响应联动，切实提升突发性强降雨、强对流天气防范应对能力。

【交通运输责任事故】 2023年，佛冈县交通运输行业发生2宗按规定上报的安全生产责任事故，事故率、死亡率与同期相比上升100%。无发生火灾责任事故、职工伤亡事故、集体急性中毒责任事故，无重大公务、工程用车责任事故，无因公路管理不善、安全设施不符合有关要求而造成的道路交通事故，安全生产形势比较稳定。

（县交通运输局）

交通行政综合执法

【交通行政综合执法概况】 2023年，县交通运输局依法履行交通执法职能，全年共依法查处各类违章案件1227宗。其中，非现场执法案件166宗，非法巡游案件21宗，非法客运案件14宗，非法货运案件2宗，失效货运经营许可案件1宗，无从业资格证案件4宗，扬撒案件4宗，客运班车违规案件2宗，客运包车违规案件4宗，非法网约车案件5宗，出租车违规经营案件9宗，维修企业违规案件14宗，驾驶员培训机构违章案件5宗，源头违章案件14宗，小微型客车租赁经营者未按规定备案案件1宗，污染公路案件6宗，未经交通运输主管部门批准擅自施工案件1宗，在控制区内擅自埋设管线案件1宗，安全生产案件7宗。联合公安交警查处非法改装车辆39辆次，均依法进行处罚，并责令恢复原貌。查处违法超限超载车辆907辆次（其中首违免罚735辆次），卸载货物3200.545吨，交警扣分316分。

打击普通小型客车非法营运 2023年，县交通运输局执法人员在洪发酒店、银座购物中心等人流集中点以定点蹲守和流动巡查相结合的方式开展集中整治，并利用"广东交通执法"App推送的重点车辆稽查布控预警信息，到高速收费站出入口、各乡镇主要路段着力查处普通小型客车非法营运等各类违法行为，共查处普通小型客车非法营运案件35宗。针对普通小型客车非法营运行为处罚难的问题，向清新区人民法院提交6宗普通小型客车非法营运案件，申请强制执行，均被清新区人民法院裁定，交由佛冈县人民法院强制执行。

网约车违法违规经营整治 2023年，县交通运输局采取定点检查与流动巡查相结合等方式，在周末、五一、国庆假期等重点时段，对高速公路出入口、英佛公路路口、碧桂园、聚龙湾温泉度假村等重点区域的私人小客车进行检查。严厉查处未取得经营许可从事出租汽车经营活动、线上信息与线下车辆及驾驶员信息不一致的情况，以及以私人小客车合乘名义非法营运等行为，共查处网约车违章案件5宗。

打击客车违规从事校车业务 2023年，县交通运输局联合公安交警部门以县域内学校的分布特点为抓手，在上下课时段安排执法人员在重

2023年5月7日，佛冈县交通执法部门多次开展危险货物道路运输安全专项行动

（县交通运输局 供图）

交通·邮政·通信 JIAOTONG·YOUZHENG·TONGXIN

2023年5月18日，县交通运输局路政人员清理非公路标志

（县交通运输局　供图）

点路段开展执法检查，将客运车辆从事校车业务列为检查对象，重点检查包车合同、道路运输经营许可等证件。是年，全县暂未发现交通运输企业从事校车业务的行为。

道路客运市场专项整治　2023年，县交通运输局与交警部门联合在高速路口、旅游景点等重点区域设卡，重点打击客运班车不按站点上下客、站外揽客、客运包车和旅游包车违规经营等违法行为。是年，共查处客运班车违规经营案件1宗，客运包车案件2宗，营运证失效案件4宗。

强化危险品运输车辆检查　2023年，县交通运输局结合日常巡查、危险货物运输专项整治、成品油专项整治、道路交通安全专项整治等行动，加强对危险品货物运输车辆相关证件的检查力度。同时，对路面可疑的车辆进行检查，依法查处未取得道路危险货物运输许可擅自从事成品油、危险货物运输的车辆。

整治非法改装　2023年，县交通运输局联合相关部门排查露天停车场，开展打击货车非法改装专项行动。在国省道主干线、货运源头周边、货车停车场等重点路段和重点场所部署执法人员，采取不定期、错峰行动等方式，加大对非法改装货运车辆的打击力度，从严从重处罚，消除道路交通安全隐患。

非法成品油查处　2023年，县交通运输局联合公安机关、发改部门对进出本县交通要道的运输车辆进行分析摸查，查处非法车辆运输走私物品违法行为。对县城国道周边开展日常巡查行动，针对可能继续出现的"黑油站"加大检查力度。全年共出动执法人员1027人次，执法车辆358辆次，检查车辆862辆次，未发现非法从事成品油道路运输案件。

依法治超　2023年，县交通运输局采取强化源头治理、常态化联合治超、定点检查和流动巡查相结合等方式推进依法治超工作。以预防重特大道路交通事故为核心，狠抓货物装载源头治理，强化路面管控，全方位、多层次开展治超工作，切实保障人民群众交通出行安全和公路建设的健康发展。全年共投入2.87万人次，检查车辆约130万辆次，路面巡查投入执法人员共7377人次，执法车辆共3655车次，查处非法改装车辆35辆次、违法超限超载运输车辆857辆次（首违且超限率10%以下，卸货后经公安交警部门警告不予行政处罚692辆次），卸载货物3057.45吨，驾驶员记分309分；立案处罚货运源头违规案件14宗；完善全县3个超限检测点的建设；立案处罚非现场执法案件143宗，非现场执法处罚超限运输货物829吨；完成重点货运源头企业监控系统升级14家；对1家监管货运源头企业违法放行超限运输车辆行为，分别向县工业和信息化局、属地镇政府等单位进行通报，督促完成整改。

（县交通运输局）

公路养护管理

【公路养护概况】　2023年，佛冈县公路事务中心管养公路里程共371.19千米，其中国道2条64.95千米，省道5条142.93千米，县道11条150.85千米，乡道1条3.1千米，非库道路9.35千米。

日常养护工作　2023年，县交通公路部门全力做好国道、省道、县道的小修保养、公路清障、绿化维护、桥梁养护、公路附属设施维修等工作。完成S245线公路服务设施（杨桥头停车区）建设工程、G106线K2309+950～K2309+965、S355线K79+940、S252线K49+500和K85+100段一般水毁修复工程、G106线及S355线道路交通标线施划工程、G106线K2330+700～K2336+950路面功能性修复养护工程、X406线K0+140排水沟修复工程；完成市级挂牌督办路段（清远市佛冈县G355线K1062+127～K1062+300（上行）段路面修复工程）的验收摘牌；完成G355线、S355线、S292线和X376线、X406线、X828线公路路产登记工作；完成全县国、省、县道125座桥梁和农村公路331座桥梁的普查工作，对出现损坏的桥梁，及时采取措施进行处理。严格按照路长制和农村公路管理养护体制改革实施方案的工作要求，加强对农村公路养护管理的技术指导和监督检查，会同县财政局完成了全县农村公路的检查考核。2023年累计完成修剪遮挡视线（标志牌）树枝、绿化783处，维护修剪

2023年9月18日，县公路事务中心对道路进行日常养护
（县交通运输局　供图）

公路绿化301千米，清理公路路障和路边堆积物3258处，完成公路路面机械清扫和冲洗约7.35万千米，修补路面坑槽约1.8万平方米，更新设置和维护交通安全标志8751块，重新划线1.56万平方米。

【路政管理】　2023年，佛冈县交通公路部门加强对管辖公路的经常性巡查，常态化开展路域环境综合整治，对侵占路产路权、占道经营、污染公路路面等行为及时进行制止，对非公路标志标牌、违章广告等及时进行清理，坚决维护公路路产路权，规范交通秩序，美化公路环境，同时加强路政法律法规宣传，营造良好的路政管理氛围。是年，公路事务中心配合县城综局、县交通运输局、石角镇政府等部门联合开展G106线县城段的路域环境整治行动。全年联合县交通执法中队，整治污染公路车辆滴、洒、漏行为87次，协助拆除违章广告牌487块，拆除铁棚24处，清理横幅149条、非公路标志牌235块，制止和纠正占道经营、乱堆放行为1193次。

【路政服务】　路政宣传　5月，通过线上线下宣传、视频直播、深入公路沿线村庄宣讲等形式集中开展路政宣传月活动，提高沿线群众护路意识。

公路服务区　2023年，县惠爱亭公路旅游服务区、横江和民安停车区对外开放运营，为过往司乘人员提供停车场、厕所、饮用水、汽车充电桩（仅惠爱亭）等服务。

公路安全生产　2023年，佛冈县公路事务中心进一步加强道路安全隐患排查治理，结合节假日、汛期以及部、省、市、县4级督办交通安全隐患路段治理工作要求，重点对国、省、县道等急弯陡坡、长下坡、临水临崖、路侧防护栏缺失、隐患突出及事故多发路段安全隐患进行排查治理，并对每个隐患点段实行挂图作战，对点清账。是年，累计落实道路隐患路段整改治理1128处，完成四级挂牌督办隐患路段治理8处、县委专项督查组督办治理4处，有效预防和减少道路交通事故；全力推进S252线县城段K0+000～K8+584"公路安全精品路"创建工作，通过对急弯陡坡、下坡路段、穿村过镇路段、一般支路接入口、临水临崖、平安村口、平交路口这7类隐患路段进行整治，提升道路交通安全通行能力；集中开展国省道交通安全百日行动专项整治、S355线交通安全问题整改、重大事故隐患专项排查整治"2023"行动、全市过境国省道公路安全隐患排查整治、公路沿线森林防火整改、办公大楼消防整改等专项工作，研究制定隐患整治方案，及时消除安全隐患；积极开展安全生产月活动，进一步完善安全生产管理制度和应急预案，落实汛期抢险物资储备工作，5月，联合县交运局组织开展公路汛期抢险保通应急演练，完善汛期应急机制，提升公路部门应急处置能力。通过采取一系列安全整治措施，提升道路交通安全通行能力，为经济社会发展营造

2023年10月16日，县交通运输局、公路事务中心工作人员到在建工程项目检查
（县交通运输局　供图）

良好社会发展环境。

（县交通运输局）

交通运输管理

【交通运输概况】 2023年，佛冈交通运输以公路货运和客运为主，货运经营主要由社会运输业户进行。全县营业性货运车辆2117辆，总吨位4.47万吨。

客运经营企业有清远市粤运汽车运输有限公司佛冈分公司、佛冈县安利通运输有限公司、佛冈县永通公共汽车有限公司、佛冈县顺万通小汽车出租有限公司4家客运企业，长途客运车辆62辆，长途客运班线8条。

新增交通运力 2023年，全县新增及更新客货车辆433辆，其中客车2辆，货车431辆；注销客货车辆共455辆，其中客车27辆，货车428辆。全县客货运力与运量基本保持平衡，满足运输市场需要。大力发展节能环保新能源车辆，不断调整优化运力结构，推进城乡一体化交通网络建设。

城乡公交运力 2023年，全县有公交客车116辆，投入营运116辆。全县公交线路共22条，其中县城公交线路5条，每日运行188班次；县城至各乡镇的城乡公交线路17条，每日发往各镇320班次。

【春运工作】 2023年，佛冈县交通运输部门在春运期间共投入长途客车65辆，累计发车1294班次，运送旅客4096人次；县内公交班线投入公交车112辆，累计发车16 628班次，运送旅客34.7万人次。

【佛冈县便捷客运站】 佛冈县便捷客运站成立于2022年11月，地址位于佛冈县石角镇园山街54号，由佛冈县安利通运输有限公司运营，占地面积为2428平方米，发班线路为市际班线主要发往广州、深圳、韶关，县际班线主要发往清远。年平均发送旅客56 920人次。

【佛冈县安利通运输有限公司】 佛冈县安利通运输有限公司成立于2007年4月，是一家以市际班车、县际班车和县市际包车客运为主要经营项目的客运公司，在册员工44人，其中管理人员6人，驾驶员38人。2023年，公司拥有大中型客运车辆48辆，总客座位1661个。设有佛冈至广州（东站、天河、省站、花都）、深圳、韶关、清远共4条线路。全年客运总量28.6万人次；客运周转量2183.3万人千米。

【佛冈县永通公共汽车有限公司】 佛冈县永通运输有限公司成立于2003年4月。2023年拥有客运车辆122辆，其中公交客运车辆116辆（全部为新能源纯电动公交车），农村客运车辆6辆。是年，县永通公共汽车有限公司车辆运营线路总长度达546千米，完成客运量340.05万人次，客运周转量为3818.3万人千米。全县公交线路22条，每天共发班次518班；其中县城至各乡镇公交线路17条，每天发往各镇328班次；县城公交线路5条，每天运行班次约190班次。全县农村客运线路6条，每天共发班次25班。

（县交运局）

邮政业

【邮政业概况】 2023年，中国邮政集团有限公司广东省佛冈县分公司（简称"邮政佛冈县分公司"）共设14个部门机构，其中职能部门4个，分别是综合办公室、市场经营部、代理金融中心、寄递运营部；生产班组4个，分别是环城中邮政支局、振兴路营业所、文明路营业所、环城揽投营业部；非生产班组2个，分别是大客户中心、技术组；邮政支局4个，分别是龙山邮政支局、高岗邮政支局、水头邮政支局、迳头邮政支局；邮政委代办网点2个，分别是汤塘邮政代办所、民安邮政代办所。共设投递邮路32条，其中县城邮路19条（含15条揽投合一邮路和4条普邮专投邮路），乡镇邮路13条（含12条揽投合一邮路和1条包快专投邮路）。是年末，佛冈县分公司在册员工共86人。党员33人，其中女性党员14人。

【邮政业务】 *邮政业绩* 2023年，邮政佛冈县分公司完成收入4464.92

2023年5月27日，邮政佛冈县分公司环城中路营业厅日常寄递业务

（邮政佛冈县分公司 供图）

万元（A+B+C，含专业收入 4380.13 万元和结算收入 284.29 万元），完成市公司下达年计划（4380.13 万元）的 101.94%，同比增长 16.83%。其中：代理金融业务完成 2311 万元；寄递业务完成 1478.2 万元（含结算收入 230.85 万元）；邮务类业务 263.09 万元；其他收入 325.47 万元（其中出租收入 211.72 万元）。

金融类业务 2023 年，邮政佛冈县分公司完成金融类收入 2311.6 万元，完成进度 97%，增幅 12.7%。金融总资产持续提升，新增 16 778 万元，完成全年目标进度 100.46%；同比增长 5995 万元，同比增幅 56%；时点余额新增 15 680 万元，完成全年目标进度 67.81%；保费规模新增 1702.74 万元（其中中邮期交保费规模新增 800.94 万元，完成全年目标进度 100.12%）；保险收入 445.89 万元，完成全年保险收入目标进度 73.1%。当年，佛冈分公司利用省公司商户收单政策，挖掘合作存量商户潜力，以"网点+商圈"为牵引，按照"做透五百米、做精一公里、覆盖三公里"的网点构建周边特色金融消费生态圈，全县累计新增 1327 户微邮付商户，累计存量商户 4814 户，累计总资产增长 2563 万元。内控合规方面，每季度对县分公司 6 间代理金融网点进行常规检查，实现 100% 覆盖。全年无发生金融安全事故、案件。

邮务类业务 2023 年，邮政佛冈分公司函件收入完成 53.35 万元，完成年任务的 100.65%；报刊收入完成 129.46 万元，完成全年任务的 101.14%。成功开发营销主题教育图书 1.5 万本，销售金额合计 9.5 万元；集邮收入完成 31.13 万元，完成全年任务的 104.2%。是年，佛冈县分公司服务质量体检得分（普服+包快）排名全市第一，获得服务质量优胜奖励 22 万元，实现"向服务质量要效益"管理目标。邮快合作方面：完成全年目标（38 万件）的 100.67%，成为全市第 5 个提前完成全年目标的县分公司。运营方面：进口邮件 275.64 万件，出口邮件 196.2 万件。乡村振兴指标实现农村汽车化投递率达 100%，达到市公司代投社会快递，完成全年目标的 100.67%，邮快合作建制村覆盖率、头部站点应投实投率主要受站点质量影响，指标会有所波动。自提率和甩点直投率均达到省、市公司下达的目标值，其中全县自提率 82%，甩点直投率 35%。

寄递类业务 2023 年，邮政佛冈分公司完成寄递收入 1478.2 万元，完成进度 110%，其中国内特快业务实现质效提升，特快完成业务收入 530.8 万元。领导带头拓展客户，寄递活跃客户累计 132 户，同比增长 27%，完成年度任务的 106%，新开发寄递客户 26 户，贡献收入 71.43 万元。是年，佛冈县分公司组织全县客户经理对各种植户进行走访，于 8 月 31 日提前完成农产品寄递收入目标，农产品寄递实现 39 万元收入。是年，以电动自行车带牌销售为契机，紧密与公安交警部门联系沟通，实现电动自行车带牌销售全邮政模式，电动自行车带牌销售受理 9722 台，创收 17.07 万元。法院专递疑难邮件专投项目续签，派驻人员到法院支撑导诉及退回邮件深度投递，项目创收 57.6 万元。

【邮政服务】 **打造三级物流体系** 2023 年，邮政佛冈分公司以三级物流体系佛冈模式为依托，发挥"四流合一"优势，以提速扩能、降本增效为目标，以"物流网络规划、运营能力建设、营销服务扩展、农村电商支持"为指引，实现扩增佛冈县农村电商物流仓储配送中心（面积 4500 平方米）；改造（物）流配送中心仓储功能，实现日分拣能力从原 10 000 票/天提升到 40 000 票/天；提升佛冈县、镇、村三级物流配送体系运营效能，保障物流服务站"最后一公里"配送畅通；全面建成村级站点 78 个，利用自有物业，打造 9 个镇（村）特色电商服务示范站点，实现"一网多用、一店多用"。

惠农专班业务 2023 年，佛冈分公司在惠农专班营销体系的基础上，加强人员配备，对 6 个网格配备专职营销人员 10 人。总部客户项目实现增长 12%，"邮生活"新增用户 6501 户。是年，金融寄递协同，达成农产品交易额 77 万元，农产品寄递 74 万元，农村五大客群新增对公开户 14 户，"融资 E"完成 1280.51 万元。

优化邮政队伍建设 2023 年，邮政佛冈分司积极配合市公司开展校招、社招活动，补充 6 名大学生充实队伍。推荐 4 名优秀骨干参加市公司的人才入库评选，其中 1 人入选。是年 4 月，完成金融部经理、市场部经理的配置，提升管理效能。鼓励全员积极报考各类学校，进行学历提升，组织符合条件的员工积极考取负责人、理财经理、合规经理以及反假币等资格证书，全年新增考取负责人资格证书 3 人，理财经理资格证书 5 人，合规经理资格证书 2 人，反假币证书 8 人，普柜资格证书 5 人；鼓励更多员工考取基金证以及 AFP/CFP 专业理财师证书，丰富专业知识与素养，提高队伍素质，壮大营销后备力量。当年新增考取基金证 3 人，财富顾问资格考试通过 1 人。是年，推荐 4 名骨干进入市公司"人才库"，其中 1 人成功入库，推荐 2 人入选市分公司支局长储备库。对新入职的大学生开展"大学生三年成长计划+导师制+课题制"培养。

【平安邮政】 2023 年，邮政佛冈分公司全面开展安全生产大检查大整治活动，对存在消防安全隐患的县公司综合大楼进行全面整改。一是根据市公司的工作部署，完成第一批 4 个网点业务库的建设，全年无重大安全生产事故或案件发生。二是深化金融合规经营，开展雷霆行动、高管讲合规等专项活动，精准落实反电信诈骗工作，持续消除金融风险隐患、压降金融风险案件。

（成庆贺）

通信业

【中国电信股份有限公司佛冈分公司】 2023年，中国电信股份有限公司佛冈分公司（简称"电信佛冈分公司"）下设综合部、销售部、客响维护部、政企客户服务中心和5个营销服务中心。在册员工65人，邮电人才员工59人。公司为全县近16万客户提供固话、移动通信、互联网接入及应用、数据通信等综合信息服务。

市场经营 2023年，电信佛冈分公司按照集团公司、省市公司和县委、县政府战略部署，全面深入实施云改数转战略，推进工作有效开展，企业改革持续深化，数字信息基础设施建设升级，积极履行社会责任，不断彰显使命担当，企业经营发展稳中有进，实现质的有效提升和量的合理增长，通过全员努力，经营收入保持稳健增长。利润率持续提升，收入完成100.66%，取得全市排名第二的成绩，基本面持续向好，产业数字化收入增幅明显。

网络运营 2023年，电信佛冈分公司不断加固网络基础底座，提升网络健壮性，开展"5801工程""电联中频一张网""百村千场万点""4G微小站"等专项建设。同时，推进全网协同，制定本地应急保障方案，建立应急物资管理台账，落实例行开展巡检与隐患整治工作，加强对干线及重要本地骨干环网、重要路由、重要地段、重要客户实施重点盯防，圆满完成中高考等各项重点工作的通信保障，实现各项通信保障零事故发生。

基础管理 2023年，电信佛冈分公司进一步夯实基础管理，助力企业发展。一是以开展主题教育为契机，持续提升党建工作能力，抓好政治生态建设，营造团结拼搏的企业氛围。二是以市场为导向，出台"p计划"方案（根据企业战略和业务发展的需要，及时调整组织结构和人员配置，使企业更加灵活应对市场变化和竞争压力，实施的破局改革方案），通过机构和职责重构，强化销售组织和有效穿透，为一线减负，确保一线精力聚焦销售，提升产能。三是遵循业绩和基层导向，持续优化人才队伍结构，推进人效提升，实现企业价值和员工价值双提升。四是落实职代会制度，铸造"四小"品牌，进一步坚持底线意识、落实安全生产责任制，实现2023年度安全生产零事故。五是主动监督，发挥监督保障执行作用，服务大局，在监督上下功夫，大力实施"五督五促"工作，营造风清气正的企业氛围。

（郭慧芳）

2023年6月6日，电信佛冈分公司在水头镇莲瑶村举行做实做强"百千万工程"，持续推进"数字乡村"暨"佛冈县正能量积分制小程序"启动仪式

（电信佛冈分公司 供图）

【中国移动通信集团广东有限公司佛冈分公司】 2023年，中国移动通信集团广东有限公司佛冈分公司（简称"中国移动佛冈分公司"），内设综合部、政企客户部、网络部3个部门、3个分局（县城分局、南部分局、北

2023年2月25日，中国移动佛冈分公司在水头镇开展"中国佛冈（国际）魔芋节"通信保障

（中国移动佛冈分公司 供图）

部分局）。是年，中国移动佛冈分公司致力于为政府、企事业单位、社会各界及广大民众提供高效、精准的信息化服务方案和卓越的通信体验。中国移动佛冈分公司精心构建党建学习台账，确保学习贯彻工作能够扎实有效。与县内多个党政部门及企事业单位展开深度合作，共同开展200多场共建活动，以高质量党建引领企业持续健康发展。坚定不移地推进中央巡视整改工作和六大重点领域的专项整治，完善"三不腐"体制机制，为全面从严治党向纵深发展提供坚实支撑。

网络管理 2023年，中国移动佛冈分公司以"保持网络领先优势、提升业务支撑能力、保障运营发展"为主线，强化网络基础设施建设、优化网络覆盖、提升网络质量，实现网络建设运营持续走在前。网络能力优势持续增强。通过扩大5G建设，补强4G覆盖，加快有线资源覆盖，全年新建5G基站120多个，建设4G站点20多个，优化改造站点90多个，开通商务楼宇企宽、自然村以及国标小区家企宽项目合计一百多个站点，新增端口超五千户。网络质量持续提升，持续压降基站退服率，批量PON口解决率保持100%。有效提升网络容量、质量和服务能力。

业务经营 2023年，中国移动佛冈分公司坚持党建引领，积极发挥通信企业的战略性、基础性、先导性作用，践行做网络强国、数字中国和智慧社会主力军的责任。充分运用信息化能力，为佛冈"百千万工程"提供有力支持，推动佛冈在信息化发展的道路上不断前行。

乡村振兴 2023年，中国移动佛冈分公司聚焦"百千万工程"，通过信息化技术，助力乡村振兴。一是积极推动社会主义新农村建设，佛冈分公司承建县气象局村村响广播系统，采用先进的网络传输技术，增加60个自然村点位，累计覆盖全县410个自然村，实现"村村通"广播，助力佛冈乡村振兴建设。二是运用大数据能力，提供500万条梧桐云信服务，为佛冈县人民群众提供精准天气推送，提高佛冈县人民应急救灾能力，大大提高应急预警能力，造福群众。三是以信息化技术手段，搭建全域旅游大数据平台，连续6年为佛冈旅游业的发展提供服务支撑。

平安佛冈建设 2023年，中国移动充分发挥网络及平台优势，运用AI、对讲及数据模型等，深度参与省运会赛区中心场馆智感家防护城墙视频监控建设及公安局警务通服务项目建设，助力佛冈执法部门提升社会治理智能化、科学化、精准化水平。

数智政务服务 2023年，中国移动佛冈分公司不断优化自身的政务服务水平和信息化能力，积极投身于佛冈的政务服务信息化建设。利用用户群体大及信号覆盖广的优势，为佛冈县第五次全国经济普查提供设备和网络支撑。投入资金完成政府安全系统升级服务及网络维护服务，提升政务服务质量，打造精品政务外网。

首个政协"委员驿站"运营商 2023年1月5日，中国移动佛冈分公司政协"委员驿站"挂牌成立，这是佛冈县首个国企政协委员驿站，标志着佛冈县在国企领域迈出政协委员工作创新的重要一步。作为县政协工作的崭新实践，这一驿站不仅填补了国企政协委员工作平台的空白，更为全县范围内推广"委员驿站"模式树立了典范。

践行社会责任 2023年，中国移动佛冈分公司结合县文明办及社会发展需求积极开展志愿活动，541人次参加，服务总时长共1468小时。一是开展"警企联动，全民反诈"千场宣传活动，联合县反诈办、县教育局、县市场监督局、县住建局、各派出所、镇政府等单位深入各企业、厂区、校园、社区（村居）、小区开展宣传活动，同时结合移动大数据、AI智慧触达、5G消息等技术手段，开展诈骗预警监控工作，提升反诈拦截的技防水平。二是开展乡村振兴志愿服务。为进一步配合县委县政府推进农村人居环境整治，落实全面推进乡村振兴战略任务，组织党员及青年志愿者服务队下沉到龙山涘镇村开展人居环境整治工作。三是开展大型活动、会议现场保障及反诈宣传志愿活动。结合高岗豆腐节、水头镇中国佛冈（国际）魔芋节、全国两会等开展现场驻点服务。四是开展义务植树志愿活动。中国移动佛冈分公司捐赠树苗，联合团县委、林业局、农商行等单位到迳头镇楼下村开展义务植树活动。五是开展高考驻点服务。高考期

2023年1月5日，佛冈县首个国企政协"委员驿站"在中国移动佛冈分公司综合楼挂牌成立

（中国移动佛冈分公司　供图）

间，组织爱心志愿服务队，进驻由佛冈县公安局与团县委携手打造的"高考暖心加油站"，为考生免费提供考试应急用品及其他爱心送考服务。

（林月媚）

信息化建设

【信息基础设施】 2023年，佛冈县移动通信用户33.46万户，固定电话用户2.27万户，光纤入户用户18.91万户，入户率97.85%，4G基站建成2229个，5G基站建成1197个（其中5G宏基站1110个，5G室内分布站87个），实现佛冈县县城内5G信号普遍覆盖，全域千兆光纤网络全部开通。

【乡村网络和光网建设】 2023年，全县六个镇78条行政村实现千兆光纤、4G、5G手机信号全覆盖。纳入省全域规划清单20户以上自然村实现100%光纤网络覆盖，并实现行政村一级的千兆光纤网络100%覆盖。全县农村各类互联网用户6.8万户，1080条自然村4G手机信号普遍覆盖，同时具备升级5G和千兆光纤的基本条件。是年，县工信局根据本县实际建设需求，制定相关措施和工作计划，进一步加快推进乡村4G、5G网络和光网建设向自然村延伸，提高农村宽带网络接入速率，利用农村电商、"互联网+"现代农业、智慧乡村特色旅游等信息化应用项目，带动农村无线网络用户发展，实现全县行政村、农业生产基地、农村电子商务集聚区等无线网络信号全覆盖。

【5G+智慧园区建设】 2023年，佛冈县"5G+智慧园区"的示范应用有序推进，广佛产业园区及聚宝工业园区共建成4G基站45个，5G基站35个，同时实现万兆光纤信号覆盖至产业园区各企业，高速手机传输通信信号和万兆光纤的开通全覆盖，助力佛冈县实现高质量发展迈上新征程。

【5G网络信号覆盖】 2023年，县工信局根据省、市、县政府相关文件的精神和要求，无条件免费开放政府机关、事业单位、国有企业、公共建筑或物业，为信息基础设施建设提供条件。重点推进3大基础电信运营商5G及无线宽带城市建设工程、公共区域无线局域网络、超高速无线局域网等项目。截至12月，实际投入运营各类高速传输信号基站3530个，实现县城区域5G手机信号全覆盖，同类指标位于全市乃至全省前列。

【数字化转型升级】 2023年，县工信局大力支持"企业数字化转型升级""上云上平台"项目，实施数字化网络化智能化升级，推动中小企业围绕研发设计、生产管控、经营管理、售后服务等环节，依托工业互联网平台商和服务商，采用低成本、快部署、易运维的应用服务产品，实施核心业务系统"数字化转型升级"和"上云上平台"，进一步降低经营成本、提升生产效率、提高产品质量、降低能耗排放、优化产业协同。支持制造业龙头企业应用工业互联网新技术实现内部管理和生产的数字化管控，打造企业级平台。

（邓志敏）

无线电管理

【无线电管理概况】 2023年，佛冈县无线电管理办公室由清远市工业和信息化局和佛冈县人民政府办公室双重领导公益一类事业单位，共有工作人员4人。主要职责是：贯彻执行《中华人民共和国无线电管理条例》《广东省无线电管理条例》及有关法律法规；负责辖区内京广航线以及三防重要频点的监听、监测；进行电磁环境测试、分析，为无线电主管部门进行频谱规划、频率指配和审批无线电台（站）提供技术依据；查找无线电干扰源和未经批准使用无线电台（站），并进行协调处理。

【无线电管理措施】 2023年，佛冈县无线电管理办公室认真贯彻执行《中华人民共和国无线电管理条例》《广东省无线电管理条例》，在清远市无线电管理科的指导和帮助下，做好县无线电管理工作，抓好全县频率资源管理，维护好空中电波正常秩序，加强无线电的监听、监测、监管工作。

【无线电日常监测】 2023年，佛冈县无线电管理办公室通过行政管理与科学技术相结合的手段，对无线电频率资源实施科学、有效的管理，保证合法无线电通信设备不受有害干扰，保证有效工作和服务，合理利用和开发频谱资源，提高其使用效率。利用固定小型监测站和移动监测设备做好常规监测。全年共监测频率1200多小时，按时完成监测月报，有效维护空中电波秩序。

【重要期间保障监测】 2023年，佛冈县无线电管理办公室全力以赴做好广东省第十六届运动会暨第九届残疾人运动会期间无线电安全保障工作。制定保障工作应急预案，加强与相关单位的联系，听取、了解防范和打击利用无线电设备进行无线电传播、干扰等不法行为的工作和意见。加强辖区内电磁频谱监听、监测，维护空中电波秩序，防止有害干扰，净化电磁环境安全，遇有特殊情况立即上报，做到防范周密、处置迅速，确保重要部门、重要业务、重点频段无线电通信安全。

【考试保障监测】 2023年，佛冈县无线电管理办公室确保全国普通高校招生考试、佛冈县2023年事业单位招聘笔试等考试现场的无线电安全，有效防止和遏制利用无线电技术进行考试作弊的行为。

【无线电监管、监听、监测】 2023年，佛冈县无线电管理办公室加强监管、监听、监测，确保电波安全。佛冈毗邻广州白云国际机场，京广航线途经佛冈上空，而且随着佛冈县招商引资

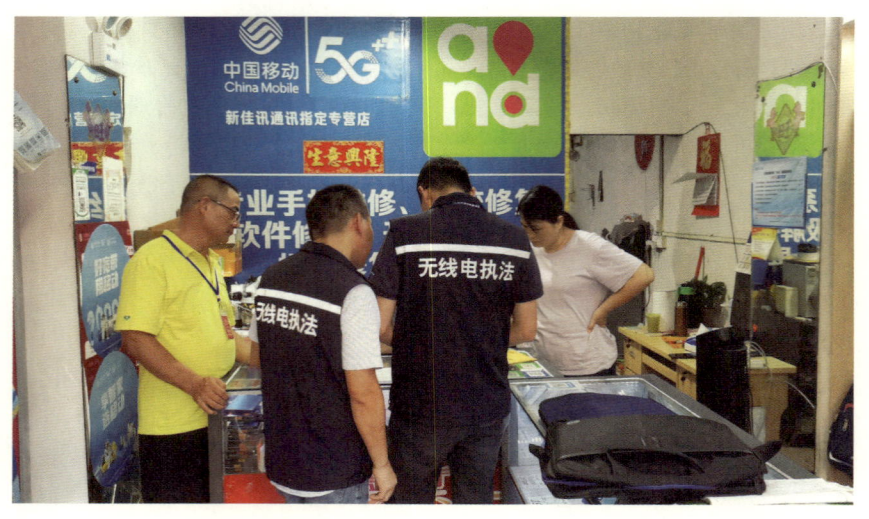

2023年9月13日，县无线电管理办工作人员对无线电使用单位进行检查
（县无线电管理办　供图）

不断发展，无线电台使用数量不断增加，加强全县无线电管理工作十分重要。佛冈县无线电管理办公室至少有一人坚守在监听设备旁，合理安排好轮值时间，工作人员之间保持密切的工作联系，做到相互沟通、相互帮助，共同抓好无线电管理工作。重点加强民航、公安以及三防等重要部门频点的监听、监管，加强民航专用频率的保护，对监测数据进行采集分析，做好日常监听、监测情况的工作记录。发现问题及时向上级汇报并给予迅速解决，切实保障重点频率的使用安全，确保民用航空的通信畅通，维护空中电波秩序。

【专用频率监测】2023年，佛冈县无线电管理办公室认真履行职责，做好重要频点监听、监测工作和警报遥控专用频率监测监管，清理核实相关频段内合法信号，查实查清非法不明信号，保障重要无线电通信的正常运转，为民航、公安、交通、三防等重要部门工作正常开展，提供良好无线电通信保障环境。

【汛期无线电通信保障】2023年，佛冈县无线电管理办公室与县防汛相关部门联系，确保汛期无线电通信畅通。佛冈县是广东省三大暴雨中心之一，防汛工作面临很大压力。县无线电管理办公室强化措施，扎实做好防洪工作，同时，在防洪救灾抢险期间，主动与三防部门取得联系，重点做好三防频点监听、监测工作，落实好值班制度，做好应急处理方案，确保防洪工作中通信正常使用，为汛期防洪工作提供无线电通信畅通的必要保障。

【无线电通信设备管理】2023年，佛冈县无线电管理办公室做好无线电通信设备（对讲机）申请及使用管理工作，做好无线电法规的宣传工作，让使用单位按正常手续办理无线电设备（对讲机）申请，遵循无线电法律、法规，做到合法使用，发现有违规使用的企业单位及个人，通过电话和上门相结合方式，宣传无线电法律、法规，让使用者了解无线电管理重要性，正常使用频率必要性，让其进行必要申请和报批手续。在办理电台申请手续过程中，对预批频点进行认真磁场检测，发现不符合现使用频段或造成干扰，一律要求使用者停止使用。

【无线电通信设备查处】2023年，佛冈县无线电管理办公室对某些单位设电台时使用450～470 MHz频段无线电设备（对讲机），不是在规定频段使用，经发现一律要求使用者停止使用，调至正常审批频段，或重新购置新机按照所批频段来使用。对非法设台、擅自使用频率的行为进行依法查处，保证国家频率资源合理有序分配，从而规范管理全县无电线对讲设备正常使用。

【无线电法律法规宣传】2023年，佛冈县无线电管理办公室加大对无线电法律法规的宣传力度，营造遵纪守法良好氛围，贯彻落实《广东省无线电管理条例》和根据清远市无线电管理办要求开展无线电管理宣传月活动。通过县人民政府门户网站、电子政务办公网、政务QQ群、微信群和广播电视等宣传形式以及召开座谈会等多种方式，广泛向全社会宣传《中华人民共和国无线电管理条例》《广东省无线电管理条例》和涉及无线电管理的法律、法规、公文、业务资料等，使无线电管理各项法规深入广大人民群众的心里，营造管理者依法管理，依法行政，被管理者自觉遵纪守法的良好氛围。

【打击非法电台"黑广播"】2023年，佛冈县无线电管理办公室加大打击"黑广播""伪基站"违法犯罪行为力度。全年使用无线电监测车70多次、监测定位设备100多次，出动监测人员100余人次，监测时长100小时以上，有效维护空中电波秩序。是年，没有发生"黑广播""伪基站"案件。

（蔡金河）

城建·房产

责任编辑：郑中扬

重点建设项目

【**重点项目建设概况**】 2023年，佛冈县以推进重点项目的建设为抓手，促进经济高质量发展。全年纳入省、市重点项目16个，涉及教育、基础设施建设、智能制造、生物医药和能源等领域。项目计划总投资246.7亿元，2023年计划投资26.24亿元，实际完成投资39.5亿元，完成年度投资计划的150.53%，位列全市第二，总体考核位列全市第一。

【**强化项目督导**】 2023年，佛冈县组建由县人大常委会牵头，县政府办公室和县发展和改革局等多个部门参与的重点项目督查组，不定期对35项重点项目开展督导。全年督查组协调项目牵头单位以及各镇、各部门提供现场办公、主动服务，召开项目推进会议20余次，加快工程建设进度，形成更多投资实物量。督查组严格按照市委"十大行动"方案及"两张清单"的时间节点，推进重点项目建设，紧抓时序进度，以分解存在问题的方式，逐个攻破重点项目存在的堵点，确保重点项目按时按质推进。

【**项目用地审批**】 2023年，佛冈县充分发挥并联审批专班机制作用，在县并联审批专班单位的协作下，各部门协同联动，加快并联审批，做到"即来即审，审完即报"。全年全县共获15个用地批复，涉及城建、中核和雅迪等重点项目，用地指标达57.62公顷，有效保障项目落地及建设。

（曾德政）

2023年8月29日，佛冈县发展和改革局局长陈湘中带队赴广州开发区开展优化营商环境调研 （县发展和改革局 供图）

城乡规划

【**城乡规划概况**】 2023年，佛冈县自然资源局做好国土空间总体规划、土地利用总体规划以及重点项目详细规划，做好国土空间规划的行政审批工作。

【**国土空间总体规划编制**】 2023年，佛冈县自然资源局编制上报的《佛冈县国土空间总体规划（2021—2035年）》取得省政府批复。

【**土地利用总体规划调整方案编制**】 2023年，佛冈县自然资源局根据县委、县政府工作安排，组织编制预留规模方案5个，共计调整城乡建设用地19.48公顷，切实保障佛冈金城金属制品有限公司、佛冈达味特钢有限公司、佛冈顺亚纺织科技有限公司及龙山智造城配套设施——龙山污水处理厂一期、广东材料谷·未来科技园、西气东输二线项目（东段）、点状供地项目等重点企业、重点项目的用地规模。

【**重点项目详细规划编制**】 2023年，佛冈县自然资源局组织编制的《佛冈县龙凤新区控制性详细规划修编》《佛冈县城西科技园控制性详细规划》《佛冈县龙山智造城控制性详细规划》等规划获得县政府批复；新编制《佛冈县石角镇05005地块控制性详细规划》《佛冈县石角镇05006地块控制性详细规划》等县城片区规划。

2023年8月9日，县自然资源局召开国土空间规划委员会会议

（县自然资源局 供图）

【国土空间规划行政审批】 2023年，佛冈县自然资源局组织召开11次县国土空间规划委员会及专业技术委员会会议，共审议80个项目，落实办理112项规划设计条件（总用地面积281.62万平方米），批准核发《建设工程规划许可证》149项（总建筑面积80.22万平方米）、《规划条件核实》94项（总建筑面积118.42万平方米），切实做好国土空间规划行政审批工作。

（朱雪雯）

镇村建设与管理

【镇村建设与管理概况】 2023年，佛冈县住房和城乡建设局加强农村住房安全保障，强化村庄建设项目管理，保护传承乡村历史文化，促进农村人居环境改善。

【农村住房安全保障】 2023年，县住房和城乡建设局持续加强农村住房安全保障，助力乡村振兴。牵头开展全县自建房排查整治工作，全年共排查房屋建筑135 643栋，其中，经营性自建房7287栋，非经营性自建房101 187栋，不需要排查27 169栋；初判存在安全隐患的房屋580栋，其中经营性自建房137栋，非经营性自建房443栋；完成整治销号158栋，其中经营性自建房137栋，非经营性自建房21栋。当年市下达佛冈县农村危房改造任务50户，通过新建房屋、维修加固等举措完成改造任务。做好削坡建房隐患点在册点位风险排查工作，由县住房和城乡建设局聘请第三方专业机构，对全县各镇摸排出来的农村削坡建房风险点进行专业鉴定复核。完成风险点等级认定工作，排查确定风险点171处，涉及288户，受威胁人数1346人。其中，极高风险等级0处0户，高风险等级12处，涉及15户，中低风险等级共159处，涉及273户（其中中风险涉及187户，低风险涉及86户）。持续实行农房质量安全标准。继续推广《农村自建房质量安全一张图》，将宣传小册发放给村委会、农村工匠和有建房需求的自然村村民，切实提高建房户和工匠队伍的质量安全意识和风险防范意识。

【村庄建设项目管理】 2023年，县住房和城乡建设局加强农房建设管控、统筹推进城乡协调发展、规范农房建设秩序，强化村庄建设管理。加强农村建设工程施工报建管理，根据清远市住房和城乡建设局印发的《关于加强农村建设工程项目管理的通知》和《关于进一步加强农村住房建设管理的通知》，明确农村建设工程施工报建管理的要求，规范农村建设项目管理。贯彻落实《清远市村庄规划建设管理条例》，县住房和城乡建设局明确全县村庄建设管理实施范围、各单位职能权限、建设要求、审批流程等内容，简化村庄建设项目审批程序，同时加强宣传，推进基层普法执法，提升基层依法治理水平。持续推广使用《清远市农村住房设计通用图集》，并启动《佛冈县农村住宅设计通用图集》编制工作，与设计单位完成对各镇的实地走访调查，结合当地特色进行图集编制；通过图集的推广使用，引导农民建设安全、适用、美观住宅，加强农房外立面改造工作，提升农村建筑风貌。制定专项行动方案，县住房和城乡建设局印发《佛冈县农房质量安全风貌提升行动方案》，通过开展农房质量安全风貌提升行动，引导社会各方规范农房规划建设行为，提升乡村建筑风貌。

【乡村历史文化保护】 2023年，县住房和城乡建设局为加强历史文化保护，弘扬优秀传统文化，建设精神文明家园、凝聚社会主义核心价值观，切实做好历史文化保护传承各项工作。坚持规划先行，推进传统村落整体保护，全县有国家及省级历史文化名村1个（龙山镇上岳古围村），中国传统村落4个（龙山镇上岳古围村、高岗镇社冈下村、汤塘镇汤塘村、迳头镇土仓下村），广东省传统村落2个（高岗镇社冈下村、迳头镇八宅围村）。所有传统村落均完成挂牌保护和开展保护规划编制，其中高岗镇社冈下村、迳头镇土仓下村、汤塘镇汤塘村、迳头镇八宅围村的传统村落保护发展规划编制完成并实施，《历史文化名村龙山镇上岳村保护规划（2022—2035年）》已通过省专家评审会，并根据专家意见修改完成规划。严格落实核心保护区、建设控制地带的保护控制要求及环境协调区的

城建·房产　CHENGJIAN·FANGCHAN

2023年12月28日，龙山镇政府对如何修复保护上岳古围村进行调研

（徐嘉炜　摄）

协调措施，依法依规控制新建、扩建、改建等建设活动，通过保护规划编制，完善保护体系，梳理村落文脉，促进协调发展。延续历史文脉，加强历史建筑的保护及修复，全县列为历史建筑的有17处，总建筑面积3250平方米。其中，16处为砖木结构，1处为毛石砌体，建筑年代以明、清为主。截至是年底，17处历史建筑全部完成测绘、建档、挂牌及安全性鉴定等工作，有效保护历史建筑，延续历史文脉；经鉴定，C级危房有4处（迳头镇大陂大夫第、汤塘镇田心石板馆、汤塘镇罗氏祠堂、石角镇二七象山祠堂），D级危房有1处（石角镇云从社学）。对安全性鉴定为C级的历史建筑采取管控措施，对D级的"云从社学"建筑进行修缮加固，工程已竣工。历史建筑数字化成果汇交至上级部门，全面提升历史建筑的管理能力，为历史建筑数字化赋能。

（殷子乐）

城市管理

【城市管理概况】　2023年，佛冈县城市管理和综合执法局紧紧围绕县委、县政府中心工作，坚持以习近平新时代中国特色社会主义思想为指导，立足党建引领，聚焦人民群众所思所想所盼所急，牢固树立以人为本、为人民管理城市的工作理念，锚定创建全国县级文明城市工作目标，持续深化城市管理执法体制改革，积极探索佛冈绿美生态建设新思路新方法，加快推进新型城镇化建设、基础设施提档升级、城市道路和桥梁管养、优化行政审批等工作，以更深的情怀、更实的举措、更大的力度贯彻落实党的二十大精神，以实干实绩实现城市面貌品质双提升、跑出高质量发展"新气象"。

【城市园林绿化】　城市绿化规划编制　2023年，县城市管理综合执法局秉承"生态优先、因地制宜"的原则，加快推进《佛冈县城市绿地系统规划》编制工作，整合县域绿色资源，结合山水格局，构建"县级—片区级—社区级"城市绿地系统，对绿化规划实行精准化管理，明确绿化目标任务，合理划定绿化用地，并将绿地系统专项规划纳入在编的国土空间总体规划成果和"一张图"。9月27日，完成《城市绿地系统规划》专家评审工作，并在12月19日完成初步方案调整。

加大增绿建园力度　2023年，县城市管理综合执法局创新发展理念和方法，以创建国家森林城市为目标，大力开展市政园林绿化建设，着力提高城市人均公园绿地面积，美化县城环境。结合城镇老旧小区改造工作，加大增绿建园力度，极大改善城市人居环境。加快北山公园环境整治项目，通过融入（护林道）森林应急救援与生态游憩（健康跑道）休闲功能，打造一个具有佛冈特色的"都市森林公园"。通过增设"坐凳+绿植"设施，

2023年11月21日，绿化工人对市政绿化树进行修剪

（县城市管理综合执法局　供图）

开展绿化树树池改造项目，投入资金75万元，对振兴路240个树池进行改造，充分利用林下空间，选植适应性强、色彩丰富的绿植，如宫粉龙船花、翠芦莉等，将单调的树池拓展为休憩与观赏的场地，丰富振兴路沿线周边环境。以"垃圾分类+微绿植"的组合方式，对城市垃圾分类箱进行改造，投入资金72.4万元，增设新垃圾分类箱342组，二分类果皮箱200组，二分类液压垃圾箱20组，增设绿植6400棵，充分利用空间增强垃圾分类箱的美观性，提升视觉空间及景观效果。持续改善城市生态和人居环境，在外围新区结合新建居住片区进行绿化建设，全年新建公园3个，在教育南路、兴业中路、县政府行政服务中心旁公园种植乔木250株，灌木2800株，新增绿化面积1.17万平方米。

绿化养护管理 2023年，县城市管理综合执法局结合创文创卫、省运会、交通安全整治和"三防"等工作，共修剪影响到交通、管线、房屋和人身安全的市政绿化树4980棵，修剪绿化带面积38 300平方米，处理因暴雨、强风致折枝、倾斜和倒伏树木44棵，并对749棵盆架子树进行控花和除花味。共出动4269人次，有力保障绿化树正常生长，巩固绿化效果，提升景观质量。联合石角镇、县交通运输局等部门开展路域环境综合整治，在振兴南路、G106国道补植种植银叶金合欢、香樟、长春花、红背桂、花叶良姜等绿化苗木面积28 378平方米，营造更加宜居宜业宜游的绿美环境。严控城市树木砍伐、迁移，严格执行园林绿化审批程序。全年对损坏树木花草和绿化设施的行为立案处罚4宗，罚款3.1万元。

【城市管理执法监督】 **深化"门前三包"** 2023年，县城市管理综合执法局坚持从细处着眼、小处着手，以"门前三包"为有效抓手，化被动管理为主动服务，全力推进德星市场周边文中路、德星街、振兴路、青松

2023年8月30日，县城市管理综合执法局在人民公园举行"门前三包"优秀商户颁奖仪式　　　　　　　　（县城市管理综合执法局　供图）

路等12条街（路）的"门前三包"优秀商铺创建评比工作，评选出"门前三包"优秀商户60户并进行颁奖，进一步提高群众主人翁意识，实现从"要我干"到"我要干"的转变，以点带面助力县城增"颜"提"质"。

占道经营整治 2023年，县城市管理综合执法局针对占道经营、乱摆乱卖等现象进行专项整治，坚持教育为主、处罚为辅，以"刚柔并济"的方式引导流动摊贩入市、入店经营。全年对占道经营专项整治工作出动执法人员28 202人次，执法车辆13 019车次，清理、劝谕占道经营、流动摊贩乱象79 251次，责令改正428宗，作出行政处罚27宗，处罚金额7200元，进一步规范县城摆卖秩序。

餐饮油烟治理 2023年，县城市管理综合执法局对餐饮油烟治理工作出动执法人员405人次，执法车辆138车次，检查餐饮商铺799户，其中，对存在违规排放油烟行为的餐饮店下发《责令改正通知书》58份，全部整改完成。

违规广告牌整治 2023年，佛冈县结合"拆违、破网、开窗、治电"消防安全专项整治工作，联合县城监大队、县创文创卫综合执法队对县城建成区域内违规设置广告牌现象进行专项整治。全年共排查户外广告设施500个，对巡查中发现11处违规设置广告的商户进行法律法规宣传教育，并责令其改正，其中，拆除违规设置户外广告5处，合计1238平方米，加固设施1处，拆除户外招牌1处。

违法建设治理 2023年，上级下达佛冈县违法建设治理目标65 000平方米（其中拆除目标为48 750万平方米），全年全县共治理违法建设案件134宗，治理面积86 983.87平方米，其中拆除面积共81 384.05平方米，治理目标完成133.74%、拆除目标完成165.99%，超额完成市下达的治理及拆除任务。

综合整治 2023年，佛冈县成立城市综合整治联合执法队，抽调石角镇政府、县公安局等9个部门共24名执法人员以"六个周边"为重点，全面整治城市"六乱"现象。出动执法人员3040人次，执法车辆600车次，整治占道经营4529次，劝导电动车违规充电1642辆，电动车违停1487辆，对小商品市场、城东市场、德星市场等进行专项整治，初见成效。

生活垃圾分类推进 2023年，县城市管理综合执法局落实垃圾分类定时定点投放机制，全县28个物业小区有序开展定时定点投放工作，要求各小区在固定时间段安排专人在桶边督导，予以引导、督促、分拣，做到分类和投放精准；积极推进升级改

造垃圾分类收集设施，完成公共场所四分类收集设施改造换新300套；完成居民小区楼道撤桶工作，全县居民小区79个，全部完成居民区"楼道撤桶"工作，撤桶率达100%；组织开展生活垃圾分类综合执法检查，每月将执法情况报县生活垃圾分类工作领导小组并进行通报，全年出动执法人员377人次，检查各类主体206家，发出《责令改正通知书》41份，立案11宗，罚款1400元；加大宣传力度，全年共组织开展全县范围垃圾分类主题宣传活动8场次，各单位结合党建开展垃圾分类宣传活动130场次，发放宣传资料7万份，累计参与活动志愿者850人次，通过"佛冈通"App、"佛冈发布"微信公众号等宣传报道25篇。

城镇燃气管理 2023年，县城市管理综合执法局加强组织领导，健全工作机制，印发《佛冈县城镇燃气安全专项整治三年攻坚行动方案（2022—2024年）》《关于开展城镇燃气安全隐患排查整治专项行动的通知》《佛冈县城镇燃气安全隐患联合排查整治专项行动工作方案》《佛冈县城镇燃气安全专项整治工作实施方案》，组织成立佛冈县城镇燃气安全专业委员会，建立健全工作机制，完善领导机构，推动燃气行业监管走深走实。压实企业责任，完成隐患整改，扎实推动佛冈县城市管理领域重大事故隐患专项排查整治行动，督促燃气企业整改燃气场站及供应站隐患问题230项。开展专项整治，拧紧"安全阀"。全力推进城镇燃气安全专项整治工作，共收录燃气企业、医院、旅游景区等各类场所企业信息1690家，完成全覆盖排查，发现安全隐患569个，全部完成整改。组织开展应急演练，防范于未"燃"，全年组织燃气企业开展应急演练5次，提高企业对突发事件应急处置能力。加大安全用气宣传，筑牢安全防线，全年开展燃气安全用气知识宣传活动14场，向居民发放安全用气宣传资料3500份，切实增强用户安全用气意识。有序推进"换管"工作，增进民生福祉，深入实施城市燃气管道老化更新改造行动，联合佛冈合骏燃气有限公司在全县范围内开展燃气专用金属软管以旧换新活动，推广使用安全可靠的燃气专用金属软管，夯实燃气终端安全，全年完成金属软管更换安装燃气用户9000户。

2023年6月8日，佛冈县委副书记、县长江红平率队到北山公园开展环境整治调研　　　　　　（县城市管理综合执法局　供图）

【市政工程管理】 **市政工程建设** 2023年，县城市管理综合执法局组织实施的市政工程项目有佛冈县城老旧小区提质改造工程、佛冈县城智慧停车及充电桩工程、佛冈县湾区北"菜篮子"物流园基础设施配套工程一期、佛冈县城老旧小区基础设施配套及环境整治工程一期、清远市佛冈县汤塘镇全域推进乡村振兴综合整治项目之佛冈县生活垃圾卫生填埋场治理工程一期等。计划总投资83 994万元，本年度完成投资1.44亿元，累计完成投资5.09亿元。

市政设施维护 2023年，县城市管理综合执法局按照创建文明县城和建设精品城市要求，持续加强市政基础设施维护维修，确保道路桥梁设施完好、安全、畅通。全年修补人行道和沥青路面2323.2平方米；维修、新建、更换护栏915.24米，增设安全标志牌91套，维修标志牌129块；加划小车停车位42个，摩托车位338个，禁停位12个，在公园、广场及人行道等地设置、更换止车柱93条。

城镇老旧小区改造 2023年，县城市管理综合执法局加快推进城镇老旧小区改造工作，为民生幸福加码，全年累计开展24个小区及周边道路和56栋外立面、9座公厕升级改造；并利用微改造模式"见缝插绿"打造街角公园，提升宜居舒适度，建成工商银行宿舍小区口袋公园、环城西路313号口袋公园；振兴花园老旧小区引入专业物业管理，开启老旧小区治理新模式；在县城范围内设置101个电动自行车充电区，可提供1223个充电位，切实解决电动自行车乱停乱放，同时积极推进老旧小区既有住宅加装电梯工作。

街心公园建设 2023年，县城市管理综合执法局扎实推进建设路287号街心公园建设，总体完成90%，完成雨污水管道安装627米，给水管道安装250米，三线管道预埋450米，人行道铺装完成135平方米，完成路灯管线预埋、路面修复、连廊基础、文化长廊等公园附属设施建设，基本完成对潖江书院、社区医疗服务中心等楼宇加固，新建设智慧停车库，新增155个车位，有效解决周边"停车难"问题。

北山环境整治　2023年,县城市管理综合执法局完成旧北山公园区域改造,打通北山公园休闲步道、快慢跑道,累计完成快慢跑道混凝土硬底化、沥青摊铺(左二环线)2418米,快慢跑道混凝土硬底化(右一、二环线)1418米,护林道混凝土硬底化处理1931米,休闲步道铺装(左二环线)4360米,休闲步道水沟砌筑(左二环线)2180米,混凝土硬底化1618米。

城区扩容提质　2023年,县城市管理综合执法局推进城西、城南片区扩容提质进度,打通影响群众出行的"断头路""瓶颈路",基本打通教育南路、兴业中路,累计完成道路沥青13 795平方米,人行道7003平方米,树池61座、排水管道1263米,栽植乔木白兰83棵,青松西路建设完成富湾厂区域树木迁移、一栋房屋及石基拆除以及清表等工作,累计完成排水管道1248米、施工便道232米,路基清淤换填9013平方米,填土8821立方米;进一步完善县城菜篮子周边路网建设,缓解交通拥堵问题。

智慧停车系统启用　2023年,县城市管理综合执法局将2000多个停车位纳入智慧停车泊位收费管理,建成环城东路411号智慧停车库、建设路287号智慧停车库、县政府行政服务中心旁的地下车库人防地下室,推进智慧停车系统运营服务工作,进一步整合交通资源,规范交通秩序,实现智慧出行、智慧停车,缓解县城停车难、乱停车问题。

数据资源共享　2023年,县城市管理综合执法局推动佛冈县智慧城市建设项目,完成项目招投标工作,开展"一网统管",打破部门间数据壁垒,实现数据资源共享化,确保数据安全,推动全县实现城市治理现代化和高质量发展,优化营商环境,提高居民生活质量。

环境综合整治　2023年,县城市管理综合执法局为保障首届"中国佛冈(国际)魔芋节暨乡村振兴产业品牌发布会"成功举办,全面开展振兴南路—水头路口路域环境综合整治提升工作,累计清表58 800平方米,绿网铺地8000平方米。加装护栏5900米,加装隔音板201米,施划标线6602.6米,施划停车位245个,铺设混凝土30 263平方米,铺设沥青42 937平方米。

人居环境品质提升　2023年,县城市管理综合执法局补齐公共设施短板,集中资源培育典型镇,按照"1+4+7+9+N"建设要求,指导各镇完善圩镇环境,高标准加快美丽圩镇"七个一"建设;各镇建成美丽乡镇入口通道8条,示范主街6条,打造美丽圩镇客厅7个,生态小公园14个,房屋外立面提升样板2片,建成美丽河道4条、农贸市场9个;指导水头镇紧紧把握省纪委监委牵头驻镇帮扶机遇,凝心聚力抓好城镇建设,推动典型镇再上新台阶,以"头号工程"的力度抓紧抓实"百千万工程",指导水头镇加快补齐美丽圩镇短板,全面推进圩镇人居环境品质提升行动,实现从无到有、从有到优、从优到强的华丽蜕变,水头镇入选广东省"百千万工程"首批典型镇。

(县城市管理综合执法局)

【**城市供水**】2023年,佛冈县城乡饮用水服务中心(简称"县城乡饮用水中心")管辖的水厂有县城水厂、县三八自来水有限公司(合股联营)、汤塘水厂(原县嘉仁自来水有限公司)、县清泉自来水有限公司、水头镇西田水厂和县泽瑞置业有限公司(民安水厂)。县城乡饮用水中心大力推进城乡供水一体化建设,加强对全县供水单位的监督、指导,保障全县城乡居民生活用水和机关、企事业单位用水需求,全年实现县城及汤塘镇供水总量1892.27万立方米(含高峰期三八自来水有限公司补充供水140.21万立方米),完成代收上缴污水处理费1346万元、卫生费和垃圾处理费657万元。

城乡供水管理　2023年1月4日,县城乡饮用水中心接管运营佛冈县泽瑞置业有限公司(民安水厂)。为推进民安水厂早日实现通水,县城乡饮用水中心加快推进人员招聘培训、过滤池改造、化验仪器增设等各项工作,于11月试运行供水。积极配合县德城投资开发有限公司实施整合全县水务资产,逐步实现全县水务资产、水源、制水、供水、节水、服务等涉水事务的统一有效管理和水资源高效调配。自2023年4月1日起城市供水全面执行《生活饮用水卫生标准》(GB 5749—2022),为提高自来水水质综合检测能力,县城水厂新增购置一批水质检测设备,化验室检测能力

2023年10月31日,佛冈县水头镇举行西田水厂通水仪式

(县城乡饮用水中心　供图)

增至43项，能满足出厂水、管网水等每月43项水质常规分析工作，有效保障县城及乡镇供水安全。为切实提升农村供水水质保障水平，县城乡饮用水中心对农村供水工程实行"业务培训+现场指导"相结合。12月1日在县城乡饮用水中心举办农村供水工程水质提升知识培训班，来自全县各镇供水运行管理单位的业务骨干60余人参加培训；县城乡饮用水中心安排专业技术人员到农村供水工程现场指导制水，还为农村供水工程免费提供制水消毒药剂。

乡镇水厂建设 2023年，县城乡饮用水中心立足长远，科学布局，加速建设、升级改造一批保障率高、布局合理、现代规范的规模化水厂。先后完成佛冈县清泉自来水有限公司（龙山水厂）扩建项目、潖江水生态环境综合整治、佛冈县水头镇西田水厂升级改造工程和迳头镇仓迳自来水厂供水工程（一期）等一批规模化农村供水项目。龙山水厂扩建项目于2021年12月底进场，于2023年5月竣工。新建1万立方米/日规模的给水处理工艺，并对现状1万立方米/日规模的给水处理设施进行改造，管网改造规模16千米。迳头镇仓迳自来水厂供水工程（一期）于2022年7月进场，于2023年12月竣工，新建仓迳自来水厂供水规模可达1万立方米/日。水头镇西田水厂升级改造工程于2022年7月进场，于2023年10月竣工，供水能力达1万立方米/日，新建提水泵房1座，新建净水厂区，包括一体化净水设备1套、清水池1座、管理房1座、取水口1座等，输水主管总长3430米，配水主管总长8405米，其中水头镇区管网改造管长2455米。

水源取水工程 2023年4月7日，县城乡饮用水中心动工实施佛冈县北江引水及南部城乡供水一体化工程（一期）。近年来，佛冈县深入实施"工业强县"战略，大批工业项目落地广佛产业园、龙山智造城和聚宝工业园等工业园区，南部地区用水量大大增加，水源季节性缺水尤为突出。实施北江引水及南部城乡供水一体化工程非常必要，建成后将有效解决南部地区缺水的问题，促进水资源的合理分配和利用。建设计划分为两期实施，工程一期以北江为主水源，以良洞水库为备用水源。工程取水口位于北江飞来峡枢纽大坝上游，紧邻飞来峡镇水厂取水口，在取水口位置新建取水泵船，引水至良洞水库，引水管长度约18.3千米。原水经过二级提升泵站加压后，供给良洞水库附近山头的良洞水厂。县城乡饮用水中心配合京港澳高速公路粤境韶关武江至清远佛冈段改扩建项目，须对饮用水水源保护区进行调整，于11月动工实施佛冈县城水厂取水口迁移工程。

优化用水报装 2023年，县城乡饮用水中心优化报装办理环节，压缩审批时限，供水报装接入环节优化为受理申请（含方案答复）、装表通水（含竣工验收）2个，压缩各环节审批时限，无外线施工工程不超过4个工作日，外线施工工程不超过5个工作日。拓宽报装业务渠道，提升用水便利度，在供水营业所设立5号专窗用于用户用水报装业务申请，逢周三派遣工作人员进驻佛冈县行政服务中心"水电气网"综合服务窗口，受

2023年3月7日，县路灯所对县城安全隐患路灯进行抢修
（县城市管理综合执法局　供图）

理用水申请。接入广东政务服务网，开通线上用水报装业务申请，入驻工程建设项目"一网通办"，工程建设项目用水线上申请，用水用气外线接入工程实现并联审批。用户报装接入成本明显降低，用户建筑区划红线连接至公共管网发生的入网工程建设，由水厂承担的部分，纳入经营成本；按规定由政府承担的部分，由政府投资建设。此外，安装用水计量装置费用由水厂承担，减轻用户的负担。

（黄扬锋　黄石娴　罗晓丹）

【**市政路灯**】 2023年，佛冈县路灯管理所管辖的路灯设备主要有县城街道、内街小巷、城中村、G106线佛冈段、省道佛冈段、县道和各乡镇街道的各类型路灯1.4万余盏（包括县城景观灯、桥梁亮化灯饰、路灯），路灯建设长度360千米，路灯专用变压器40台，路灯控制箱195台，三遥终端92套。

路灯管理 2023年，佛冈县路灯管理所多措并举强化路灯设施维护管理，实行路灯设施分区域管理，根据路灯分布情况，将全县路灯设施分为两大片区管理，设有两个维修班，压实责任、明确职责，坚持路灯巡检制度，日班维修维护，夜班巡视并登

2023年5月27日，县城市管理综合执法局在文化馆广场举办垃圾分类宣传周活动
（县城市管理综合执法局 供图）

记故障设备；充分发挥照明监控系统和漏电监测终端的作用，通过终端反馈设备运行情况，如发现存在大面积路灯停电或其他故障问题，及时切断路灯电源，进行及时抢修，提高工作效率。通过深化和完善管理措施，进一步提高工作积极性和主动性，有力推动城市照明设施维护工作。

路灯维护 2023年，为确保全县路灯设备完好率、亮灯率达98%以上，佛冈县路灯管理所加强路灯维护巡查，全年出动4168人次，1470车次，分别对县城、乡镇的国道、省道、县道等城市道路照明设施进行巡修。全年修复各类型故障路灯1410盏、灯杆34条，加装路灯14盏，安装灯杆4条，迁移灯杆8条，校正灯杆5条，拆除灯杆7条，控制箱1台、路灯7盏、壁灯2盏；改造县府五头灯19盏、灯杆38条；处理交通事故撞毁路灯32盏，修复路灯线路故障68处；测试入档路灯控制箱电流电压182台，迁移控制箱4台，电表5套，清理控制箱杂草20台；完成每月巡查40台路灯专用变压器、高压线路及清理树障工作，抢修更换50kVA路灯专用变压器1台，加装路灯专用户外真空断路器1套。

（县路灯所）

【市容卫生】 2023年，佛冈县县城市容环境卫生管理所（简称"县环卫所"）强化环卫基础和环境卫生管理，确保各项工作稳步推进。全年县城保洁面积达231万平方米，清运处理生活垃圾8.4万吨。全年县城征收城市生活垃圾处理费172.8万元，县城清洁卫生服务费544.55万元，两费全额上缴县级财政，实行收支两条线管理。

市容卫生综合整治 2023年，县环卫所认真贯彻落实县委、县政府的各项工作部署，加强县城市容环境卫生综合整治，督促龙澄公司做好环卫领域安全生产工作，实行定人、定岗、定任务的环卫网格化管理，推进市容环境卫生工作更加扎实有效开展。

日常清扫保洁 2023年，县环卫所督促龙澄公司加强日常清扫保洁、垃圾转运、道路清洗、卫生死角清除等工作，加大垃圾收集清运频次，做到生活垃圾"日产日清"，营造干净整洁的县城环境。

"除四害"行动 2023年，县环卫所认真开展爱国卫生专项行动，加大"除四害"消杀力度。坚持环境卫生整治和喷洒灭蚊鼠药物相结合的措施，组织除"四害"工作人员对县城开展全面病媒生物防制工作，加大县城内绿化带的环境清扫和公厕环境综合整治力度，集中清除绿化带的积存垃圾、堵塞鼠洞，落实公厕除臭净味，对县城的公共环境蚊虫、老鼠孳生地进行全面消杀。

生活垃圾收运 2023年，县环卫所加强环境卫生监督检查，通过会议座谈、实地察看等方式，督促龙澄公司做好生活垃圾收运工作。县城生活垃圾处理运行主要采用"生活垃圾收集—作业车辆转运—压缩中转站—垃圾焚烧处理"的模式，由龙澄公司负责县城的生活垃圾运营工作，做到县城生活垃圾日产日清，确保县城环境卫生干净整洁。

（县环卫所）

建筑业管理

【建筑业管理概况】 2023年，佛冈县住房和城乡建设局强化建筑行业管理与监督，有效整治建筑市场秩序，抓好安全生产、质量监督和工程造价管理工作，深化工程建设项目审批制度改革工作，履职尽责，推进各项工作的协调发展，全面提升建筑行业监管水平，助力"百千万工程"项目建设提速增效，推动佛冈县住建部门荣获"广东省工程建设项目审批制度改革工作成绩突出单位"，成为全省唯一入选的县级单位。全年办理施工许可50宗，建筑面积61.61万平方米，投资金额16.47亿元；办理工程竣工验收备案82宗，竣工验收备案面积118.15万平方米，完成房屋建筑和市政基础设施建设工程公开招（投）标备案11宗。

（温杏云）

【建筑工程审批】 **项目并联审批机制实施** 2023年，县住房和城乡建设局统筹发改、政数、自然资源等20余个职能部门，对全县工程审批

2023年6月1日,县住建局召开建筑施工安全生产隐患识别培训会议

(徐欣 摄)

事项进行全面系统的梳理,按照"能省尽省"原则,将原来的135个工程建设项目审批事项优化整合为73项,并分类制定10个主题的审批流程图,创新实施工程建设审批4个环节"并联审批",推进审批事项集成化,持续简化各事项报批程序。推进审批流程数字化,以数字技术赋能,加强对接省审批系统,打破信息壁垒,推动工程建设项目审批"网上办",实现各类工程事项"网上申报、网上受理、网上审核、电子归档"全流程网上办理和"一套申报材料,完成多项审批",进一步提高办事效率。

工程告知承诺制实施 2023年,县住房和城乡建设局推行实施工程由"申请批准制"改为"告知承诺制",对申报单位作出承诺且信用记录B级及以上的项目,采取告知承诺制申请施工许可,施工许可申办材料由9份简化为4份,施工许可证审发时限由7个工作日压缩为1个工作日。

"验收即备案"模式创新 2023年,县住房和城乡建设局将"联合验收"和"竣工备案"两个环节由"串联审批"改为"并联审批",改"多头验收备案"为"专项联动备案",建立联动机制,联动规划条件核实、人防竣工、消防、档案等4项专项验收,支持申报单位同时提交联合验收和竣工备案两个环节的审批资料,项目通过联合验收当日即可出具竣工联合验收意见书,为项目竣工验收备案节省15个工作日,全年累计通过"验收即备案"模式验收82个项目,切实解决建设单位各部门多头分验难题,有力促进项目早日投产增效。

重点项目对接指导机制实施 2023年,县住房和城乡建设局强化业务指导,深入企业、园区、工地一线了解需求,制定工程建设审批系统操作指南,通过开展项目现场答疑座谈会等形式指导开展系统申报、资料准备,举行系统操作培训会议17次,围绕用地规划许可、工程建设许可、施工许可、竣工验收4个阶段开展"帮办"服务,辅助企业梳理审批流程、事项清单、材料清单,推动水头医养中心等重点项目高效建成使用,多渠道为企业和群众办事提供便利。

【**建筑工程施工管理**】 **建设工程专项检查** 2023年,县住房和城乡建设局以整顿建筑市场为主线开展建筑市场管理工作,定期对县建筑市场开展多次专项检查,及时掌握建设领域建设行为的最新动态。重点对建筑工程建筑市场违法发包分包、挂靠行为、农民工工资专用账户制度和实名制管理制度等方面开展综合执法检查。全年检查项目50多个,出动人员120人次,进行项目交底15次,要求各责任主体切实履行好各自职责,确保在建工程落实好工人工资的发放工作。

工程审查 2023年,县住房和城乡建设局办理施工许可50宗,建筑面积61.61万平方米,投资金额16.47亿元;办理在建工程主体责任人员变更154宗;组织联合验收62宗;办理工程竣工验收备案82宗,竣工备案面积118.15万平方米;完成房屋建筑和市政基础设施建设工程公开招(投)标备案11宗。为优化营商环境,进一步减少企业办事跑动次数,继续全面推行施工许可证电子证照签发,全年签发施工许可电子证照69张。

(潘 旋)

【**建筑节能**】 2023年,全县完成建筑节能工程竣工验收备案面积90.12万平方米,新建建筑面积设计阶段节能强制性标准实施率达到100%,施工阶段建筑节能强制性标准实施率达到98%以上,全县绿色建筑面积占新建建筑面积的比例为62.37%;新开工的装配式建筑面积为3.75万平方米;11个项目方案设计中已按要求融入海绵城市建设理念,平均年径流总量控制率达73.24%。

(张 颖)

【**建设工程消防监督**】 2023年,县住房和城乡建设局根据年初工作计划,开展报建建设工程消防审验,重点审查报建特殊建设工程图纸设计是否违反强制性条文,检查建筑工地资料与现场是否符合消防验收及备案条件。对检查中存在安全隐患的企业,责令限时整改完成。通过检查,排查整治火灾隐患,确保在建工程消防安全形势保持稳定,进一步规范佛冈县区域在建工程的消防安全管理,强化工程施工人员的消防安全意识。加强在建工程消防审验管理力度，全年办理特殊建设工程消防设计审查14项，合格14项，合格率100%；消防验收备案45项，特殊工程消防验收35项，合共80项，不合格5项，合格率93.75%。

（温金峰）

2023年10月9日，县住建局质监站工作人员在山语和溪二期人防顶板钢筋隐蔽验收

（黄伟俊 摄）

【建设工程质量监督】 **工程质量监督** 2023年，县建筑工程监督站加大工程质量的巡查、抽查力度，着重查处工程重点部位及质量控制点，加大对建筑材料、构配件、混凝土质量的抽检力度，严格见证取样制度，加大对质量通病的预防工作。全县新增报监工程项目48项，建筑面积62.5万平方米；监督基础验收35项，主体验收34项，竣工验收46项，办理工程质量监督报告46份，竣工验收合格率100%。

建筑材料检查 2023年，县住房和城乡建设局开展建材产品执法打假专项行动，专项整治行动共监督检查工地40个，商品混凝土搅拌站3个，监督抽检85批次建筑原材料，77批次原材料合格，8批次原材料检验不合格（已整改完毕）。

日常监督 2023年，县住房和城乡建设局在日常监督管理中，在抓好对工程实体质量监督检查的同时，加强重要环节建设各方责任主体质量行为的日常监督工作，并取得一定的效果。全年发出质量隐患整改通知书62份，暂停施工通知书7份，实施质量动态扣分18份共114分；处理房屋建筑工程质量投诉370宗（含12345投诉及信访件），无任何建筑工程质量事故发生。

（黄伟俊）

【安全生产文明施工管理】 **安全监督** 2023年，县住房和城乡建设局办理建设工程安全备案登记项目安全监督49个，备案房屋建筑面积171万平方米，监督24场危险性较大的分部分项工程的专家论证会，出具68份《建筑施工项目安全生产标准化评定结果告知书》。实现全年安全事故零死亡。

安全生产 2023年，县住房和城乡建设局狠抓关键节点和特殊天气的安全工作。抓好春节、"两会""十一"黄金周等重要时期和汛期、台风等灾害天气期间的安全生产工作。加大检查和巡查力度，做好建筑工地安全生产和疫情防控工作。指导企业开展"安全生产月"和"安全生产佛冈行"活动，全县共计开展安全生产学习培训50多场，参与人员2000多人，开展应急演练39场，参与人数484人，开展从业人员自救互救技能培训19场，参与人数254人。在县文化馆广场进行宣传咨询日活动，大力宣传安全生产方针政策、法律法规，普及安全知识和应急逃生、自救互救技能等，解答社会公众关心的安全生产问题，吸引广大人民群众的踊跃参与，本次宣传活动接受群众咨询50余人次，发放各类安全宣传资料200余份。组织开展线上培训，线下演练活动，在线观摩佛冈（聚宝）万洋众创城项目一区，学习推广安全生产和文明施工管理先进经验。加强城市环境美化管理，进一步提升房屋市政工程围挡品质与水平，要求各建设工地严格按照围挡标准和指引设置施工围挡，提高围挡标准和品质，确保施工围挡整洁、美观、规范，切实提升佛冈县城市文明形象，助力全国县级文明城市创建工作。

文明施工 2023年，县住房和城乡建设局加强建筑工地文明施工管理，督促企业落实施工工地周边100%围挡、出入车辆100%冲洗、施工现场100%湿化作业、渣土车辆100%密闭运输、施工现场地面100%硬化、物料堆放100%覆盖等六个"100%"防尘措施。

安全检查 2023年，县住房和城乡建设局以日常检查及专项行动为抓手，大力开展安全隐患检查。全年检查在建项目337宗次，出动检查人员1276人次，下发安全隐患限期整改通知书193份，下发暂停施工整改通知书62份，抽查记录表82份，约谈企业6个。根据《广东省房屋建筑和市政基础设施工程施工质量安全动态扣分管理办法》对32家企业和82人次实施动态扣分。全面摸清并动态掌握建筑施工领域重大事故隐患底数，推动企业主要负责人严格履行安全生产法定职责，落实管理人员安全责任制，熟悉并掌握重大事故隐患判定标准，提高企业对重大事故隐患整改质量。全年发现重大事故隐患共19条，完成整改19条，整改率100%。

（崔伟峰）

2023年10月19日，县住建局举办工程建设项目审批制度改革暨优化营商环境培训会　　　　　　　　　　　　　　（温杏云　摄）

【建设工程造价管理】 2023年，县住房和城乡建设局认真指导本县造价从业人员执行营改增后的计价依据，确保本县建设工程造价活动有序进行。为深化工程造价制度改革，加强工程造价信息平台建设，县住建局在县政务网公开发布每个季度的佛冈县县城主要建筑材料综合价，发布人工、材料综合价4份。全年办理经县财政审核的政府性投资项目结算价备案15项，备案金额3.69亿元；额度在5万元以上10万元以下（含10万元）的政府性投资项目预、结算价审核及备案3项，审核备案金额25.46万元；非政府投资项目工程招标控制价审核备案97项，建设规模134.02万平方米，投资金额24.41亿元，其中主要包括广州城建职业学院佛冈校区项目、佛冈篁胜新城商住区四期、森波拉波比羊亲子度假酒店一期、佛冈（聚宝）万洋众创城项目、城春汇悦台项目、龙凤·山语和溪住宅小区项目等。

（邓凯鹏）

【散装水泥管理】 2023年，县住房和城乡建设局认真落实国家、省、市关于发展散装水泥、禁止现场搅拌混凝土的有关规定，进一步加强对散装水泥、预拌混凝土市场的监督管理，使全县散装水泥、预拌混凝土市场健康有序发展。县住房和城乡建设局采取定期、不定期突击检查的方式对全县3家预拌商品混凝土企业的生产资料、生产原材料及试验室等进行全方位检查，确保出厂混凝土质量合格，避免发生质量安全问题。严格落实国家"禁止现场搅拌混凝土"政策，进一步加强对全县建设工程使用预拌混凝土的监督管理，加大对在建项目的巡查和日常监管力度，全年组织规模检查4次，未发现现场搅拌混凝土行为，规范各在建项目使用预拌混凝土行为。2023年全县3家预拌商品混凝土企业生产销售预拌混凝土57.09万立方米，消耗散装水泥16.58万吨，预拌混凝土销售总额为2.51亿元。

（张　颖）

【城建档案管理】 2023年，县住房和城乡建设局建立健全各类档案归档制度，加强建设档案的归集管理。按照省特级档案综合管理的要求和《清远市城建档案管理办法》的规定，做好档案资料的收集、整理、归档和鉴定工作，发挥档案为城市建设服务的作用。全年整理各门类档案资料18 672卷5022件。其中文书档案885卷5022件，基建档案25卷，会计档案1390卷，专业档案906卷，城建档案15 428卷，声像档案38卷。整理图书资料602册，各类照片1689张，各种荣誉档案123件。全年为行政、企事业单位及群众提供档案查询服务385卷，服务群众385人次。

（易祥斓）

住宅与房地产业

【住宅与房地产业概况】 2023年，佛冈县住宅建设及房地产业继续保持平稳的发展态势，县住房和城乡建设局持续加强房地产开发企业经营行为的管理，贯彻落实商品房预售管理制度，线上审批预售许可并办理电子证照，严格监管商品房预售资金，完善房地产市场监管机制，推动房地产市场平稳发展和维护社会稳定。

【房地产开发投资】 2023年，县住房和城乡建设局办理房地产工程项目报建14宗，商品房新开工面积27.94万平方米，投资金额7.20亿元，竣工面积75.60万平方米。

【商品房预售款管理】 2023年，县住房和城乡建设局贯彻落实商品房预售制度，继续加强商品房预售资金监管，秉承着"住房一张图、监管一张网、服务一平台"的建设目标，依托广东省数字住房一体化平台（粤安居）实现电子化审批，以政务信息化机制创新为突破口，按照"政银合作"模式高效办理商品房预售款审批业务，确保商品房预售款监管到位，确保预售资金用于商品住房项目建设，保障购房者的合法权益。

【商品房预售许可管理】 2023年，县住房和城乡建设局为提高预售许可证的审批效率，加强线上审批流程的培训和推动业务标准化，持续深化"互联网＋政务服务"，切实加强审批服务信息化建设，推进行政审批电子化，深化电子证照和电子签章应用，实行网上受理、网上办理、网上反馈，优化移动客户端便民服务，全面推行预售许可电子证照签发，全年签发预售许可电子证照11张。加快推进预售许可审批服务标准化，编制标准化资料清单和办事指南，细化资料的填写，为企业申请办理预售许可证提供明确清晰简易的指引，了解房地产企业的融资、负债、经营等情况，为后续审批工程款提供参考，督促企业按计划完成工程建设。全年办理商品房预售许可11宗，预售住宅面积17.86万平方米，共1564套。

【房地产市场行为监管】 2023年，县住房和城乡建设局加强房地产市场销售行为的监管，采取日常行政检查和联合专项整治相结合，规范房地产开发企业销售行为，持续强化房地产市场管理，落实市场准入机制，规范管理制度，提高购房人对购买预售商品房的认识和保障购房人合法知情权。结合实际情况，制定《2023年佛冈县房地产市场秩序专项整治工作方案》，对全县辖区内的房地产开发企业开展房地产市场秩序专项检查，严厉打击房地产市场违法违规行为，切实强化房地产市场的监督管理，加大房地产市场监管力度，维护房地产市场秩序，防范和化解房地产市场风险，促进房地产市场平稳健康发展。全年派出70人次对全县15家房地产开发企业开展经营行为的检查，检查内容主要包括预售资金缴存情况、信息公示情况、销售经营行为等3个方面。依据日常行政检查和联合专项整治的情况来看，大多数企业都能够依法依规诚信经营，自觉维护房地产市场经营秩序，为全县房地产业良性循环和健康发展发挥积极的作用。

（范嘉雯）

【物业管理】 2023年，佛冈县有备案的物业管理服务企业37家。各物业服务企业认真落实创文创卫和垃圾分类、物业小区设置生活垃圾分类宣传栏、四分类生活垃圾分类投放分类指引图示等工作，每月自觉开展垃圾分类培训和宣传活动。2023年，县住房

2023年3月3日，县住房城乡建设局举办《清远市住宅小区物业管理条例》培训班
（朱志豪 摄）

和城乡建设局为持续开展物业管理区域安全生产、消防专项治理工作，印发《佛冈县住房和城乡建设局关于开展物业管理区域电动自行车火灾隐患排查整治工作的通知》，在各物业服务企业抽调工作人员成立8个交叉检查小组，对物业管理区域内所有电动自行车停放、充电场所开展消防安全大检查，保证发现的火灾隐患能立行立改。为贯彻宣传、落实《清远市住宅小区物业管理条例》，于3月3日举办住宅小区物业管理条例学习培训班，宣传讲解条例规定，促进全县物业相关工作者深入理解和掌握物业服务管理法律知识，同时，在全市范围内率先创新组建佛冈县物业服务人才应急预选库，选出6家物业服务企业组成应急预选库。加强住宅专项维修资金使用程序的监管，完善专项维修资金的归集、管理、使用制度。截至年底，全县住宅专项维修资金的本金和利息25 016.30万元，商品住宅维修资金使用数额为351.61万元。

（朱志豪）

【房地产开发重点项目】 2023年，县住房和城乡建设局围绕保持房地产市场平稳健康的发展定位，以降低经济下行对房地产市场的影响，努力促进经济平稳增长为目标，凝心聚力，监督协调，加快推进柏瑞·尚府、篁胜公馆、龙凤·山语和溪住宅小区五期等多个重点房地产开发项目的建设工作，使全县房地产行业健康、持续地发展。

柏瑞·尚府 项目由清远市雄创房地产开发有限公司开发建设，位于佛冈县石角镇环城东路段。项目以环城东路、龙凤大道为主干道，交通便利，成熟中心地段，周边教育、医院、市场等配套齐全。项目占地面积3243.12平方米，总建筑面积4998.54平方米，包括中低层住宅2栋，总户数42户，配套车位50个。楼盘楼距宽，采光明亮通透，主要按两梯四户、两梯两户设计，有三房两厅、四房两厅等户型，满足不同业主需求，动静分区、提升每个户型的整体空间使用。

篁胜公馆 项目由佛冈恒邦房地产开发有限公司开发建设，位于佛冈县石角镇环城东路410号地段。项目占地面积2629.30平方米，总建筑面积18 411.95平方米，包括2层地下室、1栋高层住宅及商业楼，其中住宅面积13 290.21平方米，商业面积656.14平方米，地下车库面积3569.5平方米，总户数118户，配套144个车位，项目园林景观突出生态意识，将建筑、硬地、绿化结合布置，

强调环境的舒适性、实用性、互动性、空间的灵活通透性，采光效果好。

龙凤·山语和溪住宅小区五期 项目由广东恒智富房地产开发有限公司开发建设，位于佛冈县石角镇龙凤新区。项目占地面积33 991.05平方米，总建筑面积128 442.45平方米，包括6栋小高层，4栋高层，总户数有694户。项目主要按两梯两户、两梯三户、三梯四户设计，户户都有独立入户花园，确保每户业主的居住私密性。项目建筑为板结构，南北双向，小区内部有一个中心园林，加以融入水、森林、驳岸、露台等宜人的景观元素，让业主体验到不同的社区空间。小区建有配套物业用房、母婴室、养老用房、文化活动室、再生资源回收点、市政公厕及环卫用房等。项目择址在龙凤新区核心位置，紧邻龙凤大道，交通便利；背靠九龙山公园、马山公园两大山体公园和麓湖湿地公园，面朝潖江河，是佛冈县城内适宜居住的区域。

（蓝茵莹）

不动产管理

【**不动产管理概况**】 2023年，佛冈县不动产登记中心采取积极措施不断深化不动产政务服务体系改革，进一步优化财产登记，提升群众办事效率和满意度。

【**深化政务服务体系**】 2023年，县不动产登记中心与公安、民政、税务、卫健、司法等部门完成业务系统终端对接，实现线上共享信息；实现不动产登记"跨城通办"，不动产交易、登记、缴税（费）"一个窗口办理"；实现不动产登记受理、缴费、审批、发证一个流程办结。优化审批流程，压缩办结时限，一般登记实现3个工作日办结，抵押登记实现1个工作日办结，查封、解封、注销登记即时办结。加强大厅导服人员职业道德培训，以便于使用档案查询终端机、不动产登记线上申请办理自助电脑、自助打证机等提供便民服务。

【**化解历史遗留问题**】 2023年，县不动产登记中心对全县摸查出的63个不动产登记历史遗留项目均有化解办法，其中60个项目，按县政府《关于解决我县县城范围内国有建设用地上历史遗留房屋办证问题》通告的精神，对房屋产权人缴纳其应缴税费后可通过"证缴分离"方法进行办理不动产登记手续，有41个项目181户业主前往登记中心申请办理登记手续。剩余的3个项目，其化解办法是：德星街商住楼商铺和住宅共36户全部办理首次登记到村小组名下，其中业主完税后方可将住宅转移登记到自己名下，一楼商铺则需完善规

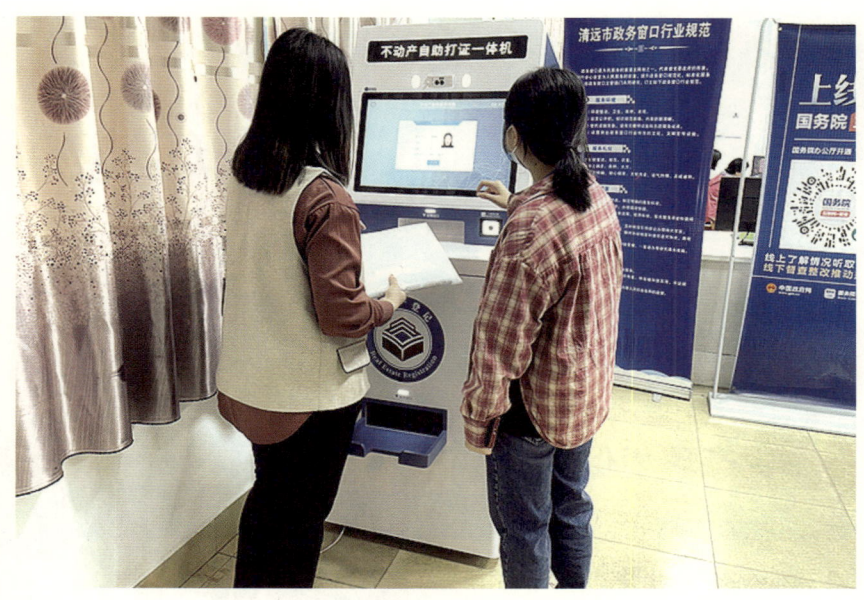

2023年3月20日，市民利用自助打证一体机打印相关资料

（县不动产登记中心 供图）

划设计调整手续后再确权到自己名下；曾某英商住楼目前处于联合验收阶段，待验收通过后可采用"证缴分离"方法办理不动产权证书；通过"证缴分离"的方法新增解决历时11年的明珠花园二期不动产登记难问题。截至是年底，463户住宅全部办理首次登记，其中392户办理转移登记到业主名下，从而保障县城内不动产登记历史遗留问题的有效化解。

【**不动产登记管理**】 2023年，县不动产登记中心协助司法查解封登记1728宗，注销抵押登记6712宗，为企事业单位及群众提供档案查询服务5502次，出具查询证明5502份，指引群众到自助机出具查档证明9611份，接待公检法纪检委等部门查询300余次，查询记录1500余人次，与去年同期业务相比有所提高。为特殊人群和企业开通绿色通道及提供上门服务30多次，保障全县人民群众不动产登记服务需要。

（郑兆棉）

生态环境

责任编辑：郑中扬

生态环境保护

【生态环境保护概况】 2023年，佛冈县生态环境质量总体保持良好。全县空气质量优良天数比例（AQI达标率）96.6%，同比上升5.1个百分点，优于年度考核目标95%及以上的要求；$PM_{2.5}$平均浓度24微克/立方米，同比上升约4.5%，和年度考核目标24微克/立方米一致。全县地表水、饮用水源环境质量稳定达标，水质基本达到考核要求，其中：潖江河省考良塘断面水质达到地表水Ⅲ类标准，烟岭河文昌阁断面和放牛洞水库、坝仔坑（新取水口）两个县级集中式饮用水源地水质均达到地表水Ⅱ类标准；土壤污染治理工作稳步推进；全年处理群众投诉844件，处理率100%。

【大气污染防治】 不良天气预警管控 2023年，清远市生态环境局佛冈分局积极应对气候变化，落实污染天气应对措施，实施差异化管理，按照《佛冈县不良天气应急工作指引》要求，科学实施不良天气应急管控措施，全年累计启动39次不良天气应急管控。在应急管控期间，严格落实相关涉工业炉窑企业停产、建成区内涉挥发性有机物（VOCs）工序限时减量生产措施，相关职能部门按照职责分工，加强对工业废气排放监管；督促施工工地加强抑尘措施，实施湿法作业；加强机动车尾气排放监管，禁止使用冒黑烟机械和黑烟柴油发电机；加大对渣土淤泥运输车辆上路监管；加大力度在重点时段、重点区域开展洒水和加冰喷淋；禁止露天焚烧等，全力降低臭氧等大气污染物浓度，保障全县空气质量稳定向好发展。

2023年9月26日，清远市生态环境局佛冈分局到园区对企业开展帮扶指导工作
（清远市生态环境局佛冈分局　供图）

工业炉窑分级管控 2023年，清远市生态环境局佛冈分局开展砖瓦和玻璃行业深度治理工作，对龙山镇白沙塘砖厂、东汇砖厂和清远南玻节能新能源公司等多家企业进行指导帮扶。协助企业在原辅料制备、成型干燥系统、烧成系统和公用单元等方面达到B级工业炉窑或以上的管理水平，切实降低工业炉窑企业对周边环境影响；积极谋划推进A级工业炉窑评定，按照《广东省涉工业炉窑企业大气分级管控工作指引》，指导帮扶清远南玻节能新材料公司厂区环境整治和A级工业炉窑整治改造，协助企业评定A级工业炉窑。

油气回收管控 2023年，清远市生态环境局佛冈分局将辖区内26家加油站纳入油气回收检查清单，并加强油气回收的指导工作，使26家油站的卸油、储油、加油环节和油气回收系统均符合油气回收管控要求，并定期维护、监测，做好有关台账，有效减少油气泄漏。督促本年度新增4家销售量达到2000吨以上的加油站落实安装油气回收自动监控设备，经现场检查，4家新增的加油站安装油气回收在线监控设备。

挥发性有机物整治 2023年，清远市生态环境局佛冈分局根据《清远市挥发性有机物（VOCs）重点监管企业清单（第三批）》，召集县内7家挥发性有机物重点监管企业代表召开培训会，对分级管控工作任务和定级要求进行详细解读，并为企业如何实现提标提级改造工作进行讲解。同时会同湾区（广州）生态环保研究院到企业开展分级管控现场督导帮扶，指导企业解决存在问题，为企业分级管控工作提供专业的技术帮扶与治理建议。有5家企业对涉VOCs工序原辅材料、工艺过程及无组织排放管控、末端治理、监测监控水平、台账管理等方面进行升级改造并提交VOCs分级管控自评报告；2家企业（壹朗和爱奇公司）因经营问题暂未能提交VOCs分级管控自评报告，完成全县第三批挥发性有机物重点监管企业定级工作。

<u>钢铁企业超低排放改造</u>　2023年，佛冈县共有2家短流程钢铁企业，分别是佛冈达味特钢有限公司和广东省佛冈金城金属制品有限公司，省生态环境厅要求短流程钢铁行业企业2024年年底完成超低排放改造。两家企业按要求更新了超低排放改造计划，并开工改造建设，正按计划推进超低排放工作，预计可按时完成相关改造工作。

<u>碳排放交易配额清缴管理</u>　2023年，清远市生态环境局佛冈分局根据《关于延迟2022年度广东省碳排放交易配额清缴工作的通知》，要求控排企业于2023年7月中旬完成碳排放配额清缴等工作。全县两家碳控企业广东省佛冈金城金属制品有限公司和佛冈达味特钢有限公司按时完成碳排放配额清缴工作；约克广州空调冷冻设备有限公司属于消耗臭氧层物质企业，该公司按时完成相关消耗臭氧层物质的使用、销售、维修业务等备案工作。

<u>大气污染防治专项资金管理</u>　2023年，清远市生态环境局佛冈分局根据《广东省生态环境厅关于做好中央大气污染防治资金项目谋划储备工作的通知》要求，积极鼓励符合条件的涉气企业申请中央大气污染防治专项资金。经入库筛选，佛冈达味特钢有限公司和佛冈县万兴电子塑胶有限公司涉气升级改造工程共申请1150万元中央大气污染防治专项资金。防治专项资金申请完成项目入库、绩效评审，相关资金由省划拨至市，后续将按照企业工程进度划拨资金和验收。

<u>高污染燃料禁燃区划定</u>　2023年，清远市生态环境局佛冈分局委托华南环境科学研究所编制《佛冈县高污染燃料禁燃区划定方案》，完成征求公众和相关单位意见、局内部审查、县司法局合法性审查等程序，12月中旬经县政府十六届第56次常务会议审议通过，并按照规范性文件的要求发布了该方案。

【水污染防治】　<u>饮用水源水质整治</u>　2023年，清远市生态环境局佛冈分局持续对全县9个镇级及以上集中式饮用水源保护区进行巡查，重点关注保护区是否存在违规违章建筑、堆积垃圾或规范化设施损坏等现象，对发现规范化设施破损等问题，立即组织完成修复维护，使各饮用水水源保护区内存在的违法违规现象和问题基本得到及时制止或整改。同时依照饮用水源地"一源一案"应急预案要求，在县城坝仔坑附近开展饮用水源地突发环境事件应急演练，增强对突发环境事件的应急处置能力。

<u>饮用水源地调整</u>　2023年，清远市生态环境局佛冈分局为切实做好全县县级集中式饮用水源保护区调整划分工作，根据全县供水格局的变化，及时调整县级饮用水水源地。编制《佛冈县部分饮用水水源保护区调

2023年11月22日，清远市生态环境局佛冈分局到金城金属公司开展钢铁企业超低排放改造工作调研　　　　（清远市生态环境局佛冈分局　供图）

整可行性研究报告》，并通过专家评审，正按相关程序上报审批。

<u>入河排污口排查整治</u>　2023年，清远市生态环境局佛冈分局开展流域面积100平方千米以下河流的入河排污口排查工作，印发《佛冈县入河排污口排查整治实施方案》，明确工作目标、任务和工作要求。并根据排查方案，采用卫星遥感、无人机航测、无人船、暗管机器人等技术方式和人工实地勘察开展排查，排查6个镇59条水体、32座水库，初步筛查出入河排污口1306个、水库排污口65个。按照排查结果，动态更新拟整治排污口清单，分类施策，全面完成问题排污口的清理整治。

<u>水环境综合整治</u>　2023年，清远市生态环境局佛冈分局为加快推进四九河流域水生态环境整治，委托生态环境部华南环境科学研究所编制《清远市佛冈县四九河流域水质达标综合整治方案》，全面排查四九河水环境目前存在的问题，力争通过一系列的具体整治工作和整治工程，尽快恢复四九河二类水的目标要求，为地方经济发展提供良好的生态环境。

【土壤污染防治】　<u>固体废物信息管控</u>　2023年，清远市生态环境局佛

2023年12月20日，佛冈县召开部分饮用水水源保护区调整方案听证会
（清远市生态环境局佛冈分局　供图）

冈分局严格执行固体废物申报登记制度，通过省固体废物环境监管信息平台加强对相关产废单位的监督检查，掌握固体废物特别是危险废物的产生和流动情况，防止非法转移和流失。全县在监管信息平台上注册的产废单位共有846家，其中危险废物产生单位441家，2022年危险废物年度申报工作完成400家，2023年管理计划完成397家，未完成的均为汽修企业。目前佛冈分局与县交运局联合督促企业尽快完成申报。一般工业固体废物产生单位有451家，完成2022年一般固废年度申报的有427家，完成率94.67%。将继续督促未完成申报的产废单位按时间节点要求完成上报。

土壤污染重点监控　2023年，全县共有2家土壤污染重点监管单位，分别是清远新力化机有限公司和佛冈县水头镇铜溪褐铁矿有限公司。目前2家公司完成土壤隐患排查，并开展地下水、浅层土壤和深层土壤的监测，均未有超标因子，有效做好土壤污染源头防治管控工作。

危险废物专项整治　2023年，清远市生态环境局佛冈分局着力强化危险废物环境监管，按要求开展以废铅蓄电池、废矿物油、废酸和废弃危险化学品为重点的专项整治行动。全年排查整治重点涉废矿物油20家、废铅蓄电池5家、废弃危险化学品5家，暂未发现有潜在隐患。

土地安全利用管控　2023年，清远市生态环境局佛冈分局严格"两公一住"用地安全评估工作，有效管控建设用地土壤污染风险，有11宗土地进行评估，并对重点地块进行采样监测，稳步推进受污染耕地安全利用风险管控工作。

【**噪声污染防治**】**声环境监测**　2023年，佛冈县建成区面积12.99平方千米，清远市生态环境局佛冈分局认真开展建成区域声环境监测点位优化布设和声环境功能区监测点位设置工作。声环境功能区内设置有城市功能区声环境质量监测点7个，昼间平均值51.8分贝，达标率为100%；夜间平均值46.1分贝，达标率为96.4%。设置有城市区域声环境质量监测点位107个，昼间等效声级平均值为55.9分贝，达标率为95.3%，为第三级（55.1～60.0分贝），评价为"一般"；夜间等效声级平均值为48.4分贝，达标率为92.5%，为第三级（45.1～50.0分贝），评价为"一般"。设置有城市道路交通声环境质量监测点位21个，昼间平均等效声级为67.9分贝，达标率为80.9%，为第一级（≤68.0分贝），声环境评价为"好"；夜间平均等效声级为57.6分贝，达标率为80.9%，为第一级（≤58.0分贝），声环境评价为"好"。

噪声查处　2023年，清远市生态环境局佛冈分局制定《高考期间环境噪声整治工作方案》，严格落实环境监管责任，为0.6万考生做好绿色护考工作，开展绿色护考行动已经成为部门协调联动、公众共同参与噪声污染防治的标志性活动，在高考期间佛冈县多部门联合开展绿色护考行动，对重点时段和路段实施临时交通管控并开展持续噪声监测，为考生营造宁静、舒适的考试环境。强化源头管控，实行夜间建筑施工作业审批制度，全年出具28份夜间施工审批意见，全面加强建筑工地文明施工监督管理，加大施工噪声扰民管控力度。将工业企业噪声管控纳入环境执法监管工作中实施，在检查中未发现被投诉对象涉及噪声超标问题，无因噪声污染受到停产、罚款、限期治理等处罚的企业。

【**农村污水治理**】**农村污水处理设施建设**　2023年，全县785个自然村中，746个完成农村生活污水处理工程，建成污水处理设施1016座，污水处理设施建成率95.03%。镇级生活污水处理厂实现全覆盖，并正式投入正常运营。

设施运维管理　2023年，清远市生态环境局佛冈分局进一步加强运维管理，提高设施正常运行率，定期开展农污治理设施运维管理抽查，并把抽查结果向各镇通报，全年抽查35个行政村266个自然村的301个农村生活污水治理设施点，正常运行率84.21%；市对佛冈县20吨及以上设施运行暗访抽查，第一季度正常运行率86.5%，第二季度68.18%，第三季度63.6%，第四季度95.5%，全年平均为78.5%。扎实指导好项目资金的统筹安排，加强与农业农村局、财政部门协调联动，落实20%驻镇帮镇扶村资金用于农村生活污水治理工作，指导各镇统筹安排好项目资金，确保各项任务顺利推进。

民生实事村建设 2023年，佛冈县涉省农村生活污水治理民生实事任务有5个自然村，分别为水头镇新塘村、高岗镇仙子背村、迳头镇丰树塅村、汤塘镇鱼头村和龙山镇官路唇隔海村。其中高岗镇仙子背村、汤塘镇鱼头村和龙山镇官路唇隔海村等3个通过农村生活污水处理设施处理，水头镇新塘村、迳头镇丰树塅村等2个采用污水资源化利用（或自然生态消纳），顺利通过县级自评和市级成效评估。

黑臭水体整治 2023年，佛冈县被省列入黑臭水体治理任务的是龙山镇涟六水圳整治提升项目。工程已完工，并顺利通过县级自评和市级成效评估，正开展省级评估。

农村环境综合整治 2023年，佛冈县农村环境综合整治任务名单有5个行政村，分别是高岗镇三联村、迳头镇大陂村、水头镇莲瑶村、汤塘镇围镇村和龙山镇官路唇村。农村环境综合整治工作主要涉及6项任务，分别是农村生活污水治理、农村黑臭水体整治、农村饮用水源地保护、设施运行长效机制、村民满意度和其他环境问题整治，全部完成整治。

环境督察执法

【环境监测】 水环境质量监测 2023年，清远市生态环境局佛冈分局对潖江河、烟岭河等县境内河流共5个断面进行23次水质监测；对饮用水源地放牛洞水库、山田水库、大窝水库、坝仔坑新取水口、备用水源进行36次水质监测；对止贝冚水库、香粉水库、良洞水库等三个"千吨万人"农村水环境质量开展12次常态监测，监测结果显示，水质达到地表水二类水标准或者三类水标准，水质优或者良好。

环境监测 2023年，清远市生态环境局佛冈分局强化环境监测，对全县污染源企业开展监督性监测、执法监测和调查监测，出具执法性监测报告296份，有效掌握工业企业排污状况，为环境执法提供有效的数据支撑。对重点关注的生活垃圾填埋场地下水、水头铅锌矿整治后水质、潭洞废稀土矿水质、牧宏固废堆放点下游水质开展每月1～2次常态化执法监测，及时掌握污染变化情况。按照广东省生态环境厅的要求，对全县确定的12家重点排污单位、6家涉重金属行业企业及3家县级重点医疗机构等排污单位开展常态执法监测；对2家钢铁生产企业、3家水泥生产企业、3家生物质锅炉使用企业、3家35吨锅炉使用企业及化工行业等执行特别排放限值企业开展执法监测，有效控制和管理全县大气、水污染物的排放。完成150个处理能力20吨/日以上的农村生活污水处理设施出水水质上、下半年2次的执法监测任务，有效掌握农业面源污染状况，为农污运维管理提供依据。每月对全县5家镇级及以上城镇生活污水处理厂处理设施进、出水及进入各城镇污水处理设施的进水泵站集水井之前的污水浓度加强执法监测，并开展每月余氯、粪大肠菌群监测，有效掌握全县生活污水处理情况。

【环保督察】 县生活垃圾填埋场整改 2023年，清远市生态环境局佛冈分局积极推进中央生态环境保护督察反馈问题整改，全程跟进县生活垃圾填埋场治理工程第一期整治工作，填埋场二区涉嫌存在渗漏的陈腐垃圾清理完毕；加强污水水质管控，增加水质检测频率，及时掌握场区内水质变化情况，做到早发现早治理，使地下水水质有所改善；持续督促做好垃圾堆体覆膜和雨污分流导排，加固库区边坡防护等工作，加强填埋场规范化管理。

督办案件整改 2023年，清远市生态环境局佛冈分局加强对"高岗镇团伙盗挖矿产和砂石，破坏生态环境问题"投诉案件的督办工作，至年底完成治理工程。全年共有22宗上级督察交办案件整改，办结22宗，办结率100%。

【环境信访】 2023年，清远市生态环境局佛冈分局认真贯彻落实《信访条例》，聚焦生活污水、噪声扰民、餐饮油烟等群众关心关注的环境问题，推动问题及时解决，提升群众获得感、满意度。对于群众投诉博华公司内存在排放污水、倾倒工业渣土、欺骗租户导致无法办理环评手续、排

2023年12月9日，清远市生态环境局佛冈分局召开环境信访投诉专题"夜班车"会议
（清远市生态环境局佛冈分局　供图）

放废气、未设置雨污分流等问题，通过现场排查，多方会谈，沟通协调等方式多次与博华公司代表、信访人开展协调沟通，妥善解决该厂区内存在的各种环境问题，投诉人提交了《承诺息诉罢访书》，并对信访事项处理结果满意度，评价为"满意"。对于龙山镇融创小区居民多次投诉夜间异味扰民等问题，清远市生态环境局佛冈分局召开环境、信访投诉专题"夜班车"会议，通过研判分析，与小区业主代表召开座谈会，耐心交流，建立微信群，及时掌握异味扰民动态情况，及时到现场处理排查等方式，有效处理投诉案件，工作得到业主们的肯定。全年共受理各类污染纠纷和投诉事件844件，处理率100%。

【营商环境优化】 **把好项目准入关** 2023年，清远市生态环境局佛冈分局坚持绿色发展理念，积极指导全县招商项目引入工作，坚决遏制"两高"项目盲目发展。优化办事流程，提高行政审批效率，限时完成项目环评审批等事项。加快推进各大园区的规划环评审批进度，加强"三线一单"指导，助力经济社会高质量发展。全年审批建设项目24项，项目现状环境影响评估报告备案4项，建设单位环评备案登记54家，复核环评登记备案表54份；完成建设项目自主竣工验收41项。

环评监管 2023年，清远市生态环境局佛冈分局加强对环评编制单位监管，严格规范环评编制行为。根据有关要求，开展环境影响登记表项目环评合法合规抽查，共抽查20个环境影响登记表，有效震慑擅自降低环评等级、内容填报不全或填报不规范等问题，确保环评资质许可取消后环评质量不下降、防治污染和保护生态环境的作用不降低，保障环评技术服务市场稳定有序。

排污许可 2023年，清远市生态环境局佛冈分局积极按照时间节点开展排污许可证"双百"重点工作，排污许可证质量审核率和执行报告审核率均达到"双百"任务要求。全年审核46家企业排污许可证，发现27家存在问题，于11月15日前按时完成整改；审核16家企业2022年度执行报告，发现12家存在问题，于9月15日前全部完成整改；完成2022年度排污许可证执行报告提交率审核和2023年前三季度执行报告提交率审核。

【环境执法】 **严格执法** 2023年，清远市生态环境局佛冈分局直面问题，较真碰硬，开展各类污染攻坚执法专项及民生关切执法检查，落实专案查办，积极参加交叉执法，严厉查处环境违法行为。全年出动执法人员2265人次，检查企业757家次，发出责令改正通知书39家；立案18宗，发出行政处罚决定书15宗，处罚金额166.1562万元。

柔性执法 2023年，清远市生态环境局佛冈分局开展正面清单工作，落实差异化监管措施。依法依规实行轻微免罚、道歉承诺减轻处罚等减免罚措施，切实助企纾困。是年，共同意道歉承诺申请并降低处罚4家，共59.34万元，不予处罚企业3家，分期缴纳罚款1家，计30万元。

监督帮扶 2023年，清远市生态环境局佛冈分局按照"全覆盖、零容忍、明责任、严执法、重实效"的总体要求，配合落实省空气质量改善监督帮扶。第一轮监督帮扶发现有4家企业共存在20个问题，其中19个问题属实，1个问题不属实，责令4家企业整改；第三轮监督帮扶发现有4家企业共存在36个问题，全部属实，责令4家企业整改。至年底，企业均完成整改。

移动执法 2023年，清远市生态环境局佛冈分局全面推进生态环境量化监管平台等移动执法系统建设使用，强化业务、流程信息化。全年，使用省生态环境量化监管平台录入执法检查企业共155家，其中重点企业18家、一般企业64家、申报登记企业8家、建设项目46家、竣工验收18家、土壤重点1家；利用无人机搭配多参数气体检测设备，对指定企业、区域进行高效地毯式录像，全方位、立体式拍照巡查和定点监测气味，精确采集各项空气污染物，迅速排查确定异味源头，以创新思维引领创新实践，有效保护生态环境，提升大气环境质量。

专项执法 2023年，清远市生态环境局佛冈分局坚持管治结合，以查促管、以管促治，夯实环境监管责任，打好"组合拳"，消除环境隐患、

2023年4月20日，佛冈县召开生态环境保护委员会第一次全体会议

（清远市生态环境局佛冈分局 供图）

根治环境污染、保障环境安全。打击第三方环保服务机构弄虚作假专项行动。对列入大气污染防治重点领域、重点行业专项执法的26家涉气企业开展专项检查，暂未发现企业存在无证排污、不按证排污、超标准排放空气污染物以及未按照规定运行污染治理设施等环境违法行为。结合县污染源在线监控平台信息开展调度与研判分析，对安装在线监测系统的14家重点监管单位开展专项检查，暂未发现自动监测仪器原始数据、出具报告数据弄虚作假等情况。严厉打击固体废物非法转移倾倒处置行为，组织开展石角镇观山行政村湖边村、汤塘镇升平村刀排坑口、水头镇头菜场等重点区域点位的排查，暂未发现村落非法转移倾倒处置固体废物、危险废物的违法犯罪线索；出动执法人员48人次，检查重点危险废物排放企业16家次，倒逼固体废物排放企业（单位）和人员守法自律，进一步提升固体废物监管水平。开展重点行业排污许可清单式执法检查，依托全国排污许可证管理信息平台，规范企业按证排污和管理，严格生态环境行政许可，强化排污许可与环境影响评价、监测、执法联动，推进排污许可"一站式"管理。全年完成核发排污许可证74家，其中首次申请7家，重新申请14家，变更29家，延续24家，排污登记59家，出动执法人员92人次，检查持证排污单位41家；督促指导15家领证企业在全国污染源监测信息管理与共享平台上顺利联网，对6家排污单位进行自行监测专项检查，网络平台检查企业自行监测数据75家，完成企业帮扶监测6家。加强重大突发环境事件隐患专项排查整治，聚焦五一、七一、汛期、高温等重点时段，以"一废一库一品一重"等高风险行业企业为重点，组织开展重点行业企业、重点流域区域排查整治，开展部门排查并填报广东省环境应急综合管理系统24家，开展企业自查并填报广东省环境应急综合管理系统64家。开展辐射安全监管工作，对辖区内的核技术利用单位、废旧金属回收熔炼单位进行核查，确保全县辐射安全。全年对8家受检单位开展现场检查12次，填好《现场监督检查表》和建立问题记录台账，并督促相关单位落实问题整改。

环境综合整治

【环境统计】 2023年，清远市生态环境局佛冈分局编制完成企业93家、集中式污水处理厂5家、集中式生活垃圾处理厂1家的环境统计年度填报工作；完成2023年重点排污企业环境统计季报工作，并到企业开展生态环境统计数据质量现场审核工作。

【环保规划编制】 2023年，清远市生态环境局佛冈分局编制印发《佛冈县生态环境保护"十四五"规划》，系统研究"十四五"期间全县生态环境保护工作的指导思想、基本原则、主要目标、重点任务和政策措施，奋力开创生态环境保护新局面，推动绿美佛冈生态建设。

【污染减排】 2023年，佛冈县主要污染物重点工程减排量目标为：化学需氧量10吨、氨氮1吨、氮氧化物15吨和挥发性有机物1吨，全年上传8个项目到减排系统，分别是方舟（佛冈）化学材料有限公司注销项目、佛冈县耀鼎新能源有限公司注销项目、佛冈县长大新型墙体材料有限公司注销项目、广东亿利达风机有限公司挥发性有机物治理工程、广东联塑日利门业有限公司挥发性有机物治理工程、佛冈县天和橡胶有限公司挥发性有机物治理工程、骏达（佛冈）玩具有限公司挥发性有机物治理工程和佛冈县万兴电子塑胶制品有限公司挥发性有机物治理工程，全面完成污染物总量减排任务。

【综合治理】 应急管理 2023年，清远市生态环境局佛冈分局在石角镇龙凤大桥北岸西侧直通车道举办饮用水源地污染事故应急演练，提高环境应急管理工作水平，加强部门协作。以应急演练为起点，在"快、准、实"上狠下功夫，不断提升应急处置能力，积极防范化解生态环境风险，切实保障环境安全。加强突出问题整治，落实汛期、敏感时期、重大节日应急工作。制定应急预案，实行24小时2人在岗值班制，防止涉环境问题的突发事件发生。

安全生产 2023年，清远市生态环境局佛冈分局全面落实省、市、县关于安全生产和消防安全的各项工作部署，牢固树立安全发展理念，大力弘扬生命至上、安全第一的思想。

2023年6月5日，清远市生态环境局佛冈分局在县人民公园开展"世界环境日"宣传活动
（清远市生态环境局佛冈分局　供图）

2023年5月17日，清远市生态环境局佛冈分局在附城社区开展"同建绿色家园·共享碧水蓝天"活动　　（清远市生态环境局佛冈分局　供图）

结合汛期防汛防风、消防安全工作以及危险化学品、危险废物等专项检查，全面开展生态环境风险隐患排查工作，重点排查陶瓷、化工、印染、污水处理、配套电镀等行业企业污染防治设施运行情况、污染物达标排放情况、固体废物和危险废物处置情况，将安全主体责任压实到各企业。全年环境安全事故无发生，切实保障全县环境安全，创造更加安全稳定的社会环境。

【环保宣传】　**生态环保宣传教育**　2023年，清远市生态环境局佛冈分局认真开展宣传生态环境保护、节能减排等科普知识，营造节约能源的社会氛围，结合"5·22"生物多样性国际日"6·5"世界环境日、"全国低碳日"等节日，组织线上线下生态环保宣传教育活动。通过设立咨询台、摆放宣传海报、悬挂宣传条幅、现场宣讲与问答、发放宣传手册及宣传小礼品等方式，提高群众对涉生态环境法律法规的知悉、对生态环境的关注和保护，引导群众树立绿色低碳、健康文明的生活方式；积极引导社会公众参与生态环境保护事务，营造全民共同参与、共护蓝天白云、共筑美丽家园的浓厚氛围。全年召开约谈会议、通报会议25次；进企业开展安全生产、扫黑除恶宣传32次，开展环保教育133次，派发生态环境安全生产、扫黑除恶宣传册子500份。

环境损害赔偿法律宣传　2023年，清远市生态环境局佛冈分局积极开展日常业务，大力宣传生态环境损害赔偿相关规定，让企业经营管理者、群众树立"环境有价，损害担责"的意识。年内对1宗案件开展生态环境损害赔偿磋商，磋商失败后，县检察院向县人民法院提起刑事附带民事公益诉讼，现等待法院判决。

信息公开　2023年，清远市生态环境局佛冈分局通过集体学和个人自学相结合的方式，全年开展局内普法教育12次。做好行政执法信息公开和"双公示"信息数据汇总报送工作，全年公开执法信息120条，信息公开和及时报送率均为100%。做好行政处罚案件的合法性审查工作，对21宗案件开展法制审核和审查，对2个规范性文件开展合法性审核。及时向社会公开查处审批情况，以市生态环境局名义作出的15条行政处罚决定和4条不予处罚决定均及时在相关网站进行公示，及时公示率为100%。

（林嘉敏）

旅游业

责任编辑：郭治国

旅游业综述

【旅游业概况】 佛冈县位于广东省的地热资源集聚带。其温泉资源品质、规模等尤为突出，集地热泉水与矿物质于一体，既是一种地热资源，又是一种特色养生旅游资源。县内多个乡镇均发现有不同类型的温泉资源，温泉养生旅游成为佛冈县金字招牌。优越的地理位置和良好的投资环境，使佛冈成为旅游开发的热土，拥有全国唯一出水温度达87摄氏度的高温珍稀氡温泉，为实现健康养生旅游行业发展增添新的活力。2023年，佛冈县健康养生旅游景点有：聚龙湾天然温泉度假村、森波拉度假森林、熹乐谷温泉度假区3家国家4A级旅游景区，田野绿世界1家国家3A级旅游景区，还有鹤鸣洲、观音山王山寺等10余家省内外知名景区。同时，县城步行街商圈、龙凤大道、县体育馆周边夜间人流日益增多，夜间消费释放活力，新晋网红夜市"龙凤星光夜市"，人头攒动，热闹非凡。

【旅游业实绩】 2023年，全年共接待游客149.41万人次，实现旅游综合总收入15.6亿元，比上年分别增长70.66%和99.49%。其中，接待国内游客144.15万人次；接待入境游客5.26万人次，包括外国人0.18万人次，香港同胞4.55万人次，澳门同胞0.5万人次，台湾同胞0.03万人次。其中，国内旅游收入14.72亿元；入境旅游收入0.88亿元，下降19.15%。全县A级景区4家，其中4A级3家，3A级1家。

【旅游综合接待能力】 2023年，佛冈县有高档酒店13家，可接待万人入住，开业旅行社及营业部8家，特色农庄超60家，登记在册民宿93家。全县特产购物商场逐步完善，基本形成以"食、住、行、游、娱、购"等要素为主体、其他产业为支撑、具有一定规模和水平的旅游产业体系。

（邓　波　黄钰森）

旅游亮点

【熹乐谷晋升国家4A级景区】 熹乐谷温泉旅游区积极对标4A级景区，不断进行改造提升，进一步补齐基础设施短板，丰富景区业态，完善产业布局，2023年4月成功晋升国家4A级景区，使佛冈文旅产业焕发新的生机，让良好生态、文化底蕴和特色温泉旅游成为乡村振兴助推剂，逐步将佛冈打造成为湾区北生态旅游首选地。

提档升级，丰富新业态 熹乐谷积极创新业态，丰富景区文化体验，进行文旅产品的快速迭代与创新。聚焦亲子家庭及"Z世代"群体，创新推出水世界、星球无动力乐园、慕野清风山谷营地、亲子温泉酒店、不夜山谷等多元业态。体量庞大，业态丰富，成为"微度假"概念下追求个性化、社交化的年轻客群和亲子家庭的不二选择。同时，景区在寒暑假与国庆、春节等大型节假日，举办新年音乐节、烟火晚会、不夜山谷唐风演艺等大型活动，进一步丰富游客体验，一跃成为珠三角文旅体验新地标。以森林探险为主题，打造水世界，悬崖无边泳池已成为珠三角知名网红打卡目的地；面向家庭型全龄客群，打造全年龄段大型主题乐园——星球无动力乐园，一跃成为广东文旅消费体验新地标；亲子温泉酒店开业，遵循IP、亲子玩乐和互动空间、儿童居住空间三大维度，在山谷中构建一座滋养亲子关系的能量场，成为广东地区亲子酒店市场的新标杆；以"露营"为主题，全新打造慕野清风山谷营地；推出全新业态——趣野卡丁车，项目配备专业赛车设备——BERG户外脚踏卡丁车，为亲子家庭打造独一无二的竞技体验。

充实内涵，构建文化维度 旅游文化是焕发企业生命力与竞争力的内在品质，熹乐谷围绕"安静、自在、年轻、艺术"四个维度，构建"山谷里的生活"，为游客提供充足的精神滋养。熹乐谷重视将文化内容植入旅游产品中，不断探索山谷生活理念，推出各种文化节庆活动及旅游相关的文娱活动，深得游客赞赏，成为熹乐谷重要话题和节日山谷艺术生活的一个专属IP，将山谷自然环境、人文艺术与游客紧密结合在一起。

"温泉+"产业，助力乡村振兴 熹乐谷以全力推进"百千万工程"为契机，助力乡村振兴。度假区500多名员工中，约八成为本地人，迅速拉动本地村民就业。除了解决就业，熹乐谷一方面通过密集的技能培训和外出学习，不断提升当地员工的文化水平和管理技能，另一方面不断加大对当地农产品的采购量，2023年采购金额超过2000万元。同时带动黄花湖周边村镇的旅游业发展。熹乐谷周边的农庄和民宿客房单价可达上千元。周边分布20多家农家乐，一年营收达千万元。熹乐谷温泉度假区经过多年打造和不断提升，现已成为粤港澳大湾区市民亲子游热门出游目的地，佛冈3家国家4A级旅游景区之一。

（黄婉菲）

【旅游迎来新旺季】2023年，全县旅游经济呈现逐季稳定、稳中向好态势，接待旅游总人数、旅游综合总收入实现大幅度提升，景点景区顺时而动，提档升级、融合新业态、扩内需激发新活力，迎来旅游新旺季。一季度全县共接待旅游人数约25.45万人次，实现旅游总收入约2.4亿元；二季度全县共接待旅游人数约28.76万人次，实现旅游总收入约2.87亿元；三季度全县共接待旅游人数约38.1万人次，实现旅游总收入3.44亿元；四季度全县共接待旅游人数约57.1万人次，实现旅游总收入6.89亿元。

文旅体融合新业态 2023年，县文广旅体局充分利用承办的省运会公路自行车赛、群体组乒乓球、南粤古驿道大赛（清远佛冈站）、广清穿越徒步活动、全国及省级健身广场舞联赛等赛事，大力发展"森林+"徒步文旅体融合新业态，将徒步游路线开发和旅游观光相结合，吸引省内外游客参与，促进绿色旅游经济提升，加大旅游宣传力度，迎来旅游新旺季。

景区提档升级 2023年，县文广旅体局指导熹乐谷成功创建国家4A级旅游景区，荣获第六届"十佳温泉"金汤奖。新增300间亲子网红客房和亲子餐厅；森波拉度假酒店投资2亿元，建设松鼠酒店项目，以山地旅游、亲子休闲、森林度假为主题，让游客充分体验羊角山原始优美的自然风光和人文景观；聚龙湾天然温泉度假村对主楼、贵宾楼、温泉区等整体提升改造，9月贵宾楼完成装修改造对外营业；水头镇医养中心项目正式运营，可提供医养床位800张。

营销产品繁荣多样 熹乐谷推出熹村"不夜山谷"，融合国潮文化与唐风市井习俗，打造涵盖唐风小吃、唐艺打卡、沉浸换装、唐风演艺、唐朝婚礼等场景体验的沉浸式唐风市井生活街区，游客可以体验一秒入唐；森波拉森林剧场全新升级，推出专场童话杂技剧《森林英雄》，首次将"波比羊"IP应用于舞台剧表演；汤塘温泉民宿集聚区探索"农民合作社+乡村民宿管理"模式，打造佛冈县汤和泉乡村民宿专业合作社，对闲置民房整合盘活，统一管理，提升乡村民宿整体服务水平，民宿数量增加到90余家，逐渐形成温泉民宿集聚区，吸引游客乐享"住宿+温泉+美食"一站式服务，成为新的经济增长点。

下沉式旅游、赏花经济火热 2023年，旅游业呈现井喷式爆发，游客选择周边县城、乡镇和村寨，助推佛冈乡村游火爆旺销。水头镇断桥花堤滨水公园吸引众多游客来野炊露营，以赏花、采摘、踏青、露营等为代表的春游带火"花经济"。携程平台数据显示，2023年上半年，全县赏花类度假产品预订量大幅增长，森波拉、田野绿世界、汤塘村、陂角村、荷花小镇、通天蜡烛、水头鹰桃谷、高岭村、龙溪山、龙南石联村等地出现游人如织的火热场景。

扩内需激发消费新活力 2023年，县文广旅体局开展"特色美食""金牌餐饮店"评选暨"佛冈一桌菜"推选活动，助推四九霜降牛肉节、豆腐节、舞被狮、魔芋美食评选、竹山粉葛节、益肾子节等民俗农事节庆活动开展，吸引游客参与。同时，加大对本土旅游、餐饮企业的宣传力度，为旅游经济复苏激发消费新活力。

【重大活动】2023年4月8—12日，佛冈县圆满承办第十六届省运会群体组乒乓球比赛。4月29日，隆重举行佛冈县体育馆启动仪式暨全民健身活动。5月13—14日，南粤古驿道定向大赛（清远·佛冈站）在龙山镇上岳古村成功举办。8月18—20日，承办2023年粤港澳青少年足球交流赛（清远佛冈赛区）。11月4—5日，在佛冈体育中心开展全国妇女广场舞（健身操舞）大赛（广东站）广东省健身广场舞联赛（清远站）暨清远市"和美乡村"健身广场舞大赛。

（黄钰森）

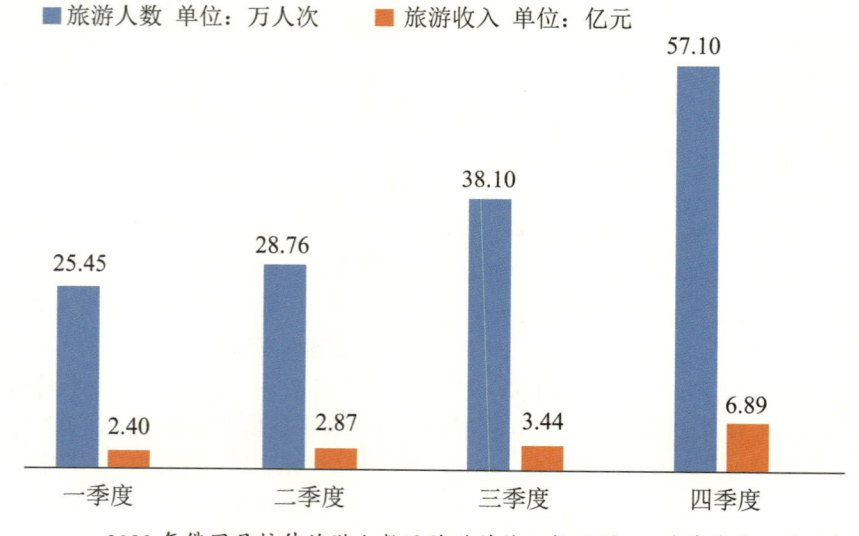

2023年佛冈县接待旅游人数及旅游总收入柱状图　　（曾德燕　供图）

旅游行业管理

【旅游行业管理概况】 2023年，县文广旅体局围绕促进旅游行业高质量发展工作中心，守住红线意识，确立底线思维，把旅游业安全发展作为旅游行业管理的抓手，全力以赴抓好旅游市场安全发展。全年旅游市场没有出现各类安全生产事故。

【旅行社经营监管】 2023年，县文广旅体局进一步加强行业监管。一是在五一、国庆前分别开展旅行社不合理低价游整治工作，禁止旅行社不合理低价组团活动，检查中没有发现违反规定行为；二是加强旅行社安全管理工作，要求各旅行社每月召开导游、领队会议，要有会议记录，强化组团活动的安全工作；三是日常检查中，强化对旅行社租（包）旅游交通车辆合同的检查，严格督促旅行社落实"五不租"规定；四是抓好网上出团监管，严格要求旅行社做好一团一合同、一合同一上传；五是要求旅行社在组织旅游活动中，必须做好游客文明旅游和安全旅游教育工作。通过加强经营监管，保障旅行社守法经营、安全经营。

【旅游民宿指导】 2023年，针对旅游民宿日渐火爆的势态，县文广旅体局依据《广东省民宿管理暂行办法》及时加强对民宿经营管理业务的检查指导，进一步规范民宿经营管理，加快旅游业人才培训，稳步提升全县民宿行业服务水平，做大做强乡村旅游产业。1月18日，县文广旅体局、县总工会联合，在汤塘村举办县民宿经营管理和服务技能培训班，各镇民宿经营户共80多人参加，对民宿经营管理基本要求、民宿接待服务礼仪、客房管理实操技能（客房清洁、床被整理）、温泉池消毒、消防防火教育5项内容进行视频教学和实操培训，收到良好效果。

【节假日旅游景区管理】 2023年，县文广旅体局全力抓好节假日期间旅游景区安全生产工作。在春节、五一、国庆节假日期间，派出巡查组到各个旅游景区进行安全生产检查，督促景区及时整改存在的问题，每天抽查2个旅游景区的安全生产管理情况。

【涉林景区监管】 景区防火宣传 2023年，根据森防办要求，县文广旅体局深入景区开展以"防范森林火灾 守护绿美佛冈"为主题的森林防火宣传月活动。9月19日进驻4A级旅游景区森波拉度假森林，10月9日进驻观音山王山寺旅游景区，11月2日进驻田野绿世界旅游景区开展宣传月活动，向游客宣传《广东省森林防火条例》，讲解严防森林火灾的重要性、森林火灾的危害性以及造成森林火灾的法律责任和防火知识。宣传活动期间，现场向游客派发《森林护我家 防火靠大家》《森林防火宣传知识》等宣传资料350份。

景区防火管理 县文广旅体局根据森林防火工作职责任务，一是要求各涉林景区增加森林火灾防范警示牌，在景区入口处及醒目位置设立森林防火宣传牌（或横幅），设置"火种收集处"，提醒游客自觉收集火种；二是要求涉林景区在清明期间开展民众防火宣传和防火管理，禁止燃放鞭炮和点燃火种；三是抓好景区森林防灭火宣传月活动，在防火重点区域、游客集中处设置森林防火标语。景区工作人员、导游、景点讲解员要提醒游客禁止在林区吸烟。

（刘建新）

旅游宣传

【旅游宣传概况】 2023年，佛冈县共组织参加5次旅游产业宣传推介会：广州国际旅游展览会（GITF）、第八届深圳国际旅游产业博览会、广东国际旅游产业博览会、清远市旅游发展大会、广清韶旅游联盟推广活动（赴安庆、常州）。宣传推介会上，特别展示佛冈温泉资源和独特民俗文化，与来自全国各地的旅游企业进行深入交流和合作洽谈，为佛冈旅游业发展注入新动力。同时，县文广旅体局利用广东省运会、南粤古驿道定向大赛、四九牛肉节、"魔芋之夜"灯光夜市等各类活动打响旅游宣传，通过各种宣传活动，提高公众对佛冈旅游资源的认知度和关注度，吸引更多游客。

2023年5月13—14日，南粤古驿道定向大赛"寻访上岳古村人文印记，体验佛冈温泉养生之旅"在上岳古围村举行　　（朱慧燕　摄）

2023年12月23日，广清穿越（从化—佛冈）徒步大会暨首届清远户外体育节成功举行　　　　　　　　　　　　　　　（黄超贤　摄）

【旅游节庆活动】 2023年5月13日、14日，县文广旅体局在上岳古村举办南粤古驿道定向大赛（清远·佛冈）。同时熹乐谷、聚龙湾、森波拉等景区利用大赛机遇开展"中国旅游日"主题宣传活动；6月，成功举办佛冈"特色美食""金牌餐饮店"评选暨"佛冈一桌菜"推选活动，激发餐饮市场活力，助力乡村振兴；10月21—24日，成功举办四九牛肉节，利用传统节气及本地特色，结合佛冈牛肉和温泉资源，打造独特的养生文化体验，吸引游客前往品尝特色牛肉，享受负离子温泉乐趣；12月17—19日，在水头镇举办金牌魔芋美食评选活动，传播本地食材和地域文化，推动佛冈饮食文化与魔芋产业深度融合。

【旅游形象宣传】 2023年，县文广旅体局组织全县旅游企业多次参加旅游形象宣传活动。5月19日，参加广州国际旅游展；6月2日，参加第八届深圳国际旅游产业博览会；9月15日，参加广东国际旅游产业博览；11月15日，参加清远市旅游发展大会；11月20—23日，参加广清韵旅游联盟（赴安庆、常州）文旅推广活动等，宣传佛冈旅游，介绍特色产品，展现文旅形象，推动县域旅游人气复苏。县文广旅体局精心制作旅游宣传系列视频，创新编印《佛冈旅游画册》《佛冈县全域旅游导览图》《黄花湖温泉旅游度假区全域旅游导览图》《佛冈县旅游美食地图》等宣传资料。提升县域旅游大数据等旅游信息平台基础设施，为游客提供导览、咨询、导航、旅游信息推送等功能。在佛冈政务网上及时发布旅游资讯、活动信息和特色文化活动等，吸引游客关注。同时，根据时间节点成功举办第六届狮王争霸赛、民俗活动大展演以及高岗豆腐节、竹山粉葛节、迳头荷花节、水头鹰嘴桃节、田心首届青梅旅游文化节等民俗农事节庆活动。还以体育赛事为媒，成功举办省省运会群体组乒乓球赛、南粤古驿道定向大赛（清远·佛冈站）、粤港澳青少年足球赛、广清穿越徒步大赛等大型体旅融合活动，打造特色"康养+体育"旅游活动。

（邓　波）

旅游资源开发和景区（点）建设

【旅游景区开发】 2023年，佛冈县积极落实省市部署，有效推进粤港澳大湾区北部生态文化旅游合作区建设。一是推动上岳古村、森波拉度假森林等景区纳入"畅游湾区北　乐享自驾美"粤港澳大湾区北部生态文化旅游合作区10大特色主题路线。二是完成"漫享非遗　泉悦佛冈"暖冬温泉游2023年"乡村四时好风光"全国乡村旅游精品线路推荐工作，推动森波拉度假森林景区增项提质，"波比羊"IP加入舞台剧表演，建成清时光书吧、高尔夫练习场、极光营地。投资3亿元新建森波拉松鼠酒店，计划明年4月试营业，可增加客房400余间。三是熹乐谷温泉度假区成功晋评国家4A级景区，新推夜游项目深受游客欢迎。同时，推出星空集市，吸引附近商家进场摆摊，不仅带动周边经济，更令景区游客夜间生活丰富多彩。四是聚龙湾天然温泉度假村完成主楼、贵宾楼、温泉区等整体提升改造并营业。五是建成水头镇医养中心项目，9月对外营业，可提供医养床位800～1000张。

（邓　波）

【景区景点建设】 聚龙湾天然温泉度假村　佛冈首家国家4A级旅游景区，位于佛冈县汤塘镇，是以温泉旅游为主题，集旅游度假、温泉养生、商务会议、餐饮住宿、健身拓展、水上乐园、汽车特技于一体的大型综合性度假区。度假村地理位置优越，距京港澳高速汤塘出口1千米，位于广州市区、广州白云国际机场、清远武广高铁站1小时经济圈。2023年，度假村升级改造，营业客房786间、床位1355个；设中餐厅、宴会厅、西餐厅、自助餐厅，可容纳近千人同时用餐；各类大中小型会议室20余个，可接待各种层次的会议、培训、论坛；温泉区设有功能各异的温泉池68个；还有丰富的康体娱乐及专业户外拓展项目等，为四海宾客提供极致贴心的配套设施与服务。度假村将温泉文化与健康养生结合，独具特色的东南亚园林建筑风格，再现汤塘"千年古温泉"的灵气与秀美，开办至今屡获殊荣，被评为"中国十佳温泉度假酒店""中国温泉度假村十佳影响力品牌""中国最具风情温泉""中国最佳天然园林式温泉"。

（文 飞）

森波拉度假森林 国家4A级旅游景区，位于佛冈县石角镇，位属广州1小时经济圈，占地面积133公顷，坐拥数万亩羊角山森林公园，是集主题公园、度假酒店、火山温泉、冰川水谷等项目于一体的"一站式"旅游王国，打造中国山地旅游、温泉疗养、奢华乐水和森林度假的又一张旅游王牌。火山温泉分为花香温泉区、火山动感区、竹林药浴区三大区域，拥有50多个原生态温泉浴池，随地形变化而梯级分布，还有88米高仿真火山复原史前火山喷发奇景。皇宫酒店拥有300余间主楼客房、30余栋温泉别墅、24间独具特色的森林驿站，大量运用古船木、火山石、桫椤等远古元素和材料，被誉为"远古森林里的皇宫"。2008年中国酒店星光奖中被评为"中国十佳主题酒店"，依山环湖建有多个丛林餐厅、宴会厅、露天餐厅、观湖阁等私房会所和山地会议中心，能同时接待1000余人用餐和会议。冰川水谷是广东首个以冰川文化为主题的亲水乐园，分为冰川海啸冲浪区、冰臼漩涡飓水区、冰河历险漂流区、冰空彩虹滑道区、冰岛迷城欢乐区、冰花水寨休闲区、冰湖广场文化区、室内更衣休息区等八大区域，拥有冲浪海、游泳池、漂流河、太空碗、浪摆滑梯、旋转滑梯、竞赛滑梯、欢乐岛、儿童池、能量冰石等20多种惊险刺激的水上游乐项目和10多种水力冲击按摩SPA休闲设施。奇妙世界拥有巨无霸仿真恐龙群、华南最大桫椤雨林和惊险刺激的森波拉古道。设有5D影院、摩天轮、海盗船、长臂大摆锤、滑翔飞翼、自控飞机、欢乐海洋、冒险城堡、摩天环车等30余组大型机动游乐项目，以及波波球、碰碰船、恐龙船、水上滚筒、湖中游船等10余种水上游乐项目，更有木制滑梯、木制秋千、木制摆锤、木制跷跷板以及植物废墟主题迷宫群等，让游客在欢乐刺激、百转千回的互动娱乐项目中，深刻品味浓郁厚重的远古森林文化韵味。此外，还拥有森波拉湖、奇妙湿地岛、石斛幽兰园、浪漫金铃山、有机农场等生态休闲项目，使游客充分体验一段远古森林里的奇妙旅程。2023年，森林剧场完成全新升级改造，推出专场童话杂技剧《森林英雄》，其萌宠乐园、森林漂流、森境光影等项目为游客带来耳目一新的旅游体验。

（袁永泉）

熹乐谷温泉度假区 2023年，熹乐谷温泉度假区晋级被评为国家4A级旅游景区。度假区位于佛冈县汤塘镇，是集山顶度假酒店、凤凰温泉、熹乐谷水世界、自然探索研学基地、熹乐谷星球无动力乐园、民俗文化村、婚庆及会议、休闲度假地产、文化演艺等九大业态于一体的温泉度假综合体，是珠三角等地市民的度假胜地。度假区拥有凤凰温泉、熹村民俗文化村、商务会议场地、婚庆广场、儿童乐园、迷你高尔夫、七彩花田、青青农场、豌豆迷宫、萌宠乐园、熹谷健康养生馆、特色拓展基地等度假游乐配套项目，全方位满足游客度假所需。度假区融合中国大唐和东南亚建筑形态，打造独特的唐风泰韵建筑风格，大明宫式的酒店大堂中空31米，恢宏大气，是整个酒店的点睛之作。熹乐谷凤凰温泉作为度假区主打项目，占地面积2.5万立方米，是依泉脉而打造的温泉养生公园。遵循"龙凤呈祥"形独特规划了9大特色温泉区，错落有致地分布在半山坡地区内，分为景观温泉区、花型屋温泉区、星座温泉区、星空温泉区、半坡温泉区、动感水疗区、水上乐园区、私密温泉区及贵宾SPA汤屋区，各类温泉汤池多达65个，为游客提供多种多样的温泉养生疗养体验，让游客在天然珍稀的氡温泉中放松疲惫的身心。熹乐谷温泉度假酒店，由白天鹅酒店管理公司管理，拥有主楼客房500套、悦泉苑客房600套、纯独栋别墅80多套，适合夏天避暑、冬泡温泉。

（王硕朋）

田野绿世界 2020年9月，田野绿世界被评为国家3A级旅游景区，位于佛冈县石角镇龙南社会主义新农村建设试验区，占地面积358.67公顷，由宝泰集团于1998年投资兴建，2013年升级改造，总投资达8亿元，是集度假休闲、运动养生、生态花海、婚纱摄影、台湾水果农场、教育培训、会议住宿美食、购物游乐、风情表演

2023年10月9日，熹乐谷打造独特的唐风秦韵不夜谷吸引大批游客

（朱慧燕 摄）

等为一体的综合性旅游度假区。景区内种植樱花树20多万棵、枫树6万多棵，另有100公顷台湾果园。主要景点有田野乐园、日月潭、昆虫馆、台湾植物园、世界樱花园、树上兰花园、古道兰花园、梦幻蘑菇森林、动物园、台湾水果园、莲花生态区、水生植物园、台湾枫叶观赏区、台湾民宿区、台湾美食园、台湾兰花咖啡屋、阿里山茶艺馆、露营野炊园、十二生肖雕塑园、田野乡村大舞台、徒步健身养生区等。

（杨镇豪）

鹤鸣洲樱花温泉度假村 坐落于佛冈县汤塘镇黄花湖畔，紧靠京港澳高速汤塘出口和G106线，由中毅房地产开发有限公司投资，占地面积7.33公顷，总投资8亿元，是以养生温泉、商务度假、康体娱乐为主题的一站式综合度假项目。度假村项目以赏湖光山色私享花卉樱花温泉为主题，整体设计以东南亚风格为主，每户别墅均设有3～4个氡温泉泡池。配套有会所、西餐厅，还设有7公顷樱花主题公园、1.5千米亲水栈道、黄花湖湿地公园等原生态自然景观。

（全　路）

观音山王山寺 观音山王山寺是佛家宝地，位于佛冈县观音山南麓山脚，距县城8千米，是集生态旅游、休闲度假、佛教文化于一体的风景名胜区。寺院背靠观音山，远观山峰似观音仰卧，形态逼真，神态安详，此乃世界最大的天然卧佛，海拔1219米。景区占地面积240公顷，左为清溪，形如青龙，右有群山环抱，形如白虎扑击。山路观赏点无数，最著名的有瀑布群、龙宫、龙床、伯公树、灵水湖、会仙台、玉皇大帝御玺等。观音山王山寺历史悠久，自唐朝以来就受到普罗大众的顶礼膜拜，香火鼎盛。民间流传着"千处祈求千处应，有求必应观音山"的俗语，而今的观音山王山寺，重新修复了大雄宝殿、天王殿、舍利殿、五观堂等，开阔宽敞的朝圣广场面积达1万多平方米，种有一株2600年菩提神树，吸引各方来客。观音山王山寺终年云雾缭绕，晨有静心之钟，暮有养性之鼓。景区内美景密布，天然自成，无人工修饰，保持原始森林生态。周围山势蜿蜒、流水清幽、山中更有无数嶙峋怪石。景区住宿配套设施完善，楼群依山傍水，各种特色房型皆达三、四星标准，能满足不同游客的住宿需求。还有清雅幽静的弘法楼、禅修风格的罗汉堂、亲民温馨的湖边楼、原生态的木屋别墅等。

（潘甜辉）

篁胜国际温泉花园酒店 位于佛冈县城北山公园，由永盛实业有限公司投巨资打造，占地50余公顷，地理位置优越，交通便利，以商务度假、SPA温泉理疗、饮食、康体、娱乐为主题一站式度假酒店。酒店秉承商务会议与休闲度假相融合的经营方针，欧式装修风格豪华典雅，设施齐全，拥有各具特色温馨舒适的商务客房、设备完善的多功能国际会议中心、风味独特的中餐大厅、环境幽雅的圣保罗西餐厅、贵宾房和可容纳1000人同时用餐的高级宴会厅。酒店拥有可容纳1200人的多功能国际会议中心及大、中、小多规格会议室等。

（何平元）

利鑫国际酒店 利鑫国际酒店地处佛冈县城振兴南路、京珠高速佛冈出入口，106国道附近，位于广州、白云机场1小时经济圈，地理位置优越，交通便利。酒店总建筑面积3.6万平方米，各种不同主题客房380余间，酒店地下一层为极具特色的大型温矿泉水疗馆。有雍容华丽的中式贵宾房、高级宴会厅，可同时容纳1000人用餐，多个大中小型会议室可接待各类高档会议，配设休闲网吧、羽毛球、乒乓球、桌球、网球、健身房及大型体感游戏馆等，为宾客提供丰富的活动娱乐项目。酒店打造目标为佛冈首家集五星级酒店住宿、水疗养生、娱乐健身、餐饮会议、休闲购物于一体的综合型商务主题酒店。

（陈　荣）

碧桂园假日温泉酒店 位于佛冈县水头镇，地处羊角山山脚，联合碧桂园清泉城别墅区、英伦小镇等项目，整个片区形成以统一的欧陆式风格设计的休闲度假旅游区。酒店配套完善的设备，简洁大气的客房，宽敞明亮的中餐厅和各类VIP包房，多功能会议室，大型室外天然温泉，集商务和度假于一体。酒店背山面湖，清新的空气和休闲的氛围，让游客感受到城市所不能体验的悠闲舒适，让心灵回归大自然，更好地感受生活的乐趣，为游客提供五星级的服务，给客五星级的旅游体验。

（赵必强）

黄花湖温泉旅游度假区 位于佛冈县汤塘镇黄花湖畔，黄花湖温泉历史悠久，其泉水具有矿化度低、温度高等特点，特别是含有氡元素。多家度假酒店临湖而建，风格各异的温泉池，让游客体验"温泉水滑洗凝脂""静看湖水飞鸟，远看青山碧水"的舒适感。

龙潭小寨 位于佛冈县高岗镇，是一个以休闲养生、野外拓展、科普教育、生态农场为主的旅游景点。小寨群山环绕、风景秀丽、流水清幽，主要项目包含餐饮、露营、野炊烧烤、垂钓、树上云梯、竹排、农事体验等。

通天蜡烛 位于佛冈县迳头镇荆竹园村，总面积167公顷，海拔1047米，横跨清远市佛冈县、广州市从化和韶关市新丰县。每年4、5月，山上杜鹃花盛放，形成一片花海，远远看去，像无数点燃的蜡烛，因而得此美名。

长盛谷 坐落于汤塘镇黄花湖畔，酒店客房、木屋别墅依山而建，其遵循"医易同源""药食同源"养生理念，健康的绿色食品、优美的青山绿水，是一个综合性乡村休闲养生、娱乐旅游景区。

上岳古村落 位于佛冈县龙山镇，始建于南宋，盛于明清，距今已有720多年历史，是省内规模最大、保存完整的古建筑群之一，其"镬耳楼"极具岭南建筑特色，代表典型的广府文化，为省级文物保护单位、"中国历史文化名村"。

陂角村 坐落于汤塘镇、潖江与四九河交汇处，是一座始建于明末的岭南文化古村落，现存有围屋群、爱莲书室，附近有濂溪书院、古温泉。中国人民解放军海军上校周奋故居坐落在围屋群中。增建有百亩花海、"濂溪大道"、农家乐、游客接待中心等，供游客观光游玩和体验乡村风情，为"佛冈温泉养生之旅"线路首站，获评"清远市十大美丽旅游乡村"和"广东省文化和旅游特色村"。

汤塘围 汤塘围是历史悠久的古村落，因珍稀温泉而闻名，获评"广东省古村落""中国传统村落"。汤塘温泉是广东省最早有文字记载的温泉之一，是全国唯一出水温度达到87摄氏度高温的氡温泉，水质晶莹，无色无味，富有养生价值，是温泉中的极品。

（邓 波）

旅游商品

【竹山粉葛】 该产品产于佛冈县汤塘镇竹山村，是该村的支柱经济作物，具有清甜、粉嫩无渣、皮薄肉香等特点，属广东特色名优农产品，被列入全省"一乡一品"项目，并通过无公害产品认证，成为国家地理标志保护产品。竹山粉葛茎粗块大，味鲜无渣，常用来煲汤、炆肉，还可制成葛粉用沸水冲饮。由于品质卓越、声誉好，竹山粉葛和精装葛粉已成为佛冈的主要旅游商品，畅销清远、广州等地。一年一度的"粉葛节"不仅欢庆丰收，更是吸引众多游客和市民朋友到现场直接采购。

【广生园初生蛋】 广生园牌初生鸡蛋是广东省特色名优农产品，由位于汤塘镇高岭村的清远市佛冈县广生园畜牧发展有限公司出品，是纯天然玉米喂养的雏鸡刚刚生出的新鲜鸡蛋。其特点是头窝蛋体较小、蛋壳坚硬、营养价值高，所含蛋白质、卵磷脂、维生素、氨基酸和人体所需的各种微量元素含量均超出普通鸡蛋，是老少皆宜的理想营养佳品，特别适合孕妇、产妇和儿童食用。

【金鲜美大米】 该产品由广东省佛冈县金鲜美粮油食品有限公司生产，是广东省特色名优农产品。该公司集种植、加工、销售一体化，是清远市人民政府授予的第一批重点农业龙头企业。公司自有优质稻种植基地45.73公顷，生产各类优质丝苗米、香米、油粘米等系列产品，采用先进设备精选加工，质量达国家优质标准。

【水头芦笋】 芦笋作为深具岭南特质的水乡菜，在岭南一带普遍食用，其味鲜甜带爽、柔嫩可口，同时芦笋具降压、降脂、促消化的作用，适合各种人群食用。佛冈的芦笋主要生产分布在水头镇一带，是该镇"一乡一品"项目，该镇的莲瑶村、王田村均有种植。此外，石角镇小梅村等地也有大面积种植。水头芦笋质地鲜嫩，炒、煮皆风味鲜美，柔嫩可口，是游客争相购买的佛冈土特产之一。

【迳头竹笋】 迳头镇地处佛冈、新丰交汇处，群山环抱，污染源少，盛产竹笋，所产竹笋有壳薄、肉厚、质嫩、鲜中带甜的特点。当地鲜笋采之不尽，深加工不断发展，形成特色产业，满足人们四季皆可食用鲜美竹笋。竹笋具益气和胃、消毒利尿等功效，人们惯常以竹笋入菜，亦有制作笋干、酸笋等美味佳肴。

【双凤葛粉】 该产品由广东省佛冈县双凤食品有限公司加工制作，该公司采用种植基地当季新鲜粉葛，经过自然风干，精细打磨成粉，避免营养流失，锁住粉葛原始鲜味，产品具有清香甘甜、滋补清润等品质。

【高岗红薯】 产于佛冈县高岗镇三联村，是该村的支柱经济作物，在富硒多砂、纯天然原生态环境下生长，具有香软糯甜、营养丰富、老少皆宜等特点，有"长寿食品"之誉。2023年，红薯种植面积达33公顷，亩产量达1吨以上，成为当地农业龙头产品之一，高岗镇特色农业名片。

【草莓】 草莓采摘是近年来深受游客喜爱的一项游乐体验，有较高的市场价值。佛冈县石角镇小潭村、三八花水潭村、大墩村（森波拉附近）等都有连片草莓种植。每逢果期，周边市民及往来游客前来观光、采摘。石角镇龙南小潭村的格林现代农业发展有限公司与广东省（佛冈）新农村试验区签约，建设格林草莓大棚种植基地，亩产达2吨，发展田园旅游观光，经济效益俱佳。

【鹰嘴桃】 鹰嘴桃因其青绿带红、鹰嘴微翘而得名，主产于佛冈县水头镇，种植面积130多公顷，总产量超750多吨，主要分布在莲瑶、王田、独王山、潭洞等地。近年经过技术改良，其产量更稳定，果肉更爽、更脆、更香甜，已成为水头镇重要的农业生态旅游品牌，成为增加农民收入的重要途径。

【台湾杨桃】 该品种由佛冈县石角镇田野农牧有限公司从台湾引进，种植面积约10公顷，年产量可达90吨。其特点是果大、汁多、无核、清甜。台湾杨桃比一般市场上的果形大，色泽鲜艳、形状匀称，杨桃横切片呈五角状，透明包装极为精致，撒少量酸梅粉风味更佳，是深受人们喜爱的旅游佳品。

【台湾番石榴】该品种近年由佛冈县石角镇田野农牧有限公司从台湾引进，果皮为绿色，果肉奶黄色，形状奇特，具有速生、丰产、稳产的特性，产品无核、松脆、肉质嫩、口感好、耐贮运，市场竞争力强，经济效益高。台湾番石榴周年开花结果，5—9月间产量最多。公司种植面积1.3公顷，并带动周边农户种植此果增加收入，产量不断提高，成为常年有销的旅游产品。

【凤梨释迦】该水果品种是释迦与凤梨杂交后代，外形酷似凤梨，但与凤梨的酸脆风味不同，由佛冈县石角镇田野农牧有限公司自台湾引进，种植面积6.67公顷，总产量达15吨。凤梨释迦果肉甜酸适中，口感滑爽，风味甚佳，经济价值高，发展潜力大，已成为公司主打的特色水果产品。

【益肾子】益肾子俗称马䪨叠，又名风流果、龟头子，是佛冈乡间的一大土特产，在羊角山、观音山等均有大量野生，因其"强筋健骨，祛除风湿骨痛，补肾壮阳，滋阴补肾"的功效显著而驰名。近年石角镇开展人工种植，经济效益显著，当地也有用益肾子泡酒饮用，功效极佳。

【澳洲坚果】"冈冈的"澳洲坚果产于佛冈县石角镇龙塘村，其营养丰富、经济价值高，具有补脑益智、防治动脉硬化等保健功能，素有"世界坚果之王"美誉。

【四九牛肉】佛冈县汤塘镇四九村民在霜降时节吃牛肉的习俗已有数百年历史。一年一度的霜降时节，四九片区就会举办热闹喜庆的牛肉文化节，利用传统节气及本地特色，结合佛冈牛肉和温泉资源，打造独特的养生文化体验。四九当地牛肉新鲜嫩滑，味道鲜美，已成为声名远扬、深受广大市民和游客朋友大力追捧的旅游食品。

2023年10月2日，四九牛肉美食文化节吸引众多游客慕名前来，热闹非凡 （朱慧燕 摄）

【乌鬃鹅】乌鬃鹅主要产于佛冈县汤塘、龙山等地。其特点是头细、肉瘤黄色、眼大小适中、虹彩棕色、嘴黑，颈长17～28厘米，上缘鬃毛自头顶至最后颈椎有一条约2厘米长的黑色羽毛带，颈左边两侧为白色，躯体宽短而矮，腰稍长平。乌鬃鹅形体适中、肉质鲜美，在全省乃至全国享有盛誉，用其制作的美食佳肴深得市民和游客喜爱。

【百香果】百香果，又名鸡蛋果、西番莲，在水头镇王田村、高岗镇三江村、石角镇龙南片区等多处推广种植，逐渐成为全县农业生态旅游的主打农产品。百香果是一种蔓藤果树，适合棚架式栽培，亩植100株左右，其果汁富含人体必需的17种氨基酸及多种维生素和微量元素，具有消除疲劳、提神醒酒、降脂降压、促进代谢等多重功效，拥有"果汁之王"的美誉。近年来，因其较好种植管理，当年种植当年产出，年亩产量达1～1.5吨，高产的达2吨以上，具有较高的营养价值和经济价值。

2023年11月11日，益肾子及相关产品 （钟盛祺 摄）

（邓波）

教育·科学

责任编辑：朱家佑

教育综述

【**教育概况**】 2023年，全县有幼儿园及分园69所（另有民办幼儿园37所），附属班26个，在园幼儿10 458人，学前教育毛入园率98.11%，教职工1494人，其中专任教师745人，高中及以上学历专任教师所占比例为100%。小学42所，教学点29间，在校生31 255人，当年招生5052人，学龄人口入学率100%，教职工1780人，其中专任教师1753人，专任教师学历达标率100%。初中12所，在校生16 351人，当年招生5144人，学龄人口入学率100%，教职工1052人，其中专任教师1034人，专任教师学历达标率100%。完全中学2所，在校生7186人，当年招生2967人（初中388人，高中2579人），教职工576人，其中专任教师559人，专任教师学历达标率100%。中等职业技术学校2所（含民办职校1所），全日制在校生5518人，当年招生2512人，教职工408人，其中专任教师290人，本科及以上学历专任教师所占比例为99.66%。特殊教育学校1所，在校生73人，当年招生7人，专任教师30人。

【**创强促优**】 2023年，佛冈县城北篁胜小学等5所学校获评佛冈县文明校园。县二小获市首批"劳动教育示范学校"称号。2所新开办幼儿园通过广东省规范化幼儿园评估认定，2所幼儿园通过广东省规范化幼儿园复评验收。3所义务教育学校被评为标准化学校，1所小学被评为清远市学校文化建设示范学校。新增3所学校被评为"清远市无烟单位"。2所学校成功创建"广东省更高水平安全文明校园"，6所学校成功创建"清远市更高水平安全文明校园"。佛冈县教育局被评为佛冈县消防先进单位及安全生产责任制和消防工作考核优秀单位。佛冈县食品安全工作评议考评结果佛冈县教育局为A级。完成佛冈中学党委、第四小学党总支部、城北篁胜小学党支部3所学校党建阵地示范点建设；佛冈一中、城东中学被评为清远市第二批基础教育党建工作示范学校；城北中学、县二小被评为清远市第三批基础教育党建工作示范学校。

【**普及教育**】 2023年，佛冈县全面完成各阶段招生任务和"普九""普高"任务。小学一年级招生5052人，学龄人口入学率100%，毕业生升学率100%，小学6年学生保留率100%；初中七年级招生5532人，学龄人口入学率100%，毕业生升学率99.62%，九年义务教育完成率98.67%。县内普通高中招生2579人，中职招生2512人，高中阶段毛入学率106.2%。

【**校园安全**】 安全宣传与应急演练 2023年，佛冈县教育局坚持安全知识进校园、进课堂、进头脑，拓宽和创新安全教育途径，结合学生年龄特点，开展不同形式的安全宣传教育活动。各学校、幼儿园依托"3·29"全国中小学生安全教育日、"4·15"全民国家安全教育日、"5·12"防灾减灾日、"11·9"全国消防日、"12·2"全国交通安全日等重要时段，通过邀请法治副校长进

2023年9月10日，佛冈县教育局举行第39个教师节庆祝活动

（县教育局　供图）

校园、开主题班会、在国旗下讲话、电子显示屏、黑板报、手抄报等方式，以交通安全、食品安全、防火、防电、防踩踏、防溺水、防食物中毒等为重点，对师生进行安全常识宣传教育。结合全国各地发生的校园涉及学生安全事故，共召开线上线下校园安全工作会议15次，明确校园安全工作总体要求，强化校园安全责任意识和管理意识，深刻吸取事故教训，提升学校安全管理水平。加强应急管理工作，全年修编应急演练预案624个，实现应急预案全覆盖，开展各种应急疏散演练1377次，全面提高应急管理水平，增强处置突发事件及保障师生生命财产安全能力，全县学校重点区域应急防御联系人共208人，为各项应急工作提供组织保障。

校车安全管理 2023年，全县校园新增5台服务校车，为5所学校100多名小学生提供校车接送服务。全县有服务校车54辆，开通专线60条，服务学生2197人，乡镇覆盖率100%，学生乘车满意率100%。

"家校安全网络"建立 2023年，佛冈县教育局通过佛冈通发布《假期安全一封信》7篇，各校召开家长会254场次，发放致家长的一封信12万多份。通过微信、手机短信、校讯通等方式向学生及学生家长发送各类安全提示信息9.5万多条，增强全县学生安全防范意识。

应急实操培训 2023年，佛冈县教育局组织分管安全工作副校长86人，参加安全管理干部能力提升培训；组织全县中小学教师（班主任）1300人，参加安全应急技能实操培训；组织干部、教师28人到广东海洋大学参加成人教育、中职教育、社区教育培训；组织教师10人参加清远市中小学（幼儿园）安全管理培训；县教育局局长和分管安全工作副局长带队到汤塘镇、石角镇开展安全教育知识进校园宣讲活动；全县学校71名体育老师参加县红十字会联合县教育局举办的急救技能培训。

校园食品安全管理 2023年，佛冈县民安中学、城南幼儿园、篁胜童爱幼儿园顺利创建成清远市A级食堂，全县中考考点食堂A级达标率100%，全部达到清远市教育局关于中考考点学校食堂"餐饮服务安全量化分级A级"标准。

消防安全隐患整改 2023年，佛冈县开展"拆违、破网、开窗、治电"消防安全重大风险隐患检查、整治工作，出动检查人员3798人次，检查场所287个。重点整治石角镇辖区火灾隐患场所112个，场所整改完成率为94.59%，隐患整改完成率为99.25%。

防溺水安全宣传教育 2023年，佛冈县召开全县防溺水联席会议2次，排查出校园周边溺水危险点86个，并发出警示提醒。联合团县委、关工委、红十字会等部门开展防溺水安全知识救护培训，出动志愿者50多名，培训师生10233人次。通过LED滚动播放防溺水安全警示标语500多条，播放防溺水安全警示短片，收看人数达12万多人次。开展防溺水安全知识竞赛40多场，发放《防溺水致家长的一封信》，回收率100%。暑假期间，开展"万名教师访万家"活动，全县教师参与人数7160人次，走访家庭达6万多户；召开线上家长会67场，参与家长28731人次。

校园安全防范 2023年，佛冈县校园专兼职有证安保人员324人，开展校园安保人员培训128场，135名校园安保人员参加县公安局组织的校园安保工作考证，通过体能测试及理论考核126人。校园门卫室配足配齐校园安保器械。全县校园有视频监控7100多个，24小时对校园情况进行实时监控，监控达到全方位、全覆盖。

【教育督导】 2023年，佛冈县教育督导室加强基础教育质量监测，组织20所学校600名样本学生及相关校长、班主任和学科教师实施广东省义务教育质量监测。组织县城2所普通高中240名学生及校长、学科教师实施广东省普通高中教育质量监测。完善督学责任区建设，聘任56位同志为佛冈县第五届教育督学，其中39位同志为责任区挂牌督学。加强基础教育常规工作督导，完成对全县54所义务教育学校、13所幼儿园综合性的常规工作督导检查。

【教育投入】 2023年，佛冈县教育财政经费投入年初预算83350万元，其中一般公共财政预算安排教育经

2023年9月1日，佛冈县各中小学校开展安全教育"开学第一课"
（朱慧燕　摄）

费69 441万元；实际投入教育经费106 224万元，其中公共财政预算安排的教育经费为99 624万元。国家财政性教育经费占地方生产总值的比例为6.19%，同比增加0.94%；教育经费占一般公共预算支出的比例为25.04%，同比减少2.83%；一般公共预算教育支出87 000万元，同比增加2.73%。

【师资队伍建设】 2023年，佛冈县教育系统通过绿色人才通道引进研究生5人，面向社会公开招聘编制教师138人，赴华南师范大学设点面向高校应届毕业生招聘编制教师50人，安排公费定向培养师范毕业生18人上岗任教（其中3人为研究生学历），招募银龄教师3人。48名教师通过评审获得高级教师专业技术资格，通过率为87.27%。被评为"清远市优秀校长"3名，被评为"清远市优秀乡村校长"1名。

【科研立项】 省级课题 2023年，佛冈县有小学英语、小学道德与法治教育、高中英语3个项目通过广东省教研院的课题立项。

市级课题 2023年，全县通过市级课题立项11项，结题17项。

县级课题 2023年，全县县级课题立项29项，结题20项。

【教研成果】 2023年，佛冈县组织教师参加清远市2023年义务教育阶段第一届命题大赛，19项获一等奖，15项获二等奖，23项获三等奖；组织教师参加清远市农村教师信息技能大赛，1项获一等奖，2项获二等奖。其中，水头镇中心小学西田小学张丽娟老师获得科学课堂教学总分第一，信息技术应用单项得分第一以及信息技术运用最佳选手奖；振兴小学黄银娇老师代表清远市参加第三届南方六省小学语文青年教师"整合教学"课堂教学竞赛获特等奖。篁胜小学郑丹丹老师参加班主任技能大赛获市一等奖、省三等奖；佛冈中学钟澍参加清远市第31届中小学教师教学基本功比赛高中数学中年组，获得总决赛第一名，并获得"最佳课堂教学奖""最佳基本功展示奖"荣誉。在第十二届广东省青少年机器人大挑战活动中，全县中小学、幼儿园21支参赛队伍共获得10个一等奖、9个二等奖、2个三等奖。

【高考中考】 2023年，佛冈县参加高考考生2748人，其中：一中896人，佛中915人，社青318人，县职260人，德圣359人。上特控线51人（一中18人，佛中31人，社青2人），上线率1.86%（一中2%，佛中3.39%）；上本科线（含特控线）总数565人（一中226人，佛中270人，社青19人，县职47人，德圣3人），上线率20.56%（一中25.22%，佛中29.51%）；上专科线1904人（一中580人，佛中582人，社青228人，县职211人，德圣303人）；上专科以上人数2469人（一中806人，佛中852人，社青247人，县职258人，德圣306人），上线率89.85%（一中89.96%，佛中93.11%，社青77.67%，县职99.23%，德圣85.24%）。佛冈县参加中考考生5043人，总平均分为481.84分，其中700分以上121人，600分以上943人，普通高中投档最低分数为477.1分。

【教育收费督查】 2023年，佛冈县教育局做好治理乱收费工作，监察和计财部门督促各学校严格执行收费法规，做好依法收费、亮证收费，按照"综合治理、标本兼治、严格标准、强化监督、从严查处、狠抓落实"的方针，加强教育内部审计工作，把治理中小学乱收费作为纠风工作的重中之重来抓，每学年（学期）对全县各学校收费工作进行检查、指导，并做好内部审计工作。全县无教育乱收费行为发生。

【德育成果】 2023年，佛冈县教育局参加清远市举行的"青春助力·禁毒攻坚"青少年禁毒作品征集比赛活动，获优秀组织奖；参加清远市"祖国在心中·情系边海防"书信作品征集活动，2所学校获优秀组织奖；参加广东省"南粤相拥，薪火相传"手抄报征集活动，获三等奖1人；参加清远市深化文明校园创建系列活动各类比赛，获一等奖5人，二等奖21人，三等奖36人；参加清远市践行社会主义核心价值观微课堂比赛，获一等奖1人、二等奖1人、三等奖2人；参加清远市中华经典诵读比赛，获一等奖1人、二等奖2人，参加清远市"扣好人生第一粒扣子·劳动美"比赛，获一等奖1人、二等奖3人、三

2023年11月17日，县振兴小学黄银娇老师（左四）代表清远市参加第三届南方六省小学语文青年教师"整合教学"课堂教学竞赛并获特等奖

（县教育局 供图）

2023年11月12日，佛冈县教育局组织学生参加第十三届广东青少年机器人大挑战比赛取得好成绩　　（县教育局　供图）

等奖3人；参加"画说二十大　共绘新时代"主题绘画比赛，获一等奖14人，二等奖20人，三等奖7人；参加"学习党的二十大　团结奋进向未来"主题书信比赛，获一等奖9人、二等奖11人、三等奖23人。评为清远市"新时代好少年"7人，评为佛冈县"新时代好少年"30人。获得清远市"三好学生"称号43人，获得清远市"优秀学生干部"称号38人。评选出佛冈县"三好学生"424人、"优秀学生干部"349人。

【教育装备建设】　2023年，佛冈县对中小学投入资金1790多万元，进行常规教育技术装备和信息技术装备配备更新。新增计算机室6间，购置教师用计算机250多台、课室多媒体电教设备208套，增添录播室16间，更新改造理化生实验室1间，进行劳动场所改造及工具添置，更新购置体育活动器材、美育教学器材设备、中学教学仪器设备和购买中小学图书一批。

【扶困助学】　2023年，佛冈县划拨资助资金3680.16万元，受惠学生2.84万人次，资助对象覆盖面从学前教育到高等教育。其中，划拨学前教育资助资金123.8万元，资助2476人次；城乡义务教育困难学生寄宿生活补助资金157.61万元，资助2553人次；农村义务教育家庭经济困难非寄宿制学生生活费补助167.91万元，资助6161人次；普通高中国家助学金219.9万元，资助2199人次；普通高中原建档立卡等家庭经济困难学生免学费补助54.75万元，资助431人次；中职学生国家助学金102.4万元，资助1024人次；中职免学费补助金额1522.59万元，补助8696人次；中职国家奖学金资助1.8万元，资助3人次；农村义务教育阶段住宿生伙食补助193.7万元，资助3874人次；帮助951名贫困大学生完成助学贷款共1129.32万元；省外就读家庭经济大学新生资助6.38万元，资助11人次。

（罗　炜）

基础教育

【基础教育概况】　2023年，佛冈县有各级各类学校128所，其中完全中学2所，中等职业技术学校2所，初级中学12所，完全小学42所，幼儿园69所，特殊教育学校1所。专任教师4411人（含民办幼儿园专任教师）。在校学生70 481人，其中完全中学高中部6798人，中等职业技术学校5518人，初级中学（含完全中学初中部）16 739人，小学31 255人，特殊教育73人，幼儿10 458人。在普通教育中，有广东省教育强镇6个，广东省国家级示范性普通高中2所，义务教育标准化学校56所，广东省一级幼儿园1所，清远市一级幼儿园6所，广东省规范化幼儿园64所。另有清远市重点中等职业学校1所，清远市示范性乡镇成人文化技术学校6所。

【学前教育】　保育教育　2023年，佛冈县教育局根据《幼儿园工作规程》《广东省幼儿园一日生活指引》《3—6岁儿童学习与发展指南》（简称《指南》）等文件精神，通过层级管理、以点带面工作模式，规范幼儿园办园行为，科学合理安排常规活动，倡导科学保教，明确幼儿园保育教育工作内容和要求，把教育理念和教育方法落实到幼儿园日常活动各个环节，牢固树立幼儿教育质量观，提高幼儿园科学保教水平。通过落实《佛冈县推进幼儿园与小学科学衔接攻坚行动实施方案》《佛冈县学前教育城乡手拉手帮扶工作方案》，遵循儿童身心发展规律和教育规律，促进儿童德智体美劳全面发展和身心健康成长。

深化教育改革　2023年，佛冈县教育局联合发改、财政、公安等9个部门印发《佛冈县"十四五"学前教育发展行动计划》，科学规划布局幼儿园建设，通过改扩建石角镇中心幼儿园吉田分园，增加公办学前教育学位90个。投入资金884.8万元，改善幼儿园办园条件、满足教育教学需求。开展城乡手拉手帮扶工作，切实发挥群体智慧，提高全县学前教育质量，在总结经验做法基础上对2021—2023年帮扶工作突出的8个单位及59名同志，授予佛冈县学前教育城乡结对帮扶工作先进集体和先进个人。

"5080"目标任务　2023年，佛冈县为更好落实"5080"目标任务，汤塘镇中心幼儿园先行先试开通公办幼儿园校车服务，让更多农村幼儿享受优质教育资源；县直属公办幼儿园开展丰富多彩的贴心延时服务、为家长解决后顾之忧,丰富幼儿课余生活、享受到延时幸福时光。

民办幼儿园审批管理 2023年,佛冈县教育局履行管理民办教育机构的职能,并委托各镇中心小学对辖区内民办幼儿园进行管理和初步审批。2023年共受理民办教育申办业务40件,其中民办学校到期换证9件,变更校长2件,变更举办者1件,民办幼儿园终止办学1件,普惠性民办幼儿园期满复核认定21件,设立非学科类校外培训机构6件。是年,全县有民办幼儿园37所,托儿所4所。

【义务教育】 基建项目 2023年,佛冈县教育系统新动工基建项目2项:佛冈县水头中学新建学生宿舍楼、学生饭堂项目,总投资767万元,占地661平方米,建筑面积2850平方米;佛冈县四九中学新建教学楼项目,总投资810万元,总建筑面积2030平方米。

学校管理 2023年,佛冈县教育局落实行政执法责任制,强化行政负责人法治观念,推进法治型学校建设。落实全面从严治党主体责任,层层签订综治维稳责任书,严格中小学校意识形态各领域管理,压实意识形态工作责任,确保教育系统意识形态安全稳定。推进依法治教,实施阳光招生,严肃招生纪律,稳妥完成各阶段教育招生入学工作。开展教育系统内部审计,完成经济责任审计5项,专项资金审计1项,提交审计报告6篇,共提出审计建议20条;全年对5所学校的5名校长进行离任审计。

体、艺、卫、信息技术教育 2023年,佛冈县教育局承办清远市中小学生乒乓球比赛,佛冈县代表队获小学高年级组男子团体第一名、女子团体第二名,小学低年级组男子团体第三名、女子团体第二名,初中女子团体第一名、男子团体第二名,高中女子团体第四名。举办全县中小学生田径比赛,4名运动员5次打破县纪录。参加清远市中小学生田径比赛,小学组获团体第三名,初中组获团体第五名,高中组获团体第三名。参加清远市中小学生跳绳比赛,获小学组团体第七名。参加广东省中小学生跳绳比赛(中山站),获小学组集体二段第三名。参加清远市中小学生篮球比赛,获小学女子组第四名,获初中组男、女子第四名,获高中组女子第六名。参加广东省学校羽毛球联赛(清远站),获男、女团体二等奖。参加清远市中华优秀传统文化教育之太极拳展演活动,获小学组一等奖、二等奖,初中组二等奖。参加清远市"市长杯"中小学生足球赛,获小学女子组第四名,高中男子组第六名,高中女子组第四名。艺术教育方面,组织教师参加广东省第二届美育教师基本功比赛,获得美术类一等奖1人、音乐类二等奖2人、舞蹈类二等奖1人。组织教师参加清远市第二届美育教师基本功比赛,获得美术类一等奖1人、二等奖3人、三等奖2人,书法类二等奖2人、三等奖4人;获音乐舞蹈类一等奖3人、二等奖2人、三等奖1人。组织参加清远市第五届美育节,学生美术作品获一等奖30项、二等奖35项、三等奖24项,教师优秀美育案例获二等奖1项、三等奖2项,优秀学生艺术实践工作坊(美术)一等奖1项,艺术工作坊(音乐类)二等奖1项。组织参加清远市第二届"山花朵朵开,妙笔绘家乡"中小学生绘画、创意设计大赛,获绘画类一等奖3项、二等奖14项、三等奖47项;获创意设计类一等奖2项、二等奖2项、三等奖5项;获全场创意大奖1项。组织参加广东省中小学美术书法作品交流展示活动,学生作品获一等奖2项、二等奖4项、三等奖2项、童心奖1项。组织参加广东省教育厅举办的第六届粤港澳大湾区学校设计作品展,获二等奖。佛冈县城南小学被评为清远市艺术特色学校和清远市学校文化建设示范校。组织参加清远市教育系统"百歌颂中华歌咏比赛"暨庆祝第39个教师节现场展演活动,获一等奖。组织参加广东省中小学粤韵操展示交流评比活动,获一等奖1名,获三等奖2名。组织参加清远市中小学音乐学科命题大赛,获小学组二等奖2项,三等奖1项;初中组一等奖2项,三等奖1项。开展健康教育,中小学生健康知识知晓率≥95%,健康生活方式与行为形成率≥90%。新增3所学校被评为"清远市无烟单位",2所学校创建为广东省营养与健康学校。59所学校和29所幼儿园均聘请兼职卫生健康副校长和卫生健康联络员,有效

2023年9月20日,佛冈县教育局直属幼儿园为解决家长下班晚引起的接送难问题,提供贴心延时服务　　　　　　　　　　(县教育局　供图)

补充学校幼儿园专业卫生力量。

【广清教育帮扶】 资金帮扶 2023年，在广州市教育局及广州市黄埔区教育局支持下，广清指挥部和广州黄埔区帮扶佛冈县教育事业共13个项目，投入帮扶资金2235.92万元。新建或改扩建佛冈县城东中学、城北中学、民安中学、石角镇中心小学吉田分教点等6幢教学楼，累计增加小学学位1215个、初中学位2300个，有效缓解全县学位紧张问题；帮扶共建农村学校篮球场1个、录播室3个、学生饭堂2个、完善心理咨询及驻校社工项目1个，改善办学条件。

结对帮扶 2023年，广州市第六中学、广州市天河外国语学校结对帮扶佛冈一中、佛冈中学，共建"六中班""天外班"，每年选派6名优秀学生到广州六中、天外校本部跟班学习，定期派出骨干教师对佛冈"六中班""天外班"的教学工作诊断、把脉、开方等，多措并举让佛冈人民切实共享广州市优质教育资源，群众对佛冈教育的认可度和满意度不断上升。

交流帮扶 2023年，广佛两地常态化开展教育帮扶交流活动共计60场次，参与师生5710人次。其中，在办学理念、发展规划、学校管理、队伍建设等方面开展交流24次，开

2023年5月29日，广州市天河外国语学校与佛冈中学举行结对帮扶签约仪式　　　　　　　　　　　　（县教育局　供图）

展公开课、示范课13次；组织学生沟通交流2次；组织开展"优秀骨干校长高端研修"1次，累计培训课时2天，组织开展"骨干教师提升研修"3次，累计培训课时10天；广州黄埔名教师、名校长、名班主任到佛冈县乡镇中心学校开展宣教讲学1次，开展教研指导讲学活动13次，组织教育教学（中考备考、学科教研）研讨活动2次，开展教研员培训1次。广州市黄埔区派出广州科学城中学、新港中学等10所学校共16名骨干教师到佛冈开展为期一学年的支教帮扶，佛冈县同步派出30人次到黄埔区学校开展为期一学期的跟岗锻炼。自教师交流互派工作开展以来，广佛两地学校累计已互派113名骨干教师参与交流活动，广州市3名老师先后挂任佛冈县乡镇中学副校长、教导处主任。

【搭建帮扶平台，促进资源共享】 2023年11月2日，"广州市黄埔区与佛冈县基础教育高质量发展结对帮扶联席会议暨2023年结对帮扶学校签约仪式"在佛冈县人民中心举行。仪式上，黄埔区9所帮扶学校校长和佛冈县9所受援学校校长依次签约。广大附中黄埔实验学校、佛冈县城北中学，北京师范大学广州实验学校、佛冈县城东中学，广州市第一一七中学、佛冈县大陂中学，广州市黄埔区铁英中学、佛冈县石角中学，广州市黄埔区东区中学、佛冈县龙南中学，广州市黄埔区新港中学、佛冈县汤塘第二中学，广州开发区中学、佛冈县四九中学，广州科学城中学、佛冈县潖江中学，广州市黄埔区玉泉学校、佛冈县民安中学，分别建立结对帮扶关系。值得一提的是，此次佛冈受援学校皆为初级中学，除城北中学、城东中学外，其余7所学校都是乡镇中学，推动优质教育资源向镇村倾斜，推进县域基础教育优质均衡发展，是两地落深落实"百千万工程"的体现。

2023年11月2日，广州市黄埔区与佛冈县教育局举行基础教育高质量发展结对帮扶签约仪式　　　　　（朱慧燕　摄）

（罗　炜）

县城中学简介

【佛冈县第一中学】 2023年，佛冈县第一中学（简称"佛冈一中"）高中部有64个教学班，学生3385人；2003年停办的初中部于2023年复办，招收七年级4个教学班，学生192人。学校有专任教师243人，其中研究生24人，高级教师66人。学校先后有50多人次获国家、省、市级优秀教育工作者、教坛标兵、优秀教师、教坛新秀等荣誉称号。学校被评为清远市第二批基础教育党建工作示范学校、佛冈县青少年模拟政协提案征集活动优秀组织单位，学校团委被授予"佛冈县五四红旗团委"称号。

德育工作 2023年，学校始终坚持育人为本，德育为先。全面开展家校共育活动，家访、校访共1010人次，其中心理特需关注对象35人次。开展校内外各类志愿服务活动20余次。关注师生心理健康，有专职心理健康教师1人，心理健康教育A证教师10人，B证教师58人，C证教师211人，聘请专业心理辅导团队对学生开展"全员全覆盖"心理团建辅导，开展心理拓展活动4次；举办家长沙龙活动1次；开展小团辅活动9场次；召开女生会议6次；心理健康活动月本校特色活动2次。开展教师心理知识培训2次。经过全校师生的共同努力，全校被评为市级"三好学生"3人、"优秀学生干部"3人，县级"三好学生"27人、"优秀学生干部"22人。获2023年度广东省宋庆龄奖学金1人。

教学教研 2023年，学校以"以内驱力提高课堂质量；务实增效，用服务意识做常规工作"为主导，深化"五育融合"研究，加强教师队伍建设，提升学生素养，打造"和谐"教学特色品牌，提升学校的教学品质。继续依托广清帮扶，选送4名优秀学生到广州市第六中学跟班学习，并与广州市第六中学在校联办"六中班"。选派14人次青年教师分别到广州市第八十六中学、广州科学城中学、广州五中进行跟岗学习。学校重视教师培训，配合参与省、市、县组织的师德与专业培训。学校邀请相关学科专家、名师进校园开展德育主题、教师成长主题讲座，通过同课异构、主题教研、学科专题讲座等方式提高教育教学水平。教研方面，省级课题通过中期检查1个，市级课题成功结题1个。县级课题立项4个。朱振华、李毅和杨丽萍3位名师工作室教研辐射引领有成效。其中，朱振华名师工作室承办高中历史教学与备考研讨会、邀请名师到校上展示课并举行讲座；开展"发掘佛冈文物"为主题的历史文化周活动。李毅老师名师工作室开展高中数学教学研修活动，邀请广东省名师钟进均开展教学研讨专家讲座；参加广东省钟进均名师工作室数学教学与课堂素养落实策略研修活动；承办广东省初等数学学会的研修活动。杨丽萍名班主任工作室参加省、市、县等各类主题研讨活动，促进学校班主任工作。

办学成果 2023年，学校足球队参加2023年清远市"市长杯"足球联赛（高中组）暨初中小学足球联赛总决赛，获高中女子组第四名，男子组第六名及体育道德风尚奖；学校合唱团参加广东省第十五届大中小学校"百歌颂中华"歌咏活动，获二等奖；在清远市第五届中小学生美育节（城市学校专场）高中甲组比赛中，获高中组一等奖；在清远市第四届"口语易杯"中小学英语素养展评活动中，获优秀组织奖；学生参加省、市、县征文及书信活动，57人次获市级奖，62人次获县级奖。参加第四十届全国中学生物理竞赛（广东赛区），获三等奖2人。参加第19届"外研社杯"全国中学生外语素养大赛（广东赛区），获三等奖1人、优秀奖1人。参加清远市第四届"口语易杯"中学生听说素养展评活动，获特等奖1人、一等奖1人。参加2023年清远市"扣好人生第一粒扣子"之"中华优秀传统文化传承"即席书法比赛，获高中组一等奖1人。

设施建设 2023年，学校投入约4万元，完成因汛期强降雨导致坍塌的和韵楼东侧围墙修缮；投入约8万元，在5、6号女生宿舍前羽毛球场空地安装无土培育实践基地棚架及设施设备，建立花卉区、生态景观区；为改善教师的办公条件和学生的学习环境，学校更新高三教师办公台，购买114台学生用电脑、新教师手提电脑等，投入共计115万元。

（何灶娣）

2023年9月1日，佛冈县第一中学恢复初中部招生，招收七年级4个教学班，图为七年级新生列队走进"入学门" （佛冈一中 供图）

【佛冈中学】 2023年，佛冈中学有68个教学班，其中，高中64个班，初中4个班。在校学生3591人，其中，高中3392人，初中199人。教职工274人，其中，专任教师262人，硕士研究生26人，中学高级教师65人，一级教师123人。派出到乡镇中学支教人员2人，到广州市黄埔区玉岩中学跟岗学习1人，接收广州科学城中学援教人员3人。学校有市级名教师工作室2间，县级3间。教师中被评为市教坛标兵1人，优秀班主任1人，优秀思想政治理论课教师1人；县优秀校长1人，优秀班主任6人，优秀教师8人，"六优"党员35人。学校被评为"广东省健康促进示范学校"，"读者中国·阅读行动"阅读与写作示范学校。

2023年6月18日，佛冈中学开展首届科技文化节活动 （佛冈中学 供图）

德育工作 2023年，学校创新德育工作，坚持"五育"融合创新，赋能学生快乐成长。开展"万名教师访万家"集中家访活动，共组织70多名教师进行家访500多人次；开展"学生眼中的好老师""我是班主任"等道德模范学习宣传系列活动，展示优秀教师风采41人；开展校内外各类志愿服务活动20余次。重视师生心理健康教育，有专职心理健康教师1人，心理健康教育A证教师10人，B证教师60人，C证教师152人，聘请专业心理辅导团队对学生开展"全员全覆盖"心理团建辅导，开展心理拓展活动4次，举办首届"5·25心理游园"活动，组织高三级高考心理调适和激励活动3场次。重视法纪教育，开展法治教育大会4场。全校被评为市级"三好学生"3人、"优秀学生干部"3人，县级"三好学生"27人、"优秀学生干部"21人。获学校"培英勋章"150人，"吉河勋章"6人，"佛中勋章"1人。获2023年度广东省宋庆龄奖学金1人。2023届高三级满18岁的学生，参加献血74人次，共献血16150毫升。学校被评为佛冈县最佳志愿服务队伍和佛冈县教育系统宣传工作先进集体。

教学科研 2023年，学校向"新优质学校"办学方向迈进坚实第一步。在清远市普通高中办学质量督导检查中，佛冈中学获得"六好四优三满意"评价结果，综合排名首次闯入市前5名。13个学科组参与"科技文化点亮生活，体育艺术成就美好"为主题的首届科技文化体育艺术节，有27个项目，1500多人次获奖。教师参加省、市、县各类培训共1470人次，其中，省级培训有256人次、市级培训275人次、县级培训939人次、校本培训1215人次。教师参与各类教学公开课56节，其中，县公开课14节，与广州、佛山名师同课异构12节，校级公开课30节。教师参加校内听课共3040节。学校有市级课题立项3项，结题2项，开题3项；县级课题立项2项，结题2项，开题3项。命题、微缩课大赛成绩斐然。概念教育大赛获省一等奖1个。命题和微缩课大赛获市一等奖6个、二等奖2个，县一等奖2个、二等奖1个。教师基本功大赛成绩突出，参加广东"好教育联盟"第八届、第九届"同课异构"比赛，获省特等奖4个，一等奖2个，二等奖2个，优秀奖9个；参加市第31届教师教学基本功总决赛，获一等奖1个、二等奖7个；参加县基本功比赛，获一等奖6个，二等奖14个。

办学成果 2023年，学校在清远市普通高中2022—2023学年度教学质量综合评价中，获优秀奖；学校被评为清远市"2023年无诈创建活动先进单位"。学校先后获得第四届"南方传媒杯"粤港澳大湾区高考作文"下水作文"优秀集体组织奖，市第26届全国推广普通话宣传周"经典诗词诵读大会"线上活动优秀组织奖，市"口语易杯"中小学生英语听说素养展评"优秀组织奖"，清远市中华优秀传统文化教育活动太极拳展演二等奖，"扣好人生第一粒扣子·中华优秀传统文化传承"之"中华经典诵读"市三等奖，佛冈县机关党务干部业绩展示暨工作创新大赛团体优秀奖，佛冈县青少年模拟政协提案征集活动"优秀组织单位"，佛冈县中小学青少年毒品预防教育暨"扫黄打非""扫黑除恶"文艺汇演中学组三等奖，"知家乡 爱家乡 赞家乡"主题演讲比赛中学组三等奖，佛冈县中小学幼儿园劳动教育文化短视频评选活动二等奖。是年，学生参加各类比赛，获省级奖13人次，其中，一等奖7人次，二等奖4人次，三等奖2人次；获市级奖93人次，其中，一等奖2人次，二等奖23人次，三等奖78人次；获县级奖141人次，其中，一等奖14人次、二等奖18人次、三等奖109人次。体育竞赛方面，获市中小学生乒乓球比赛暨青少年乒乓球锦标赛高中组女子团体第四名以及团体道德风尚奖，市第14届中小学田径运动会勇夺团体总分第三名，县中小学学生田径运动会高中组团体总分第一名。

设施建设 2023年，学校完成教工小区环境升级改造、校门周边围墙升级改造、校园总线改造、人才公寓改造、篮球场新建及改造、应急体验馆以及采购新录播室1间等8项重点工程项目；完成各栋楼木制板总线开关整改、应急灯和安全出口消防设施整改、新增校园监控等12个项目。2023年10月学校饭堂回收自主经营。

（黄素英）

【佛冈县城北中学】 2023年，佛冈县城北中学有教学班61个，学生3219人，教职工210人，其中专任教师207人，教职工3人。技术职称方面，中学高级教师25人，中学一级教师134人，中学二级教师48人。清远市学科教研中心组成员8人，佛冈县骨干教师28人。佛冈县名班主任工作室1个，清远市"最美教师"1人、清远市"优秀教坛标兵"1人、清远市"优秀班主任"1人、佛冈县"优秀校长"1人、佛冈县"先进教育工作者"1人、佛冈县"优秀班主任"5人、佛冈县"优秀教师"6人。

德育教育 2023年，学校开展"阳光心态、快乐同行"为主题的心理健康教育活动，成立"校级心理危机干预领导小组＋班级心理委员会＋学生之家"三级管理模式，开展"心理危机预防与干预"班主任队伍专题培训，守护"孩子心灵健康的那盏灯"，做"同学心灵成长的陪伴者"，缓解学生心理压力。通过建立一生一卡，发挥"学生之家"力量，排查重点学生，对重点人群进行及早干预、及时疏导，降低学生心理健康危机事件的发生。在思想育人方面，开展"全民国防教育日""烈士纪念日"、国庆、"国家公祭日""澳门回归纪念日"等爱国主义系列主题教育活动，树立社会主义核心价值观，培养学生爱党、爱国、爱人民精神。

安全工作 2023年，学校为保障校园安全，确保校园良好的教育教学秩序，严格落实外来人员来访登记制度，实施"总值—级值"值日制度，全面监督学校教育教学。利用国旗下讲话、班会课、校园广播，做好各种安全知识宣传与教育，成立"交通安全"护送队，维持交通秩序。全年学校举行各系列安全讲座6次，师生约2万人次参加培训学习；进行安全演练2次，师生约4500人次参加培训演练。

教学教研 2023年，学校始终致力于提升教学质量，深化教研改革，教学教研方面取得显著成效。在佛冈县初中学业水平考试中，6位学生名列全县前十名，学生平均分全县第一。组织学科教师参加基本功比赛，获市一等奖2人、县一等奖12人；参加学科命题比赛，获市级一等奖18人、县一等奖53人；参加学科优质课比赛，获省级奖4人、市级奖5人、县级奖4人；参加优秀论文评选，获省级奖2人、县级奖26人；承担公开课，市级2节、县级26节；开展课题研究，市级在研课题3个、县级6个，顺利结题3个。

设施建设 2023年，学校为充实办学条件，完善各项基础设施建设及添置设备总投入263万元，其中，校园建设投入170万元，添置教学楼和实验楼学生桌椅投入18万元，改造录播室电教平台投入5万元，购置会议室电子屏和音响设备投入17万元，采购及安装壁挂空调投入30万元，添置档案室设备投入11万元，购置图书投入12万元。

办学成果 2023年，学校教师参加县级以上各类比赛获奖275人次，学生获奖205人次，其中，学生获省级奖8人次。学校成功创建为清远市第三批基础教育党建工作示范校；在2023年秋佛冈县义务教育学校常规督导检查中，学校总分排名第一；组织学生参加清远市乒乓球锦标赛，获初中组男子团体第二名；参加清远市第26届全国推广普通话宣传周"经典诗词诵读大会"线上活动，获优秀组织奖；参加佛冈县中小学青少年毒品预防教育暨"扫黄打非""扫黑除恶"文艺汇演中，学校的"青春无毒，禁毒有我"节目，获中学组一等奖；参加清远市中小学青少年毒品预防教育暨"扫黄打非、扫黑除恶"进校园文艺汇演，获二等奖。

（罗春会）

【佛冈县城东中学】 2023年，佛冈县城东中学有教学班84个，学生4080人，教师282人。学校师资力量雄厚，

2023年5月23日，县城北中学举行文艺晚会，图为学生表演课本剧《谁是最可爱的人》

（傅碧云 摄）

2023年11月15日，城东中学举行学生田径运动会　　（城东中学　供图）

学历方面，具有研究生学历2人，本科学历271人，专科学历9人；技术职称方面，中学高级教师27人，中学一级教师182人，中学二级教师73人。学校有清远市名师工作室2个，佛冈县名师工作室2个，广东省名班主任1人，清远市名校长1人，清远市学科教研中心组成员4人，佛冈县学科带头人13人。学校被广东呼吸与健康学会授予青少年科学创新教育实践基地称号。

德育工作　2023年，学校创新德育工作方法，提高德育工作成效。学校教师获心理辅导A证9人、B证41人、C证186人。在关注留守儿童与特殊儿童工作中，注重"扶智先扶志"，结对帮扶，促其健康成长。在思想育人工作中，注重家校融合，定期召开家长会和家长委员会会议，携手共育，提高学生思想道德素养。学生德育优良率达85%，后进生转化率达99%，师生违法犯罪率为零，全年无安全责任事故发生。学校党员教师被评为佛冈县"六优"党员28人；评为佛冈县优秀教师7人；评为2023年佛冈县优秀班主任6人；获"佛冈好人"荣誉称号2人；获市级表彰4人次，县级表彰46人次。

教学教研　2023年，学校重视课题研究，推进"精讲精练、合作学习"课堂改革，注重培养学生的学科核心素养。学校现有在研省级课题1个，市级课题4个，县级课题3个，其中2个市级课题、1个县级课题进行了中期检查，1个市级课题、2个县级课题已经顺利结题。在业务培训工作中，学校分科、分批、分时段派出教师参加国家级培训10人次、省级培训208人次、市级培训263人次、县级培训507人次、校级培训1545人次。

设施设备　2023年，学校为师生提供优越的学习环境，完善各项基础设施建设和各种设备添置，总投入285.4万元。其中，投入38万元改造沟槽式厕所；投入21万元采购2间化学室实验课桌（含水电线路）；投入51.9万元采购第三间计算机室的电脑、桌椅；投入15.4万元用于地理园土建及模型安装；投入9.1万元扩建跳远跑道及沙地工程；投入4.4万元采购58间课室护眼灯；投入2.3万元采购新教师手提电脑35台；投入4.5万元采购书香堂、阳光阅览室7台空调；投入8.9万元用于劳动基地改造工程；投入17.6万元采购图书6500册；投入3.4万元采购智慧停车系统；投入35.4万元采购12套多媒体电教平台；投入8.4万元采购物理室设备；投入65.1万元用于书香堂、阳光阅览室改造。

办学成果　2023年，学校获省级荣誉2次、市级荣誉13次、县级荣誉19次，各类竞赛均取得较好的成绩。学校参加广东省中小学粤韵操培训及交流展示活动获三等奖；参加清远市"扣好人生第一粒扣子·中华优秀传统文化传承"之"中华经典诵读"比赛，获初中（城市）组二等奖；参加清远市中小学生乒乓球比赛暨青少年乒乓球锦标赛，获初中组女子团体第一名；参加清远市第四届"口语易杯"中小学生英语听说素养评选活动，获优秀组织奖。学校教师参加各类竞赛，获省级奖17人次，获市级奖79人次，获县级奖389人次；学生参加各类竞赛，获

2023年9月15日，县城东中学"书香堂"阅览室改造完成投入使用

（城东中学　供图）

省级奖35人次，获市级奖74人次，获县级奖243人次。学校在佛冈县教学质量量化考评中，获初中组总分第一名。

（胡志军）

成人教育

【成人教育概况】 2023年，学校业余大专班学生207人，网络本科100人。全年招生40人，其中继续教育本科13人（由于未达到开班条件，招收的13人转入校本部学习），开放专科27人。本科开设小学教育、汉语言文学、行政管理3个专业；开放专科开设计算机科学与技术、大数据与会计、行政管理、学前教育、小学教育、工商企业管理、法律事务、公共文化与管理、教育学9个专业。专科学历教育采用业余制办学，是由开放大学举办，本科学历教育采用继续教育办学，是由县职业技术学校和华南师范大学继续教育学院联办。

【社区培训】 2023年，为丰富社区居民精神生活、提高市民人文素养，秉持"资源共享、服务社会"理念，扎实开展"我为群众办实事"，学校面向石角镇附城、城南、站前、振兴、城东、沿江6个社区居民举办免费培训班2期，开设羽毛球、吉他、无人机、3D打印、计算机、钢琴、乒乓球、棋类、绘画9个培训项目，参加培训239人，为佛冈创建全国文明县城作出贡献。

【企业培训】 2023年，学校为丰富企业员工业余生活，秉持"资源共享、服务社会"理念，对广东奥马冰箱有限公司、海信（广东）空调有限公司、佛山顺德矢崎汽车配件有限公司、清远熹乐谷温泉度假酒店等企业部分新生代员工，采用线上线下培训方式，免费举办无人机项目培训班2期，参加培训355人。

（何东艺）

职业教育

【佛冈县职业技术学校】 2023年，学校在职在编教职工95人（含2名县教师发展中心编教师），外聘教师12人，临聘职员（含厨卫工）30人。专任教师93人，本科学历教师94人，研究生学历（含结业）25人，高级职称9人，中级职称46人，"双师型"教师56人。全校学生1677人，其中，中职学生1537人，华师网络本科100人，开放大学本科13人，开放大学专科27人。学校被评为学生资助达标单位、佛冈县教育系统宣传工作先进集体。

设施建设 2023年，学校投入35万元，购置实训楼电脑室学生用电脑主机100台；投入81.19万元，购置课室交互式多媒体教学平台23套；投入4.925万元更换男生宿舍门；投入8.8万元，更换教师办公室办公桌椅80套；投入6.5万元，新装学生食堂饮用水净化系统1套；投入9.8万元，安装室外电子宣传栏；投入24.2万元，进行公共厕所沟槽式厕所改造。

教师获奖 2023年，教师47人次获市、县级荣誉；8位班主任被评为校级"优秀班主任"；23位老师被评为校级"优秀教师"；4位老师被评为校级"优秀后勤工作者"；英语组、汽修制冷组、幼儿保育体艺组被评为校级"优秀教研组"。学校组织教师参加各级各类竞赛，有63人次获奖。其中，3位教师参加清远市中等职业教育青年教师基本功比赛，均获二等奖。4位教师参加清远市第二届中小学幼儿园美育教师教学基本功比赛，均获二等奖。16名教师组成四个教学团队参加清远市第五届职业院校教师教学能力大赛，获3个教学团队三等奖，1个教学团队优秀奖。

学生获奖 2023年，学校组织学生参加各级各类竞赛，共有443人次获奖。其中，8名学生参加2022—2023年度广东省职业院校学生技能大赛，获三等奖2个，优秀奖6个。组织学生参加"技能·让生活更美好"第十六届学生技能艺术节暨职业教育活动周竞赛，学生获奖356人次（文艺表演13个节目获奖，山歌比赛14个班级获奖）。参加佛冈县中小学篮球、乒乓球比赛，获中学组篮球三等奖、中学组乒乓球比赛个人项目第六、第七、第八名。参加广东省学校羽毛球联赛（清远站）暨清远市中小学羽

2023年4月16日，佛冈县职业技术学校为社区学员进行计算机培训

（县职校 供图）

2023年4月13日，佛冈县职业技术学校与海信（广东）空调有限公司举行校企合作签约仪式
（县职校　供图）

毛球赛，获男子单打二等奖、女子单打三等奖。组织保育组成立学生健美操及啦啦操队，参加2023年清远市中小学生健美操、啦啦操比赛，获啦啦操优秀奖。参加2023年佛冈县中小学"四史"知识竞赛，获三等奖。参加佛冈县中小学生田径运动会，获得男子跳高第二名、男女4×100米接力赛第三名。2名学生获中等职业教育国家奖学金。

高考成绩　2023年，佛冈职业技术学校高考班245名学生参加高考，243人上省专科线，上线率为99%，其中38人上省本科线，上线率为15.5%。1名学生被广东科技学院汽车服务工程（本科）录取。

创新教学模式　2023年，学校以"清远市李倩名教师工作室"为引领，实施课程改革，创新教学方法与教学模式，促进教师素质与教学质量的提高，营造浓厚的教研、教改氛围。公共基础课，以"有用、实用"为教学理念，结合专业特点重组教材、教法、教学目标。采用"问题式""案例式""讨论式"等多种教学方法进行课堂教学，运用微课、思维导图等现代信息技术手段辅助教学。专业技能课，实行模块式教学模式，有效促进教育教学效果，推进理论与实践一体化教学模式。丰富教学手段，专业主干课程实行多媒体教学，积极实践项目教学、小组合作学习，通过UMU、超星等移动教学平台开展教学，提高学习原创性研究和启发式思维能力。通过师资培养方式，把理论型教师转型为能适应理论与实践一体化教学的"双师型"教师。

课题研究　2023年，学校鼓励教师积极参与课题研究，树立"时时教研，处处教研"的校本教研意识。李倩老师主持《基于STEM理念下的山区县中职学校的项目式教学研究》课题已在10月顺利结题。在研课题有李倩老师主持的《"老有所乐"养老服务技能培训》开放大学课题1个，张小涛老师主持的《山区中职学校教育教学质量多元评价体系研究与实践》省级课题1个，朱彩碟老师主持的《基于新课标的山区县中职〈信息技术〉课程项目化教学的实践研究》市级课题1个，黄梅春老师主持的《山区县中职学校一班一品德育活动实践与研究》、王维老师主持的《基于顺德矢崎就业需求导向的产教融合下汽车运用与维修专业学生人才培养教学模式的研究》县级课题2个，张荣书老师主持的《学生体质健康测试对我校体育课堂改革的研究》校级课题1个。李倩名师工作室开始正常运行，并开展多项研究活动。

教师进修培训　2023年，学校组织教师开展校本培训，培训项目有师德师风建设培训、中青年教师及教研组长参加广东省粤东西北全员轮训、18位老师参加粤东西北校地对接国培项目、教师参加线上专项培训等，全年累计组织教师参加各类培训达310人次。

扶贫助困　2023年，学校为保障学生顺利完成学业，采取多种途径给予学生经济补助，为在校家庭经济困难学生申请国家助学金和学校困难学生生活补助金。学校为贫困学生申请国家奖学金2人，每人奖金6000元；申请国家助学金471人次（春季学期231人，秋季学期240人），每人奖金1000元。佛冈县教育慈善会为8名孤儿学生发放生活补助金48 000元，每人每月500元。推行勤工俭学，组织2021级400名学生到对口企业和幼儿园进行社会实践，既让学生学习知识又增加经济收入，有效减轻部分困难家庭经济负担。

（何东艺）

【**清远市德圣健康职业技术学校**】 2023年，学校有88个教学班，在校生3805人，专任教师285人，师生比为1∶13。学校设有护理、药剂、口腔修复工艺、中医康复技术、中药、美容美体艺术、计算机应用等13个专业。其中，卫生类专业学生数3378人，占全校学生数89%。

德育工作　2023年，学校利用军民共建国防教育优势，创设国防教育班，将国防教育作为办学特色。在日常管理中，采取军事化管理模式，增设军事理论课程，定期举办专题国防教育讲座，组织国防班学生进行队列和战术训练，组建国旗护卫队，安排学生参观爱国主义教育基地。开展"健康直通车——义路同行暨国防教育展演"系列活动，展演35场，学生达1.5万人次。

教学工作　2023年，学校护理

2023 年 11 月 15 日，清远市德圣健康职业技术学校开展健康直通车义行志愿服务活动　　（清远市德圣健康职业技术学校　供图）

专业 303 名学生参加全国护士职业资格证考试，通过人数 202 人，通过率为 66.7%，比全国平均通过率高 31.7 个百分点，护士职业资格证考试通过率创学校新高。

教师培训　2023 年，学校教师参加省、市、县教育行政部门以及省市职教学会组织的教师培训、学术会议以及年会等活动 49 人次，900 多人次参加校内培训。学校通过老教师一对一指导培养，提高新教师在教学文件编写、教学内容组织、讲课技巧等方面技能水平。

社会贡献　2023 年，学校围绕乡村振兴战略实施，发挥医药卫生类专业优势，以卫生健康服务为核心，组织开展医药知识培训和技术下乡志愿服务活动。向乡镇中学师生普及 CPR（心肺复苏）和海姆立克急救法等健康知识，提升他们自救互救能力。深入乡镇集市，开展义诊送药服务活动，提供惠民服务。全年举办 15 场培训活动，参加培训 3500 人。为 860 名青少年进行脊柱侧弯、先天性心脏病、唇腭裂、视力及口腔疾病等方面检查，并为 100 名青少年提供相应治疗建议或转诊服务。

教育扶贫　2023 年，学校为保障家庭经济困难学生顺利地完成学业，申请农村低保学生免学费补助 3644 人，国家助学金学生 361 人，残疾学生免学费 13 人。学校推行勤工俭学，让家庭困难、品学兼优学生通过自己努力完成学业的同时获得一定经济补贴。

（张结芷）

【**清远市南方技工学校**】　清远市南方技工学校位于佛冈县汤塘镇 G106 线北侧，是经清远市人力资源和社会保障局批准，广东省人力资源和社会保障厅备案设立的非营利民办技工学校。2023 年，学校有学生 628 人，教职员工 52 人，其中专任教师 25 人、高级职称 6 人、中级职称 10 人。

设备设施　2023 年，学校拥有馆藏图书 10 万册，电子图书 1600GB；校内实训室 27 个；计算机 700 套；多媒体课室 27 间 1808 个座位。学校设有基础护理、母婴护理、美容美体护理、化妆美甲、中药、口腔义齿制造、汽车美容、汽车维修、中式面点、西式面点、中式烹饪、钢琴、幼儿环创、奥尔夫音乐、电商直播、跨境电商、大数据应用、新媒体应用及企业经营模拟沙盘等 19 个实训室，满足专业学习需求。学校建有食堂、学术报告厅、室内运动馆、健身房、形体训练室、塑胶运动场、足球场、篮球场、网球场、排球场、羽毛球场等场室，为师生提供学习、生活、娱乐、健身等方面环境。校内所有建筑均装配电梯，学生宿舍为 4 人间，配备中央空调、中央热水、洗衣机、饮水机、智能网络和智能门锁。学生管理、后勤保障、毕业升学和就业服务体系完善，学习生活环境良好。

师资队伍　2023 年，学校各专业组建有专家顾问团队，在专业建设、课程指导、竞赛辅导全程提供指导。学校聘请中国厨艺大师、中国粤菜十大名厨黄炽华作为客座教授，聘请中山大学、华南理工大学和澳门科技大学等著名高校一批硕士、博士研究生作为学生朋辈导师，为学生学习、生

2023 年 12 月 8 日，清远市南方技工学校举行第二届田径运动会

（清远市南方技工学校　供图）

活、职业生涯规划、高考辅导、竞赛和发明创造等提供全方位、全过程的指导和帮助。

专业特色 2023年，学校开设电子商务、计算机网络应用、会计、酒店管理（烹饪方向）、幼儿教育、护理、中药、口腔义齿制造、新能源汽车检测与维修、机电一体化技术等10个专业。中高职贯通三二分段联合培养，对接国家示范性高等职业院校——广东轻工职业技术学院和国家教育改革创新示范院校——广州涉外经济职业技术学院。"3+证书"高考班是学校办学特色和拳头产品，学生参加"3+证书"高考上线率高。

校企合作 2023年，学校与50多家企业建立深度校企合作关系。合作企业有广州美轮汽车有限公司、广东欧亚制冷设备制造有限公司、中国联通清远公司、清远加多宝饮料有限公司、广东雅迪机车有限公司、广州缔纳集团、清远加多宝草本植物科技有限公司、聚龙湾温泉旅游度假酒店、熹乐谷温泉度假酒店、广州汇龙国际电商产业园、佛冈县国家级电商产业园、广佛（佛冈）产业园、广州晴美国际等，建立多家校外实训基地，为学生实习就业奠定坚实基础。

学校荣誉 2023年，学校获清远特色菜烹饪技能大赛暨第六届粤港澳大湾区"粤菜师傅"技能大赛清远市选拔赛优秀组织奖；佛冈县最佳志愿服务队伍（组织）称号；全省普通高等学校和技工院校以及高中阶段学校2023级新生军事理论知识竞赛三等奖。各专业师生在省、市、县各级比赛获奖83人次，其中健康护理系2名教师获得首届"广清杯"清远市南粤家政技能大赛家政组和医护组项目冠军。

（黄海连）

【**佛冈县金博士职业培训学校**】 佛冈县金博士职业培训学校是集各类职业技能、特种作业上岗证培训考证、人力资源就业推荐于一体的综合性职业教育机构。学校创办于1999年，是广东省家政服务培训示范基地、清远市养老护理职业技能培训机构。

办学理念和宗旨 佛冈县金博士职业培训学校秉承"培训为就业，就业促培训"办学理念，坚持"便民、利民、安民"服务原则，提供培训、考证和就业推荐服务。学校坚持教学为乡村服务的原则，致力扩大农村劳动力职业技能培训教育，以提升农村劳动力职业技能和就业能力为使命，推动农村劳动力技能提升和转移就业。

设施设备 2023年，学校配有电脑电教中心有电脑100台、多功能电教平台6个；茶艺实训室有茶艺设备6套；烹调实训室有冰箱、炒锅、烤炉、瓦煲、微波炉等实训设备；面点实训室有压面机、发酵箱、蒸笼、醒发机等面点实训设备；中医推拿实训室、养老护理实训室有模型人、护理床、轮椅、吸痰器、洗头器等养老护理实训设备；母婴护理实训室有婴儿软硬公仔、婴儿游泳池、婴儿衣裤、恒温器、奶瓶等育婴实训设备；美容实训室有美容床、模型人、消毒柜、美容推车、暖炉、红外线灯、足浴粉、按摩膏、玻璃拔火罐等美容实训设备一批；特种作业安全考试各科目实训室有电子仪表、护目眼镜、心肺复苏模拟人、心肺复苏适配器、各种灭火器、排除安全隐患电柜（照明电柜）、判断安全隐患电柜（动力柜）等。学校教学设施设备能满足各种职业培训需求。

技能培训 2023年，佛冈县金博士职业培训学校在佛冈县人社局、佛冈县民政局、佛冈县妇联、佛冈县总工会及各镇劳动保障事务所和各镇村委支持下，在佛冈县开展了就业技能培训工作，包括保育师中级、广式点心制作、"一针一线"纺织服装技能人才培训、养老护理员、高级月嫂、广式点心制作、广府风味菜烹饪、特种作业上岗证等培训，培训人数3524人次，考试合格3190人次，成功转移就业2513人，收到良好社会效益。

办学模式和亮点 2023年，学校为保障培训就业服务，开创"4+1+1"工作模式（即4大特色教学、1大服务亮点、1大就业奖励）。4大办学特色把课堂搬到村民家门口，利用村委会议室、文化室和学校，村民自由选择就近上课；"时间自由"，学员可根据自己农闲时间，晚上、中午或周末空余时间上课学习；"订单式培训"，在企业用工和人力资源市场需求前提下，按照"订单式"培养；"真材实教"，根据学员实际，课程以实践操作为主、理论为辅，始终坚

2023年5月6日，佛冈县金博士职业培训学校在各社区开展"一针一线"纺织服装技能人才培训 （佛冈县金博士职业培训学校 供图）

持把实训放在首位。服务亮点为"五星级就业服务",就业奖励,奖励带头人,做到培训一人,就业一人,脱贫一户,带动一片。

(张雪芳)

科学技术与知识产权

【科技计划项目申报和立项】 2023年,佛冈县2家企业2个项目在2023年市级科技计划项目立项,分别为广东盖特奇新材料科技有限公司的"海上风电支撑结构用超高性能灌浆料关键技术研究"、佛冈智垦农业有限公司的"澳洲坚果高产优质种植技术研究与推广"。佛冈县人民医院2个项目在2023年度清远市社会发展领域自筹经费科技计划项目立项,分别为"针灸结合补中益气颗粒联合行为训练在产后压力性尿失禁的临床研究"和"肺泡灌洗液tNGS检出念珠菌对慢阻肺的预后影响及机制探讨"。

【R&D研发经费支出占GDP比重】 2023年,佛冈县全社会R&D研发经费支出合计37 977.2万元,全年佛冈县生产总值为1 613 447万元,佛冈县全年R&D研发经费支出占GDP比重为2.35%,位居全市第一。

【申报省创新型专业镇】 2023年,佛冈县科技部门组织推荐龙山镇申报创新型专业镇,经市科技主管部门推荐,省科技厅组织专家评议,龙山镇成功入选2023年度63个广东省专业镇建设镇之一,为清远市唯一的工业类专业镇。

【高新技术企业认定】 2023年,佛冈县科技部门加强高新技术企业认定工作,组织企业人员参加省、市高新技术企业认定、研发经费归集、研发经费加计扣除等培训班学习培训。开展高新技术企业认定工作,

2023年6月6日,佛冈县科技部门开展青少年科普嘉年华活动,让青少年在游戏和体验中激发科学兴趣　　　　　　　　　　　　　　　　(朱慧燕　摄)

组织广东华劲汽车零部件制造有限公司、广东雅迪机车有限公司等共21家企业认定申报2023年高新技术企业,其中17家企业成功通过认定。全县累计有效期内高新技术企业达48家。

【高新技术产品认定】 2023年,佛冈县科技部门组织企业开展2023年广东省名优高新技术产品认定工作。其中,佛冈建滔实业有限公司的"超高耐热性CTI纸基铜箔"、老虎表面技术新材料(清远)有限公司的"高性能多彩耐候珠光质感粉末涂料"等7家企业共12个项目,成功入选2023年广东省名优高新技术产品。

【工程技术研发中心】 2023年,佛冈县科技部门引导企业按照省市级工程技术中心标准谋划建立研发中心及进行提档升级,组织广东吉盛机电设备有限公司"广东省机电设备精密钣金(吉盛)工程技术研究中心"申报2023年度广东省工程技术研究中心认定。全县累计认定广东省工程技术研究中心达15家,全县累计认定清远市工程技术研究开发中心达39家。

(黎秀霞)

2023年8月15日,佛冈县人大常委会副主任黄丽(左一)率队对佛冈县知识产权保护工作情况开展专题调研　　　　　　(朱慧燕　摄)

【知识产权和标准化工作】 落实知识产权惠企 2023年，佛冈县市场监督管理局协助约克、南玻等产业链的链主企业申报国家级、省级知识产权优势示范企业。南玻重点企业专利导航项目获立项，在南玻公司设立全县首家专利预审服务工作站，新增1家通过知识产权贯标认证企业，提升企业知识产权管理水平。开展知识产权质押融资行动，建立"政企银"跨部门沟通协商机制，帮助企业纾解融资难题。是年，知识产权质押融资登记金额1.5亿元。"博华""国珠"商标纳入广东省重点商标保护名录。加强商标品牌培育指导站建设，指导站提供咨询服务近60次，辅导申请注册商标28件，成功注册13件。支持企业优秀专利技术实施转化，高效节能变频螺杆自然冷却冷水机组的产业化、耐辐照高透明度的玻璃夹层胶片产业化技术研究等2个项目获得清远市专利技术实施计划立项，涉及资金50万元。

促进标准引领助企 2023年，佛冈县市场监督管理局加强国家、省、市级标准化试点项目管理，协助指导佛冈县电商智慧管理与公共服务标准化试点和广东省魔芋高效种植标准化试点项目，顺利通过省局组织专家评审的中期评估。清远市礼驿站"三农"服务有限公司申报广东省竹山粉葛三产融合标准化试点项目获省批准立项。

（黄绮萍）

【防震减灾工作】 预警系统建设 2023年，佛冈县应急管理局配合广东省地震局做好密集场所"紧急地震信息接收终端"维护运行工作，让广大市民及时了解国家地震局等发布地震信息等内容，提升市民应对地震突发事件和应急避险自救互救技能。全面收集县、镇、村三级灾害信息员提供的信息，录入"国家自然灾害灾情"报送系统，督促县、镇、村灾害信息员统一安装"广东应急一键通"，提高灾情报送时效。做好预警台站和预警信息终端系统正常工作，协助广东省地震局做好"广东数字强震动台网一观测站"日常维护，确保全县地震监测可靠运行。

防震减灾宣传 2023年，佛冈县应急管理局在全国防灾减灾日期间，全方位、多渠道开展防震减灾知识"五进"活动，营造"人人讲安全、个个会应急"学习氛围，增强广大群众防灾减灾意识和自救互救能力，提升社会防范灾害风险整体水平。加强基层应急能力建设，通过电视台、电台、乡村大喇叭、短信息、微信群、广告牌、手册、电子横幅、标语等多种途径，深入宣传《广东省防震减灾条例》、地震知识、农村建房抗震知识指南、城市防震要点等防震减灾科普知识，增强全民灾害风险防范意识。

（县应急管理局）

气象事业

【气象事业概况】 2023年，佛冈县政府印发《佛冈县加快推进气象高质量发展实施方案》，推进气象科技能力现代化和社会服务现代化建设。充分发挥科普宣传作用，佛冈县气象科普基地先后被评为"佛冈县科普教育基地""清远市科普教育基地""清远市佛冈县少先队校外实践教育营地（基地）""佛冈县新时代文明实践驿站"。开展气象监测预报预警服务，利用电视、短信、网站、电子显示屏、农村大喇叭、微信、微博等渠道及时发送天气预报、预警以及各类气象专报。是年，佛冈县气象局获"2023年度清远市气象部门综合考评特别优秀单位"称号。

【气候特点】 2023年，佛冈县平均气温22.1℃，与历年平均值（21.3℃）相比偏高0.8℃。县气象观测站录得极端最高气温38.5℃，出现在5月30日；极端最低气温1.7℃，出现在1月30日。年降雨量2093.7毫米，比历年平均降雨量（2173.6毫米）偏少3.7%。全年日降雨量≥0.1毫米的降雨日数156天，日降雨量≥50.0毫米的暴雨日数12天。最大日降雨量139.4毫米，出现在4月5日，最大24小时降雨量141.4毫米（4月5日8时至6日8时）。年日照时数1656.2小时，与历年平均基本持平。年蒸发量1144.7毫米。无霜期335天。

【气象灾害天气】 暴雨 2023年4月5日，受强雷雨云图影响，佛冈县普降暴雨到大暴雨，全县平均雨量

2023年2月18日，广东省气象局党组成员、副局长谭浩波（左三）到佛冈县气象局调研

（黄江枫 摄）

91.5毫米，大暴雨站点有8个，佛冈水头镇铜溪村录得最大累计雨量145.8毫米，水头镇录得最大小时雨量74.7毫米，石角镇观山村和水头镇莲瑶龙尾村均发生山洪灾害。6月22日20时至26日20时受高空槽和西南季风影响，佛冈县出现龙舟水以来最强降水过程，此次过程具有"累计雨量大、局地性强、夜雨明显、雨强极端"的特征，全县平均雨量203.6毫米，250毫米以上站点有7个，雨量分别为：高岗长江500.2毫米、高岗390.1毫米、迳头288.8毫米、石角黄花283.5毫米、迳头烟岭281.3毫米、广佛产业园258.3毫米、水头253.0毫米，其他站点雨量分别为：汤塘洛洞223毫米、石角诚迳203.9毫米、迳头湖洋203毫米、气象局190.7毫米、水头铜溪187.1毫米、汤塘暖坑175.4毫米、汤塘四九173.2毫米、汤塘159.2毫米、放牛洞148.2毫米、县观测站147.8毫米、水头潭洞130.3毫米、石角龙南126.8毫米、龙山民安103.1毫米、龙山学田97.2毫米、龙山门楼富90.2毫米、水头上潭洞66.5毫米。最大小时雨量86.7毫米，出现在高岗长江（6月23日6时）。高岗长江最大6小时雨量322.9毫米，最大12小时雨量401.6毫米（均打破佛冈雨量极值纪录）。

台风 2023年，影响佛冈县台风个数偏多，先后受台风"泰利""苏拉""海葵"等影响。9月6日8时至9日8时受台风"海葵"残余环流影响，佛冈县出现暴雨局部大暴雨，全县平均雨量86毫米，大暴雨以上的站点有5个，分别为：石角龙南110.4毫米、水头铜溪108.3毫米、石角诚迳105.5毫米、水头上潭洞101.8毫米、县气象局100.2毫米，其余各站点雨量在52.5毫米（高岗）到98.6毫米（迳头湖洋）之间，其中放牛洞雨量91.6毫米。

高温 2023年，全县达到35℃及以上的高温天气29天，属于偏多年份，与2022年的33天相比少4天。高温天气全部出现在5至9月，其中5月30日录得年极端最高气温38.5℃，打破5月最高气温纪录。7月9—15日佛冈县持续9天出现高温天气。

低温 2023年，低温灾害为一般年份，低温天数10天。主要集中在1月和12月，分别出现4天和6天。受冷空气和辐射降温影响，1月30日县城录得年极端最低气温1.7℃，高岗长江录得全县最低气温-1.9℃，山区有霜冻或冰冻。12月16日起受寒潮影响，佛冈县气温急剧下降，16—24日全县日平均气温连续9天低于10℃。

干旱 2023年2月15日至3月23日，佛冈全县降水偏少，县观测站录得累积降雨量为2.8毫米，3月18日起出现中等强度以上气象干旱，3月23日达到重等强度气象干旱。

【**气象观测**】 2023年，佛冈县国家气象观测站全年共发送148万份地面气象观测报文、1492万个观测数据。25个区域气象站每5分钟发送一次观测数据。业务运行稳定，观测结果、月报表全年无差错，自动站业务可用性99.99%。

【**天气预报预警**】 2023年，佛冈县气象局坚持"你的冷暖，在我心中""你若安好，便是晴天"服务理念，全力做好低温冰冻、暴雨、台风、高温等气象监测预报预警服务，利用电视、短信、网站、电子显示屏、农村大喇叭、微信、微博等渠道及时发送天气预报和预警信息。编制各类气象信息100份，发布预警信号134次、山洪灾害气象风险预警12次，发送决策短信439条，114.1万人次点击阅览。通过各类微信、粤政易群组发布天气信息198条，天气新闻稿50期，推送天气微信文章344篇，全网发布提醒信息1次，山洪灾害气象风险预警专报8份，雷雨大风天气报告3份。"6·18""6·23"强降水期间，发布暴雨红色和山洪灾害气象风险靶向预警短信9次。

【**气象行政许可**】 2023年，佛冈县气象局坚持落实优化建设工程防雷行政许可工作，落实加油站、加气站、烟花爆竹仓库、厂矿企业等重点场所防雷装置定期检测制度。严格按照规定，加强新建、改建项目防雷审批工作，确保符合防雷规范要求。全年审核发放防雷装置设计审核意见书5份，防雷装置竣工验收审核意见书1份。

【**气象安全生产**】 2023年，佛冈县气象局联合县应急局、县住建局、县

2023年4月7日，佛冈县第一中学师生到县气象科普基地开展气象科普研学活动　　　　　　　　　　　　　　　（张金宇　摄）

2023年8月30日，佛冈县气象局与佛冈县龙山镇人民政府签署省气象防灾减灾第一道防线先行镇合作协议　　　　　　　　　　　　　　（黄江枫　摄）

文广旅体局等部门，开展重点单位、在建工地、旅游景区、住宅小区等气象安全执法监督检查，对物业公司进行气象灾害防御知识培训。联合县应急局举办2023年佛冈县企业应对极端天气防汛应急演练活动，护航企业高质量发展。全年出动118人次检查38家危险化学品场所（防雷安全重点单位），发现隐患61处，全部落实闭环整改。常态化开展升放气球安全巡查和监管，日常巡查53次，制止违规升放、系留气球1起。

【气象科普宣传】　2023年，佛冈县气象局开展气象科普宣传活动。3月12日，联合县文明办在县气象科普基地开展2023年佛冈县培育和践行社会主义核心价值观系列活动之"学习气象知识　促进自然和谐"主题科普活动；4月27日，联合县武装部举办气象防灾减灾专题培训，来自全县6个乡镇60多名基层民兵参加专题培训；9月25日，到结对帮扶村黄塱村开展气象科普讲座，讲座上详细介绍佛冈县暴雨、强对流和台风等气象灾害、气象预警信号和防御避险等知识，提升气象防灾避险能力。依托县气象科普基地常态化开展气象防灾减灾知识宣传，全年共接待各中小学、各部门和群众5000多人次。

【气象高质量发展】　气象高质量发展初见成效　2023年，县政府召开气象高质量发展会议，印发《佛冈县加快推进气象高质量发展实施方案》，推动气象高质量发展纲要在佛冈落地见效；县人大常委会召开全省首个《广东省气候资源保护和开发利用条例》县级解读会；深挖气候资源禀赋，开展创建"佛冈·中国气候宜居县"行动，助力乡村振兴和全域旅游；实现预警信息靶向发布；推进村村通气象站项目建设，年内新增气象四要素气象自动站3套；提升基层综合防灾减灾能力，与龙山镇签订合作协议，共同创建清远首个广东省气象防灾减灾第一道防线先行镇。人才队伍建设取得新突破，年内新增高工、工程师各1人，1职工家庭获清远最美家庭，1人获"敬业奉献清远好人"称号。

实施山洪预警取得防灾减灾成效　2023年，佛冈县气象局运用灾害普查和"山洪"场景建设成果，强化部门联动，提早研判风险。4月5日、5月7日、6月18日、6月23日、8月2日和9月22日强降水过程期间，联合县水利局发布山洪灾害气象风险预警信息，通知相关部门和镇村做好防范措施。

发挥X波段双极化相控阵天气雷达优势　2023年，佛冈县气象局发挥X波段双极化相控阵天气雷达探测精度高、扫描速度快、探测盲区少的优势，为佛冈高质量发展提供精密、精准、精细的气象服务，保障人民群众生命财产安全。

气象设施管理　2023年，佛冈县气象局继续做好各种气象设施管理工作，重点做好佛冈国家基本气象站气象探测环境保护工作，观测场周边1公里范围内严格按规定控制建筑物高度。落实1个国家气象观测站、25个区域自动气象站等仪器设施的管理，确保气象观测准确性。

（周国明）

文化·传媒

责任编辑：朱家佑

文化综述

【文化建设概况】 2023年，佛冈县文化广电旅游体育局（简称"县文广旅体局"），有文化馆1个、镇综合文化站6个、综合性文化服务中心91个；县级公共图书馆1个、镇级公共图书分馆6个，自助图书馆3个；县城电影院3家。

【文化馆（站）建设】 2023年，佛冈县公共文化服务体系建设不断强化与提升，文化设施得到提档升级。县文化馆作为国家一级馆，在全县文化建设中充分发挥龙头作用，通过引入数字化管理系统、在线服务平台等现代科技手段，提升文化馆服务效率和品质。镇级综合文化站实现标准化建设，全县6个镇级综合文化站不仅硬件设施完备，而且服务功能齐全，均达到省二级站以上的标准。各文化站注重完善配套设施，利用图书阅览、电子阅览、多功能活动室等场所，开展各种文化活动，满足群众文化娱乐需求，成为镇域文化活动的中心。

【图书馆建设】 2023年，佛冈县图书馆接待读者25.09万人次，外借图书19.27万册，办图书证1100个。新增佛冈县图书馆德圣健康职业技术学校分馆和佛冈县人民医院分馆，新开设广佛产业园区工会联合会服务点及佛冈县围棋协会服务点。是年，图书馆建有12间分馆22个流通服务点，3间24小时自助图书馆，2间粤书吧。佛冈县图书馆继续提升数字图书馆及升级免费借阅等各项服务功能，完善提升镇级公共图书馆的服务效能。

【博物馆建设】 2023年，佛冈县博物馆按照博物馆发展和展厅建设工作要求，完成"国家安全教育主题展厅""佛冈县历史文化展厅"建设工作，面向市民免费开放，为防范化解消防安全隐患问题，完善博物馆大楼消防逃生梯建设，平稳推进馆内公共文化服务常态化运行。佛冈县馆藏文物共有可移动文物335件（套），实际数量2525件。其中国家一级文物1件（套），国家二级文物2件（套），国家三级文物35件（套），其他文物（文物标本、资料）297件（套）。通过工作人员下乡采集、接受市民群众捐赠等形式，征集具有历史、艺术价值的民俗类、时代见证物品472件（套），充实博物馆收藏品，丰富文物博物展览实物体系。

【基层综合性文化服务中心建设】 2023年，佛冈县设有91个基层综合性文化服务中心，覆盖率达100%，全部中心点均实行标准化建设，设有文化广场、篮球场、简易舞台、图书室、电子阅览室、文娱活动室、培训室等场所，配备场所标识、乒乓球台、音响和广播器材等设施，设置宣传栏、阅报栏等宣传阵地。

（黄 敏）

2023年6月8日，佛冈县博物馆开展科普图片送展进校园活动

（县博物馆 供图）

群众文化

【群众文化概况】 2023年，县文广旅体局通过一系列举措，丰富群众精神文化生活，提升群众文化素养。在文化活动方面，县博物馆开展主题展览，展示县共青团奋斗历程；文化馆举办公益培训班，提升青少年艺术素养，开展非遗进校园活动，让学生感受非

遗魅力；图书馆举办全民阅读主题活动，提高群众人文素养。注重群众文艺作品创作与推广，2023年，佛冈县举办文艺演出、培训、线上展览、送戏下乡共120多场次，群众达8万多人次。开展"我要上春晚""佛冈好声音""新苗杯""狮王争霸"等佛冈文化品牌活动10多场，举办全国乡村春晚示范展示活动，受到好评。群众文艺作品评选自2012年以来连续10年在全市各县（市、区）排名第一，获奖数居全省前列。

【节日系列活动】 2023年，县文广旅体局在迳头镇官塱围村举办2023年"启航新征程·幸福中国年"——"全国村晚"清远市佛冈县示范展示活动、大年初一民间民俗大展演、"我要上春晚"综艺选拔大赛、新苗杯等文化活动，线上线下惠及群众约134万人次，其中全国乡村村晚示范展示活动吸引了104.7万的全国观众线上"围观"。深入实施文化惠民工程，开展"送戏下乡""艺培工程""文艺惠民千村行活动"等惠民品牌文化活动120多场。举办美术、书画、非遗作品、军备模型、实物展览51场次，惠及群众3万人次。"4·23"世界读书日，县图书馆举办"粤港澳共读半小时"活动，营造全民阅读浓厚氛围，全县8个分馆和20个服务点进行图书流动服务，送出图书17 237册。

2023年1月17日，佛冈县在县体育馆广场举行"狮王争霸"赛

（县文化馆　供图）

【"全国乡村春晚"广东分会场】 2023年2月5日，"启航新征程·幸福中国年"——"全国村晚"清远市佛冈县示范展示活动在迳头镇官塱围村录制，并在国家公共文化云、网易平台进行直播，展示佛冈县多项自编自导节目，民俗表演舞鲤鱼灯《鱼跃新征程》，舞被狮《被狮情深》，客家山歌对唱《客家山歌代代传》，贺年歌曲串烧《喜气洋洋》，歌舞《美丽中国》《越来越好》等节目，展现佛冈特色和浓浓乡土气息，吸引104.7万人次浏览观看。

【基层文化活动】 2023年，佛冈县星级惠民演出团队送戏下乡120多场，足迹遍布6镇100多个村。演出节目形式多样，包括歌舞、舞蹈等群众喜闻乐见的节目，为全县80%群众送上丰富的精神食粮，丰富基层群众节日文化活动，扩大公共文化服务覆盖面，提升文化活动群众参与度，满足群众文化需求。

【文化展演活动】 2023年，佛冈县开展"艺起点"公益辅导活动33场，公益培训课80课时。组织优秀作品参加清远市第八届艺术百花·少儿艺术花会，选送的节目及作品，获2个创作奖及2金、8银、13铜、10个百花之星奖。

（黄　敏）

2023年1月18日，佛冈县举行"福兔贺岁迎新春"春节文艺晚会暨第11届"我要上春晚"颁奖晚会

（县文化馆　供图）

文化市场

【文化市场概况】 2023年，佛冈县有娱乐场所20家、网吧4家、营业性演出机构1家、书店71家（含27家网上经营）、电影院4家。是年，县文广旅体局继续开展文化市场整治，

严厉打击文化市场违法违规经营行为，全力净化文化市场，确保意识形态安全。全年现场检查文化市场经营单位325家次，出动执法人员1118人次，开展线上文化市场巡查3次。全年办结行政处罚案件8件，通过两法平台移交公安机关案件2件。收缴非法出版物3册，没收侵犯著作权物品30件，警告1家次，罚款16 600元，没收违法所得388元。

【开展专项行动】 2023年，县文广旅体局重点检查娱乐场所、网吧是否有违法经营行为，开展文化娱乐场所及网吧场所整治行动3次，其中，两会期间整治行动1次，端午和五一节假期期间整治行动1次，国庆假期整治行动1次。执法检查娱乐场所36家次，检查网吧20家次，查办娱乐场所违规经营并给予警告1家。开展"综合查一次"联合执法检查1次，联合公安局、卫生监督所检查娱乐场所5家。联合市场监管局开展网吧检查1次，检查网吧4家。联合公安局开展取缔无证经营娱乐场所检查1次，取缔无证经营场所1家。开展营业性演出检查，检查营业性演出场所2家，检查营业性演出2场。

【开展扫黄打非】 开展校园周边整治 2023年，县文广旅体局出动执法人员48人，对县城及汤塘镇、龙山镇等中小学校园周边书店、文具店、杂货店、复印店等开展执法检查12次，督促校园周边3家店面整改售卖不良玩具、贴纸等问题5个。

开展侵权盗版执法检查 2023年，县文广旅体局立案查处侵犯著作权案2宗，行政处罚200元，收缴销售未经授权许可带北京冬奥会会徽图案地毯及销售未经授权汽车音乐U盘等物品15件。移交公安处理销售假冒泡泡玛特"手办"案2宗。

开展非法出版物检查 2023年，县文广旅体局立案查处持证书店销售非法出版物案件1宗，行政处罚200元，收缴同种非法出版图书3册。

2023年8月9日，县文广旅体局执法人员配合县公安部门对县娱乐场所进行检查　　　　　　　　　　　　　　　　　　　　（朱慧燕　摄）

【加强未成年人保护】 处理涉未成年人案件 2023年8月，根据佛冈县公安机关提供线索，县文广旅体局对某娱乐有限公司接纳2名未成年人违法行为进行立案查处，依照《中华人民共和国未成年人保护法》《娱乐场所管理条例》对涉事经营单位处罚16 000元，没收违法所得388元。案件查处后，为达到普法及教育效果，督促从事营业性歌舞娱乐场所经营者应当守法经营，严格遵守《中华人民共和国未成年人保护法》和《娱乐场所管理条例》等法律法规，切实履行保护未成年人身心健康的责任和义务，并把此案作为典型案例在政务网上进行"以案释法"。

开展涉未成年非法绘本执法检查 2023年，县文广旅体局开展书店售卖禁止内容的涉未成年非法绘本执法检查，检查8家书店绘本12种，检查行动中未发现问题绘本及图书。

上网巡查全县社交平台 2023年，县文广旅体局上网巡查全县社交平台50个（抖音账号及微信公众号），检查是否存在传播淫秽色情文化表演违法行为；巡查全县网上书店10家，检查是否存在销售禁止出版物问题。

（刘建新）

新闻出版

【出版物管理范围】 2023年，佛冈县新闻出版物零售业共65家，网上书店26家，从业人员108人；印刷企业20家，从业人员710人；农家书屋78家，书屋管理人员78人。

（邓冬凤）

【出版物监管】 2023年，县文广旅体局继续开展文化市场整治，严厉打击文化市场违法违规经营行为，全力净化文化市场，确保意识形态安全。开展不良读物专项整治行动3次，检查书店21家，检查青少年读物178册，出动检查人员84人次。立案查处持证书店销售非法出版物案件1宗，行政处罚200元，收缴同种非法出版图书3册。

（刘建新）

【《清远日报》佛冈记者站】 2023年，是清远日报社与中共佛冈县委、佛冈县人民政府合作的第十年。清远日报社派出3名资深记者驻扎佛冈，设立《清远日报》佛冈记者站。《清远日报·佛冈新闻》围绕中共佛冈县委、县人民政府中心工作，恪守党报职责，把握正确舆论导向，对佛冈的政治大事、县域经济、镇村形象营造、工业产业园建设、广清一体化、文明城市创建、平安建设、全域旅游发展等方面进行长期跟踪报道。

新闻质量提升 2023年，《清远日报》佛冈记者站坚持新闻工作的党性原则，主动发声、及时发声，讲述好故事，及时反映佛冈人民在全面建成小康社会征程中的实践和精神风貌，营造昂扬向上、团结奋进、开拓创新的良好氛围。在实际工作中，坚持深入基层汲取养分，顺应时代需求创新方法手段，不断增强新闻舆论传播力、引导力；对政治、经济要闻的报道，注重发挥行业媒体的优势，多做解读性报道，使版面内容更加专业化、社区化，"接地气"的新闻报道风格帮助读者快速获取信息、掌握精髓、把握要义。《清远日报·佛冈新闻》由于其版面活泼、内容丰富、触角敏锐、可读性强等特点，成为佛冈广大干部群众喜欢看的报纸。2023年出版《清远日报·佛冈新闻》46期，采写各类新闻稿件约78万字。

外宣工作发展 2023年，《清远日报》佛冈记者站立足新闻时效性的特质，按照"市县互动、政媒合作"的理念，加强对政治、经济要闻的深度挖掘，写出精品文章并及时刊发。除每周三固定出版4版《清远日报·佛冈新闻》外，记者站还不定时在《清远日报》主要版面、区域新闻版面，刊发有关佛冈的政治、经济要闻深度报道、专题报道，及时准确向全市人民传递佛冈县委、县政府的声音，展现佛冈改革发展的实践和成效。全年在《清远日报》主要版面、区域新闻版面出版各类新闻稿件近100条，每月出版1至2个大型专题报道，全年累计出版的新闻稿件总字数约20万字。

报网端全媒体融合 2023年，《清远日报》佛冈记者站借助清远日报合作政务新媒体矩阵，围绕"比学赶超争先锋""佛冈两会""乡村振兴""创建全国文明城市""平安建设""民生保障"等全县中心工作，在"清远+"手机客户端、清远日报微信公众号等平台推出400多篇新媒体作品，扩大《清远日报》新媒体矩阵在佛冈地区的舆论影响力。"清远+佛冈频道"作为佛冈的一个市级移动端新媒体平台，已经成为佛冈新媒体政经主流平台。

"百千万工程"系列报道 2023年是广东省实施"百千万工程"的开局之年。佛冈县坚持高位推动，通过改革放活权限、盘活资源、激活要素，有力增强全县发展动能，"百千万工程"开局良好，为展示成果、凝聚力量、鼓舞斗志，及时反映佛冈经济社会发展的新局面，《清远日报》佛冈记者站及时策划并推出《锚定高质量·增强新动能》专题报道：9月，以"解读佛冈县产业转移工业园发展规划"为切入点，解构佛冈县现代化产业体系的发展脉络，展现近年来佛冈在工业领域翻天覆地的变化，立起"工业强县"标签；10月，以"纵深推进'百千万工程'"为主题，从"高位推进""差异发展""深挖特色""强化保障"等角度入手，以时间为经，以事件为纬，点面结合，深入分析呈现佛冈县在推动县域经济高质量发展方面所作的努力，以及在"百千万工程"开局之年所积攒的动能。

（钟盛祺）

文艺创作

【文艺创作概况】 2023年，佛冈县文学艺术界联合会发动、组织属下8大文艺协会会员，开展各种艺术门类创作，发行《潖江文艺》两期2000本，举办以"佛冈县文化惠民千村行""中华优秀传统文化进校园（下乡）"等为主题的文艺创作交流活动20余场次，推荐优秀文艺作品参加省市评选、展演、展览等，获市级以上奖励作品近200个，其中获省级奖励作品近50个。

【文化名家引领】 2023年，佛冈县文化名人发挥名家示范引领作用，带徒授艺，带领文艺工作者深入基层、服务群众，汲取创作源泉，创作出优秀文学艺术作品，为文化事业发展提供人才保障，推动佛冈文化发展与繁荣。张春兰文艺创作工作室完成清远

2023年5月28日，《清远日报》佛冈记者站记者（左一）在迳头镇井岗村采访拍摄农村经济发展情况　　（钟盛祺　摄）

市乡村微博（第三季）拍摄任务，共12集；开展佛冈县特色农产品专题短视频拍摄3个；组织佛冈县乡村振兴报告文学采写活动，以驻镇帮镇扶村第一书记为切入口，记录佛冈县农业、农村、农民新变化；拍摄佛冈县文旅短片多个；创作歌曲《爱在这里》《阿嫲的靓汤》；通过视频号发表文化旅游、民间文化、乡村振兴等短视频近40个；通过公众号发表民间传说故事、文学作品50余篇；罗小娟文学创作工作室创作的诗歌在国家级刊物发表50首，省级刊物80首，市级刊物25首。黄曙华书法创作工作室走进佛冈县第三小学、清远市美术教师书法骨干班举办书法公益讲座，传统文化进校园活动20多场；承接清远市文艺志愿协会的高岗镇"美育教育"帮扶活动，分别对高岗中心小学、长江小学、三江小学、高镇小学开展为期一年的书法帮扶；黄曙华作品参加第二届"中国砚都杯"全国书法篆刻展、首届黄苗子杯全国书法篆刻大展、第十二届中韩书法展、中国当代草书名家作品学术研究展；工作室指导学生参加省市书法作品大赛，获市级以上奖励作品37个，其中省级奖励作品2个。黄梦权粤曲传承工作室参与送戏下乡活动10多场，开展"戏曲进校园"活动2场，举办公益培训课30节。黄焜文民间文艺创作工作室开展田野调查1项。

【戏剧、文学创作】 戏剧曲艺保持优势 2023年，佛冈县戏剧曲艺协会举办戏剧沙龙，挖掘创作和表演人才，排练朗诵、儿童音乐剧参加水头镇"迎八一，继传承"双拥主题晚会；排练原创相声《同行》、快板《道德模范赞歌响》参加佛冈县原创综合艺术作品展演。是年，群众文艺戏剧曲艺类作品送评12件，获省市奖励11项，其中张春兰创作的小戏《出山》、黄清梅创作的快板《龙王怨》分别获省群文作品评选三等奖、市群文作品评选二等奖。

文学创作日渐繁荣 2023年，佛冈县作家协会承接团县委"青话筒"演讲比赛，参与改稿和演讲技巧培训9人，担任评委2次；承接县妇联最美家庭等共8个人物事迹采写工作，完成助力评选稿件8篇。结合佛冈县创文需求，主动承担社会责任，2023年第3期《飞霞》杂志，发表会员张鑫的报告文学《魔芋转型记》、龙志根的散文《满城味道是吾乡》、黄易的散文《以梅为媒》、汤桂梅的散文《鲤鱼灯》等4篇作品，集中宣传推介佛冈；以湮江诗社为主要阵地，在线上开展诗歌点评、主题创作、作品交流等活动。

【音乐、舞蹈创作】 2023年，佛冈县音乐协会策划并成功举办多场音乐会，推荐协会会员参加市成人音乐舞蹈花会活动、百歌颂中华暨市广场文化艺术节、"我最OK"广东省全民才艺大赛、佛冈县宣传部军旅歌咏比赛、汤塘镇温泉古镇唱响红歌等赛事，组织会员排练节目参加佛冈县乡村村晚活动、佛冈县春晚活动。黄珊原创的少儿小组唱节目《外婆的民宿》获得广东省群众艺术花会（少儿艺术）决赛铜奖；黄珊原创的小组唱节目《吉他声里的妈妈》获清远市成人音乐舞蹈花会活动金奖、首届粤港澳大湾区唱作大赛金奖；钟丽群独唱《七月的草原》获清远市成人音乐舞蹈花会活动银奖；谢绍川独唱《春暖花开》获清远市成人音乐舞蹈花会活动百花之星奖。舞蹈协会的舞被狮、鲤鱼灯、舞春牛、闹新村、幸福中国年以及地方民俗和非遗项目参加全国村晚示范展。组织5次送戏下乡及下乡教学活动，"张灯结彩""永远跟党走"等形成千人排，做到舞艺深入基层。

【摄影、书法、美术、民间工艺创作】 摄影创作活动 2023年，佛冈县摄影协会开展摄影活动6次，协助组织开展摄影比赛5项，开展摄影培训2次。

书法创作活动 2023年3月，佛冈县书法家协会邀请国家画院王厚祥导师，对书协会员进行免费书法培训；在城北中学、篁胜小学开展优秀传统文化（书法）进课堂20节。

美术创作活动 2023年，佛冈县美术协会协办各项美术展览，开展《跟着画家去旅行——佛冈篇》系列活动，邀请陈中科教授，佛山国协会员彭国祥、宋光智教授分别进行美术创作班讲座、指导国画写生、交谈创作技巧等活动。是年，黄扬就、黄润洲水彩作品在清远乡村振兴、美丽乡村全国水彩画展展出。周楚明版画作品在第十届广东省版画作品

2023年4月12日，佛冈县文联开展"中华优秀传统文化（戏曲）进校园"活动　　　　　　　　　　　　　　　（县文联　供图）

2023年11月4日,全国妇女广场舞(健身操舞)大赛广东站、广东省健身广场舞联赛清远站暨清远市"和美乡村"健身广场舞大赛在佛冈体育馆举办

(县文广旅体局 供图)

展进入初评。

民间工艺创作活动 2023年,佛冈县民间文艺协会承办博物馆国庆展览,展出宋慧明老师花鸟国画24幅,梁锦常老师根雕作品15件,钟阶伦老师收藏玉石雕刻作品3件,何国添老师收藏天然奇石作品8件。承办端午节主题活动——"良好国风,传承有我",通过对端午节来源、习俗等展示,进行爱国诗歌朗诵、汉服表演,开展挂香囊、拴五色丝线、包粽子等传统活动,让参与活动者体验传统文化内涵。承办由清远市阅芽书屋、佛冈县图书馆联合主办的"阅动清远 共享书香"——绘本阅读进乡村活动10场,涵盖乡村、社区、学校,300多个家长孩子参与活动。协会会员宋慧明老师在清远举办《丹青吐彩——宋慧明花鸟精品展》个人作品展。

【作品展播】 2023年,佛冈县书法协会组织会员参加迎春书画摄影艺术展、"农信杯"书法展等活动,在展会上推出一批呈品位、显特色、有影响的书法作品,入展作品近百幅。县美术家协会会员宋慧明在清远市锦华美术馆举办"宋慧明花鸟画精品展"。《馥郁芬芳蝶自来——佛冈县民间文艺家作品展》,展出宋慧明老师花鸟国画24幅,梁锦常老师根雕作品15件,钟阶伦老师收藏玉石雕刻作品3件,何国添老师收藏天然奇石作品8件。

(潘洁倩)

图书发行

【新华书店概况】 广东新华发行集团佛冈新华书店有限公司(简称佛冈公司)设有总经理室、综合管理部、教育服务中心、阅读服务中心4个部门;自有实体门店一间,面积256.82平方米,图书品种4596种。2023年,佛冈公司落实广东新华发行集团股份有限公司和中共佛冈县委宣传部工作部署,充分发挥书店主渠道和主阵地作用。2023年,佛冈公司营业收入同比增长15.44%;实现利润同比减少15.67%。

【重点出版物发行】 2023年,佛冈公司做好党的创新理论著作及党和国家重要文件文献的发行工作,在门店突出位置设立专柜专架,及时陈列和宣传征订发行政治读物样本。全年征订发行《习近平著作选读第一卷》3104册,《习近平著作选读第二卷》3103册,《习近平新时代中国特色社会主义思想学习纲要(2023年版)》1510册,《习近平新时代中国特色社会主义思想专题摘编(公开版)》306册,《习近平新时代中国特色社会主义思想的世界观和方法论专题摘编(公开版)》214册,《高举中国特色社会主义伟大旗帜 为全面建设社会主义现代化国家而团结奋斗——在中国共产党第二十次全国代表大会上的报告》1909册,《中国共产党第二十次全国

2023年12月15日,佛冈县举行全民阅读系列活动之全民阅读进乡村读书分享会

(县新华书店 供图)

代表大会文件汇编》1880册，《党的二十大报告辅导读本》1623册，《党的二十大报告学习辅导百问》1131册，《二十大党章修正案学习问答》1137册，《中国共产党章程》（64开本）3159册，全年征订发行政治理论读物及学习资料共2.1万册。

【教材征订发行】 2023年，佛冈公司继续做好中、小学教材的征订发行重点工作，遵守国家和广东省对教材发行有关规定，加强教材征订发行管理，切实做好佛冈县中、小学教材征订发行工作，做到"课前到书，人手一册"，确保按时按质按量配送到学校，保障全县5.4万名学生课本使用。

【文化惠民活动】 2023年，佛冈公司在门店开展文化惠民读书活动13场，惠及群众149人。公司为解决边远乡村群众、学生买书难、读书难问题，主动走进乡镇，开展流动售书活动5次，覆盖5个无实体网点乡镇，实现流动售书全覆盖。2023年9—12月承办由佛冈县新时代文明实践中心指导，共青团佛冈县委员会主办的"全民阅读，书香佛冈"青年人才文学志愿服务公益课暨读书分享活动，活动共举办4场，参加活动人数200余人；2023年11—12月承办由佛冈县新时代文明实践中心、中共佛冈县委宣传部、佛冈县文化广电旅游体育局主办的全民阅读系列活动"书香佛冈·文明相约"启动仪式；承办由佛冈县新时代文明实践中心、中共佛冈县委宣传部主办的佛冈县农村精神文明创建活动，助力百县千镇万村高质量发展。全年举办全民阅读进乡村读书分享会6场，参加活动500余人次。

（吴春葆）

融媒体中心

【融媒体中心概况】 佛冈县融媒体中心于2018年12月26日挂牌成立，先挂牌后建设。把佛冈县广播电视台、佛冈县新闻信息中心和佛冈县广播电视台广告中心整合，组建佛冈县融媒体中心，加挂"佛冈县广播电视台"牌子，2020年9月23日通过中共广东省委宣传部验收，为中共佛冈县委宣传部管理的正科级公益一类事业单位。

【运营情况】 2023年，佛冈县融媒体中心负责运营平台主要有佛冈通App、佛冈发布和佛冈融媒微信公众号、佛冈融媒抖音号、佛冈融媒视频号、佛冈新闻综合频道以及佛冈电台FM98等，覆盖全县30多万用户。全年佛冈通App下载量已超过10万，累计注册媒体号271个，影响力、用户活跃量曾多次排名全省第一，被中共清远市委宣传部《App客户端推广经验介绍专刊》推广。佛冈发布微信公众号关注量超10万，位列清远市各县（市、区）公众号政务微信影响力排行榜前三，多次位列第一，多年被评为"清远市十大政务公众号"。佛冈融媒（原佛冈新闻News）微信公众号关注量超4万，长期位列清远市时事新闻公众号政务微信影响力排行榜前三，县级公众号第一。佛冈融媒抖音号粉丝超8万人，粉丝量、影响力在全市融媒官方抖音号中排名前列。

【宣传情况】 2023年，佛冈县融媒体中心开设各类专题专栏10余个，其中，"高质量发展看佛冈"专栏共播发510余条相关新闻；"聚焦百千万工程"专栏播发160余条相关新闻。全年有300余篇稿件被中央媒体、省台、市台等上级媒体以及学习强国平台采用。宣传方式灵活。中心记者深耕一线，深挖精品，围绕全县工作特色经验做法以及群众急难愁盼问题和重大工程建设等做好深度报道，及时跟进佛冈通网络问政、"有料到"等互动平台报道，策划推出《"支出"2元，换来"绿水青山"》《广东首份魔芋种植保险落户佛冈水头》《魔芋释魔力，村民喜分红》等一批优秀新闻稿件，获得群众好评。

【现场直播】 2023年，佛冈通App先后围绕"助农带货""部门业务""现场执法"等方面做好现场直播，取得良好的效果。App上线直播90场，其中视频直播83场，图文直播7场，累计收获26.6万浏览量。开展2023瑞兔迎春年货节"助农带货"直播，拓宽本土优质农产品的销售渠道，助力乡村振兴；"行风热线""税务微课堂"等部门业务直播，在群众和政府之间架起沟通桥梁；开展"你点我检""交通整治"等现场执法直播，让群众近距离感受现场执法的公开化与透明化。开展团县委高质量发展演讲比赛、2023年第五届佛冈益肾子果节、佛冈"职工杯"足球赛等现场直播，既为单位创造经济效益，又为佛冈融媒打响品牌，树立良好融媒形象。

【技术保障】 2023年，佛冈县融媒体中心利用中央、广东省广播电视节目无线覆盖专项资金升级安全播出设施，与广东广电网络清远佛冈分公司

2023年7月27日，佛冈县"行风热线"网络问政启动仪式在县融媒体中心举行

（县融媒体中心　供图）

2023年11月11日，县融媒体中心宣传报道第五届佛冈益肾子果节

（县融媒体中心　供图）

签订广播电视节目无线覆盖机房托管服务协议，对机房动力和环境进行智能在线监控，提高工作效率。

【获奖情况】　2023年，佛冈县融媒体中心获广东省区县广电融媒新闻奖9件，其中，一等奖1件、二等奖5件、三等奖3件；获清远市广播影视奖12件，其中，一等奖1件、二等奖4件、三等奖7件；获佛清肇地区广播电视播音与主持作品二等奖1件；获清远新闻奖三等奖1件。

（蓝远晶）

电影放映

【电影放映概况】　2023年，佛冈县电影放映主要由商业性质的大地院线（佛冈店）、城春国际影城、佛冈银座影城的商业放映和公益性质的新佛电影传播中心放映4部分组成。

【大地院线（佛冈店）】　大地院线（佛冈店）位于佛冈县石角镇法政路233号之一，于2011年5月建成，场地面积1650平方米，拥有4间数字高清影厅，共844个座位；放映设备全部为巴可牌，音响设备全部为飞达牌，让观众享受顶级视听效果。影城有标准的视听观赏空间，设有宽敞休闲大厅，营造环境幽雅影院文化氛围。

【佛冈银座影城】　佛冈银座影城位于佛冈县石角镇环城中路209号骏业银座大厦4楼401、402室。2017年5月正式营业，场地面积1387平方米，有5间全数字高清现代化放映厅，共355个软座，是集电影放映、休闲、会议、娱乐于一体的综合性文化场所。各影厅配置全球最流行数字放映机、杜比数字解码器、SR.D数字立体环音系统、JBL专业音响等设备，采用高坡度、宽排距、无遮挡座席设计，配合整墙式超亮银幕，让观众感受逼真而震撼的视听效果。

【城春国际影城】　城春国际影城位于佛冈县石角镇振兴北路130号商业楼层。2016年6月建成，场地面积1469平方米，影城秉承国际影院时尚风格，装修豪华，高雅大方，拥有6个视听效果一流、温馨舒适的观影厅，共设640个豪华舒适座椅。各影厅配置科视激光放映机，为观众提供安全、舒适、高质量的观影享受环境和专业贴心服务。

【农村公益电影】　公益电影放映工程是党和国家实施文化惠民系列工程之一，以优秀影片为载体，培育文明乡风，为广大农村群众送去丰富"精神食粮"，助力乡村振兴，把党和政府文化惠民政策送到乡村，送进老百姓心里。佛冈县农村公益电影放映由佛冈县石角镇新佛电影传播中心执行实施，放映人员6名。2023年全县共放映农村公益电影936场（78个行政村一月一放映），放映影片涵盖红色教育、法律知识、农业科技、文明新风等宣传内容，把公益电影放映与传递正能量、传播科技知识、新时代文明实践活动相结合，搭建起寓教于乐大舞台，丰富广大群众精神文化生活，观众人数达7万余人次，圆满完成全年放映任务。

（邓冬凤）

非物质文化遗产

【非物质文化遗产概况】　2023年，佛冈县有21个项目纳入县级非物质文化遗产保护名录，其中民俗类有8项："豆腐节""舞被狮""鲤鱼灯""抢花炮""接送三王""哐夹狮（康哈狮）""做牛潮""撞彩门"；杂技与竞技类有1项："龙南武术"；传统舞蹈类有3项："舞春牛""舞火龙""舞鸡公狮"；传统技艺类9项："围镇古砖瓦制作技艺""黄氏秘制牛蹄制作技艺""高岗客家酿豆腐制作技艺""高岗客家脍肉制作技艺""汤塘糯米糍制作技艺""汤塘臭屁醋制作技艺""龙山农家碌鹅制作技艺""存久洞腌酸菜制作技艺""佛冈黄花竹编制作技艺"。高岗镇社冈下村民俗"豆腐节"、汤塘镇围镇村民俗"舞被狮"列入广东省第二批非物质文化遗产保护名录。"豆腐节""舞被狮""鲤鱼灯""抢花炮""龙南武术""接送三王""舞鸡公狮""围镇古砖瓦制作技艺""黄氏秘制牛蹄制作技艺""佛冈黄花竹编制作技艺"等10个项目列入清远市级非物质文化遗产保护名录。收集非遗"水头黄氏特色狮头制作技艺""舞猫头狮"项目资料，拟申报佛冈县第六批非物质文化遗产代表性项目。

【非物质文化遗产保护】　补贴发放　2023年，佛冈县按省、市级非物质文化遗产代表性传承人补贴标准，下拨补贴。全年下拨非遗补贴6万元，其中省级非遗下拨4万元，市级非遗下拨2万元。

"非遗墟市"活动 2023年12月，佛冈县文化馆在县文化广场举办"非遗之美 手作空间"非遗文化墟市活动，以墟市的形式，组织佛冈县本土非遗工匠参与，为群众展示本土非遗文化，销售非遗产品，品尝民间制作风味，宣传佛冈乡土传统文化，强化群众非遗保护意识。

非遗图片、实物展 2023年，佛冈县文化馆在县文化馆一、二楼开设非遗文化展厅，展出非遗图片和实物，宣传佛冈非遗文化。

传统戏曲保护 2023年，佛冈县文化馆组织县戏剧曲艺协会演职人员将粤剧推向基层，送戏曲进农村、进学校、进厂矿。全年，粤剧进校园培训20次，送戏曲下乡演出15场。

（李子良）

博物馆

【博物馆概况】 佛冈县博物馆是县财政全额拨款公益性一类事业单位，级别为股级，隶属于佛冈县文化广电旅游体育局，博物馆及办公地点设在石角镇环城东路63—2号。2023年佛冈县博物馆有工作人员6人，其中编制人员3人，编外专项工作人员3人。2023年，县博物馆开放固定展厅展览3个，举办流动及临时展览9场次，主题活动168场次，接待单位团体241个次，公共文化服务人数达5.9万人次，其中未成年人3万人次。县博物馆参加中国博物馆协会及中国文物报社开展的"博物馆里过大年"原创视频评选活动，获全国博物馆类"优秀视频奖"。是年，先后获得"清远市文明旅游示范单位""清远市儿童友好基地""佛冈县国家安全宣传教育基地""佛冈县关心下一代青少年社会实践教育基地""佛冈县儿童友好示范基地""青年之家"等称号。

【文化资源】 馆藏文物 2023年，佛冈县馆藏文物有可移动文物335件（套），实际数量2525件，其中国家一级文物1件（套），国家二级文物2件（套），国家三级文物35件（套），其他文物（文物标本、资料）297件（套）。

不可移动文物 2023年，佛冈县现有不可移动文物127处，其中古遗址7处，古墓葬15处，古建筑86处，石窟寺及石刻1处，近现代重要史迹及代表性建筑18处。现有各级文物保护单位共16处，其中，省级文保单位3处，县级文保单位13处。

【场馆建设】 2023年，县博物馆按照博物馆发展和展厅建设工作要求，分别于1月22日及5月18日完成"国家安全教育主题展厅""佛冈县历史文化展厅"建设工作，并面向市民群众免费开放。为防范化解消防安全隐患问题，10月份县博物馆大楼消防逃生梯建设完成，平稳推进馆内公共文化服务常态化运行。

【文物保护】 馆藏文物工作 2023年，县博物馆利用各类线上平台宣传文物保护、文物征集，线下开展"送展下乡"文物宣传，巡展黄花村久洞村、汤塘围、四九田心村等乡村，不断提升县博物馆社会影响力。通过工作人员下乡采集、接受市民群众捐赠等形式，征集具有历史、艺术价值的民俗类、时代见证物品472件（套），充实县博物馆收藏品，丰富文物博物展览实物体系。

不可移动文物保护 2023年，县博物馆继续做好对不可移动文物的保护利用工作，推进石咀头围场门楼、四九黄氏宗祠等不可移动文物点的保护修缮工作，加强对文物安全隐患排查，确保文物安全。

【展览宣传活动】 馆内展览 2023年，县博物馆继续与广东省流动博物馆、广东华侨博物馆、新疆兵团军垦博物馆、东莞道滘文化服务中心等合作，成功举办"祖国之光——海陆空军事模型展""花儿为什么这样红——20世纪50年代进疆女兵风采""浓墨重彩——粤剧花脸艺术影像展"展览，结合展览开展"军备模型积木拼图""粤剧花脸涂色"等沉浸式体验活动和亲子活动；与佛冈县第四小学"悦·印"工作室、佛冈县民间文艺家协会等合作举办"玉兔迎春——'悦·印'剪纸""馥郁芬芳蝶自来——佛冈县民间文艺家作品展"等文艺作品展览。

主题活动 2023年，县博物馆与市博物馆、县科协、县民协等单位团体合作举办"博物馆里过大年"系列主题活动。主题活动有春节期间的儿童考古挖掘、拓印、剪纸活动；5月举办"宝鉴清远"清远市民间收藏文物公益性鉴定活动，现场为30位收藏家鉴定150件藏品；"5·18国

2023年4月21日，佛冈县非物质文化遗产项目进校园推广

（县文化馆 供图）

2023年1月22日，县博物馆举行"博物馆里过大年·体验考古挖掘、研习拓印技艺"主题活动　　　　　　　　（县博物馆　供图）

际博物馆日"结合"佛冈县历史文化展"揭幕仪式，对捐赠市民进行表彰活动；中秋佳节联合县文广旅体局、县图书馆、县文化馆等合作举办"大唐奇妙游"游园活动。

巡展宣传　2023年县博物馆，推进品牌活动建设，拓宽博物馆宣传教育广度，继续与广东省博物馆（省流动博物馆）合作，在9—12月开展主题为《丹青求索·器范自然——植物科学画展》科普图片"送展下乡、送展入校"暨文物保护、文物征集宣传活动29场，充分发挥县博物馆教育和科普功能，增强市民对文物保护意识。

（谷晓晴）

图书馆

【**图书馆概况**】　2023年，佛冈县图书馆被认定国家二级图书馆，总面积2868平方米，馆内设有少儿借阅室、亲子阅读室、综合书库外借室、省流动图书室、报刊阅览室、多媒体电子阅览室、视障盲人室、报告厅及自带书学习室，共9室1厅10个功能室。全年接待读者25万多人次，外借图书19万多册；举办图片展览10期，观展人数14650多人；举办讲座8场，参加活动795人次，业务培训9场，参加活动400人次；举办周日国学亲子诵读23次，参加活动800人次，阅读推广活动63场，参加活动2万多人次。

【**图书采购**】　2023年，佛冈县图书馆为丰富馆藏资源，满足广大读者阅读需求，征订报纸45种54份，刊物215种218份；新增图书24790册，其中包括市馆赠书6000多册。全年馆藏图书达21.91万册。

【**举办展览及讲座培训**】　**举办展览**　2023年，佛冈县图书馆举办"红色丰碑常展""道德模范、身边好人常在展""立足本土非遗剪印佛冈人文"剪纸展、妇女权益保障法展、保护国家秘密维护国家安全展、世界环境日展、爱国主义教育法展、最美阅读者展等共10场展览，观展达14650人次。

举办讲座培训　2023年，佛冈县图书馆举办"兔爸幸福之旅公益讲座——舌尖上的教养""学孟母教子，做幸福家长""QQ智慧父母《如何与孩子一起度过青春期》""如何学会用心灵去学习工作生活""佛冈县第四期青年人才文学志愿服务公益课""经典诵读《道德经》""国学经典亲子读书会《使命的力量》""国学经典亲子读书会《看动漫·品人生》"等8场讲座。开展第七次全国公共图书馆评估培训、佛冈县围棋三级社会体育指导员培训、佛冈县公共文化服务高质量发展培训、消防安全知识培训（2场）、佛冈县图书馆志愿者培训（4场）等9场培训。

【**读书活动**】　**节日读书活动**　2023年，县图书馆和县文化馆于"4·23"世界读书日在县图书馆联合举办"品味书香·享阅读之乐"和"经典传承·以声献礼"为主题的读书活动，参与活动的50组亲子家庭共同诵读国学经典《道德经》，组织11个单位、58所中小学校、69所幼儿园举办粤港澳"共读半小时"活动，参加人数达21943人。利用春节等民族传统节日，开展以"我们的节日·精神家

2023年4月23日，县图书馆在"世界读书日"举办"品味书香·享阅读之乐"主题读书活动　　　　　　　　（县图书馆　供图）

园"为主题的系列活动8期，把弘扬传统文化和开展阅读推广活动互相结合，为读者创造传统文化氛围，活跃节日气氛。

亲子阅读活动 2023年，县图书馆专门开辟亲子阅读专区、绘本专柜，面向2~6岁少年儿童开展亲子绘本阅读活动。通过与幼儿园合作，以快乐阅读体验、亲子共读为目的，活动形式多样，有知识讲座、故事、小游戏、小手工等，每次活动控制在2个小时内，让孩子们在活动中寓教于乐，为全县孩子和家庭创设亲子阅读环境。

全民阅读活动 2023年，县图书馆分别在县文化馆及城北霭胜小学举办"书香佛冈"——第六届"悦读越精彩"经典诵读大赛；开展"悦读越精彩"——21天阅读挑战活动；在图书馆开展"国学经典读书会"活动23期；开展"绘本阅读进乡村""书香进社区"等形式多样的全民阅读活动，营造良好阅读氛围，受到广大市民喜爱和好评。

【**做好图书馆评估工作**】 2023年，县图书馆以创建县级国家二级公共图书馆为目标，按照二级馆标准要求，多次召开评估迎检专题会议。以"评"促建，评建结合，重在建设为原则，提高图书馆服务质量。经过自查自评、组织申报、上级验收、综合评定、公示公告等程序，从服务效能、业务水平、保障条件三方面进行全面评估。12月，佛冈县图书馆被评为国家县级二级图书馆。

（何伟东）

档案工作

【**档案资源建设**】 2023年，佛冈县档案馆依法接收各类档案614卷共20 628件，图书资料39册。开展档案信息资源利用服务工作，共接待利用档案335人次，利用档案资料768份，充分发挥档案的社会效益和经济效益。

2023年6月9日，佛冈县档案馆工作人员在县人民公园开展"6·9"国际档案日宣传活动
（县档案馆 供图）

【**档案信息化建设**】 2023年，佛冈县档案馆加快对本年度接收档案的分类、归档、整理、入库及数字化管理工作。馆藏档案目录数字化比例达100%。全年，佛冈县档案馆纸质档案已数字化87 420卷，占馆藏应数字化档案的72.5%。

【**档案治理体系建设**】 2023年，佛冈县档案馆以新修订的档案法为基础，重新制定并印发《佛冈县档案馆档案解密和划分控制使用范围工作细则》和《佛冈县档案馆档案开放审核制度》，确保档案工作有法可依、有章可循。

【**档案安全管理**】 2023年，佛冈县档案馆继续定期开展"一周一小查，一月一大查"安全检查。是年，新增档案库房1个，档案库容增加160立方米；新增6套人脸识别系统，替换原来的指纹机；对温湿度控制系统进行改造升级，由原来的半自动控制变为全自动控制。切实保障档案安全，确保档案管理安全责任制落到实处。

【**档案开放审核**】 2023年，佛冈县档案馆稳步推进档案开放审核工作，实现档案开放审核工作规范化、常态化。全年审核11个全宗1507卷。开展档案编研工作，编写《2023年佛冈县大事记》。

（杨炽均）

方志、年鉴编修

【**地方志编纂工作概况**】 2023年，佛冈县地方志资源开发利用持续发力，服务功能不断拓展。2月，开展"讲村史、展村史、传村史"多彩乡村系列实践活动，协助各镇及部分行政村进行"村史馆"布展、史料提供、文字校对等工作；6月，组织部分骨干人员赴仁化、南雄、新丰、从化4县市区进行地方志文化交流活动；7月，组织开展"读史用志 送书基层"活动，为全县基层文化室赠送史志书籍；8月，开展"精品年鉴"品读活动；11月，开展佛冈县姓氏祠堂文化普查调研；12月，开展全县美丽乡村和特色产业村普查调研。

【**《佛冈年鉴·2023》编纂出版**】 2023年，佛冈县史志办公室按照《地方志工作条例》和《广东省地方志工作规定》要求，开展《佛冈年鉴·2023》编纂工作。2月，编辑部做好类目调整，草拟年鉴编纂计划和实施方案，呈报县委、县政府办公室同意后，发文至各镇、各部门，要求认真贯彻落实。4月，检查指导各单位组稿，通过电话联系、上门服务等方式，与各组稿单位撰稿人联系，指导组稿工作。7月，编辑部完成编纂工作。9月，上送出版社审校。12月，《佛冈年鉴·2023》出版发行。

【《佛冈县志》编纂工作】 2023年，《佛冈县志（1995—2020）》编纂工作有条不紊进行。6月，组织县志编委会单位进行初审工作，对县志初稿进行最后审定。8月，邀请广东省资深专家进行审稿。10月，在省方志办召开《佛冈县志（1995—2020）》专家评审意见交流会，3名省专家提出评审意见。11月，根据专家评审意见作进一步修改。截至年底，修改工作已完成，形成送审稿，向清远市申请复审。

【地方志资源开发利用】 史志轻量化产品开发 2023年，佛冈县史志办公室根据上级部署，开发史志轻量化产品，拍摄制作《迳头白鹭丝苗米成长记》《认祖密码》《博物馆里过大年·佛冈篇》短视频3个，参加广东省人民政府地方志办公室、广东省精神文明建设委员会办公室等部门举办的"讲村史 展村史 传村史"2023年多彩乡村系列实践活动，其中《认祖密码》《博物馆里过大年·佛冈篇》获优秀作品奖。

参与省、市史志书刊推文 2023年，佛冈县史志办公室重视省、市史志理论研讨，组织人员参与，撰写史志论文6篇，参加省、市论文评选，获奖5篇，其中，获省三等奖1篇，市三等奖1篇，市优秀奖3篇。积极参与省市史志书刊推文，3篇地情方面文章在《广东史志》发表；为市史志办编纂的方志系列丛书《清远名村》投送红色文化名村稿件16篇，全部被录用；向市政协主编的《清远文史》"记忆·通衢文化"推文4篇；在清远史志学会主编《清远古今》登载作品2篇；全方位推介佛冈的历史地理民俗文化资源和经济发展成就，推文在佛冈发布、佛冈新闻News、清远史志等微信公众号上转载。

地方志资源开发利用 2023年，佛冈县史志办公室结合"百千万工程"，开展全县美丽乡村和特色产业村调研工作，为计划编印《佛冈名村》，助力乡村振兴提供第一手资料。协助佛冈县总工会编纂《佛冈县工会志》，丰富各部门史料资源。指导迳头、汤塘、石角、水头等镇对地方资源的开发利用，积极参与村史馆设计、史料提供、文字校对等工作。在全县文化服务中心内设置3个方志驿站，让更多市民了解佛冈地方历史文化。

【佛冈姓氏祠堂文化调研】 2023年，佛冈县史志办公室为挖掘开发地方史料资源，组织专职人员深入全县各镇农村进行佛冈姓氏祠堂文化调研，通过查阅姓氏族谱、采访当地老人、察看门楼碑匾、观察村中古建筑、丈量祠堂面积、拍摄楹联壁画照片等方式，对全县世居村民5000人以上的21个姓氏，以及至今仍保存完整且有建筑规模的175座祠堂，进行认真细致普查调研，掌握第一手资料，为研究佛冈风土习俗以及民间文化奠定基础。

（朱家佑）

2023年10月8日，县史志办工作人员深入乡村进行古祠堂文化调研
（朱家佑 摄）

2023年6月13日，县史志办到仁化县进行北江地区革命斗争史迹调研
（朱家佑 摄）

卫生·医疗·保健·体育

责任编辑：黄 欣

卫生综述

【卫生概况】 2023年，佛冈县有各类医疗卫生机构218家：县人民医院（综合医院）、中医院、妇幼保健院、卫生监督所、慢性病防治医院各1家，镇卫生院11家，医疗机构附设门诊2家，部门设置医疗机构7家、社区卫生服务机构4家，民营医疗机构个体诊所72家，村级卫生站115家，中医备案诊所2家、门诊部1家。医院、卫生院编制床位数1072张。全县有卫生工作人员2643人，医院、卫生院卫生技术人员数1743人。其中：注册执业（助理）医师788人，注册护士1043人；高级专业职称114人，中级专业职称497人；研究生学历31人，本科学历832人，大专学历1103人。是年，全县医疗卫生收入8.36亿元，比上年减少0.29亿元，减少3.35%，其中医疗单位业务收入3.99亿元，比上年增长1.78%。全县门诊177.17万人次，比上年增加13.54万人次，增加8.27%；住院3.66万人次，比上年增加0.63万人次，增长20.95%。

【基层医疗卫生服务】 2023年，全县卫健系统建设项目合计4个，共有11个子项目，其中在建子项目7个，待建子项目4个，总投资合计约14.5亿元。佛冈县水头镇卫生院异地新建项目已完工并投入试运营，项目建成进一步完善基层基础医疗设施建设，促进医养结合服务发展；广佛（佛冈）产业园公共医疗配套项目一期建设已完工，逐步推动二期建设；县妇幼保健计划生育服务中心综合楼和县中医院新院发热门诊大楼完成主体结构封顶、安装工程及部分装修装饰工程；高岗镇建设县中医院医共体分院项目于2023年11月动工建设；县域医共体信息化平台上线并正式运行，全面升级医共体信息化的硬件设备和信息系统；加快推进县人民医院新区建设项目、县妇幼保健计划生育服务中心旧院址改造项目、县医疗卫生服务能力提升项目的前期相关手续办理。

【县域医共体建设】 2023年，佛冈县对标广东省县域医疗卫生共同体建设紧密型标准，扎实推动紧密型县域医共体建设。充实总院六大中心人员配备，制定印发洗涤消毒供应、药械统一采购、卫生人才能力提升、远程心电诊断和远程影像、联合门诊和联合病房工作方案等五个实施方案。

【医疗人才队伍建设】 2023年，组织广东省事业单位集中公开招聘高校毕业生，招聘录用10人。设立5个县级特设岗位和12个名医工作室，招聘11名订单定向培养学生。落实年度全科医生培训计划，招收助理全科医生11名、转岗培训学员6名、岗位培训学员9名。

【医药卫生体制改革】 "组团式"医疗帮扶 2023年，深化省人民医院、省第二中医院紧密型帮扶以及广州中医药大学乡村振兴帮扶，全面加强医院人才、技术、重点专科等核心能力建设。一是省人民医院先后派驻7批次合计39人对县人民医院开展技术帮扶，助力县人民医院建立心血

2023年8月14日，佛冈县召开2023年中国医师节庆祝大会

（县卫健局 供图）

2023年9月4日，佛冈县紧密型县域医共体工作推进会议在县人民中心西楼403室召开　　　　　　　　　　　　　　　　（县卫健局　供图）

管内科、急诊医学、妇科、骨科4个市重点专科，建成县域胸痛中心、卒中中心、创伤中心、危重孕产妇和新生儿救治中心等五大中心。二是省第二中医院先后派驻3个批次合计14人对县中医院开展技术帮扶。2023年，县中医院顺利通过二甲中医医院评审，脑病科成功通过省"十三五"中医特色专科建设项目验收，骨伤科、护理学科成为市级中医重点（特色）专科。三是广州中医药大学派出7人专家团队对水头镇卫生院开展驻点帮扶，重点发展中医儿科、中医肿瘤、针灸推拿、中医治未病等特色门诊，努力打造中医药特色基层卫生院。2023年8—12月，中医特色专科共接诊患者5714人次。

基层医疗服务　2023年，佛冈县基层医疗服务能力有效提升。一是整合县级优质医疗资源，县人民医院联合县中医院派出专家团队与基层分院开展联合门诊和联合病房服务，实行每周定期2天的服务，现设有联合门诊11间、联合病房3间。全年共安排专家247人次，诊疗810人次，开展帮扶带教353人次，指导查房79次，指导分院开展适宜技术40项，开展健康管理服务督导24次，健康管理服务规范授课培训54场，培训人数2700多人次。二是大力推进优质服务基层行活动，进一步提高基层防病治病和健康管理能力。汤塘镇中心卫生院、迳头镇中心卫生院、石角镇龙南卫生院、石角镇三八卫生院和水头镇卫生院等5间基层卫生院通过国家"优质服务基层行"基本标准创建。三是规范胸痛救治单元建设，延伸胸痛救治网络，进一步打通急救起跑第一公里和急救体系建设的最后一公里。是年9月，汤塘镇中心卫生院和迳头镇中心卫生院顺利通过胸痛救治单元省级验收。

"互联网＋医疗健康"　2023年，佛冈县县域医共体信息化平台建成并投入试运行。全面升级医共体信息化的硬件设备和信息系统，并统一1套HIS系统。构建统一公众健康平台，医共体电子健康电子病历数据中心，搭建医共体检验中心、影像中心、心电中心、智慧急救平台、双向转诊服务平台以及县域综合卫生监管平台，实现医共体医疗资源上下贯通、信息互通共享，检查检验结果实时查阅、结果互认。

【**公共卫生服务**】2023年，佛冈县坚持"以基本公共卫生促基本医疗，以基本医疗促机构发展"的理念，转变服务模式，加强医防融合。2023年国家基本公共卫生服务项目人均补助标准提高到89元。

电子健康档案管理　2023年，佛冈县居民电子健康档案累计297 214份，建档率93.94%，居民规范化电子健康档案覆盖人数274 961人，居民规范化电子健康档案覆盖率86.90%；65岁及以上老年人参与城乡社区规范健康管理20 764人；管理高血压患者14 615人，管理糖尿病患者5624人；老年人参与中医药管理23 906人，0～3岁儿童参与中医药管理5707人；早孕建册1974人，产后访视产妇及新生儿2030次，0～6岁儿

2023年10月17日，县卫健局工作人员为前来参加活动的老年人开展心理健康问卷调查并提供老年健康与医养结合服务　　　（县卫健局　供图）

童参与健康管理22 293人；规范管理严重精神障碍患者1879人，管理肺结核患者103人。

疾病筛查 2023年，佛冈县为3653名妇女进行免费"两癌"筛查，免费婚前医学检查2051人，免费孕前优生健康检查2251人。出生缺陷筛查项目总体完成率为100%，分别为3085名、1645名和1814名孕妇进行地中海贫血筛查、唐氏综合征筛查和严重致死致残结构畸形筛查；为2076名新生儿进行遗传代谢性疾病筛查，为2078名新生儿进行听力筛查。

【无偿献血】 2023年，县卫健局科学制定全年无偿献血任务计划，印发《关于下达佛冈县各机关事业单位无偿献血任务的通知》，将任务分解到各镇各单位。全年共招募中华骨髓库志愿者24人，共有1865人次参与无偿献血，献血总量为607 401毫升，其中单位团体献血13场次，共837人次参加，献血量为264 700毫升，占全县无偿献血总量的44%。佛冈献血屋共完成1028名献血者的采血工作，采集血液342 701毫升，占全县无偿献血总量的56%，确保全县的医疗临床用血。积极配合市中心血站做好无偿献血者及其家属用血报销工作。全年共有2人报销输血费，报销输血费10 877.69元。

【突发公共卫生事件应急处理】 2023年，全县共报告3起突发公共卫生事件，均进行妥善的处置，有效控制疫情。

【重点传染病监测】 2023年，佛冈县作为广东省鼠疫监测流动监测点、清远市其他鼠传染疾病监测点，于4月起开展鼠疫、其他鼠传染病监测工作。2023年4月、6月、9月、11月分别对汤塘镇、高岗镇、水头镇、龙山镇开展鼠密度监测。4月14—16日，在佛冈县疾控中心开展鼠类标本的采集，对310只老鼠采集鼠血、鼠肾、鼠肺、鼠耳样品，开展鼠疫、出血热、恙虫病、钩体病监测。监测结果显示：全县鼠类呈现多元化，褐家鼠为优势鼠种；鼠体蚤指数和游离蚤指数均较低，表明发生鼠疫传播的风险较低。

【常态化扫黑除恶斗争】 2023年，县卫健局坚持以高质量发展为主题、以推进健康佛冈建设为主线，统筹谋划、精心组织，扎实推进了卫生健康监督执法工作。全年共出动卫生监督执法人员和协管人员8664人次，监督各类机构场所3743间次，发出监督意见书401份，作出行政处罚16宗，执行罚款8.11万元。

【禁毒宣传】 2023年，全县医疗卫生机构共举办宣传活动22场、义诊活动12场，共发放禁毒宣传小册子4000多份，接受群众咨询600人次，接受宣传教育群众3万多人。全年卫健系统干部职工中无吸毒、贩毒、种毒、制毒人员。

【职业卫生管理】 职业病危害专项治理 2023年，县卫健局持续开展职业病危害专项治理工作，深入治理粉尘、化学毒物、噪声超标，共出动卫生监督执法人员238人次，检查企业62间次，作出行政处罚3宗，其中简易程序3宗。全县确认纳入治理对象108家，其中41家企业完成专项治理填报并通过审核，实现"2023年底前，企业治理完成率不低于30%"的工作目标。同时，将近年发生职业性噪声聋病例的六家企业纳入行动目标名单，收集听力保护行动企业信息，落实听力保护行动各项内容，开展全链条全方位听力保护行动。制定《佛冈县中小微型企业职业健康帮扶工作实施方案》，配合清远市职防院完成佛冈县1家企业帮扶任务。

职业健康培训 2023年，县卫健局开展职业卫生分类监督执法试点工作，举办多场用人单位职业健康管理人员培训班，分7批次对辖区内279家企业进行职业卫生分类分级培训。出动卫生监督协管人员1560人次，指导155间次企业完成职业卫生分级分类工作，189家企业完成职业病危害项目申报。

职业病防治宣传 2023年，县卫生健康局、县民政局、县人力资源和社会保障局、县医疗保障局、县总工会五部门联合开展《职业病防治法》宣传月联合宣传活动。召开职业卫生技术服务机构座谈会，共发放宣传海报1500份、宣传手册及折页2万份。

（刘敏靖）

疾病预防控制

【疾病预防控制概况】 佛冈县疾病预防控制中心是副科级公益一类卫生事业单位，负责开展全县疾病预防控制、儿童计划免疫、突发公共卫生事件应急处置、信息管理、健康危害因素监测与干预、实验室检测检验与评价、国家基本公共卫生项目（部分）培训与督导等工作。2023年，县疾控中心以新冠疫情防控工作为重点，开展应急处置工作，包括流行病学调查、消杀、采样、检测等；同时抓好常规疾病预防控制工作，开展全县儿童的计划免疫、疾病预防与控制工作，以消灭脊髓灰质炎，控制甲流、H7N9、乙肝、麻疹为重点，做好脊灰零病例报告和法定传染病报告工作；积极开展各项卫生监测和实验室检验工作。

【免疫规划】 基础免疫情况 2023年，全县共接种卡介苗1682人，接种率98.82%；接种脊灰疫苗2794人，接种率94.39%；接种百白破2704人，接种率93.11%；接种含麻疹成分疫苗2914人，接种率93.61%；接种乙肝疫苗2852人，接种率93.78%；接种乙脑疫苗2923人，接种率91.34%；接种A群流脑疫苗2783人，接种率93.77%；接种甲肝疫苗3459人，接种率91.75%。

加强免疫情况 2023年，县内

2023年4月25日，县疾控中心在佛冈县健康大舞台开展预防接种宣传活动
（县疾控中心　供图）

4岁儿童接种脊灰疫苗2611人，接种率93.65%；1岁半加强，百白破3217人，接种率92.79%；含麻疹成分疫苗3613人，接种率99.95%；乙脑2岁加强3775人，接种率92.30%；白破6岁加强5782人，接种率93.82%。接种A+C群流脑第1剂4704人，接种率91.79%，接种A+C群流脑第2剂6055人，接种接种率95.67%。

【法定传染病报告】 2023年，全县无甲类传染病报告；累计报告乙类、丙类法定传染病22种共4980例，2022年累计报告1934例，报告发病数上升3046例，上升157.50%；报告乙类传染病16种共1770例，发病率561.01/10万，死亡15例（艾滋病9例、丙肝6例）。报告发病数居前五位的病种依次为新型冠状病毒感染、乙肝、梅毒、肺结核、丙肝；报告丙类传染病6种共3210例，发病率1017.43/10万，无死亡病例。报告发病数居前三位的病种依次为流行性感冒、其他感染性腹泻、手足口病。

【不明原因肺炎监测】 2023年，县人民医院共报告发热肺炎病例监测门诊病例累计总数563 237例，其中流感样病例数2882例，均无发热肺炎病例和不明原因肺炎病例；监测入院病例总数23 886例，其中发热肺炎病例933例，无不明原因肺炎病例。

【疾病监测】 登革热传播媒介伊蚊监测 2023年，全县每月选取5个监测点进行登革热传播媒介伊蚊密度监测，监测时间为2023年3—11月，每月15日和30日将上半月和下半月的布雷图指数监测、伊蚊诱蚊诱卵指数核实、汇总并上报给病媒监测系统，每月将当月监测情况和风险评估形成报告汇报给县卫健局，建议根据风险等级采取灭蚊灭虫措施。2023年3—11月，全县布雷图指数监测汇总结果有16次符合防控要求，布雷图指数监测共有4个低密度监测点，无中、高密度监测点，伊蚊诱蚊诱卵指数监测共有5个低密度监测点，无中、高密度监测点。6个乡镇中共有9个监测点为低风险范围，无中高风险范围。

禽流感病毒污染监测 2023年，做好外环境禽流感病毒污染监测样品采集、防控禽流感休市行动及外环境禽流感病毒污染监测等工作，对全县的禽类市场监测共4次（11月、12月、2月、4月），共采集市场外环境样本40份，其中发现H5阳性样本4份，H9阳性样本14份，未发现H7阳性结果样本。

【死亡病例监测】 2023年，全县17个医疗机构死因监测系统运行正常。按报告地区+死亡时间统计（死因顺位），2023年全县共有终审死亡个案2491例。其中心脑血管疾病居死亡顺位之首，死亡1196例，占48.01%；其次是恶性肿瘤，死亡451例，占18.11%；第三是呼吸系统疾病，死亡367例，占14.73%。继而是伤害，死亡209例，占8.39%；消化系统疾病，死亡81例，占3.25%；内分泌营养代谢疾病，死亡75例，占3.01%。8—11月，在县内汤塘镇、水头镇及高岗镇开展死因监测漏报调查，提高全县人群死因监测工作质量。

【突发公共卫生事件处置】 2023年，全县共报告4起突发公共卫生事件：9月8日报告佛冈县石角镇华贵园幼儿园一起诺如病毒聚集性事件。9月12日报告佛冈县汤塘镇第二中学一起急性出血性结膜炎聚集性事件。9月20日报告佛冈县石角镇中心小学一起急性出血性结膜炎暴发事件。9月下旬，县疾控中心在市疾控中心专家指导下，成功处置一起副溶血性弧菌引起的食源性疾病聚集性暴发事件，无严重和死亡病例，未达突发相关事件报告标准。4起事件均进行妥善的处置，得到有效控制。

【艾滋病防控监测】 高危人群筛查 2023年，全县辖区内共有3家筛查实验室、10间检测点开展艾滋病检测。共检测样本66 825人次，占人口比例18.48%。检测结果：HIV感染待确定125人次。检测标本主要来源于术前检测、受血前检测、无偿献血人员检测、性病门诊、孕产期检查、其他就诊者检测、婚前检查、自愿咨询检测、新兵体检、戒毒人员监测、职业暴露、扩大检测（老年人）等。125份感染待确定样本中47份既往阳性，17份拒绝做确证，2人失访，1人精神病人，1人回户籍地，1人为戒毒人员，4人自行到其他机构进行确证。除上述73份未确证外，其

2023年12月1日，县疾控中心在县人民公园开展艾滋病日宣传活动

（县疾控中心　供图）

余52人均上送或转介确证检测，确证阳性38人，已进行网络报告。

哨点监测情况　按照省的要求，从2016年开始，佛冈县哨点监测工作与阳山县合并开展，佛冈县设置的哨点监测场所为佛冈县强制戒毒所，为国家级哨点。同时对县看守所羁押人员也进行监测。是年，全县哨点监测共调查监测111人，完成率55.5%，其中县强制戒毒所共抽血17人（其中6人在县慢性病防治院住院治疗），完成调查问卷17份；社戒康复人员共抽血94人，完成调查问卷94份。所有样本均在县疾控中心艾滋病初筛实验室进行HIV抗体、梅毒抗体及丙肝抗体检测。检测结果：HIV抗体感染待确定1人，1人为既往阳性；梅毒抗体阳性15人，阳性率13.51%；丙肝抗体阳性43人，阳性率38.74%。

对高危人群进行干预　2023年6月30日，县疾控中心根据防治工作计划，分别到县慢病院、县戒毒所对住院吸毒人员开展高危行为、艾滋病高危行为干预工作，共发放《戒毒人员保健手册》17本、发放艾滋病宣传折页94份。通过干预，提高吸毒者对艾滋病、性病的认识，降低吸毒人群感染艾滋病的风险。

自愿检测咨询工作　2023年，县疾控中心共有8人次接受艾滋病自愿咨询检测，检测结果显示HIV抗体全部阴性。县人民医院自愿咨询检测共36人次，检测结果显示HIV感染待确定3人。所有数据均录入艾滋病防治工作信息系统。

随访检测　2023年，全县应随访检测201人，已随访检测190人，随访检测比例为94.53%。共发放宣传资料50份，安全套200只。

"世界艾滋病日"宣传活动　12月1日，县公共卫生与重大疾病防治工作领导小组艾滋病防治专项小组各成员单位、县疾控中心、县人民医院、石角镇卫生院、城中社区卫生服务中心等共14个单位、部门在县人民公园举行"世界艾滋病日"现场宣传活动，以发放宣传资料、现场咨询、艾滋病防治知识有奖问答等形式，动员全社会共同参与，全面预防艾滋病。到迳头镇中心卫生院开展送医送药进镇村义诊和"12·1""世界艾滋病日"宣传活动。现场向群众开展义诊活动和宣传艾滋病防治知识。同时，各艾滋病防治小组成员单位通过开展艾滋病专题讲座、现场摆放主题展板、设立咨询台等方式，发放宣传资料及宣传物品、通过LED屏幕播放艾滋病宣传主题、在小区宣传栏张贴艾滋病相关宣传知识等。活动共发放艾滋病宣传资料13 343份、小册子800本、环保袋500个、纸巾300盒、小礼品1063份、避孕套253盒。

【**尿碘监测情况**】　2023年，共监测碘盐300份，合格300份，合格率100%，其中，学生碘盐200份，合格200份，合格率100%，尿碘含量中位数为240.90μg/L；孕妇碘盐100份，合格100份，合格率100%，尿碘含量中位数为171.30μg/L。

【**其他卫生监测**】　**公共场所卫生监测**　2023年，县疾控中心共监测公共场所44间，合格39间，合格率88.64%；其中泳池水监测13间，合格10间，合格率76.92%；旅店业监测21间，合格19间，合格率90.48%；发廊和沐足行业监测10间，合格10间，合格率100.0%。

医疗机构卫生监测　2023年，县疾控中心共监测医疗机构140间，合格113间，合格率80.7%。其中，县级医疗机构4间，合格3间，合格率75.0%；镇级医疗机构6间，合格1间，合格率16.7%；村级医疗机构130间，合格109间，合格率83.8%；监测样品848份，合格820份，合格率96.7%，不合格项目为医疗机构污水5份、医务人员手18份和物体表面5份，共28份。

【**食源性疾病监测**】　2023年，佛冈县通过"食源性疾病监测报告系统"报告病例共86例。其中，佛冈县人民医院47例，佛冈县中医院10例，佛冈县妇幼保健院3例，高岗镇卫生院1例，迳头镇中心卫生院2例，烟岭卫生院1例，水头镇卫生院1例，三八卫生院1例，石角镇卫生院2例，汤塘镇中心卫生院4例，四九卫生院5例，龙南卫生院1例，民安卫生院1例，龙山卫生院2例，县城中社区卫生服务中心4例，浥江医院1例。截至12月31日，没有报告食源性疾病聚集性事件。

（林小文）

卫生监督管理

【卫生监督管理概况】 佛冈县卫生监督所（简称县卫监所）承担卫生许可证审核，以及全县医疗机构卫生、血液安全卫生、传染病防治、公共场所卫生、职业卫生、放射卫生、学校卫生、生活饮用水卫生、餐（饮）具集中消毒单位卫生监督执法工作。2023年，全县接受监管的医疗卫生机构218家，其中：二级及以上综合医疗机构3家、疾病预防控制中心1家、慢性病防治医院1家、社区卫生服务中心（站）4家、民营医院2家、镇卫生院11家、个体诊所72家、村卫生站（室）115所、医务室（卫生所）9家；接受监管的公共场所486家，持有有效卫生许可证486家。其中，住宿场所（部分兼营浴室、温泉浴、卡拉OK、游泳场等）82家，沐足场所18家，体育场所（游泳场所）12家，美容美发场所360家，文化娱乐场所11家，购物场所2家，文化交流场所1家。接受监管的中小学校及托幼机构57所，其中高级中学2所，初级中学12所，职业中学1所，小学37所，托幼机构5所。接受监管的生活饮用水单位7家，其中集中式供水单位4家，二次供水点3个；接受监管的餐饮具集中消毒单位2家。

【卫生行政许可】 2023年，县卫监所共受理卫生许可申请135件，发放卫生许可证135件。其中，公共场所卫生许可132件，生活饮用水卫生许可1件，放射诊疗许可2件。

【医疗卫生监管】 2023年，县卫监所对全县医疗机构开展日常监督检查、传染病信息报告监督检查和不良执业行为记分管理，对4家医疗机构不良执业行为记分共22分，并纳入医疗机构不良执业行为记分和信用体系管理；对辖区内31家医疗卫生机构开展传染病分类监督综合评价工作。其中，

2023年3月8日，县卫监所开展二次供水监督检查 （县卫监所 供图）

评价优秀单位26家，被立案查处2家；对全县疾病预防控制机构、预防接种门诊、产科门诊、狂犬病暴露预防处置门诊、成人接种门诊进行全覆盖检查，发出卫生监督意见书10份；联合县市监局、县工信局和各镇开展医疗美容行业突出问题专项治理，共检查16家涉嫌开展医疗美容单位，责令3家单位限期整改。全年共监督检查各级各类医疗卫生机构367间次，作出行政处罚案件7宗，执行处罚8.11万元。

【血浆安全监管】 2023年，县卫监所对单采血浆站、临床用血的医疗机构的依法执业、血浆安全管理等内容进行监督检查共8次，发出卫生监督意见书3份。对检查中发现的问题，发出卫生监督意见书，要求其限期整改。

【抗（抑）菌制剂膏、霜剂型监管】 2023年，县卫监所联合各镇卫生协管中心开展抗（抑）菌制剂膏、霜剂型专项监督抽查。共排查药店（房）138间、抽查产品约800种，发出卫生监督指导意见书96份。

【公共场所卫生监管】 2023年，县卫监所持续开展公共场所量化分级管理工作。对符合要求的486家住宿、美容美发场所等实施量化分级管理，分级管理率达到100%；做好节日期间公共场所卫生专项检查和高考、中考、"两会"等重大活动卫生安全保障工作；持续加大"四小行业"监管力度，重点检查"两证、两报告、两制度、一承诺"等内容，督促经营户严格落实相关卫生标准。全年检查公共场所290间次，作出行政处罚6宗，公共场所经营单位卫生状况较以往明显好转，从业人员卫生意识明显提高，助力国家卫生县创建。

【学校卫生监管】 2023年，县卫监所加强对学校、托幼机构的卫生监督检查。开展春季传染病防控监督检查及饮用水卫生、采光、照明、课桌椅配置检查，共出动卫生监督执法人员和协管员1890人次，检查学校（园）708间次，发出卫生监督意见书13份。对托幼机构、校外培训机构、学校采光照明设施开展"双随机"抽检工作，联合县疾病预防控制中心对辖区16家机构（学校）进行抽检，并及时向社会公示抽检结果。

【职业卫生、放射卫生监管】 2023年，县卫监所持续开展职业病危害专项治理工作。深入治理粉尘、化学毒物、噪声超标，共检查重点企业62间次，作出行政处罚3宗；开展职业卫生分类监督执法试点工作，分7批

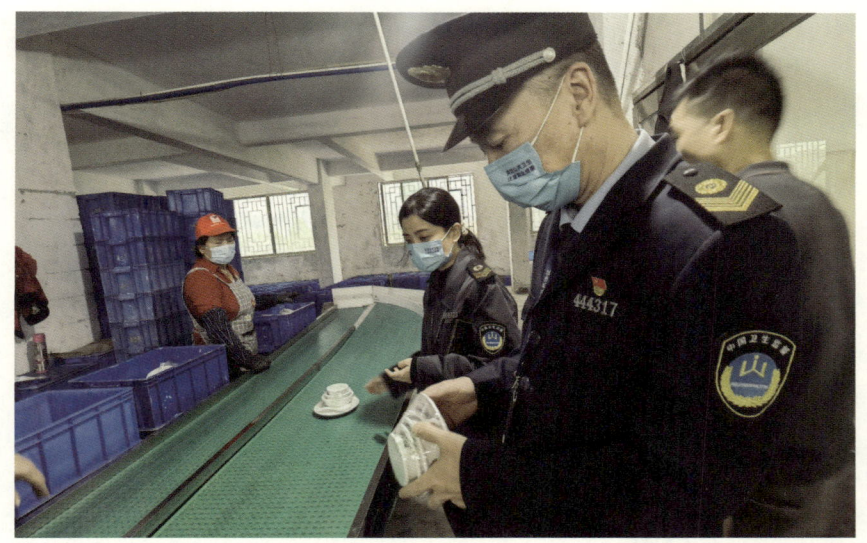

2023年2月1日，县卫监所对餐饮具集中消毒企业进行节日监督检查
（县卫监所　供图）

次对辖区内279家企业进行职业卫生分类分级培训，完成职业病危害项目申报单位189家，出动卫生监督协管人员1560人次，指导155间次企业完成职业卫生分级分类；开展《中华人民共和国职业病防治法》宣传周活动，深入企业宣讲，召开职业卫生技术服务机构座谈会，共发放宣传海报1500份、宣传手册及折页2万份；对辖区19间放射医疗机构进行全面检查，共发出卫生监督意见书3份，对检查中发现的问题限期整改。

【餐饮具集中消毒单位监管】 2023年，县卫监所每季度对辖区2家餐饮具集中消毒单位监督检查一次，督促其将餐饮具送清远市食品检验中心进行检验，及时消除存在的卫生安全隐患。是年，共发出卫生监督意见书6份。

【生活饮用水安全监管】 2023年，县卫监所根据县疾控中心水质检测报告，不定期对4家集中式供水单位和3个小区二次供水点的卫生管理状况进行监督。全年共检查供水单位（供水点）14间次，发出整改意见书11份、宣传册25份，监督覆盖率100%，全年没有发生生活饮用水污染事故。

【双随机、一公开】 2023年，县卫监所开展以"双随机、一公开"为重点的卫生监督工作。如期完成国家和省2023年随机监督抽查计划任务130家（其中关闭5家），监督完结率达100%，抽检结果在县政府门户网站的政务公开栏进行公示。

【宣传培训】 2023年，县卫监所落实"谁执法谁普法"责任制，突出抓好卫生法律法规宣传教育工作。利用《中华人民共和国职业病防治法》宣传周、"4·15"全民国家安全教育日、保密教育宣传周等节点，向群众普及卫生法律法规，进一步提高公众对卫生健康法律的知晓度。举办2023年职业卫生工作暨职业监督协管培训班，各卫生协管中心38名协管人员参加培训。开展乡镇（街道）综合行政执法业务指导，抽调3名执法业务骨干分赴各镇开展公共场所卫生监督执法现场指导，进一步提高各镇综合行政执法人员的执法水平。

【数字赋能执法工作】 2023年，县卫监所常态化使用一体化执法平台开展执法办案，全年共录入"粤执法"平台执法案件146宗，无纸化办案率超过90%。

【综合监督执法】 2023年，县卫监所强化卫生监督执法职能，落实行政执法责任制，以疫情防控、创卫为契机，强化日常监管，不断提升监管和治理能力，提升办案质量。全年共出动卫生监督执法人员和协管人员8664人次，监督各类机构场所3743间次，发出监督意见书401份，作出行政处罚案件16宗，执行罚款8.11万元。其中，医疗卫生违法案7起、公共场所违法案6起、职业卫生违法案3起，全年未发生行政执法错案。

【应急保障工作】 2023年，县卫监所协助做好广东省第十六届运动会暨第九届残疾人运动会的后半程赛事应急

2023年4月27日，县卫监所在汤塘镇开展职业卫生宣传周活动
（县卫健局　供图）

保障工作。对省运会比赛接待场地进行安全巡回监督及全程跟踪保障，圆满完成卫生监督保障任务。

（杨乐　陈大庆　车一新）

爱国卫生

【**爱国卫生概况**】2023年，佛冈县紧紧抓住创建国家卫生县的契机，以"爱国卫生月"、落实"三个一"环境卫生整治制度、创建卫生镇村、无烟单位等爱国卫生活动为抓手，狠抓城乡环境卫生和县容县貌的治理工作，不断改善全县卫生环境，切实提高人居环境质量，推动全县爱国卫生运动各项工作开展，巩固佛冈县"创国卫"工作成效。

【**抓好农村改水、改厕工作**】截至2023年底，全县农村卫生户厕普及率和无害化卫生户厕普及率均达到95%以上。水利部门持续实施"村村通自来水"工程，将以往简陋的引水式自来水进行改建，农村自来水覆盖率、普及率不断提高。

【**推进卫生县、镇、村创建**】2023年，佛冈县"国家卫生县"通过省级暗访复审评定；高岗镇、迳头镇、水头镇和汤塘镇成功创建"广东省卫生镇"；石角镇石铺行政村、汤塘镇大埔行政村等36个行政村成功创建"广东省卫生村"。

【**开展第36个世界无烟日活动**】2023年，佛冈县组织县直有关单位和医疗卫生单位开展第36个世界无烟日"无烟为成长护航"主题活动。县委组织部、政法委等34个机关事业单位成功创建为"广东省无烟单位"，实现省无烟机关全覆盖；德圣职校、从化围小学、城西时代小学等3个学校创建为"清远无烟单位"。

【**做好病媒生物防制工作**】2023年，佛冈县通过抓好"爱国卫生月"等活动，不断改善环境卫生状况，减少病媒生物的滋生环境，同时聘请第三方专业机构开展专项消杀工作，县城病媒生物密度保持在国家规定的C级范围之内。经市爱卫专家进行现场病媒生物预防控制考核评估，综合评定佛冈县城鼠、蚊、蝇、蟑螂密度控制水平分别达到国家标准的C级、B级、C级、C级。

（赖宏铮）

健康教育

【**健康教育机构概况**】2023年，佛冈县健康教育所（简称县健教所）由挂牌调整为单独设置，加挂佛冈县献血委员会办公室、佛冈县计划生育协会办公室牌子，归属县卫生健康局管理。县健教所负责全县健康教育工作，组织开展健康教育和健康促进活动，普及卫生健康知识，预防疾病，提高居民健康素养水平，负责广东省健康促进县（区）创建工作。

【**健康教育活动**】2023年，县健教所组织全县各医疗卫生单位和社区卫生服务机构通过开展各种"主题卫生日"和健康知识进社区（村）、进学校、进机关、进企业等活动，广泛开展健康知识讲座、健康咨询、义诊等活动。2023年共开展健康教育讲座875余场次，参加培训人数3.12万人次，发放健康教育印刷资料701种56万余份。接受个体化健康教育5.98万人次；播放健康教育音像资料486种3.82万小时；全县共设置健康教育宣传栏205个，健康教育内容更新820次。

【**广东省乡村振兴健康教育试点**】2023年，根据《关于开展乡村振兴健康教育试点项目的通知》精神，佛冈县水头镇为广东省乡村振兴健康教育试点项目单位。县卫健局制定试点项目实施方案，召开佛冈县水头镇省乡村振兴健康教育试点项目启动会议，组建水头镇省乡村振兴健康教育志愿者队伍。组织水头镇省驻镇、帮镇扶村工作队、县人民医院、县中医院、水头镇政府以及辖区村（居）和学校按照职责分工有序推进项目任务落实。协调省人民医院、省第二中医院、广州中医药大学附属医院帮扶专家团队到水头卫生院以及各村（居）开展义诊、健康咨询、健康教育和康复治疗等活动。对水头镇近200名四年级学校及其家长开展长幼共融健康干预项目。开展水头镇家庭健康教育和健康明白卡等试点项目工作。

【**创建广东省健康县工作**】2023年，佛冈县创建广东省健康县各项工作有序进行，通过政府统筹，完善政策，创新机制，全面实施"将健康融入所有政策"，大力开展健康知识普及教育和健康场所建设，达到省级健康县建设标准，被确认为"广东省健康县"。全县居民健康素养水平逐年提高，从2021年的23.65%提高到2023年的32.8%。全面推进健康场所建设，成功创建健康机关40个、健康社区（村）40个、健康学校35所、健康促进医院15间、健康企业24家，评选出健康家庭21 651户、健康示范家庭100户。在拥军路、文明路、文化馆、交通大厦、银座小区等地方张贴创建广东省健康县宣传画，营造浓厚的宣传氛围，提升广东省健康县创建知晓率。

（廖监军）

县重点医院简介

【**佛冈县人民医院**】佛冈县人民医院创建于1949年，现已成为一家集医疗、教学、科研、预防、保健、康复等功能于一体的医疗机构，广东省首批二级甲等综合性医院。医院位于清远市唯一被列入"广州都市圈"的县，地理位置优越，交通便利。医院以环城中路为界，分南、北两个院区，总占地面积19 915平方米，建筑面积约5.5万平方米。2023年底，医院开设34个临床医技专科，开放床位499张，有员工734人，其中副高以上职称人员84人，硕士研究生以上学历12人。

医疗救治工作 2023年，县人民医院有临床科室30个，医技科室8个，其中急诊科、心血管内科、骨科、妇科被列为清远市重点专科；普外科、麻醉科、检验科、消化内科被列为清远市重点建设专科；神经内科、呼吸内科、内分泌科被列为院内重点发展专科。拥有固定资产3.16亿元，配备了国际先进医疗设备，如飞利浦1.5TMRI和DSA，西门子64排128层螺旋CT，联影40排螺旋CT，东软32排螺旋CT，飞利浦、GE、西门子等品牌四维彩色B超机，日立全自动生化分析仪，高端贝朗、金宝、费森尤斯的血液透析装置，德国史托斯、奥林巴斯、史赛克的腹腔镜，德国史托斯宫腹腔镜，日本富士和奥林巴斯电子胃肠镜，日本宾得和奥林巴斯的电子支气管镜等。

医疗服务 2023年，县人民医院不断提高医疗服务能力。一是发挥市级重点专科的标杆作用。大力支持骨科脊柱、关节亚专科建设，支持心血管内科发展房颤中心、胸痛救治单元、电生理业务；参与省人医主导的肾脏疾病、乳腺疾病、肺部肿瘤、妇科肿瘤、呼吸与危重症等专业方向"诊疗一体化"项目，下沉省级优质资源。二是培育好一批重点建设专科。省人医帮扶支持胸外、乳腺等亚专科建设；支持消化内科内镜手术业务；优化门诊、体检中心、检验科业务场地。三是全力扶持薄弱专科发展。借助省人医帮扶，继续加大呼吸内科建设；通过柔性帮扶，开展口腔科种植牙业务。是年，县人民医院张勇华等9个科室团队获评为佛冈县名医工作室。

递进式救治 2023年，县人民医院继续筑牢守护群众生命健康的"三道防线"，形成递进式救治的管理模式。第一防线：驻地帮扶——省人医就在家门口。派驻专家和本地专家积极协作，全年省人医派驻专家门诊接待量达13 067次、开展手术694台、教学查房253次、疑难病例讨论167次，让老百姓随时在家门口找到省人医专家。第二防线：柔性帮扶——大病不出县。充分利用地域优势，邀请省人医专家来佛冈为患者施救，柔性帮扶开展手术29例次。第三防线：双向转诊——出县去省人医。畅通双向转诊绿色通道，将需要重大救治的患者输送至省人医。全院转院患者38人次，转往省人医救治29人，获得良好社会效益。

技术帮扶 2020年8月以来，广东省人民医院与县人医进行"组团式"紧密型对口帮扶，通过国家标准版胸痛中心、国家级防治卒中中心认证，成为国家卫健委认证的符合县医院医疗服务能力推荐标准县医院；成为广东省第一批县级心血管病防治中心；通过国家创伤救治联盟审核，成为"中国创伤救治联盟建设单位"。2021年度二级公立医院绩效考核排名全国3037家二级综合医院的第165名，国家监测指标等级A+，首度进入前10%排名榜。2022年度广东省DRG住院医疗服务综合评价分析报告中显示，医院在全省269家二级综合医院中排名第5，较上年度的第8名提高3个名次，CMI值排名第5，医疗服务能力不断加强。截至2023年底，共派驻7批次39人进行帮扶，其中博士19人、研究生8人，班子成员5人次（院长2人），涵盖临床专科18个。12月8日，省人医党委常委、副院长卢永刚带队到医院开展帮扶工作调研暨临床服务五大中心授牌仪式，对"组团式"紧密型帮扶工作、医院发展规划和医共体信息化建设进展情况予以肯定。

医共体建设 2023年，县人民医院按照政府部署，积极配合履行县域医共体总医院的责任。一是加强县域医共体总院六大中心人员配备，落实实体化办公。二是对标紧密型评判标准完善各项工作机制。制定印发药械统一采购、卫生人才能力提升、远程心电诊断、联合门诊、联合病房工作等实施方案，六大中心运行良好。三是建成县域医共体信息化平台并试运行，实现了4间县级医疗单位、11间基层分院信息互联互通。四是县政府将2024年医共体办公经费200万元纳入财政预算，保障县域医共体建设工作开展。联合县中医院派出专家团队下沉到分院，开展每周2天的定期联合门诊和联合病房服务，并设有

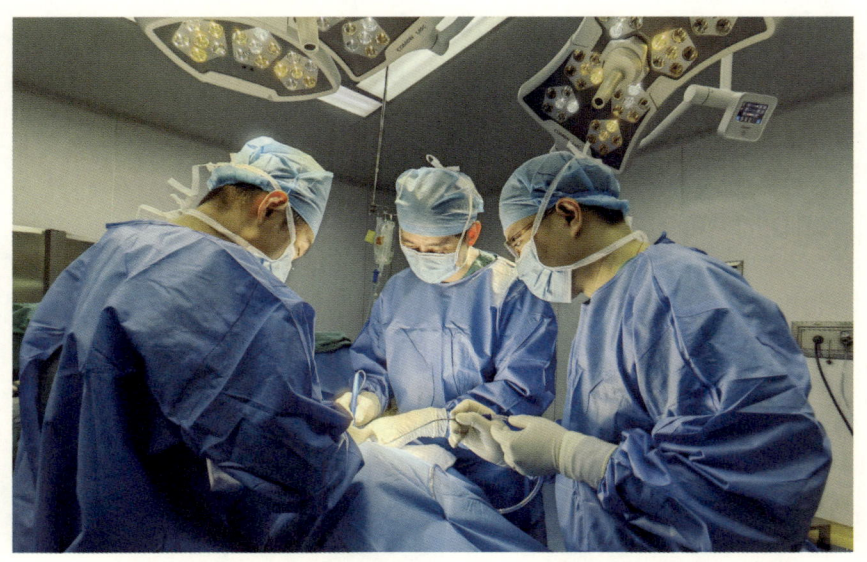

2023年9月5日，省人民医院帮扶专家、县人民医院院长梁昌详与医院骨科团队开展脊柱手术　　　　　　　　　　　　　（黄芷茵 摄）

2023年12月8日，县人民医院举行临床服务五大中心揭牌仪式

（黄芷茵 摄）

联合门诊11间、联合病房2间。全年，共下沉专家233人次，诊疗人次810人，开展帮扶带教295人次，指导基层查房79次，指导基层分院开展适宜技术40项，开展健康管理服务督导24次、健康管理服务规范授课培训54场，培训2691人次。

医疗运行和医保工作 2023年，县人民医院年门急诊量55.22万余人次，出院人次约2.43万，手术占比29.79%，微创占比14.44%，三四级手术占比58.16%。构建医保三级管理架构，落实考核，提升医保监管执行效率，加大对医保人力及基础建设的投入。全年，医保盈余2300万元。

信息化建设 2023年，县人民医院以县域医共体信息化平台建设为契机，打造互联互通、智慧服务、智慧管理"三位一体"的智慧医院信息系统，完善智慧医院分级评估的顶层设计。一是打破信息孤岛和信息壁垒现象，促进县域内各医疗单位信息互联互通，逐步实现医疗数据统一管理应用，检查、检验结果县内医疗机构互认。全年全县共实施远程心电会诊5702例、远程影像1902例，让村民以乡镇收费便可享受省县专家服务。二是以服务患者为中心，优化就医流程。构建覆盖诊前、诊中、诊后的线上线下一体化医疗服务模式，有效支撑分级诊疗。三是以提升运营效率为导向，开展智慧管理。充分运用智慧管理工具，提升医院管理精细化和智慧化水平，以信息标准和安全为保障，夯实智慧医院基础。

硬件医疗环境优化 2023年1月，县人民医院内科楼和康桥正式投入使用，完成院区相连"最后一块拼图"，对原来老旧的急诊、门诊和外科楼住院病房分批次进行全面改造。截至2023年底，完成门诊、急诊、产科、儿科、普外科病区的人性化、智能化升级改造，利用信息技术手段开展现代化智慧诊疗服务。新病房搭载智慧输液、智慧交互、护理白板等系统，接入医院HIS等系统，设有智慧护士站，连接床旁呼叫系统，内含分级护理、科普宣教等服务，为患者提供精准化医疗服务。同时，完成体检中心、西药房的升级扩容，提供更优质的医疗服务。佛冈县政府拨付8.5亿元、120亩土地建设新院区，打造高质量现代化区域医疗中心，并将建设三级医院纳入政府工作规划。新院区以"一体双翼"新格局模式，规划总建筑面积26万平方米，规划床位1200余张，预计5年内投入使用。

综合服务能力提高 2023年，县人民医院继续强化"急救五大中心"建设。"急救五大中心"，开辟急危重症患者的绿色通道，实现从基层转诊、院前急救、再到院内多学科联合诊治的无缝衔接，为全县心脑血管疾病、脑卒中、严重创伤、危重孕产妇和新生儿患者的防治打造一张生命救治网络。全年，医院胸痛中心共救治患者2239人次，完成介入手术605例；卒中中心共救治患者2132人次，完成介入手术119例，其中取栓手术44例；创伤中心共救治患者1925人次，其中严重创伤患者383例。加快构建"临床服务五大中心"。医院围绕建设"临床服务五大中心"核心任务，明确各牵头科室及各部门工作职责，制定实施方案，在现有专科基础上加快推进肿瘤防治、麻醉疼痛诊疗、微创介入、重症监护、慢病管理五大中心建设，进一步提升全县医疗服务质量及综合服务能力。

人才队伍建设 2023年，县人民医院坚持内部培养和外部引进相结合，加强医院人才队伍建设。一是优化人才结构。是年，有高级职称人员84人，中级职称192人，硕士研究生以上学历12人，中层以上干部基本上由副高级以上职称的人才担任；全年外出进修39人次，其中前往省人医进修33人次。二是加大人才引进力度。主要是加大高层次、紧缺医疗人才和重点学科带头人的引进力度，制定《佛冈县人民医院人才引进实施方案》，不断加大人力、物力和财力的投入，逐渐形成全方位的高素质人才培养体系，建立起合理的人才梯队。

医学教育培训中心 2023年，县人民医院借助广东省全科助理医师规范化培训基地的底蕴，成立临床教学管理委员会，投入资金150余万元，教学用地面积1400平方米，完成医学教育培训中心的升级改造。通过广东省普通高等医学教育教学医院评审，具备接收普通高等医学院校学生实习的条件。

（黄芷茵）

【佛冈县中医院】 2023年，佛冈县中医院持续以提升医院管理能力和医疗质量为主线，以提升医疗服务水平为重点，不断提高医院综合服务能力。全年住院服务7820人次，较去年同期增长37.2%；门诊及急诊服务93 000人次，同比增长22.2%；手术服务1890人次，同比增长26%，其中Ⅲ、Ⅳ手术例次显著提高，同比增长66%；体检人数31 000人，同比增长82%。

党建引领促发展 2023年，佛冈县中医院通过打造"医者仁心，杏林先锋"党建品牌，采用党建查房"一查二听三访四评五改六提"的六步工作法，将党的建设、中医文化和医疗服务深度融合，发挥党员先锋模范作用，带动全体医护人员打造主动服务。开辟党建文化宣传阵地，编写党建宣传手册、制作党建宣传文化墙，是佛冈县党建宣传示范阵地之一。2023年获县机关党务展示团体"二等奖"。

中医特色内涵建设 2023年，县中医院完成"二级甲等"中医医院复评工作。按照"二甲"中医医院标准持续改进，以评促改，不断提高医院管理水平、服务质量及医疗技术。是年5月，广东省中医药局发文公布佛冈县中医院通过"二甲"复评工作。加强中医特色专科建设。骨伤科、护理学科通过清远市中医特色专科复评，脑病科通过广东省"十三五"中医特色专科验收。品牌专科坚持以"突出中医特色，发挥专科专长，提高综合实力"为方向建设学科，培养专科核心人才，发挥中医特色优势。

中医特色新服务 2023年，县中医院开展女性及儿童中医特色康复治疗。是年5月，女性康复中心正式开科，运用中医特色疗法开展女性全周期及儿科疾病等康复治疗，共服务1896人次；开展高压氧科，是年5月正式启用高压氧科，可对急性、慢性缺血缺氧性脑损伤、神经损伤等疾病进行治疗，共服务1156人次；启用清远首家中药代煎配送中心。8月正式启动配送中心，配置专业煎药设备和智能化代煎管理系统，通过"互联网+"、5G控制等技术把煎煮好的中药配送到家，全年共服务6850人次，中药代煎共29 327剂。

突破新技术 2023年5月，县中医院外科团队成功开展佛冈首例经脐单孔腹腔镜胆囊及阑尾切除手术、首例经胸腔镜下右上肺叶楔形切除术。8月开展院内首例腹腔镜下远端胃癌根治术。9月，重症医学科开展首例鼻肠管置入术；影像科开展头颈部CTA联合扫描技术，肝脏纤维化测定、血管彩超、心脏彩超检查技术。11月，骨科团队成功开展首例腰椎骨折经皮椎弓根钉内固定微创手术。

基础设施 2023年，佛冈县中医院合理利用医院资源，优化各类停车位，提供360个免费的电动车、摩托车停车位，193个汽车停车位。致力打造绿色医院，利用中医文化长廊、中医药科普基地、绿化带、花坛等增加绿植园林盆栽，积极营造绿色医院氛围，提供多元化的医疗康养环境。持续开展专家夜诊、专家门诊、名医工作室等特色门诊服务，满足群众的个性化就诊需求。全年特色门诊共服务8420人次。推行一站式就诊温暖服务，为群众提供官方微信服务号预约、电话预约、院内自助机预约、现场预约等多种预约挂号方式，以及查询报告单、收缴医药费等就诊服务，一站式就医流程提高就医效率，满足患者不同就诊需求。

（周振兴）

【佛冈县妇幼保健院】 佛冈县妇幼保健院（简称县妇幼）创建于1956年，是一所集临床医疗、妇幼保健、康复、科研教学、优生优育于一体的面向农村、面向基层的妇幼保健机构。肩负着全县三分之二人口的妇女儿童医疗保健及全县妇幼卫生网络管理、信息监测、项目督导与人员培训等妇幼公共卫生工作。佛冈县妇幼保健院原名佛冈县妇幼保健计划生育服务中心，2023年2月6日更名为佛冈县妇幼保健院。县妇幼中心占地面积为6641.9平方米，综合大楼建筑面积为13 798平方米。医院开设7个临床专科，编制床位250张，实际开床位数50张。现在职员工136人，专业技术人员103人，其中高级职称7人（正高2人、副高5人），中级职称39人。县妇幼全体员工秉持着"以病人为中心，全心全意为人民服务"的宗旨，为了给患者提供多层次、多样化、个性化的诊疗方案及服务，全年门诊量70 770人次，其中儿科28 556人次，妇产科25 728人次，公卫计生科16 486人次。住院人数2068人次，其中儿科1071人次，妇产科997人次。每月开展满意度调查，总体满意度达到95%以上。

妇幼计生工作 2023年，县妇幼坚持以保健为中心，保障生殖健康为目的，以各项妇幼惠民项目为契机，严格按照各项妇幼保健工作规范和制度要求，从规范各项妇幼保健常规业务管理工作着手，实行保健与临床相结合，持续加强出生医学证明管理及妇幼健康信息管理工作，全县妇幼保健工作有序开展。其中婚前医学检查率84.65%（目标值为65%），全市排名第一；孕前优生健康检查率86.25%（目标值为80%），全市排名第二；适龄妇女免费宫颈癌和乳腺癌筛查项目由全市落后局面到排名第一。

医院改革 2023年5月，县妇幼经县委、县政府研究决定，调整医院主要领导，进行以下一系列的改革：第一，县妇幼内设机构由原来的23个精简至12个。第二，打破干部终身制，中层干部实行竞聘上岗，聘期3年。第三，精简人员，通过遵循"能者上、平者让、庸者下、劣者汰"的从紧用人原则进行人事改革，由原有的196名职工，精简至136人。

医院运行 2023年5月，县妇幼领导班子调整后，通过精简机构和人员、开拓业务、优化收入结构、降低成本等一系列改革措施，10月起，医院达到收支平衡，逐步扭亏为盈。

2023年10月31日，广东省生殖医院佛冈分院签约仪式在县妇幼举行
（县妇幼　供图）

专科建设　2023年，县妇幼新开设中医科，填补县妇幼中医药方面的空白，将中医药服务覆盖到妇女儿童全生命周期，打造"妇幼健康+中医药"特色专科。开设生殖不孕科，填补了佛冈县生殖医学领域的空白，由广东省生殖医院专家长期坐诊，实现在家门口享受省级专家服务。

外结帮扶　2023年，清远市妇幼保健院分批派出医生人才共6人进行医疗帮扶工作。是年5月，曾海权教授签订特聘专家协议，并被聘任为县妇幼新生儿科主任。7名专家通过多点执业诊疗病患1000余人次、举办业务培训12场次，共培训315人次，提高医疗核心技术水平。10月31日，县妇幼与广东省生殖医院签订紧密帮扶协议，合作开展"试管婴儿""人工授精"前期准备、备孕指导、优生优育检查等诊疗服务。

（林桂英）

【**佛冈县慢性病防治医院**】　佛冈县慢性病防治医院（简称县慢病医院）承担全县结核病、精神病、皮肤性病（含麻风病）的防治、康复及老年健康服务和医养结合、社区卫生服务任务；承担病残吸毒人员、严重精神障碍患者、药物维持治疗门诊（美沙酮门诊）患者收治任务；协助卫生行政部门制定本县结核病、精神病、麻风病防治工作的相关政策，并提供技术咨询和技术决策，对全县各医疗卫生机构开展相应业务指导及提供技术支持，承担相应的医疗教学和科研任务；承担对全县精神病、结核病突发事件进行调查处理，并做好信息的报告、管理和预测、预报工作。2023年，在职员工69人，门诊服务1.34万人次，比上年减少1072人次，新收住院病人281人次，出院病人273人次，日均住院病人数91人。总收入2321.41万元，比上年增加395.75万元，增长率20.55%。2023年收支结余盈余237.93万元，年末资产总额1602.26万元，负债总额1556.47万元，资产负债率97.14%，净资产45.79万元。

（张欢喜）

体　育

【**体育事业概况**】　佛冈县文化广电旅游体育局行使体育公共服务管理职能，负责全县的体育工作。2023年，加快推动体育基础设施项目实施。一是印发实施《佛冈县"十四五"全民健身实施计划（2021—2025年）》，将全民健身工作纳入国民经济和社会发展规划。二是协调县代建项目管理中心推进县体育中心项目建设和交付使用。2023年4月29日，佛冈体育馆启动，并聘请物业公司运营开放，游泳场已招标。项目资金方面，全年争取省区域协调发展战略专项资金（基建投资及配套）1400万元。此外，做好建设佛冈县体育场馆信息化管理服务系统、（佛冈县）全民健身设施补短板工程资金转移支付区域（项目）绩效目标自评工作，佛冈全民健身中心项目（佛冈体育中心建设工程）前期谋划、资金筹措等方面的工作经验做法获省体育局推广。三是启动体育公园规划设计工作。公园已选定地址，正开展可研编制。

2023年10月30日，2023年佛冈县农商银行杯乡镇篮球赛、机关事业单位羽毛球和乒乓球赛在佛冈体育馆举行
（县文广旅体局　供图）

【群众体育】 2023年，县文广旅体局一是筹划举办多项群众参与度高的体育赛事，如狮王争霸赛、象棋赛、足球赛等，组队参加全市的龙舟赛等。4月8—12日，完成佛冈县承办的第十六届省运会群体组乒乓球比赛。4月29日，举行佛冈县体育馆启动仪式暨全民健身活动。5月13—14日在佛冈县龙山镇上岳古村完成南粤古驿道定向大赛（清远·佛冈站）。8月8日举办佛冈县广场舞大赛。8月18—20日承办2023年粤港澳青少年足球交流赛（清远佛冈赛区）。10月7—11日，举办清远市中小学生乒乓球比赛。10月12—29日，在佛冈体育馆开展2023年佛冈县"农商银行"杯乡镇篮球赛、机关事业单位羽毛球和乒乓球赛。11月4—5日，在佛冈体育中心开展由广东省体操技巧协会、佛冈县文化广电旅游体育局联合承办的2023年广东省健身广场舞联赛（清远站）；12月23日开展2023年"广清穿越"（从化—佛冈）徒步活动。二是积极指导乡镇、村级全民健身活动。7月14日，在水头镇新修建的市民休闲广场开展佛冈县水头镇首届"农商杯·舞与伦比"广场舞大赛。8月15日晚，举行2023年佛冈县龙山镇全民健身启动仪式，"百千万工程杯"和美乡村篮球赛正式开赛。

【竞技体育】 2023年，佛冈县举办和参加各类青少年竞技体育比赛。3月，举办"2023年佛冈县中小学生足球比赛"，进一步带动了校园足球的发展；4月，举办"2023年佛冈县青少年象棋、围棋赛"；5月，在县全民健身中心成功举办"2023年佛冈县全民健身系列活动之快乐体育领略'亮剑'精神之击剑交流活动"。11月，组队参加市青少年锦标赛击剑、拳击、柔道、摔跤、羽毛球等运动项目，全市8个县市区近100名运动员参加比赛。其中，佛冈县青少年业余体育学校击剑队最终获得2金1银4铜的成绩；佛冈县青少年羽毛球代表队最终获得2金3银3铜，团体总分第4名的成绩。

【体育统计】 2023年，佛冈县完成体育事业统计数据上报、广东省公共场所全民健身器材配建管理工作，并完

2023年12月23日，佛冈县开展"广清穿越"（从化—佛冈）徒步活动

（县文广旅体局 供图）

成水头镇、水头镇莲瑶村、汤塘镇汤塘村等镇村全民健身器材接收工作，做好广东省《国家体育锻炼标准》达标测验活动、体育竞赛相关注册工作及体育彩票公益金资助项目使用情况等统计工作，开展2023年社会指导员培训、场地调查，落实体育审计整改等工作。

【体育协会】 2023年，佛冈县督促11个体育协会参加年审工作，并现场走访启航足球俱乐部、围棋象棋协会、游泳协会，认真了解协会情况、检查消防隐患等。此外，配合民政局收集协会信息，做好日常统计工作。

（邓　波）

社会生活

责任编辑：胡 辉

人口计生

【人口计生概况】 2023年，据广东全员人口统筹管理平台数据，佛冈县常住人口总人口为312 677人，常住人口当年出生2292人，自然增长率为0.11‰。户籍人口出生政策内生育率为93.23%，政策外多孩率为3.10%，出生人口男女性别比为123.32:100。

【计划生育依法行政】 2023年，县卫健局全面贯彻《中华人民共和国母婴保健法》，提升妇幼健康工作水平。按照管理规范，有序提供妇幼保健服务，落实三孩生育政策及配套支持措施，及时足额兑现各类计划生育奖励扶助。全年发放各类计划生育奖励扶助金（含一次性奖励）564.13万元，48 897人次获得资助。

【计划生育奖励扶助】 2023年，县卫健局积极开展慰问活动，为计生独生子女死亡、伤残家庭和计划生育困难家庭送上慰问金4.25万元，投入8.49万元为943户纯一女、纯二女和节育手术并发症家庭购买意外伤害保险。

【老年人工作】 2023年，佛冈县共有14家医疗卫生机构为辖区内居家养老的老年人、失能老年人提供老年健康与医养结合服务，为570位65周岁以上失能老年人提供一次免费上门评估与健康服务、一次医养结合服务。各村（社区）设立老年文化活动场所，全县共设置70多个老年活动中心，为老年人提供文化服务空间。积极开展"敬老月"活动，开展6场宣传活动，宣传积极的老龄观，大力弘扬孝亲敬老传统美德。石角镇三莲村被省选为老年心理关爱项目点，通过开展老年心理关爱行动，了解掌握老年人心理健康状况与需求，组织相关人员开展业务培训，同时对449名常住在三莲村的65岁及以上老年人开展心理健康评估和宣传。开展银龄安康行动，由县财政出资55.81万元，为全县55 814名60周岁以上户籍老年人购买银龄安康保险，提高他们及其家庭抵御风险的能力。

（刘敏靖）

人力资源和社会保障

【人力资源和社会保障概况】 2023年，佛冈县人力资源和社会保障局紧紧围绕"百千万工程""十大行动方案"等工作要求，以高质量人社工作推动佛冈高质量发展为目标，着力稳就业、保民生、聚人才、促和谐，推动就业创业、人事人才、劳动关系、社会保障等方面取得明显成效，民生保障力度不断加大，人社事业改革创新步伐不断加快。

【城乡就业创业】 2023年，佛冈县城镇新增就业4194人，完成市下达目标任务数4000人的104.85%；失业人员实现再就业1770人，完成市下达目标任务数1600人的110.63%；就业困难人员实现就业275人，完成市下达目标任务数110人的250%。就业专项资金使用749.5万元，发放普惠性贴息152万元，发放创业担保贷款10笔共1846万元。

就业创业服务 2023年，佛冈

2023年2月1日，县人社局在县人民公园举办佛冈县2023年"南粤春暖"专场招聘会

（县人社局 供图）

2023年9月27日，佛冈选手黄海连代表清远市参加广东省"南粤家政"技能大赛，获"家政服务员"项目三等奖　　　（县人社局　供图）

县大力开展"三个百"系列活动，全年共开展百场线上线下招聘会116场次，参加企业总数1408家次，提供就业岗位共27 424个，为企业和群众搭建沟通桥梁。

创业带动就业　切实发挥创业带动就业效应，成功举办佛冈县"潖江杯"创业大赛，开展创业扶持和融资对接等创业服务活动，落实创业担保贷款及贴息、创业资助等扶持政策。全年发放创业担保贷款10笔共1846万元；发放各项就业创业补贴764.5万元，发放创业担保贷款贴息和奖补152万元。

高校毕业生扶持　2023年，全县发放高校毕业生基层就业补贴126人共63万元，发放高校毕业生基层岗位补贴48人次共19.30万元，发放就业见习补贴65人共79.17万元。实施2023年高校毕业生就业创业十大行动和"雁归计划"。全年共开发就业见习岗位550个，落实毕业生到中小微企业就业支持计划，新招募"三支一扶"人员16名，全县在岗22名。举办31场次高校毕业生专场线上及线下招聘会；根据广东省集中式人力资源和社会保障一体化门户系统实名登记2023届未就业毕业生，在册人数为577人。通过电话、短信、走访等方式累计服务未就业高校毕业生1367人次，据了解，就业507人，升学深造27人，应征入伍7人，就业率为93.76%，高校毕业生就业服务率为100%。

保障就业困难人员就业　全县坚持把重点群体就业保障摆在突出位置。2023年累计9个机关单位通过公益性岗位安置招用就业困难人员13人。

帮扶退役军人就业　全县完善退役军人就业政策，围绕鼓励引导民营企业招用自主就业退役军人、支持退役军人投身乡村振兴等出台文件。2023年全县高校毕业生应征入伍7人；受理退役军人一次性创业资助6人共6万元。

促进残疾人就业　全县开展残疾人就业宣传年活动，推动机关事业单位、国有企业带头安排残疾人就业。2023年共认定2名残疾人为就业困难人员，2人经帮扶实现就业。

【职业技能培训】2023年，佛冈县聚焦加快推进"百千万工程"高质量发展，更高质量推进"三项工程"技能培训。全年参与"粤菜师傅"培训202人次；累计开展"广东技工"培训2824人次；参与技能人才补贴性培训722人次；开展"南粤家政"培训615人次；设立"一针一线"纺织服装技能人才公益性技能培训基地2个，共完成培训379人次。

深化"粤菜师傅"与粤菜产业协同发展　全县通过开展地方特色菜推选、特色餐饮店评选等活动，挖掘本地特色美食菜品、粤菜师傅等资源，打造一批"名菜名厨名店""粤字号"，配套加强本地烹饪教学，推动"粤菜师傅"产教融合。其中，香村酒家获评"首批清远特色菜名店"；开展2023年"霜降牛肉节"特色牛肉菜品烹饪技能人才培训，共培训43人。

加快"广东技工"与广东制造共同成长　全县通过加强校企合作，开展职业技能等级认定工作、新型学徒制培训、人才"订单式培养"等方式，推动"广东技工"产教融合。其中，指导南方技工学校新设新能源汽车检测与维修、机电一体化等5个专业；推动南方技工学校与20多家企业建立校企合作关系，与加多宝草本、欧亚制冷等4家公司签订校企合作战略协议；推动雅迪公司完成装配、质检技能等级认定765人；指导企业开展新型学徒制培训，全面推行中国特色企业新型学徒制，深挖人才"蓄水池"，扩大制造业技能人才培养规模及覆盖面。松峰、盈泰、亿利达、雅迪4家企业共314人参加电工中级培训。

推动"南粤家政"与家政服务业相互促进　全县组织开展"南粤家政"培训、技能大赛等活动，持续擦亮"潖江家政""水头月嫂"等招牌，推动"南粤家政"产教融合。其中，组织队伍参加首届"广清杯"清远"南粤家政"技能大赛，其中获一等奖2人，二等奖1人，三等奖1人，特别情怀奖3人，并代表市参加省赛，获省"家政服务员"项目三等奖，实现清远市在广东省"南粤家政"技能大赛总决赛奖牌零的突破；与广东省国防科技技师学院达成合作意向，推动教育供给和家政服务产业需求精准对接。

【职业技能等级认定】2023年，佛冈

县广泛开展职业技能等级认定工作，推广"战略性产业集群百万工人技能培训"广东松峰公司职业技能等级认定成功经验。指导县各职校、技校开展在校学生电工、烹饪师等职业技能等级认定工作。发挥市技师学院职业技能等级认定分考点佛冈县金博士职业培训学校考点作用，推动人才评价提质扩面，推动雅迪公司完成装配、质检技能等级认定765人。万兴玩具、万兴电子、华联3家企业技能等级认定工作稳步推进。

【人才引育】 2023年，佛冈县打造聚才"强磁场"。发挥人才驿站、省级博士站平台作用，开展企业荐才、技能大师工作室等项目推荐评选工作，持续为佛冈县招引人才。创建使用县级乡村振兴人才驿站1个、镇级乡村振兴人才驿站6个，建成省级博士工作站4个；全县有市第五类高精尖缺人才14人，第六类高精尖缺人才8人，市技能先锋5人，市首席技师3人。

引进企业高层次人才 2023年，佛冈县通过到企业开展送政策、送资金、送服务"三送"活动和推进人才公寓建设，建造企业"人才高地"。开展"企业荐才""技能先锋""首席技师"等专项人才工作。落实安家费、人才津贴等一系列激励政策，留住企业"高、精、尖、缺"人才。全年全县有市第五类高精尖缺人才14人（主要分布在卫健系统），第六类高精尖缺人才8人（主要分布在企业），市技能先锋5人，市首席技师3人。全年发放各项人才补助133.65万元，其中，市级人才补助共55.4万元，包括高精尖缺人才安家费及补助50.4万元，企事业单位在职人才技能晋升和学历提升5万元；县级配套人才补助共78.25万元，包括高精尖缺人才安家补助4.25万元，企事业单位在职人才技能晋升和学历提升70万元，创新科研平台创建补贴4万元。稳步推进人才公寓建设，投入375万元完善24套人才公寓室内装修和设备配置等，印发《佛冈县人才公寓管理办法（试行）》，使人才留得住、安下心。指导县内4家博士工作站做好人才引进，其中约克空调公司博士工作站于5月获省批准设立。

培养高素质专业化事业单位工作人员队伍 2023年，全县扎实做好事业单位工作人员招聘、调配、年度考核、培训、信息化建设等工作，优化事业单位人才队伍。组织实施公开招聘高学历和高级职称人才工作，做好广东省事业单位2023年集中公开招聘高校毕业生、事业单位管理岗位职员等级晋升等工作，其中高学历和高级职称人才有14人办理入职手续，共招聘171名事业单位工作人员，133人办理入职手续，全县共99人完成首次职员等级晋升。

【劳动保障】 2023年，佛冈县坚持统筹谋划、联合多部门成立工作领导小组，定期召开会议研判，聚力打赢根治欠薪攻坚战。全年共检查辖区内各类用人单位120多家，对60多家在建项目落实《保障农民工工资支付条例》规定，并进行全面排查；共处理劳动争议案件228宗，涉及劳动者275人，涉案总金额约2579.22万元。

抓好《保障农民工工资支付条例》贯彻落实 成立工作专班，重点处置建筑行业劳资纠纷。2023年共检查各类用人单位120多家，其中通过"双随机、一公开"抽查企业19家，对检查中发现的问题要求企业立行立改，并作出相应的行政指导。共立案11宗，其中行政处罚1宗；成功协调案件300多宗，涉及624人，涉及金额396万元。结合招聘会、法律宣传日等活动契机大力宣传《保障农民工工资支付条例》，全年共组织4次在建项目劳资专管员培训会，参会单位基本覆盖佛冈较大项目，通过培训，规范各施工单位用工管理以及督促其自觉履行工资支付法律责任。

劳动争议调解 2023年全县共处理劳动争议案件228宗，涉及劳动者275人，涉案总金额约2579.22万元。未出现疑难争议案件。

服务信访群众 耐心引导信访群众，帮助寻求有效解决的途径；及时办理12333、12345热线工单和网络信访，2023年共受理网上咨询、建议、投诉等信件近1000宗，均在规定期限内办结。

征地农民养老保障 完成12月31日前获批复项目中被征地农民的社保留存资金任务。

深入开展社保基金管理巩固提升行动 为进一步巩固深化社保基金管理问题专项整治和社保基金管理提升年行动工作成果，全方位提升社保基金管理水平和监督能力，根据市人社局工作要求和统一部署，劳动

2023年10月16日，佛冈县"霜降牛肉节"特色牛肉菜品烹饪技能人才培训班在清远市南方技工学校开班 （县人社局 供图）

关系和社会保障股于2023年8月30日制定印发《社会保险基金管理巩固提升行动实施方案》，为高质量落实社保基金管理工作，全方位提升佛冈县社保基金管理水平和监督能力奠定坚实的基础。通过持续加强对社保工作人员的思想政治教育，增强廉洁自律意识，通过强化业务经办能力，进一步提升工作人员业务经办水平和服务意识，不断完善社保政策、经办、信息、监督"四位一体"风险防控体系，促进社会保障事业高质量发展。组织开展好社保基金安全警示教育活动，将警示教育与日常活动和学习教育结合起来，并覆盖到社保业务经办的每一个环节，让风险意识、法纪意识和责任意识入脑入心。

（县人力资源和社会保障局）

社会保险

【社会保险概况】 2023年，县社会保险基金管理局立足主责主业，围绕社会保险服务民生工作重点，提升服务质效，强化内控监管，积极推进社会保险服务城乡一体化建设，全力推动佛冈县社保事业高质量发展。

【参保情况】 2023年，随着佛冈县社保业务不断发展壮大，社保政策逐步深入人心，养老保险、职业年金、失业保险、工伤保险参保情况详见下表。

2023年佛冈县社会保险参保情况表

项　　目	参保人数/人	基金总收入/万元	基金总支出/万元
企业职工基本养老保险（省级统筹）	65 217		
失业保险（市级统筹）	47 156		
工伤保险（省级统筹）	59 539		
城乡居民基本养老保险（市级统筹）	144 426		
机关事业单位养老保险	10 870	26 656	26 315
机关事业单位职业年金	7593	10 829	10 379

【基金运行】 2023年，佛冈县社保基金严格执行"收支两条线"的管理模式，依法依规安全运行。全县参加社会保险33.48万人次。其中，参加企业养老保险（含离退休）6.52万人，比上年减少2.39%；参加失业保险4.72万人，比上年减少2.28%；参加工伤保险5.95万人，比上年减少1%；参加城乡居民养老保险14.44万人，比上年减少0.76%；参加机关事业单位养老保险（含退休）1.09万人，比上年增长5.83%；参加职业年金0.76万人，比上年增长7.04%。全县核算的机关事业单位养老保险和职业年金总收入37 485万元。其中，征缴收入31 022万元；基金总支出36 694万元（其中，待遇支出25 229万元）；基金当期结余791万元，累计滚存结余2495万元。

【养老待遇调整】 2023年，佛冈县按时做好养老待遇调整工作。是年，佛冈县企业职工退休人员养老待遇月人均调资92.62元，惠及人数10 506人；城乡居民基础养老待遇最低标准从每人每月190元调整到200元，惠及人数4.52万人。

【深化制度改革】 2023年，佛冈县稳步开展职业年金补记工作。县社会保险基金管理局摸底排查出已办理正式调动或辞职、辞退手续离开机关事业单位的参保人名单，协调参保单位为符合条件的参保人办理职业年金补记。完成7名参保人的职业年金补记工作，补记金额达79.56万元。完成全县合同制职工断缴错缴摸底及补缴工作，共完成合同制职工企业养老保险补缴286人次，进一步解决机关事业单位养老保险制度改革

2023年8月4日，县社保局举办城乡居民基本养老保险业务经办培训暨"城乡居保镇村通"工程培训会　　（县社保局　供图）

2023年9月13日，县社保局到县人民公园开展广东社保40周年志愿服务活动　　　　　　　　　　　　　　　　（县社保局　供图）

历史遗留问题。

【优化经办服务】　打造涉社保税务经办业务"一厅通办"模式　2023年，佛冈县在完善综合柜员制社保经办服务，实现93项社保高频业务"一窗通办"的基础上，与税务部门合力打造"一厅通办"服务模式，税务经办窗口进驻社保大厅，群众从参保登记到社保缴费可一厅联办、一次办好，"足不出厅"联动办理单位和个人社保相关业务，办事时间、业务等候时间全面缩短，真正让办事群众享受到"只进一扇门，最多跑一次"的社保便民服务。

实施"城乡居保镇村通"工程　2023年，佛冈县根据省、市工作部署，县社会保险基金管理局联合县人社局、县农业农村局制定"城乡居保镇村通"工程实施方案。8月，县社会保险基金管理局投入8.1万元购置一批"城乡居保镇村通"专用设备，通过"试点先行，典型引路"的模式，率先在迳头镇大村、高岗镇长江村等8个行政村实行"城乡居保镇村通"试点工作，以示范带动为抓手全面推进佛冈县"城乡居保镇村通"工程实施。12月，全县6个乡镇人社所及67个村居接通社保业务信息系统，全县73.63%村居实现对外受理城乡居民养老保险十项高频低风险柜台业务；县内91个村居安装"粤智助"自助终端机，实现城乡居保业务自助办服务100%覆盖。

深入开展暖心社保志愿服务　2023年，佛冈县为广泛深入宣传社会保险政策和便民服务举措，巩固全民参保成果，营造自愿参保、积极参保的良好氛围，织密织牢民生保障网，县社会保险基金管理局大力开展社保惠企便民政策宣传活动，组织开展"六进"社保宣传志愿活动14场次。同时，利用电信公司翼讯通平台发送社保业务经办信息通知累计超过7.5万条，深入宣传养老、医疗、工伤社保政策，不断提升参保企业和参保群众的获得感和幸福感。

【加强基金监管】　2023年，佛冈县加大内控稽核力度，强化风险防控，及时开展各项疑点数据核查整改工作。对2020年失业保险保障扩围政策实施以来短期参保（1～3个月）涉嫌虚构劳动关系骗取失业补助金的72家企业166人，认真核实其实际劳动和参保单位用工情况，坚决打击虚构劳动关系短期参保骗取失业补助金行为。经核实劳动关系材料及召开打击短期参保骗取失业补助金专项行动联席会议，确认165人存在劳动关系，1人违规领取失业补助金，违规领取待遇全部追回。及时开展死亡后有核酸检测或疫苗接种记录人员专项核查、城居保"老人"养老保险待遇疑点数据专项核查、工伤保险先行支付专项核查等多项专项检查行动，核查疑点数据共300条，进一步深化社保基金管理问题专项整治，清查打击基金违法行为。

【巩固扶贫成果】　2023年，佛冈县落实政府为特殊群体代缴城乡居民养老保险政策。截至12月，累计为5448名特殊群体人员落实2023年度城乡居民养老保险政府财政代缴政策，符合参保条件的特殊群体人员100%参加养老保险；为5637名特殊群体人员按时足额发放城乡居民养老保险待遇，有力保障特殊群体生活。

（李子君）

医疗保障管理

【医疗保险参保概况】　2023年，佛冈县基本医疗保险参保31.07万人，其中职工医疗保险参保6.70万人，城乡居民医保参保24.37万人，基本医疗保险参保完成率97.47%；生育保险参保5万人。

【医保基金收支情况】　2023年，佛冈县医疗基金收入5.42亿元，其中职工医疗收入3.07亿元，居民医疗收入2.35亿元。佛冈县参保人就诊结算约85.62万人次，医疗总费用6.36亿元，医保基金支付3.62亿元，其中统筹支付3.11亿元、大病保险支付1950.94万元、大额保险支付1213.61万元、医疗救助1979.42万元。

【医保监管】　自查自纠全覆盖，规范诊疗有改善　2023年，佛冈县落实《佛冈县医疗保障局关于开展定点医疗机构自查自纠工作的通知》工作部署，组织定点医疗机构对照医保监

2023年7月5—7日，市医保局在佛冈县组织举办清远市DIP支付方式改革专题培训班。图为第二期培训班开班　　　　　　　（县医保局　供图）

管问题清单进行全面自查自纠，进一步规范诊疗服务行为。

规范执法流程，形成行业自律　佛冈县常态化、全流程使用"粤执法"开展行政检查、行政处罚，完成医保交叉检查、智能监管等案件处理。加强对定点医药机构的日常监管，开展2023年定点医药机构全覆盖检查，重点整治医药领域存在的问题。

拓宽监管渠道，强化监管合力　佛冈县选聘医疗保障社会监督员7名，多渠道公布举报投诉方式，2023年通过医保宣传栏等曝光欺诈骗保典型案例40个。

运用智能监管，提升医保监管信息化水平　全县18家定点医疗机构被纳入国家医保平台接受智能监管，对定点医疗机构医保结算情况实行动态监管，定期审核违规数据，以大数据和信息化手段强化医保监管效能。2023年，全县共检查定点医疗医药机构150家，行政处罚7家，罚款421.33万元、追回医保基金863.92万元。

【宣传培训】　2023年，佛冈县举办"安全规范用基金　守好人民'看病钱'"医保基金监管集中宣传月活动，采取医保部门牵头、两定机构参与、媒体报道的方式广泛宣传，提高维护医保基金安全的社会共识，召开医保基金监管工作部署会和举办医药服务协议管理业务培训班，培训对象覆盖两定机构150人。大力宣传医保惠民政策，结合佛冈县新时代文明实践活动之宣传宣讲党的政策活动，举办《清远市医疗保障待遇清单制度》《广东省医疗救助办法》、2024年度城乡居民医保参保等主题宣讲会6场，促进医保政策"进社区、近群众"。发挥医保管理网格化优势，通过两定机构、经办机构、镇村等向群众发放医保政策海报2500份、宣传资料20 000份，印制医保宣传栏4期，营造浓厚医保基金监管宣传氛围。完善经办管理，加强医保队伍建设。组织开展佛冈县2023—2024年度医保经办系统练兵比武活动，以赛代练全面提升医保经办技能和服务质量。

【药品集团采购】　**深入推进药品医用耗材采购**　2023年，佛冈县落实药品耗材集中带量采购、线上采购政策，采取进度通报、约谈督导等形式，加强对医疗机构药品耗材采购情况的监督，鼓励医疗机构先后参与30个批次药品和医用耗材的集采报量，合理优先使用中选药品，让人民群众使用质优价宜的药品耗材。全年全县定点医疗机构平台采购药品约1.01亿元，医用耗材6205.95万元。

落实医疗服务价格动态调整机制　佛冈县落实《广东省基本医疗服务价格项目目录》《广东省市场调节价医疗服务价格项目目录》和《清远市医疗机构基本医疗服务项目价格》相关规定，及时做好医保三大目录和医疗服务项目价格动态调整。

开展口腔种植专项治理工作　佛冈县开展口腔种植医疗服务的机构情况调研及口腔种植医疗服务价格专项治理，加强政策宣传，指导医疗机构规范收费行为并提供优质口腔

2023年10月13日，县医保局在县文化广场开展新时代文明实践活动
（县医保局　供图）

种植医疗服务。

【医疗保障改革发展】 精准施策，落实医保付费政策 2023年，佛冈县贯彻实施《清远市医疗保障局关于印发〈清远市基本医疗保险市内住院医疗费用按病种分值付费（DIP）实施细则〉的通知》，完善按病种分值为主的多元复合支付方式，执行中医优势住院病种、基层病种等医保支付政策，推动医保支付方式深化改革。

规范医保协议管理 全县组织完成2024—2025年度医保定点服务协议签订，全县续签医保定点协议的医药机构共149家，其中定点医院18家，一般门诊19家，定点零售药店112家。

贯彻实施待遇清单制度 2023年1月1日起，佛冈县全面执行《清远市医疗保障局 清远市财政局关于建立清远市医疗保障待遇清单制度的实施方案》，在国家、省和市统一框架下推动医疗保障制度框架、制度名称、制度设置、政策标准、基金支付范围等规范统一，对职工医保缴费基数、生育保险用人单位费率、职工医保缴费年限、住院起付标准、基本医保支付比例、大病保险待遇支付、市外就医等政策进行调整。

【医保服务优化】 2023年，佛冈县持续优化医保公共服务，打通医保服务群众"最后一公里"。取消临时外出就医人员省内异地就医备案。异地就医免备案进一步优化医保直接结算方式，减少参保人垫付就诊费用负担，推进医保结算"零跑腿"，让异地就医参保人及时受益。落实新生儿参保登记"院内一站式"服务。县人医、县妇幼、汤塘镇卫生院等具备开展助产资质的定点医疗机构在医保服务窗口增设新生儿参保登记服务事项，指引新生儿家属及时办理参保缴费、普通门诊选点、参保信息变更等手续，确保新生儿能从出生之日起即享受医保"一站式"服务，保障其医疗权益。

（县医保局）

民 政

【民政工作概况】 截至2023年12月底，佛冈县民政服务对象城乡低保6775人、城乡特困供养人员2350人、孤儿52人、事实无人抚养儿童217人、享受残疾人两项补贴6748人。

【社会救助】 落实最低生活保障政策 2023年，全县农村低保2782户6427人，累计发放补贴3886.58万元，城镇低保188户348人，累计发放补贴319.28万元。

落实特困供养政策 2023年，全县特困人员2350户2350人，发放补贴3158.57万元。

落实残疾人两项补贴发放工作 2023年，全县困难残疾人1957人，累计共发放生活补贴461.33万元；共有重度残疾人4843人，累计发放护理补贴1516.61万元。

落实孤儿救助政策 2023年，全县社会散居孤儿49人，集中供养孤儿3人，发放补贴90.761万元。

积极开展临时救助 全县社会散居事实无人抚养儿童210人，集中供养事实无人抚养儿童7人，累计共发放补贴334.65万元；2023年开展54户次临时救助，累计发放救助金52.67万元。

持续开展生活无着落流浪乞讨人员服务质量大提升行动 扎实开展救助管理机构安全隐患排查整治行动，提升站内救助服务，落实长期滞留人员落户安置政策。2023年，全县共救助生活无着落的流浪乞讨人员84人次。其中，站内救助27人次，站外救助57人次，护送返乡6人，3名受助人员在县慢性病防治医院医治，3名长期滞留流浪乞讨受助人员落户安置手续正在办理中。省纪委监委、省民政厅支持的县社会救助中心建成投入使用，切实兜牢兜稳民生保障底线，为佛冈县社会救助高质量发展奠定坚实的物质基础。

开展专项整治行动，防范侵害群众利益行为 2023年7—10月，县民政局开展乡村振兴领域不正之风和腐败问题专项整治行动，坚决防范纠治侵害群众利益行为。以村（居）干部、社会救助经办人员近亲属违规纳入低保等社会救助情况为重点，县民政局采取进村走访、电话访问等措施，深入调查县民政局社会救助工作中的"人情保""关系保"问题。截至2023年10月，未发现佛冈县有"人情保""关系保"现象。开展对资金管理使用情况的专项检查、督查，及时查找资金管理中的薄弱环节和风险点，重点检查社会救助资金筹集、分配、发放、使用等方面工作情况，佛冈县未发现有贪污侵占、虚报冒领、截留私分、挪用克扣等社会救助资金和物资问题。通过低收入人口动态监测信息平台、社会救助服务热线、镇村工作人员和"双百社工"日常走访、部门转介等多种途径，不断健全完善社会救助主动发现机制，协助有需求的困难群众提交救助申请，将符合条件的困难群众纳入社会救助范围，有效防止"漏保"问题。是年，县民政局印发《佛冈县社会救助信息数据共享工作方案》《佛冈县民政系统社会救助信息数据比对工作方案》，定期与相关部门开展数据比对，进一步加强县民政系统社会救助数据比对，健全佛冈县困难群众社会救助信息数据共享机制，全面实现社会救助信息数据真实、完整、规范、安全。

【社会福利】 2023年，县民政局提前完成2023年佛冈县十件民生实事中关于稳步提高城乡低保、特困供养人员生活补贴发放、孤儿养育、困难残疾人生活和重度残疾人护理等底线民生的补贴补助保障工作。佛冈县城镇低保标准从2022年的每人每月877元提高到908元，人均补差水平从2022年的每人每月692元提高到716元；农村低保标准从2022年的每人每月670元提高到704元，人均补差水平从 2022 年的每人每月 348 元提高到 365 元；城镇特困供养人员基本生活标准从 2022 年的每人每月 1403 元提高到每人每月 1453 元，农村特困供养人员基本生活标准从 2022 年的每人每月 1072 元提高到每人每月 1127 元；完成残疾人两项补贴、孤儿基本生活最低养育标准提标工作：集中供养孤儿从每人每月 1949 元提高到 2017 元，分散供养孤儿从每人每月 1313 元提高到 1359 元；困难残疾人生活补贴从 2022 年的每人每月 188 元提高到 195 元，重度残疾人护理补贴从 2022 年的 252 元提高到 261 元。落实高龄津贴发放工作。为提升老年人生活质量，保障老年人合法权益，县民政局继续落实高龄津贴申请、发放等工作。是年，全县享受 80 岁以上高龄津贴 7260 人，共发放津贴 512.51 万元。

【关爱老人】 2023 年，县民政局根据《广东省养老服务条例》《清远市养老服务体系建设"十四五"规划》精神，制定《佛冈县养老服务发展"十四五"规划》，以养老服务需求为导向，创新发展思路，优化发展环境，强化政策落实，逐步构建起以居家为基础、社区为依托、机构为补充、医养相结合、功能完善、规模适度、覆盖城乡的社会养老服务体系。定期召开养老部门间联席会议；持续加大资金投入，全县用于社会福利事业的彩票公益金按不低于 55% 的比例用于养老服务体系建设。

坚持因地制宜、多措并举推进县镇村三级养老服务体系建设 全县充分利用村文化室或公共服务及福利设施等建设综合养老服务站（点），加快推动县、镇和村 3 级养老服务中心及服务站建设，进一步丰富老年人的娱乐生活，提高老年人的幸福感、获得感。全县建成县级综合养老服务中心 1 个，建成 4 个镇级综合养老服务中心、19 个（社区）村级综合养老服务站。县级综合养老服务中心建成并聘请清远市大同社会工作服务中心进行运营，对县中心区域有需求的老年人开展需求调研、居家上门等服务，并将开展服务数据上传到市级智慧养老服务平台，实现数据监测、工单分配、业务指导、服务标准化等。通过大力发展居家和社区养老，加强机构养老和农村养老服务，构建县镇村 3 级居家社区养老模式，推进养老服务体系健康发展。

加大资金支持力度，完善养老设施设备 全县下拨 240 多万元用于全县镇级、村级综合养老服务中心（站）设施设备建设、升级改造以及运营管理项目等。通过大力发展居家和社区养老，加强机构养老和农村养老服务，构建县镇村 3 级居家社区养老模式，推进养老服务体系健康发展。强化特困供养服务机构的照护能力、消除养老机构消防重大风险隐患和推动养老机构护理型床位建设，下拨 173.36 万元到全县各镇用于护理型床位建设、设备设施建设、适老化改造及消防改造。重点对养老机构的地面、门、卧室、如厕沐浴设备、厨房设备、物理环境以及老年人用品配置等 7 方面进行适老化改造。通过粉刷房内破旧脏墙面和安装热水器为老人房间直接供应热水，为每个老人配备衣柜、床头柜或台椅等，优化居住环境，提升特困供养服务机构的照护能力和集中供养能力，完善服务功能，保障农村老人多层次养老需求。截至 2023 年底，个别镇完成全部的改造任务，老人房间配置护理型床、粉刷房内破旧脏墙面、购置适老化桌椅、安装空调并提供直接热水供应，进一步完善服务功能，提升老人的居住环境，保障农村老人多层次养老需求。通过实施特困人员供养服务设施（敬老院）改造提升工程，改进硬件设施设备，提升消防安全防范能力。佛冈县社会福利院内原老人公寓改建项目总投入 1800 多万元，主要建设包括老人公寓（松鹤楼）主体及老人公寓（松鹤楼）装修及配套设施设备、食堂改造、老人公寓（松鹤楼）周边道路绿化等，建筑面积 4834.6 平方米，装修改造面积 202 平方米。2023 年佛冈县社会福利院老人公寓改建项目（松鹤楼）完工并通过验收投入使用。

扎实开展老年人居家适老化改造工作 根据清远市民政局《关于做好清远市 2023 年特殊困难老年人家庭适老化改造民生实事的通知》要求，县民政局高度重视，印发《佛冈县 2023 年特殊困难老年人家庭适老化改造工作实施方案》，将 140 户特殊困难老年人家庭适老化改造任务细分到各镇，坚持"一户一案"，认真组织实施适老化改造工作。2023 年 9 月，完成 145 户改造任务，完成率 104%。最大限度消除老年人居家

2023 年 9 月 13 日，县民政局开展佛冈县"彩虹桥"社区资源库爱心捐赠活动
（县民政局　供图）

生活中的安全隐患，让老年人更加健康舒适地安享晚年。

积极推进长者饭堂 全县建成石角镇（县城）长者饭堂、水头镇长者饭堂、汤塘镇长者饭堂，服务于全县70周岁及以上老年人。

【未成年人服务保障和关爱帮扶】 2023年，县民政局用心、用情、用爱护航未成人的健康幸福成长，发挥全县未成年人保护工作牵头协调作用。10月，全县实现6个镇级未成年人保护工作站和90个村（居）未成年人保护工作点全覆盖，构建县、镇、村三级未成年人保护工作体系。持续实施由广清帮扶工作组支持的《佛冈县残疾少年儿童关爱保护和保障专项行动》，为22名残疾儿童开展《彩虹桥·点亮希望残疾儿童康复帮扶计划》，提供上门康复训练服务。截至2023年12月，全县农村留守儿童16名，困境儿童1548名（含孤儿、事实无人抚养儿童），县未保中心入户探访留守和困境儿童664人次，开展关爱保护活动25场，开展政策宣讲进村居活动8场。参与"彩虹桥"资源库的政府部门30个、专家17人、社会组织42个、志愿者101人，提供大米、奶粉、棉被、衣物、学习用品、专家、特殊教育等资源，累计价值109万元，受惠留守儿童和困境儿童5000多人次。县民政局、县未成年人保护救助中心拍摄的未成年人救助保护案例《守护绽放》获广东省未成年人保护百集普法短剧一等奖，全省四家单位获此殊荣。

【社会事务】 **规范村务公开、民主管理工作** 2023年，县民政局督查各镇村加强村务公开、民主管理工作，规范完善村务公开栏建设，按要求公开相关内容，公开内容全部推送到"清远微监督平台"。积极发挥村务监督委员会的作用，把村务监督委员会监督"三资"管理、村务公开等职责进行量化。全县村务监督委员会累计审核收入总金额17 655.05万元，审核支出总金额19 115.81万元；参与决策决议1232件、收集社情民意1531件、协商解决1164件、集体资产处理271项、重大决策监督367项。

加强村务监督委员会的建设，落实保障措施 全县共有78个村委会，均采取民主推选的方式及近亲属回避制度，共推选出234个村务监督委员会成员。通过法定程序把党总支委员推选为村务监督委员会主任的有61人，村务监督委员会主任由其他党员担任的有17人。2023年村务监督委员会成员补贴每人每月875元，村监委成员补贴随着村委成员补贴的增长而递增，由非村委成员的党总支部委员兼任的只领取村"两委"干部补贴。

创新村级议事协商制度 全县充分发挥村（社区）党组织在基层协商中的领导核心作用，进一步发扬基层民主，畅通民主渠道，开展形式多样的基层协商，推进城乡社区协商规范化、制度化和程序化。充分利用学校、党员活动室等场所及QQ群、微信群等平台，畅通民意表达渠道，开展灵活多样的协商活动。

"双百工程"工作有序推进 全县完成镇社会工作服务站建设6个，村（居）社会工作服务点建设27个，完成率100%。全面实现社会工作服务站（点）100%覆盖、困难群众和特殊群体社会工作服务100%覆盖。2023年共下拨双百经费520.53万元。双百社工立足镇街、深入村居，以"三同"（即同食同住同劳动）模式与村民、民政对象建立信任关系。以"用脚画地图"的方式进村入户了解服务对象的需求并提供服务。以"专、精、细、实"的工作态度服务困难群众和特殊群体，以达到"精准化、精细化"的服务效果。全年共开展个案服务75个，开展社区活动250场，开展"三留守"服务共1199人，走访民政对象及边缘困难人群10 060人，培育志愿者1006名，志愿服务时长1869.2小时，发布媒体报道179篇。

加强社会组织登记管理 2023年，全县依法做好社会组织登记管理，累计登记社会组织138家。其中，社会团体72家，民办非企业单位66家，成立登记社会组织9家，注销登记社会组织4家。

提高地名区划管理水平 全县命名道路15条。完成英佛线102.76千米界线和4个界线联检任务，完成镇级150.25千米界线和33个界桩检查，深化平安边界建设。

落实惠民殡葬基本服务政策 2023年，全县火化遗体2999具，举

2023年3月18日，县民政局在迳头镇大陂村开展"大手牵小手，快乐跟着走"关爱困境儿童活动　　　　　　　　　　（县民政局　供图）

社会生活 SHEHUI SHENGHUO

2023年1月16日，广州市黄埔区对口帮扶工作队到佛冈县水头镇王田村开展慰问活动
（县民政局　供图）

行大型告别仪式61场，中型告别厅仪式127场，小型告别仪式120场，守灵49场，遗体冷藏342具，骨灰寄存77盒，7项殡葬基本公共服务共减免2376宗（含异地火化6宗、无人认领遗体7具）共334.656万元。全县火化率持续保持100%。

做好殡葬服务工作　2022年底至2023年初，县殡仪馆面临遗体接运和火化数增长幅度较大的压力，为确保遗体处理工作顺利进行，保障公共卫生安全，县殡仪馆增加遗体接运车辆和人员，合理安排路线，确保遗体接运过程安全、高效。同时增设临时存储设施，根据遗体处理需求增设临时存储设施，确保遗体的安全和妥善处理。

落实中央和省财政资金补助的建设项目　2023年5月，下拨省级福利彩票公益金"长青计划"项目资金54万元，分别用于迳头镇大陂村公庙山公益性生态公墓和迳头镇大村公益性生态公墓建设、佛冈县殡仪馆骨灰楼设施升级改造、石角镇生态人文纪念园项目建设。

做好结婚登记、离婚登记等民政政务服务事项　2023年，全县婚姻登记总量4179对，其中结婚登记1770对，离婚登记申请1269对，离婚登记823对，补领结婚证登记250对，补领离婚证登记67对，办证合格率100%；全年累计开展婚姻家庭辅导服务2592人次、婚姻颁证服务910人次，离婚劝导和调解60对、法律咨询1635人次。5月12日，民政部办公厅下达关于扩大内地居民婚姻登记"跨省通办"试点的通知，政策实施以来知晓率不断提高，县民政局婚姻登记处结合预约制和现场放号的方式办理业务，接受跨区域业务办理量逐渐增加。全县办理结婚登记4605对，离婚登记申请3118对，离婚登记2011对，异地业务办理量（含结、离婚登记和离婚登记申请）372对，约占比3.82%，婚姻登记"跨省通办"实施率达100%。9月，全面完成全县婚姻历史纸质档案电子化工作，完成率达100%，提前完成省、市下达的工作任务。

推进福利彩票销售工作　2023年，全县共有福彩销售网点22间，全县共计销售福利彩票3109.76万元（其中电脑票销售额为2083.99万元，"刮刮乐"即开票销售额为1025.77万元）。总销量比上年同期增长17.7%。新增福彩销售网点5个，网点覆盖率较上年同期增长29%。全年累计开展福彩网点场所安全工作检查达220次，当前形势下保持佛冈县福彩市场的稳定。

【**慈善事业**】　2023年，县民政局围绕安老扶幼、扶贫济困、赈灾救援、助学助残、公益援助等民生重点开展工作，多方筹募慈善款物，全年共募集捐赠资金1017万元，慈善帮扶资金约689.4万元，有效实施慈善救助。是年，实施大病关爱基金救助222人，发放救助金额272.27万元；配合县农业农村局开展2023年佛冈县"广东扶贫济困日"活动，接收2023年度"6·30"资金约385.18万元，划拨"6·30"资金329.13万元，为佛冈县巩固脱贫攻坚成果和助力乡村振兴提供强有力的支持和帮助；募集医疗卫生健康专项公益项目资金550万元，用于佛冈县医疗卫生健康事业；联合工商业联合会开展"与爱同行·圆大学梦"活动，募集资金14.88万元，用于奖励优秀学子和资助贫困学子；划拨其他定向项目资金11.5万元；开展佛冈县各镇返贫致贫监测对象以及特困家庭"慈善帮扶"活动，帮扶金额30万元；指导水头镇乡村振兴公益基金发挥公益作用，募集资金12.11万元，发放帮扶资金21.46万元，不断提升水头镇乡村产业发展水平，服务困难群体，持续巩固拓展好脱贫攻坚成果，助力水头镇乡村振兴。

（县民政局）

住房公积金管理

【**公积金业务概况**】　2023年，佛冈县住房公积金参缴单位348个，参缴职工17 467人，全县归集住房公积金45 625万元。全县职工因购买、还住房贷款、离退休、离退职及重大疾病等原因，提取使用住房公积金9251笔共37 889万元。发放住房公积金贷款286笔共11 065万元。

【**归集面扩大**】　2023年，清远市住房公积金佛冈管理部不断创新归集扩面方式方法，积极拓宽归集渠道，稳步提高归集率和覆盖面。通过各方共同努力，是年新增清远市清城有瓦房地产顾问有限公司佛冈分公司和广东鹰穗消防设备有限公司佛冈分公司等29家单位共2483人落实住房公积金政策。

【服务体系完善】 2023年，清远市住房公积金佛冈管理部通过印发《"惠民公积金，服务暖人心"清远公积金服务提升三年行动实施计划（2022—2024年）》，在全县公积金系统开展服务提升三年行动，并制定当年佛冈公积金服务提升工作任务清单，进一步从服务大厅建设、信息化、宣传等方面细化16项工作任务，明确责任部门和时间节点，确保年度任务落地落实落细。

【"跨省通办"服务】 2023年，清远市住房公积金佛冈管理部按照住房和城乡建设部工作部署，实现全省住房公积金14个高频事项"跨省通办、省内通办"全覆盖。

【服务效能提升】 2023年，清远市住房公积金佛冈管理部通过创新公积金基数调整业务办理模式，大力推行公积金基数调整业务"网上办"，进一步节省缴存单位办理业务时间，为用户提供业务办理便捷性。

【政策调整执行】 缴存基数调整 2023年，清远市住房公积金佛冈管理部根据国务院《住房公积金管理条例》《住房和城乡建设部 财政部 人民银行关于改进住房公积金缴存机制进一步降低企业成本的通知》规定，开放2023年度住房公积金缴存基数调整，执行时间为2023年7月1日至2023年9月30日，本缴存年度原则上只调整一次，缴存基数不得低于清远市现行的最低月工资标准1620元，不得超过清远市统计部门公布的上一年度非私营单位在职职工月平均工资的3倍（即24 875元）。

生育支持 2023年，清远市住房公积金佛冈管理部根据《关于进一步完善和落实积极生育支持措施的实施意见》，为贯彻落实生育支持措施，对公积金贷款政策进行调整：生育二孩及以上家庭（至少一个子女未成年）使用住房公积金贷款购买首套自住房的，个人贷款最高额度由40万元提高至50万元，夫妻双方贷款最高额度由50万元提高至60万元。

住贷认定 2023年，清远市住房公积金佛冈管理部为贯彻落实《住房和城乡建设部 中国人民银行 国家金融监管总局关于优化个人住房贷款中住房套数认定标准的通知》《清远市人民政府办公室关于优化我市个人住房贷款中住房套数认定标准的通知》，为更好地满足缴存职工合理住房需求，职工家庭（包括申请人、申请人配偶及其未成年子女）在清远市无成套住房的，申请住房公积金个人住房贷款按照首套房政策执行；职工家庭在清远市购买第三套及以上住房或在全国范围内已使用过一次住房公积金贷款的，不予发放住房公积金贷款，套数认定以职工家庭在清远市不动产登记管理部门确定的房产套数为准。

公积金服务 2023年，清远市住房公积金佛冈管理部为支持刚性和改善性住房需求，促进清远市房地产市场良性循环和平稳发展，着力为缴存人提供便捷、高效的公积金服务，根据《关于印发〈关于促进房地产市场平稳健康发展的若干措施〉的通知》《关于开展购买预售商品住房提取公积金支付首期款业务的通知》精神，到期后继续执行。

按月冲还贷 2023年，清远市住房公积金佛冈管理部为支持刚性和改善性循环和平稳发展，着力为缴存人提供便捷、高效的公积金服务，根据《关于印发〈关于促进房地产市场平稳健康发展的若干措施〉的通知》精神，从2023年2月1日起，在全市范围内开展公积金贷款按月冲还贷业务。

（邓智晔）

民族·宗教

【民族宗教概况】 2023年，佛冈县加强党对民族宗教工作的全面领导，以铸牢中华民族共同体意识为主线，扎实做好民族工作，有形有感有效开展民族团结进步工作，完善构建民族事务现代化治理体系，大力提升民族事务现代化治理能力。依法加强宗教事务管理，通过强化学习培训、强化日常监管、强化宗教活动场所内部管理，提升宗教法治化管理水平。建立健全民族宗教工作机制，推动各镇、各单位持续做好民族宗教工作，营造民族团结、宗教和睦、社会和谐的良好局面。

【民族管理】 开展民族团结进步工作 2023年9月，制定《中共佛冈县委宣传部、中共佛冈县委统战部、佛冈县教育局关于开展2023年全县民族团结进步宣传月活动的通知》，以"全面深入学习宣传贯彻党的二十大精神，有形有感有效铸牢中华民族共同体意识"为主题积极开展民族团结进步月宣传，利用广播电视、召开座谈会、悬挂横幅标语、宣传展板等多形式，宣传党的民族政策，营造良好的舆论氛围。是年9月，全县中小学以"同心共筑中国梦 携手画好同心圆"为主题开展民族团结教育主题团课、队课40场次。9月24日，通过"共青团中央""全国少工委""广东红领巾"等微信公众号平台广泛发动全县5万多名中小学生观看"石榴籽一家亲"主题团课、队课直播活动，增强学生的文化认同和民族自豪感，深刻理解"石榴籽一家亲"的内涵。县融媒体中心在宣传月期间，推出相关新闻10条，相关公益广告播放超500次。

构建民族事务现代化治理体系 佛冈县完善定期走访制度，细化工作措施。县民宗局干部坚持每季度到科惠（佛冈）电路有限公司、清真拉面店、新疆烧烤店走访，了解少数民族务工人员需求，宣传和落实党的民族政策。健全处置涉及民族因素突发事件协调机制。春节、"五一"国际劳动节、中秋节、国庆期间，县民宗局领导带队通过接访、走访、巡查等方式，对少数民族人员集中的社区、企业开展矛盾纠纷隐患摸查工作，维护民族领域长期安全稳定。

提升民族事务现代化治理能力　认真梳理办事流程，提升服务群众能力。县民宗局着力梳理涉及民族的行政许可、公共服务事项。2023年协助解决回族、撒拉族务工人员子女入学等方面诉求3宗（4人）。持续关注重点企业，做实做细互嵌式管理，以科惠（佛冈）电路有限公司为重点，对新疆籍员工实行互嵌式管理模式，通过党员带头示范，规范工作管理、做好生活服务、组织专业培训、丰富文艺活动等措施，确保少数民族居民各类待遇与本地员工相同，提升少数民族归属感、认同感，工作做法和成效受到上级部门的充分肯定。2023年12月，《广东民族宗教工作信息》刊登《清远市佛冈县聚焦"三心"做好新时代民族团结工作》的经验材料。

【宗教管理】　2023年，佛冈县有王山寺、龙牙寺、基督教石角镇聚会点、基督教楼下福音堂4处宗教活动场所。佛冈县依法管理宗教事务，提升宗教工作水平。

开展学习培训　2023年4月，县民宗局召开宗教活动场所负责人业务培训会议，学习习近平法治思想、习近平总书记关于宗教工作的重要论述、全国宗教工作会议精神、《宗教事务条例》《广东省宗教事务条例》《宗教活动场所财务管理办法》等相关内容。10月，组织县内4个宗教活动场所负责人到省社会主义学院参加全市宗教界代表人士培训，重点学习党的二十大精神，学习《宗教事务条例》《广东省宗教事务条例》《宗教场所管理办法》《宗教活动场所财务管理颁发》等法规的相关规定；组织佛冈县王山寺负责人、财务管理人员到清远市参加全省宗教活动场所财务管理工作培训，进一步提高宗教活动场所规范化管理水平。

开展日常监管　县民宗局落实日常监管，2023年开展宗教工作督导和安全生产检查300多人次，讲解党的宗教政策，明确宗教活动场所在安全生产、防范非法宗教活动、反宗教极端思想宣传教育等方面的工作要求。强化对宗教教职人员的信息管理，4月开展宗教基础数据采集工作，认真核对场所及教职人员信息。佛冈县宗教活动场所落实安全管理责任，积极开展安全隐患自查及整改，将安全责任落实到具体岗位、具体人员，落实好人员疏散、防踩踏应急方案及措施。邀请市县业务主管部门到寺院检查、指导，组织教职人员及工作人员开展消防应急演练，切实提高场所防灾避险能力。积极发挥宗教工作"三级网络、两级责任制"的作用，完善构建宗教工作纳入"网格化＋信息化""网格员＋信息员"基层社会治理体系，全县划分400多个网格，扎实开展宗教依法治理工作，取得良好成效。

宗教活动场所内部管理　各宗教活动场所建立健全学习制度、宗教教职人员管理、财务管理、应急处理等13项制度。制定开展宗教活动场所"三清三拆三整治"综合整治工作方案，列出宗教活动场所整治清单。县内宗教活动场所认真开展清理场所内乱张贴、杂草杂物及垃圾、乱堆乱放建筑材料，规范民主管理、财务管理，宗教活动场所面貌焕然一新。

（黄焕光）

居民生活

【全体居民收支情况】　根据对佛冈县住户收支和生活状况的调查：2023年，全体居民人均可支配收入28 609元，比2022年增长5.2%。其中，城镇居民人均可支配收入36 718元，比2022年增长3.5%，农村居民人均可支配收入21 988元，比2022年增长6.3%。

（罗泽参）

关心下一代

【关工委概况】　2023年，佛冈县有关工组织220个，其中关工委145个，配有"五老"人员的108个，有关工小组75个，从事关心下一代工作1535人，其中"五老"队伍920人。是年，各级关工委在全县青少年中开展"老少同声颂党恩，携手奋进新征程""传承红色基因，争做时代新人"主题教育实践活动和品牌教育活动，奉献爱心，关爱五老，关爱留守儿童、困境儿童，做好农村创业青年培训跟踪服务工作，扎实推动佛冈关心下一代事业高质量发展。

【青少年教育】　主题教育活动　2023年，县关工委充分发挥"五老"优势作用，依托本地红色资源，深入开展"传承红色基因，争做时代新人""老少同声颂党恩，携手奋进新征程""学雷锋，争做新时代好少年""学习雷锋精神，实现人生价值"等主题教育和党史学习教育，受教育青少年2500多人次，在孩子们心中播下"红色种子"，教育引导青少年"扣好人生第一粒扣子"，弘扬革命精神，传承红色基因，争做时代新人。

"新苗杯"青少年艺术大赛 2023年,县关工委联合省文化和旅游厅关工委、县文化广电旅游体育局、县教育局在全县中、小学校和幼儿园中举办"传承非遗文化·唱响家国情怀"2023年度佛冈县第十四届"新苗杯"朗诵、演唱、文学作品征集大赛,中学组、小学组、幼儿组各设一等奖1名、二等奖2名、三等奖3名、优秀奖6名。通过"新苗杯"活动,以新时代少年儿童的视角,用朗诵、演唱和文学作品征集的方式来唱响家乡故事、家国情怀,用创新的方式让佛冈非物质文化遗产走进校园,使非遗文化在学生中得到推广宣传和传承发展。

2023年7月24日,县关工委在石角镇黄花存久洞革命老区开展"老少同声颂党恩 携手奋进新征程"主题教育活动 （县关工委 供图）

社会主义核心价值观主题征文活动 2023年,县关工委、县教育局组织全县各中小学生参与由省关工委、省作家协会、省教育系统关工委联合开展的以"科技引领我成长"为主题的2023年广东省少年儿童践行社会主义核心价值观主题征文活动。全县参与本次征文活动的青少年儿童10 000多人次,分别评选出小学组48篇、初中组34篇、高中组23篇共105篇优秀作品代表佛冈县送市参赛。通过征文活动,引导更多青少年儿童讲科学、爱科学、学科学、用科学,努力成长为祖国的栋梁之材。

【**教育阵地建设**】**青少年社会实践教育基地** 2023年,县关工委先后到县少年宫和县博物馆调研青少年社会实践教育基地建设工作,充分利用现有的资源,采取资源联用的模式,在县博物馆增设佛冈县关心下一代青少年社会实践教育基地,以满足青少年参与社会实践的需要,不断丰富佛冈县青少年校外教育阵地资源。

青少年法治教育基地 2023年,县关工委就青少年法治教育基地选址建设工作,多次到县城北山法治文化主题公园调研,并认真听取县机关事务管理局等相关职能部门意见后,在北山公园增设佛冈县关心下一代青少年法治教育基地,协力打造具有佛冈特色品牌的青少年法治教育基地,营造浓厚的法治氛围,用法治力量守护青少年健康成长。

【**160工程特色活动**】 2023年寒暑假期间,迳头镇关工委分别在楼下村官墩围校外教育辅导站以及迳头村和湖洋村举办为期15天的"春禾爱心课堂寒暑假兴趣班",近90名学生参加。课程开设有课业辅导、绘画、手工制作、课外阅读、思维训练等内容,旨在打通保护和关爱农村留守儿童、困境儿童的"最后一公里",努力打造具有迳头特色的关工委"160工程"品牌。

【**关爱留守困境儿童**】 2023年,全县各级关工委、妇联共摸底排查出重点儿童2291人,其中困境儿童1541名(含孤儿、事实无人抚养儿童和其他困境儿童),采取"一对一""一对多"或"多对一"的帮扶方式,以电话问候、微信联系、上门访问等形式,共走访重点儿童45 820人次。在春节、

2023年12月29日,佛冈县第十四届"新苗杯"中小学生及幼儿朗诵、演唱、文学作品征集大赛决赛和颁奖晚会在县文化馆百姓大舞台举行 （县关工委 供图）

"六一"等重要时间节点，全县各级关工委、妇联开展走访慰问困境儿童190人次，发放慰问金51 500元。

【真情关心关爱"五老"】 **孝老敬贤暖人心** 2023年春节、重阳节，县关工委分别召开慰问座谈会，代表县委县政府慰问全县各镇、村关工委，校外教育辅导站辅导员和县直机关关工委"五老"103人次。县委常委、县委组织部部长黄成灼出席并为"五老"送上节日慰问金和祝福，让"五老"们感受到组织的温暖和关怀，老同志们纷纷表示，将继续在关心下一代的广阔舞台上老有所为、发光发热，为关心下一代工作高质量发展作出积极贡献。

"最美五老"宣传推荐 组织关工委"五老"学习省关工委印发的《关于学习宣传省关心下一代"最美五老"的暂行办法》，并根据省关工委《关于推荐全省关心下一代"最美五老"的通知》精神，对照"最美五老"推荐条件，推荐石角镇黄花村校外教育辅导站站长陈月梅为"最美五老"候选人向市关工委推荐，陈月梅被评为全市关心下一代工作"最美五老"。

【农村创业青年工作】 **选派优秀创业青年参加省、市培训班** 2023年，县关工委先后选派优秀农村创业青年朱海柱和刘秀姿分别参加2023年第一、二期省农村创业青年高级培训班；组织6名有种植丝苗米和连州菜心等蔬菜意向，具有带头创业致富、带动群众共同致富"双带"精神的创业青年参加清远市关工委举办的2023年第一、二期农村创业青年培训提高班。

精心部署创业青年培训工作 2023年，委托各镇关工委自行组织举办一期农村创业青年外出交流学习培训班，各镇充分发挥资源优势，注重培训效果，各展所长，使培训工作充满生机活力，有特色、有实效。委托广东泽农科技发展有限公司联合举办为期3天的"2023年佛冈县农村创业青年培训班"。全年共培训创业青年300人次。

扎实做好创业青年跟踪服务 2023年，县关工委多次深入各镇开展农村创业青年跟踪服务工作，详细了解他们的项目、规模、生产、经营、管理等情况以及创业过程中存在的困难和问题，并逐一做好造册登记。此外，县关工委领导还专程到县农业农村局，与局相关领导研究做好佛冈县农村创业青年培训跟踪服务工作。

第一批创业青年创业示范基地挂牌 清远市关工委常务副主任李雨松、龚志强，办公室副主任蔡锋源一行，到佛冈县调研农村创业青年上规模的示范点布局情况，并为创业青年创业示范基地授牌。县关工委为第一批（龙山镇佛冈县安民鹅业发展专业合作社、佛冈县祥龙农业专业合作社、汤塘镇佛冈金鲜美粮油食品有限公司、石角镇佛冈智垄农业有限公司、佛冈湖溪农牧专业合作社、水头镇佛冈县杰源农业有限公司、迳头镇广东青竹生态农产品有限公司、佛冈县宝运种养专业合作社、高岗镇佛冈县德福种养专业合作社、佛冈县高岗镇师家家庭农场等10个）农村创业青年创业示范基地授牌。

【自身建设】 **学习型关工委创建** 2023年，佛冈县各级关工委注重利用办公（学习）会、座谈会、参观学习、举办培训班、下发学习通知和自学等形式，组织全县关工委系统"五老"开展理论和业务学习，及时传达学习贯彻上级有关会议、文件精神和业务知识，不断提高关工委干部队伍的政治理论和工作业务水平。

村级关工委建设 2023年，县关工委分别指导高岗镇长江村、水头镇连瑶村和龙山镇鹤田村完善村级关工委组织建设，调整完善由村党总支部书记或副书记兼任关工委主任，由"五老"人员任常务副主任并负责村关工委的日常工作的村级关工委组织，并专门设立村关工委办公室，实现有组织、有队伍、有阵地、有制度、有活动、有效果。全县6个镇均完善

2023年9月20—22日，县关工委委托广东泽农科技发展有限公司联合举办为期3天的"2023年佛冈县农村创业青年培训班"。图为开班仪式

（县关工委 供图）

一个试点村关工委组织建设，并正常开展活动。

非公企业关工委建设　2023年，县关工委坚持党建带关建，先后两次来到位于佛冈县汤塘镇的广东鑫统仕集团有限公司（总部），与广东鑫统仕集团有限公司党支部书记、董事长王周平等，研究商议建立广东鑫统仕集团有限公司关工委，得到公司领导的大力支持。9月27日，佛冈首家非公企业关工委在广东鑫统仕集团有限公司成立并揭牌。

"五好"基层关工委评选　2023年，县关工委召开"五好"关工委评选工作会议，根据各镇、村和各单位自评得分，并结合平时工作开展情况，综合评选出迳头镇、迳头镇楼下村和县教育局等25个镇、村和机关单位关工委为2023年度"五好"基层关工委。

【**加强宣传**】　2023年，县关工委坚持办好《关心下一代工作通讯》，定期更新室内外两个宣传栏内容，把全县各级关工委开展青少年教育活动和创业青年培训跟踪服务工作最新情况展现给广大群众。通过市、县、镇、机关等关工委微信群汇报、分享工作情况，交流工作经验，让大家相互鼓励，攻坚克难，共同营造积极向上的关心下一代工作氛围。抓好《中国火炬》《秋光·关心下一代》杂志征订工作，全县完成征订2024年《中国火炬》245份，《秋光·关心下一代》244份。积极投稿至"中国火炬""广东关心下一代""清远关心下一代"微信公众号和《秋光·关心下一代》杂志等媒体。是年，"中国火炬""广东关心下一代""清远关心下一代"微信公众号分别报道佛冈县简讯99篇、72篇、18篇，《秋光·关心下一代》《清远日报》分别刊载佛冈县简讯3篇、2篇。县电视台通过《佛冈新闻》播放县关工委工作6次。

2023年县关工委被《中国火炬》杂志社评为"宣传工作先进单位"。

（陈伟胜）

老区建设

【**老区建设促进会概况**】　2023年，佛冈县老区建设促进会（简称"县老促会"）驻会4人，由退休干部组成。主要工作任务是对老区开展调查研究，做好各级党委、政府的参谋助手，促进老区各项建设事业振兴发展。是年，在开展老区宣传工作中，县老促会与佛冈县融媒体中心联合制作的《老区换新颜》系列短视频，由清远市老促会选送参加广东省老促会开展的"弘扬老区精神　助力老区振兴"短视频展播活动，迳头镇青竹村和水头镇石潭村的《老区换新颜》分别获得特等奖和二等奖；"关爱老区乡村振兴（光亮工程）""关爱老区妇幼健康（国奶养育工程）"两项公益项目均获得二等奖。

【**八届二次理事会**】　2023年3月29日，县老促会在县民政局大楼三楼306会议室召开第八届第二次全体理事会议。县老促会会长赵仲轲在会上作题为《努力提升服务革命老区的工作实效》的工作报告，报告总结2022年所做的7项主要工作，提出2023年5项工作设想。副县长解晟主持会议，县委常委、县委办主任朱世业参加会议并作会议讲话。

【**老区建设项目**】　2023年，县老促会根据对部分老区的调研，向县级以上领导部门反映老区实际困难后，得到有关上级支持。省老促会安排3万元，市老促会安排30万元，县政府从省老区建设补助资金安排138万元，共171万元支持老区相关项目建设。资金主要投入革命旧（遗）址保护维修开发利用、乡村振兴人居环境整治、文化、交通、水利、革命老区农产品加工项目和个别老区村党群服务中心等多个项目。

【**老区调研**】　2023年，为全面落实县委、县政府"百千万工程"的决策部署，县老促会对高岗镇高镇村、迳头镇青竹村、汤塘镇的田心村等革命老区村近年的经济发展进行调研，归纳成《关于佛冈县革命老区"百千万

2023年10月17日，省老促会会长陈开枝（左四）到迳头镇青竹村调研光亮工程
（县老促会　供图）

2023年3月24日，省老区建设促进会到佛冈县召开"关爱老区妇幼健康国奶养育工程"公益项目推进座谈会　　　　（县老促会　供图）

工程"的调研报告》，为在新起点上更好解决城乡区域发展不平衡不充分问题，促进全县高质量发展，推进全县革命老区振兴提供资料依据。

【两项公益项目】"光亮工程"公益项目　2023年，为加快"光亮工程"公益项目在全县老区全面推进，召开"关爱老区乡村振兴光亮工程"工作会议，明确工作要求，县老促会派一名干部协助路灯安装工作。增加安装路灯3585套，实现老区40个行政村306个自然村全覆盖。该项工作获得省老促会二等奖。

"国奶养育工程"公益项目　2023年，县老促会与县卫健局紧密配合重点做好工作，充分提高工作人员的思想认识，到实地开展调研，了解和掌握工作实情。县老促会与县卫健局工作人员不定期到各镇卫生院发放点检查了解国奶公益理性购买和捐赠情况，并及时进行总结。全年理性购买14 295桶，为广大家庭减免286万元；捐赠1210桶（人、桶），公益规模达33万多元人民币。该项工作获得省老促会二等奖。

【烈士后裔助学工程】　2023年，县老促会与县退役军人事务局联合召开烈士后裔助学工作会议和助学金发放会议，部署助学工作。通过工商银行转账和现金发放形式，将助学金及时发送到受助对象。是年，全县的助学对象24人，比上年增加5人，有一名烈士后裔学生考入浙江省海洋大学研究生学院，成为本县第一个烈士后裔硕士研究生，县老促会对其每年增加助学金1000元。全县在读的烈士后裔学生中，在读高中、中技学校的有9人，在读大专以上的有15人。助学金的全部补助金额为14.21万元，其中省级0.96万元，市级10.0万元，县级3.25万元。

【老区宣传工作】　摄制视频宣传短片　2023年，县老促会在办公经费中拨款1.5万元，与县融媒体中心联合摄制5集《老区换新颜》、1集《佛冈县多措并举推进"光亮工程"公益项目成效显著》、3集《佛冈革命老区故事》视频宣传片并播放宣传。《老区换新颜》选取3个抗战时期老区、2个解放战争时期老区为代表，生动描述老区的变化，凸显社会主义新农村的新面貌。9个视频在县电视台播放后，在观众中得到好评，受到省、市老促会充分肯定和表扬。《老区换新颜》的青竹村、石潭村两集视频片分别获得特等奖和二等奖。

征订杂志　2023年，县老促会为使全县依时阅览国家、省级的老区宣传刊物，继续征订《中国老区建设》115份、《源流》240份，其中《源流》比上年增加10份。所订杂志每月都能及时派送到县镇领导、有关单位和人员，让其能及时阅览国家机关的相关资料、信息，提高刊物的作用和宣传效果。

"红色日记"征文工作　2023年，县老促会与县教育局、县文联等单位沟通联系，动员学校师生和社会文学爱好者参与征文投稿活动。在"红色日记"征文活动中，为鼓励干部职工、文化团体、学校师生踊跃参与和投稿，县老促会专门作出《关于做好开展"红色日记"征文大赛宣传和鼓励工作的决定》，从2023年起，参照市入选获奖的级别数额，给予同等奖励。另给予优秀奖20元，给予优秀组织奖500元，总奖金额2320元，以资鼓励。这一举措，是县老促会对征文奖励工作的首创。

【互学交流】　会议交流　2023年，县老促会会长赵仲轲分别参加3月在惠州市召开的全省部分老促会会长座谈会和6月在山东烟台举办的全国市县老促会会长"学习贯彻党的二十大精神　支持革命老区加快发展"专题培训班，并向县老促会全体人员传达座谈会和培训班的精神，为新时期做好革命老区工作打好基础，增强信心。

学习交流　2023年5月，县老促会会长参加由市老促会组织的到云浮、湛江市老促会参观学习与工作交流活动。是年5至7月，山东省老促会、韶关市老促会、南雄市（县级市）老促会到佛冈县老促会进行工作交流和座谈。通过与各兄弟省、市、县老促会沟通和交流，达到增加友谊、取长补短、相互学习的目的。

（何东树）

应急管理

【应急管理概况】 2023年，佛冈县应急管理局坚决执行县委、县政府和上级应急管理部门的系列决策部署，统筹推进安全生产、应急管理各项事务，在市2023年度落实安全生产责任制及消防工作考核中取得佳绩，排名全市第二，考核等次为"优秀"，这是近4年来佛冈县在安全生产考核中首次获评优秀，也是有现场考核机制以来首次获得优秀，实现全县应急管理事业平稳发展。

安全生产工作 2023年，全县发生各类生产安全事故13起，其中生产经营性道路交通事故11起，建筑工地生产安全事故1起，制造业生产安全事故1起。未发生较大以上生产安全事故。在全县范围内统筹实施重大事故隐患专项排查整治行动，推动各镇各部门形成地区、行业监管工作方案17个，排查并上报重大事故隐患480个（整改率100%），实现重大事故隐患系统治理、事故总量明显减少的预期目标，全县安全生产形势持续稳定向好。

三防工作 2023年3月26日，佛冈县达到开汛标准，较常年偏早。极端天气频发，气候具有"气温偏高，降水时空分布不均，龙舟水前少后多、结束时间偏晚但过程雨量极端，致灾风险高"的特点。3月26日至9月25日，佛冈县降雨量1770.4毫米，与常年同期（1739.9毫米）相当。3月雨量显著偏多，较常年偏多84.4%，2、5、6、7月雨量显著偏少。4月5日清明期间，佛冈县普降暴雨到大暴雨，全县平均雨量91.5毫米，大暴雨站点有8个，佛冈水头镇铜溪村录得最大累计雨量145.8毫米，水头镇录得最大小时雨量74.7毫米。6月22—26日，佛冈县出现当年以来最强降水过程，此次过程具有"累计雨量大、局地性强、夜雨明显、雨强极端"的特征，全县平均雨量203.6毫米，最大累计雨量500.2毫米（高岗长江），高岗长江最大6小时雨量322.9毫米、最大12小时雨量401.6毫米（均打破佛冈雨量极值纪录）。具有前期降雨少、强度均匀，后期累计雨量大、局地性强、夜雨明显、雨强极端等特征。全年共启动防汛Ⅳ级应急响应4次。

森林防灭火 2023年，全县共发生森林火情8宗，与2022年同期相比（9宗）下降11.1%，春节、元宵、清明、中秋、国庆、重阳、冬至等传统民俗节日及春耕备耕、秋收冬种等森林火灾高发时段实现"零山火"，总体形势平稳。

【安全生产监督管理】 **危险化学品和烟花爆竹管理** 2023年，县应急管理局按照上级关于安全生产的统一部署，紧紧围绕中心工作和目标计划，认真开展重点行业领域综合治理和风险防控工作，较好地完成各项工作任务。危险化学品方面，落实安全监管责任，强化安全生产联合执法力度。参照省、市危险化学品安全监管部门联席会议的做法，建立完善佛冈县危险化学品安全监管部门联席会议制度，进一步加强佛冈县危险化学品安全生产监管力度。开展危险化学品重大危险源企业2023年安全专项督查工作和危险化学品重大危险源企业双重预防机制数字化应用提升工作。完成重大危险源企业、危险化学品经营企业全覆盖检查，全年共开展执法检查企业93家次，发出责令限期整改指令书31份。大力开展重大事故隐患专项排查整治行动。该项工作开展以来共排查整改重大事故隐患16个。开展互联网销售危险化学品专项治理行动工作。按照行动方案对佛冈县取得《危险化学品经营许可证》的8家经营企业进行核查，督促危险化学品生产经营企业健全危险化学品信息化管理台账，加强对销售台账的安全监督检查。烟花爆竹方面，认真做好烟花爆竹销售旺季安全检查工作，要求各职能部门有序推进烟花爆竹销售旺季安全检查执法工作，保持高压态势，强化部门共同参与。强化安全教育，积极开展烟花爆竹安全知识宣传工作。制作烟花爆竹宣传音频和单张，在全县各镇人群聚集区域内巡回流动播放和派发，深入村、社区、街道开展全方位宣传，共同营造良好安全氛围。坚持不懈抓好烟花爆竹"打非"工作，在销售旺季组织公安、供销、市监、消防等部门及各镇政府开展"打非"专项行动，严防违规经营、储存烟花爆竹不良行为，确保全县烟花爆竹行业领域安全生产形势稳定。

非煤矿山管理 2023年，县应急管理局强化对企业的安全督导工作，不断提升矿山企业安全生产本质安全水平。督促企业进一步落实安全生产主体责任，推动企业开展安全风险分级管控和隐患排查治理双重预防机制建设。持续推进非煤矿山"三个一批"工作，制定印发《佛冈县非煤矿山"三个一批"工作方案》，在各职能部门的沟通协作下，佛冈县依法注销矿山企业《安全生产许可证》6家，提请县政府公告关闭资源枯竭矿山、双证失效矿山4家。制定并以县安委办名义印发《佛冈县非煤矿山综合监管协同联动机制》，明确佛冈县非煤矿山综合监管联络员制度、非煤矿山综合监管联席会议制度和非煤矿山源头管理、联合执法及信息共享机制等方面的工作要求，进一步增强非煤矿山安全生产综合监管合力。据统计，全年共开展执法检查矿山企业

14家次，发现隐患22处，排查整改重大事故隐患1个，发出责令限期整改指令书4份，下达现场处理措施决定书1份，立案查处1宗，罚款1.4万元。

工贸行业监督执法　2023年，围绕佛冈县安全生产中心工作和具体任务，县应急管理局制定并实施2023年度安全生产执法检查计划。重点检查企业56家，一般检查企业45家，完成率100%。扎实推进重大事故隐患专项排查整治工作，强化动员部署，强化判定标准解读，加强服务，引导企业自查自纠，聘请专家开展指导帮扶，加强企业安全培训，强化典型案例曝光警示，持续督促企业落实主体责任。全年共对钢铁、粉尘涉爆、有限空间作业等重点企业67家开展安全生产指导服务，排查整治重大事故隐患70项；派发各类宣传册2000多本，开展培训4场，参与人数400多人次；建立完善安全生产监管对象清单共计245家，检查发现隐患291项，完成整改291项。

安全生产行政执法　2023年，县应急管理局严格按照"双随机、一公开"监管执法要求，着力防范化解安全生产领域风险。坚持处罚与教育相结合，坚持执法"五精准"，加大执法检查力度，对屡查屡犯、不按要求整改隐患，缺乏重大事故隐患排查整治意愿和能力的生产经营单位依法从严处理。严格落实"四个一律""五个一批"措施，做到"零容忍、严执法、重实效"。全年立案查处安全生产违法案件18宗，处罚金额104.8213万元，所办案件按要求及时在公示平台公示，完成上报典型案例6宗任务，其中特种作业4宗、烟花爆竹2宗，完成率100%，合格率100%。

【防灾减灾救灾】2023年，佛冈县严格按照《清远市推进基层应急管理能力建设工作方案》要求，扎实推进基层应急能力建设工作，六个乡镇完成应急管理"四个整合"（部门整合、职能整合、指挥调度整合、力量整合），全县91个村社区全面完成防灾减灾"十个有"建设。汛期前，佛冈县及时调整完善县、镇、村"三级"防指组织机构，明确各成员及职能单位的职责，建立三级防汛区域责任对接"三个联系人"，落实县级统一指挥、分级负责、属地管理的统筹协调指挥体系。全县33座水库、14条千亩以上堤围、52个小山塘、9座蓄水发电电站、57处在册地质灾害隐患点、354处削坡建房点等均严格落实防汛责任制度。是年，受强降雨及台风外围气流影响，全县6个镇39个行政村62个自然村共9376人受灾，紧急避险、安置转移群众共81人。造成交通路段中断、塌方99处，房屋倒损2户，严重损坏房屋2户，水利工程设施受损38处，主要河堤受损4处、农作物受灾455亩。全县累计直接经济损失2378.04万元，无人员伤亡。汛期过后，根据佛冈县需求及时补充一批价值105万元的防汛应急物资。

【森林防灭火】2023年，县应急管理局（县森防办）充分发挥牵头抓总作用，统筹指导协调全县各镇各职能部门各负其责，形成工作合力，强化宣传教育、源头治理、监测预警、应急准备、培训演练，结合春节、元宵、清明、中秋、国庆、重阳等重要时间节点，以宣传月为契机，常态化广泛开展森林防火宣传活动，持续性开展森林火灾隐患排查整治和查处违规用火行为、"五清"、林区输配电设施隐患治理、"猎火"行动等专项行动。强化森林火险监测预警，定期召开研判会商会议，落实应对措施，利用林火视频监控系统24小时监测火情。提升基层森林防灭火应急能力，全面推进"包山头、守路口、盯重点、签责任、打早小"的"阳山经验"。是年，完成4个镇35个行政村"六有""九个一"建设任务。加强应急救援队伍建设，成立县级综合应急救援队伍。组织参加全市森林消防技能大比武活动，取得团体总分第一名的好成绩，并代表清远市参加全省森林消防技能大比武。通过广清一体化森林火灾应急能力建设项目增加以水灭火装备，并将部分装备调拨到镇村，为应对森林火灾提供有力保障。强化应急队伍建设，根据省应急救援队伍"四个统一"建设工作要求，县政府将佛冈县英佛公路养护所调配给佛冈县综合应急救援大队，负责营房建设工作，新营房占地面积7640平方米，建筑面积2113平方米（四层楼），营房从无到有，队伍按纲施训，按标建队。

【宣传教育培训】2023年，县应急管理局加强应急宣传教育培训工作。推动县委理论学习中心组专题学习贯彻习近平总书记关于安全生产重要论述和重要指示精神，把实现安全生产作为公务员、事业单位培训的重要部分，共组织专题培训7期、参与培训1236人次；清远市内率先编制《安全生产隐患识别口袋书》（印制2000余本），收纳部分高风险、危险作业的安全隐患和作业指南，聘请省安全专家授课集中学习培训，逐步建立执法人员先学习培训后监管执法模式。"安全生产月"期间，邀请县领导录制电视讲话，围绕企业、政府部门、镇村干部、企业、学生等群体特点录制宣传片，佛冈发布微信公众号推文底部插入活动宣传海报，政务网应用安全生产预警和预防专栏，实现线上预热。"安全宣传咨询日"活动圆满举办，现场较往年增设医疗救护体验、醉驾体验、安全帽撞击体验等场景体验环节，活动期间发放安全宣传资料、宣传小礼品1.6万余份，向企业派发"佛冈县重大事故隐患专项排查整治企业明

2023年11月7日，举行2023年佛冈县"119"消防宣传月启动仪式

（县消防救援大队　供图）

白卡"5000余张，安全宣传"五进"活动同步开展，宣传受众5万余人次，线上线下相结合，推动"人人讲安全　个个会应急"主题活动不断走深走实。围绕防灾减灾日重要节点，佛冈县开展防灾减灾"五进"宣传活动共30余场，共发放防灾减灾科普读物、教材、宣传画册等宣传教育产品2万多份，播放防灾减灾视频10余条，普及群众3万人次，同时各职能部门开展应急演练100余场，进一步提高群众灾害风险防范意识，努力营造防灾减灾良好文化氛围。开展2023年三防减灾专题培训，县三防总指挥部成员共243人参加此次培训，另外在龙山镇开展2023年防汛应急大型演练，县委书记潘国标、县长江红平及市应急管理局总工程师林铨茝莅临指挥，参演及观摩人员达1000余人。

（县应急管理局）

消　防

【消防工作概况】　2023年，县消防救援大队牢牢坚持"守正创新、稳中求进、创先争优"的工作思路，持续深化基础化、实战化、专业化融合训练，队伍实战能力大幅提升，重点加强基层消防力量建设，强化责任、夯实基础、提升能力，勇于破题攻关，锐意奋进图强，笃定干事创业，以带领佛冈消防救援队伍"强能力、提士气、塑形象"，持续实现佛冈消防事业和个人职业共同发展的愿景，保持创先争优、创新发展的较好态势。

【灭火救援工作】　2023年，县消防救援大队以防火灭火为中心、以抢险救援为重点，完成各项灭火救援任务、各大节日安保等任务，创造和平安全的社会环境。全年共接警出动598起，出动指战员4884人次，车辆883辆次，抢救被困人员93人，疏散被困人员11人。其中发生火灾168起，无人员伤亡，直接财产损失399.93万元，与2022年相比，火灾次数下降29.71%，死亡人数下降500%，直接财产损失上升58.11%，火灾形势基本平稳。

【火灾防控工作】　2023年，县消防救援大队持续深化消防安全检查及执法，在各重要时间节点开展错时检查。全年累计检查单位518家，督改火灾隐患297处，下发责令改正通知书250份，下发行政处罚25份，下发临时查封决定书2份，责令"三停"单位3家，处罚金额40.96万元，挂牌督办单位4家。

【消防安全专项整治行动】　2023年，县消防救援大队持续深化辖区消防隐患治理工作，印发《佛冈县2023年消防安全重大风险隐患大检查大整治实施方案》《佛冈县2023年消防安全突出风险隐患专项治理实施方案》等专项治理方案8份，推动相关部门开展日常排查工作，共检查场所7417家，拆除违法建筑62处，拆除防盗网139个，开设逃生窗1266个，清理违规停放、充电电动车909辆，建设201套集中充电设施，1197个充电位，推行"满电回家"工程，推动30家企业建设集中充电场所。累计签订消防安全线上承诺书15 073次，累计进行粤商通自查自改报备18 894次。

【消防宣传工作】　2023年，县消防救援大队深入开展全民消防安全素质提升"3+N"工程，开展培训演练活动44场，"消防站开放日"活动53场。广泛发动消防志愿者活动，联合开展消防安全宣传63场，出动志愿者2044人次，派发宣传单15 960份。开展"小手拉大手"宣传培训，联合教育局开展暑期专项行动及开学第一课系列消防活动，指导各校开展消防宣传教育培训和应急疏散演练。营造浓厚的消防安全宣传氛围，大队宣传稿件在中央级媒体报道7次，省级报道25次，市级报道23次。指导415家社会单位完成社消平台信息录入，消防学习云平台共注册40 062人，人均学习积分253.52分。针对不同类型场所开展消防安全检查并进行隐患曝光共36场。

（县消防救援大队）

建制镇

责任编辑：黄 欣

高岗镇

【高岗镇概况】 高岗镇位于东经113°3'，北纬24°1'。地处佛冈县的北部，西南紧靠观音山省级自然保护区，西北与英德市东华镇相接，东与佛冈县迳头镇为邻，南连佛冈县石角镇。高岗镇人民政府驻府前街，距佛冈县人民政府驻地30千米。高岗镇辖区面积为174.02平方千米，其中耕地1245.9公顷，林地14065.3公顷。2023年，高岗镇下辖长江、墩下、宝山、高岗、新联、高镇、三江、三联8个行政村，1个社区，105个自然村，241个村民小组，7个居民小组，年末户籍总人口3.3249万人，其中常住人口1.58万人，新出生人口286人，以客家人为主。

清嘉庆十八年（1813年）建立佛冈厅前，高岗镇地域原为英德县大陂都的独石乡、观台乡、高台乡、虎山乡。建立佛冈厅时，从英德县划出以上4个乡，与从英德县划出的其他2个乡和从清远市划出的吉河乡，共7个乡组成佛冈厅地域。1914年6月佛冈撤厅改县后，高岗镇地域的4个乡归属二区，1950年4月归属三区。1951年3月，佛冈设立22个乡和1个镇，三区辖内设8个乡，其中之一为高岗乡。

高岗镇地处山地。观音山脉为境内主要山脉，主峰亚婆髻海拔1219米。属南亚带亚季风气候，其特点是高温多雨，气候湿润。境内有萤石、稀土、白石、瓷土等矿产。山猪、穿山甲、狐狸和白鹇等野生动物经常出现。拥有广东罕见的优质山、水、瀑布、石、空气及植被资源，旅游资源丰富，省道S252贯穿全镇，京珠高速公路在镇设有互通口，离广州70分钟车程，离珠三角主要城市2小时以内车程，这是距广州较近的"世外桃源"，是商务旅游、休闲娱乐的理想地方。

【经济发展】 2023年，高岗镇实现固定资产投资51548万元，同比增长166.6%；完成财政收入11973.48万元，财政支出12726.83万元；完成增值税608.2万元，企业所得税183.59万元。

农业 2023年，高岗镇粮食作物以水稻、旱粮为主。2023年，全镇粮食种植总面积1194.8公顷，生产粮食5613.2吨，其中稻谷播种面积1075.47公顷，产量5298吨；大豆播种面积62.4公顷，产量196吨。油料作物主要是花生，种植面积386.4公顷，产量1579吨。兑现种粮农民一次性补贴13.34万元。畜牧业以家禽、大牲畜为主，共有生猪养殖户103家，存栏量54514头。其中温氏养殖户（企业）19家，存栏量约19800头，肉牛养殖户共8家，存栏量408头，山羊养殖户共5家，存栏量691头；规模白鸽养殖户1个，存栏量65000羽；生鸡养殖户共10家，加上其他散养户，生鸡共计存栏量20.2万只。

农民专业合作社 2023年，高岗镇农民专业合作社总共46家。其中长江7家，墩下8家，宝山4家，高岗1家，三联6家，三江5家，新联5家，高镇10家。共有1家省级示范农民合作社（佛冈县德福种养专业合作社），4家市级示范农民合作社（佛冈县嘉鑫蔬果专业合作社、佛冈县高岗镇佛红果蔬专业合作社、佛冈县顺景种养专业合作社、佛冈县海盛种养专业合作社），2家县级示范农民专业合作社（励枫土茯苓种植基地（佛冈县）专业合作社、佛冈县大发技术服务专业合作社）。

家庭农场 2023年，高岗镇家庭农场总共48家，其中长江3家，墩下6家，宝山4家，高岗19家，三联1家，三江8家，新联3家，高镇4家。共有3家省级示范家庭农场（佛冈县高岗镇墩下村下湾村金湾百香果家庭农场、佛冈县高岗镇德福家庭农场、佛冈县高岗镇叁良生态养殖场），共有3个申报成功的一村一品项目，即墩下村百香果、长江村砂糖橘、三联村红薯。

早稻水稻保险 2023年上半年，高岗镇早造购买水稻保险共2863户，投保亩数7656.18亩，投保总费30.625万元；水稻大户共3户，投保亩数203亩，投保总费0.812万元。早造受损面积326.6亩，保险赔偿金额12.706万元。2023年下半年，晚造购买水稻保险共2788户，投保亩数7165.16亩，投保总费28.66064万元。水稻大户共3户，投保亩数326亩，投保总费1.304万元。晚造受损面积1224.06亩，保险赔偿金额30.435万元。

农田水利设施 2023年，高岗镇完成修复高岗村斑鸠陂、墩下村禾坪头黄泥陂、墩下村喝唇队高段嘴陂及三江村茹径坑口陂，项目预算总投资约85.82万元;完成佛冈县高岗镇小型农田水利设施建设项目,包括高镇村竹山下罗石陂修复及灌溉渠道建设工程、墩下村曹屋灌溉渠道建设工程、三联村刘屋拦河陂拆除重建工程、三江村新屋灌溉渠道修复工程,项目预算总投资约204.02万元;完成高岗镇高标准农田建设改造提升项目,项目预算总投资约750万元,工程涉及高镇、宝山、三江、墩下、新联。

招商引资 2023年,汉毅田园综合体项目计划投资10亿元,正在办理项目用地手续,租地青苗补偿工作正在进行中;天农生猪养殖场项目计划投资10亿元,完成土方工程,正在推进施工建设中;佛冈县中核汇能乡村振兴农光互补150兆瓦(MW)光伏电站(二期)项目计划投资约6.98亿元,规划建设3500亩太阳能光伏发电场,已完成变电站设施用房建设,正有序租地,进入光伏场施工阶段;佛冈县高岗镇塘肚村矿区建筑用花岗岩矿项目总投资7.5亿元,正在办理环评手续;德福种养专业合作社计划投资2500万元,建设占地面积约50亩的新鸽场,计划增扩12个养殖棚,扩产种鸽8~10万羽,已完成征地,进入施工阶段。

【**城乡建设**】 **基础设施建设** 2023年,高岗镇做好农村村内道路硬底化工作,全镇104个自然村内干路路面实现硬底化,新增村内支路3.371千米,新增村内巷路硬化3.648千米;改造危房6户,整治削坡建房23个点位;启动"高岗镇2022年村道路基水毁修复工程",完成高岗村、三联村、三江村等地26个水毁点修复工作,并顺利通过验收;争取1380余万元资金,推进地质灾害防御和隐患点综合治理,完成高岗村格仔组曹世召、长江村山下村组、墩下村上湾组等6个地质灾害点整治,成功预判地质灾害1宗。2023年高岗镇被评为"清远市地质灾害防治三年行动(2020—2022年)表现突出集体"。

人居环境整治 2023年,高岗镇加大农村人居环境综合整治力度,新开工建设美丽乡村22个,整改问题户厕15户;全镇105个自然村全部达到干净整洁标准,自然村保洁员配备率、村庄保洁覆盖面和垃圾处理率均达100%;实施农村生活垃圾"村收集+镇清运+县处理"模式,日均清理农村生活垃圾6余吨,实现生活垃圾集中清运100%;整治农村生活污水,排查整治97个污水处理设施、26家一般工业固废企业和4家危险废物企业,均完成申报登记,纳入常态化监测管理;开展农村厕所问题摸排整改工作,排查发现并整改问题户厕15户;严格管控农村风貌,大力开展农村"赤膊房"质量安全与风貌提升行动,组织排查农房11224栋,排查出"赤膊房"696栋,涉及"四沿"赤膊房213栋。

镇域功能品质提升 2023年,高岗镇推进高岗综合农贸市场搬迁项目,总投资250万元,占地面积3200平方米;全力推进S252线高岗高速出口至镇政府路段改造提升工程、美丽圩镇基础设施改造、敬老院挡土墙等项目建设,冲刺竣工验收;聚力推进综合养老服务中心改造、党建历史文化展馆建设、"五小场所"改造提升等工程;计划投资8458万元建设高岗镇乡村振兴示范带,实现镇域空间布局优化、资源配置提效,永福小区基础设施改造、S252线周边环境整治、豆腐广场周边环境整治等子项目已顺利完工。

【**社会事业发展**】 **教育** 2023年,高岗镇有幼儿园2所,在园幼儿290人;完全小学4所,在校生947人,专任教师63人,小学适龄儿童入学率100%,全镇4所完全小学均为标准化学校;初级中学1所,在校生660人,专任教师55人,初中适龄儿童入学率100%;九年义务教育覆盖率达100%。

文化·体育 2023年,高岗镇有文化站1个,公共文化室72个,藏书4.02万册;文化从业人员12人,其中事业单位从业人员2人。全年举办道德讲堂3场,参加群众120人;开展"我爱阅读"系列活动14次、"我们的节日"系列活动6场次、"扫黄打非"系列活动8场次,每周末晚固定开展露天影院放映活动1场次,开展"爱国卫生运动"180余次。全镇体育场地93处,有篮球场53个;社区和行政村均安装健身器材,经常参加体育活动的人员占常住人口的50%。地方特色民俗文化活动有豆腐节。

社会保障 2023年,高岗镇城

2023年6月1日,S252线改造提升工程助力乡村道路美化

(高岗镇党政办 供图)

2023年12月5日，高岗镇儿童服务站开展"大笑的嘴"彩绘活动

（高岗镇党政办　供图）

乡居民医疗保险参保人数22 653人，城乡居民养老保险参保人数4236人。举办高岗镇2023年"南粤春暖"专场招聘会，吸引34家企业，提供687个就业岗位。全镇"零就业家庭"数动态为零；城镇新增就业人数58人，新增转移农村劳动力559人，城镇失业人员再就业人数84人，就业困难人员再就业人数8人，促进创业人数25人。积极创建省卫生镇，开展医疗健康知识讲座21场，完成免费婚前筛查82人，免费优生优育检查82对，免费"两癌"筛查247人，建立居民健康档案23 306份。完善敬老院生活设施，投入20.9万元，新建娱乐室、图书阅览室、心理咨询室、休息室、棋牌室等；成立"小燕子"儿童服务站，开办"430"课堂。

民政工作　2023年，全镇在册低保293户642人，发放低保金额366.95万元。在册高龄753人，发放高龄补贴53.88万元。在册特困人员146户146人，发放特困保障金191.93万元，发放特困人员护理费46.84万元；在册残疾人数1061人，其中重度残疾483人，发放重度残疾人补贴150.68万元，低保残疾171人，发放低保残疾人生活补贴41.22万元；在册孤儿11人、事实无人抚养儿童12人，合计发放35.44万元；申请临时救助4户10人，发放临时救助资金7.6万元。

基层治理　2023年，高岗镇深入开展平安创建，依托"1+1+N"基层社会治理工作体系，及时化解群众身边的信访矛盾，累计接访群众270批345人次，共受理案件104宗，办结99宗，办结率为95.19%，被广东省信访局授予"广东省信访工作示范乡镇（街道）"荣誉称号。深化运用"两员+两化"基层治理抓手，依托"粤平安"综合治理平台，全镇划分48个网格，聘请11名专职网格员，42名兼职网格员，全领域收集基层社会治理事件，已上报"粤平安"网格事件6436件，办结6436件，办结率100%，实现了基层社会治理事件"一网通办"，被评为"2023年度佛冈县网格化服务管理工作先进集体"。在册在管精神障碍患者169人，三级以上患者60人，住院患者41人，送院救治7人次。全面推进"治乱补短、全民反诈"宣传活动60场次，制作宣传海报100张，新印制各种反诈宣传册1万份，发放宣传单9000余份。开展禁毒宣传活动290余场，发放宣传单张4万余份、禁毒宣传物资3万余份。开展反邪教宣传教育15场，发放宣传单张550余份，设置村（居）宣传栏共9个。

【巩固脱贫攻坚成果】　2023年，高岗镇守牢防返贫底线，持续对全镇建档立卡脱贫户400户932人和防返贫户7户28人动态监测，设立报贫热线电话，建立帮扶帮助机制，全面走访、摸排，确保"八有"基本保障落实到位。开办高岗镇兴联玩具厂就业帮扶车间，帮助100余人实现家门口就业。

【安全生产】　2023年，高岗镇聚焦安全生产，开展重大事故隐患、消防安全重大风险隐患、城镇燃气安全三项专项排查整治行动，累计排查550余家各类场所，累计出动人员约1650人次，发现并整改隐患208个，排查燃气安全隐患64个，已整改完成63个。开展全民消防安全宣传教育工作，举办消防知识培训演练活动14次，发放消防安全教育宣传资料12000份。2023年，高岗镇专职消防站共接警出动34次，成功扑救火灾17起，社会救助17起，疏散人员95人，辖区内未发生亡人火灾事故及重特大火灾事故。2023年，高岗镇专职消防队被省消防救援总队评为"2023年度执勤训练先进专职消防队"，被市消防救援支队评为"先进政府（企事业）专职消防队"。

【绿美生态建设】　2023年，高岗镇严格落实河长制。镇、村河长开展巡河累计960次，发起"河小清、守护家乡河"活动，累计出动清漂志愿者850余人次。依托绿美广东建设，围绕"两边""四旁"，大力开展植树护绿行动，植树节期间发动镇村干部职工、党员、群众种植黄花风铃木、樟树等405棵。严格落实林长制，全镇设立林长10人，副林长26人，组织全面巡查行动，及时制止焚烧秸秆行为14宗，派发焚烧宣传单6800份，制作秸秆焚烧宣传横幅85条。

【党建示范品牌】　2023年，高岗镇将长江村、墩下村、三江村作为抓党建

2023年5月6日，高岗镇开展青年植树活动　　（高岗镇党政办　供图）

促乡村振兴示范点进行打造。打造长江村"奋豆长江"品牌。择机打造产业发展多元化，以"合作社+基地+农户"的模式开展黄豆种植，拓宽村级集体经济增收渠道。创建墩下村"圆聚墩下"品牌。由墩下村致富带头人暨党总支书记联农带农，通过盘活墩下村撂荒地，将墩下村从软弱涣散村向党建示范村转变，带动村民共同致富。推出三江村"一米暖阳"品牌。实行"党总支+企业+合作社+农户"的经营模式，通过党总支领办，企业帮扶合作，合作社运营管理，农户参与种植的方式，大力种植金丝苗米，实现村集体和农民共同增收。

【乡村旅游】　2023年，高岗镇乡村旅游业主要有龙潭小寨、宝山村红色打卡地、墩下百香果种植基地。其中龙潭小寨坐落在广东八大名山之一的佛冈观音山北麓，小寨群山环绕、植物种类繁多，风景秀丽。墩下百香果种植基地是以采摘体验为主的新型休闲业态。宝山村主要是红色教育基地，建有"初心讲堂"及佛冈县红色革命历史长廊。开展党史、革命史教育，全年累计接待省市县镇各级党员11 376人次。投资2700万元建设宝山村"映山红"品牌，打造具有宝山特色的"红色+田园+研学"的乡村旅游新样本。举办2023年"高岗镇豆腐节"，以独特的农产品文化体验，打造高岗特色"农文旅融合"旅游项目。

【高岗镇第十七届人民代表大会第三次会议】　高岗镇第十七届人民代表大会第三次会议于2023年4月14日召开。全镇62名人大代表参加会议。大会听取和审议通过《2023年高岗镇人民政府工作报告》《2023年高岗镇人大主席团工作报告》《关于2022年财政预算执行情况和2023年财政预算草案的报告》和《高岗镇2022年民生实事完成情况报告》；票决高岗镇2023年十项民生实事项目。

【高岗镇第十七届人民代表大会第四次会议】　高岗镇第十七届人民代表大会第四次会议于2023年12月19日召开。全镇62名人大代表参加会议。会议听取和审议《高岗镇实施"百县千镇万村高质量发展工程"工作情况报告》，审议通过《高岗镇2023年十项民生实事完成情况报告》《高岗镇第十七届人民代表大会第三次会议代表议案、建议办理情况的报告》，并按照法定选举程序，选举朱丽丽同志为镇人民政府副镇长。

（黄家雯）

迳头镇

【迳头镇概况】　迳头镇位于佛冈县东北部，是县中心城镇之一。地处东经113°40′，北纬24°01′，东面与广州市从化区、韶关市新丰县接壤，南面与水头镇相连，西面与高岗镇相接，北面与英德市接壤。全镇总面积185.04平方千米，其中耕地面积2746公顷。2023年迳头镇下辖青竹、湖洋、仓前、迳头、大陂、楼下、龙冈、大村、井冈、社坪10个行政村，1个社区。全镇有自然村110个，村民小组218个，居民小组7个。2023年末户籍人口3.4785万人，户籍总出生人口265人，常住人口2.6万人，户籍人口以客家人为主。

迳头镇因地处山脉（当地人称为"迳"）起端而得名。清嘉庆十八年（1813年）建立佛冈厅，原为英德县（今英德市）大陂都的白石乡、迳头乡划入佛冈厅。1914年6月佛冈厅改为佛冈县后，迳头镇地域的2个乡归属佛冈县二区。1950年4月归属佛冈县三区，1955年6月设迳头区。1958年10月，与其他地区合并为跃进人民公社。1961年5月，成立迳头人民公社。1983年12月，撤社改区，改称迳头区公所。1994年1月，改称迳头镇。2004年5月，烟岭镇并入迳头镇。

全镇山地广阔，属低丘陵地区。北部为低坡度山丘，是主要粮产区，南部为高山林地，具有丰富的林木、竹子资源。烟岭河向东北流入英德市后汇入滃江，为滃江一级支流。

迳头镇是佛冈北部片区重要的交通枢纽，交通区位优势突出。2023年，有国道106线从东北至西南通过镇境，有省道2条（S245线、S382线）、县道1条（X839河西公路）。镇内行政村、自然村均通硬底化公路。镇中心区距离京港澳高速公路高岗路口仅6千米，距离佛冈县城约20千米，距离广州北二环100千米，交通

2023年2月7日，迳头镇举办"南粤春暖"专场招聘会
（迳头镇党政办　供图）

十分便利。

镇内建有小二型水库3座，总库容87万立方米。有集中供水工程点12个，涉及11个村（社区），日供水能力4500立方米。镇内有110千伏迳头变电站，镇内建有10千伏电网。建有水电站12座，总装机容量4055千瓦。邮政电信设施完善，网络信号实现全覆盖。

【经济发展】　农业　2023年，迳头镇全年粮食播种面积1575.8公顷，冬种粮食25.54公顷，双季稻轮作实施面积达到433.34公顷，复耕撂荒耕地10.77公顷。进一步擦亮"迳头白鹭""薯实不赖"等优势农产品品牌，社坪"沙地红"红薯获评全省十大薯业创新案例。建设全市首个丝苗米数字展示中心；打造佛冈县迳头镇楼下村香水柠檬示范种植园。落实防返贫监测帮扶，强化产业、就业、消费帮扶。镇级国企运营成效显著，带动全镇10个行政村集体经营性收入全部超10万元。典型培育有序推进，楼下村入选省"百千万工程"首批典型村名单，对照"七个和美"建设标准，规划楼下村"一带一环五片区"高质量发展空间格局。布局了范仲淹勤政文化园改造提升、粮食烘干中心建设等31个项目，希音公司支持建设14个项目。绿色版图持续扩大，完成林分优化面积394.27公顷，完成在楼下村约53.34公顷生态公益林改造；着力打通生态产品价值实现路径，大村新凤山场因地制宜种植油茶66.67公顷。

工业　2023年，迳头镇有工业企业24家，其中规模以上企业14家，规模以上工业总产值21.05亿元，完成规模工业增加值6.07亿元，固定资产投资同比下降51.5%。全镇形成以节能材料、机械制造、玩具制造、纺织印染为主导特色工业。产业平台提质增效。大力实施金岭工业园功能配套、道路硬底化及维护、优化绿化景观、路灯照明提升行动等。仓迳水厂（一期）完工，二期进场施工。培育扶持两家企业实现"小升规"。招商引资成效显著。引进广东柏菲生物科技研究有限公司。南玻石英材料有限公司20万吨石英砂项目和华劲车桥生产线技改项目落地动工。盘活低效工业厂房，引进佛冈丽泓数码科技有限公司和振为魔芋（清远）食品有限公司。

【城乡建设】　基础设施建设　2023年，迳头镇完成对圩镇雨污管网系统升级、街道巷道硬底化、供水管道改造、三线下地等基础设施改造升级项目；完成对G106线圩镇段改造，新增辅道，增设人行道、安全岛，对公交站提升改造；完成通建制村公路单改双工程共2.047千米；完成Y282和C438单改双及路网联结工程、C941线龙塘段省道1联结改造工程、Y287线前所至白沙交界国道联结改造工程；完成C236线湖洋旗岭下桥加固工程；坚持精准治污、科学治污、依法治污，巩固提升生态优势，投入56万余元用于各村生活污水处理设施建设及运维，新增圩镇污水管网并已接入镇生活污水处理厂；完成仓前村黑臭水体整治项目，46个入河排污口完成整治；积极发展清洁能源产业，完成清远市佛冈县中核汇能乡村振兴200MW农光互补光伏电站租地约2043亩，全部地块已交付入场施工；35kV集电线路交付施工塔基51座。

美丽乡村建设　2023年，迳头镇完成示范带十公里精品线黑底化的混凝土路面修复；推进5条自然村升级创建为特色精品村，12条自然村创建为整洁村，美丽乡村创建率达到100%；基本完成烟岭河西"多彩田园"乡村振兴示范带项目；完成客家样式农房微改造60多间，人居环境品质得到持续提升改善。

【社会事业发展】　教育　2023年，迳头镇辖区内有初级中学1所，在校学生937人，教职工59人；完全小学3所，在校学生1748人，教职工110人；公办幼儿园2家，民办幼儿园、托儿所4家，3家民办幼儿园被认定为2023年佛冈县普惠性民办幼儿园。大陂中学更新教学设施设备并新增一个电脑室，总投资45万元。投资约19.86万元完成对迳头镇中心幼儿园楼房后的边坡地质崩塌的治理。投资约72.36万元完成迳头镇中心小学门外配套道路改造工程。为迳头镇中心小学、迳头小学、燕岭小学、大陂中学安装太阳能路灯，共45盏。大陂中学师生荣获省市表彰29人次。

文化·体育　2023年，迳头镇有镇文化站1个，村级文化服务中

2023年4月28日，迳头镇举行首届"白鹭杯"广场舞大赛
（迳头镇党政办　供图）

心10个，公共（村小组）文化室10个，藏书1.5万多册，公共电子阅览室配有电脑11台。全年开展新时代文明实践活动80余次，积极培育文明乡风，传承鸡公狮、客家山歌等优秀传统文化，成功举办迳头镇2023年"白鹭杯"广场舞大赛。配合市、县文广旅体局文化惠民演出、送戏下乡、送电影下乡等工作。派出镇代表队参加县文广旅体局举办的篮球赛、农村广场舞大赛、农民象棋赛等活动，赛出了迳头的水平和风采。继续做强迳头镇"甲名狮队""玲珑舞队"文化品牌。

社会保障　2023年，迳头镇成功举办2023年"南粤春暖"专场招聘会，提供就业岗位647个，涵盖生产、技工、经营管理等多个领域。累计转移农村富余劳动力603人，其中贫困人数13人，转移到珠三角地区348人。优抚、低保、特困人员供养、孤儿养育、"两残"补贴全面完成提标任务。迳头小学、燕岭小学学生上下学基本实现校车接送。校内课后服务实现"两个全覆盖"。

民政工作　2023年，迳头镇共有低保户313户618人，其中城镇低保户3户6人，农村低保户310户612人，发放低保金额合计317.5462万元，其中城镇发放低保金额4.7280万元，农村发放低保金额312.8182万元。最低生活保障边缘家庭15户47人。特困人员142人，其中分散特困人员129人，集中供养特困人员13人，发放特困金额合计185.3272万元。孤儿2人、事实无人抚养儿童41人，发放儿童福利津贴合计63.7371万元。公共服务惠民项目加快推进建设。投资8.96万元完成对敬老院设备设施升级改造和护理型床位建设。投资约42.37万元完成敬老院消防设施升级改造项目。投资约56万元建设镇级综合养老服务中心。投资16万元完成建设大陂行政村埗二村综合养老服务站及大村行政村禾田村综合养老服务站。投资8.32万元完成对镇16户困难老年人房屋的适老化改造。深入开展"双百工程"，对困难群众和特殊群体提供帮扶服务。迳头镇被评为"广东省卫生乡镇"。

【幸福积分】　2023年，迳头镇持续深入推广"幸福积分制"，深化"积分制+'四小园'管护、志愿服务、党员争优、门前'三包'、文明商户"等特色模式运用，丰富积分制激励形式，建设镇级幸福积分超市，推广金融积分低息贷款授信，推动更多爱心商家参与积分制优惠服务，创新开展幸福积分游园会等特色活动，形成更有效的基层治理经验做法。截至12月，已发动村民开通积分存折4300多户，党员开户率100%，基本实现常住人口全覆盖。

【基层党组织建设】　2023年，迳头镇扎实开展学习贯彻习近平新时代中国特色社会主义思想主题教育，做到理论学习全覆盖，发放学习书籍1985册，落实"百万党员进党校"820人次，开展"送书上门"100多人次。加强党员队伍建设，新增入党积极分子67名，发展17名预备党员。通过

2023年11月29日，迳头镇在官墩围举办楼下村"幸福积分"游园会
（迳头镇党政办　供图）

广泛发布信息招募村级"两委"后备干部99名，推荐8名村干部、后备干部参加学历提升。开展"简机制，减牌子"行动，10个行政村共清理380块牌子，统一规范悬挂5个机构牌，一套制度上墙。加强基层阵地建设，多方筹措资金，分类施策完成7个村级党群服务中心标准化规范化提升改造，建设镇级标准化便民服务中心。新成立迳头商会党支部，金岭工业园党群活动中心揭牌投入使用。新创建先锋社坪、仓前裕农、为民龙冈党建强项品牌，实践探索提炼"四小"工作法、"积分制+'四小园'管护"等一批切实可行的经验做法。

【巩固脱贫攻坚成果】 2023年，迳头镇因类施策及时消除返贫风险隐患，实施脱贫户危房改造8户，未出现规模性返贫致贫现象。争取广清指挥部50万元资金用于自来水长效运维管理，保障饮水安全。推荐6名学生至广州港技工学校就读。

【基层社会治理】 2023年，迳头镇被评为"广东省2022年信访工作示范乡镇"。157宗信访件全部按时办结。"平安乡村"视频监控项目已交付使用，安装视频监控摄像头共311个。"粤平安"平台事件办结率达99.46%。新创建井冈村为"广东省乡村治理示范村"。严厉打击涉黑恶、电诈、毒品等突出违法犯罪行为，成功摘牌"县级禁毒挂牌整治地区"，10个村（社区）获得"无毒村居"的称号。全镇未发生重大食品药品安全事故。违法犯罪警情、刑事立案数分别同比下降27%、19%。迳头派出所被广东省公安厅评为五星派出所。

【人大文化建设】 2023年，迳头镇创新基层人大工作实践，建成佛冈首个镇级人大文化园。主动打破代表履职阵地单一的模式，将人大代表联系服务群众地点从室内联络站延伸到室外，建成集人大文化展示、休闲娱乐、联系服务群众于一体的迳头镇人大文化园，有效激发代表履职活力。

【迳头镇第十八届人民代表大会第三次会议】 2023年4月7日，迳头镇第十八届人民代表大会第三次会议胜利召开。来自全镇的66名镇人大代表齐聚一堂，共商改革发展大计，共谋乡村振兴良策。会议听取和审议通过迳头镇《政府工作报告》《人大工作报告》及《关于2022年财政预算执行情况和2023年财政预算草案的报告》；大会以无记名投票的方式，依法依规选举朱新唱同志为迳头镇人民政府副镇长。

【迳头镇第十八届人民代表大会第四次会议】 2023年7月13日，迳头镇第十八届人民代表大会第四次会议在庄严的国歌声中隆重开幕，来自全镇各行各业的人大代表肩负人民重托、齐聚一堂，从全镇人民的根本利益出发，以当家作主的主人翁精神和高度的责任感，依法履行职责，大会以无记名投票的方式，依法依规选举温林明同志为迳头镇人大主席。

【迳头镇第十八届人民代表大会第五次会议】 2023年12月18日，迳头镇召开第十八届人民代表大会第五次会议，与会代表不辱使命，不负重托，圆满完成会议赋予的历史重任，大会听取了《迳头镇2023年十件民生实事项目完成情况的报告》；审查了《迳头镇2023年镇本级财政预算调整方案的报告》；大会以无记名投票的方式，依法依规选举温清清为迳头镇人民政府镇长。

（罗惠珊）

水 头 镇

【水头镇概况】 水头镇位于佛冈县东部，东经113°40′，北纬23°53′，东南与从化市交界，西南与羊角山接壤，北与迳头镇、西北与高岗镇、西与石角镇相邻，距离佛冈县城10千米。全镇面积146.21平方千米，其中山地面积1.16万公顷，耕地总面积为1014.6公顷，其中水田面积774.4公顷。镇政府驻水头圩，下辖潭洞、西田、石潭、桂田、桂元、新联、铜溪、王田、新坐、莲瑶10个行政村，水头1个社区。全镇有127个自然村，196个村民小组，户籍人口3.2117万人，其中农业人口3.17万人，常住人口约1.5万人。

该镇为潖江源头，故名水头。水头历史悠久，清嘉庆十八年（1813年），属佛冈厅吉河乡，民国期间属佛冈县一区天水乡，1949年10月新中国成立后属佛冈县二区水头乡，1955年设水头区，1957年改乡，1958年10月属从化县佛冈人民公社水头大队，1961年5月属佛冈县水头公社，1983年12月复设水头区，1987年1月撤区建镇，改为水头镇。水头镇居民全部为汉族，语言以带地方色彩的粤方言佛冈白话为日常交际语言，也有部分自然村以客家话为主。

水头镇为低山丘陵区，地势东高西低，多为山地、丘陵。在镇东面的通天蜡烛山海拔1047米，为全县第二高峰。水头镇地域属亚热带气候，年平均气温20.6℃，高于10℃年积温约7519℃，年平均降雨量2206.8毫米，全年无霜期266天。具有较为丰富的地热矿泉水（即温泉），水温常年保持在37℃～38℃，日流量为1500立方米。自然土壤主要为花岗岩发育的赤红壤，土层深厚肥沃。

水头镇林木资源丰富，森林覆盖面积达1093.34公顷，阔叶林积蓄量在5万立方米以上。山地丘陵多种植砂糖橘与茶叶。野生动物有野猪、黄猄、穿山甲、野狸等。矿藏资源主要有铜矿、石墨、煤、铅锌、铁矿、耐火黏土等，集中在铜溪、石潭、新坐等地。水资源蕴藏丰富，有发源于水头境内通天蜡烛（山名）的潖江和潖江的支流铜溪水、黄塘五洞水，潖江自镇内上潭洞发源后自东向西流经镇境。

2023年3月21日，水头镇举行魔芋产业分红大会

（水头镇党政办 供图）

【经济发展】 农业 2023年，粮食种植总面积达1413.34公顷，整治撂荒耕地19.8公顷，自2012年以来建设高标准农田共1306.67公顷。落实市五大百亿农业产业部署，完成县下达1.0524万亩丝苗米种植任务；魔芋种植面积近万亩，全产业链产值1.15亿元。举办全省农村电商资源对接大会、首届国际魔芋节，形成"芋香胖胖""芋香猫"等系列品牌，魔芋制品、新坐甜酒、桂田花生油等"土特产"产销两旺。

工业 2023年全镇规模以上企业共完成工业总产值43 176万元，完成工业增加值20 051万元；完成固定资产投资101 091万元，比2022年增加6.8%，其中重点项目完成投资6.09亿元，完成任务的135.44%，超额完成目标任务。

【特色产业建设】 项目投资 2023年，水头镇坚持大抓项目、大抓产业，自工作队入驻以来，全镇投资100万元以上项目有38个，截至目前，进度达50%以上的有28个，占比74%，其中已完成21个，完工率达55%。水头镇王田村、新联村实现集体经营性收入50万元以上，其余各村均实现10万元以上，农村集体经济累计创收实现"大跨越"，镇域产业"五谷丰登"。

打造"魔谷" 开发魔芋产业 2023年，水头镇以城市新消费驱动打造"魔谷"，引入高新科技企业开发魔芋产业，总体投资4.9亿元建设产、学、研全产业链，举办首届国际魔芋节，打造全省最大的魔芋种植区，2023年实现全产业链产值过亿元。

打造"光谷" 建设光伏项目 2023年，水头镇结合土地综合循环利用打造"光谷"，引进央企投资约10亿元建设20万千瓦光伏项目，构建地上可发电、地面可饲养、地下可种植的农光互补共生循环产业链，年税收1800余万元，带动农民增收每年每户超8000元。

打造"药谷" 发展医养产业 2023年，水头镇顺应医养产业发展趋势打造"药谷"，依托天然弱碱水资源、负氧离子含量高等优势，首创"公私合建+合营"发展模式，投入3.1亿元建成超1000张床位的医养中心，大力发展面向湾区的"中医药+卫生医疗+养生养老"现代乡村服务业。

打造"艾谷" 发展乡村休闲新业态 2023年，水头镇着眼乡村休闲新业态打造"艾谷"，以"中医农业+大健康产业"模式，引进优质民营企业建设以580亩艾草种植为核心的森林康养综合体，统筹推进休闲度假、特色民宿、森林研学等乡村新业态。

打造"E谷" 加速电子商务发展 水头镇借助粤港澳大湾区核心地带区位优势，设立智慧农贸交易中心，由省商务厅常设全省农产品资源对接平台，深化产销渠道对接合作，让"土特产"卖得出、卖得好、卖得远。

【乡村振兴】 2023年，水头镇学习借鉴"百千万工程"经验，大力推进宜居宜业和美乡村建设，代表市在省乡村振兴考核中取得佳绩，为清远实现"五连冠"作出积极贡献。防返贫监测人口稳定增收，实现零返贫、零致贫目标。乡村建设提档升级。全镇所有的自然村达到省级干净整洁村标准。完成公路养护121多千米，完成危房改造13户，整治12间具有安全隐患的经营性自建房。农村供水"三同五化"稳步推进，西田水厂投入运营，惠及群众5万余人。

【依法履职】 2023年，水头镇坚持把党的领导贯穿到政府工作各方面、全过程。深入推进法治政府建设，严格落实重大行政决策程序规定，规范行政执法行为，行政机关负责人出庭应诉率100%。开展"更好发挥人大代表作用"主题活动18次，收集群众意见建议情况22件，办结率100%。新坐村人大代表联络站被评为五星级人大联络站，桂元村人大代表联络站被评为全市人大依法履职先进集体。

【社会民生】 2023年，水头镇坚持把为民造福作为最大政绩，兜牢兜实底线保障，高质量完成十件民生实事。全面提升特困人员、残疾人员、特殊群体等补贴保障水平，发放各类补贴补助约97万元。出资约5万元为430名退役军人续保"仁军保"，全年累计理赔3.54万元。成功调解5宗劳资纠纷案件，为农民工追回被拖欠的工资共92.8万元。拨付16万元帮助建

2023年3月1日，水头镇首个镇级党群服务中心建成投入使用
（水头镇党政办　供图）

设水头中学新宿舍楼、新饭堂与桂田小学运动场。发挥水头镇乡村振兴公益基金慈善帮扶作用，累计筹集385万元善款，用于各项慈善事业共264万元。建成佛冈县首个综合养老服务中心，长者食堂开始运营。获评"广东省健康机关"，获得2023年广东省第一届"万步有约"拓展赛（佛冈赛区）优秀组织奖。县域医共体改革深入推进，广州中医药大学帮扶，新水头卫生院投入使用。开展安全隐患排查604处，完成安全隐患整治399处。

【绿美水头建设】 2023年，水头镇深入践行"绿水青山就是金山银山"的理念，全面提升绿美水头生态建设综合效益。生态质量持续改善。实施林长制、河湖长制，打好蓝天、碧水、净土保卫战，地表水源、饮用水源质量稳定达标。持续巩固中央环保督察问题整改成效。4月和10月，生态环境部土壤司工作人员两次到水龙尾铅锌矿二期工程现场调研，肯定治理项目取得的成果。加强禁养区巡查工作，禁养区畜禽养殖实现"动态清零"。绿美空间扩面成景，完成苗木种植4371株，全面完成水头镇绿道网建设，新联小微湿地获评广东首批小微湿地示范点。绿色经济势头强劲，药王谷医养中心投入运营，获评"省级休闲农业与乡村旅游示范镇"。农文旅体融合发展，成功举办"首届中国（佛冈）魔芋节""广东乡村歌手大赛""舞与伦比广场舞大赛"等活动，有效提升优质农产品和民俗文化知名度。

【提升城乡综合承载力】 镇域路网持续优化　将S245线圩镇段升级改造为双向4车道，对主次干道黑底化改造，茶元桥、铜溪桥、丰二桥加快建设。整治占道经营乱摆卖行为2453宗，公共空间乱贴乱画行为669处，车辆乱停乱放行为3916宗。圩镇沿街破旧雨棚、遮阳棚等全部清零，有效遏制乱摆卖、乱停放等不文明行为。

增设基础设施　2023年，水头镇增设文化书屋、公共停车场、充电停车位等基础设施；推动环卫一体化建设，建成1个镇级生活垃圾转运站，实现生活垃圾日产日清、100%无害化处理以及零填埋全焚烧；推进水头东兴广场建设，打造集商业、办公、酒店、餐饮于一体的"乡村CBD"。改善圩镇功能品质。

推进美丽圩镇"七个一"建设　2023年，共美化农房24栋，建成乡镇入口通道2条、美丽圩镇客厅2个、生态小公园2个、美丽河道1条，打造示范主街1条、房屋外立面提升样板1个；多功能农贸市场主体工程完工，将打造全省优质农产品产销活动常设地。

全面启动城乡融合发展示范镇建设　2023年，水头镇纳入省级美丽圩镇典型样板培育名单，建成清远镇街标杆便民服务中心。不断提升精神文明建设水平，在全镇范围实施"星级文明户""最美水头人"评选活动。石潭村被认定为省民主法治示范村，莲瑶成为全市首个智能AI数字标杆村。创建信访工作示范镇，共受理信访案件92宗，办结率100%，其中达到国家满意度案件2宗。

（邱伟钊）

石角镇

【石角镇概况】 石角镇位于佛冈县中部，东经113°32′，北纬23°52′，是全县的政治、经济、文化活动中心。东面与水头镇相连，东北与观音山自然保护区相邻，北面与英德市毗邻，西面与龙山镇相接，南面与汤塘镇及羊角山林场相邻。全镇总面积347.70平方千米，其中耕地面积4.02万亩，林地面积37.63万亩。下辖科旺、吉田、冈田、凤城、莲溪、观山、黄花、诚迳、二七、三莲、三八、小潭、石铺、里水、龙塘、小梅、山湖17个行政村，城东、附城、振兴、站前、城南、沿江、新城7个社区，共有186个自然村，485个村民小组，58个居民小组。户籍人口13.0914万人，常住人口17.06万人。石角镇共有基层党组织126个，其中镇党委1个，基层党委2个，党总支部22个，党支部101个，党员3385名。

石角镇，因清代时已有石角圩而得名，建于清雍正九年（1731年）。1987年1月，改称石角镇。石角镇商贸活跃，交通四通八达，有京港澳高速公路（G4）、国道106线、省道252线和292线（英佛公路）贯穿全镇境内，并设有一个京港澳高速公路出入口；镇内主要河流有潖江及其支流龙南河、诚迳河、黄花水等；镇内主要以汉族为主。石角生态资源丰富，森林覆盖率达69.37%，拥有以温泉养生为主题的森波拉度假森林、碧桂园温泉酒店、篁胜温泉国际花园酒店，以佛教祈福为主题的王山寺风景区，以农旅生态休闲为主题的田野绿世界和山水画龙美丽乡村风情长廊。先后荣获"全国文明单位""广东省文明单位""广东省文明村镇""广东山区十强镇""广东美食旅游之乡""广东省宜居示范城镇"等称号。石角镇自然资源和旅游资源丰富，拥有钨、锡、钼等金属矿产和水泥石灰岩、硅石、瓷砂、稀土矿、地下热水、温泉、矿泉水等资源，在观音山、羊角山有着丰富的风力资源等有待开发利用。

【经济发展】 农业 2023年，完成全年粮食生产任务2740.8公顷，撂荒耕地复耕55公顷。完成旱改水管护任务91.3公顷。强化农田水利基础设施，共投入929万元完成佛冈县石角镇高标准农田建设项目，改善农田面积253.34公顷。全镇共有7个"一村一品"特色产业，科旺村获得省农业农村厅认定评审为"2022年度蔬菜专业村"。观山村、龙塘村依托益肾子和澳洲坚果项目获评广东省"一村一品"专业村。大力开展实施新型农业经营主体提升行动，建设数智农业种植基地，引入新品种百香果钦蜜9号。举办第五届佛冈益肾子果节，打造千亩丝苗米种植示范基地。全镇共有省、市级示范家庭农场各1个，市级龙头企业2个，市级农民专业合作社8个，县级龙头企业8个。

畜牧业 2023年，全镇15个高效猪场已完成升级改造，每个猪场存栏可达1200头以上。截至12月底，全镇生猪存栏5.19万头，其中能繁殖的母猪8700头；生猪出栏4.09万头（不含温氏出栏）。全年清远鸡出栏量355.8万羽，已完成县下达石角镇2023年清远鸡出栏任务；肉鸽出栏共105.175万羽。2023年，石角镇屠宰检疫生猪65 611头，牛1640头，屠宰检疫率达100%。全镇辖区内共防治1200个红火蚁巢穴，发放红火蚁药物401箱，派发宣传资料2300份，持续控制红火蚁种群密度。2023年广东华农正大禽业有限公司（种鸡场）和佛冈县温氏畜牧有限公司龙南种猪场被省农业农村厅评选为广东省畜禽养殖标准化示范场。

工业 2023年，石角镇规模以上工业企业共45家，完成工业总产值123.4亿元，完成工业增加值24.0亿元，完成分产业固定资产投资额累计41.7亿元。按目标任务完成"小升规"工业企业3家。积极对接"广清一体化"发展战略，推进万亩园区开发建设，完成城西科技园786.97亩征地任务，已引入万洋科技众创城、天安智谷中德科技产业园等，形成产业集聚平台，其中万洋科技众创城引入企业6家。承接优质企业项目落户，佛冈县志伟家具制造有限公司利用闲置厂房引进佛冈成远机车配件有限公司。鑫源恒业电力线路器材、科惠电路、老虎表面技术新材料等高新企业发展势头逐步向好，达味特钢、松峰等企业完成转型升级。

【城乡建设】 城市扩容提质 2023年，完成龙凤新区、体育馆、"龙凤·山语和溪住宅小区"项目、广州城建学院一期项目、中核汇能光伏55个塔基征地项目、佛冈县水果（柑橘）产业园项目、华润高山风电场项目。基本完成青松西路延伸段项目。推进佛冈县职业技术学校（三八校区）、龙凤新区（县域医共体）、佛冈县一般固废无害化及资源化利用项目、凯旋华府二期项目、京港澳高速公路粤境清远佛冈至广州太和段改扩建项目、城西科技园征地项目。全面推进国道G106路域整治工作，连片提升沿线村庄村容村貌，拆除广告牌、铁棚279处，经营性自建房完成销号58间，落实344栋农房风貌品质提升工作。推进美丽圩镇建设，凤城村拥军路和育才路街道区域基本完成改造。

【绿美生态建设】 生态保护 2023年，推进固废清运处置，启动清远牧宏农林生态有限公司非法处置危险废物应急处置项目，固废已全部清运完毕。加强大气保护力度，处理5宗污染投诉事件，做好露天焚烧秸秆现象的整治工作。每月开展2次以上实地生态环境巡查，借助"雪亮工程"摄像头每天进行线上巡查。

"河长制"工作 开展入河排污口排查整治工作，完成14个河段166个入河排污口排查、监测、溯源工作。累计清理河道11.67千米、水域面积7.5千米、漂浮物4.5吨。完

2023年11月11日，"益"起来 聚发展——2023年佛冈县第五届益肾子果节在石角镇观音山王山寺门前广场开幕 （石角镇党政办 供图）

2023年8月18日，石角镇开展护林员培训和森林防灭火演练
（石角镇党政办　供图）

成2023年水利图斑核查、上报、清拆工作。纳入河湖"清四乱"共6宗，已全部完成清拆工作。

林长制工作　2023年，构建镇、村二级林长体系，镇级林长17名、村级林长34名、基层执法员44名、基层监管员17名与护林员42名为主体的"二长三员"森林资源源头管护机制。完成林分优化153公顷，封山育林143.74公顷，已落实71株古树的保险，对62株三级古树、9株二级古树进行分级管理，完成110棵老树的普查，完成黄花村森林乡村建设任务。实施绿色通道品质提升行动，开展21.1公顷京珠高速公路生态景观林带验收工作。开展全民义务植树和林长制宣传月活动22次。

【**助推"百千万工程"**】　2023年，石角镇成立"百千万工程"指挥部，由镇党委书记任总指挥，设"六个专班"，实行重点项目挂图督办。印发镇"百千万工程"宣传工作方案。在24个村（社区）设置"百千万工程"宣传专栏，发挥乡村新闻官的宣传品牌效应。拍摄的"我最期待的乡镇"视频点赞数和转发数在全县名列前茅。举办"聚焦百千万　唱响新时代"和美乡村歌手大赛和首届25 000环村徒步暨佛冈县石角镇"百千万工程"绿美乡村旅游活动。深入开展"百千万工程"里水典型村培育创建工作，里水村获评省"百千万工程"首批典型村。

【**宜居宜业和美乡村**】　**美丽乡村建设**　2023年，石角镇有186个自然村485个村民小组，建设整洁村186条，示范村140条，特色村26条，生态村1条。全镇186个自然村"三清三拆三整治"任务基本完成，无害化卫生户厕基本实现全覆盖，建成农村公厕共223座。村庄保洁覆盖率、垃圾清运体系覆盖率达到100%，铺设雨污分流管约8.2千米，落实全镇254个污水处理设施的日常运维工作，新建10个污水处理池，农村生活污水治理率93.55%。新增道路硬底化面积约2.1万平方米，修建水渠669米。加快农村路桥建设，完成16处道路桥梁修建。加强民生水利项目建设，完成自来水管网建设工程，铺设给水管道共11.4千米。以"美丽乡村+农业产业+休闲旅游"为主题，总投资约8586万元，12间五保户C、D级隐患危房已全部修缮或重建，14个地质灾害点已全部竣工初验。打造龙南片区"山水画龙"美丽乡村风貌带，2023年"山水画龙"乡村振兴示范带获市考核"优秀"。

乡村振兴　2023年，石角镇做好防返贫监测帮扶及脱贫攻坚"回头看"工作。紧盯已脱贫的1235户建档立卡贫困人口家庭收入支出、"两不愁三保障"等方面的困难和问题，开展常态化检视。2023年全镇申报1个省级扶持村集体经济发展试点项目，项目名称为石角镇山湖村建设光伏发电项目，每年增加6万元左右的村集体经济收入。全面推广"小积分、大治理"正能量积分制，办理积分存折2602张，开设积分超市24间，累计2407人次兑换奖品，发动5987人次党员群众积极参与到人居环境整治等志愿活动中。

【**社会事业发展**】　**技能培训**　2023年石角镇做好农村劳动力技能培训工作，加大培训力度，提高全民文化素质。全年参加母婴培训95人，居家服务培训61人，农村电商培训68人，粤菜师傅培训31人。

教育　2023年，石角镇有户籍适龄儿童、少年7241人，中小学校7个，幼儿园30所，全镇公、民办学校在校生人数9018人。小学适龄儿童入学率100%；小升初升学率100%。

文化·体育　2023年，石角镇组织开展"我们的节日·精神的家园"系列活动7场，包括举办舞狮表演，在观山村东二革命烈士纪念碑开展"我们的节日·清明"活动，在里水村大田村开展"爱老敬老·情暖重阳"主题活动等。深入开展"戏曲进乡村，文化惠民生"活动4场。举办乡村"少年宫"系列活动，包括亲子阅读活动、母亲节感恩活动、"快乐伴我成长"六一主题活动、垃圾分类活动，举办国学礼仪、美术、非洲鼓、电子琴、硬笔书法等专项培训班。12月，举办石角镇和美乡村歌手大赛暨乡村少年宫年度优秀成果汇报演出活动。开展各类群体性体育活动，1月17日，石角镇9支舞狮队参加县第六届狮王争霸赛，冈田村"佛冈村醒狮团"获得第一名；9月24日，石角镇干部职工在佛冈县全民健身中心举办石角镇机关羽毛球和乒乓球赛选拔赛事；组织参加"农商银行"杯机关事业单位羽毛球、乒乓球、乡镇篮球赛，取得羽毛球赛第5名、篮球赛亚军的成绩。

社会保障 2023年，全年完成农村富余劳动力转移输出853人，失业登记人数136人，"4050"人员认定134人，核查创业补贴的微型企业10间次，完成辖区内11 376人的城乡居民养老保险待遇领取资格认证工作，养老保险续保10 407人。城乡居民医疗保险参保54 015人，办理约8000人次的医疗保险信息维护工作。农村房屋保险续保16 260户，协助处理12宗劳资纠纷，牵涉200多名工人，金额700万元。开展大型"南粤春暖"专场招聘会，提供600多个求职岗位。

卫生健康 2023年，推进创建国家卫生县工作，配合县成功创建为"广东省健康县"。居民电子健康档案建档人数达到162 032人，建档率94.98%。免费"两癌"筛查1585人，完成任务的117.32%；婚、孕检任务100%完成。积极组织开展无偿献血活动，石角镇被评为"2022年度清远市中心血站供血区域无偿献血先进单位"。三莲村被省选定为老年心理关爱行动项目点。积极落实计生奖励扶助政策，截至2023年底，累计享受五类奖励共2539人。

政务服务 2023年，按省"百千万工程"信息化建设要求，建成2个无人机站、优选61个视频点位和完成省信息综合平台2020—2022年各项信息数据的采集和录入。推动省打造基层"一站式"综合便民服务平台工程，完成24个村（社区）"粤智助"政务服务机的投放和启用，全年办理业务量41 301宗，排在全县首位。

食品药品安全 2023年，坚持"四个最严"，对2380间商铺落实食品安全包保责任制，大力推进食品安全民生工程，严防严管严控食品安全风险，全年开展了12次联合检查，无发生食品药品安全事件。

民政工作 2023年，石角镇全镇共有城镇低保户160户308人，月发放金额232 759元；农村低保户620户1511人，月发放金额759 875元。城镇特困41人，每人每月发放1453元；农村特困563人，每人每月发放1127元。对全镇55户共72名扶贫兜底对象每月按时足额发放扶贫资金总额30 034元。高龄人员2297人，发放金额135 600元，临时救助人员6户，发放金额33 027元。累计发放教育补贴43.69万元，受惠学生达321人次。聘用21个公益性岗位人员，发放公益性岗位补贴31.9万元。

武装和民兵工作 2023年，石角镇完成年满18周岁公民兵役登记773人，入伍人数34人（其中大学毕业生24人，大学在校生1人，中职4人）。镇基干民兵分编在县应急连、县保交护路连、镇应急排3个分队共61人，其中党员30人，占比49%；退役军人43人，占比70%。24个普通民兵连共3026人。

【综治维稳】 2023年，共受理信访案件259宗，347人次，办结259宗，办结率为100%。其中上级交办、转办案件共242宗，办结242宗。受理并办结"12345"等各类网访案件1718宗。通过"粤平安"综合网格服务管理平台上报各类网格事件信息16 860件，办结率100%。2023年石角镇共发生电信诈骗案212宗，比2022年（227宗）下降了6.6%。

【作风建设】 2023年，石角镇推进新时代廉洁文化建设，开展党风廉政建设教育，召开全面从严治党专题会议4场次，集中开展警示教育25场次，累计发送廉政短信35条，通报典型案例10次。推动石角镇小潭村文娱小广场改造建设工程立项落地，着力打造佛冈县农村基层党风廉政建设教育基地。

【退役军人服务】 2023年，全镇退役军人总数2694人，其中重点优抚对象498人，在乡复员军人4人，病故1人，下岗伤残军人6人，在乡伤残军人11人，五老人员6人，带病回乡退伍军人3人，参战人员183人，烈士子女7人，60岁以上农村籍退役士兵254人。依法依策落实退役军人春节、八一慰问和"9·30"活动待遇共4633人，走访现役军人家属送喜报28人。共走访烈属、军属和退役军人家庭1833户，走访率达到

2023年8月30日，石角镇新城社区在东建凯旋新城开展反诈宣传活动
（石角镇党政办 供图）

90%，因病导致生活困难、家庭发生重大变故3人，申请应急救助资金约11万元，临时救助送去党委政府人文关怀18人，救助资金约9000元。

【构建区域党建共同体】 2023年，石角镇深化社区"大党委"机制，构建区域党建共同体。制定社区"大党委"机制细则和兼职委员管理办法，强化社区"大党委"在基层各项事务中的核心作用。抓实抓细"双报到双服务"机制落实，指导7个社区征集居民需求260个，81个县直副科以上单位、省市直管单位党组织和3000多名党员到各社区报到，累计开展活动220次，累计服务群众10万余人，为群众办实事256件，提高服务群众效能。2023年黄花村成功创建为广东省"民主法治示范村"。

【党员培训教育】 2023年，石角镇扎实开展党员培训教育，常态化开展教育培训工作。全年镇党校举办培训班19期，参加培训2215人次。24个村（社区）党组织开展党员培训和党课学习90余期，参训7000余人次，举办"党员发展对象"培训班2期，全镇干部培训6期，村居党务工作者培训4期。

【村（社区）干部学历提升】 2023年，石角镇推动6名村"两委"干部及后备干部入读清远市村"两委"干部学历提升（大专）班，持续做好参加人员的参学督学工作，逐步解决村干部学历层次偏低、知识获取途径不畅、乡村振兴人才缺乏等问题。

【人大履职】 2023年，石角镇高质量抓好全镇24个人大代表联络站点的标准化、规范化、常态化建设，各联络站每月组织代表2次进站接待选民群众和主动走访联系群众，按时保质办理人大代表建议11条。七月主题活动月各村、社区人大代表联络站开展接待群众、调研、走访群众活动76次，接待来访群众102人，走访群众1123人，收集群众意见建议32条。中共清远市委授予小潭村人大代表联络站"全市人大依法履职先进集体"称号，观山村党总支书记、主任黄俊添被评为"全市人大依法履职先进个人"；黄花、二七人大代表联络站被市人大常委会评为"五星级人大代表联络站"。

（石角镇党政办）

汤塘镇

【汤塘镇概况】 汤塘镇位于佛冈县南部，东经113°28′，北纬23°25′，东接从化区良口镇，南接从化区鳌头镇，西接龙山镇，北接石角镇。全镇面积为229.37平方千米，其中耕地面积3106.67公顷，山林面积14 666.67公顷。2021年，汤塘镇下辖汤塘、潖江、江坳、石门、四九、竹山、高岭、黎安、菱塘、洛洞、升平、脉塘、暖坑、田心、联和、官山、大埔、围镇、新塘19个行政村，汤塘、四九2个社区。全镇有142个自然村，480个村民小组，5个居民小组。2023年末户籍人口7.9058万人，户籍人口多讲白话。

汤塘镇是广东省中心城镇之一，拥有"广东省教育强镇""广东省宜居示范城镇""广东旅游特色镇""广东名镇"等称号，入选为"全国重点镇""广东省新型城镇化2511综合试点镇""广东省经济发达镇行政管理体制改革试点镇"。镇内旅游、人文资源丰富，拥有珍稀的地热氡温泉、国家地理标志产品竹山粉葛、省级古村落汤塘村和省非物质文化遗产"舞被狮"。

汤塘镇因辖区内有热水塘（即温泉）而得名。1942年，为清远县汤塘乡。1953年2月，清远县第七区划归佛冈县管辖，列为佛冈县第四区。1955年6月，改称汤塘区。1957年3月，分为汤塘、荣埔、四九3个乡。1958年10月，与龙山合并成立潖江人民公社。1959年5月，分出成立汤塘人民公社。1983年12月，撤社改区，改为汤塘区公所。1987年1月，改为汤塘镇。2004年5月，四九镇并入汤塘镇。

汤塘镇地势西高东低，地形属平原地区。属亚热带季风气候，夏季高温多雨，冬季温和少雨。主要河流有潖江及其支流。境内探明地下矿藏有黑色金属矿、稀有金属矿、耐火黏土、花岗岩等。具有丰富的地热矿泉水（即"温泉"）。

汤塘镇境内有京港澳高速公路、汕湛高速、国道106线和省道354线通过，其中京港澳高速公路及汕湛高速设有汤塘互通口，且京港澳高速公路在汤塘设有出口及汕湛高速在汤塘镇四九片区设有出口。全镇县道、乡村公路全部实现硬底化，各村紧密相连，交通区位优势凸显，融入广州市"一小时经济圈"。潖江自北向南转向西面流入龙山镇。

【经济发展】 农业 2023年，汤塘镇落实耕地地力保护补贴政策，14 118户农户获补贴，共2034.6公顷，发放补贴289.93万元，完成14.4公顷撂荒耕地复耕复种，及县下达2386.47公顷全年粮食作物、455.54公顷油料作物生产任务。全镇主要农作物耕种收综合机械化面积1320公顷，机械化率55%以上，其中水稻耕种收综合机械化面积639公顷，机械化率在97%以上。稳定粮食生产，整治撂荒耕地13.4公顷，粮食种植2000多公顷，粮食供应充足；能繁母猪存栏量702头，生猪存栏10 023头，出栏11 474头；三鸟存栏851 323只，出栏2 400 596只。共建立现代农业基地2个，在册农民专业合作社57家、家庭农场58家，其中市级示范家庭农场3家，省级示范家庭农场3家。竹山粉葛种植面积约600亩，按亩产2000斤计算，年产量约120万斤，主要销售鲜葛和葛粉。

工业 2023年，汤塘镇共有规模以上工业企业40家，实现规模以

2023年7月28日,汤塘镇机械化收割丝苗米水稻 (汤塘镇党政办 供图)

上工业总产值81.20亿元(注:若含广东雅迪机车有限公司产值在内,我镇产值则为98.00亿元),同比增长12.2%;工业增加值15.34亿元,同比增长9.3%;社会固定资产投资总额24.82亿元,同比增长-5.4%。广佛(佛冈)产业园累计签约项目127个(其中佛冈万洋众创73家、中创材料谷16家),总投资263.82亿元,预计年产值531.2亿元,年税收可达24.15亿元。计划投资20亿元以上项目4个,计划投资10亿元以上项目7个,计划投资1亿元以上项目34个。已动工项目43个,投产项目28个。聚宝工业园A区引进优质企业11家,已全部投产,计划总投资8.9亿元,年产值超18亿元;聚宝工业园B区签约企业8家,计划总投资额近28.33亿元,年产值超77.4亿元。

旅游 2023年,汤塘镇依托独有的氡温泉和特色传统文化资源,结合地方民俗文化、现代观光农业、农家乐和自驾游等特色旅游项目,围绕古村落群、氡温泉眼、爱莲书室、濂溪书院、精品民宿等特色主题,联通聚龙湾、勤天熹乐谷、黄花湖度假区等高端休闲旅游产业群,打造集温泉养生、民俗观赏、农耕文化体验、国学文化研学于一体的精品旅游路线。建立"农民合作社+乡村民宿管理"发展模式,先后成立佛冈县汤和泉乡村民宿专业合作社和汤塘村旅游管理有限公司。在册登记民宿达88家,民宿带动产业营业收入1500万元,带动农民就业265人,带动保洁人员就业30人。依托四九牛肉节、围镇舞被狮、田心舞鲤鱼灯、竹山粉葛节、田心青梅节等乡村民俗文化活动,发展培育特色民俗节庆旅游品牌。

【城乡建设】**基础设施建设** 2023年,为推进全镇"四好农村路"高质量发展,助力乡村振兴,提升农村公路安全保障水平,对石门、洛洞、菱塘、黎安4个村5条线路实施农村公路安全生命防护工程,共计9.044千米。汤塘镇Y326线下格桥水毁修复工程完成竣工验收;汤塘镇CA63线S355至四九自然村四九村二桥(K0+356)重建工程,投入资金约150万元,已建成通车;汤塘镇汤泉路至温泉口升级改造工程,目前已完成;黄花湖及周边村落道路升级改造工程,预计投入1600万元,已完成投资;汤塘镇智慧停车场及充电桩建设项目,投入资金1036万元,正在对停车库设备进行调试阶段,预计2024年4月底投入使用。投入138.08万元完成汤塘市场升级改造及三鸟市场周边环境整治工程。投入300万元开展新塘村圩头自然村黑臭水体整治项目。

人居环境整治 2023年,汤塘镇累计改造无害化卫生户厕18 097户,无害化卫生户厕普及率100%,累计建成农村公厕共163座,142个自然村已完成农村生活污水收集,133个自然村完成农村生活污水治理,共建设污水处理池238个,生活污水治理率达93.66%。建设"四小园"1507处。已完成干路硬底化自然村数为142个,占比100%;已完成支路硬底化自然村数为139个,占比97.89%;已完成巷路硬底化自然村数为128个,占比90.14%;已整村完成村内道路硬底化自然村数为126个,占比88.73%。

美丽乡村建设 2023年,汤塘镇按照"生态美、村庄美、生活美、乡风美"的"四美"要求,围绕建设规划与管理、村容村貌、基础设施、富民兴村、公共服务、乡村治理等方面夯实建设基础,推进整洁村、示范村、特色村创建工作。截至2023年12月,全镇142个自然村均达到干净整洁村标准,96个自然村达到美丽宜居标准,占67.61%。

全域土地综合整治试点 2023年,汤塘镇聘请广东省城乡规划设计研究院有限责任公司编制全域土地综合整治试点方案,该项目库包含18个子项目,计划总投资7.2亿元,已基本完成佛冈县汤塘镇大埔村矿山景观风貌提升工程,佛冈县汤塘镇升平村、暖坑村崩塌治理工程,佛冈县生活垃圾卫生填埋场搬迁处置项目,佛冈县汤塘镇汤塘村特色民宿建设项目,汤塘镇濂溪公园品质提升工程,汤塘古村外围新建农房风貌提升工程,佛冈县汤塘镇乡村振兴示范带建设项目7个项目,正在开展2023年度清远市佛冈县汤塘镇新增耕地项目、汤塘村温泉源品质提升工程2个项目。

【社会事业发展】**科技** 2023年,广佛(佛冈)产业园引进的企业中,高新技术企业达到35家,拥有省级以

2023年10月30日，汤塘镇汤泉路完成路面沥青铺设　（汤塘镇党政办　供图）

上科技创新平台18家。构建人才储备信息库，通过公开征集、高校推荐、企业举荐等方式，由佛冈江坳五兴人才服务有限公司统一建立全镇农村实用人才档案库。库内建档人才共3649名，收集汇总镇内劳动力41 675名，并按照5大类、30小类和998个职业工种分类，建立起劳动力就业需求清单，促进人力资源的高效配置。创新驱动转型升级，大力实施"规做精"工程，推动先进制造业、高新企业树标提质增量；支持龙头企业与科研院校组建创新联合体、技术研发基地，引导企业通过增资扩产、技术革新等方式提高发展质量。

教育　2023年，全镇有初级中学3所、完全小学13所、教学点1个、公办幼儿园1所（含4个园区），民办幼儿园5所。中小学教职工546人（其中在编464人），在校中小学生8520人，在读幼儿1866人。适龄儿童入学率100%，小学生毕业率100%；初中生辍学率0.5%，初中生毕业率100%。

医疗卫生　2023年，全镇完成适龄妇女免费"两癌"筛查658人、免费孕前优生检查252对、婚前检查187对；已纳入计划生育家庭奖励人数共631人，其中农村部分奖励304人，纯二女户结扎节育奖励304人，失独特别扶助3人、手术并发症资助5人、城镇独生子女资助15人。奖扶对象个案上报率和奖励资金发放到位率均达100%。成功创建健康机关1个、健康社区（村）6个、健康公园1个、健康企业4家，评选出了健康家庭1841户、健康示范家庭20户，2家健康企业正在创建中；成功创建了省级卫生镇、省级卫生村69个，市级卫生村153个。

文化·体育　2023年，汤塘镇文化站全面升级改造完成，新购置电视机2台，空调11台，阅览培训桌椅一批，新增图书1000多册，并完善电子阅览室的设施建设。为市民提供更丰富的阅读资源。举办"文化"系列活动，包括绘画、民俗文化展览各1场，文艺演出2场，送戏下乡2场；篮球比赛、歌唱比赛、摄影大赛等大型赛事3场，节庆文娱活动5场，活动讲座8场。积极开展文化遗产的普查和保护工作，积极组织省级非物质文化遗产"舞被狮"和市级非物质文化遗产"鲤鱼灯"展演3场，舞狮舞龙展演3场；对全镇不可移动文物不定期巡查，并对兴庐和濂溪书院两处不可移动文物进行修缮和维护，确保了历史文化的传承。

社会保障　2023年，全镇城乡居民基本养老保险参保总人数39 711人，领取基本养老保险待遇正常审批通过并发放11 845人；城乡居民医疗保险参保总人数56 067人，其中特殊人群参保4901人，新增城乡医疗保险补缴456人。在合作医疗工作中，共受理异地住院零星报销单据459份；特困、低保、建档立卡扶贫对象等特殊人员"一站式"结算1.89万人次，统筹基金支付775.35万元，医疗救助支出423.92万元。

民政工作　2023年，汤塘镇共有城镇低保人员10人，人均月救助金额779元；农村低保人员1786人，人均月救助金额511元；农村兜底低保人员52人，人均月救助金额431元；在册城镇特困分散供养人员9人，人均月供养金额1453元；农村分散供养特困人员620人，人均月供养金额1127元；集中供养特困人员40人；在册孤儿15人和事实无人抚养儿童48人，人均月救助金额1359元，已发放到位。汤塘镇共有残疾人1987人，享受重度护理补贴的残疾人有1086人，人均享受月补贴261元；享受生活困难补贴的残疾人有463人，人均享受月补贴195元，已落实残疾人两项补贴提标工作。汤塘镇共有80周岁以上老人1506人，其中：80—89周岁1244人，每人每月津贴50元；90—99周岁256人，每人每月津贴100元；100周岁以上6人，每人每月津贴500元，高龄津贴按月足额发放到位。建成镇级综合养老服务中心1间；建成村级综合养老服务站9间；建成长者饭堂1间。

政务服务　2023年，汤塘镇政务服务中心评选为镇街级标杆培育便民服务中心。汤塘镇政务服务中心占地总面积300平方米，设有业务受理区、填表区、自助办税区和24小时智慧政务等区域，共设有9个对外办事窗口，其中综合窗口7个（含人社医保小综窗2个、民政残联/帮办代办窗口1个、退役军人服务/绿色窗口1个、卫健/全市通办窗口1个、宅基地审批1个、办不成事反映窗口1个）；另设有公安专窗1个，市监专窗1个。新增设"全市通办"窗口、"帮办代办"窗口、"办不成事反映"

2023年8月19日，美丽乡村——汤塘村上下闸村 （汤塘镇党政办 供图）

窗口、"特色人群绿色通道"窗口等；增开双向邮寄服务业务、绿色通道办理业务、延时服务、志愿服务、"免证办"、预约服务等多项便捷服务。累计受理各类行政许可、公共服务24 406件，其中专窗占47%，综合窗口占53%，按期办结率为100%。

人民调解 2023年，汤塘镇有人民调解委员会24个，其中乡镇调委会1个，村（社区）委调委会21个，劳动争议调解组织1个，其他调解组织（妇联）1个。人民调解组织覆盖率达100%。全年共接访群众177批301人次，组织各类矛盾纠纷排查21次，共受理矛盾纠纷案件21宗，调解成功21宗，成功率达100%。

【农村综合改革】 防返贫监测 2023年，汤塘镇划分为142个网格，配备284名基层网格员，全面开展基层网格员实时监测、行业部门重点监测、报贫热线动态监测"三线监测"，通过分片包干、接听电话和定期走访收集信息，及时掌握脱贫户和防返贫监测对象的"两不愁三保障"和饮水安全等情况，确保及时发现并上报返贫致贫风险，以便相关部门快速响应、精准帮扶。2023年初，全镇防止返贫监测对象合计22户83人，均已做好台账整理并落实分类施策。根据核查所掌握的资料，分析研判风险点，针对性开展帮扶工作，强化人员、政策、资金等帮扶力量跟进，如对有劳动力、有就业意愿的监测对象，实施就业帮扶；对无劳动能力的监测对象，实施综合保障。通过一系列帮扶措施，及时启动风险消除程序，截至12月已完成风险消除11户37人。

乡村振兴示范带 2023年，汤塘镇打造温泉古村乡村振兴示范带，累计投入8700万元，示范带内5个行政村的33个自然村均已达到干净整洁村以上标准，其中达到生态村标准1个、特色精品村标准9个、美丽宜居标准21个、干净整洁村标准2个，示范带建设已顺利通过县级、市级中期验收评估。开展房屋外立面改造提升工作，实施路口重点、首层店招、单层精品三大改造，主要是对位置突出的建筑整体立面进行整改，对首层店招进行标准化改造，对沿线两段单层联排商铺进行精品化提升，优化沿线商业界面效果，提升镇圩整体风貌品质。完成外立面改造24间、商铺招牌标准化改造88间。

【扫黑除恶】 2023年，汤塘镇进一步贯彻落实中央、省、市、县对常态化扫黑除恶斗争工作部署，严厉打击各种涉黑涉恶违法犯罪行为。是年，在各村（社区）、路口悬挂宣传横额90条，张贴标语200多条，张贴通告200多份，派发8000多份宣传资料，派发宣传环保购物袋20 000多个，更新22个宣传栏，扫黑除恶广告牌单面版面15个，扫黑除恶展板画8张，向群众公布举报电话，公开举报奖励方案，各村（社区）设立举报箱，宣传覆盖21个村（社区）、各企业单位。是年，汤塘派出所共刑事立案133宗，刑拘22人；行政拘留47人（20人不执行行政拘留；破获涉毒案件1宗，强制隔离戒毒0人）。

【禁毒宣传工作】 2023年，汤塘镇全镇开展"六进"宣传活动600余次，发放禁毒宣传资料5万余份，悬挂张贴禁毒横幅标语100余条，设立禁毒宣传栏27个，大型宣传牌4个，移动宣传板12个和仿真模具2个，通过上门走访、电话回访、视频等方式，已100%完成平安关爱行动要求。其中走访慰问社区戒毒、社区康复人员24人次，辖区内处置强制戒毒3次以上社会面吸毒人员、因毒致困人员，共走访30个家庭，走访帮扶涉吸食依托咪酯50余人，其他社会面通过电话回访300余人。截至12月31日，汤塘镇户籍在册涉毒人员420人，汤塘镇禁毒办按分级分类的要求录入系统，建立每人一档一册管理，并将该批吸毒人员划分到全镇各村（社区）合计101个网格进行网格化管理。是年，社区戒毒、社区康复顺利解戒16人，共8人报到，在公安机关的配合下，对其进行社区戒毒、社区康复工作，实行动态化、系统化管理，无一人脱管失管，执行率100%。

【"两化""两员"工作】 2023年，为深入贯彻落实党中央关于健全城乡基层治理体系、推进网格化管理和服务等系列部署，佛冈县以汤塘镇为试点，探索建立"网格化+信息化""网格员+信息员"基层综合治理模式，形成"双管齐下、打建结合、疏堵并举、标本兼治"的长效管理机制，全面推进基层综合治理现代化。按照汤塘镇地理空间合理划分出网格101个，并根据网格数量配置专职网格员26人，兼职网格员93人。为建立快速信息收集渠道和反馈机制，汤塘镇制定"粤平安"建设工作信息整合及排查报送制度、信息保密制度等一系列工作制度，确保使用者之间能共享信息，交流沟通经验，网格员能及时上报事件，为"粤平安"建设工作开展提供强有力的支撑。"粤平安"综合网格服务管理平台投入使用以来，平台已受理事件12 980件，已办结12 980件，办结率100%，其中，涉及违建事件23件，涉及农林水事件2157件，涉精神患者事件833件。

【汤塘镇十八届人民代表大会三次会议】 2023年4月13日，汤塘镇召开镇十八届人大三次会议，组织代表会议听取和审议汤塘镇政府、人大工作报告，审查和批准镇2023年预算执行情况和2023年预算草案报告，票决出包括佛冈县生活垃圾填埋场治理工程（汤塘镇）、汤塘市场升级改造工程、三鸟市场周边环境整治工程、汤泉西路道路升级改造工程、联和村排洪渠整治工程、新塘村圩头自然村黑臭水体整治项目、围镇村灌溉渠道衬砌工程、脉塘村大湾区止贝岀到西料的灌溉圳扩建工程、汤塘镇V420线S354至四九村段省道联结改造工程、四九自然村二桥重建工程，以及提高低保、特困人员、孤儿基本生活补贴和残疾人两项补贴水平的2023年十项民生实事项目。会上代表提出的16件建议均已答复完毕。

【汤塘镇十八届人民代表大会四次会议】 2023年12月21日，汤塘镇召开镇十八届人大四次会议，组织代表会议听取和审议汤塘镇2023年十项民生实事实施情况报告，补选汤塘镇副镇长1名，其中利啟炜得赞成票86票当选为汤塘镇副镇长。

（陈家丽）

龙山镇

【龙山镇概况】 龙山镇位于佛冈县南部，东经113°23′，北纬23°45′。东接汤塘镇，南邻从化区鳌头镇，西南靠清远市清城区飞来峡镇，东北连石角镇。全镇面积160.47平方千米。2023年，龙山镇下辖关前、黄塱、门楼富、浮良、车步、潖镇、官路唇、鹤田、白沙塘、良塘、从化围、下岳、上岳、清水迳14个行政村，龙山1个社区。全镇有115个自然村，293个村民小组，23个居民小组。2023年户籍总人口约5.1812万，其中常住人口约4.64万人，外来流动人口约4963人。新出生人口413人。

龙山镇因清朝在辖区内有龙山圩而得名。1942年为清远县龙山乡；1953年初改称清远县第六区；1955年9月，改称龙山区；1957年9月，改称龙山乡；1958年7月，清远县龙山乡划归佛冈县管辖；1958年10月，龙山乡与其他乡合并为潖江人民公社；1959年5月，分出成立龙山人民公社；1983年12月，撤社改区，改称龙山区公所；1987年1月，改为龙山镇；2004年5月，民安镇并入龙山镇。

龙山镇地处佛冈县南部，地势北高南低，地形以平原为主，主要山脉为乐格山。属南亚带亚季风气候，高温多雨，气候湿润。境内主要河流为潖江及其支流。地下矿藏有石英砂岩、耐火黏土、叶腊石等。主要旅游景点有上岳古民居、融创春风岭南。

G106线、S252线贯穿境内，G355线与G106线境内相接；从2020年起，汕湛高速、广连高速北延段相继开通，并在龙山范围内设龙山高速出口、广连龙山服务区，加快融入广州"半小时"经济圈。道路、电力、通信设施完善，发展环境优化。龙山镇是佛冈县的工业重镇，形成空调冷冻设备制造、玩具、机车制造等产业群。特色农业的发展格局初步形成，沃柑、香蕉、晶宝梨等优质水果的种植向基地化发展。岳凤凰鸡、中药材鹅、潖镇萝卜、沙葛等为县内名优特产。

【经济发展】 自省委部署实施"百千万工程"以来，龙山镇全面贯彻落实省委"1310"具体部署，聚焦县委中心工作，坚决以头号工程的力度推进实施"百千万工程"，奋力在镇域经济、联城带村节点建设、城乡区域协调发展和乡村振兴等工作上取得新突破。2023年，龙山镇完成财政收入16 842.71万元。

农业 2023年，龙山镇原有高标农田提升改造166.67公顷，以丝苗米为示范种植，全年播种粮食2555.33公

2023年1月13日，龙山镇举办农产品推介会暨2023年"贺新春 迎金兔"网上年货节活动　　　　　　　　　　（龙山镇党政办　供图）

顷，超额完成粮食生产目标任务，培育农业经营主体112个，不断壮大锄头粑粑生态农业有限公司和占果红农民专业合作社"粤字号"生产基地。农村产权"应进必进"平台流转交易扎实推动，已在省农村产权流转交易管理平台成交项目29宗，成交总金额261万元。

工业 2023年，龙山镇以空调、电动车、玩具为龙头的三大支柱产业集聚引领，全年累计完成规模工业总产值120亿元，全县排名第二，同比增长15.6%，增速全县排名第一；完成工业增加值17.8亿元，同比增长13.3%，增速全县排名第一。龙山智造城引进智动优谷、广东材料谷等项目，其中智动优谷项目正动工建设。项目总投资超86.4亿元，预计产值达174.42亿元，年税收达4.51亿元。聚宝工业园引进雅迪电动车华南基地建设项目及景华等电动机车配套企业，基地项目正在建设。

【城乡建设】 **城乡融合** 2023年龙山镇扎实推动龙山、民安两个圩镇基础设施建设。其中，龙山美丽圩镇建设已通过市级"宜居圩镇"验收。顺利完成圩镇"稻田生态公园建设+新时代文明实践所"实体化运作，紧跟清远五大百亿农业产业发展步伐，种植丝苗米水稻400亩，建成"3.5公里彩虹漫道+400米灯光步道"环线；清除圩镇乱搭乱建3000平方米，全面提升照明系统300处，修复、新建人行步道1万平方米，美化升级龙山、民安片区墟镇街道约5千米。

典型村培育 2023年，龙山镇积极探索典型村上岳村古民居的"规划+运营"新模式，出具上岳典型村初步设计方案，初步确定"七大和美"建设项目，创建包含近、中、远期47项具体项目的项目库。完成古围村清杂600平方米，修复古围村巷道200平方米，沿线农房风貌品质提升400米，完成核心区周边农房风貌提升7栋；上岳村甲水旺三面灌溉渠改造工程已完成建设。在古村边、路边、围边、池塘边种植桂花150棵、黄金草600米、荷花1000平方米，沿四小园种植龙眼50棵、杨桃30棵。

绿美建设 2023年，龙山镇大力开展绿美建设，以门楼富、清水迳国家森林乡村为辐射带动，以"村庄宜绿尽绿、适地适树"为主线，提升"五边四旁"绿化美化品质，沿汕湛高速出口至上岳村种植火焰木120棵、垂榕8700棵、大红花1500棵；沿X406线融创段种植香樟120棵；沿G106线插绿补绿种植宫粉紫荆170棵、爬山虎400棵。

基础设施建设 2023年，全镇163个分散式污水处理设施全面运行，实现农村生活污水处理全覆盖，农村生活环境进一步提升。村级环境管理和卫生整治网格化，全镇设置垃圾收集点400个，网格化管理区域115个，建有保洁队伍15支，聘用专业保洁员159人。

人居环境整治 2023年，全镇15个村（居）的垃圾清运已全面实施物业化管理，制定村级垃圾清运考核标准，清运车辆物流式调度，一改以往垃圾清运不及时、垃圾尾水满村流的不良现象。

美丽乡村建设 2023年，提升美丽乡村覆盖标准。全镇115个自然村全部达到省级干净整洁村标准，72.17%的行政村达到省级美丽宜居村标准，6条自然村达到省级特色精品村标准。高标打造乡村振兴示范带，围绕"古韵上岳""活力下岳""古镇民安"三大主题，以三级景观道、乡村振兴风景线建设，人文历史资源激活为重点，打造总长25.2千米的龙山镇"醉美双岳"乡村振兴示范带，串联5个行政村42个自然村以及民安、龙山2个圩镇，覆盖农户5302户22 414人。乡村振兴示范带第一期项目于2022年10月动工建设。

【社会事业发展】 **教育** 2023年，全镇有初级中学2所，小学7所，幼儿园8所。教学成绩显著提升：潖江中学中考总平均分由去年的第11名进步到第9名，个人最好成绩全县排名第11名，前50名2人（原1人）；民安中学中考总平均分由去年的第12名进步到第6名，高中上线人数97人，进入县前100名有2人，其中最高分的学生位于县第4名。

文化·体育 2023年，龙山镇开展多种文体娱乐活动，先后组织"百千万工程杯"和美乡村篮球赛、"我联系群众两三事"演讲比赛等大型活动，在丰富干部群众精神文化生活的同时起到良好的宣传效果。在龙山镇文化站设置文化长廊、文化培训室、少儿活动室、科普宣传室、理论宣讲室、舞蹈排练室、阅览室等功能室，并将龙山镇文化站和龙山镇新时代文明实践所合二为一，增加了场所的使用率，打通了群众工作"最后一公里"。

社会保障 2023年，龙山镇打造"情满龙山·连心工程"民生服务品牌，以满足特殊群体"需求"为导向，建立"项目化"长效关爱模式，着力推进民生保障精细化常态化长效化。"情满龙山·连心工程"自2022年开展以来，联合龙山镇社工站、龙山镇妇联等部门开展"第二课堂"、志愿者帮扶等60个关爱项目，共链接资金近42万元，开展精细化、精准化、特色化关爱服务，服务人数超15 000人。链接广东省人民医院、广东省第二中医院等医疗机构深入龙山镇各村、社区，累计开展了10场义诊活动，服务人约2600人。

精准帮扶 2023年，龙山镇通过主动发现，成功为59户139人申请最低生活保障待遇，31户103人申请低保边缘家庭待遇，41人申请特困人员待遇。扎实做好残疾人各项工作，促进残疾人事业全面发展。2023年新办残疾证54人，全镇现有持证残疾人共1269人，2023年残疾人两项补贴资格认定以及残疾对象基本服务和需求信息采集均圆满完成。完善养老服务体系建设，2023年龙山镇修缮敬老院内外墙、安装空调22台、建设护理型床位14张，并完善娱乐

2023年11月17日，龙山镇专职消防队到融创小区开展高层建筑消防应急疏散及灭火演练活动　　　　　　　　　　（龙山镇党政办　供图）

室设施设备及健身器材等；建成镇级养老服务中心及上岳村、涩镇村、车步村、从化围村综合养老服务站；完成镇级适老化改造30户；为1206名80岁以上老人发放高龄老人津贴共855 700元。

武装工作　2023年，龙山镇征集192名适龄青年参加镇的初检，有156人通过初检。156名青年参加县检，经过复检和政治考核，确定24名双合格青年。最终龙山镇入伍青年为15名，其中大专以上学历14名，中职1名。树立"让军人成为全社会尊崇职业"的新风尚，认真做好新形势下拥军优属工作。龙山镇共有2名退役军人，1名现役军人家属因病入院治疗，组织退役军人服务站工作人员调查走访，收集、核对资料，整理及上报申请材料，为3名服务对象申请到应急救助资金12万余元。

【**综合治理**】　2023年，龙山镇以"三大委员会"（综合治理委员会、公共服务委员会、综合行政执法委员会）为平台，进一步完善基层治理机制。

安全生产责任　开展重大事故隐患专项排查整治2023行动，召开专题会议研究部署各行业领域的重大隐患排查整治，建立领导带队检查机制，累计共出动检查人员482人次，检查企业163家次，发现和整改隐患70项，镇主要领导带队检查12次，分管领导带队检查10次。

消防安全长效机制　2023年，龙山镇专职消防队全年共出警91次，出警次数、抢救人员数和抢救财产价值同比有所上升，主要警情任务为抢险救援和群众求助，全年未发生亡人火灾。协同镇消防事务办组织大型消防宣传及演练共12场，培训人员共430余人，派发宣传册3000余份。大力推进电动自行车领域消防安全治理工作，全镇15个村（居）100%完成电动自行车集中充电设施建设。

应急救灾体系　做好各项防汛防旱防风防冻工作，及时对山塘、水库、地质灾害点、中小河道的堤坝等重点区域开展日常巡查工作，落实分段分片责任制，及时排除隐患，全年平稳有效应对自然灾害发生。

【**便民服务改革**】　2023年，龙山镇大力打造"一站式"服务，对群众申办事项的种类、程序和所需资料进行梳理，将分散在各站所直接面向群众的服务事项整合集中至便民服务中心"一站式"办理，为群众办理94项高频政务服务事项。实行"综窗通办"，调整前台受理模式，将以前专窗的服务事项全部纳入综合窗口进行无差别受理，尽最大可能减少群众办事等候的时间。创新"三办"服务，前台受理区共设置8个窗口、1个综合咨询窗口、5个综合办事窗口、1个帮办代办窗口、1个政银合作窗口，2023年，共协助个体工商户及群众办理税务业务37件。

【**乡村振兴帮扶工作**】　2023年，龙山镇建立防返贫动态监测台账，对已录入省网系统的防返贫监测户进行入户调查，详细了解家庭状况，因户施策，实施持续动态跟踪，确保对象不返贫。2021年以来，入库驻镇帮镇扶村项目29个，其中潖江巷道建设工程、门楼富村水毁桥梁重建工程、鹤田村水利防护砌石加固工程等17个项目已全面竣工。截至2023年底，各村共累计实施民生项目110个。

【**"6·30"广东扶贫济困日**】　2023年，龙山镇"6·30广东扶贫济困日"共投入200万元完善中小学电教平台及改善教师宿舍。其中，为龙山镇各小学安装一体机25套，为潖江中学添置电教平台3套，为民安中学新建教学楼安装8套电教平台。并投入资金为潖江中学修缮教师宿舍，改造建设民安中学教师宿舍楼。

（何嘉林）

自然保护区·林场

责任编辑：黄欣

广东佛冈观音山省级自然保护区

【保护区概况】 广东佛冈观音山省级自然保护区成立于1985年，是省和县共管，以佛冈县管理为主副处级事业单位。保护区位于佛冈县西北部，东北与高岗镇相接，东南、西南与石角镇相邻，西北与英德市交接，总面积2816.8公顷。记录有陆生野生脊椎动物25目76科210种，野生维管植物178科701属1518种。

保护区管理处是省财政核拨的公益一类事业单位，核定事业编制10人，现有在编人员6人，聘用护林员13人。下设2个科室（综合科、保护管理科），4个管理站（上坪、龙潭下、大陂坑、东二）。日常主要工作为森林防火、资源管护、资源调查、科研监测、科普宣传、社区共管等，保护区域内南亚热带常绿阔叶林森林生态系统、野生动植物及其栖息地，维护生态平衡。

【森林防火】 2023年，保护区管理处投入50万元开展"广东佛冈观音山省级自然保护区森林火情早期处理能力提升项目"，购置风力灭火机、油锯、水泵、水带等森林消防设备，并邀请专业森林消防员对全体管护人员开展森林防灭火技能培训1次，在设备、人员两方面同步提升保护区森林火情早期处理能力；投入9万元对已建成的保护区生物防火林带进行铲修、清理；日常加强隐患排查、森林防灭火宣传工作开展，多措并举严格落实森林防火工作，全年无发生森林火灾。

【资源管护】 2023年，保护区管理处结合全面推行林长制和绿美佛冈生态建设工作要求开展巡林、野生动植物保护、森林灾害防控等各项工作，区内无森林资源违法违规案件发生，无疫源疫病发生、蔓延，森林资源得到持续有效管护。

【资源调查与科研监测】 2023年，网格化布设60台红外相机，全区域持续监测野生动物，收集豹猫、白鹇、仙八色鸫等10多种珍稀濒危动物的影像资料；持续开展保护区植物资源的监测，发现保护区尚未收录的全唇盂兰、棒距虾脊兰等植物；常态化开展疫源疫病监测工作，定期上报监测数据。

【宣传教育】 2023年，观音山保护区持续加强科普宣教建设。投入50万元开展"广东佛冈观音山省级自然保护区设施标识及科普互动装置增设项目"，建设标本抽屉、森林微生态探索、野生动植物趣味知识翻转板等科普互动装置和统一的设施标识，完善保护区科普宣教园设施建设。积极申报"广东省环境教育基地"，对照申报要求，明确、细化保护区科普宣教建设规划。结合"爱鸟周""5·22国际生物多样性日""野生动物保护宣传月"等时间节点在保护区科普宣教园、周边社区学校开展7场次的"绿美广东"自然科普教育活动，营造"全民共建、共享绿美生态"的良好氛围。

2023年8月2日，保护区管理处验收"广东佛冈观音山省级自然保护区森林火情早期处理能力提升项目"（广东佛冈观音山省级自然保护区管理处 供图）

2023年11月13日，保护区开展"绿美广东"自然科普教育活动
（广东佛冈观音山省级自然保护区管理处 供图）

【社区共管】 2023年，保护区管理处重视保护区周边社区的建设发展，不定期走访并给予帮助支持，支持诚迳村委、高镇村委森林防火工作经费各6000元；"三八"妇女节对周边社区生活困难的5名妇女进行慰问，并且每人发放300元的慰问金。

【人员培训】 2023年，保护区管理处组织全体管护人员开展林业法律法规、野生动植物资源保护、森林防灭火技能、保护区建设管理等业务培训，全面提升保护区绿美广东生态建设管理水平。

（陈仕林）

清远市羊角山林场

【林场概况】 清远市羊角山林场原名为国营羊角山林场，成立于1958年，位于佛冈县石角镇三八村五虎擒羊（地名），林场经营总面积2675公顷，属正科级，设2个党支部。2023年年末职工人数69人，在职人数21人，退休48人，其中党员23人。林场下设1机关（设办公室、资产财务股、资源管护股、营林科技股）、2中心（护林育林中心（设大白洞管护站1个，下坪管护站1个）、资源综合利用中心）。

【林场主要任务】 2023年，林场的主要任务是：保护、培育和合理开发利用森林资源，保护森林物种多样性；负责辖区内森林防火、生态公益林管护、区域良种示范、种质资源保存与创新、生态监测、科技示范工作；管理辖区内森林公园；开展科普、宣传工作；协助开展林业有害生物防治，协助完成林业资源规划、保护、科技推广；开展林业特色产业和森林旅游、物业等经营活动。

【党建工作】 2023年，林场深入贯彻落实《清远市基层党组织书记"十个思考"（试行）》的精神，推动基层党组织书记充分发挥"头雁"效应，以"十个思考"问题为导向，引领带动广大党员干部深入基层调查研究，带着问题来，奔着问题去，认真谋划林场本年度基层党组织重点工作，明确工作方向。带领支委班子朝着既定目标勇毅前行、担当作为，抓党建促乡村振兴、促基层治理，把上级的指示、精神贯彻落实好，把林场的建设与发展等各项任务组织协调好，以高质量党建推动高质量发展，充分发挥党支部的战斗堡垒作用。做好干部职工安抚慰问工作，春节期间，林场工会开展走访慰问老职工和生活困难职工活动，发放慰问金1600元。

【森林建设及资源利用】 2023年，林场提供森林资源与佛冈县林业局合作，建设绿美佛冈生态示范园，对森林公园进行森林质量提升和绿美建设。林场与华润新能源（清远佛冈）有限公司就高山风电场项目使用林场林区主干道及防火通道资源协商达成一致：使用面积为149.2435亩，使用时间20年。实现资源开发利用。

【森林防火】 2023年，林场严格执行《清远市羊角山林场2023—2024年度森林特别防护期森林防灭火工作方案》，加强值班值守，特别是节假日的值班值守工作。开展多种形式的森林防灭火宣传教育活动，在进入林区主要路口、管护站、林场场部悬挂宣传森林防火横幅，派发宣传资料，并组织有关人员到林场周边村镇开展防火宣传活动。在森林高火险期，加强林地巡查，特别是加强易发生山火的重点地段、重点时段的巡逻，禁止一

2023年5月4日，县长江红平（左一）一行到羊角山调研绿美示范点建设
（曾文就 摄）

切野外用火，禁止外来车辆和行人进入林区，切实做到守住路口、巡好山头、看住危险人、管住火源，消除火灾隐患。开展森林火险隐患"五清"专项行动，做好神坛社庙的防火工作，清扫枯枝落叶，在神坛社庙旁边增设消防水桶和自来水，以备不测之用。加强森林防灭火物资仓库的管理，做好森林防灭火设施、设备的维护工作。

【安全生产工作】 2023年，林场定期开展安全隐患排查，做到及时有效的整治。是年，林场领导带领有关人员，对林场辖区内的管护站、民工作业点、同富公司、电站、林区主干道路、神坛社庙等进行隐患排查共12次，排查出大小隐患点33个，并对排查出来的隐患问题及时整改，明确整改措施、整改时限、整改责任人。同时，建立隐患排查、整改台账。

【综治信访维稳工作】 2023年，林场坚持每年召开至少4次领导小组会议，研判信访维稳工作，林场领导认真听取各股室及管护站的情况汇报，及时研究解决综治维稳工作中的疑难问题和实际困难。坚持定期和不定期排查，按照"早发现，早化解，早处理"的工作要求，对排查出的矛盾纠纷及时解决。一年内，没有发生上访或越级上访情况。

【森林保护及治安管理】 2023年，林场加强林地巡查，发现侵占林地行为及时制止。全年，羊角山林场无事故、无山火发生，无发生破坏森林资源和非法占用林地现象，森林资源得到有效保护，林场平安稳定。在辖区内发现问题及时汇报、及时制止；协调配合各股室工作开展。全年林场（包括大白洞村）没有发生治安管理案件。

（温冬梅）

2023年12月21日，羊角山林场开展森林火灾扑救演练　　　　　　　　　　　　　　　　　　　　　（曾文就　摄）

统计资料

佛冈县2023年国民经济和社会发展统计公报

刚刚过去的2023年，是全面贯彻党的二十大精神的开局之年，也是三年新冠疫情防控转段后经济恢复发展的一年。一年来，县委县政府坚持以习近平新时代中国特色社会主义思想为指导，深入学习贯彻习近平总书记视察广东重要讲话、重要指示精神，坚持稳中求进工作总基调，紧扣高质量发展主题，聚焦"百千万工程"，完整、准确、全面贯彻新发展理念，推动佛冈现代化建设不断开创新局面。

一、综合

根据清远市地区生产总值统一核算结果，2023年，全县实现地区生产总值（GDP）171.57亿元，同比增长4.0%。分产业看，第一产业增加值26.49亿元，同比增长6.4%，第二产业增加值76.44亿元，同比增长5.6%，第三产业增加值68.65亿元，同比增长1.4%，三次产业比为15.4∶44.6∶40。

2023年年末户籍总户数9.64万户，户籍人口36.19万人，增长0.41‰。其中男性人口18.85万人，女性人口17.35万人，性别比（以女性为100，男性对女性的比例）为108.6。全年户籍出生人口0.3万人，出生率8.25‰，死亡人口0.14万人，死亡率3.76‰，自然增长率为4.49‰。据清远市统计部门反馈，2023年末佛冈县常住人口31.67万人，比上年末增加0.01万人，其中城镇人口14.51万人，城镇化率为45.82%。

2023年居民消费价格总指数累计同比增长0.2%，其中，交通和通信类价格下降1.5%，医疗保健类价格增长3.5%，教育文化和娱乐类价格增长4.1%，生活用品及服务类增长2.8%，居住类价格下降0.5%，食品烟酒类价格与上年持平；其他用品和服务类价格增长0.8%，衣着类价格下降6.2%。

2023年镇新增就业4194人，完成市下达目标任务数4000人的104.85%；失业人员实现再就业1770人，完成市下达目标任务数1600人的110.63%；就业困难人员实现就业275人，完成市下达目标任务数110人的250%；扶持320人创业，完成下达计划的100%。全县就业形势总体稳定。

2023年综合能源消费38.79万吨标准煤，同比增长10.6%，全年全社会用电量26.62亿千瓦时，同比增长6.4%。其中工业用电量19.87亿千瓦时，同比增长6.2%。

二、农业

2023年，农林牧渔业总产值43.08亿元，同比增长6.5%。其中，农业产值28.97亿元，同比增长5.5%；林业产值2.72亿元，同比增长9.9%；牧业产值9.19亿元，同比增长9%；渔业产值0.76亿元，同比增长1.5%；农林牧渔服务业产值1.44亿元，同比增长7.8%。

粮食作物播种面积17.74万亩，同比增长0.1%。其中，稻谷播种面积16.63万亩，同比增长0.1%。蔬菜种植面积18.41万亩，同比下降2%。水果种植面积16.68万亩，同比增长2.2%。花生种植面积4.64万亩，同比增长1.5%。

粮食产量5.78万吨，同比增长0.1%。其中，稻谷产量5.52万吨，同比下降0.2%。蔬菜产量27.48万吨，同比增长3.9%。水果产量18.06万吨，同比增长17.1%。花生产量1.32万吨，同比增长4.8%。

肉类产量2.22万吨，同比增长20.5%。其中，猪肉产量1.55万吨，同比增长12.3%；禽肉产量0.61万吨，同比增长39.5%。生猪全年出栏量19.85万头，同比增长12.5%；家禽出栏量390.39万只，同比增长0.8%；鸡蛋产量0.97万吨，同比增长2.6%。

农用化肥施用量（折纯）13 382吨，同比下降1.6%；农药使用量510吨，同比下降0.6%。

三、工业和建筑业

2023年，全县完成规模以上工业增加值65.16亿元，同比增长2.9%。其中，轻工业增加值23.32亿元，同比增长5.3%，重工业增加值41.85亿元，同比增长1.6%。

分经济类型看，股份制企业实现增加值32.24亿元，同比增长14.4%；外商及港澳台企业实现增加值32.45亿元，同比下降6.9%；其他经济类型企业实现增加值0.48亿元，同比增长39.5%。私营企业实现增加值17.24亿元，同比增长14.5%。从企业规模看，大中型工业企业完成增加值43.21亿元，同比增长0.1%。

分行业看，我县规模以上工业共涵盖25个行业，其中10大行业产值超10亿元，分别为：计算机通信和其他电子设备制造业，通用设备制造业，铁路、船舶、航空航天和其他运输设备制造业，金属制品业，非金属矿物制品业，文教、工美、体育和娱乐用品制造业，汽车制造业，酒、饮料和精制茶制造业，黑色金属冶炼和压延加工业，纺织业，合计产值305.26亿元，占全县规模以上工业产值的87.2%。

在规模以上工业现代产业中，高技术制造业增加值13.42亿元，同比下降5.4%，其中，电子及通信设备制造业同比下降5.2%，计算机及办公设备制造业同比下降57.4%，医疗仪器设备及仪器仪表制造业同比增长3.4%；先进制造业增加值27.49亿元，同比增长3.7%，其中，高端电子信息制造业同比下降5.2%，先进装备制造业同比增长15%，石油化工产业同比增长57%，先进轻纺制造业同比增长0.6%，新材料制造业同比增长13.3%；传统优势产业增加值16.81亿元，同比下降6.9%，其中纺织服装业同比增长8.4%，食品饮料业同比增长3.1%，家具制造业同比下降25%，建筑材料业同比下降4.2%，金属制品业同比下降17.8%。

全年规模以上工业企业的产品产量：软饮料15.15万吨，同比增长19.3%；印染布8201.4万米，同比下降44.1%；塑料制品3.41万吨，同比增长22.6%；水泥产量35.69万吨，同比下降27.4%；商品混凝土产量60.33万立方米，同比增长21.1%；瓷质砖产量600.63万平方米，同比下降2.3%；电动自行车321.81万辆，同比增长45%；风机378.36万台，同比增长0.6%；印刷电路板1917.21万平方米，同比下降2.1%。

2023年末全县有资质等级以上建筑企业6家，比上年减少1家；建筑业总产值4.2亿元，同比增长9.24%。

四、固定资产投资

2023年固定资产完成投资同比增长4.1%。其中，第一产业投资同比下降92.2%；第二产业投资同比下降14%；第三产业投资同比增长13%。其中：基础设施投资同比增长0.2%；制造业完成投资同比下降1.2%；电力、燃气及水的生产和供应业完成投资同比下降33.1%。

全年房地产开发投资额25亿元，同比下降5.8%。房屋施工面积381.94万平方米，同比下降13.1%；商品房销售面积42.11万平方米，同比下降26.7%，其中住宅销售面积28.26万平方米，同比增长18.4%。商品房销售2558套，同比增长9.3%，实现销售额25.35亿元，同比下降8.4%。

五、国内贸易和对外经济

2023年社会消费品零售总额41.41亿元，同比增长6.7%。全县进出口总额46.6亿元，同比下降16.2%。其中出口总额36.5亿元，同比下降13.7%；进口额10.1亿元，同比下降23.9%。

全年引进外资项目3个，完成合同外资1.6亿元，同比下降95.1%；实际利用外资0.69亿元，同比下降62.8%。

六、旅游

2023年全年旅游总收入15.6亿元，同比增长99.5%。全年各景点接待游客总人数149.41万人次，同比增长70.7%。其中，一天游接待总人数约76.33万人次，同比增长63.5%；过夜游接待总人数73.08万人次，同比增长78.9%。全县拥有A级景区4个。全县县级以上文物保护单位共127个，其中省级文物保护单位3个。

七、财政和金融

2023年佛冈财政总收入20.18亿元（包含一般公共预算收入、政府性基金收入、国有资本经营预算收入），同比下降14.4%。地方公共财政预算收入13.59亿元，同比增长6.4%，其中税收收入7.66亿元，同比增长0.5%；公共财政预算支出34.75亿元，同比下降8.9%。

年末全县金融机构本外币存款余额236.94亿元，同比增长4.0%；金融机构本外币贷款余额209.68亿元，同比增长11.2%。

八、教育、文化科技和卫生

2023年全县财政一般预算支出中，用于教育支出11.91亿元，比上年增加1.2亿元，同比增长11.3%。

2023年全县拥有完全中学2所，专任教师559人，招生2967人，在校生7186人，毕业生2045人。初级中学12所，按地域分，县镇9所，农村3所，专任教师1034人，招生5144人，在校生1.64万人，毕业生5580。普通高中毕业生录取率达到86.2%，比上年减少7.05个百分点；高中阶段毛入学率106.2%，比上年增加5.65个百分点。完全小学42所，其中县镇15所，农村27所；教学点29个，其中县镇0个，农村29个；专任教师1753人，招生5052人，在校生3.13万人，毕业生5856人。学龄儿童入学率100%，小学毕业生升学率100%，九年义务教育完成率100%。共有幼儿园69所（公办32所，民办37所），小学附设幼儿班26个，在园幼儿1.05万人，幼儿人数同比下降11.9%。2023年普通高中毕业生升学率87.89%，初中毕业生升学率99.62%。

2023年全县共有文化站6个，公共图书馆1间，藏书32.22万册，比上年增加2.48万册，其中电子书籍11万册。《清远日报·佛冈新闻》全年48期，《南方日报·清远观察·佛冈新闻》全年48期。广播人口覆盖率100%，有线数字电视人口覆盖率98%。

2023年全县有高新技术企业48家，省级工程技术研究中心15家，市级工程技术研究开发中心39家。全年专利授权量 396 件，同比下降 1.7%。其中发明专利 76 件，实用新型专利 221 件，外观设计专利 99 件。

2023 年全县财政用于卫生健康支出 4.4 亿元，同比增长 0.1%。全县共有各类医疗卫生机构 218 个，其中医院（包括综合医院、中医院、专科医院）4 个、县疾病预防控制中心 1 个、卫生监督所 1 个；拥有医疗床位 1072 张；在岗职工 2643 人，其中执业（助理）医师 788 人、注册护士 1043 人、疾病预防控制机构卫生技术人员 32 人、卫生监督所卫生技术人员 1 人、卫生院卫生技术人员 512 人，公立医疗机构中级职称 443 人、高级职称 133 人。升级建设 2 间县级公立医院，标准化建设 11 家乡镇卫生院，标准规范化建设 78 间一体化村卫生站，医疗卫生机构基础设施条件显著改善。

九、人民生活和社会保障

2023 年城乡居民人均可支配收入 28 609 元，同比增长 5.2%，其中城镇居民人均可支配收入 36 718 元，同比增长 3.5%，农村居民人均可支配收入 21 988 元，同比增长 6.3%。

2023 年全县参加职工养老保险（含离退休）7.61 万人，同比下降 1.3%，其中执行企业养老制度（含离退休）6.52 万人，执行机关养老制度人数 1.09 万人；参加机关事业单位职业年金人数 0.76 万人，同比增长 7%；参加城乡居民养老保险人数 14.44 万人，同比下降 0.8%；失业保险参保人数 4.72 万人，同比下降 2.3%；工伤保险参保人数 5.95 万人，同比下降 1%。

2023 年全县生育保险参保人数 5 万人，同比下降 7.3%；职工基本医疗保险（含退休）参保人数 6.7 万人，同比下降 5.4%；城乡居民医疗保险参保人数 24.37 万人，同比下降 1.8%。

2023 年全县共有各类社会福利单位 8 个，合计拥有床位 481 张，供养人数 166 人。其中敬老院 6 个，床位 243 张，供养人数 102 人。2023 年我县城镇居民最低生活保障人数 188 户，合计 348 人；农村居民最低生活保障人数 2782 户，合计 6427 人；2023 年，农村特困供养人员 2350 人。

十、安全生产与资源

2023 年全县共发生各类生产安全事故 13 起，死亡 12 人，其中生产经营性道路交通事故 11 起，死亡 11 人，建筑工地生产安全事故 1 起，死亡 1 人，制造业生产安全事故 1 起，轻伤 1 人，没有发生较大以上生产安全事故。

2022 年年末全县耕地总资源 8820.4 公顷。

注：

1. 本公报部分统计数据为年快报数据。
2. 生产总值以及各产业增加值、农业总产值的绝对数按现价计算，比上年增长速度按可比价计算。
3. 2022 年的交通、邮电数据，省暂未反馈。
4. 年末耕地总资源数为错年公布。
5. 先进制造业包括高端电子信息制造业、先进装备制造业、石油化工产业、先进轻纺制造业、新材料制造业和生物医药及高性能医疗器械业。

资料来源：本公报中城镇新增就业、社会保障数据来自县人社局；对外经济、科技来自县工信局；专利数据来自县市监局；旅游、文化数据来自县文广旅体局；财政数据来自县财政局；金融数据来自人民银行佛冈分行；教育数据来自县教育局；卫生、计生数据来自县卫健局；户籍人口数据来自县公安局；社会保险数据来自社保局；医疗保险数据来自医保局；低保、社会福利数据来自县民政局；安全生产与资源数据来自县应急局、自然资源局；其他数据来自市统计局、国家统计局清远调查队及县统计局。

佛冈县国民经济和社会发展情况表

指标名称	单位	2023 年
一、资源		
行政区域面积	平方公里	1295.2
其中：建成区面积	平方公里	
森林面积	公顷	
年末耕地总资源	公顷	8820.4
自然保护区个数	个	

续表

指标名称	单位	2023年
自然保护区面积	公顷	
二、人口		
年末户籍总人口	万人	36.19
其中：非农业人口	万人	15.10
其中：女	万人	17.35
当年出生人口	人	2984
当年死亡人口	人	1361
年末总户数	户	96 391
其中：乡村户数	户	—
年末常住人口	万人	31.67
其中：城镇人口	万人	14.51
全社会从业人员	万人	14.39
其中：第二产业	万人	3.58
第三产业	万人	7.45
城镇登记失业率	%	—
三、综合经济		
（一）地区生产总值	万元	1 715 745
第一产业增加值	万元	264 896
第二产业增加值	万元	764 398
其中：工业	万元	698 442
第三产业增加值	万元	686 451
人均生产总值（当年价）	元	54 184
生产总值指数（可比价）	上年=100	104
第一产业	上年=100	106.4
第二产业	上年=100	105.6
其中：工业	上年=100	105.6
第三产业	上年=100	101.4
人均生产总值指数	上年=100	104

续表

续表

指标名称	单位	2023年
(二) 财政、金融		
财政总收入	万元	—
其中：公共财政预算收入	万元	135 890
税收收入	万元	76 595
公共财政预算支出	万元	347 494
其中：农林水事务	万元	57 726
科学技术	万元	2595
卫生健康支出	万元	44 025
教育	万元	87 489
年末金融机构本外币各项存款余额	亿元	236.94
其中：城乡居民储蓄存款余额	亿元	—
年末金融机构本外币各项贷款余额	亿元	209.68
四、农业		
(一) 生产情况		
农林牧渔业总产值	万元	430 818
农业产值	万元	289 734
林业产值	万元	27 188
牧业产值	万元	91 895
渔业产值	万元	7587
农林牧渔服务业产值	万元	14 414
(二) 农作物总播种面积	公顷	27 740.93
粮食作物播种面积	公顷	11 829.6
其中：稻谷	公顷	11 086.73
油料播种面积	公顷	3092.93
蔬菜播种面积	公顷	12 275.53
(三) 农产品产量		
粮食总产量	吨	57 843.1
其中：稻谷	吨	55 236

续表

续表

指标名称	单位	2023年
油料产量	吨	13 220
水果产量	吨	180 637
肉类总产量	吨	22 186.3
禽蛋产量	吨	10 272.1
蔬菜产量	吨	274 754
水产品产量	吨	7182
五、工业		
规模以上工业企业单位数	个	129
规模以上工业总产值（现价）	万元	3 499 709
规模以上工业总产值发展指数	上年=100	104.6
规模以上工业增加值（收入法）	万元	651 631
规模以上工业增加值发展指数	上年=100	102.9
规模以上工业企业从业人员年平均数	万人	2.89
六、固定资产投资		
全社会固定资产投资同比增长	%	4.1
按三次产业分		
第一产业	%	−92.2
第二产业	%	−14.0
第三产业	%	13.0
七、交通运输、邮电通信		
境内公路里程	公里	1328.788
其中：高速公路	公里	
民用汽车拥有量	辆	
本地电话年末用户	万户	
移动电话年末用户数	万户	
互联网宽带用户	户	

续表

续表

指标名称	单位	2023 年
全年用电量	万千瓦时	266 162
其中：工业用电量	万千瓦时	198 731
八、贸易、外经、旅游		
社会消费品零售总额	万元	414 093
批发和零售业商品销售总额	万元	1 368 687
住宿和餐饮业营业额	万元	101 341
出口总额	万元	364 598
当年实际使用外资金额	万元	6923
九、教育、科技、文化、卫生		
普通中学数	所	14
小学数	所	42
普通中学专任教师数	人	1593
小学专任教师数	人	1753
普通中学在校学生数	人	23 537
小学在校学生数	人	31 255
学龄儿童入学率	%	100
初中升学率	%	99.62
高中升学率	%	87.89
全年专利授权	件	396
公共图书馆图书总藏量	千册	322
卫生机构数	所	218
卫生机构床位数	床	1072
卫生技术人员数	人	2234
其中：执业（助理）医师	人	788
十、人民生活		
城乡居民人均可支配收入	元	28 609
城镇常住居民人均可支配收入	元	36 718
农村常住居民人均可支配收入	元	21 988

续表

续表

指标名称	单位	2023年
十一、社会保障		
各种社会福利收养性单位数	个	8
各种社会福利收养性单位床位数	床	481
参加职工养老保险人数	万人	7.61
参加城乡居民养老保险人数	万人	14.44
参加基本医疗保险职工数	万人	6.70
参加失业保险人数	万人	4.72
参加城乡居民医疗保险人数	万人	24.4
城镇居民最低生活保障人数	人	348
农村居民最低生活保障人数	人	6427

注：森林面积不包括羊角山面积；人社部门2019年开始按职工养老保险和居民养老保险分类统计，医保部门2019年开始不分开统计城镇、农村居民医保，故2018年参加职工养老保险人数、参加城乡居民养老保险人数、参加城乡居民医疗保险人数等3项指标无数据。

2023年佛冈县各镇基本情况统计表

镇名	人口/人	规模工业增加值/亿元		固定资产投资/亿元	
		绝对值	同比增长/%	绝对值	同比增长/%
石角镇	130 914	23.98	-3.5	—	4.2
龙山镇	51 812	17.76	13.3	—	21.1
汤塘镇	79 058	15.34	9.3	—	-5.4
水头镇	32 117	2.01	-2.0	—	6.8
迳头镇	34 785	6.07	-8.9	—	-51.5
高岗镇	33 249	0	0	—	166.6

备注：该表中人口数据来自县公安局；其他数据均为年快报数据。

（何俊瑜）

文献专载

责任编辑：钟榕斌

在县委十四届四次全会上的讲话

（2023年8月4日）
潘国标

同志们：

这次会议的主要任务是：以习近平新时代中国特色社会主义思想为指导，深入学习贯彻党的二十大精神和习近平总书记视察广东重要讲话、重要指示精神，认真贯彻落实省委十三届三次全会、市委八届五次全会部署要求，动员全县上下真抓实干、比学赶超，加快推动高质量发展，在中国式现代化建设的清远实践中贡献佛冈力量。

今年以来，在市委坚强领导下，我们紧紧抓住"百千万工程"重大机遇，坚持制造业当家，高质量发展迈出了坚实步伐。一是干事创业的氛围更加浓厚。从广东新春第一会起，我们先后召开了高质量发展大会、企业家座谈会、"比学赶超当先锋"现场会，全县上下的目标更加清晰，方向更加明确，信心更加坚定。特别是，我们把"百千万工程"作为全县头号工程，全面兴起"大抓发展、大干快上"的工作热潮，比学赶超的劲头日益高涨。二是产业集聚的动能更加充沛。坚持"一把手"招商，县党政主要领导带队走访约克等龙头企业总部近20家，引进投资40亿元的中盛天然气等项目15个，预计达产产值84亿元，取得了佛冈招商史上的最好战绩。加快建设"一主两辅、多点支撑"产业园区，动工项目41个，试投产项目26个，中大创新园、黄埔材料院等一批重点项目加快落地。培育壮大优势产业集群，围绕雅迪电动车产业链布局了上下游企业27家，着力打造百亿产值基地；推动南玻、华劲等重点企业增资扩产，为佛冈工业发展注入强劲动力。三是乡村振兴的成效更加明显。谋划乡村振兴项目267个，中核汇能农光旅、水头医养中心等一批重点项目相继落地。落实"五大百亿农业产业"[1]行动，建成迳头丝苗米数字化平台，超额完成春耕种植任务。成功举办首届国际魔芋节，推广魔芋种植超万亩。"山水画龙""江源水韵""醉美双岳"等6条示范带亮点纷呈，水头全省乡村振兴先行示范镇建设进展顺利。四是县域发展的基础更加完善。完成森林抚育任务2.3万亩，组织义务植树10万株。顺利承办省运会群体组乒乓球赛、南粤古驿道大赛等省级赛事，熹乐谷获评4A级景区。加快补足县域发展短板，县体育中心正式运营，省道252线县城段建成通车，北江引水工程正式动工，办成了一批群众关心关切的身边事。五是社会治理的效能更加显著。纵深推进"三大委员会"[2]改革、"正能量积分制"，有力发挥"两化两员"[3]在排查隐患、应急处突、矛盾化解等领域的重要作用，实现了全年重要时点"零山火"、汛期"零伤亡"，刑事治安类警情同比下降61.2%，群众满意度考核全市第一，得到市委主要领导的充分肯定。

成绩来之不易，这是习近平新时代中国特色社会主义思想科学指引的结果，是省委、市委坚强领导的结果，凝聚了全县党员干部群众团结奋斗的智慧和汗水。面对新形势新要求，我们要切实增强紧跟总书记、奋进新征程的政治责任感，把习近平总书记的殷殷嘱托作为发展的强烈共识和根本遵循，落实到具体的项目、举措、行动上，满怀信心开创佛冈高质量发展新局面。

一、深入学习贯彻习近平总书记视察广东重要讲话、重要指示精神，在落实省委"1310"具体部署上勇立新功

2023年4月，习近平总书记亲临广东视察并发表重要讲话、作出系列重要指示。省委及时召开十三届三次全会，围绕总书记赋予的使命任务，明确了"1310"具体部署[4]。市委召开八届五次全会，落实总书记提出的六点要求，塑造清远高质量发展关键新优势。我们要深入学习领会，认真贯彻落实。

一要在学深悟透上下功夫。总书记在广东考察期间，赋予了广东"走在前列"总目标，对推进粤港澳大湾区建设、扩大高水平对外开放、提升科技自立自强能力、建设现代化产业体系、促进城乡区域协调发展、开展好主题教育等作出了重要指示，为我们奋进新征程、推进现代化建设指明了前进方向、注入了强大动力。我们要把总书记对广东的深切勉励、殷切期望和战略指引，与学习贯彻习近平新时代中国特色社会主义思想主题教育结合起来，深学细悟、融会贯通，深刻领悟"两个确立"的决定性意义，不断增强"四个意识"、坚定"四个自信"、做到"两个维护"，推动总书记思想在佛冈落地生根、开花结果。

二要在贯彻落实上作表率。 总书记对广东提出的六点要求，是我们全部工作的根本遵循。佛冈是离大湾区中心城市最近的县，通过入珠融湾加快实现率先崛起，是抓好贯彻落实的关键。总书记此次视察，又赋予了大湾区"一点两地"[5]的全新定位，要求将大湾区作为广东深化改革开放的大机遇、大文章抓紧做实。我们要站在服从服务大局的高度，以更主动的姿态、更扎实的举措，融入和服务大湾区，加快推进与湾区在交通基础、产业协同、公共服务、营商环境、环境治理等方面实现一体化，努力打造清远融湾崛起先行区。要紧紧抓住省委实施"百千万工程"、推进珠三角产业转移等重大机遇，加快壮大县域经济，全面推进强县促镇带村，不断缩小与珠三角的差距、缩小城乡之间的差距，争做广东城乡区域协调发展的示范。

三要在激活动力上求突破。 总书记每次到广东视察，都会发出继续全面深化改革、全面扩大开放的号召。这次省委全会提出的"1310"具体部署，就明确改革、开放、创新"三大动力"是广东最鲜明的标识，是必须始终牢牢扭住、不断巩固发展的最关键优势。佛冈是改革的热土，近年来先后承接了国家城乡融合发展试验区、全国县城新型城镇化建设示范县等多项改革试点任务，贡献了许多宝贵的改革经验，有效激活了发展的动能。佛冈也是开放的典范，与黄埔区合作共建广佛产业园，创建"共商共建共享共赢"开发模式，实现了与湾区产业的深度协同。面对新形势，我们要坚持用改革的办法、创新的思维破解发展中的问题，进一步深化扩权强县、营商环境等领域改革，聚焦用地保障不足等重点难点，大力推动全域土地综合整治、"三块地"改革，加快释放高质量发展的强大活力。要以开放主动的姿态推进与大湾区的合作共建，做强承接产业转移主平台，在更大范围、更深层次、更宽领域拓展合作空间，打造粤北开放发展新高地。

同志们，学习贯彻总书记思想，关键看行动、根本在落实。我们要继续发扬"快准实"作风，敢啃"硬骨头"，敢挑"硬担子"，敢攻"硬任务"，以新担当新作为，干出一番新事业，闯出一片新天地。

二、全面实施"百千万工程"，聚焦"六个方面新作为"，努力在清远加快高质量发展中贡献佛冈力量

省委"1310"具体部署明确，"百千万工程"是广东的优势塑造工程、结构调整工程、动力增强工程、价值实现工程，是推动高质量发展的头号工程。我们要拿出头号工程的力度，推动"百千万工程"取得更大实效，重点抓好六方面工作：

（一）坚持制造业当家，努力在壮大实体经济中展现新作为

我们要立足工业强县，深入实施大产业、大平台、大项目、大企业、大环境"五大提升行动"，推动实体经济大发展。

要加快建平台。 用好用活承接省级产业转移主平台的政策优势，发挥广佛产业园的示范带动作用，加快建设城西科技园、龙山智造城、大湾区生命科技园，持续深化"一主两辅、多点支撑"园区发展格局。用好园区建设"七个一"[6]专班，加快打通广佛产业园一纵北路，配套好路网、电网、水网等基础设施，不断提升生产生活、就业创业公共服务水平，增强园区吸引力、竞争力。健全园区建设管理机制，依托专业队伍运营园区，力争年内将佛冈产业转移工业园创建成为省级高新技术产业开发区。

要大力抓项目。 树牢"大抓项目，抓大项目"导向，推动更多大交通、大能源、大水利等重大项目"入笼子"。围绕龙头企业、链主企业开展精准招商、产业链招商，全方位承接湾区优质产业转移，聚力打造装备制造、新能源、新材料、生物医药与健康等现代产业集聚生态圈。强化项目要素保障和落地协调，开通重大项目引进绿色通道，提供全生命周期跟踪服务，推动黄埔材料院、精华晶密等一批重点项目尽快开工建设、尽快投产达效。集中资源促进雅迪、加多宝等重点企业加快增资扩产，千方百计扭转建滔、南玻等骨干企业下滑态势，努力稳住工业发展基本盘。

要全面优环境。 贯彻好上级促进民营经济发展壮大、恢复和扩大消费等重要政策精神，深入开展"暖企惠企稳企大行动"，落实"企业直通车"机制，常态化联系服务企业，持续打造优质营商环境。进一步发挥驻广佛产业园服务专班作用，深挖企业产能，做好服务保障，努力形成工业经济新增长点。深化"粤产粤优"亩均效益改革，抓好工业企业匹配度提升，积极盘活利用闲置低效用地，推动资源要素向优质企业倾斜集中。落实企业转型升级优惠政策，引导规上企业提档升级、规下企业上规发展，推动实体经济提质增效。

（二）大力发展乡村经济，努力在乡村全面振兴中展现新作为

产业振兴是乡村振兴的关键，是"百千万工程"的重点，我们要着力做好"土特产"文章，强龙头、补链条、兴业态、树品牌，推动乡村产业全链条升级。

要挖掘"土"的资源。 严格落实耕地保护制度和粮食生产党政同责，坚决遏制耕地"非农化"、防止"非粮化"，实现耕地占补和进出双平衡。扎实开展撂荒耕地整治、水田垦造等工作，改造提升7500亩高标农田，全方位夯实

粮食安全根基。深入推进省级全域土地综合整治试点工作，以"落规划、腾空间、增耕地、优生态、强活力"为重点，围绕"一江一湖一景一带"，实施好"2259工程"[7]，加快形成土地整治佛冈经验。积极稳妥推进集体经营性建设用地入市和点状供地工作，进一步提升农村土地节约集约利用水平。

要做强"特"的优势。落实好市委"五大百亿农业产业"行动，完成好清远鸡出栏1000万羽、丝苗米种植13万亩任务，加快打造数字农业平台，不断壮大柑橘等优势产业种植规模。深挖竹山粉葛、佛冈益肾子等本地特色资源，强化特色农产品知识产权保护，培育一批有市场竞争力的"名特优新"品牌。谋划更多农业节会、大型展会，拓展电子商务进农村改革成果，持续擦亮"佛冈有礼"公共品牌，加强网络宣传营销，提升农产品知名度，促成各类农产品在不同赛道实现"共赢"。

要延伸"产"的链条。发挥好省级现代农业产业园、农业科技园的示范带动作用，围绕"种养—加工—销售—服务"补链延链强链，加快补齐农产品加工、保鲜储存、运输销售等短板。抓住"粮头食尾""农头工尾"，聚焦水头魔芋、澳洲坚果、香水柠檬等特色农产品，大力发展初加工和精深加工，实现由卖初级农产品向卖高品质制成品转变。大力发展休闲农业、生态旅游、农村电商、民俗体验等新产业、新业态，推动各镇村的优势更优、强项更强。积极培育新型农业经营主体，加快壮大农业龙头企业，进一步发展新型农村集体经济，持续带动农业增效、农民增收。

（三）着力补齐镇村短板，努力在优化县域环境中展现新作为

我们要把握好纳入广州都市圈规划的机遇，积极推进全国县城新型城镇化建设示范县试点任务，加快补齐县城公共服务、市政设施、产业配套等短板，做名副其实的广州卫星城。

要提升县域综合承载力。推动县域基础设施提级扩能，促进京港澳高速公路十车道扩建、汕湛高速龙山出口至106国道扩建早日动工，加快完成106国道县城至龙山段改建、迳头大村至菜洞尾公路、省道252线支线公路以及龙山智造城入园道路等交通项目前期工作；大力推进北江引水工程，推动农村饮水"三同五化"[8]改造，加快建设迳头仓迳水厂、水头西田水厂、水系水生态等项目，提升城乡用水品质。深入实施城市扩容行动，着力打通青松西路、兴业中路、教育南路等断头路，促进龙凤大道尽快建成通车，进一步拉大县城框架。深入实施城市更新行动，推进城镇老旧小区改造，完善县城地下管网，推进雨污分流改造，提高污水处理能力。深入实施城市提质行动，谋划建设智慧城市，提升公共文化设施，建设一批市民公园、口袋公园，促进北山公园提档升级。

要增强乡镇联城带村功能。立足镇村资源禀赋，发挥比较优势，进一步明确各镇的功能定位，引导走特色发展、错位发展之路。按照"服务农民的区域中心"要求，加强各镇政务服务中心建设，提升农贸市场、电商物流等基础设施水平，增强乡镇综合服务功能。加快人居环境品质提升，加强圩镇建筑风貌管控，深化乱搭乱建问题治理，建设一批小公园、小球场、小广场，打造优质便捷的生活圈。发挥好驻镇帮扶工作队的资源优势，推动水头镇高标准创建省级乡村振兴先行示范镇。

要建设宜居宜业和美乡村。精准做好乡村规划，统筹布局村庄产业发展、居民点建设、人居环境整治、生态保护和历史文化传承等生产生活生态空间。深入实施农村人居环境整治五年行动，巩固垃圾污水治理和厕所革命成果，健全农村人居环境长效管护机制。持续开展美丽乡村五级梯度创建，确保年底前全县70%以上行政村达到美丽宜居村标准。结合现代农业产业园、"四好农村路"、绿美生态建设，推动水头"江源水韵"、高岗"康养田园·兜福高岗"、迳头"多彩田园"、龙山"醉美双岳"等示范带早日见效。

（四）加快绿美生态建设，努力在绿色低碳发展中展现新作为

我们要坚持把生态优先、绿色发展理念融入高质量发展全过程，深入推进绿美佛冈生态建设，提升发展"含绿量""含金量"。

要着力保护"绿色生态"。全面落实双碳战略，严守国土空间"三区三线"[9]，推进各类资源集约节约利用。深入推进环境污染防治，全力打好黑臭水体、农村污水、机动车等领域攻坚战，推动城乡生态环境持续好转。全面落实"河湖长制"，加大潖江河、烟岭河等优良水体保护力度，开展河湖安全保护专项执法行动，重拳打击"两违"、非法采矿等行为。持之以恒抓好中央生态环保督察反馈问题整改，加快生活垃圾填埋场治理，推进废旧矿山生态修复和地质灾害治理，努力保护好佛冈的绿水青山。

要持续拓展"绿色版图"。制定绿美佛冈生态建设5年规划，落实落细森林质量精准提升、城乡一体绿美提升等"六大行动"，扎实开展林分优化、森林抚育，全面提升绿美生态建设水平。深入推进城乡绿化美化，坚持县城乡村一起抓，持续优化生态廊道、绿道、碧道、古驿道。加快提升绿美保护地生态质量，打造羊角山省级绿美生态示范点、观音山保护区自然教育基地，让广大群众共享高品质的绿美生态建设成果。完善县镇村三级林长制，健全森林保护有效机制，努力形成爱绿植绿护绿的浓厚氛围。

要大力发展"绿色经济"。积极发展清洁能源产业，推动中盛天然气、华润福音风电、中核汇能二期等清洁能源项目及早见效。挖掘好佛冈"四色"资源，做优氢温泉康养产业集群，促进熹乐谷、聚龙湾等龙头企业提档升级，加快森波拉亲子酒店落地，建设好黄花存久洞等红色革命基地。全面擦亮文旅发展招牌，积极谋划广清穿越徒步大赛，温泉大会、四九牛肉节等节庆品牌，全面提升汤塘温泉古村、上岳古民居等旅游线路品质，不断放大文旅发展效益。

（五）提高群众生活品质，努力在增进民生福祉中展现新作为

我们要深入实施就业、教育、医疗、住房、养老、育儿、交通、食品安全、消费者权益保护、平安等"民生十大工程"，让高质量发展成果更多更公平惠及佛冈人民。

要一体推进教育科技人才工作。坚持教育事业优先发展，推动佛冈一中、佛冈中学等学校扩建提质，做好县职校新校区建设前期工作，确保广州涉外学院、广州城建学院建设项目早日投入使用。把科技创新放在更加突出的位置，积极对接广深科技创新走廊，主动配合做好中大创新园、黄埔材料院建设，推动更多产学研合作项目落户佛冈。围绕产业发展、公共服务等需求，进一步强化各类人才的服务保障，吸引和培养各类高层次、高素质人才扎根佛冈。深化开展"百校联百县兴千村"行动，发挥仲恺农业工程学院帮扶优势，增强高质量发展的智力支撑。

要着力提升公共服务质量。强化就业优先政策，持续推进"三项工程"[10]，实施"雁归计划"，促进高校毕业生青年群体和就业困难人员等重点群体就业，强化劳动者权益保障，实现高质量充分就业。落实新一轮基层医疗卫生服务能力提升计划，加快广佛产业园公共医疗配套、县人医新院区、高岗卫生院异地新建等项目建设，深化省人民医院、省第二中医院、广州中医药大学紧密型技术帮扶，积极创建"国家卫生县""全国基层中医药工作示范县""广东省健康县"。持续推进文化强县建设，加快创建全国县级文明城市，弘扬社会文明新风尚，培育新时期佛冈人文精神。大力开展全民健身运动，推动各类文体设施提档升级。

要兜牢兜稳民生保障底线。织密社会保障制度网，落实城乡最低生活保障、特困人员基本生活保障、孤儿基本生活养育标准，确保兜底保障不漏一户、不落一人。扎实做好社会领域工作，完善社会救助、社会福利和优抚安置制度，发挥好"双百社工"作用，加强困境儿童关爱帮扶，格外关注独居老人、残疾人、精神障碍患者等特殊困难群体。积极应对人口老龄化，创新探索"医养结合"模式，推进公共设施适老化升级改造。积极拓宽慈善募捐、社会捐赠等渠道，充分发挥慈善事业在社会保障体系中的补充作用。

（六）创新社会治理模式，努力在保持平安稳定中展现新作为

我们要统筹发展和安全，强化底线思维、系统思维，加强风险研判、应对与预防，努力建设更高水平的法治佛冈、平安佛冈。

要全力防范化解安全风险。坚决把维护政治安全摆在首位，持续开展维护政治安全专项行动。常态化开展扫黑除恶斗争，严厉打击各类违法犯罪行为，织密织牢公共安全防护网。深入推进警务机制改革，统筹用好信息化、数字化手段，强化社会治安防控体系建设，推动公共安全治理模式向事前预防转型。严格落实安全生产责任制，深入开展重大事故隐患专项排查整治2023行动，突出整治道路交通、城镇燃气、自建房、危化品、建筑施工、消防等领域重大隐患。把师生生命安全和身心健康放在突出位置，切实抓好校园安全各项工作。健全完善应急响应机制，持续提高防灾减灾救灾和突发公共事件处置保障能力。

要加快完善基层治理体系。坚持和落实好新时代"枫桥经验""浦江经验"，加强综治中心规范化建设，完善矛盾纠纷排查化解机制，最大限度化解征地拆迁、问题楼盘等各类矛盾隐患，推动信访事项控增量、减存量、防变量。深化"1+6+N"基层社会治理体系，加强"两化两员"基层综合治理，优化系统设计、科技支撑、要素保障，提升网格治理水平。深入推进乡镇"三大委员会"建设，充分发挥村规民约、居民公约等作用，增强城乡社区治理效能。

要持续加强法治佛冈建设。统筹全面依法治县工作，推进法治政府建设，加强权责清单规范化管理，提升依法行政水平。强化行政执法监督机制和能力建设，全面落实行政执法"三项制度"[11]，规范行政执法行为。深化乡镇综合行政执法改革，推动行政执法权限和力量向基层延伸下沉。深化司法体制综合配套改革，强化对司法活动的监督制约。优化法治化营商环境，大力保护市场主体合法权益。全面加强法治社会建设，开展"八五"普法工作，落实"谁执法谁普法"责任制，积极营造尊法学法守法用法的浓厚社会氛围。

三、坚定不移加强党的全面领导和党的建设，以良好政治生态护航佛冈高质量发展

我们要全面落实新时代党的建设总要求，以强烈的自我革命精神纵深推进全面从严治党，推动全县各级党组织全面进步、全面过硬。

（一）进一步深化党的政治建设。聚焦忠诚拥护"两个确立"，坚决做到"两个维护"，完善政治要件闭环落实机制，深化落实第一议题制度，做到总书记有号令、党中央有部署，佛冈有行动，"快准实"贯彻落实上级各项决策要求。切实发挥巡察利剑作用，突出政治监督开展好县委巡察工作。认真开展学习贯彻习近平新时代中国特色社会主义思想主题教育,树立和践行正确的政绩观,努力做到以学铸魂、以学增智、以学正风、以学促干。全面落实意识形态工作责任制,坚决维护意识形态安全。压实各级党委(党组)全面从严治党主体责任,严肃党内政治生活,严明政治纪律和政治规矩,不断巩固风清气正的政治生态。

(二)切实增强党组织政治功能和组织功能。持续推进各层级各领域党组织建设,建强上下贯通、执行有力的严密组织体系。突出夯实基层基础,提升农村、城市社区、机关、国有企业、事业单位、"两新"组织党建水平,加强新业态、新就业群体党建工作。深入推进抓党建促乡村振兴,推动更多力量和资源向基层下沉,打造一批示范镇、示范村,建设好党群服务中心。健全完善三级党建网格,深化运用"正能量积分制",提升党建引领基层治理效能。深化落实基层党组织书记"十个思考"[12]要求,持续抓好"头雁"工程,充分发挥"两支队伍"在乡村振兴、应急处突、基层治理的党员先锋模范作用。

(三)着力锻造堪当重任的高素质干部队伍。紧密结合新一轮机构改革,落实干部队伍建设五年规划,选优配强各级领导班子,进一步优化全县干部队伍结构。加快健全干部队伍素质培养体系,全面铺开"四个一批"工程,推动一批县直单位正职下挂基层、优秀年轻干部双向互挂和外挂企业、优秀人才入挂县直单位。注重在一线考察识别干部,选派优秀年轻干部到急难险重工作前沿练兵比武、增长才干。坚持对干部严管厚爱,落实好重大事项报告等制度,加强日常考核管理,激励干部担当作为。

(四)驰而不息正风肃纪反腐。一以贯之落实中央八项规定及其实施细则精神,持续巩固违规吃喝专项整治成果,对"四风"问题靶向纠治,坚决防止反弹回潮、隐形变异。坚持不敢腐、不能腐、不想腐一体推进,严防政治问题和经济问题交织的腐败,推进营商环境建设"两个一律追责",全面构建亲清新型政商关系。高质量开展监督执纪问责,完善各类监督贯通协调机制,精准运用"四种形态",重点加强对"一把手"和领导班子的监督,不断提升监督效能。持续开展好纪检监察干部队伍教育整顿,着力整治乡村振兴领域不正之风和腐败问题,推动政治生态向善向好。

同志们,佛冈人民勤劳朴实、敢闯敢干,佛冈大地动能充沛、生机蓬勃!让我们更加紧密地团结在以习近平同志为核心的党中央周围,坚定信心决心、鼓舞干劲闯劲,提振"走在前列"的志气,兴起"比学赶超"的热潮,全力以赴推动党中央及省委、市委决策部署在佛冈落地生根、开花结果,努力在全省全市高质量发展大局中体现佛冈担当、作出佛冈贡献!

附件

【名词解释】

[1] **五大百亿农业产业**:围绕清远鸡、英德红茶、连州菜心、丝苗米、麻竹笋等打造五个百亿级产值农业产业。

[2] **"三大委员会"**:指乡镇综合治理委员会、公共服务委员会、综合行政执法委员会。

[3] **"两化两员"**:即"网格化+信息化""网格员+信息员"基层社会治理模式。

[4] **"1310"具体部署**:省委十三届三次全体会议提出"锚定走在前列总目标,激活改革、开放、创新三大动力,奋力实现十大新突破"。

[5] **"一点两地"**:使粤港澳大湾区成为新发展格局的战略支点、高质量发展的示范地、中国式现代化的引领地。

[6] **"七个一"**:即一条道路、一座污水处理厂、一片起步区、一套征地清表流程、一个融资项目、一个建设主体、一个规划体系。

[7] **"2259"工程**:指汤塘镇全域土地综合整治试点主要任务,包括农用地整理项目2个、建设用地整理项目2个、生态保护与修复项目5个、乡村历史文化保护与提升项目9个。

[8] **"三同五化"**:指农村集中供水目标是同标准建设、同质量供水、同等化服务,规模化发展、标准化建设、一体化管理、专业化运转、智慧化服务。

[9] **"三区三线"**:指根据城镇空间、农业空间、生态空间三种类型的空间,分别对应划定的城镇开发边界、永久基本农田保护红线、生态保护红线三条控制线。

[10] **"三项工程"**:指"粤菜师傅""广东技工""南粤家政"三项工程。

[11] **"三项制度"**:即行政执法公示制度、行政执法全过程记录制度、重大执法决定法制审核制度。

[12] **"十个思考"**:清远市引导基层党组织书记在大兴调查研究基础上,聚焦增强基层党组织政治功能和组织功能,主要围绕十个方面深入思考:即党组织是否正常开展组织生活?目前上级党组织要求抓的中心工作是什么?立足岗位职责为推动高质量发展有何谋划和思路?立足岗位职责为推动高质量发展有何措施和办法?是否经常深入群众倾听意见和建议?切实解决了哪些群众急难愁盼的问题?是否清楚掌握党组织服务对象的情况?党组织可以调动的其他力量有哪些?群众对党组织开展工作的配合度如何?有哪些风险隐患需要防范化解?

政府工作报告

——2023年2月28日在佛冈县第十六届人民代表大会第三次会议上

县长 江红平

各位代表：

现在，我代表县人民政府，向大会报告工作，请予审议，并请各位政协委员和列席人员提出意见。

2022年工作回顾

2022年是党的二十大胜利召开之年，也是佛冈发展极不平凡的一年，面对疫情多发散发、历史最强"龙舟水"、超预期下行压力，县政府坚持以习近平新时代中国特色社会主义思想为指导，在县委正确领导下，在县人大、县政协监督支持下，全面落实"疫情要防住、经济要稳住、发展要安全"重要要求，深入贯彻省委、省政府工作部署和市委"十大行动方案"，立足"清远副中心"发展定位，紧扣高质量发展主线，大力推进"工业强县"建设，经济社会平稳健康发展，"三区一城"[1]建设迈上新台阶。

——**承压而上实现经济稳中有进**。我们时刻牢记"经济要稳住"，始终把稳增长放在更加突出位置。认真落实上级稳经济政策措施，高频次开展经济研判调度，成功稳住经济发展大盘，全县完成地区生产总值161.34亿元，同比增长1.6%，增速比全市高0.6个百分点，居南部地区第二。固定资产投资增速比全市高7.7个百分点，工业投资增长20.3%。制造业当家更加稳固，制造业投资和高技术产业投资分别增长17.9%和24.6%，增速均位列全市第一。省、市重点项目完成投资42.53亿元，完成率全市第一。农林牧渔业总产值增长10.4%，排全市第二位。

——**高质量发展实现全面新突破**。我们紧抓"双区驱动"和广清一体化发展重大机遇，推动佛冈改革发展迈出坚实步伐。入选广清产业有序转移主平台，佛冈产业转移园在全省北部生态发展区49个参评园区中综合评价排名第五。电子商务进农村综合示范县年度考核全省第一。招商引资考核全市第一，精准引进优质项目35个，计划总投资132.78亿元，30亿元以上项目2个，亿元以上项目13个，其中黄埔材料研究院总投资41.5亿元，预计达产产值120亿元。

——**打赢防疫防火防汛三场硬仗**。我们坚持人民至上、生命至上，始终把安全稳定放在极端重要位置。全县上下一心展现"硬核"担当，快速高效化解多轮疫情风险，最大程度保护人民群众生命安全和身体健康。破釜沉舟打赢火患歼灭战，掀起声势浩大的消防安全整治行动，消除消防安全隐患近1.85万个，火灾事故下降33.9%。众志成城取得抗洪抢险救灾胜利，面对超百年一遇特大洪水和多轮强降雨袭击，3600多名党员干部闻汛而动、支援龙山，转移潖江蓄滞洪区群众14 152人，集中安置群众1130人，实现大水无大灾、人员零伤亡。

一年来，我们主要做了以下工作：

（一）**立足安全发展推动经济持续向好**。**平安建设落到实处**。打通平安清远建设三项攻坚行动"最后一公里"，构建"四个整合、五个一"基层应急管理体系[2]，排查整治自建房13 146栋、燃气隐患1478处、公路隐患208处、地质灾害隐患点41处。系统推进防灾减灾、信访维稳、食品药品安全等工作，刑事类、治安类警情分别下降25.2%和23.1%，依法办结信访案件536宗，群众满意度98.2%。**经济运行成效显著**。产业结构持续优化，三次产业比为16∶46∶38。工业生产稳定恢复，实现规上工业总产值331.09亿元。外贸进出口总值55.58亿元，实际利用外资1.86亿元，增长5.3%。社会消费品零售总额38.92亿元。财税金融稳定增长，地方一般公共预算收入增长10%。金融机构存、贷款余额分别增长7.4%和12.6%。**项目建设提速增效**。成立重大项目并联审批专班，推动要素跟着项目走，中大医学创新园、广州涉外学院二期稳步推进，广佛产业园公共医疗配套、万洋创城等项目完成年度投资计划的200%以上。县城水厂扩建等6个重点项目竣工投产，中核汇能一期、天赐、合诚实现当年动工、当年建成、当年投产。抢抓机遇获得专项债券资金11亿元，县城老旧小区提质改造、水头全域推进乡村振兴建设工程等19个项目成效显著。**资产资源有效盘活**。处置批而未供、闲置土地约2500亩，新增供应工业土地1626亩、垦造水田980亩，整改新增违法用地361.8亩。推动国资公司参与智慧停车、乡村振兴、园区开发等经营管理，年度总投资约2亿元，实现国资保值增值。

（二）**立足工业强县促进产业集聚增效**。**园区开发加速推进**。科学调整"三区三线"[3]，完成3个万亩园区控规编制，拓宽园区发展空间27.76平方公里。"一主两辅、多点支撑"产业平台[4]呈现新景象，广佛产业园建成"三横三纵"路网14.58公里，邻里中心、创服中心相继封顶，污水处理厂等17个公共配套项目稳步推进。成立园区开发建设"七个一"[5]专班，城西科技园正式开园，龙山智造城、大湾区生命科技园起步区动工建设。**百亿集群渐成规模**。雅迪、约克等推动智能制造产业产值超百亿，建滔、南玻等引领电子信息产业迈向百亿能级。生物医药产业势头强劲，必贝特、海莎等相继落户。新材料产业集群加速形成，中创材料谷·佛冈产业园投入使用。日化美妆产业规模扩大，万洋"美谷"签约项目61家、投产11家。新能源产业快速发展，中核汇能二期正式动工，高山风电场建成并网发电，福音风电、协鑫分布式能源等稳步推进。**工业质效优化提升。**狠抓工业企业匹配度提升，43家企业实现提档升级，依法整治关停低效企业39家，盘活闲置厂房38.43万平方米、低效用地135亩。18家企业完成"小升规"，新建投产并上规企业7家，排全市第二位。企业转型升级加快，约克、盈泰入选国家绿色制造体系名单，科惠电路等8家企业实现数字化转型。**创新动能持续迸发。**投入6.2亿元实施技改项目51个，申报省市工程技术中心及市工业设计中心7家。新认证省专精特新企业17家，增长7.5倍。新认定高新技术企业13家，获评省名优高新技术产品17项。质量强县建设稳步推进，R&D经费占地区生产总值比重全市第一。新增授权专利403件，发明专利增长67.9%。

（三）立足入珠融湾加快广佛一体发展。**优质资源共享互通。**《广清一体化"十四五"发展规划》明确佛冈纳入广州都市圈。广连高速广州段建成通车。结对帮扶全面升级，黄埔区驻佛冈工作队投入5730万元实施帮扶项目12个。广州六中等18家学校与我县开展结对帮扶，省人医、省第二中医院紧密帮扶成效显著。**产业共建协同发展。**"广州研发+广佛制造"模式持续深化，广佛产业园"两谷两园两院"[6]格局提升，107个已签约项目89%从广州引进。产出贡献率日益提高，洛科威等20家企业试投产，实现固定资产投资17.87亿元，园区开发建设得到省市领导高度评价。**营商环境融通便利。**推动广州营商环境5.0向我县覆盖，完成改革任务187项，深化"数字政府"建设，政务服务"免证办"315项，行政许可事项网上可办率100%。推行容缺受理承诺制，办理全市首宗"信用办电"。建立"企业直通车"机制，深入开展"暖企惠企大行动"，解决企业问题182个，累计退税减税降费及缓税缓费约4.68亿元，助力企业获授信放贷24.1亿元。

（四）立足乡村振兴统筹城乡融合发展。**农业产业做大做强。**粮食安全责任考核位居全市前列，完成播种面积17.72万亩、高标准农田建设6100亩，粮食产量稳步增长。落实市五大百亿农业产业[7]部署，做强丝苗米、清远鸡等产业，竹山粉葛、香水柠檬等农产品规模扩大，"佛冈有礼"年销售额超6000万元。国家柑橘种苗繁育基地通过省级验收。魔芋现代产业园成功创建省级农业科技园区。培优省市农业龙头企业22家、省级及大湾区菜篮子基地4个。**乡村建设增色添彩。**投入专项债券资金6亿元推进乡村振兴建设，成功创建省级干净整洁村738个、美丽宜居村617个、特色精品村43个。719个自然村建成污水处理设施850个。石角、水头建成市示范圩镇，其余四镇建成市宜居圩镇，石角山水画龙、汤塘温泉古村乡村振兴示范带成效显现。高岗人居环境整治、水头绿道网、龙山基础设施提升等13个乡村振兴项目动工建设，迳头幸福积分+美丽庭院机制激发乡村建设内生动力。**深化改革亮点纷呈。**"国字号""粤字号"6项改革试点取得阶段性成果，22个城乡融合发展项目完成年度投资149%。共青团基层组织改革试点成果被团中央评定为"优秀"等级。汤塘全域土地综合整治顺利推进，水头成立全省首个镇级乡村振兴公益基金。农村"三块地"改革[8]纵深推进，成立土地股份合作部118个，入股面积7344亩，新增耕地经营权流转3166亩。

（五）立足生态建设培育壮大绿色经济。**绿色屏障更加稳固。**中央环保督察反馈问题全面落实整改。深入开展蓝天碧水净土保卫战，县域空气质量稳中向好，PM2.5平均浓度再创新低，水质、土壤等考核指标稳定达标。完成能耗"双控"整改项目17个，削减污染物排放3894吨。完成水头水龙尾铅锌矿、汤塘上凼矿山石场治理复绿及迳头社坪矿山生态修复。**林河长制深入推进。**水头"三网三员三资整合"模式[9]受到省市肯定。完成造林育林2.55万亩，挂牌保护古树名木234棵，森林覆盖率达69.58%。完成水利部交办河湖"四乱"问题销号7宗、中小河流治理工程8宗，新改建雨污管网38.3千米。潖江河水头段、龙南河等美丽河湖建设初见成效。新建滨水绿道7.6千米、碧道4.2千米。**全域旅游持续深化。**荣获"2022年全国县域旅游发展潜力百佳县"，被推荐为"美丽中国文旅融合品牌典范"。汤塘建成省级休闲农业与乡村旅游示范镇。"上岳古村民俗文化游"入选省历史文化游径线路。森波拉度假山庄全面升级改造，新增存久洞陶谷、汤塘暖居等一批精品民宿。智慧平台"乐游佛冈"上线，提供一站式指尖服务。

（六）立足品质提升推进城镇扩容提质。**县城格局逐步优化。**科学编制国土空间总体规划，拓宽县城面积10平方公里。龙凤新区、城南新区建设如火如荼，县体育中心投入使用，省道S252线县城段（北环路）顺利通车，国道G106线县城段完成市政化改造。旧城提质换新颜，完成升级改造农贸市场6个、老旧小区24个、居民楼外立面56栋、人行道12.9万平方米。稳步推进城中村改造，新建口袋公园6个。**功能品质有效提升。**首个智慧立体停车库投入使用，智慧化改造路内停车位2000个，新增电动自行车充电位763个，大力解决县城停车难充电难问题。治理违法建设13.18万平方米。新增生活垃圾分类收集点150个。建立市首个县级气象科普基地。数字电网建设加快，110千伏文昌四九输变电等项目建成并网，新改建中低压线路562.45公里。**城镇设施日益完善**。道路安全保障持续提升，升级改造国道G106线红光桥、大庙峡2桥，完成农村公路单改双及路网联结工程27公里、村道安防工程21公里。城乡供水一体化加快推进，龙山清泉水厂建成供水，迳头仓迳水厂新建和水头西田水厂扩建工程稳步推进，完成集中供水工程10宗、扩网供水工程6宗，受益人口达2.46万人，在省农村集中供水攻坚行动中获优秀等次。

（七）立足群众关切改善社会民生事业。**民生保障坚实有力**。全县民生支出32.35亿元，占一般公共预算支出84.83%。十件民生实事全面完成。城乡居民可支配收入增长4.4%。"三项工程"[10]带动新增就业4830人。底线民生保障和社会保险覆盖面持续扩大，特殊群体救助补贴标准全面提高。城镇住房保障标准从城镇居民年人均可支配收入的85%提高到95%。实现县镇村未成年人保护工作点全覆盖，社会救助中心和福利院老人公寓投入使用。县民政局荣获全国社会救助工作先进单位。**社会事业均衡发展**。县中医院新院、县人医内科综合大楼投入使用，水头卫生院异地新建项目、县域医共体信息化平台等稳步推进。城西时代小学建成招生，新建城东、城北中学教学楼，增加优质学位2920个。文明城市创建考核位居全省前列。成功承办省运会和省残运会自行车（公路）赛事。**基层治理精准高效**。迳头获评全国依法治理创建活动先进单位，高岗新联、龙山上岳创成省民主法治示范村。汤塘脉塘荣获全国综合减灾示范社区。"织网行动"[11]持续深化，"雪亮工程"[12]"最小应急单元"[13]实现重点场所全覆盖。基层治理三大委员会改革经验得到上级领导充分肯定，"两化两员"[14]模式持续深化。"数字乡村"全面推进，"粤智助"实现村居全覆盖，"粤平安"信息办结率99%，实现矛盾纠纷化解在基层、解决在源头。

一年来，我们加强党的全面领导和政府自身建设，忠诚捍卫"两个确立"，坚决做到"两个维护"。持续加强法治政府建设，规范行使职权，自觉接受人大依法监督和政协民主监督，高质量办理人大建议97件、政协提案185件。深入推进党风廉政建设和反腐败斗争，认真贯彻中央八项规定及其实施细则精神，坚持政府过紧日子，持之以恒纠治"四风"，强化审计监督和督查落实，政府作风持续转变。国防动员、人民武装、民族、宗教、外事、港澳台侨、退役军人、工青妇幼、残联、红十字、科技、统计、地方志、档案、人防等工作取得新成绩。

各位代表，佛冈过去一年取得的发展成就，根本在于习近平新时代中国特色社会主义思想的科学指引，是市委、市政府和县委坚强领导的结果，是全县人民勠力同心、砥砺奋进的结果，也是省纪委、黄埔区（广州开发区）等帮扶单位鼎力支持的结果。在此，我代表县人民政府，向奋战在各条战线上的广大干部群众特别是医护人员，向给予政府工作大力支持的人大代表、政协委员，向各民主党派、各人民团体和各界人士，向驻佛部队和各驻佛单位，向所有为佛冈发展作出贡献的同志们、朋友们，致以崇高的敬意和衷心的感谢！

在肯定成绩的同时，我们也清醒地看到存在问题和不足：一是经济稳增长压力大，外部不确定不稳定因素较多，经济恢复的基础尚不牢固。二是实体经济规模和质量不足，新兴产业尚未形成支撑，发展动能衔接不够紧密，创新和人才对高质量发展的支撑作用不够有力。三是生态资源挖掘开发力度有待加强，土地、资金、能耗等要素利用效能不够高，地方财政"三保"[15]支出压力较大。四是城乡区域协调发展水平需进一步提升，优质教育、医疗、文化资源供给不足，短板转化为潜力板还要加强探索。五是政府效能仍需提高，一些干部主动服务发展的意识不强，抓落实的韧劲狠劲不足，营商环境还需进一步优化。对此，我们一定高度重视，认真加以解决。

2023年工作安排

2023年是全面贯彻落实党的二十大精神的开局之年，也是"十四五"规划承上启下的关键之年，做好今年工作意义重大。今年政府工作的总体要求：以习近平新时代中国特色社会主义思想为指导，深入学习贯彻党的二十大精神、中央经济工作会议精神，认真贯彻落实省委十三届二次全会、市委八届四次全会和县委十四届三次全会部署安排，牢牢把握"百县千镇万村高质量发展工程"、广清一体化发展、珠三角产业转移等重大机遇，围绕"三区一城""清远副中心"目标任务，紧扣高质量发展主题主线，立足"工业强县"，坚持"制造业当家"，苦干实干、担当作为，竞标争先、比学赶超，为佛冈现代化建设开好局起好步。

今年经济社会发展主要预期目标：地区生产总值增长6.5%以上，固定资产投资增长8.5%，规上工业增加值增长7%以上，进出口总额增长3%，地方一般公共预算收入增长6%，社会消费品零售总额增长6%，消费价格涨幅控制在3%以内，城镇新增就业4000人，城乡居民人均可支配收入与经济增长同步。

围绕今年的目标任务，重点抓好以下八方面工作：

（一）坚持实体经济为本、制造业当家，打造能级更高的"工业强县"

实施"大产业"立柱架梁行动。深入落实工业产业"十百千"计划，培育一批十亿、五十亿级链主型总部企业，壮大百亿级产业集群，夯实万亩千亿产值园区发展根基。聚焦战略性新兴产业，打造以中大医学创新园为"主核心"的百亿级生物医药产业集群，加快香雪制药等落地建设。打造以黄埔材料研究院为"主引擎"的百亿级新材料产业集群，做大中创材料谷·佛冈产业园和中创材料谷·未来科技园"双平台"，推动高兰德、德旭等全面投产达效。加快万洋"美谷"建设，打造日化美妆百亿产业集群。谋划实施中盛天然气发电、中海油热电和抽水蓄能电站等新能源产业。加快传统产业转型升级，推动金城金属、达味特钢等绿色建材产业优化提升，分行业打造家具、食品饮料、纺织服装等特色优势集群。

实施"大招商"聚链引凤行动。 深化"项目大招商+项目要素保障+项目落地协调"机制，落实招商引资"一把手"工程，开展"百人登千企"招商活动，组建六支招商小分队，奔赴广州、深圳等珠三角重点城市，发动社会各界人士为我县招商引资牵线搭桥、搭台铺路。高质量办好季度招商会，发挥"链长制"作用，大抓关键企业招引，"一链一策"补短板锻长板，通过以商引商、聚链强链，力争引进优质工业项目40个以上，计划总投资150亿元以上，其中超亿元项目15个以上，形成大项目顶天立地、好项目铺天盖地的局面。做好项目招引"后半篇"文章，"一盘棋"强化要素保障，对引进项目实行全生命周期服务，让项目引得进、落得下、能发展。推行工业用地"标准地"出让，盘活处置批而未供、闲置土地500亩以上。实行"拿地即开工""绿色通道""专班专人跟踪服务"，加快雅迪华南基地二期、标旗等尽快动工。

实施"大平台"提级赋能行动。 高标准建设广清产业有序转移主平台，不断深化"一主两辅、多点支撑"产业发展格局，推动广佛产业园与佛冈产业转移园联动支撑、资源集聚，全面提升平台承载力和综合效益，争取年内创成省级高新技术开发区。高水平建设广佛产业园，推动黄埔大道北延线、污水处理厂、创服中心、邻里中心等尽快投入使用，完善商务居住、医疗教育等生活配套功能，力争引入优质项目20个、实现固定投资20亿元、总产值20亿元。用好园区开发建设"七个一"专班，加快龙山智造城污水厂一期、城西科技园纵一路、大湾区生命科技园一期厂房和招商中心建设，完善通信、电气等公共基础配套，推动起步区建设取得明显成效，确保各园区分别引入优质项目5~10个。做优做强迳头金岭、水头红苹果等特色工业园。推动佛冈产业转移园实施"管委会+公司化"运营机制，建立健全园区建管中心，积极探索县级审批权限下放。

实施"大企业"培育增效行动。 持续推进工业企业匹配度提升，健全匹配度评价指标体系，集中优质要素资源助力A、B类企业发展壮大，精准施策推动C、D类企业提效升档或出清，确保D类企业减少10%以上。实施"个转企、小升规、规改股、股上市"市场主体梯度培育计划，力争新增商事主体3600户，实现"小升规"企业20家以上、提档升级30家以上。深入开展"暖企惠企大行动"，健全领导干部联系企业工作制度，继续完善"企业直通车"机制，筹建企业服务中心，"一企一策"解决企业发展堵点、痛点问题，助力企业复产稳产、增资扩产。坚持亩均效益论英雄、落地效率论英雄，强化企业"投入－产出"土地效益履约监管。实施"腾笼换鸟"计划，大力清理低效用地企业和"僵尸企业"，力争盘活低效工业用地300亩、闲置工业厂房6万平方米以上，规范工业厂房租赁市场，促进制造业更好发展。

（二）坚持扩投资促消费防风险，推动经济实现质的有效提升和量的合理增长

抓项目扩投资添动力。 树牢"大抓项目、抓大项目"导向，围绕交通、能源、水利、产业等谋划储备大项目，抢抓国家、省项目布局和"十四五"规划中期调整机遇，争取更多重大项目"入笼子"。坚持"三年工程两年干"，完善重大项目指挥部机制，周调度、周督办、周通报，全力保投产保续建、促新开增固投。狠抓制造业投资和高技术产业投资，确保工业投资增长10%以上。积极争取中央预算内投资、政策性开发性金融工具、制造业中长期贷款等上级资金支持，加快北江引水工程、汤塘供水管复线、协鑫佛冈专线（天然气）等项目建设。全力抓好15个省、市重点项目全过程管理，加快晶华、白云泵业、生物岛－拓展区等建成达效。加强政府投资项目前期工作经费统筹，推动产业园区基础设施配套、县域医共体建设等20个已发专项债项目落地见效。

稳外贸促消费激活力。 把恢复和扩大消费摆在优先位置，促进住房改善、汽车家电等传统大宗消费提档升级，落实零售餐饮、养老服务、农文旅体等促消费措施。活跃提升商圈经济，打造一批特色步行街和"夜间经济""营地经济"示范区。发挥电子商务进农村综合示范县带动作用，大力发展数字经济，推进国家级电商智慧管理与公共服务标准化试点，加快抖音电商客服基地等项目建设，强化与头部零售企业、互联网平台合作，线上线下推动佛冈特色产品卖向全省、走向全国。扩大升级农村消费，完善农产品集散和冷链物流网络，促进工业品下乡、农产品进城。培育壮大商贸市场主体，力争新增限上企业10家以上。大力引进外资制造业项目，强化约克、万兴等外资外贸企业服务，支持企业参加"粤贸全球"、广交会等对外贸易展会，积极发展跨境电商业务，出海抢抓订单。

守安全防风险保定力。 科学精准落实新阶段疫情防控举措，完善分级诊疗服务体系，重点抓好老年人、患基础性疾病群体的防控。构建大安全、大应急工作格局，完善"四不两直"综合执法机制[16]，从严压紧安全生产责任，全面建立"一企一监管台账"。坚持以"四个最严"[17]狠抓食品药品安全监管，持续深入开展森林防火、道路交通、城镇燃气、危化品、消防、自建房等重点领域安全隐患排查整治，不断提高应急管理和防灾减灾救灾能力。坚决防范化解重大经济金融风险，加强和完善现代金融监管，扎实做好保交楼、保民生、保稳定各项工作，稳妥推进问题楼盘化解。做大做优国资国企，全面实施预算绩效管理，强化财政资源统筹和组织收入，兜牢财政稳健运行底线。

（三）坚持全面紧密融入粤港澳大湾区，推动更高水平的"广佛一体化"

推动产业平台互促互补。发挥毗邻大湾区优势，瞄准珠三角产业外溢资源，加强与广州、深圳、佛山等城市合作对接，积极探索与大湾区产业一体化融合新模式、协作新路径，深化"湾区孵化＋佛冈产业化""湾区营销＋佛冈研制"产业分工，推动产业链、供应链、服务链、资金链、人才链深度融通。全力打造承接湾区产业转移的主战场、主平台和首选地，紧抓广清产业有序转移机遇，借力省市对口帮扶产业资源，建立与广州开发区产业转移深度对接联动机制，推动城西科技园、龙山智造城加挂广清经济特别合作区广佛产业园牌子，力促招商资源共享、服务环境一体。加快与广州开发区形成新材料、生物医药等优势产业链"一张图"，推动转移企业上下游产业集群发展，建成湾区北现代产业集聚区。

推动交通基建同网互联。全面对接"轨道上的大湾区"，谋划实施"三铁工程"[18]，构建一体互联、高效衔接的交通体系，积极推动肇清从城际轨道延伸至佛冈、从埔高速经佛冈延伸至广清接合片区前期工作。加快京港澳高速佛冈段十车道改扩建、汕湛高速龙山出口至国道G106线改建工程动工建设，融入大湾区"半小时通勤圈"。加快实施国省县道干线公路提档升级，完成省道S245线水头西田至石角二七段提质改造。加快推进潖江蓄滞洪区建设与管理工程，构建广佛一体综合防洪减灾体系。

推动生态环境协同共治。强化跨区域流域生态保护，开展水污染、大气污染、固体废弃物联防联治。建立生态环境财政奖惩制度，完善多元横向生态补偿机制，强化对自然保护区、生态公益林建设投入。完善承接产业转移环境管控规划，推进排污许可全覆盖。推动生态优势转化为发展优势，强化广佛联动探索绿色金融创新，开展生态产品价值实现试点，推行碳排放权、水权、林业碳汇等生态资源产权交易。

推动公共服务共建共享。加强与广州名校的办学合作和教师交流，巩固深化教育结对帮扶成效，以共建"六中班"为牵引，扩大优质教育资源覆盖面和受益面。深化省人医、省第二中医院医疗帮扶，加强医疗卫生人才联合培养，推动突发公共卫生应急联动合作，深化"5G＋远程医疗"建设，提升我县基本医疗卫生服务水平。加快社会保障、医疗保险信息化建设，推动两地参保人员信息互联互享。加快水头医疗康养中心建设，用好绿色生态、温泉康养资源，探索广州都市圈养老服务跨区域合作。

推动营商环境同标同质。对标广州营商环境改革5.0，健全"CSO首席服务官"[19]"保姆式"服务机制，全面推行"免证办""网上办""广清通办"。加快"数字政府"建设，推动县镇行政服务中心升级提质，深度整合部门业务和数据资源，不断提升"一网统管""一网协同"水平，打造便捷高效、服务优良的政务环境。深化政银企联动，落实落细税收优惠政策，力争制造业贷款余额增长10%，不断提升企业获得感和发展信心。深化"放管服"改革，大力推行"验收即备案"模式。健全"水电气"联办机制，全面推行"信用办水""信用办气"。加快建设广佛产业园"一门式一网式"政务平台，逐步实现"办事不出园"。

（四）坚持农业农村优先发展、强县促镇带村，构建城乡区域协调发展新格局

突出辐射带动做强县域核心。深入实施"百县千镇万村高质量发展工程"，推动文明城市创建成为群众满意工程。统筹推进国土空间总体规划，科学规划城市建设，增强县城产业支撑能力，提升优质教育、医疗等综合服务实力。实施城市更新行动，推动老旧小区、城中村提质改造，加快龙凤新区、城南片区建设。提升县城智慧化、绿色化、均衡化水平，持续推进智慧停车及充电桩工程建设，加快地下管网、市政交通、公共文化设施数字化改造。优化县城路网结构，实施一批"瓶颈路"拓宽工程，打通教育南路、兴业中路等"断头路"。加快海绵城市建设，组建水务集团，构建供排治"一张网"，强化县城雨污分流综合治理，改造老旧破损排水管网8.5千米以上。大力盘活城中闲置用地，建设一批"口袋公园"、社区小游园，推动北山公园扩园，打造更多绿色共享空间。全面推广生活垃圾分类，加强历史建筑、文物保护，提升城市治理现代化水平。

强化节点功能打造美丽城镇。提升城镇综合服务能力，优化生活、服务、商业三个功能圈，推动镇域产业特色化、差异化、协同化发展，做强中心镇、专业镇、特色镇，把乡镇建成乡村治理中心、农村服务中心、乡村经济中心。建成错位发展、互促共进的中心城区和美丽城镇，提升县城首位度，推动石角建设宜居宜业核心区，推进以县城为重要载体的新型城镇化。突出融湾战略性，推动汤塘、龙山构建产城融合先行区，深度打入珠融湾主战场、南大门。强化样板引领，推动水头创建全省乡村振兴先行示范镇，打造"中国魔力小镇"。优化北部工业布局，力促迳头建成汽车配件和节能材料集聚区。凸显生态重要性，推动高岗建设绿色发展特色区。持续深化美丽圩镇建设，加强主次干道沿线、镇郊接合部、背街小巷等重点区域环境整治，加大与周边市县交界区域美丽乡村建设力度。

加快城乡融合建设和美乡村。全域推进五个梯度美丽乡村建设，抓好农村污水、垃圾、厕所专项整治"三大革命"，力争自然村100%达到省级干净整洁村标准，行政村70%以上达到美丽宜居村标准，新增特色精品村12个以上。推动水头江源水韵、迳头多彩田园、龙山醉美双岳、康养田园·兜福高岗等乡村振兴示范带建成显效，实现农村"绿富美"转变。推进农村供水"三同五化"[20]、数字乡村建设以及农村电网升级改造，完成39公里"四好农村路"提档升级。加快破解城乡二元结构，完善国家城乡融合发展试验区改革路线图，推动全国县城新型城镇化建设示范工作取得更大成效。狠抓农村"三块地"改革、户籍制度改革、农民持续增收机制、城中村改造合作平台和产业协同发展平台等关键环节。推动新型农村集体经济专项改革省级试点、汤塘省级全域土地综合整治试点及农村集体产权改革形成可复制推广的"佛冈经验"。

增强内生动力推动产业振兴。牢牢守住粮食安全和不发生规模性返贫两条底线。新建高标准农田7500亩以上，大力推进垦造水田、耕地进出平衡，超额完成撂荒耕地复耕复种和粮食生产任务。力促市五大百亿农业产业发展，推动清远鸡养殖、丝苗米种植上规模、提效益。全面建成水果（柑橘）省级现代农业产业园，做大做强魔芋、益肾子、澳洲坚果等特色农业产业，切实把种业振兴行动抓出实效，打造更多"一村一品"和"国字号""粤字号"优势品牌。实施乡村小微企业创新发展计划，加快培育新型农业经营主体。

（五）坚持高标准建设绿美佛冈，推动佛冈天更蓝山更绿水更清生态更优美

强化生态环境保护。坚持绿水青山就是金山银山，走稳走实生态优先、绿色发展之路。持续巩固中央环保督察反馈问题整改成效，以严实措施保护好潖江等重要自然生态系统，切实筑牢北部生态屏障。深化大气减污降碳协同增效行动，落实"五控一应对"[21]措施，促进源头减量、清洁生产、资源循环、末端治理，实现PM2.5、VOCs和NO_2"双控双减"[22]，持续提升空气质量优良率。全面落实河长制，深入实施潖江流域生态综合治理，强化省考断面和饮用水水源水质管理，打造河畅水清岸绿生态环境。做好第三次国家土壤普查，强化土壤污染源头治理，推动建筑垃圾、固体废物资源化利用及无害化处理项目开工建设，严厉打击固废非法倾倒处置行为。

深化绿美佛冈创建。完善"三线一单"[23]生态环境空间分区管控体系，持续提升山边、水边、路边、镇村边、景区边"五边"绿化美化品质，建设一批森林城镇、森林乡村，全力争创林长制示范区和国家森林城市。切实保护好观音山、羊角山等省级绿色资源，优化调整树种林种结构，推动森林资源增量、生态增效、景观增色，改善林分林相和生态修复1.88万亩。加快绿美生态示范点建设，统筹推进森林质量精准提升、城乡一体绿美提升、绿美保护地提升、绿色通道品质提升、古树名木保护提升、全民爱绿植树等"六大行动"，打造绿美城乡人居环境。

打造温泉康养之城。深化共建粤港澳大湾区北部生态文化旅游合作区，发布佛冈旅游美食地图，持续深化广清徒步、全国村晚等特色品牌。培育沉浸式农文旅新业态，用好红色、绿色、古色、特色"四色"资源，打造一批乡村旅游精品线路，推动存久洞村创建省文化和旅游特色村，力促上岳古村、汤塘温泉古村纳入北江生态经济带一体建设。写好温泉旅游产业链文章，擦亮"氡"温泉金字招牌，指导熹乐谷创建4A级景区，加快森波拉度假山庄升级改造、禾田温泉二期开发建设，连线连片发展温泉养生、特色民宿、户外运动、研学研修等生态休闲产业，努力把佛冈建设成为湾区北生态旅游首选地，确保全年接待游客人次、旅游收入恢复性增长。

（六）坚持教育优先、创新驱动发展，全面建设科技创新高地和人才强县

提高教育办学水平。深化义务教育城乡共同体建设，深入开展"三位一体"县域整体提升计划，大力实施"新强师工程"[24]，持续做好"双减"[25]工作，加强学生身心健康安全教育、生存能力培养。力促基础教育扩容提质和均衡发展，推动水头中学创建省农村示范性中学，加快佛冈一中、佛冈中学和民安中学等一批学校扩建，确保新增优质初中学位900个。持续提升学前教育普惠水平，全面提高县域高中教育质量。推动职业教育、高等教育协同发展，加快推进广州城建学院和县职校新校区建设，力促广州涉外学院年内建成招生。

提升科技创新能力。积极对接大湾区优质科技创新资源，推动更多科技成果在佛冈转化和产业化。加大科技创新投入力度，推动先进制造业、高新企业树标提质增量，力争新认定高新技术企业15家，培育单项冠军、专精特新企业8家以上。大力推进科技孵化"反向飞地"建设，支持龙头企业与科研院校组建创新联合体、技术研发基地，引导中创材料谷、万洋等创建科技企业孵化器，力争新增省市级工程技术研究中心5家以上。加快制造业节能减碳改造和数字化转型，推动约克申报国家绿色工厂。引导企业通过增资扩产、技术革新等方式提高发展质量，实施工业技改项目30个以上。推动金融科技产业融合发展，扩大知识产权质押融资。大力推进质量强县建设，积极参与国家标准制订，推动制造业产品"增品种、提品质、创品牌"。抢抓全面推动注册制机遇，大力扶持本地高新技术企业上市。

优化人才服务环境。聚焦产业发展、乡村振兴、科技创新需求，大力培育引进科研创新、技术技能人才，利用人才驿站等平台抓好"雁归计划""起航计划"。支持企业建立院士博士工作站、专家服务站和创新实践基地，强化科研平台人才聚集效应。实施创新人才激励政策，落实"高精尖缺"人才各项政策措施，完善住房、教育、医疗等服务配套，吸引高层次人才扎根佛冈。实施优秀企业家培养工程，建立常态化政企联动企业家培训机制。搭建产教融合创新平台，用好广技师大学共建南方职教服务站、南方技工学校和县职校等资源，为制造业企业订单式培养人才、输送人才。举办制造业职业技能大赛，打造一批具备精尖技术的工匠能手。积极开展企业荐才、技能先锋等评选工作，搭建高层次人才宣传平台，营造识才爱才敬才浓厚氛围。

（七）坚持在发展中保障和改善民生，构建更加普惠共建共享的公共服务体系

兜牢民生保障底线。 稳步提升民生类支出。高质量办好省市县十件民生实事。落实减负稳岗扩就业政策，抓好高校毕业生、农民工、脱贫人口等重点群体多渠道就业，持续推进"三项工程"，促进居民高质量就业与企业高品质用工。实施全民参保计划，健全多层次医疗、养老保障体系。实施兜底民生服务社会工作"双百工程"[26]，稳步提高优抚、低保、特困人员、孤儿养育、"两残"补贴等标准。加强社会组织管理，促进慈善、社工、志愿者服务融合发展。扎实做好双拥工作。完善住房保障体系。加强社会养老服务和儿童福利保障，建设一批"示范母婴室"，增加医养结合服务机构，建设水头综合养老服务中心。

提升公共服务质量。 全力创建"国家卫生县""全国基层中医药先进示范县"和"广东省健康县"，持续深化"三医联动"改革[27]，促进公立医院提质增效，大力支持县人医争创三级医院，推进县人医新院区建设，加快广佛产业园公共医疗配套项目、水头卫生院异地新建项目、县妇幼综合楼、县中医院发热大楼等建成使用。推动紧密型县域医共体建设，提升县镇村三级医疗服务水平，培养充实基层医疗卫生专业人才队伍，加大医疗卫生救治资源投入和储备，建强疾病预防控制体系。深入实施文化强县战略，力争创建成为全国县级文明城市。大力开展文化惠民工程，发展创意文化产业，推动村综合文化服务中心提档升级。推动全民健身、促进全民健康，认真办好省运会群众乒乓球赛事。

聚力优化社会治理。 建强社会治安整体防控体系，加快"智慧安防""智慧社区"建设，常态化推进未成年人保护、扫黑除恶、扫黄打非、全民反诈、全民禁毒等工作，以压降警情和警务机制改革为抓手，建设更高水平的平安佛冈、法治佛冈。坚决打击违法违规用地行为。完善根治欠薪制度体系，防范和处置非法集资。坚持和发展新时代"枫桥经验"[28]，巩固深化"两化两员""小积分、大治理"等机制，提升矛盾纠纷多元化解质效，打造共建共治共享治理格局。

（八）坚持提升政府治理能力，打造更高效率人民满意的服务型政府

突出政治引领。 坚持不懈用习近平新时代中国特色社会主义思想凝心铸魂，学深弄懂做实党的二十大精神，加强意识形态工作，把"两个确立""两个维护"贯穿到政府工作的全过程、各领域。全面体现和突出党的领导，始终心怀"国之大者"，以钉钉子精神落实好党中央和省委、市委、县委各项决策部署，坚决做到政令畅通，确保决策落地见效。

突出依法行政。 深入践行习近平法治思想，认真落实全过程人民民主，严格执行重大行政决策程序规定，依法接受人大及其常委会监督，自觉接受县政协民主监督，主动接受社会和舆论监督，高质量办好议案和提案。加强权责清单规范化管理，全面落实行政执法"三项制度"[29]，建立乡镇综合执法"三张清单"[30]。加强公共法律体系建设，充分发挥政府法律顾问职能，全面准确落实司法责任制，扎实开展"八五"普法。大力推进政务公开，打造阳光透明高效政府。

突出实干为民。 坚持以人民为中心的发展思想，聚焦群众所想、企业所需、基层所盼，用心用情用力把实事做实、把好事办好、把难事办成，以看得见的工作成效回应群众期盼。推行重点工作清单式、台账化管理，建立协同联动、按期调度、跟踪问效、督查推进的闭环体系，推广"夜班车"工作模式，尽最大努力干一件成一件。落实正向激励和容错纠错机制，激发干部职工一天当作两天用、两步并作一步走的干事创业精神，让干部在乡村振兴主战场、工业发展最前沿、急难险重紧要处施展本领、展现作为，营造比学赶超当先锋的工作格局。

突出清正廉洁。 坚决扛起全面从严治党主体责任，锲而不舍落实中央八项规定及其实施细则精神，持续深化整治"四风"，强化重点领域、重点部门、关键岗位廉政风险防控，做到政风清朗、政府清廉、干部清正。加强审计监督、统计监督，认真做好第五次全国经济普查工作。树牢过紧日子思想，全力做好"三保"工作，大力压减一般性支出和非重点支出，确保有限的资金用在发展紧要处、民生急需处。

各位代表！征途漫漫，唯有奋斗；重担千钧，唯靠实干。让我们更加紧密团结在以习近平同志为核心的党中央周围，在县委的坚强领导下，踔厉奋发、勇毅前行，脚踏实地、埋头苦干，奋力谱写新时代高质量发展新篇章，推动佛冈在全面建设社会主义现代化国家新征程中走在清远前列、创造新的辉煌。

附件

【名词解释】

[1] "三区一城"：即建设清远融入大湾区先行区、湾区北新兴产业集聚区、全国城乡融合发展试验区、宜居宜业宜游温泉之城。

[2] "四个整合、五个一"基层应急管理体系："四个整合"指部门整合、职能整合、指挥调度整合、力量整合；"五个一"指市确定一个县，每个县确定一个镇、一个村（社区）、一家企业、一所学校作为示范单位，以点带面，推动基层应急管理工作。

[3] "三区三线"：指根据城镇空间、农业空间、生态空间三种类型的空间，分别对应划定的城镇开发边界、永久基本农田保护红线、生态保护红线三条控制线。

[4] "一主两辅、多点支撑"产业平台：即以广佛产业园为主，城西科技园、龙山智造城为辅，做大做强智能制造、电子信息、新材料产业链集群，培育形成生物医药产业集聚区，同时发展壮大大湾区生命科技园、聚宝工业园、迳头金岭工业园等功能片区，推动佛冈产业转移园提档升级。

[5] "七个一"：即一条道路、一座污水处理厂、一片起步区、一套征地清表流程、一个融资项目、一个建设主体、一个规划体系。

[6] "两谷两园两院"："两谷"，即以万洋众创城项目为中心的美谷和以合诚、高兰德新材料为龙头，中创集团为平台的材料谷；"两园"，即以晶华为主体的湾区北高端装备制造产业园及以中大医学创新园为主体的生物医药和生命健康园；"两院"，即华南理工大学聚合物新型成型装备国家工程研究中心（广佛产业园分中心）、广技师大学共建南方职业教育服务站（研究院）。

[7] 五大百亿农业产业：围绕清远鸡、英德红茶、连州菜心、丝苗米、麻竹笋等打造五个百亿级产值农业产业。

[8] 农村"三块地"改革：即农村承包地、农村宅基地、农村集体经营性建设用地改革。

[9] "三网三员三资整合"模式："三网"指林长制、河长制、综治网格；"三员"指专兼职护林员、巡河员、综治网格员；"三资"指护林资金、巡河资金、乡村振兴资金。

[10] "三项工程"：指"粤菜师傅""广东技工""南粤家政"三项工程。

[11] "织网行动"：即织好"人防、物防、技防"三张网，织好"人防网"，建立一批群防群治队伍；织好"物防网"，完善一整套社会视频监控系统；织好"技防网"，排查整治一批矛盾纠纷隐患点。

[12] "雪亮工程"：指以县、乡、村三级综治中心为指挥平台，以综治信息化为支撑，以网格化管理为基础，以公共安全视频监控联网应用为重点的群众性治安防控工程。

[13] "最小应急单元"：指由单位、场所、重点目标等安全防范责任单位负责组建，能够开展突发事件先期处置，兼顾日常治安秩序维护的最小人员编组。

[14] "两化两员"：即"网格化＋信息化""网格员＋信息员"基层社会治理模式。

[15] "三保"：指保基本民生、保工资、保运转支出。

[16] "四不两直"综合执法机制：即不发通知、不打招呼、不听汇报、不用陪同接待、直奔基层、直插现场的工作制度。

[17] "四个最严"：即最严谨的标准、最严格的监管、最严厉的处罚、最严肃的问责。

[18] "三铁工程"：即地铁、城铁和高铁工程。

[19] "CSO首席服务官"：Chief Service Officer，简称CSO首席服务官，作为一种非审批类移动式服务窗口，为企业提供有温度、个性化、全流程的服务。

[20] 农村供水"三同五化"：指农村集中供水目标是同标准建设、同质量供水、同等化服务，规模化发展、标准化建设、一体化管理、专业化运转、智慧化服务。

[21] "五控一应对"："五控"即控污、控煤、控尘、控油、控车，"一应对"即强化重污染天气应急应对。

[22] "双控双减"：指能耗总量和强度双控、减少资源消耗和污染排放。

[23] "三线一单"：即生态保护红线、环境质量底线、资源利用上线和生态环境准入清单。

[24] "新强师工程"：即到2025年，粤东粤西粤北地区校长教师队伍能力素质显著提升；到2030年，粤东粤西粤北地区校长教师队伍能力素质与珠三角地区差距明显缩小；到2035年，粤东粤西粤北地区校长教师队伍整体水平与珠三角地区大体相当。

[25] "双减"：即减轻义务教育阶段学生作业负担和校外培训负担。

[26] "双百工程"：全称"广东兜底民生服务社会工作双百工程"，该工程提出用两年时间实现乡镇社会工作服务站100%覆盖、困难群众和特殊群体社会工作服务100%覆盖。

[27] "三医联动"改革：即医疗、医保、医药改革联动。

[28] "枫桥经验"：指20世纪60年代初，浙江省诸暨县（现诸暨市）枫桥镇干部群众创造的"发动和依靠群众，坚持矛盾不上交，就地解决，实现捕人少、治安好"的经验。

[29] 行政执法"三项制度"：即行政执法的公示制度、行政执法全过程的记录制度、重大执法决定的法制审核制度。

[30] 乡镇综合执法"三张清单"：即乡镇综合行政执法县级执法部门案件受理标准清单、减免责清单、导师清单。

附 录

责任编辑：钟榕斌

县委及县委办规范性文件要目

文件名称	发布文号
中共佛冈县委关于印发《中共佛冈县委常委会2023年工作要点》的通知	佛发〔2023〕1号
中共佛冈县委印发《佛冈县关于加快推进人才工作高质量发展的若干意见》的通知	佛委发电〔2023〕1号
中共佛冈县委 佛冈县人民政府印发《关于深入推进绿美佛冈生态建设的实施方案》的通知	佛委发电〔2023〕3号
中共佛冈县委印发《关于推进"百县千镇万村高质量发展工程"促进城乡区域协调发展的实施意见》的通知	佛委发电〔2023〕4号
中共佛冈县委 佛冈县人民政府关于印发《佛冈县坚持以制造业当家推动实体经济高质量发展的若干措施》的通知	佛委发电〔2023〕5号
中共佛冈县委 佛冈县人民政府转发《县委宣传部、县司法局关于开展法治宣传教育的第八个五年规划（2021—2025年）》的通知	佛委发电〔2023〕6号
中共佛冈县委 佛冈县人民政府印发《关于全面推进"百县千镇万村高质量发展工程"促进城乡区域协调发展的工作实施方案》的通知	佛委发电〔2023〕7号
中共佛冈县委办公室关于印发《县委十四届三次全会精神传达提纲》的通知	佛委办发电〔2023〕3号
中共佛冈县委办公室 佛冈县人民政府办公室关于印发《佛冈县信访局职能配置、内设机构和人员编制规定》的通知	佛办发〔2023〕1号

（徐 铮）

县政府及县府办规范性文件要目

文件名称	发布文号	发布时间
佛冈县城全面禁止燃放烟花爆竹的通告	佛府〔2023〕1号	2023年1月17日
佛冈县爱国卫生管理规定	佛府〔2023〕49号	2023年8月4日
佛冈县人民政府森林防护禁火令	佛府〔2023〕59号	2023年9月24日
佛冈县城区高污染燃料禁燃区的通告	佛府〔2023〕85号	2023年12月20日
佛冈县农村科技特派员管理办法	佛府办〔2023〕14号	2023年12月27日

（谭永光）

重点文物保护单位名录

序号	名称	时代	类别	详细地址	保护级别	公布机关	公布时间	公布批次	是否开放	管理单位
1	东坑黄氏宗祠	明朝嘉靖元年（1522年）—民国	古建筑（坛庙祠堂）	佛冈县水头镇莲瑶村东坑围	广东省文物保护单位	广东省人民政府	2008年11月18日	第五批	是	东坑黄氏宗祠理事会
2	上岳村建筑群	清代	古建筑	佛冈县龙山镇上岳村	广东省文物保护单位	广东省人民政府	2012年10月20日	第七批	是	龙山镇上岳村委
3	石咀头围场门楼	明代	古建筑	迳头镇石咀头村	广东省文物保护单位	广东省人民政府	2019年4月19日	第九批	是	迳头镇石咀头村委
4	三爱亭	清光绪	古建筑	佛冈县汤塘镇黄花路口	佛冈县文物保护单位	佛冈县人民政府	1986年7月23日	第一批	是	佛冈县汤塘镇大埔村委会
5	清献崔公祠	明代	古建筑（坛庙祠堂）	佛冈县水头镇新联村	佛冈县文物保护单位	佛冈县人民政府	1986年7月23日	第一批	是	佛冈县水头镇新联村崔氏宗亲会
6	龙岗市古街（县级）	民国	古建筑	佛冈县石角镇科旺村	佛冈县文物保护单位	佛冈县人民政府	2006年8月8日	第二批	是	佛冈县石角镇科旺村委
7	上岳古围村	明清	古建筑	佛冈县龙山镇上岳村	佛冈县文物保护单位	佛冈县人民政府	2006年8月8日	第二批	是	龙山镇上岳村委
8	谢氏大宗祠	清乾隆二十五年（1760）	古建筑	佛冈县龙山镇浮良村	佛冈县文物保护单位	佛冈县人民政府	2017年11月7日	第三批	是	佛冈县龙山镇浮良村委
9	官路唇廖氏宗祠	清光绪二十八年（1902）	古建筑	佛冈县龙山镇官路唇	佛冈县文物保护单位	佛冈县人民政府	2017年11月7日	第三批	是	佛冈县龙山镇官路唇村委
10	围镇刘氏宗祠	清咸丰十一年（1861）	古建筑	佛冈县汤塘镇围镇村	佛冈县文物保护单位	佛冈县人民政府	2017年11月7日	第三批	是	佛冈县汤塘镇围镇村委
11	洛洞接待站旧址	1972年	近现代重要史迹及代表性建筑	佛冈县汤塘镇洛洞村	佛冈县文物保护单位	佛冈县人民政府	2017年11月7日	第三批	是	佛冈县汤塘镇洛洞村委
12	林际安墓	明代	古墓葬	佛冈县高岗镇三江村	佛冈县文物保护单位	佛冈县人民政府	2017年11月7日	第三批	是	佛冈县高岗镇三江村委

续表

序号	名称	时代	类别	详细地址	保护级别	公布机关	公布时间	公布批次	是否开放	管理单位
13	耕读楼	清代	古建筑	佛冈县迳头镇迳头村甲名围	佛冈县文物保护单位	佛冈县人民政府	2017年11月7日	第三批	是	佛冈县迳头镇迳头村甲名围村委
14	石咀头围场	明代	古建筑	佛冈县迳头镇迳头村石咀头村	佛冈县文物保护单位	佛冈县人民政府	2017年11月7日	第三批	是	佛冈县迳头镇迳头村石咀头村委
15	大陂郑氏宗祠	清同治三年（1864）	古建筑	佛冈县迳头镇大陂村	佛冈县文物保护单位	佛冈县人民政府	2017年11月7日	第三批	是	佛冈县迳头镇大陂村委
16	大塘宋氏宗祠	清朝	古建筑	佛冈县石角镇城迳村大塘围	佛冈县文物保护单位	佛冈县人民政府	2017年11月7日	第三批	是	佛冈县石角镇城迳村大塘围村委

（黄敏）

2023年获省部级及以上先进单位与先进个人名单

省部级及以上先进单位

单位	授予单位	荣誉称号	授予时间
佛冈县人民政府办公室	国家机关事务管理局、中共中央直属机关事务管理局、国家发展和改革委员会、中华人民共和国财政部	节约型机关	2023.09
佛冈县人民检察院	最高人民检察院第十检察厅	控告申诉检察部门接待窗口深化开展"为民办实事"实践活动表现优秀团队	2023.10
佛冈县水头镇人民政府	中共广东省委、广东省人民政府	广东省"百县千镇万村高质量发展工程"首批典型镇	2023.11.06
佛冈县财政局	财政部、省财政厅	财政部对2022年度全国1852个县（市）开展县级财政管理绩效综合评价，佛冈县综合评价位列全国第39名、广东省第7名、清远市第1名	2023.12.21

省部级及以上先进个人

姓名	单位	授予单位	荣誉称号	授予时间
杨扬	佛冈县公安局	中华人民共和国公安部	全国公安机关成绩突出个人	2023.04.26

2023年获广东省"五一劳动奖状"单位

单位	授予单位	荣誉称号	授予时间
盈泰纺织品染整有限公司	广东省总工会	广东省五一劳动奖状	2023.04

2023年获广东省"五一劳动奖章"个人

姓名	单位	授予单位	荣誉称号	授予时间
王宝刚	约克广州空调冷冻设备有限公司	广东省总工会	广东省五一劳动奖章	2023.04

2023年度获荣誉表彰现役军人名录

姓名	是否现役	获得荣誉称号（立功表彰类型）	住址	简要事迹
黄成跑	服现役	个人三等功	佛冈县石角镇	2023年度工作突出，立三等功
沈金文	服现役	个人三等功	佛冈县汤塘镇	2023年度工作突出，立三等功
张嘉健	服现役	个人三等功	佛冈县汤塘镇	2023年度工作突出，立三等功
周国海	服现役	个人三等功	佛冈县汤塘镇	2023年度工作突出，立三等功
黄焯彬	服现役	个人三等功	佛冈县龙山镇	2023年度工作突出，立三等功
欧阳梓华	服现役	个人三等功	佛冈县龙山镇	2023年度工作突出，立三等功

（县退役军人事务局）

办事指南

2023年佛冈县主要旅游景区（点）、高档酒店名录

序号	名称	类型	地址	联系电话
1	聚龙湾天然温泉度假村	国家4A级旅游景区	佛冈县汤塘镇汤塘村（京港澳高速汤塘出口左转1公里106国道旁）	0763-4632888
2	森波拉度假森林	国家4A级旅游景区	佛冈县石角镇三八片路边（京港澳高速佛冈出口右转4公里）	0763-4382333
3	熹乐谷温泉度假区	国家4A级旅游景区	佛冈县汤塘镇黄花湖温泉旅游度假区内直入1500米	0763-6558118
4	田野绿世界	国家3A级旅游景区	佛冈县石角镇龙南小潭村省道252线旁	0763-3172999
5	观音山王山寺	寺庙类景区	佛冈县石角镇观山村英佛公路旁	0763-4882088
6	鹤鸣洲樱花温泉度假村	生态温泉景区、湿地公园	佛冈县黄花湖106国道边（佛冈县汤塘镇环湖北路3号）	0763-6857888
7	上岳古村落	历史遗迹景区	佛冈县龙山镇上岳村	
8	长盛谷养生基地	大型农家乐景区	佛冈县汤塘镇黄花路口直入300米	0763-4638188
9	陂角村	省级文化和旅游特色村	佛冈县汤塘镇陂角村	
10	官墩围村（荷花小镇）	省级文化和旅游特色村	佛冈县迳头镇官墩围	
11	龙潭小寨	生态观光景区	佛冈县高岗镇高镇村	0763-4283938
12	通天蜡烛	农业生态景区	佛冈县迳头镇荆竹园村	
13	小梅蔬果体验园	农业生态景区	佛冈县石角镇龙南片小梅村	
14	万竹泉度假村	农业生态景区	佛冈县石角镇科旺村	
15	篁胜国际温泉花园酒店	高级温泉度假酒店	佛冈县石角镇北园路	0763-488888
16	碧桂园假日温泉酒店	高级温泉度假酒店	佛冈县水头镇碧桂园清泉城内	0763-6833818
17	利鑫国际酒店	商务度假酒店	佛冈县振兴南路京港澳高速出入口往佛冈县城前行200米	0763-316888
18	丽枫酒店佛冈店	高级商务酒店	佛冈县106国道南	0763-6833333
19	IU酒店	连锁品牌酒店	佛冈县石角镇106国道与振兴路交汇处106国道边	0763-4270077
20	三泰商务酒店	高级商务酒店	佛冈县城106国道东69-1号	0763-488111

续表

序号	名称	类型	地址	联系电话
21	柏曼酒店	连锁品牌酒店	佛冈县石角镇福田路308号	0763-4298888
22	樵春山庄	温泉度假酒店	佛冈县黄花湖度假区内	0763-4620168
23	明威商务酒店	高级商务酒店	佛冈县石角镇环城中路119号	0763-4888333
24	逸米酒店	高级商务酒店	佛冈县石角镇振兴中路369号	0763-4281238
25	白云温泉山庄	温泉度假酒店	佛冈县黄花湖度假区内（106国道边）	0763-4620198
26	存久洞村	红色文化村	佛冈县石角镇黄花行政村存久洞村	

2023年佛冈县旅行社名录

序号	名称地址	类型	地址	联系电话
1	佛冈县佛旅旅行社有限公司	旅行社	佛冈县石角镇振兴中路青云二巷5号	0763—4283460
2	佛冈假日旅行社有限公司	旅行社	佛冈县石角镇振兴中路62号	0763—4281108
3	佛冈青年旅行社有限公司	旅行社	佛冈县石角镇环城中路382号	0763-4299333
4	清远市国旅国际旅行社有限责任公司佛冈营业部	旅行社服务网点	佛冈县环城中路143号二楼之三	0763—4296601
5	广州市金马国际旅行社有限公司清远佛冈营业部	旅行社服务网点	佛冈县石角镇拥军路98号	0763-4882332
6	广东航空观光国际旅行社有限公司佛冈营业部	旅行社服务网点	佛冈县石角镇环城东路157号	0763-4283700
7	广州携程国际旅行社有限公司佛冈冈田营业部	旅行社服务网点	佛冈县石角镇振兴中路69号	0763-4508811
8	广东光大国际旅行社有限公司清远佛冈营业部	旅行社服务网点	佛冈县石角镇福来街10号	13427991770
9	佛冈乐享旅行社有限公司	旅行社	佛冈县石角镇，环城东路157号	0763-4283700
10	盈科美晨国际旅行社清远市佛冈营业部	旅行社服务网点	佛冈县石角镇振兴中路44号	13927671958

（县文广旅体局）

索 引

索引说明

1. 本索引采用主题分析方法，款目按汉语拼音字母（同音字按声调）顺序排列。

2. 文中的类目题、分目题用黑体字标明，其余用宋体字排版。

3. 索引款目后面的数字表示内容所在页码，数字后面的英文字母（a、b、c）表示栏别（即版面的一、二、三栏）。

4. 同一主题的内容在文中多处出现时，在其款目后用不同页码标明。

5. 本刊的"年度关注""2023年佛冈大事记""统计资料""附录"等不做内容主题分析。

主题词索引

A

爱国卫生 250a
爱国卫生概况 250a
艾滋病防控监测 246c
安全保卫管理 67b
安全管理概况 169c
安全生产 159b，277c
安全生产工作 296a
安全生产监督管理 272b
安全生产文明施工管理 194a
案件执行 108a
澳洲坚果 212b

B

八届二次理事会 270b
"百千万工程"信息化建设 65c
百香果 212c
办公用房管理 67c
帮扶解困政策落实 114a
保护区概况 294a
保密工作 52a
保密工作概况 52a
保密监督检查 52b

保密教育培训 52b
保密宣传工作 52b
保险业机构选介 141a
保障重点任务 51a
碧道建设 152a
便民服务改革 293c
博爱送万家活动 89c
博物馆 239a
博物馆概况 239a
博物馆建设 231b
补短板项目建设 48c
不动产登记管理 197c
不动产管理 197a
不动产管理概况 197a
不明原因肺炎监测 246a

C

财税金融审计 119a
财政 130a
财政·税务 130
财政改革深化 132a
财政收支概况 130a
财政支出管理 130c
参保情况 259c
餐饮具集中消毒单位监管 249a
参政议政 75a，77a，84c，90c
残疾人发证工作 88b
残疾人教育就业 88b
残疾人就业和残保金征收工作 89a
残疾人居家康复服务 88c
残疾人"两项补贴"核实发放工作 88c
残疾人免费乘坐公交车 89a
残疾人体育运动 88c
残疾人维权 89a
残疾人慰问 89b
仓储设施建设 165a
草莓 211c
产业发展 161b

产业结构优化　153a
常态化扫黑除恶斗争　245b
场馆建设　239b
城春国际影城　238b
城建档案管理　195c
城建·房产　185
成立广佛（佛冈）产业园正式管理机构　161c
成人教育　223a
成人教育概况　223a
城市公共交通行业管理　174c
城市供水　190b
城市管理　187a
城市管理概况　187a
城市管理执法监督　188a
城市排涝　151a
城市园林绿化　187c
城市专班整治　48b
城乡规划　185c
城乡规划概况　185c
城乡建设　276a，279b，284c，288b，292a
城乡就业创业　256c
充实防汛物资　151c
出版物管理　48a
出版物管理范围　233c
出版物监管　233c
初次信访事项办理　63c
出口支柱企业　163a
储备粮油轮换　164c
传统产业转型升级　153a
传统民俗　25a
创建广东省健康县工作　250c
创建国家森林城市　30c
创强促优　213a
创文工作　48a
创文工作概况　48a
创优工作　84c
春运工作　179a
慈善事业　265c
村（社区）干部学历提升　287a
村庄建设项目管理　186b

D

搭建帮扶平台，促进资源共享　218c
打击非法电台"黑广播"　184c
打造省级中小企业特色产业集群　158c
大地院线（佛冈店）　238a
大气污染防治　198a
代表工作　59a
代建项目管理　123b

代建项目管理概况　123b
档案安全管理　241b
档案工作　241a
档案开放审核　241b
档案信息化建设　241b
档案治理体系建设　241b
档案资源建设　241a
党建工作　295b
党建示范品牌　277c
党史宣传教育　54c
党史研究　54c
党史研究概况　54c
党史资源开发利用　54c
党外知识分子和新的社会阶层人士工作　49a
党校教育　52c
党校教育概况　52c
党员培训教育　287a
德育成果　215c
地方志编纂工作概况　241c
地方志资源开发利用　242a
地名管理　26a
第五次全国经济普查　120c
地质·地貌·河流　19b
地质灾害防治管理　127a
电动车及配件产业　153b
电力工业　159a
电力工业概况　159a
电力供应　160a
电网建设　159c
电影放映　238a
电影放映概况　238a
电子产业　153b
电子商务概况　168b
调研工作　50c
动物疫病防控　146c
读书活动　240c
对外贸易　162c
队伍建设　103c，107b
多党合作与政治协商　49a

F

发展承载力提升　29a
发展与改革　115a
法定传染病报告　246a
法律服务　101a
法治　95
法治化营商环境　107a
法制建设　28b
法治建设　97a，108a

法治市监建设　118b
法治政府建设　108b
法治综述　95a
反邪教警示教育　97b
方志、年鉴编修　241c
房地产开发投资　195c
房地产开发重点项目　196b
房地产市场行为监管　196a
防范和处置非法集资　134c
防控物资收储　165a
防灾减灾救灾　273a
防震减灾工作　228a
放管服便民服务措施　104a
非公有制经济领域统战工作　49b
非物质文化遗产　238c
非物质文化遗产保护　238c
非物质文化遗产概况　238c
凤梨释迦　212a
佛冈达味特钢有限公司　156c
佛冈概况　19
《佛冈年鉴·2023》编纂出版　241c
佛冈县安利通运输有限公司　179b
佛冈县便捷客运站　179a
佛冈县残疾人联合会　88b
佛冈县产业转移工业园　160a
佛冈县城北中学　221a
佛冈县城东中学　221c
佛冈县党外知识分子联谊会　90a
佛冈县第一中学　219a
佛冈县妇女联合会　83a
佛冈县妇幼保健院　253b
佛冈县工会第十五届委员会第三次全体会议　78a
佛冈县工商业联合会　84b
佛冈县归国华侨联合会　86c
佛冈县国家级电子商务进农村综合示范项目　168b
佛冈县国土空间总体规划（2021—2035年）　62a
佛冈县红十字会　89b
佛冈县教育发展"十四五"规划（2021—2025年）　62b
佛冈县金博士职业培训学校　226a
佛冈县科学技术协会　87c
佛冈县慢性病防治医院　254a
佛冈县人民代表大会　56a
佛冈县人民医院　250c
佛冈县人民政府　60a
佛冈县生态环境保护"十四五"规划（2021—2025年）　62b
佛冈县省级产业转移园产业发展规划（2021—2025年）　62c

佛冈县水利发展"十四五"规划　63b
佛冈县卫生健康事业发展"十四五"规划　63a
佛冈县文学艺术界联合会　85c
佛冈县永通公共汽车有限公司　179b
佛冈县职业技术学校　223b
《佛冈县志》编纂工作　242a
佛冈县中医院　253a
佛冈县综合交通运输体系发展"十四五"规划　63a
佛冈县总工会　78a
佛冈姓氏祠堂文化调研　242c
佛冈银座影城　238b
佛冈中学　220a
扶持企业上市　134a
扶困助学　216a
服务保障体系建设　113c
服务企业　85a
服务青年　81c
服务社会　85b
服务体系完善　266a
服务县域发展　108c
服务效能提升　266a
妇联概况　83a

G

改革激活发展动能　40a
干部队伍建设　42b
干部培训管理　53c
钢铁产业　153c
港澳企服务　94c
港澳事务　94a
港澳事务概况　94a
港澳台侨统战工作　49c
高岗红薯　211c
高岗镇　275a
高岗镇第十七届人民代表大会第三次会议　278b
高岗镇第十七届人民代表大会第四次会议　278b
高岗镇概况　275a
高考中考　215b
高新技术产品认定　227b
高新技术企业认定　227a
个体私营协会　118b
各类监督贯通融合　73b
耕地保护　127a
公安　101c
公安工作概况　101c
工程技术研发中心　227c
公共场所卫生监管　248b
公共法律服务　109c
公共卫生服务　244c

公共文化服务体系建设　29c
公共资源交易　122c
公共资源交易概况　122c
公共资源交易管理　123a
工会工作创新　79a
工会活动　80b
公积金业务概况　265c
公路养护概况　177c
公路养护管理　177c
公务接待服务　68a
公务用车管理　67a
公务员管理　45a
供销概况　165a
供销合作　165a
供销社综合改革　165b
工业　153
工业概况　153a
工业节能减排　154c
工业经济成效　27a
工业生产　115a
工业园区建设　160a
工业主要产业　153b
工业主要产业概况　153b
工业主要企业　155a
工业综述　153a
公益事业　87b
公益诉讼检察工作　106c
工作措施强化　169c
工作机制建设　55c
巩固扶贫成果　260c
巩固脱贫攻坚成果　277c，281a
共建"绿美广东"　82c
共青团佛冈县委员会　80c
构建区域党建共同体　287a
古树名木保护管理　30b
固定资产投资　115c
固定资产投资审计　119c
关爱地中海贫血和白血病患儿工作　89c
关爱老人　263a
关爱留守困境儿童　268c
关工委概况　267c
关心下一代　267c
关于促进佛冈县制造业增资扩产的政策措施　63b
管理创新　167b
管理体制理顺　89b
广东佛冈观音山省级自然保护区　294a
广东佛冈农村商业银行股份有限公司　140a
广东合诚实业有限公司　157a
广东华劲汽车零部件制造有限公司　158a

广东省乡村振兴健康教育试点　250b
广东鑫统仕集团有限公司　157c
广东雅迪机车有限公司华南基地项目　160b
广佛（佛冈）产业园　160c
广佛（佛冈）产业园概况　160c
广清教育帮扶　218a
广生园初生蛋　211b
广州蒙娜丽莎卫浴股份有限公司SPA无边际泳池浴缸生产项目　160c
广州南粤防火门有限公司项目　160b
归集面扩大　265c
归侨服务　93b
归侨民生保障　93b
国防动员　111c
国土空间规划行政审批　186a
国土空间总体规划编制　185c
国有资本经营预决算　122b
国有资产报告制度　122b
国有资产管理　121a
国有资产管理工作　121c
国有资产管理概况　121a

H

河道采砂　151c
河湖"清四乱"　152a
河湖空间管护　152b
红色文化村调研　55a
后勤保障工作　67c
互学交流　271c
化解历史遗留问题　197b
环保督察　201c
环保规划编制　203b
环保宣传　204a
环境督察执法　201a
环境监测　201a
环境统计　203b
环境信访　201c
环境执法　202b
环境质量　23a
环境综合整治　203b
火灾防控工作　274b
获奖情况　238a

J

基层党组织建设　280c
基层工会规范化建设　79b
基层社会治理　281a
基层司法　110c
基层团组织建设　81a

基层文化活动　232c
基层医疗卫生服务　243b
基层治理规范化建设　112b
基层综合性文化服务中心建设　231c
基层组织建设　42a，86c
基础教育　216b
基础教育概况　216b
机动车驾培行业管理　174b
机动车维修行业管理　174a
机构编制　51a
机构编制大调研　51a
机构编制法定化建设　51c
机构编制概况　51a
机关党建　43b
机关事务　67a
机关事务概况　67a
基金运行　259a
疾病监测　246b
疾病预防控制　245c
疾病预防控制概况　245c
集体产权制度改革　145b
寄递物流安全管理　169c
计划生育奖励扶助　256a
计划生育依法行政　256a
纪检监察　71a
纪检监察概况　71a
纪律审查　71b
技术保障　237c
技术创新　154a
技术改造　154a
加强基金监管　260b
加强未成年人保护　233b
加强宣传　270a
家庭教育　84a
价格管理　116b
价格管理概况　116b
价格认定　116c
价格调控管理　116b
监督工作　58a
监督制约　71b
监管队伍建设　118a
监管效能提升　131b
检察　106b
检察工作概况　106b
健康教育　250b
健康教育活动　250b
健康教育机构概况　250b
建设工程消防监督　193c
建设工程造价管理　195a

建设工程质量监督　194a
建设用地管理　125c
建滔（佛冈）积层板有限公司　156a
见义勇为协会　98a
建制镇　275
建置沿革　19a
建筑工程审批　192c
建筑工程施工管理　193b
建筑节能　193c
建筑业管理　192c
建筑业管理概况　192c
交警工作　104b
交流培训　86a
交通安全管理　174c
交通安全生产管理　174c
交通概况　171a
交通基础设施建设　171a
交通纠违整治　48b
交通行政管理　173b
交通行政管理概况　173b
交通行政综合执法　176b
交通行政综合执法概况　176b
交通·邮政·通信　171
交通运输概况　179a
交通运输管理　179a
交通运输责任事故　176a
交通运输专项治理　175c
交通综述　171a
教材征订发行　237a
教研成果　215b
教育·科学　213
教育督导　214c
教育概况　213a
教育培训　53a
教育收费督查　215c
教育投入　214c
教育阵地建设　268b
教育装备建设　216a
教育综述　213a
节假日旅游景区管理　207b
节能监察　154c
节日系列活动　232a
巾帼建功　83c
金融·保险　134
金融改革创新　134a
金融业管理　134a
金融业指标　134a
金融业综述　134a
金鲜美大米　211b

328

禁毒宣传　245b
禁毒宣传工作　290c
经济发展　275b，279a，282a，284a，287c，291c
经济管理　115
经济建设　26b
经济责任审计　119b
经济总量概况　115a
精神文明建设　31a
精神文明建设概况　31a
景区景点建设　208c
警务机制改革　103b
竞技体育　255a
迳头镇　278c
迳头镇第十八届人民代表大会第三次会议　281b
迳头镇第十八届人民代表大会第四次会议　281b
迳头镇第十八届人民代表大会第五次会议　281b
迳头镇概况　278c
迳头竹笋　211b
就业创业扶持　113c
居民生活　267c
举办展览及讲座培训　240b
决策咨询工作　50c
军事　111
军事训练　111b
竣工验收项目　123b

K

开放型经济　162
开放型经济概况　162a
开放型经济综述　162a
开展第36个世界无烟日活动　250a
开展救治救助　95c
开展理想信念教育　85a
开展烈士纪念褒扬活动　114b
开展扫黄打非　233a
开展专项行动　233a
抗（抑）菌制剂膏、霜剂型监管　248b
考试保障监测　183c
科技创新　161a
科技计划项目申报和立项　227a
科普能力建设　88a
科学技术与知识产权　227a
科研立项　215a
客运行业管理　173c
空气质量　23a
空调及配件产业　153b
"跨省通办"服务　266a
矿产资源　21a
矿政管理　126c

L

劳动保障　258c
劳模、工匠选树培养　79a
老干部服务　55a
老干部服务工作　56a
老干部服务工作概况　55a
老干部活动　56a
老年人工作　256a
老区调研　270c
老区建设　270b
老区建设促进会概况　270b
老区建设项目　270c
老区宣传工作　271b
离退休干部组织建设　55c
理论武装　47a
理论宣讲　54a
历史文化　24a
历史文化·传统民俗　24a
历史文化和非遗保护　29c
联动协作加强　169c
联络联谊工作　94a
联谊交流　91c
粮食储备管理　164c
粮食质量监测　165a
粮油储备概况　164c
"两个中心"建立　168c
"两化""两员"工作　95a，290c
两项公益项目　271a
烈士后裔助学工程　271a
林场概况　295a
林场主要任务　295a
林木采伐及林地审核审批　148c
林业　148a
林业概况　148a
林业有害生物防治　150a
领导接约访　63c
"6·30"广东扶贫济困日　293c
龙山镇　291b
龙山镇概况　291b
路政服务　178a
路政管理　178a
洛科威防火保温材料（广东）有限公司　157c
落实防汛责任制　151c
落实粮食生产补贴政策　146a
落实优待抚恤政策　114c
旅行社经营监管　207a
旅游行业管理　207a
旅游行业管理概况　207a

旅游节庆活动　208a
旅游景区开发　208b
旅游亮点　205b
旅游民宿指导　207b
旅游商品　211a
旅游形象宣传　208a
旅游宣传　207c
旅游宣传概况　207c
旅游业　205
旅游业概况　205a
旅游业实绩　205a
旅游业综述　205a
旅游迎来新旺季　206a
旅游资源　22a
旅游资源开发和景区（点）建设　208b
旅游综合接待能力　205b
绿美佛冈生态建设　30a，173a
绿美生态建设　40c，277c，284c
绿美水头建设　283a
绿色发展　154b

M

满意度评价　63c
免疫规划　245c
灭火救援工作　274b
民革概况　73c
民生价格管理　116c
民生事业　41a
民事检察工作　106b
民事审判　107c
民政　262b
民政工作概况　262b
民主党派　73c
民族　24a
民族·宗教　266c
民族管理　266c
民族宗教概况　266c
民族宗教工作　50a

N

纳税服务　133a
内部制度管理　66c
尿碘监测情况　247c
农产品质量安全监管　144c
农村产权流转交易　143c
农村创业青年工作　269b
农村公益电影　238b

农村供水工程　150c
农村精神文明建设　31b
农村污水治理　200c
农村住房安全保障　186a
农村综合改革　290a
农副产品购销　166a
农机安全监督管理　148a
农田水利　151a
农业　143
农业发展概况　143a
农业机械购置补贴　148a
农业机械化　147c
农业机械化概况　147c
农业技术推广服务　146a
农业经济工作　145b
农业经济工作概况　145b
农业经营主体发展　145c
农业生产　115c
农业生产资料管理　165c
农业水价综合改革　150c
农业执法　144c
农业综述　143a
农作物病虫害防治　146b

P

《浛江文艺》　86c
培训体系健全　168c
批发零售业　164a
贫困重度残疾人家庭无障碍改造　89a
品牌打造　31a
品牌建设　154b
平安佛冈建设　41b
平安建设　101c
平安邮政　180c
普法工作　109b
普法宣传　167b
普及教育　213b
普通货运行业管理　175c

Q

其他卫生监测　247c
企业技术创新、技术改造和品牌建设概况　153c
企业技术改造·技术创新·品牌建设　153c
企业培训　223a
气候·水文　20c
气候特点　228c

气象安全生产　229c
气象高质量发展　230b
气象观测　229c
气象科普宣传　230a
气象事业　228b
气象事业概况　228b
气象行政许可　229c
气象灾害天气　228c
前期筹建项目　123c
强化保密政治责任　52a
强化党建　27b
强化项目督导　185a
侨情数据库建设　87a
侨务　93a
侨务工作概况　93a
清洁生产审核　155a
"清漂"行动　152b
青少年教育　267c
青少年思想引领　82a
清远鸡产业发展　147b
清远加多宝草本植物科技有限公司　156b
清远南玻节能新材料有限公司　155c
《清远日报》佛冈记者站　233c
清远市德圣健康职业技术学校　224c
清远市南方技工学校　225b
清远市羊角山林场　295a
清远天赐高新材料股份有限公司　156c
取水口取水监测计量　152c
全国持证残疾人基本状况调查　89a
全国科普日活动　88a
"全国乡村春晚"广东分会场　232b
全面推行林长制　148c
全民禁毒工程　96c
全体居民收支情况　267c
群众体育　255a
群众团体　78
群众文化　231c
群众文化概况　231c

R

热线工作处理　66c
人才建设　86b
人才引育　258a
人才与培训工作　45b
人大代表议案、建议和政协委员提案　62a
人大履职　287a

人大文化建设　281a
人防队伍建设　113a
人防工程建设　112c
人防警报试鸣活动　113a
人防宣传教育工作　113b
人口　23c
人口计生　256a
人口计生概况　256a
人口·民族·语言　23c
人力资源和社会保障　256b
人力资源和社会保障概况　256b
人民防空　112c
人民防空概况　112c
人民调解　109b
人民武装　111a
人民武装概述　111a
人员培训　295a
荣获"平安鼎"　98b
融媒体中心　237a
融媒体中心概况　237a
R&D研发经费支出占GDP比重　227a

S

"三献"工作　90a
散装水泥管理　195a
扫黑除恶　290b
扫黑除恶斗争　96a
森林保护及治安管理　296c
森林防火　149c，294b，295c
森林防灭火　273b
森林建设及资源利用　295c
商贸概况　164a
商贸流通　164
商贸流通综述　164a
商品房预售款管理　195c
商品房预售许可管理　195c
上门评残工作　88b
社会保险　259b
社会保险概况　259b
社会福利　262c
社会服务　75c，76b，91b
社会建设　29a
社会经济概况　26b
社会救助　262b
社会矛盾化解　96a
社会民生　282c
社会民生建设　29a
社会募捐　89b

社会商品销售总额　164a
社会生活　256
社会事务　264b
社会事业发展　276c，279c，285c，288a，292b
社会消费品零售总额　164a
涉林景区监管　207b
涉农资金项目库建设　143b
社区共管　295a
社区矫正和安置帮教　110a
社区培训　223a
摄影、书法、美术、民间工艺创作　235c
申报省创新型专业镇　227a
深化改革　83b
深化改革激发动能　116a
深化基层管理体制机制　51b
深化政务服务体系　197a
深化制度改革　259b
审计　119a
审计概况　119a
审计整改　119c
审判　107c
审判工作概况　107c
声环境质量　23b
生活饮用水安全监管　249a
生态公益林　148b
生态环境　198
生态环境保护　198a
生态环境保护概况　198a
生态建设　30a
生物资源　21c
生猪和家禽屠宰管理　147a
生猪稳产保供　147b
师资队伍建设　215a
十件民生实事　60c
石角镇　283c
石角镇概况　283c
食品产业　153c
食盐安全宣传　168a
食盐销售管理　167c
食盐专卖　167c
食源性疾病监测　247c
市场服务管理　124a
市场监督管理　117a
市场监管概况　117a
市场监管执法　117b
市场开发服务　124a
市场开发服务概况　124a
市场开发建设　125a
市场设施利用　124c

市场文明建设　125a
市场巡查巡访　167c
世界华人学生作文大赛　87c
视频办理业务　66b
市容卫生　192b
事业单位登记管理和中文域名管理　52a
市域社会治理　107a
市域社会治理现代化试点工作　96a
市政工程管理　189b
市政路灯　191c
数字赋能执法工作　249c
数字化转型升级　183b
数字政府建设　64c
数字政府建设工作　64c
双凤葛粉　211c
双随机、一公开　249a
"双向流通"体系推动　169a
双拥共建　112c
水产养殖　147a
水果产业园建设　146b
水旱灾害防御体系建设　151c
水环境质量　23a
水库移民后期扶持　152c
水利　150b
水利概况　150b
水头芦笋　211b
水头镇　281b
水头镇概况　281b
水土保持监督管理　152c
水污染防治　199b
水行政执法　152b
水资源　21a
水资源管理　152b
税费征管治理　132c
税务　132a
税务概况　132a
司法行政　108a
司法行政工作概况　108a
思想建设　74c，76a
思想领航　83a
思想政治建设　55b，90b，98b
死亡病例监测　246c
"四大安全"底线守牢　117c
"四好农村路"建设　173a
四九牛肉　212b

T

台胞事务　93c
台湾番石榴　212a

台湾事务　93c
台湾事务概况　93c
台湾杨桃　211c
汤塘镇　287b
汤塘镇概况　287b
汤塘镇十八届人民代表大会三次会议　291a
汤塘镇十八届人民代表大会四次会议　291a
特色产业建设　282a
特色党建品牌　132b
提升城乡综合承载力　283b
体育　254c
体育事业概况　254c
体育统计　255b
体育协会　255c
天气预报预警　229c
调整佛冈县妇幼保健医院医疗服务价格项目收费标准
　　和医保支付结算等级　62c
通信业　181a
统计　120a
统计调查　120a
统计法治　120b
统计服务　120a
统计概况　120a
统战工作　48c
统战工作概况　48c
突发公共卫生事件处置　246c
突发公共卫生事件应急处理　245a
图书采购　240b
图书发行　236b
图书馆　240a
图书馆概况　240a
图书馆建设　231b
土地储备　129a
土地开发与储备概况　128c
土地开发与储备　128c
土地开发整理　129a
土地利用总体规划调整方案编制　185c
土地流转　143c
土地所有权管理　126a
土地资源　20c
土壤污染防治　199c
团县委概况　80c
推动经济发展　40c
推动志愿服务专业化　83a
推进和美乡村建设　144a
推进卫生县、镇、村创建　250a
推行河长制　152a
退役军人服务　286c
退役军人事务　113c

W

外事　92a
外事·侨务·台港澳事务　92
外事服务　92a
外事工作概况　92a
外事管理　92b
外事宣传　92c
外资利用　162a
外资增资项目　162a
玩具产业　153b
网信工作　48a
危险货物运输专项治理　176a
维护社会和谐稳定　100b
维权关爱　84a
维稳（信访）工作　98a
未成年人服务保障和关爱帮扶　264a
未成年人检察工作　106c
为民办实事　48b
为侨服务　87a
卫生·医疗·保健·体育　243
卫生概况　243a
卫生监督管理　248a
卫生监督管理概况　248a
卫生行政许可　248a
卫生综述　243a
位置·范围·面积　19b
文化·传媒　231
文化馆（站）建设　231a
文化惠民活动　237a
文化建设　29b
文化建设概况　29b，231a
文化名家引领　234c
文化市场　232c
文化市场概况　232c
文化展演活动　232c
文化资源　239b
文化综述　231a
文旅产业发展　27b
文明培育　31b
文明实践　31a
文物保护　239c
文艺创作　234c
文艺创作　86a
文艺创作概况　234c
稳住外贸基本盘　162c
乌鬃鹅　212c
污染减排　203b
污水设施建设　151a

333

无偿献血　245a
无线电法律法规宣传　184c
无线电管理　183b
无线电管理措施　183c
无线电管理概况　183b
无线电监管、监听、监测　183c
无线电日常监测　183c
无线电通信设备查处　184c
无线电通信设备管理　184b
"5·8人道公益日""99公益日"众筹捐款　90a
5G+智慧园区建设　183a
5G网络信号覆盖　183b
物流体系完善　168b
物业管理　196a

X

熹乐谷晋升国家4A级景区　205b
习近平新时代中国特色社会主义思想主题教育　39c
戏剧、文学创作　235b
县残联概况　88b
现场直播　237c
县城中学简介　219a
现代农业发展　27b
县工商联概况　84b
县红十字会概况　89b
县科协概况　87c
县民盟概况　76a
县侨联概况　86c
县人大工作综述　56a
县十六届人大常委会会议　56c
县十六届人大三次会议　56b
县十六届人大四次会议　56c
县四套班子、县直副科以上单位（含省市直管单位）及各镇领导人名单（2023年）　32a
县委工作概述　39a
县委十四届三次全会　39a
县委十四届四次全会　39c
县委巡察工作　73a
县委巡察工作概况　73a
县文联概况　85c
县域医共体建设　243c
县长办公会议　61b
县镇村绿化　30b
县政府班子领导补充　62a
县政府常务会议　61b
县政府工作概述　60a
县政府工作会议　61c
县政务服务数据管理概况　64c
县政协常委会议　68b

县政协第十一届第三次会议　68a
县政协工作概述　68a
县知联会概况　90a
县重点医院简介　250c
乡村历史文化保护　186c
乡村旅游　278a
乡村网络和光网建设　183a
乡村新闻官　47c
乡村振兴　282a
乡村振兴帮扶工作　293c
项目用地审批　185b
消防　274a
消防安全专项整治行动　274c
消防工作概况　274a
消防宣传工作　274c
小型水库安全运行管理　150c
校园安全　213c
新材料产业　153c
新华书店概况　236b
新时代"佛冈的侨"纪实工程　87a
新时代双拥工作　114c
新闻出版　233c
新型农村集体经济工作　143b
新型职业农民培育　145a
信访督办　64b
信访干部学习　64c
信访工作　63c
信访工作概况　63c
信访受理　63c
信访宣传　64a
信访专项治理　64a
信访综治维稳　128b
信息基础设施　183a
信息化建设　183a
刑事检察工作　106b
刑事审判　107c
行政复议　108c
行政检察工作　106c
行政区划　25c
行政区划概况　25c
行政区划界线勘定　26a
行政事业审计　119b
行政应诉　109a
行政执法　109a
幸福积分　280c
畜牧与水产　146c
畜牧与水产概况　146c
畜禽养殖废弃物资源化利用　147c
宣传工作　46c

宣传工作　77c
宣传工作概况　46c
宣传教育　294c
宣传教育培训　273c
宣传培训　249b，261a
宣传情况　237b
学前教育　216c
学校卫生监管　248c
血浆安全监管　248b
巡察监督成效　73a
巡察推动解决民生问题　73a
巡察整改　87b
巡察整改和成果运用　73b
巡警工作　106a
汛期安全生产　176a
汛期无线电通信保障　184a

Y

雅迪科技集团有限公司清远分公司　155a
烟草专卖　166b
烟草专卖概况　166b
烟花爆竹经营管理　165c
盐业专卖概况　167c
养老待遇调整　259a
药品集团采购　261c
野生动物保护　149a
业务培训　78b
医保服务优化　262a
医保基金收支情况　260c
医保监管　260c
依法履职　282c
依法行政　99a
依法治林　149b
依法治县　27c
依法治县　98b
依法治县工作概况　98b
"1+6+N"基层社会治理工作体系建设　95b
医疗保险参保概况　260c
医疗保障改革发展　262a
医疗保障管理　260c
医疗人才队伍建设　243c
医疗卫生监管　248a
160工程特色活动　268c
医药卫生体制改革　243c
宜居宜业和美乡村　285b
益肾子　212a
义务教育　217a
音乐、舞蹈创作　235c

银行业机构选介　135c
引进外资项目　162a
鹰嘴桃　211c
营商环境优化　122c，202a
营销网建　166c
应急保障工作　249c
应急管理　272a
应急管理概况　272a
应急救护培训工作　89c
应急物资储备　165a
优化编制资源配置　51c
优化经办服务　260a
优化营商环境　117a
邮政服务　180b
邮政业　179c
邮政业概况　179c
邮政业务　179a
舆论宣传　47a
语言　24a
园区概况　160a
园区基础设施建设　160b
园区重点项目建设　160c
源头治腐　71c
约克广州空调冷冻设备有限公司　155a
粤港澳青少年交流　94a
运营情况　237b

Z

再生资源回收管理　166a
噪声污染防治　200b
展览宣传活动　239c
招商引资　160b，161a
招商引资　162b
招商引资概况　162b
真情关心关爱"五老"　269a
镇村建设与管理　186a
镇村建设与管理概况　186a
阵地建设　31a
征兵工作　112a
政策调整执行　266a
政策研究　50b
政策研究概况　50b
政党·政权　39
政法概况　95a
政法系统政治轮训　98a
政府食堂管理　67b
政务服务　65a
政务服务概况　66a
政务服务管理　66a

政务服务建设　66a
政务受理业务　66a
政协佛冈县委员会　68a
政协视察与调研　69c
政协提案　69a
正在建设项目　123c
政治建设　111a
政治建设　27b
支出结构优化　131a
知识产权和标准化工作　228a
执法监察　127c
职工服务　79c
职业技能等级认定　257c
职业技能培训　257b
职业教育　223b
职业卫生、放射卫生监管　248c
职业卫生管理　245b
指导联系镇委党校　54b
治安综合治理　95c
中共佛冈县委　39a
中国电信股份有限公司佛冈分公司　181a
中国工商银行股份有限公司佛冈支行　135c
中国国民党革命委员会清远市佛冈县支部　73c
中国建设银行股份有限公司佛冈支行　138a
中国民主同盟佛冈县基层委员会　76a
中国农业银行股份有限公司佛冈县支行　136c
中国人民财产保险股份有限公司佛冈支公司　141c
中国人寿保险股份有限公司佛冈县支公司　141a
中国太平洋财产保险股份有限公司清远市佛冈支公司　142a
中国移动通信集团广东有限公司佛冈分公司　181c
中国银行股份有限公司清远佛冈支行　138c
中国邮政储蓄银行股份有限公司佛冈县支行　139b
中小企业和民营经济　158b
中小企业和民营经济概况　158b
中小企业融资　162b
中小微企业帮扶　158b
中心环境卫生　67a
中心设施维护　67a
中型灌区建设　151a
重大活动　206c
重点出版物发行　236c
重点传染病监测　245a
重点项目建设　60c，161a
重点建设项目　185a
重点项目建设概况　185a
重点项目详细规划编制　185c

重要工作　58a
重要会议　39a，56b，68a
重要会议　72a
重要活动和主要工作　72a
重要决策和重要活动　39c
重要期间保障监测　183c
重要政事和决策　62a
重要政务　60c
种植业　145c
种植业概况　145c
竹山粉葛　211a
主题教育　41c
主要工作和调研视察　69a
住房公积金管理　265c
助力乡村振兴　82c
住宿餐饮业　164b
助推"百千万工程"　78a，87a，285a
住宅与房地产业　195c
住宅与房地产业概况　195c
抓好农村改水、改厕工作　250a
专卖管理　167a
专用频率监测　184a
资产存量调查　121b
资源调查与科研监测　294c
资源管护　294c
资源物产　20c
自然保护区·林场　294
自然地理　19b
自然资源管理　125c
自然资源管理概况　125c
自身建设　59c，269c
宗教管理　267a
综合监督执法　249c
综合治理　203c，293a
综治维稳　286c
综治信访维稳工作　296b
总工会概况　78a
组织工作　41b
组织工作概况　41b
组织建设　74a，76c，84b，90b
组织收入管理　130c
作风建设　71b，286c
做好病媒生物防制工作　250a
做好图书馆评估工作　241a
做好移交安置工作　114b
作品展播　236a